H. P. LOVECRAFTs

SCHATTEN ÜBER INNSMOUTH

Adaptiert und gezeichnet von GOU TANABE

1

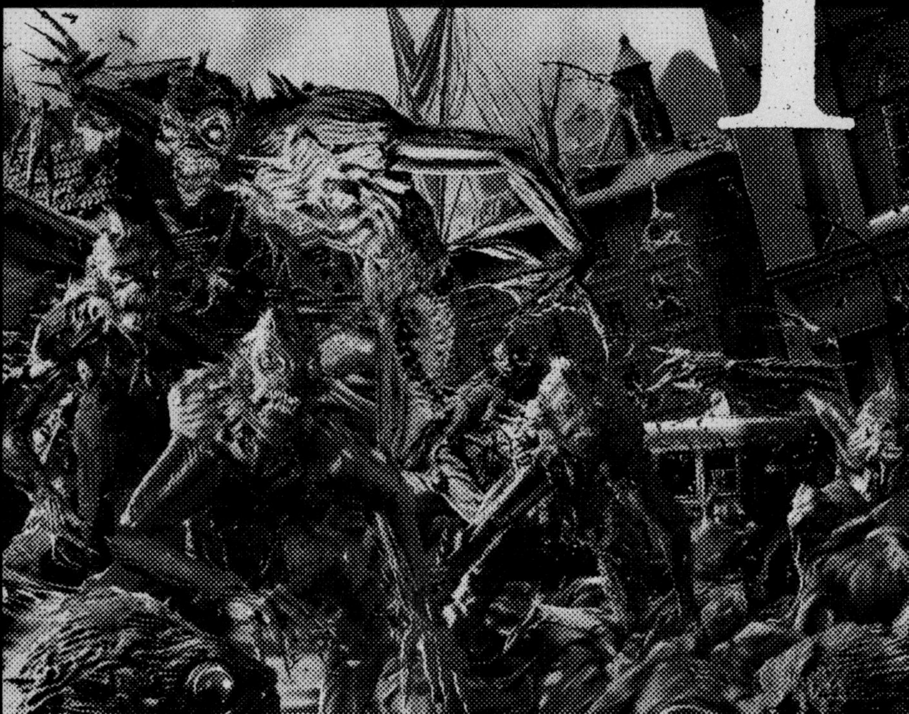

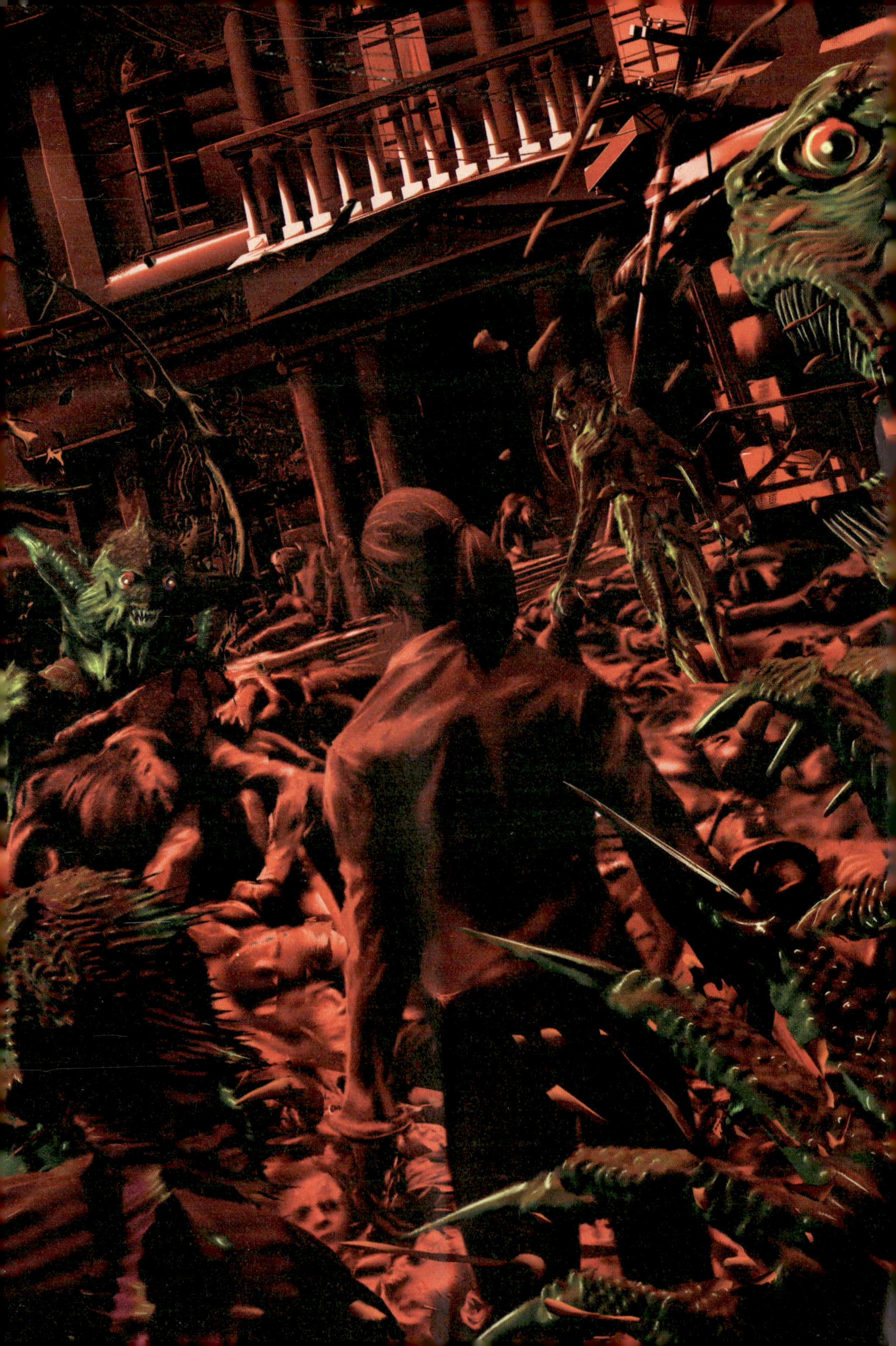

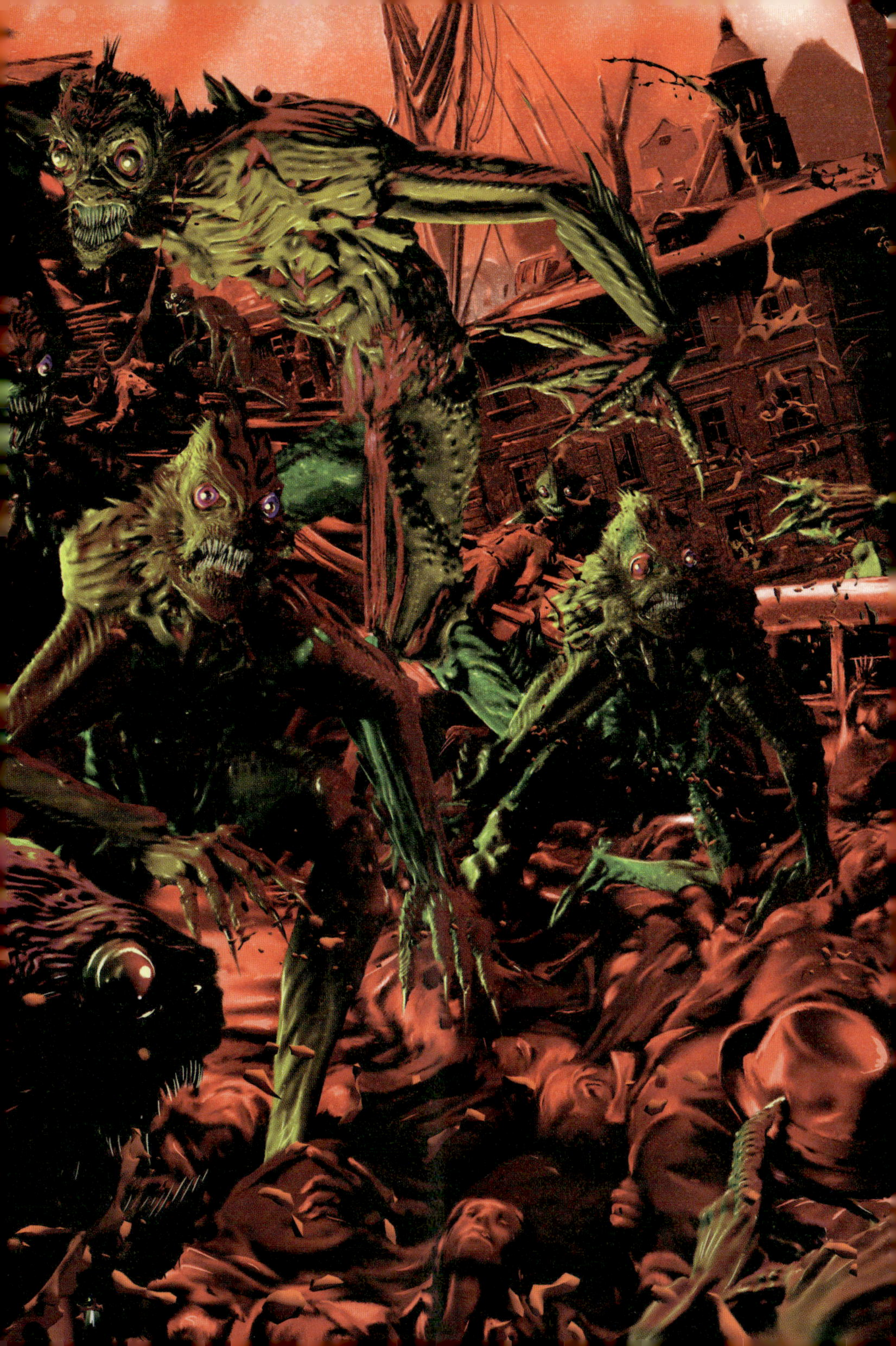

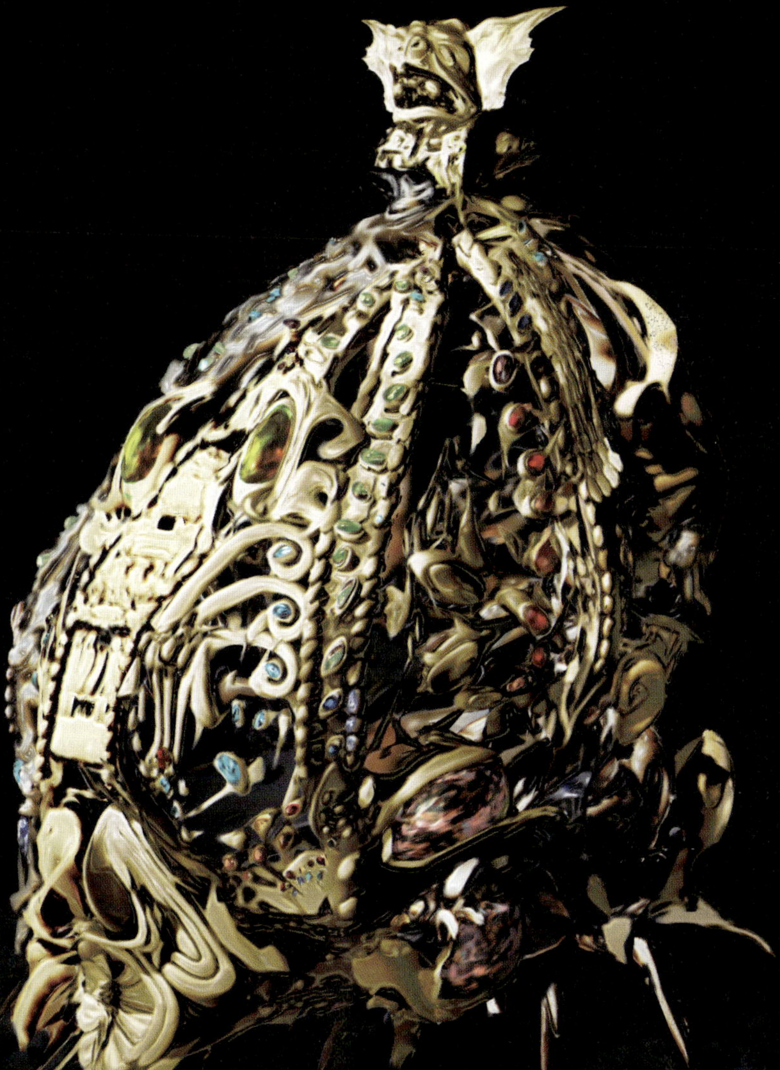

The patterns all hinted of remote secrets and unimaginable abysses in time and space, and the monotonously aquatic nature of the reliefs became almost sinister.
"The Shadow Over Innsmouth" by H. P. LOVECRAFT

Die Muster deuteten auf ferne Geheimnisse und unvorstellbare Abgründe in Zeit und Raum hin, und ihre eintönige aquatische Natur wirkte fast bedrohlich.
»Der Schatten über Innsmouth« von H. P. Lovecraft

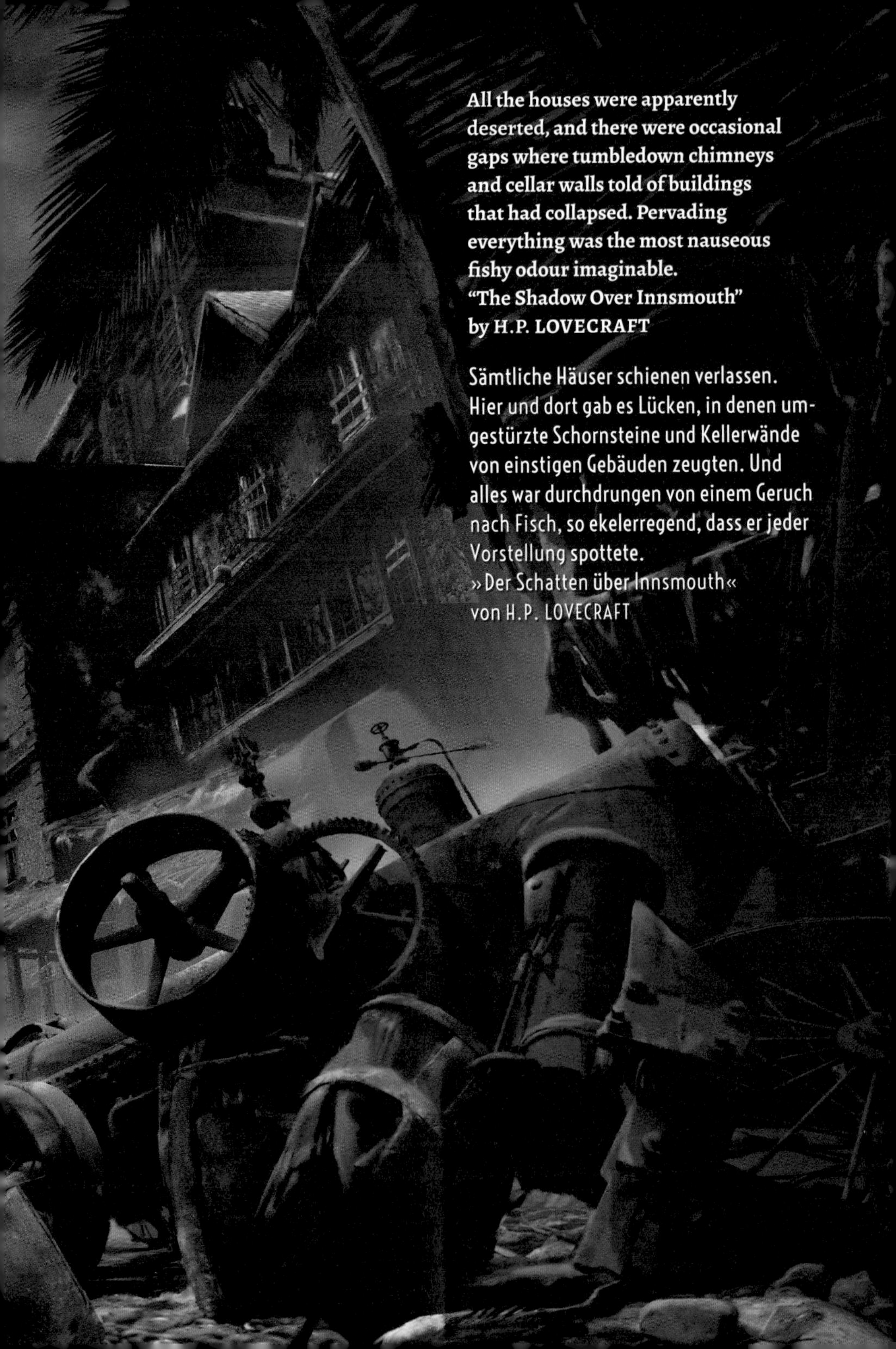

All the houses were apparently deserted, and there were occasional gaps where tumbledown chimneys and cellar walls told of buildings that had collapsed. Pervading everything was the most nauseous fishy odour imaginable.
"The Shadow Over Innsmouth"
by H.P. LOVECRAFT

Sämtliche Häuser schienen verlassen. Hier und dort gab es Lücken, in denen umgestürzte Schornsteine und Kellerwände von einstigen Gebäuden zeugten. Und alles war durchdrungen von einem Geruch nach Fisch, so ekelerregend, dass er jeder Vorstellung spottete.
» Der Schatten über Innsmouth «
von H.P. LOVECRAFT

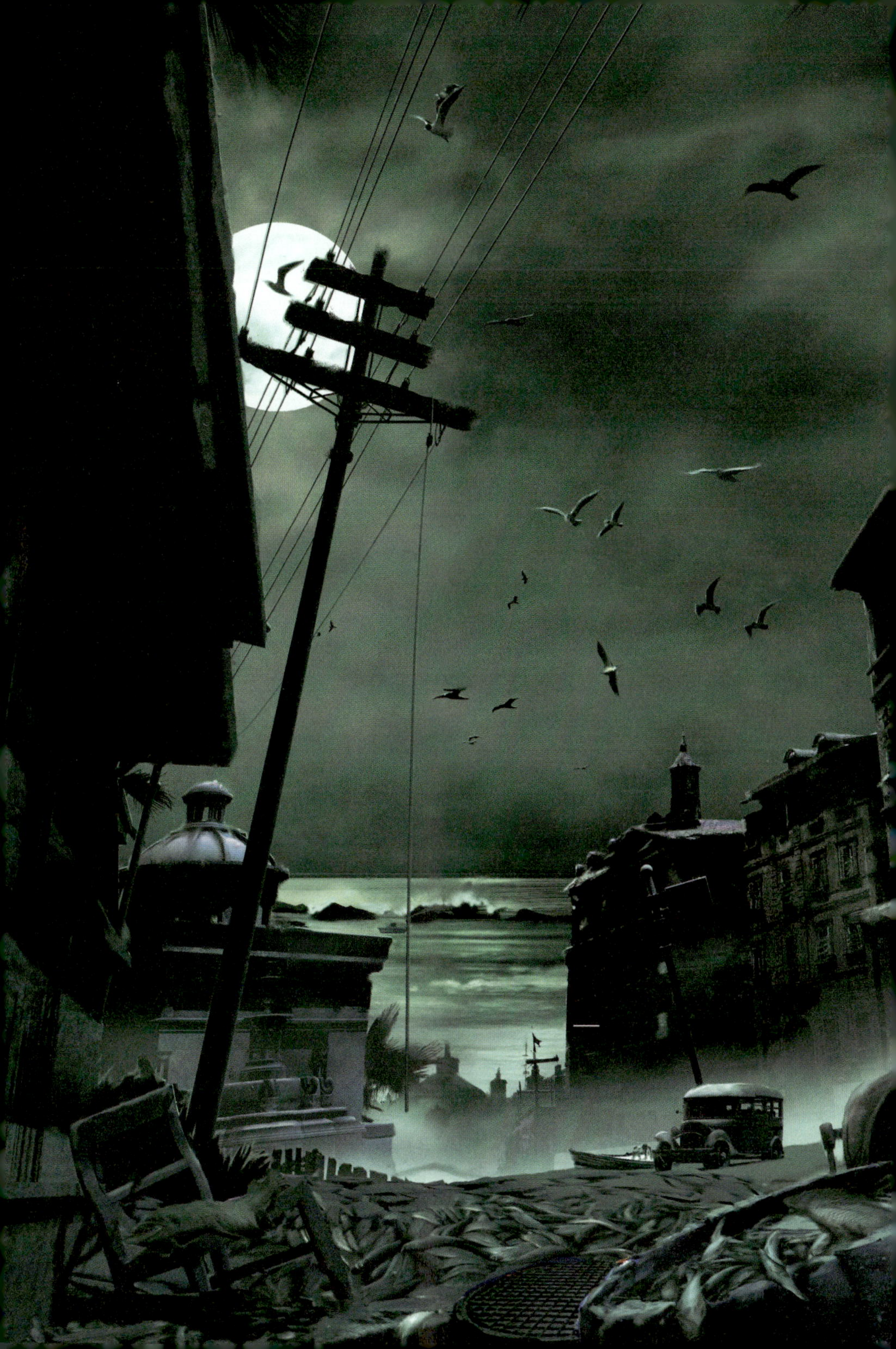

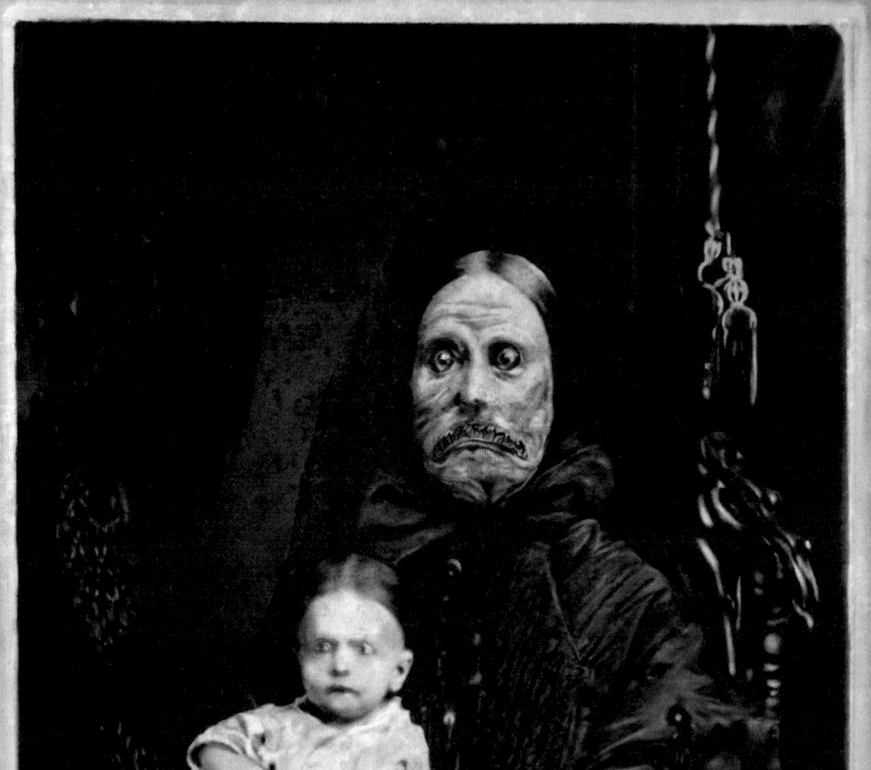

»Der Schatten über Innsmouth« – verfasst 1931 und erschienen 1936 als eine von Lovecrafts Erzählungen um den Cthulhu-Mythos. Neben »Die Berge des Wahnsinns« zählt »Der Schatten über Innsmouth« zu den besten seiner Werke. Es ist das Einzige, das zu H. P. Lovecrafts Lebzeiten im Einband erschien. Wie kein anderes bringt es den von ihm geschaffenen »Cosmic Horror« zum Ausdruck und verwendet häufig Begriffe aus dem Cthulhu-Mythos, etwa »Esoterischer Orden von Dagon«, »Dinge aus der Tiefe« und Ähnliches.

DER SCHATTEN ÜBER INNSMOUTH

Meisterwerke von

H. P. Lovecraft

GOU TANABE

1

INHALT

VORWORT
A Foreword

1 IN NEWBURYPORT
In Newburyport 12

2 DER ESOTERISCHE ORDEN VON DAGON
Esoteric Order of Dagon 58

3 INNSMOUTHER FRATZEN
Innsmouth Look 98

4 ZADOK ALLEN
Zadok Allen 134

5 DER EID AUF DAGON
The Oath of Dagon 170

6 DAS GILMAN HOUSE
The Gilman House 218

7 DER EINDRINGLING
The Intruder 254

8 TEUFELSRIFF
Devil Reef 296

9 ALBTRAUM
Nightmare 330

10 INNSMOUTHER BLUT
Innsmouth Blood 372

11 DIE AUS DER TIEFE
The Deep Ones 404

H. P. Lovecrafts »Der Schatten über Innsmouth«
Verfasst 1931, veröffentlicht 1936
bei Visionary Publishing Company

1 IN NEWBURYPORT

In Newburyport

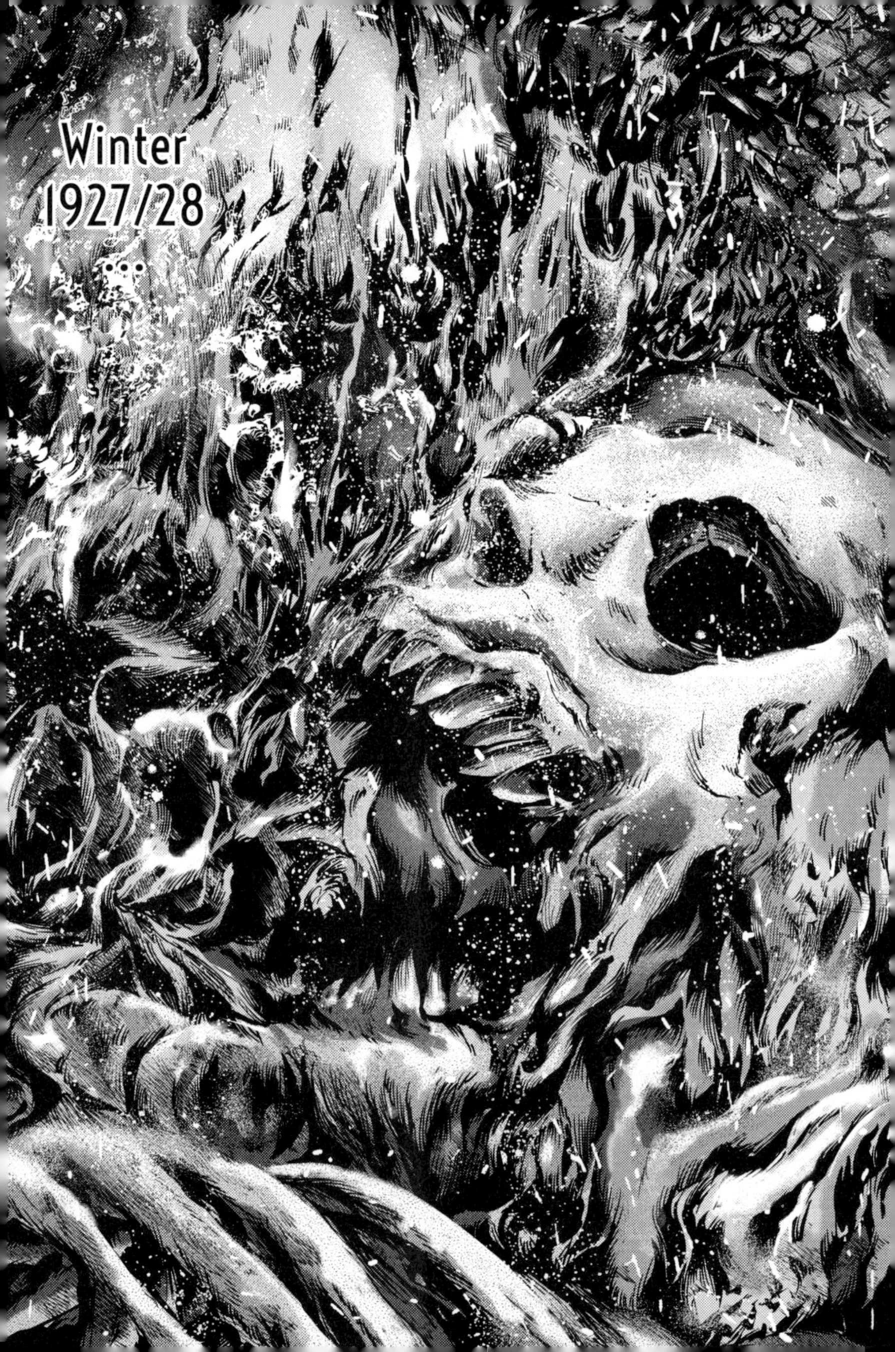
Winter
1927/28
...

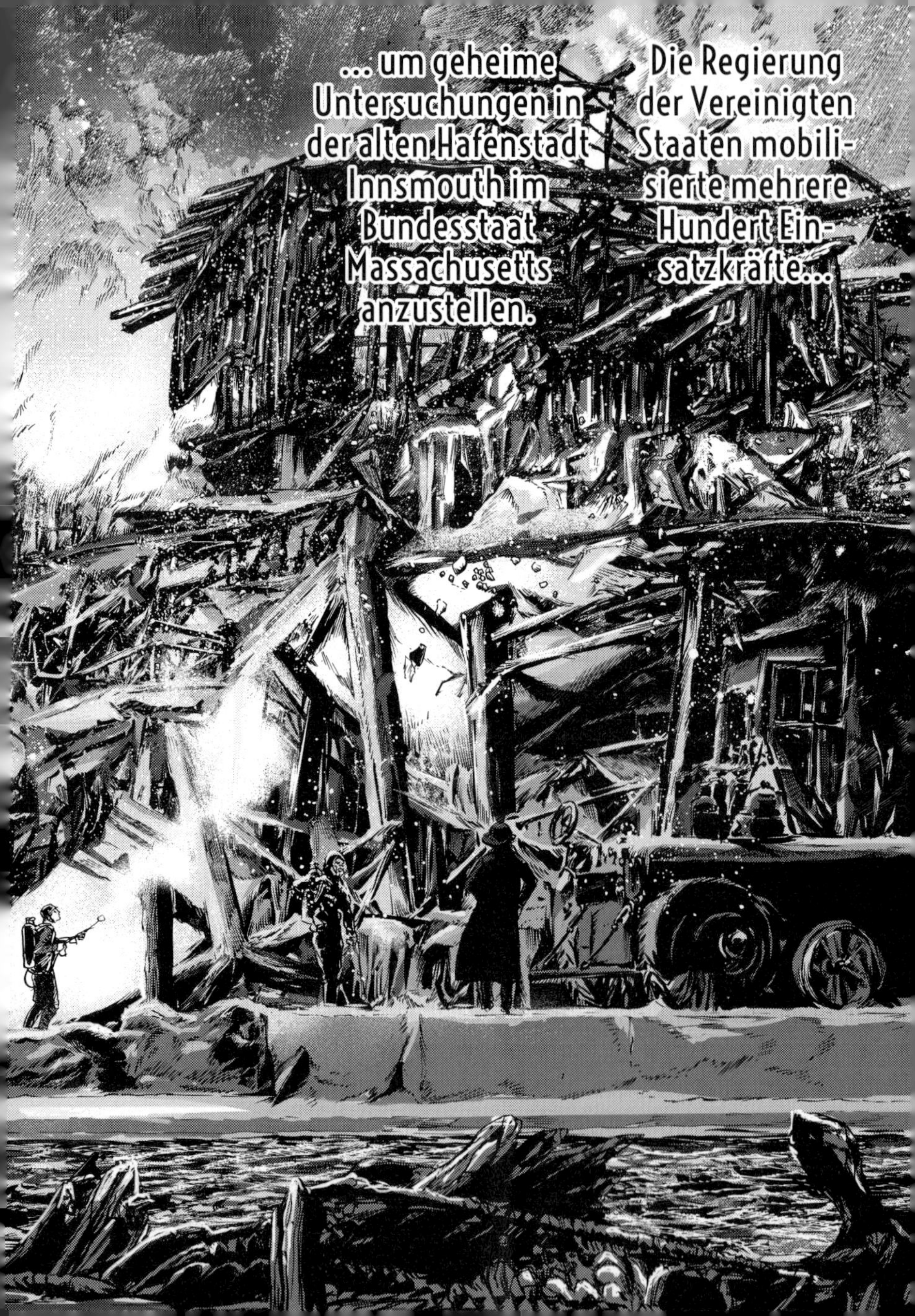
Die Regierung der Vereinigten Staaten mobilisierte mehrere Hundert Einsatzkräfte...
... um geheime Untersuchungen in der alten Hafenstadt Innsmouth im Bundesstaat Massachusetts anzustellen.

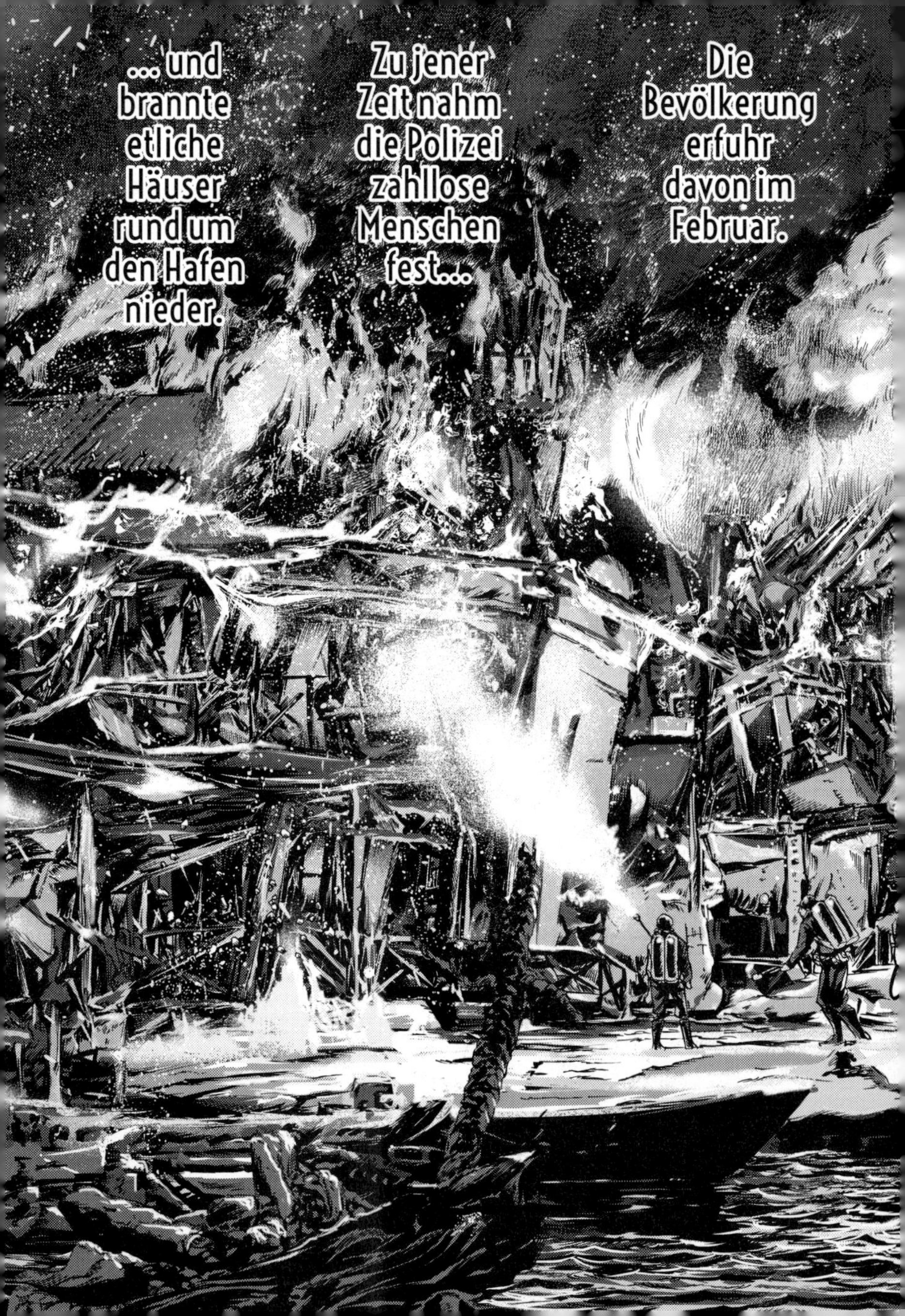
Die Bevölkerung erfuhr davon im Februar.
Zu jener Zeit nahm die Polizei zahllose Menschen fest…
… und brannte etliche Häuser rund um den Hafen nieder.

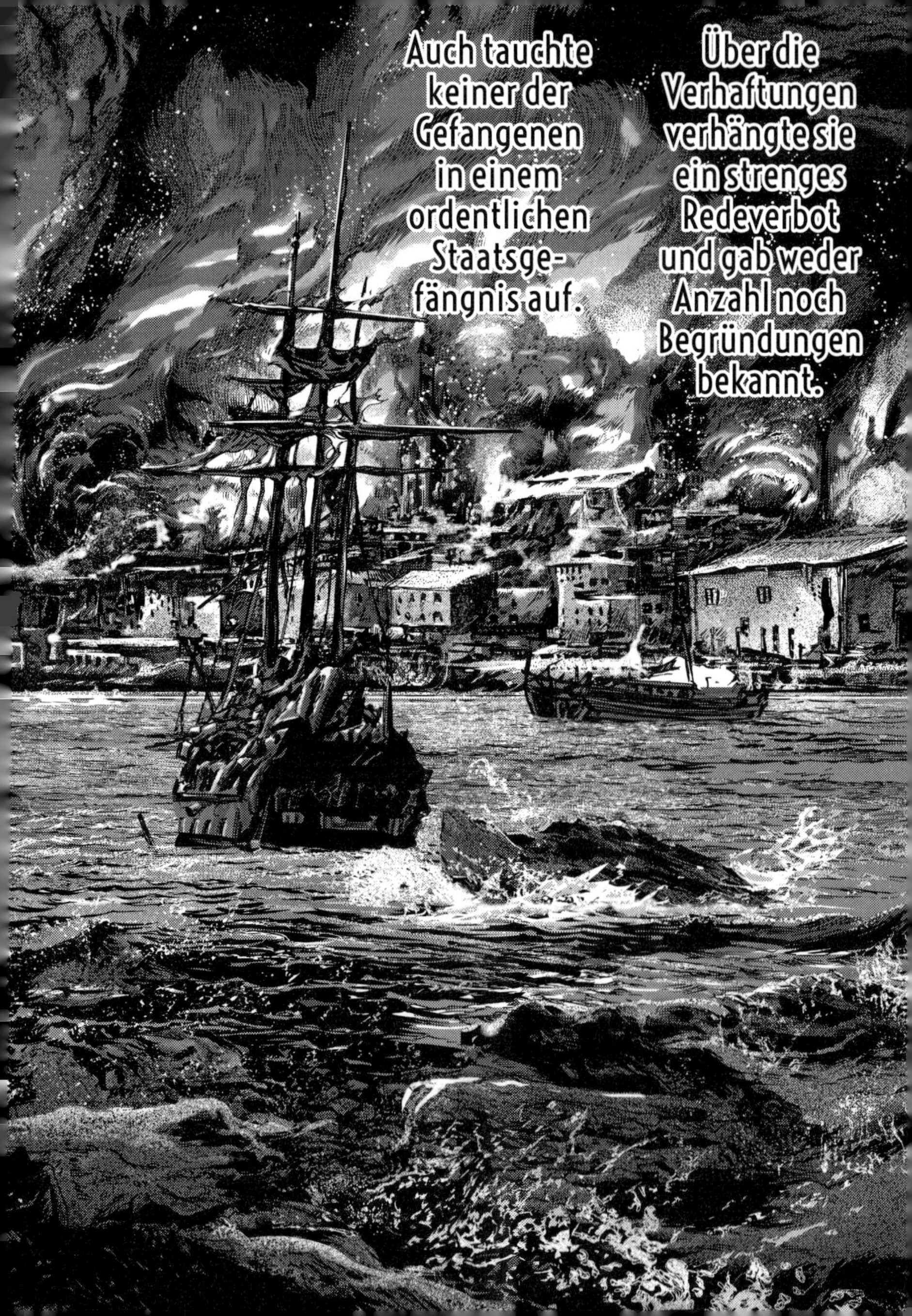

Über die Verhaftungen verhängte sie ein strenges Redeverbot und gab weder Anzahl noch Begründungen bekannt.
Auch tauchte keiner der Gefangenen in einem ordentlichen Staatsgefängnis auf.

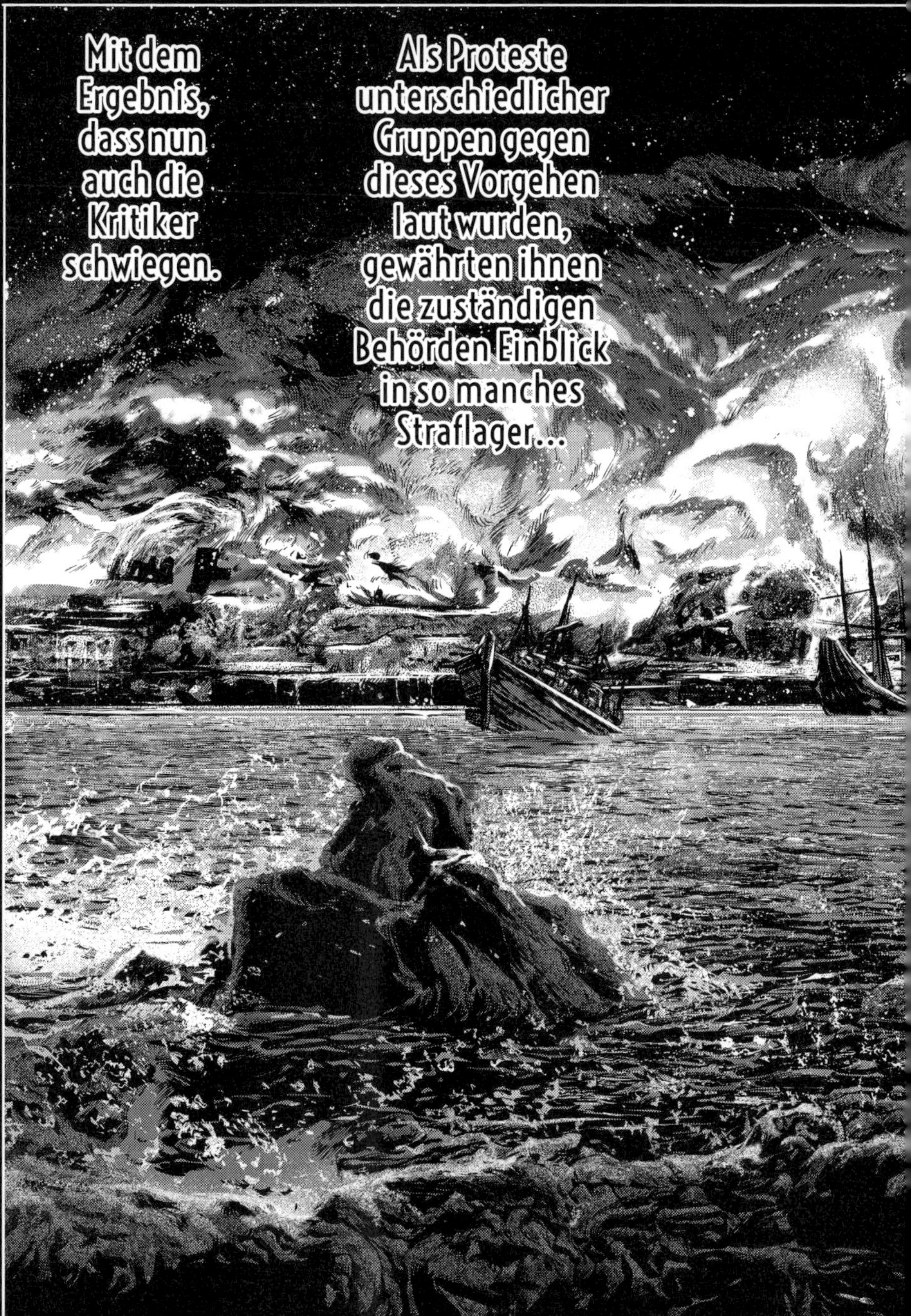
Als Proteste unterschiedlicher Gruppen gegen dieses Vorgehen laut wurden, gewährten ihnen die zuständigen Behörden Einblick in so manches Straflager…
Mit dem Ergebnis, dass nun auch die Kritiker schwiegen.

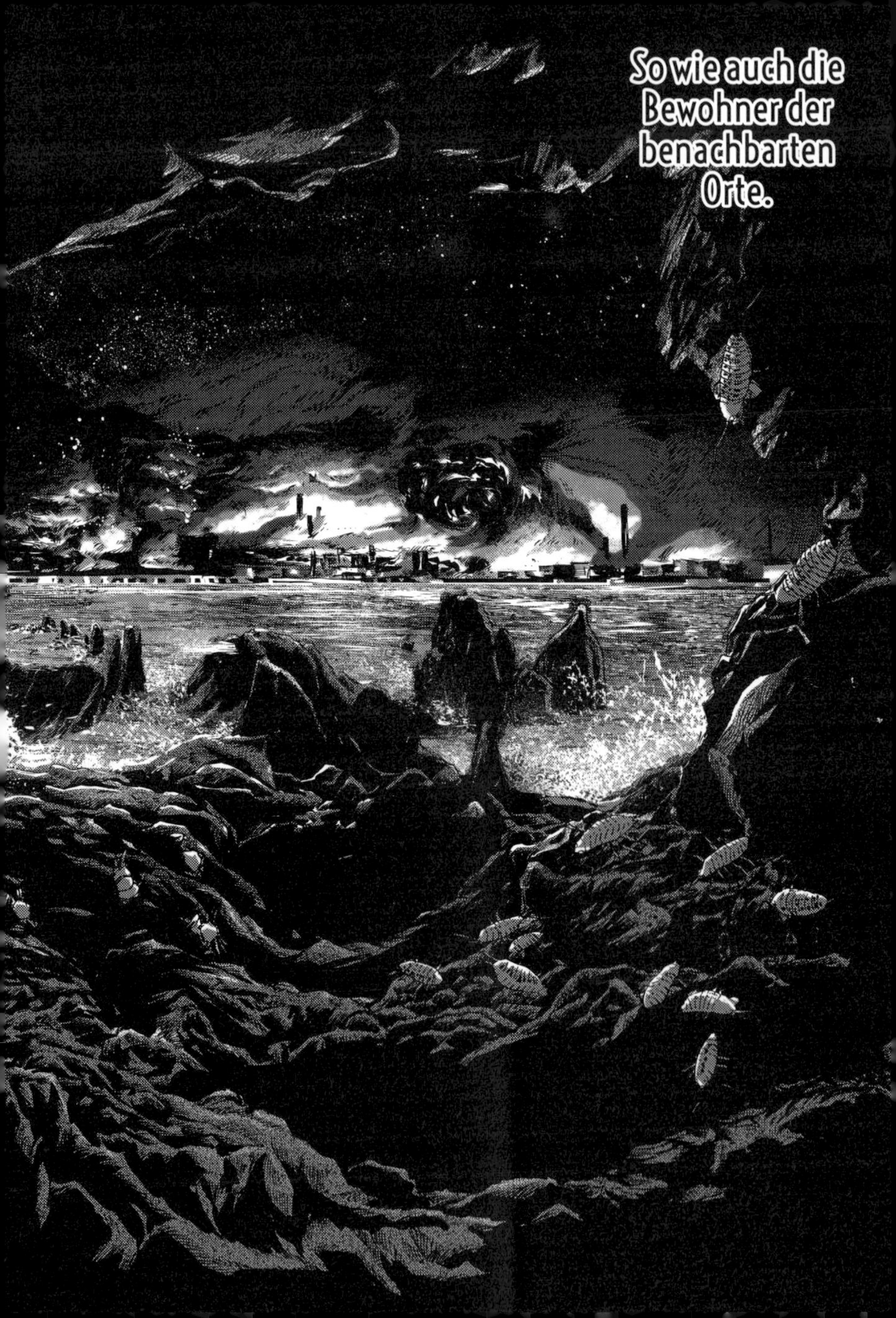
So wie auch die Bewohner der benachbarten Orte.

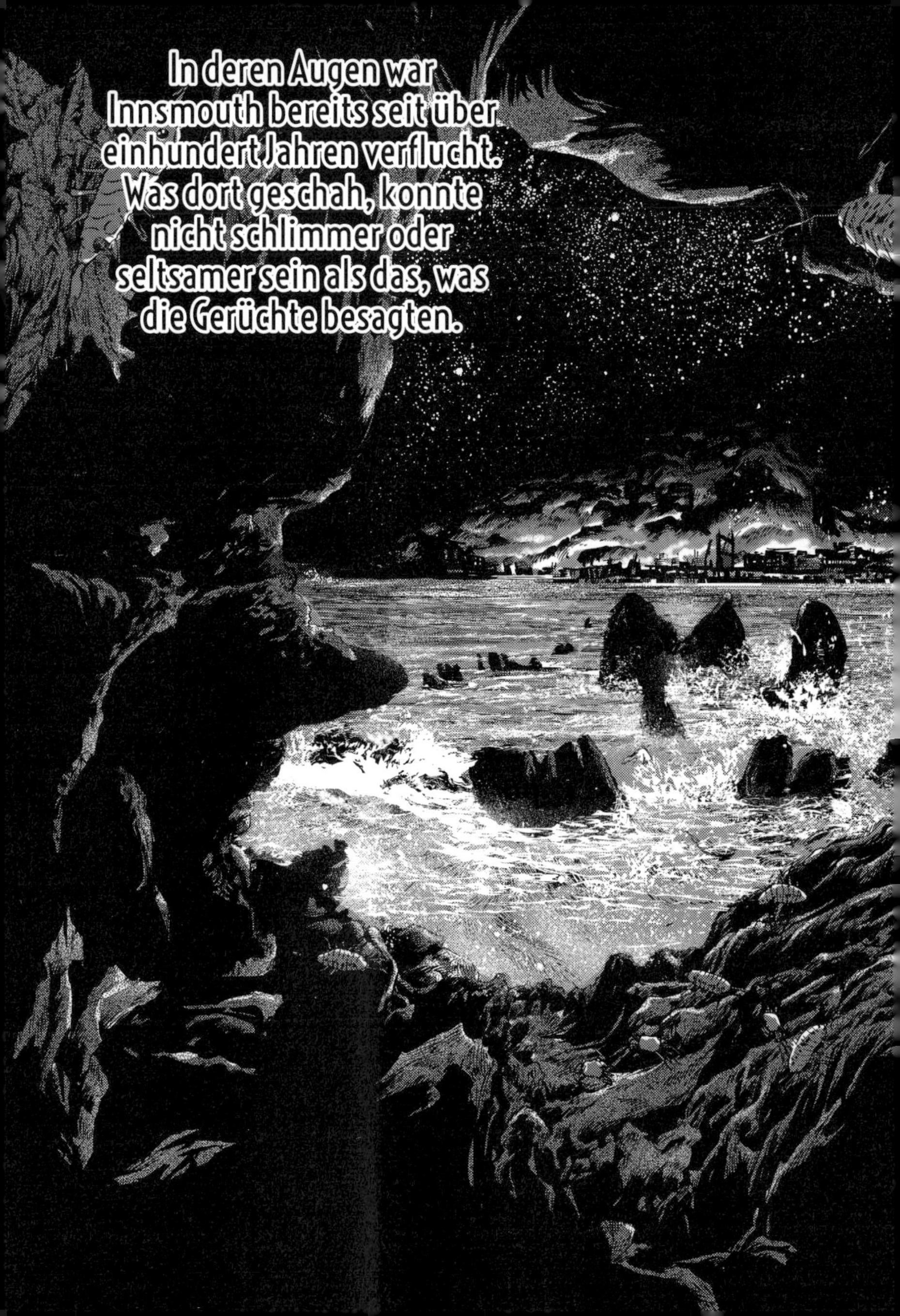
In deren Augen war Innsmouth bereits seit über einhundert Jahren verflucht. Was dort geschah, konnte nicht schlimmer oder seltsamer sein als das, was die Gerüchte besagten.

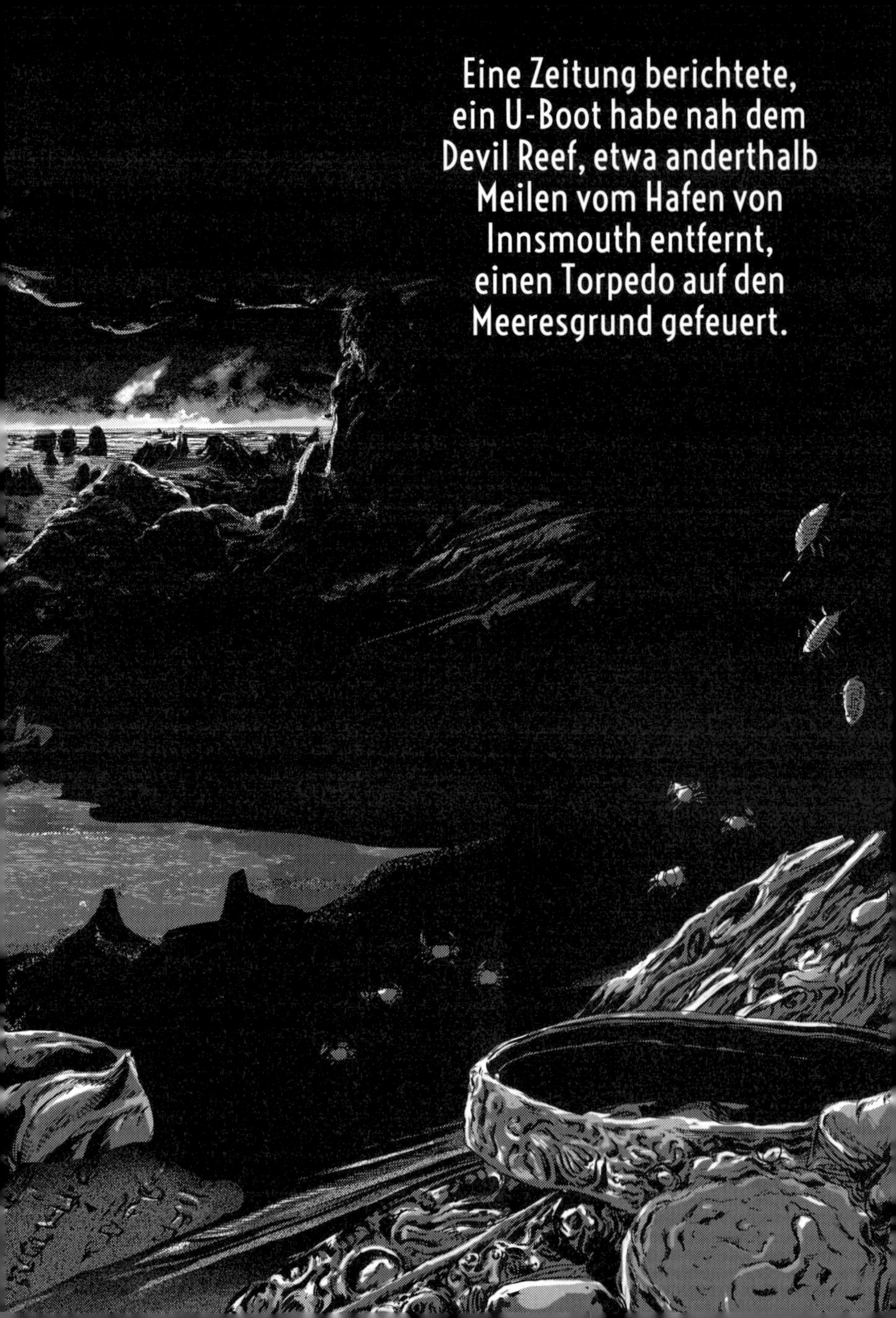
Eine Zeitung berichtete, ein U-Boot habe nah dem Devil Reef, etwa anderthalb Meilen vom Hafen von Innsmouth entfernt, einen Torpedo auf den Meeresgrund gefeuert.

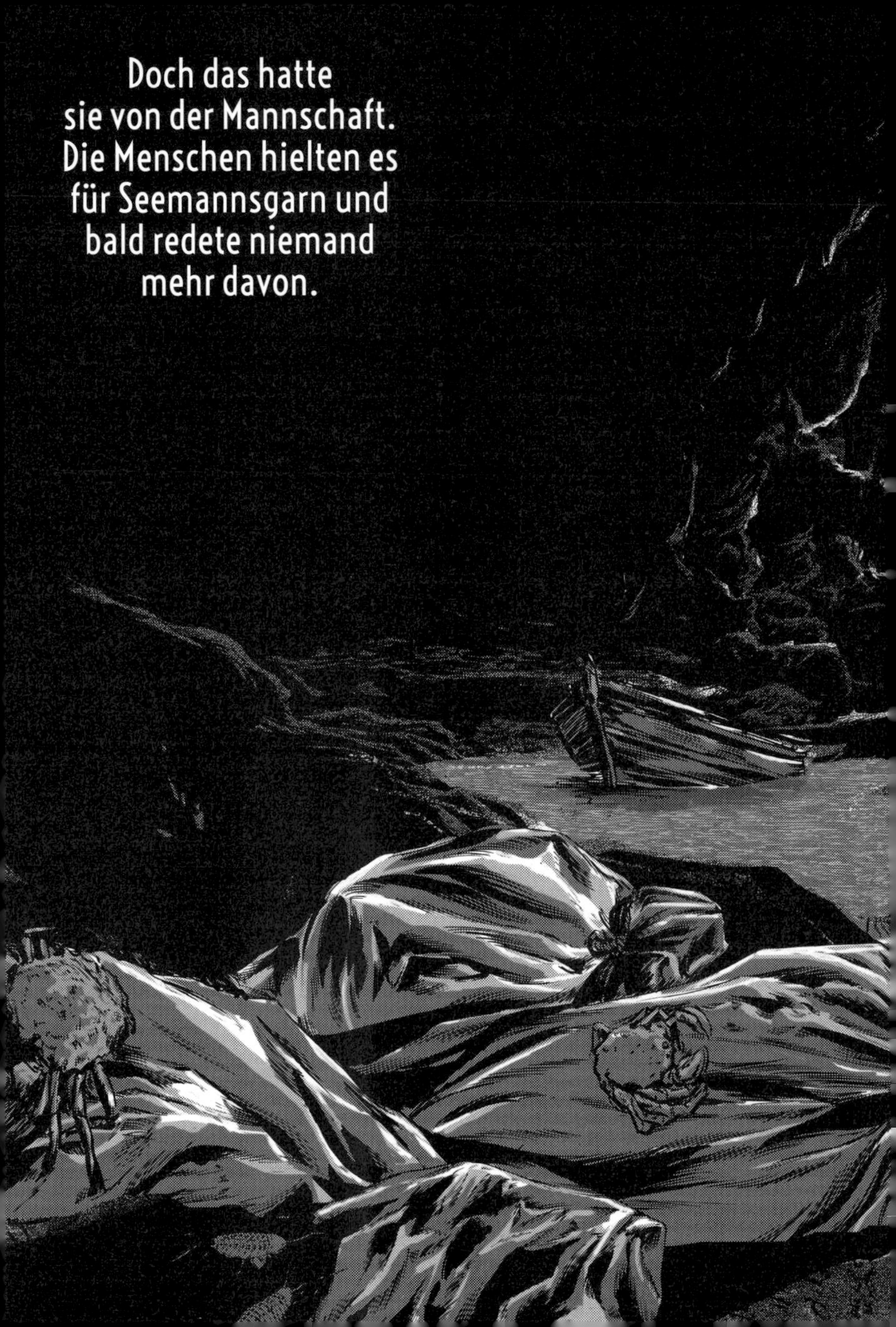
Doch das hatte sie von der Mannschaft. Die Menschen hielten es für Seemannsgarn und bald redete niemand mehr davon.

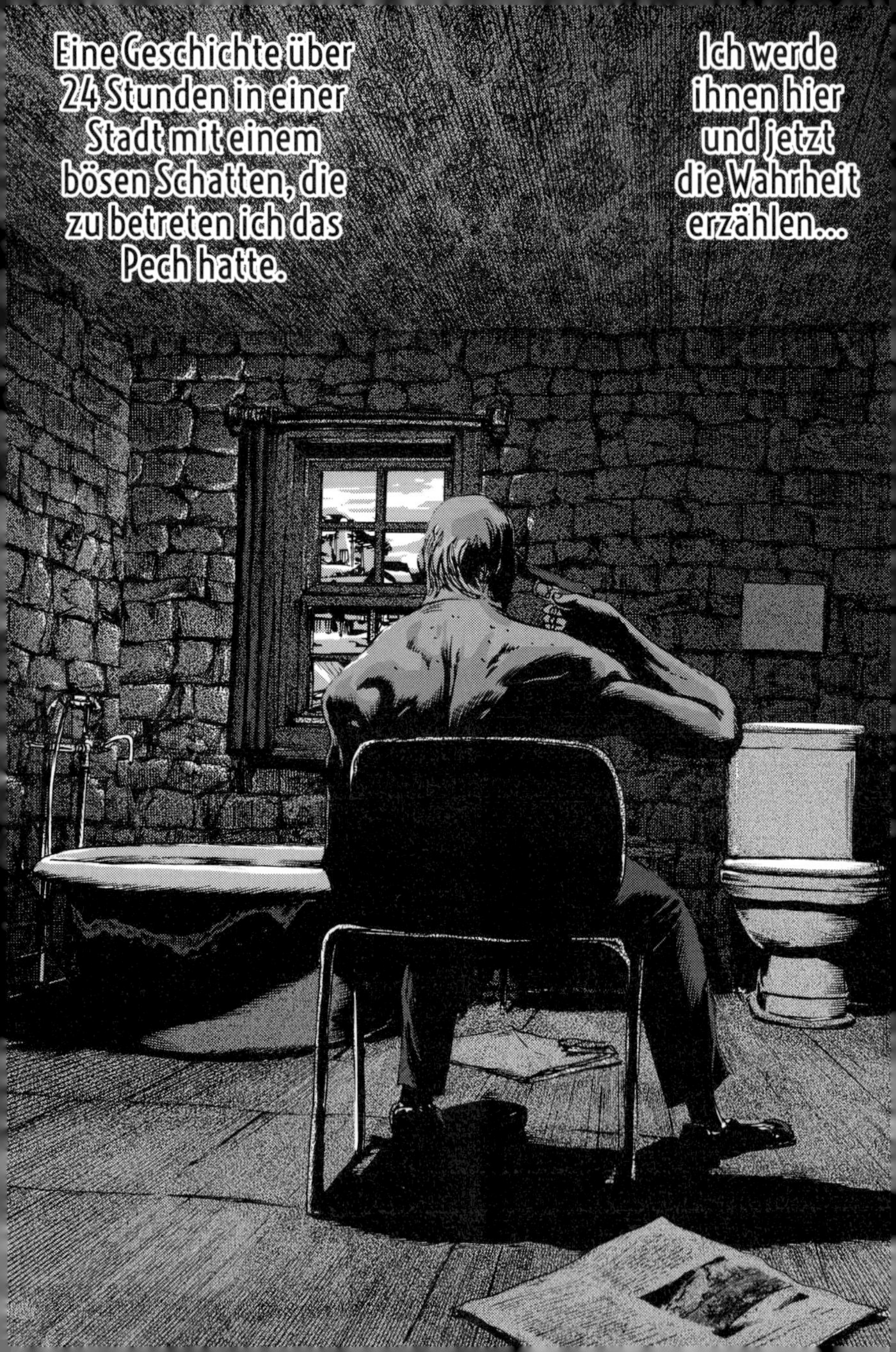
Ich werde ihnen hier und jetzt die Wahrheit erzählen…
Eine Geschichte über 24 Stunden in einer Stadt mit einem bösen Schatten, die zu betreten ich das Pech hatte.

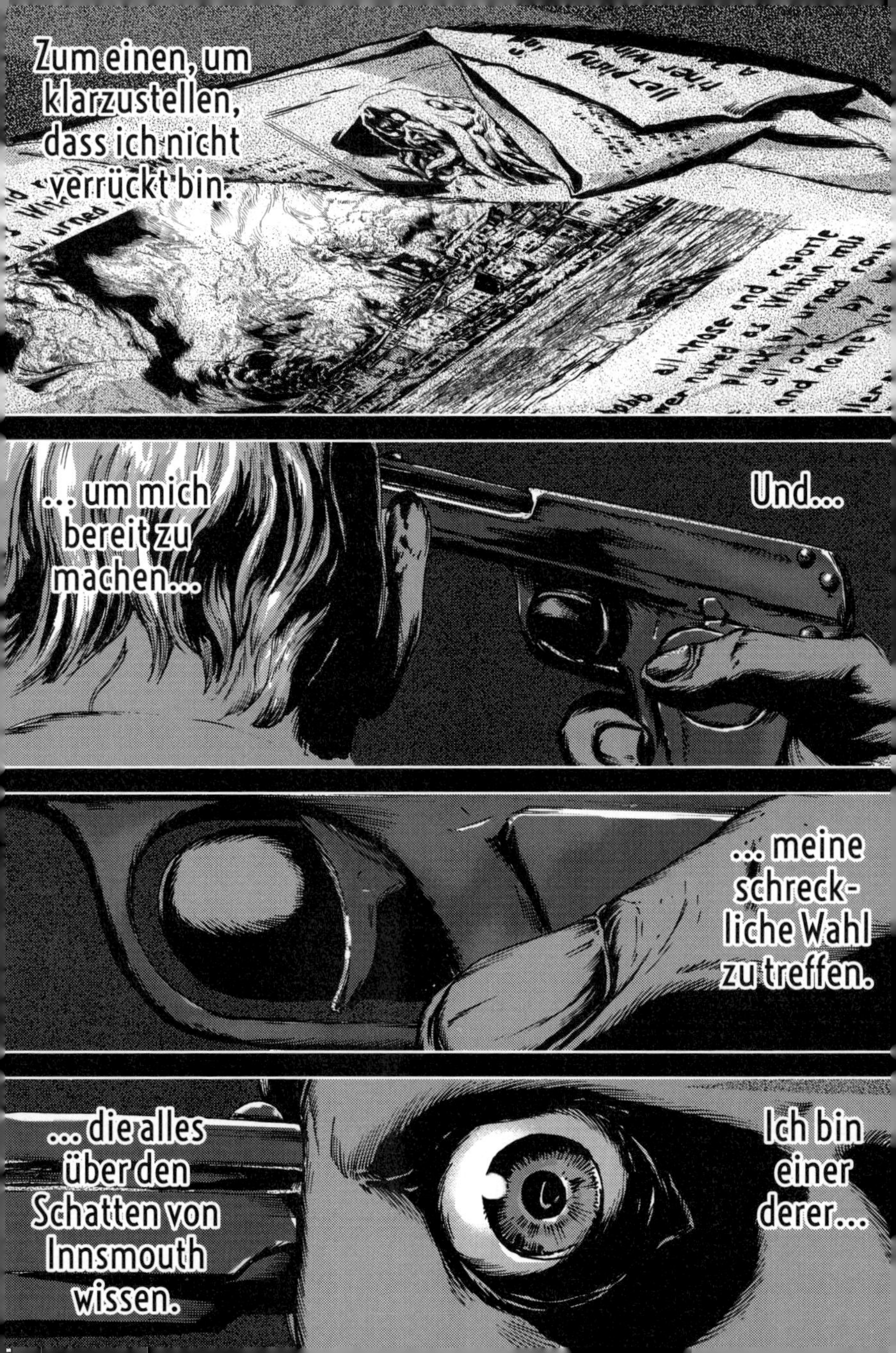
Zum einen, um klarzustellen, dass ich nicht verrückt bin.
... um mich bereit zu machen...
Und...
... meine schreck-liche Wahl zu treffen.
Ich bin einer derer...
... die alles über den Schatten von Innsmouth wissen.

adow
smouth

The sh
over Inn

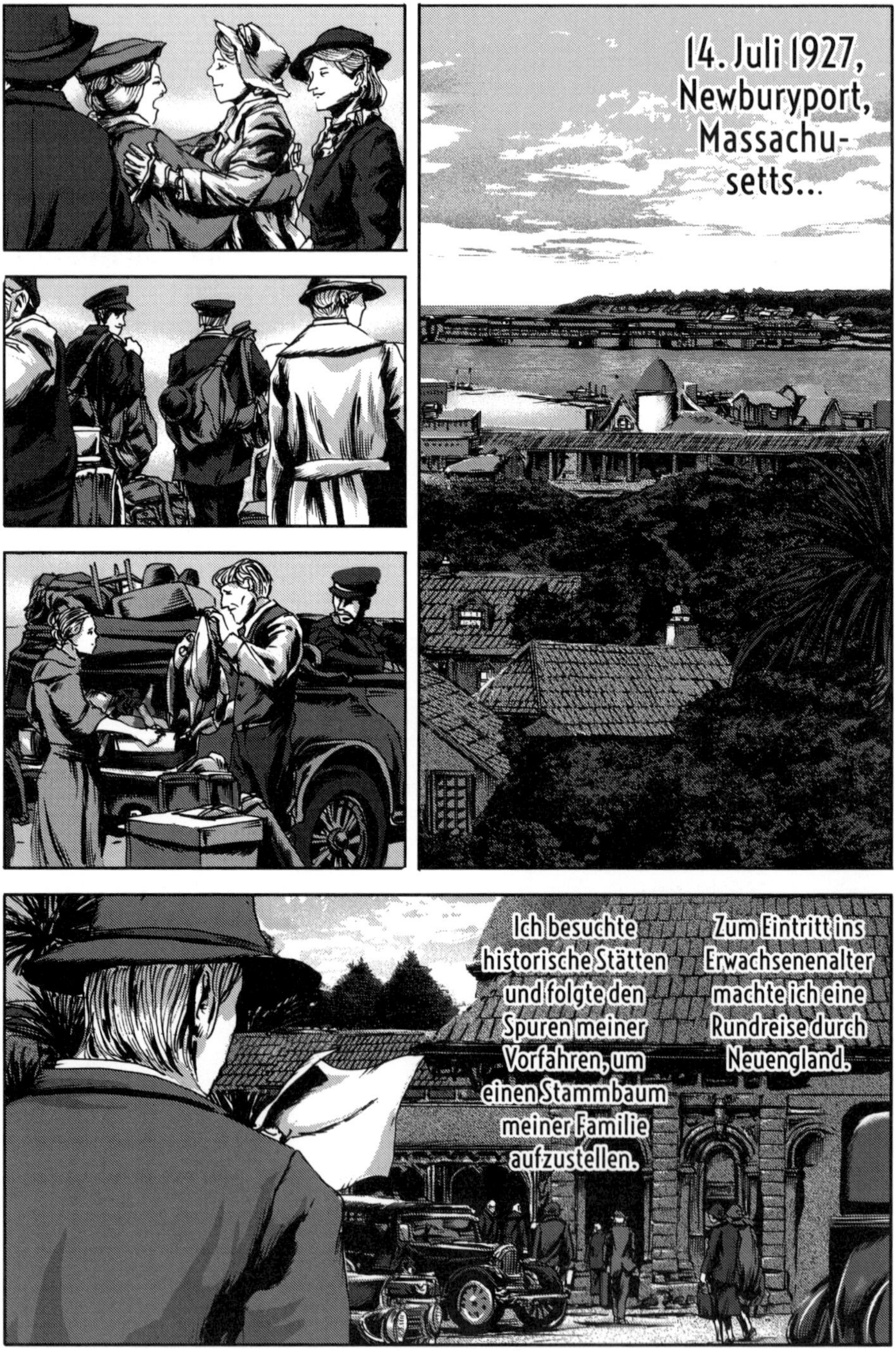
14. Juli 1927, Newburyport, Massachusetts...
Zum Eintritt ins Erwachsenenalter machte ich eine Rundreise durch Neuengland.
Ich besuchte historische Stätten und folgte den Spuren meiner Vorfahren, um einen Stammbaum meiner Familie aufzustellen.

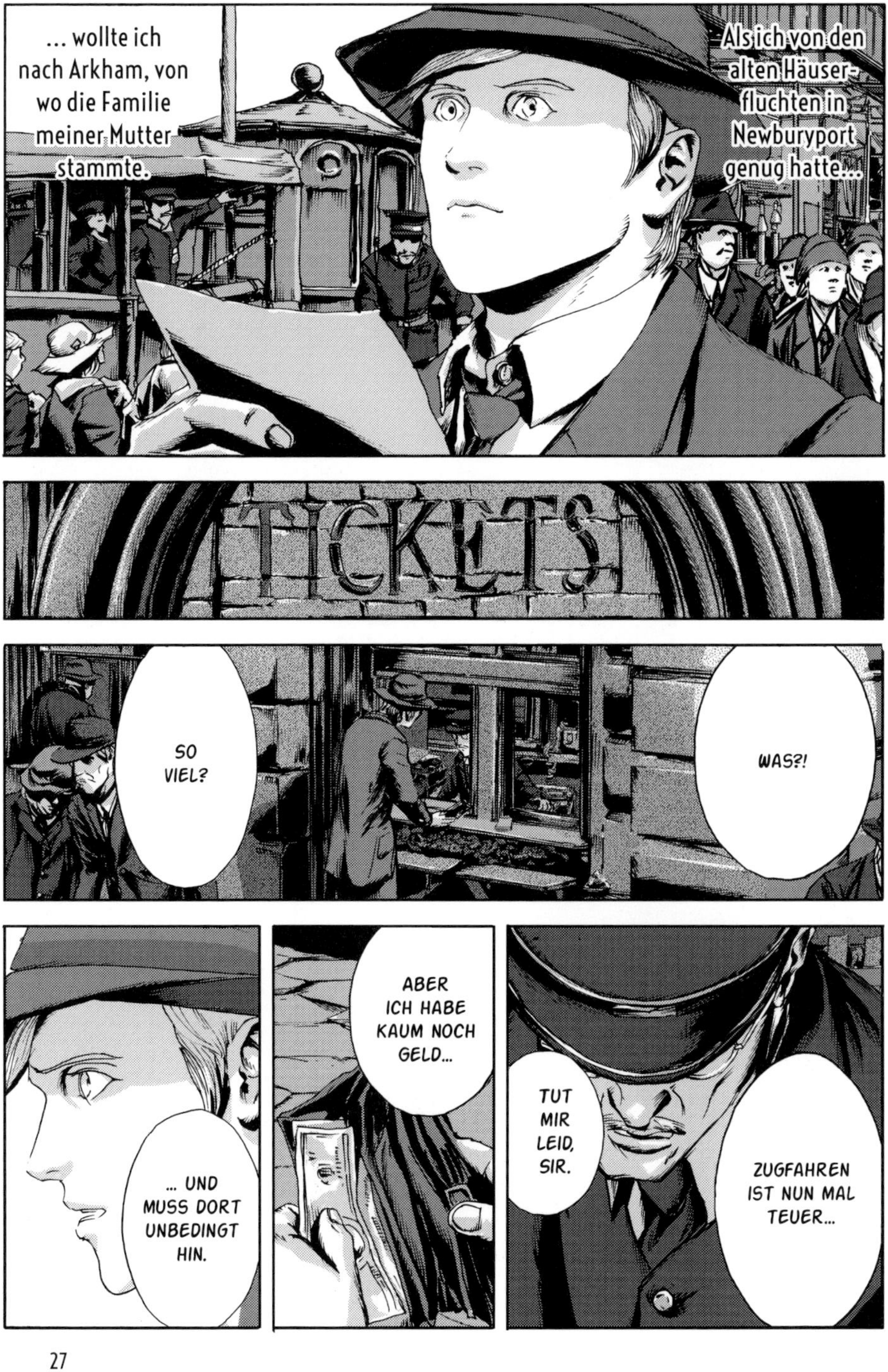
Als ich von den alten Häuser-fluchten in Newburyport genug hatte...
... wollte ich nach Arkham, von wo die Familie meiner Mutter stammte.
TICKETS
WAS?!
SO VIEL?
ZUGFAHREN IST NUN MAL TEUER...
TUT MIR LEID, SIR.
ABER ICH HABE KAUM NOCH GELD...
... UND MUSS DORT UNBEDINGT HIN.

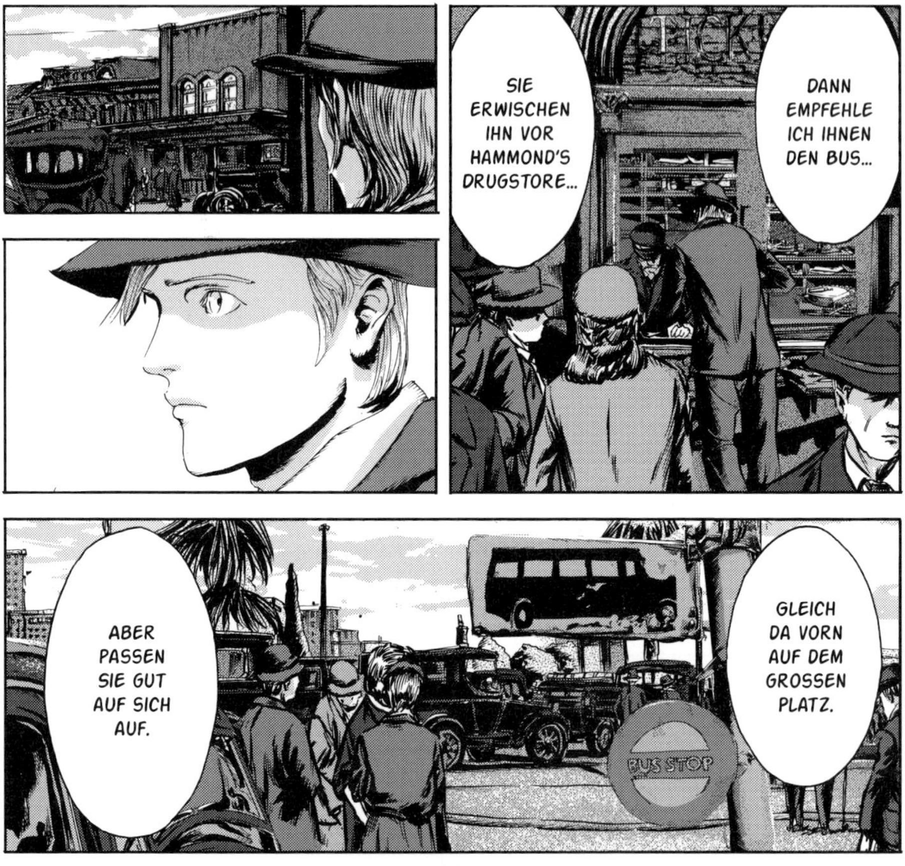
DANN EMPFEHLE ICH IHNEN DEN BUS...
SIE ERWISCHEN IHN VOR HAMMOND'S DRUGSTORE...
GLEICH DA VORN AUF DEM GROSSEN PLATZ.
BUS STOP
ABER PASSEN SIE GUT AUF SICH AUF.
?
ER FÄHRT ÜBER INNS-MOUTH...
DA GIBT ES NUR GESINDEL VON DER ÜBELSTEN SORTE.

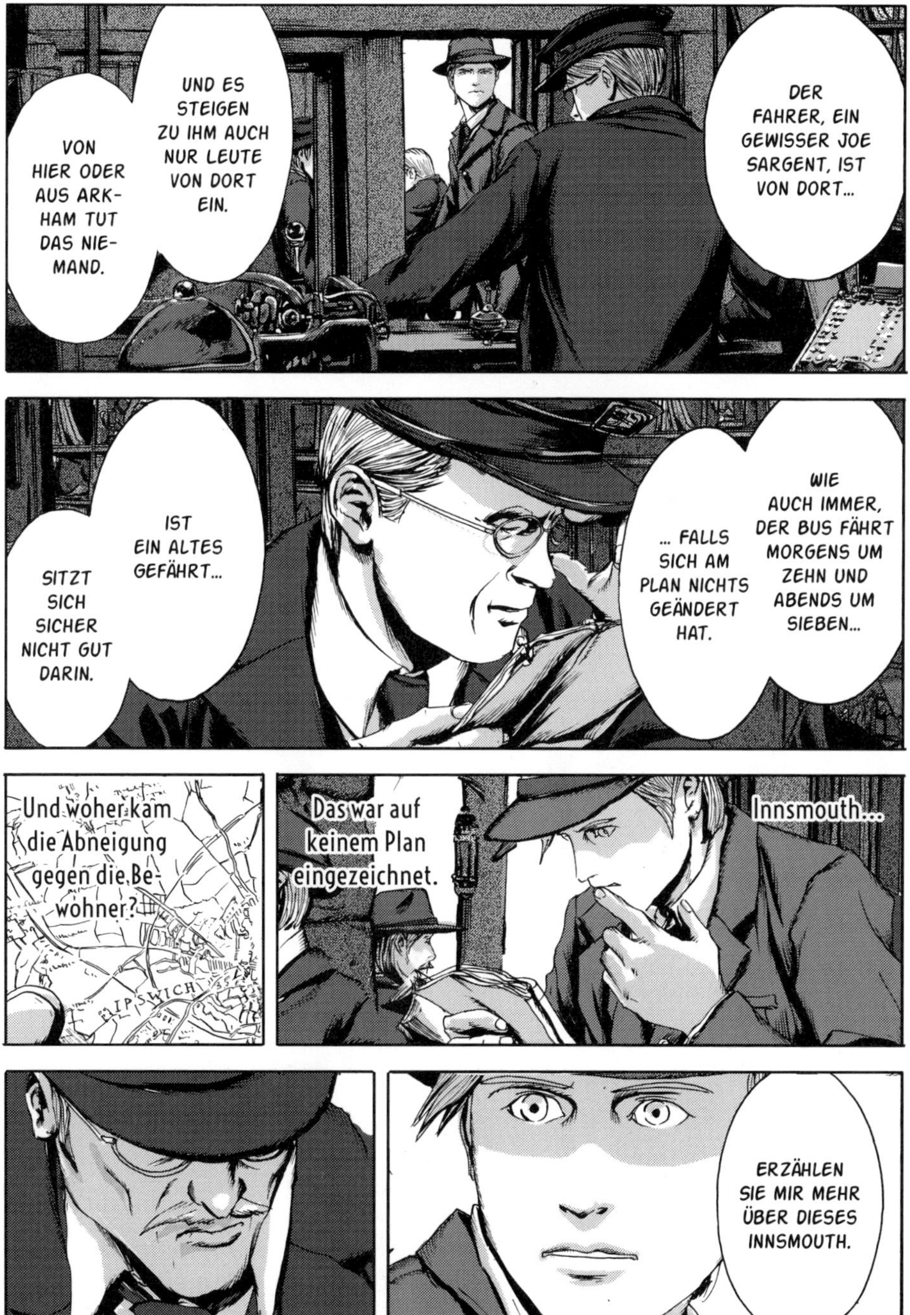
DER FAHRER, EIN GEWISSER JOE SARGENT, IST VON DORT…
UND ES STEIGEN ZU IHM AUCH NUR LEUTE VON DORT EIN.
VON HIER ODER AUS ARK-HAM TUT DAS NIE-MAND.
WIE AUCH IMMER, DER BUS FÄHRT MORGENS UM ZEHN UND ABENDS UM SIEBEN…
… FALLS SICH AM PLAN NICHTS GEÄNDERT HAT.
IST EIN ALTES GEFÄHRT…
SITZT SICH SICHER NICHT GUT DARIN.
Innsmouth…
Das war auf keinem Plan eingezeichnet.
Und woher kam die Abneigung gegen die Be-wohner?
IPSWICH
ERZÄHLEN SIE MIR MEHR ÜBER DIESES INNSMOUTH.

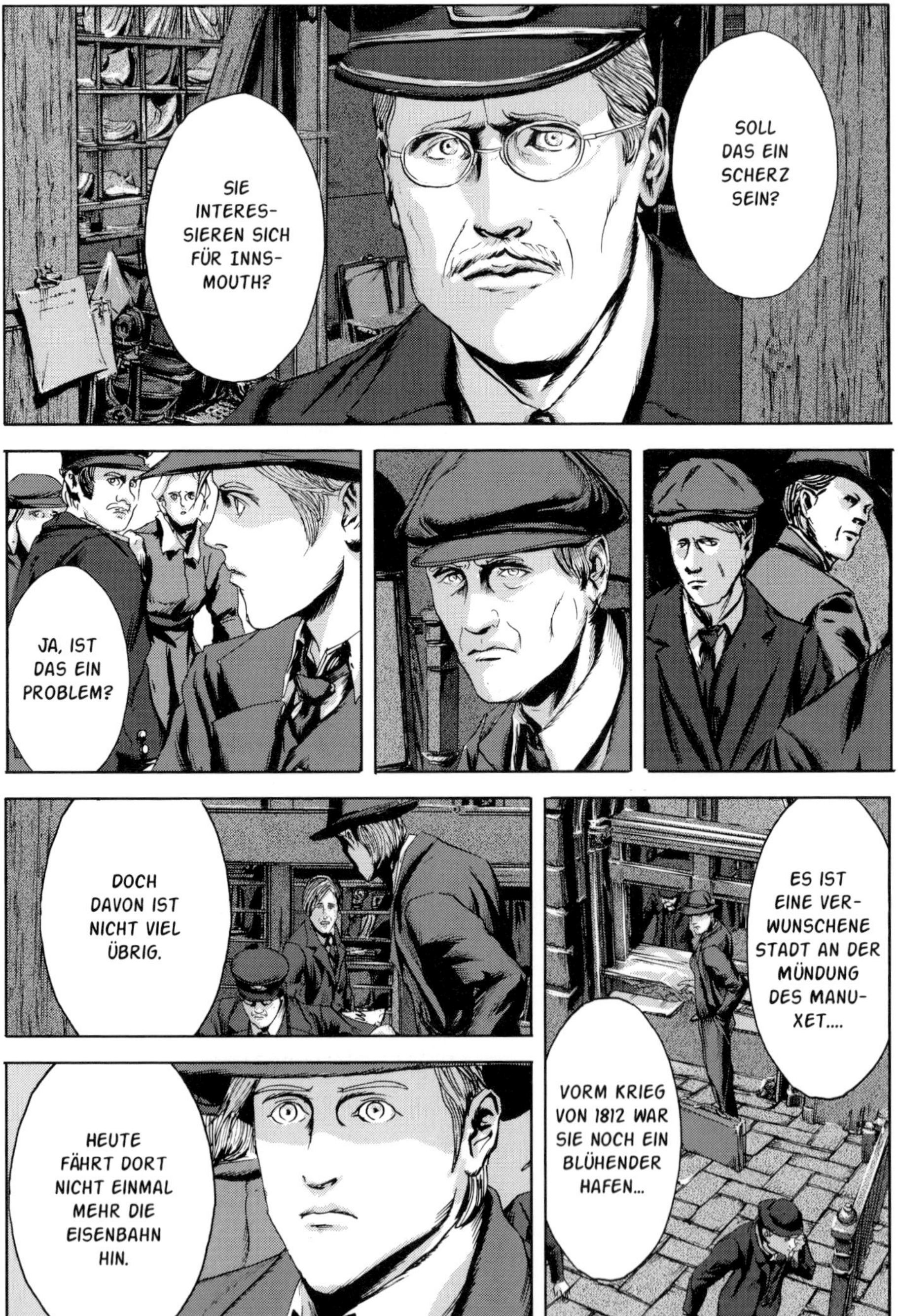
SOLL DAS EIN SCHERZ SEIN?
SIE INTERES-SIEREN SICH FÜR INNS-MOUTH?
JA, IST DAS EIN PROBLEM?
ES IST EINE VER-WUNSCHENE STADT AN DER MÜNDUNG DES MANU-XET....
DOCH DAVON IST NICHT VIEL ÜBRIG.
VORM KRIEG VON 1812 WAR SIE NOCH EIN BLÜHENDER HAFEN...
HEUTE FÄHRT DORT NICHT EINMAL MEHR DIE EISENBAHN HIN.

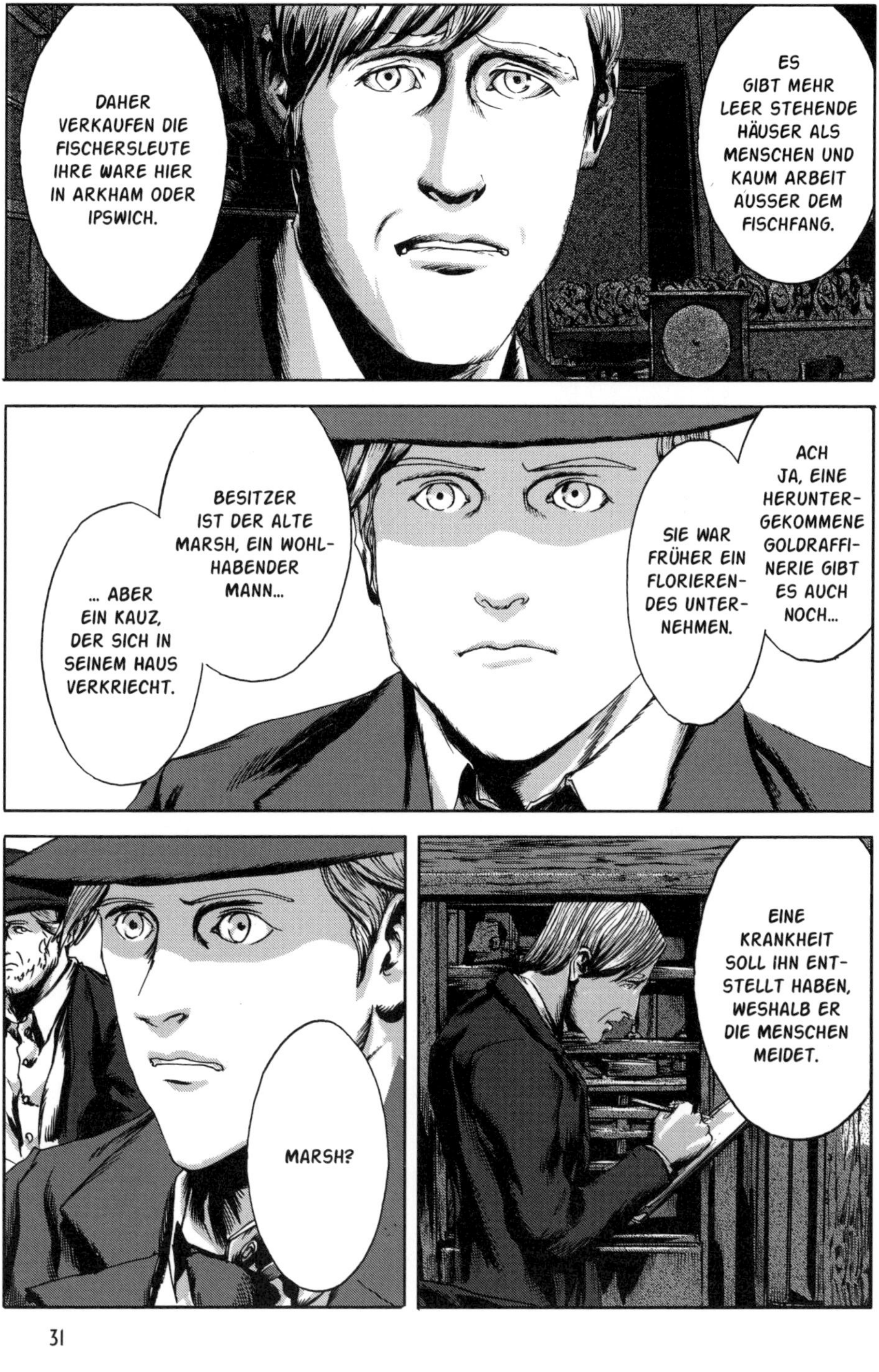

DAHER VERKAUFEN DIE FISCHERSLEUTE IHRE WARE HIER IN ARKHAM ODER IPSWICH.
ES GIBT MEHR LEER STEHENDE HÄUSER ALS MENSCHEN UND KAUM ARBEIT AUSSER DEM FISCHFANG.
ACH JA, EINE HERUNTERGEKOMMENE GOLDRAFFINERIE GIBT ES AUCH NOCH...
SIE WAR FRÜHER EIN FLORIERENDES UNTERNEHMEN.
BESITZER IST DER ALTE MARSH, EIN WOHLHABENDER MANN...
... ABER EIN KAUZ, DER SICH IN SEINEM HAUS VERKRIECHT.
EINE KRANKHEIT SOLL IHN ENTSTELLT HABEN, WESHALB ER DIE MENSCHEN MEIDET.
MARSH?

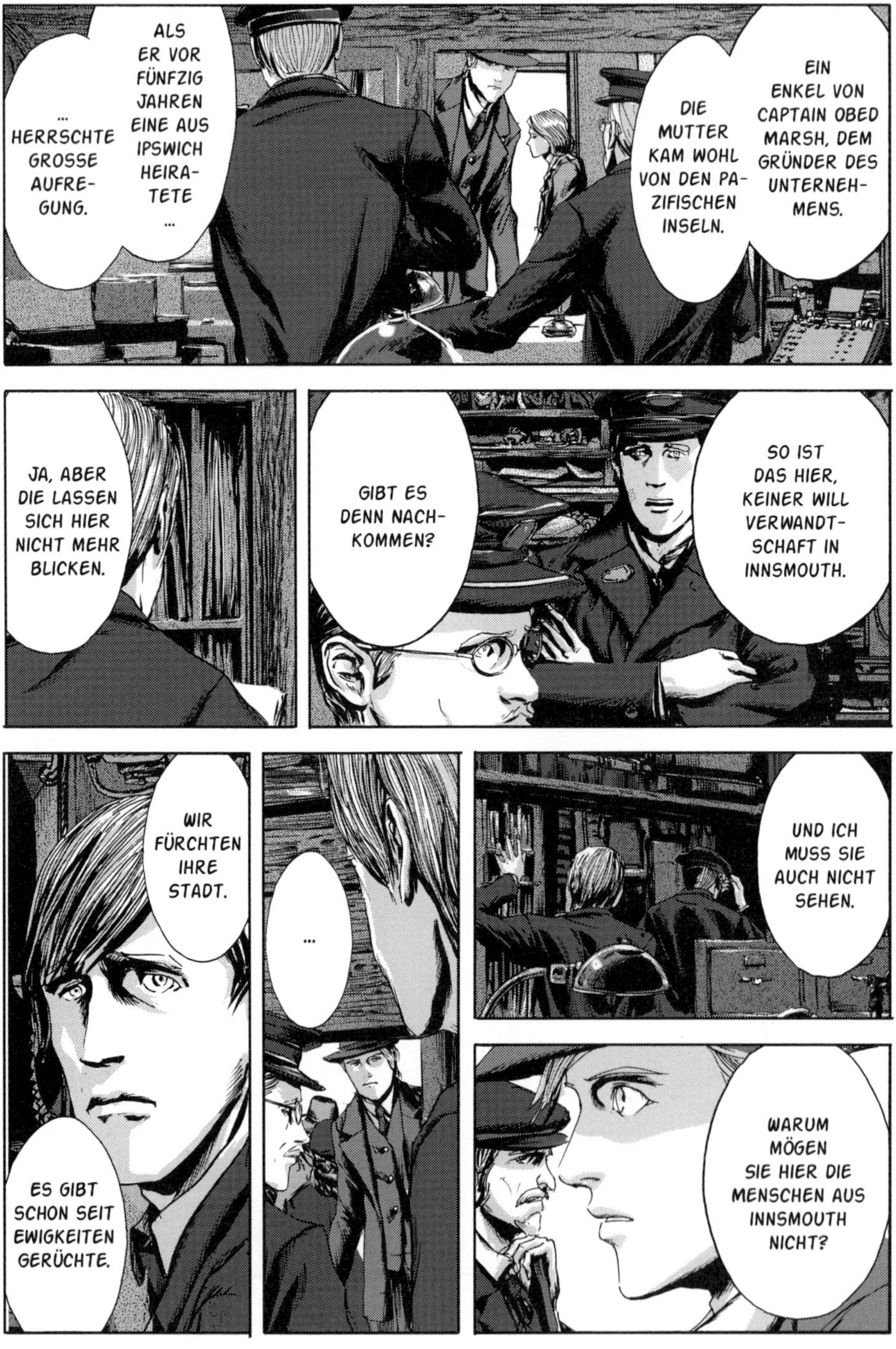
EIN ENKEL VON CAPTAIN OBED MARSH, DEM GRÜNDER DES UNTERNEHMENS.
DIE MUTTER KAM WOHL VON DEN PAZIFISCHEN INSELN.
ALS ER VOR FÜNFZIG JAHREN EINE AUS IPSWICH HEIRATETE ...
... HERRSCHTE GROSSE AUFREGUNG.
SO IST DAS HIER, KEINER WILL VERWANDTSCHAFT IN INNSMOUTH.
GIBT ES DENN NACHKOMMEN?
JA, ABER DIE LASSEN SICH HIER NICHT MEHR BLICKEN.
UND ICH MUSS SIE AUCH NICHT SEHEN.
WARUM MÖGEN SIE HIER DIE MENSCHEN AUS INNSMOUTH NICHT?
...
WIR FÜRCHTEN IHRE STADT.
ES GIBT SCHON SEIT EWIGKEITEN GERÜCHTE.

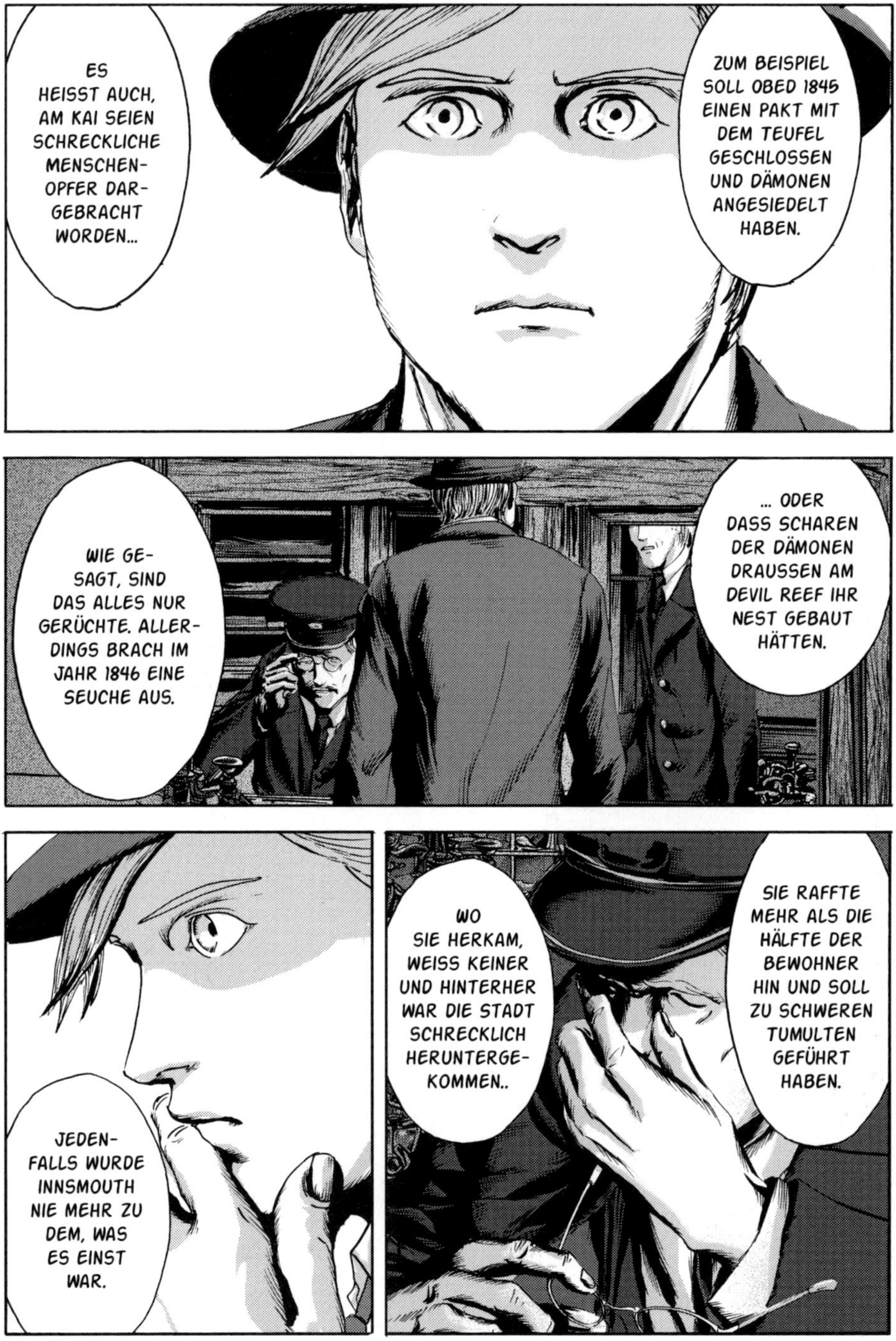
ZUM BEISPIEL SOLL OBED 1845 EINEN PAKT MIT DEM TEUFEL GESCHLOSSEN UND DÄMONEN ANGESIEDELT HABEN.
ES HEISST AUCH, AM KAI SEIEN SCHRECKLICHE MENSCHEN-OPFER DAR-GEBRACHT WORDEN...
... ODER DASS SCHAREN DER DÄMONEN DRAUSSEN AM DEVIL REEF IHR NEST GEBAUT HÄTTEN.
WIE GE-SAGT, SIND DAS ALLES NUR GERÜCHTE. ALLER-DINGS BRACH IM JAHR 1846 EINE SEUCHE AUS.
SIE RAFFTE MEHR ALS DIE HÄLFTE DER BEWOHNER HIN UND SOLL ZU SCHWEREN TUMULTEN GEFÜHRT HABEN.
WO SIE HERKAM, WEISS KEINER UND HINTERHER WAR DIE STADT SCHRECKLICH HERUNTERGE-KOMMEN..
JEDEN-FALLS WURDE INNSMOUTH NIE MEHR ZU DEM, WAS ES EINST WAR.

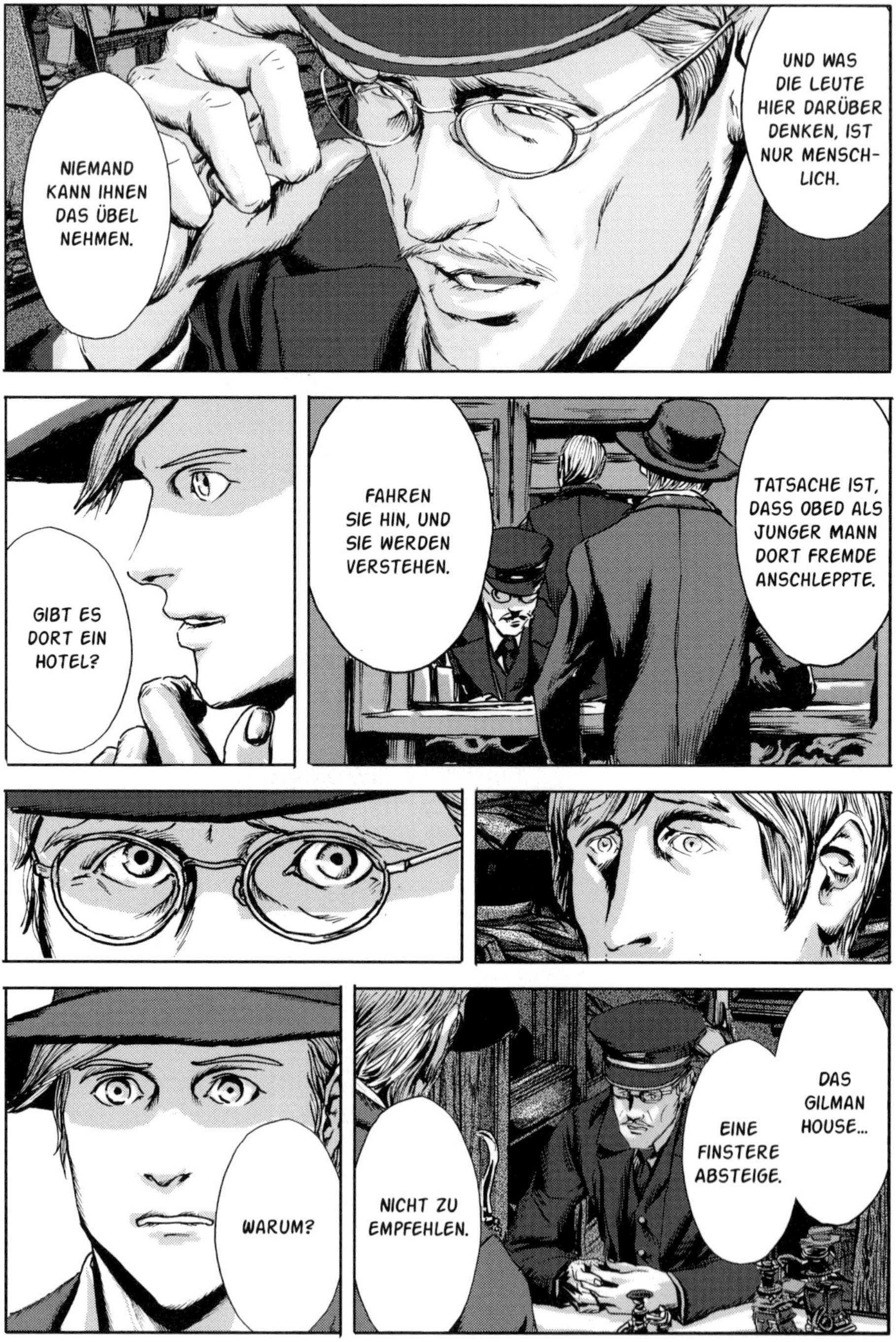
UND WAS DIE LEUTE HIER DARÜBER DENKEN, IST NUR MENSCH-LICH.
NIEMAND KANN IHNEN DAS ÜBEL NEHMEN.
TATSACHE IST, DASS OBED ALS JUNGER MANN DORT FREMDE ANSCHLEPPTE.
FAHREN SIE HIN, UND SIE WERDEN VERSTEHEN.
GIBT ES DORT EIN HOTEL?
DAS GILMAN HOUSE...
EINE FINSTERE ABSTEIGE.
NICHT ZU EMPFEHLEN.
WARUM?

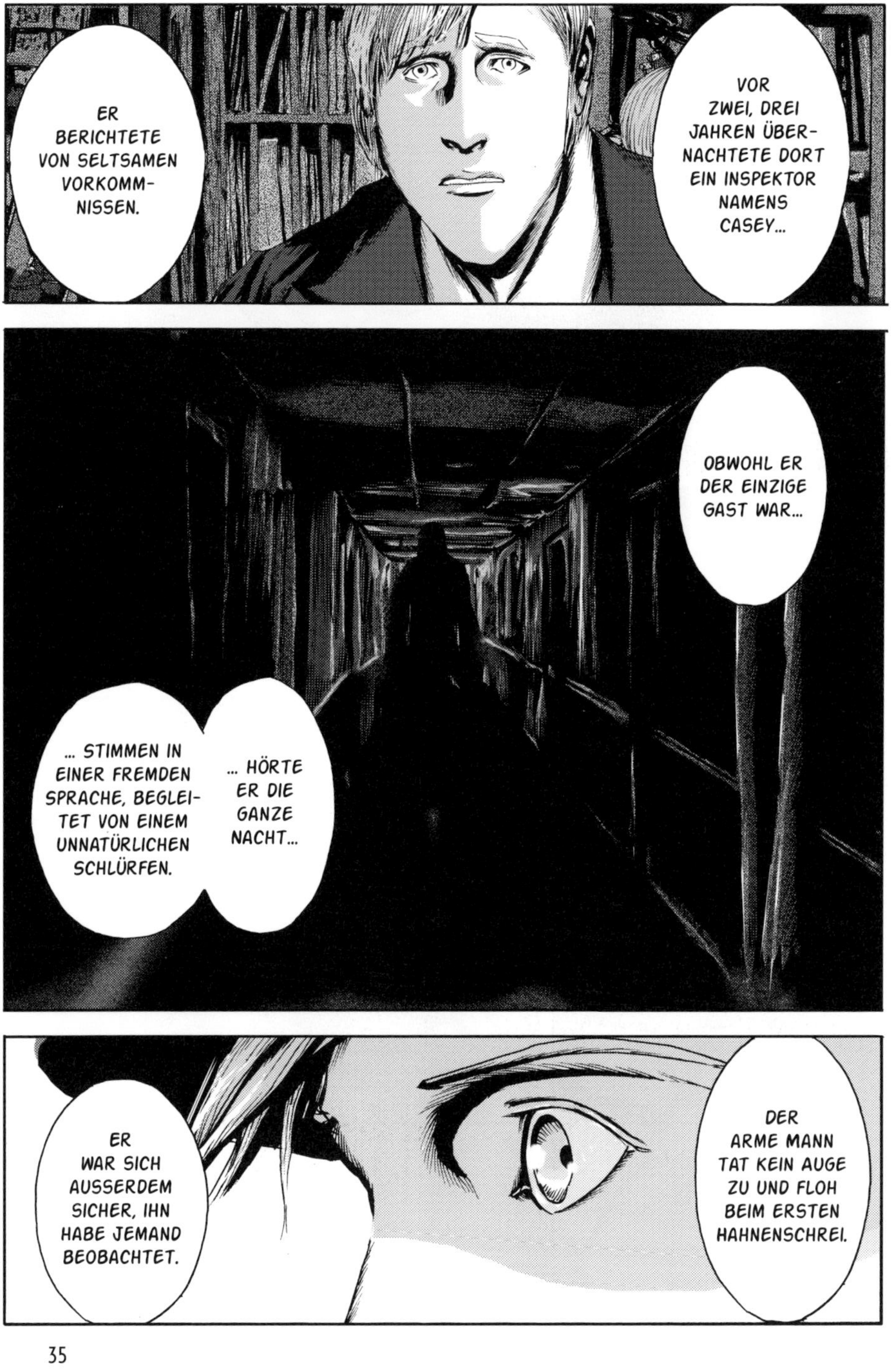
VOR ZWEI, DREI JAHREN ÜBERNACHTETE DORT EIN INSPEKTOR NAMENS CASEY...
ER BERICHTETE VON SELTSAMEN VORKOMMNISSEN.
OBWOHL ER DER EINZIGE GAST WAR...
... HÖRTE ER DIE GANZE NACHT...
... STIMMEN IN EINER FREMDEN SPRACHE, BEGLEITET VON EINEM UNNATÜRLICHEN SCHLÜRFEN.
DER ARME MANN TAT KEIN AUGE ZU UND FLOH BEIM ERSTEN HAHNENSCHREI.
ER WAR SICH AUSSERDEM SICHER, IHN HABE JEMAND BEOBACHTET.

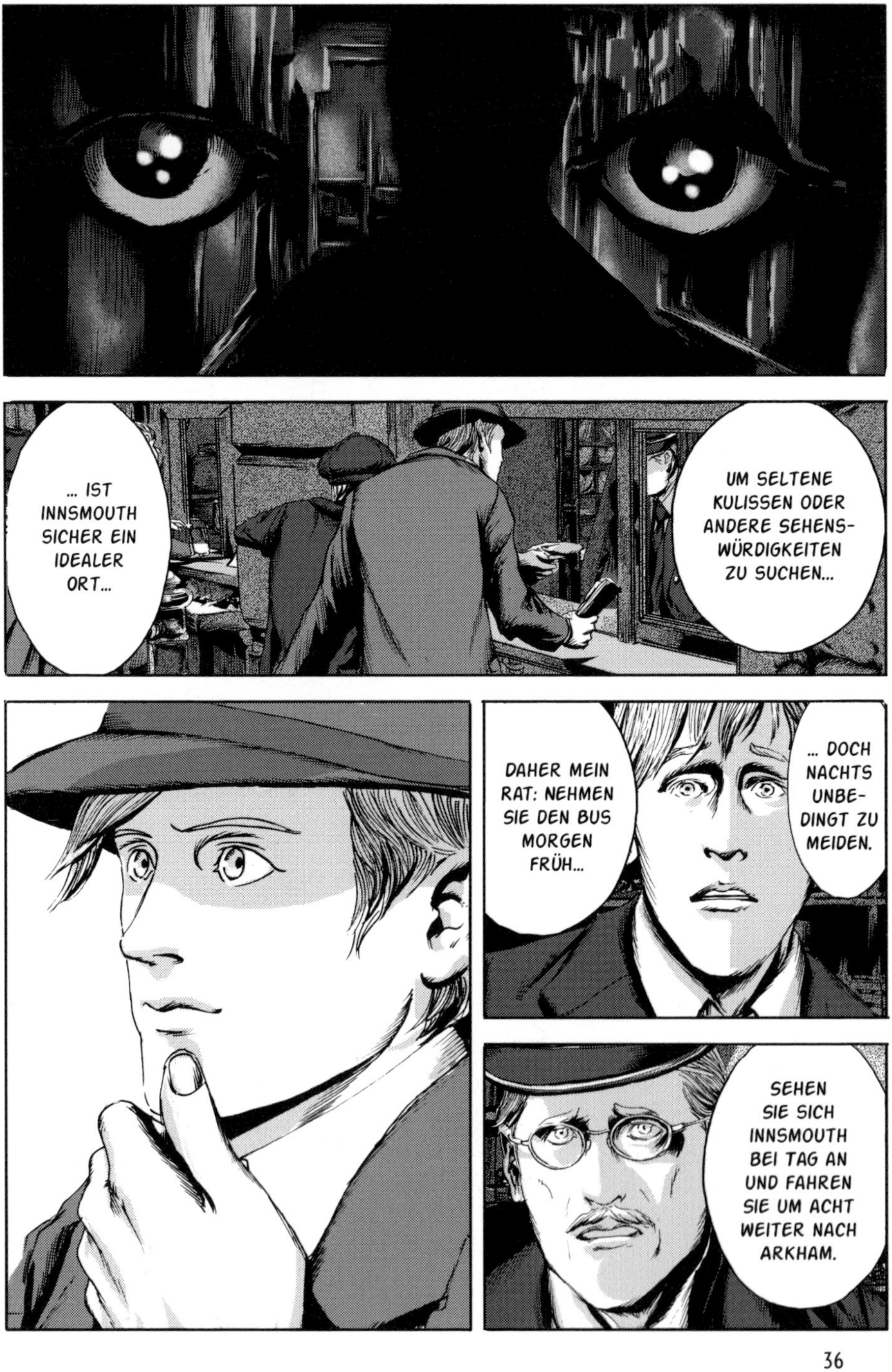
UM SELTENE KULISSEN ODER ANDERE SEHENS-WÜRDIGKEITEN ZU SUCHEN...
... IST INNSMOUTH SICHER EIN IDEALER ORT...
... DOCH NACHTS UNBE-DINGT ZU MEIDEN.
DAHER MEIN RAT: NEHMEN SIE DEN BUS MORGEN FRÜH...
SEHEN SIE SICH INNSMOUTH BEI TAG AN UND FAHREN SIE UM ACHT WEITER NACH ARKHAM.

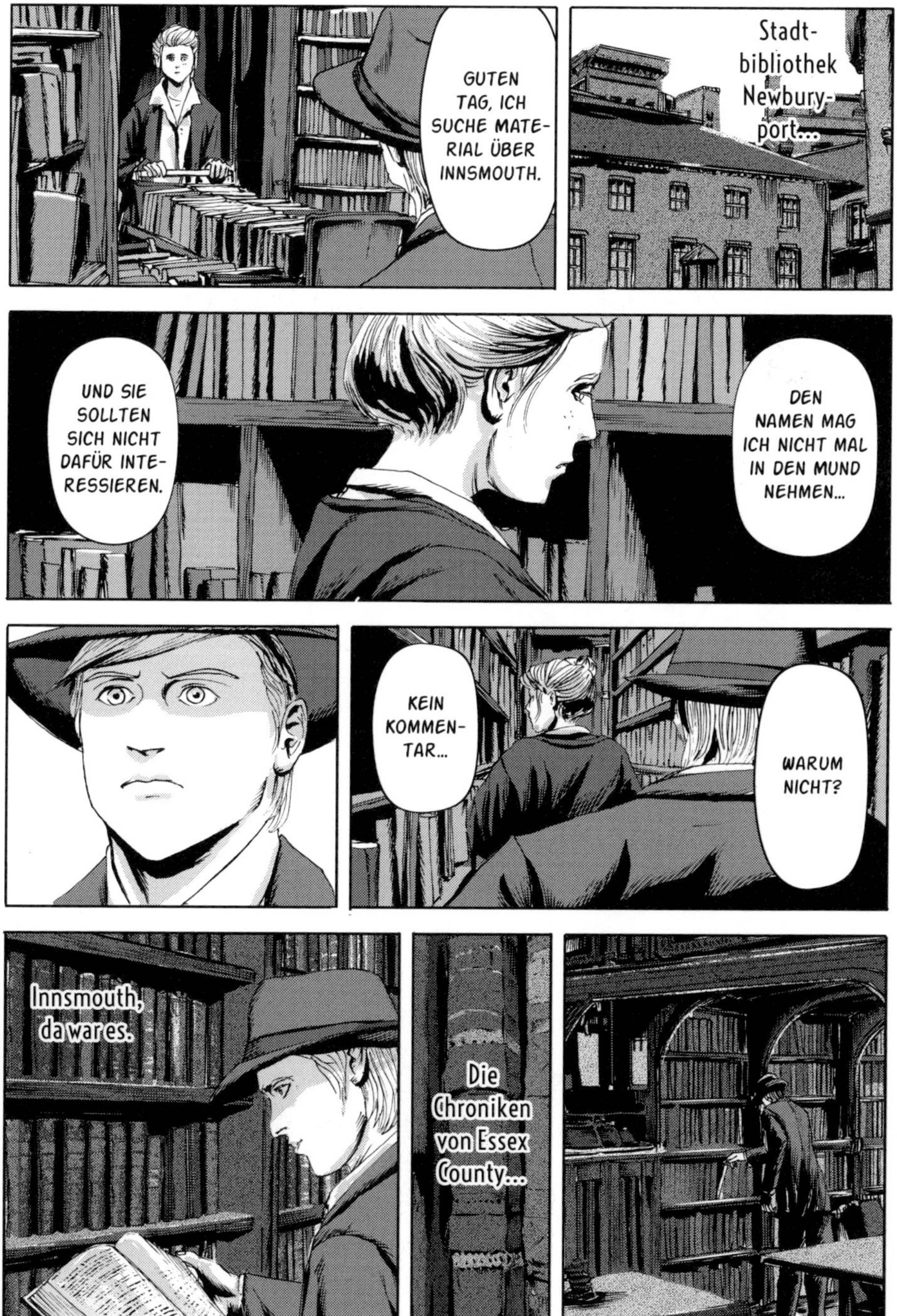
Stadtbibliothek Newburyport...
GUTEN TAG, ICH SUCHE MATERIAL ÜBER INNSMOUTH.
DEN NAMEN MAG ICH NICHT MAL IN DEN MUND NEHMEN...
UND SIE SOLLTEN SICH NICHT DAFÜR INTERESSIEREN.
WARUM NICHT?
KEIN KOMMENTAR...
Innsmouth, da war es.
Die Chroniken von Essex County...

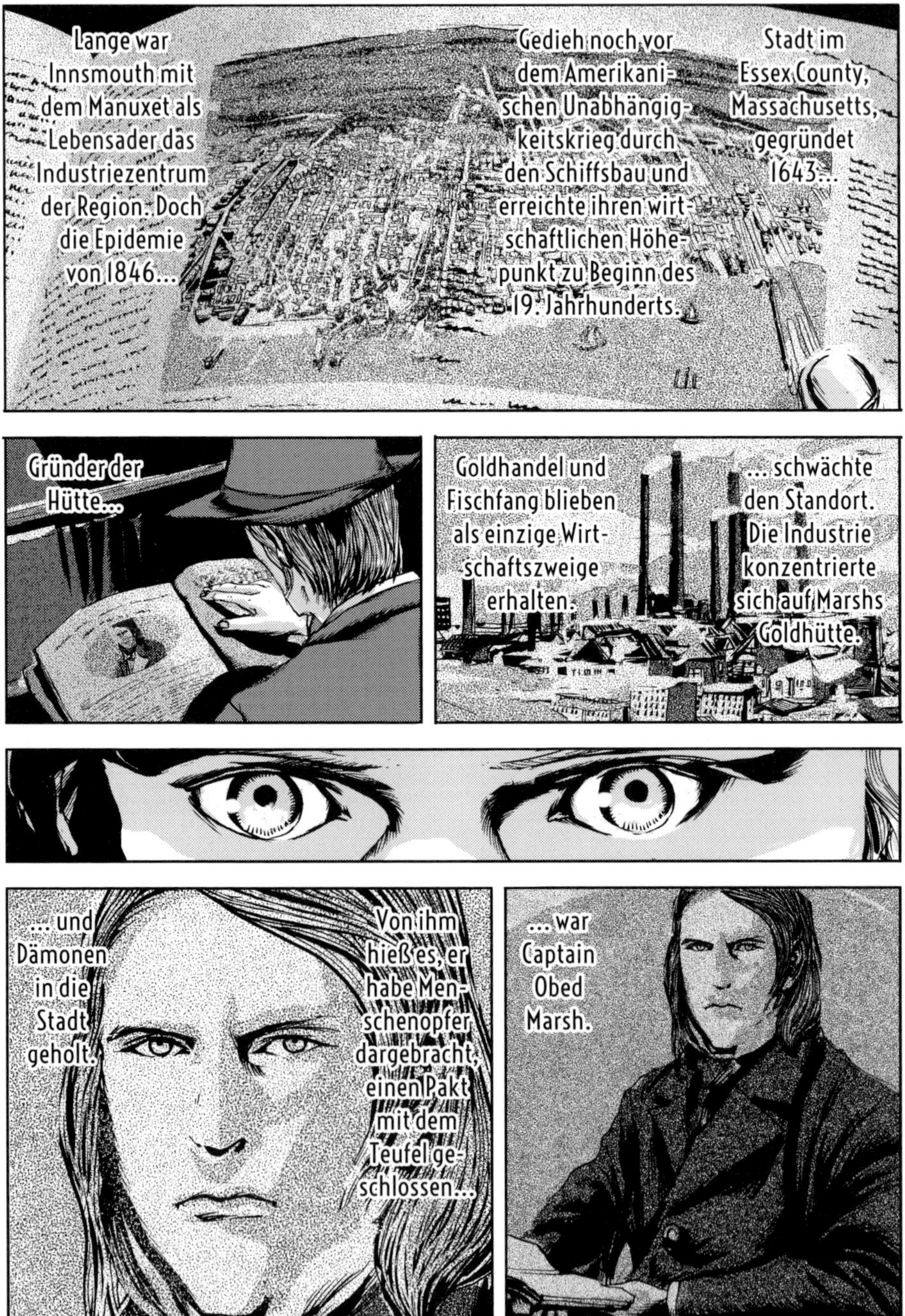
Stadt im Essex County, Massachusetts, gegründet 1643...
Gedieh noch vor dem Amerikanischen Unabhängigkeitskrieg durch den Schiffsbau und erreichte ihren wirtschaftlichen Höhepunkt zu Beginn des 19. Jahrhunderts.
Lange war Innsmouth mit dem Manuxet als Lebensader das Industriezentrum der Region. Doch die Epidemie von 1846...
... schwächte den Standort. Die Industrie konzentrierte sich auf Marshs Goldhütte.
Goldhandel und Fischfang blieben als einzige Wirtschaftszweige erhalten.
Gründer der Hütte...
... war Captain Obed Marsh.
Von ihm hieß es, er habe Menschenopfer dargebracht, einen Pakt mit dem Teufel geschlossen...
... und Dämonen in die Stadt geholt.

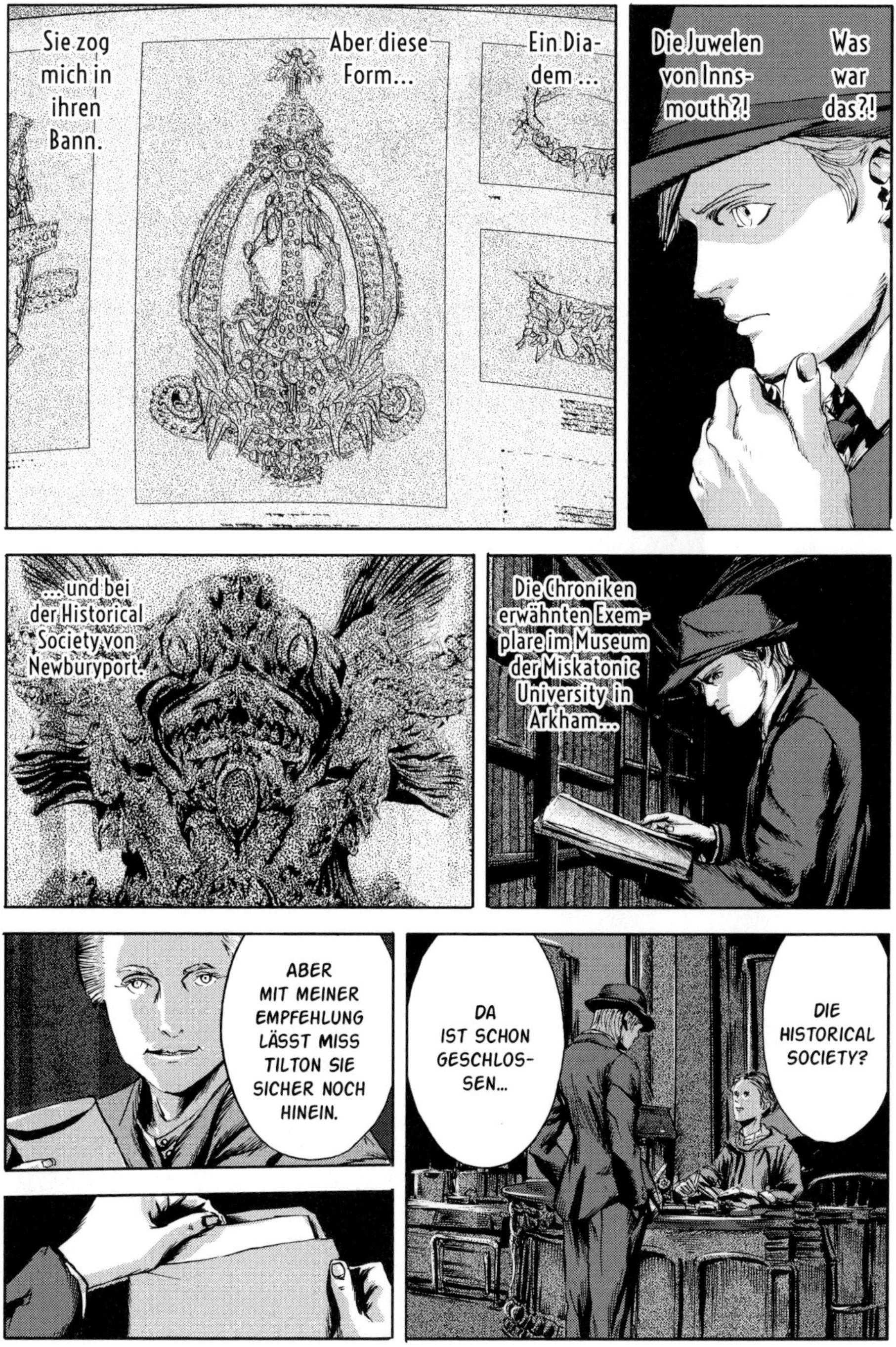
Sie zog mich in ihren Bann.
Aber diese Form …
Ein Diadem …
Was war das?!
Die Juwelen von Innsmouth?!
Die Chroniken erwähnten Exemplare im Museum der Miskatonic University in Arkham …
… und bei der Historical Society von Newburyport.
DIE HISTORICAL SOCIETY?
DA IST SCHON GESCHLOSSEN …
ABER MIT MEINER EMPFEHLUNG LÄSST MISS TILTON SIE SICHER NOCH HINEIN.

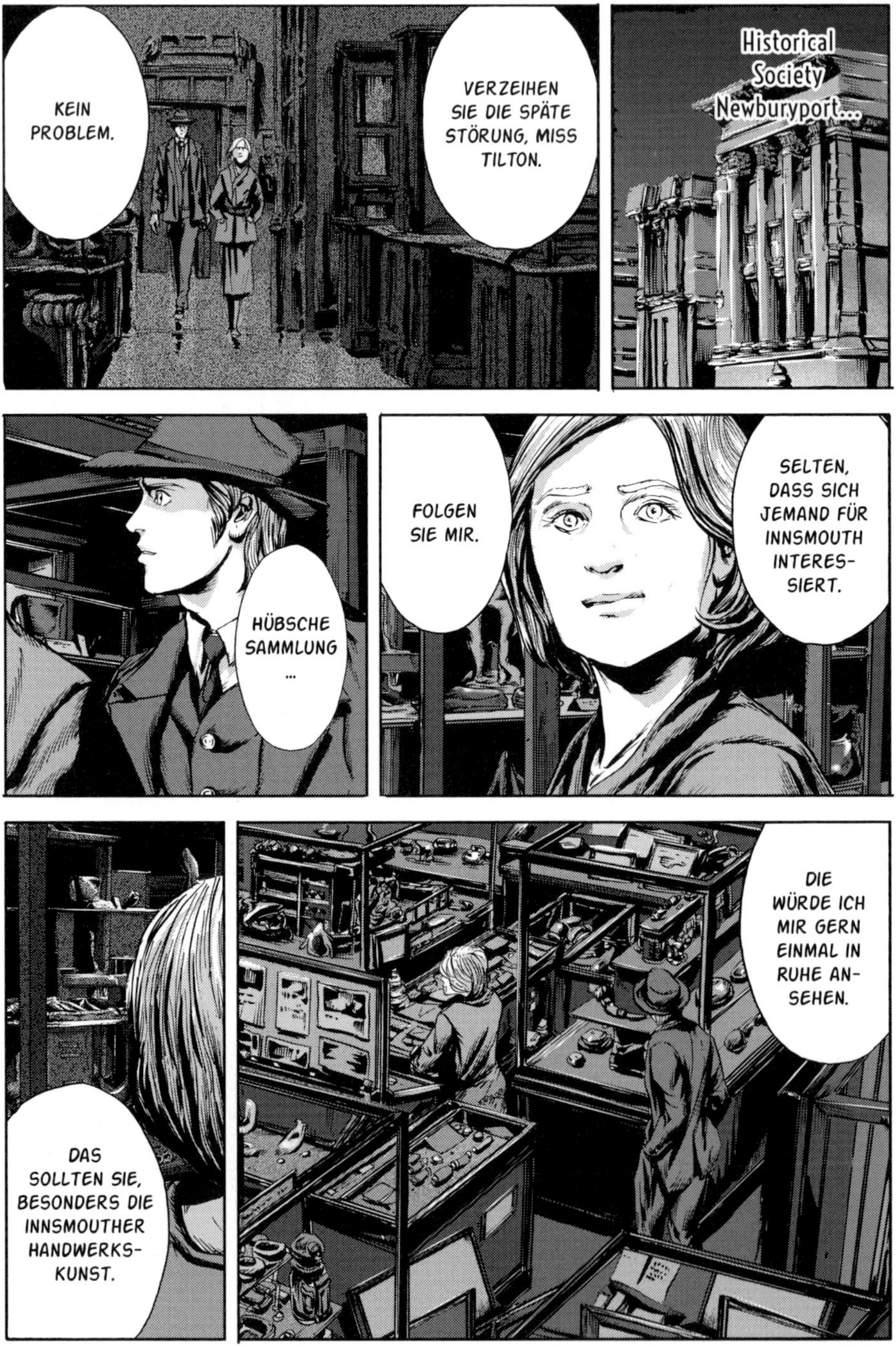
Historical Society Newburyport...
VERZEIHEN SIE DIE SPÄTE STÖRUNG, MISS TILTON.
KEIN PROBLEM.
SELTEN, DASS SICH JEMAND FÜR INNSMOUTH INTERES-SIERT.
FOLGEN SIE MIR.
HÜBSCHE SAMMLUNG ...
DIE WÜRDE ICH MIR GERN EINMAL IN RUHE AN-SEHEN.
DAS SOLLTEN SIE, BESONDERS DIE INNSMOUTHER HANDWERKS-KUNST.

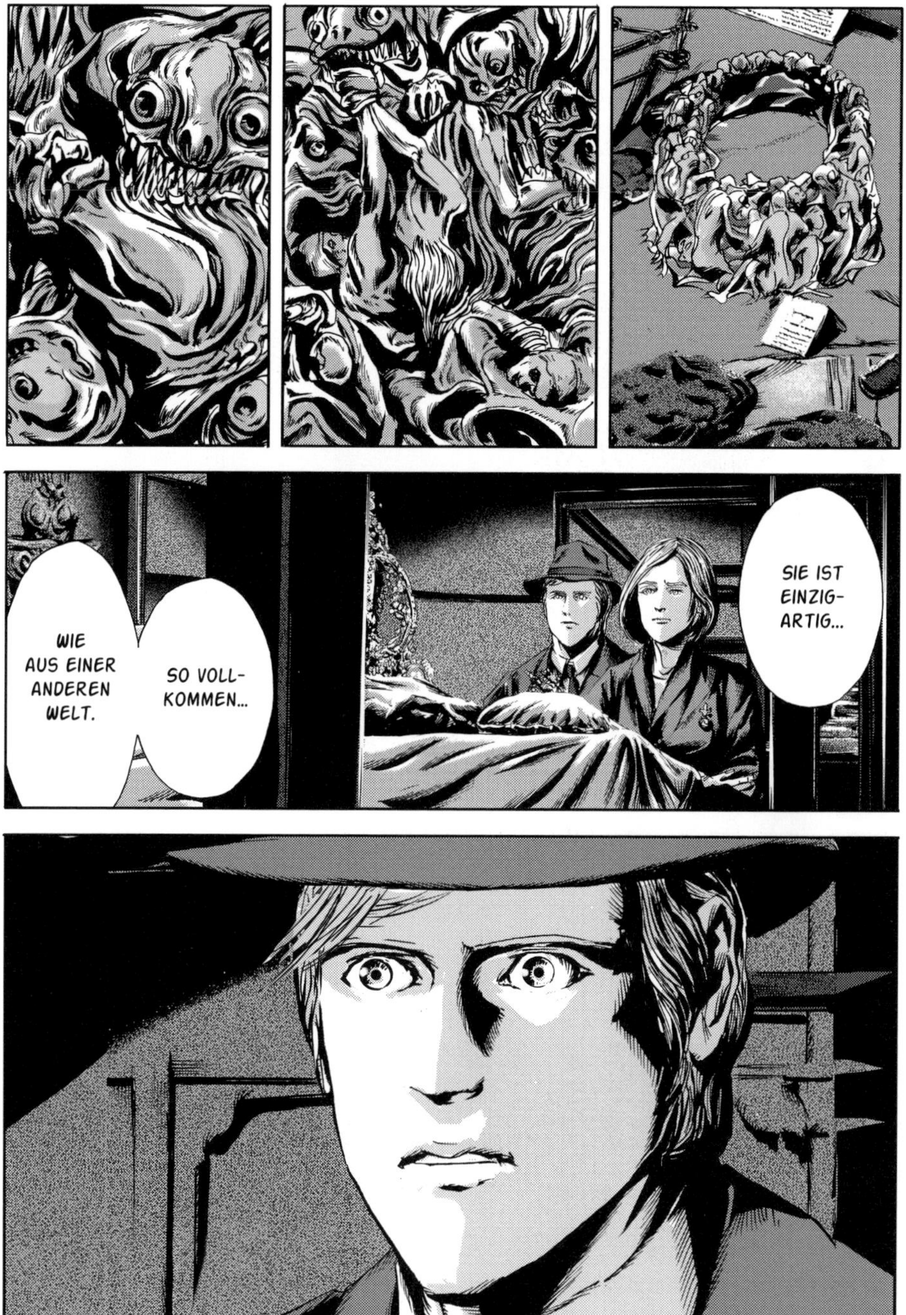
SIE IST EINZIG-ARTIG...
SO VOLL-KOMMEN...
WIE AUS EINER ANDEREN WELT.

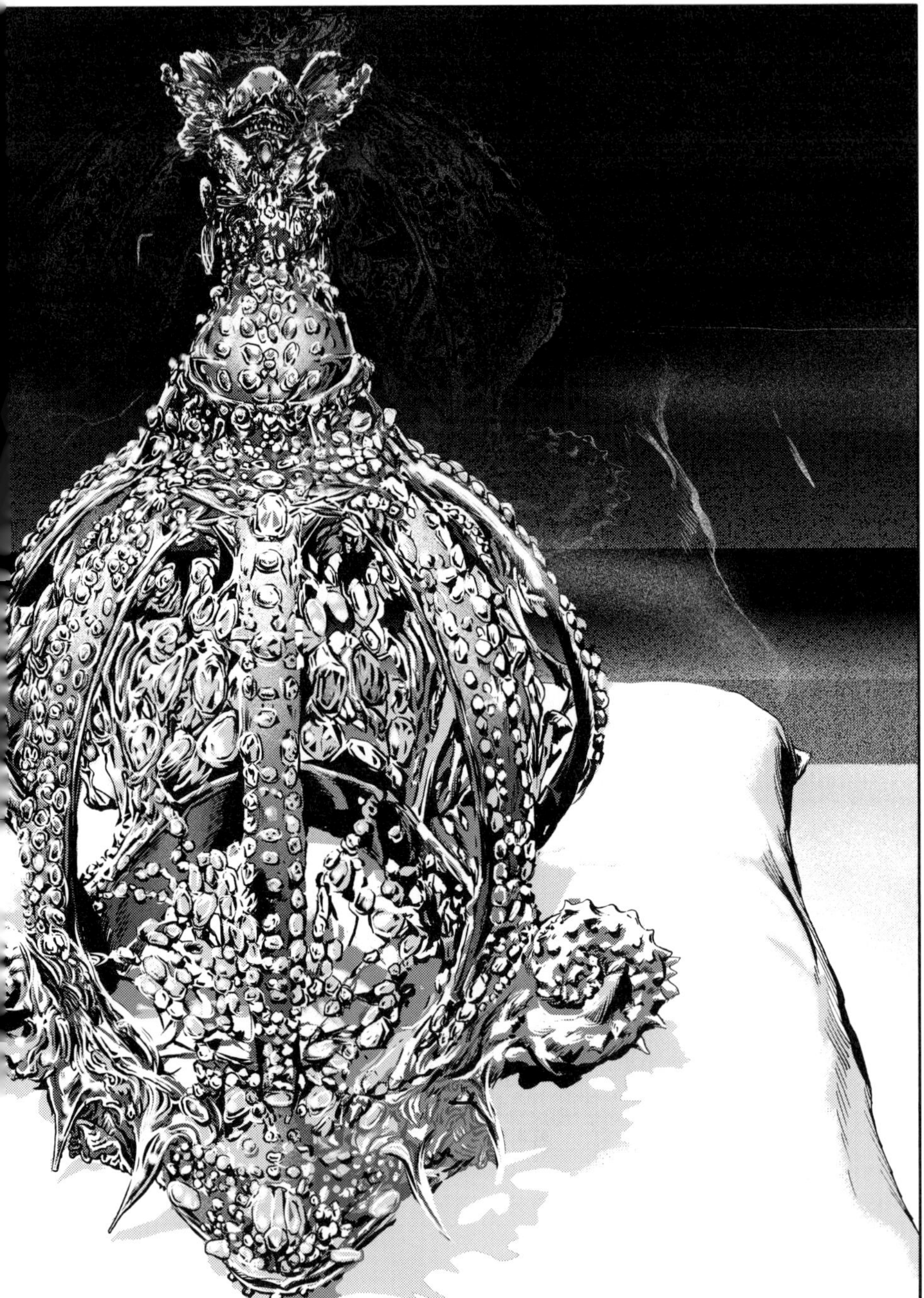

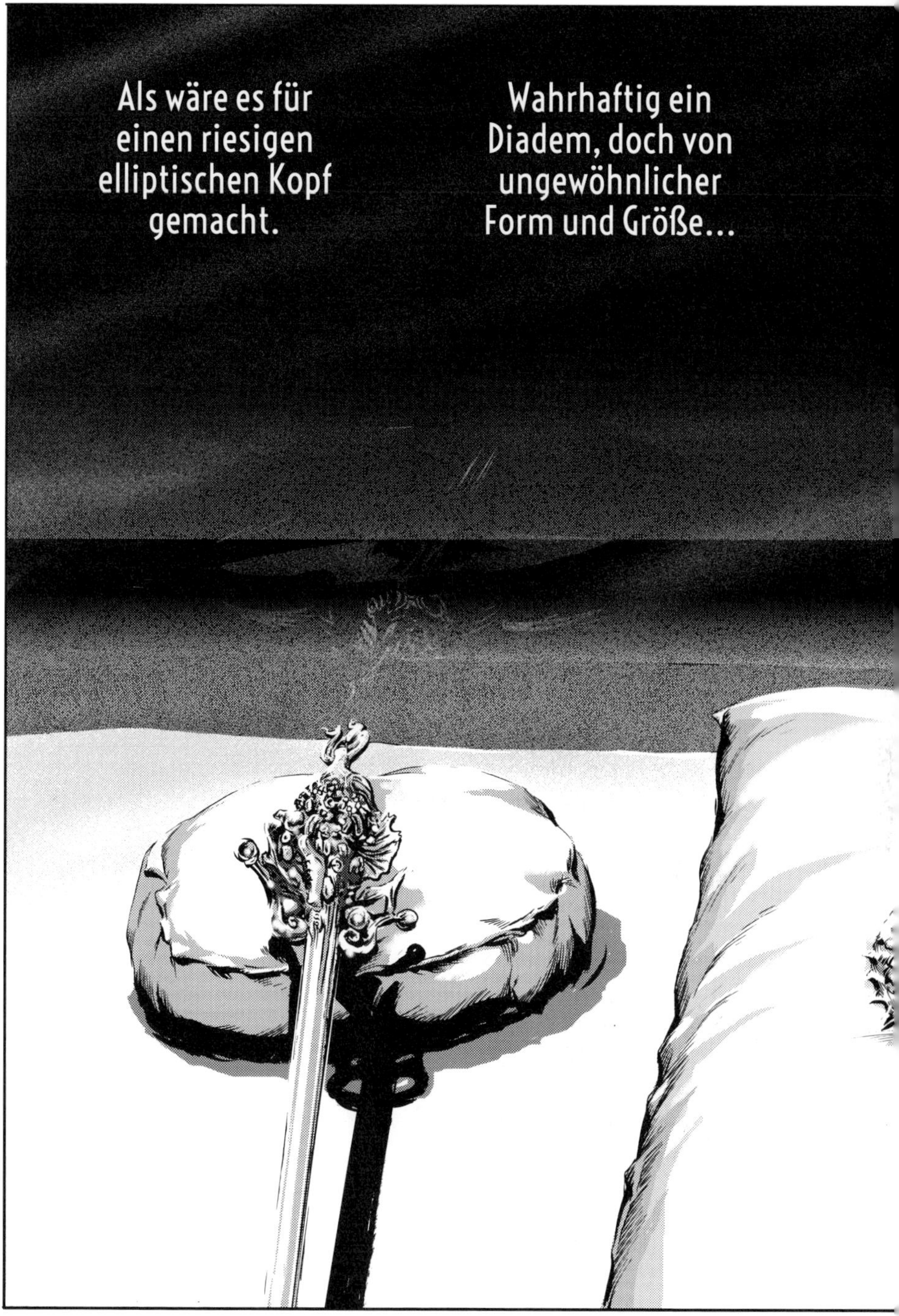
Als wäre es für einen riesigen elliptischen Kopf gemacht.
Wahrhaftig ein Diadem, doch von ungewöhnlicher Form und Größe...

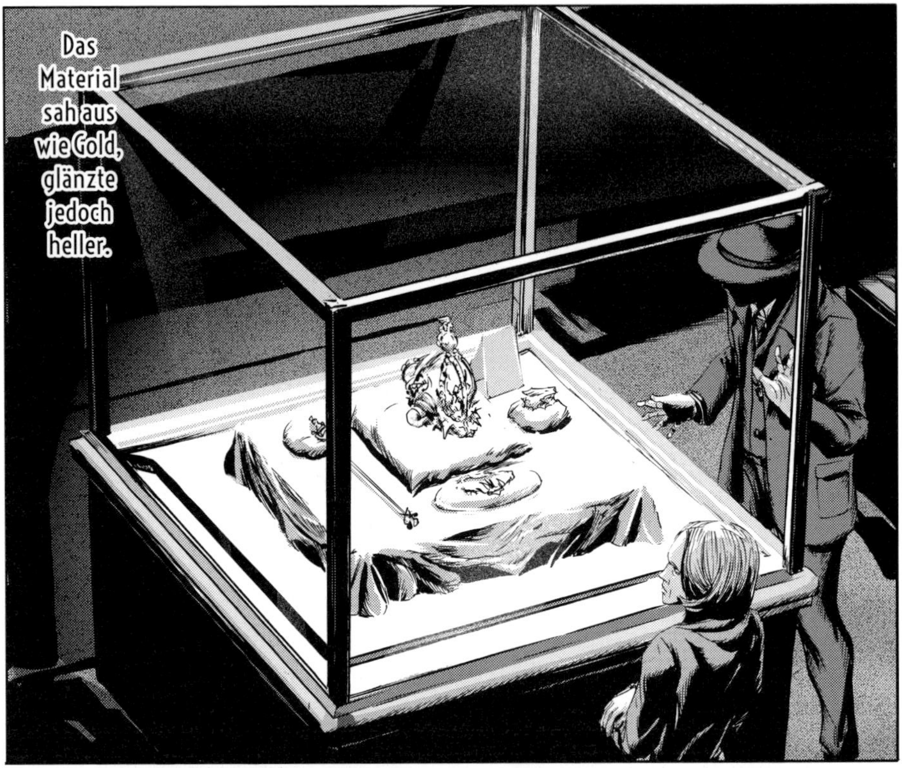
Das Material sah aus wie Gold, glänzte jedoch heller.

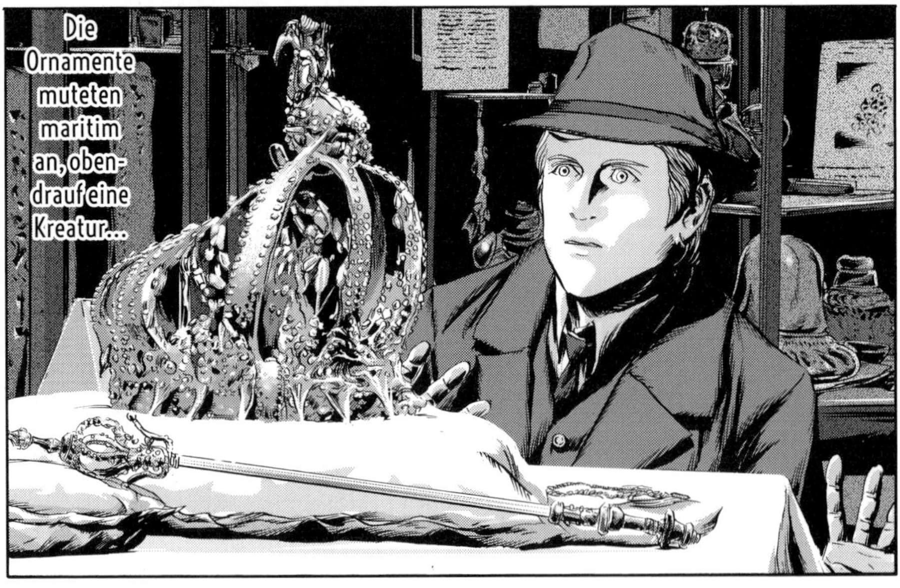
Die Ornamente muteten maritim an, obendrauf eine Kreatur...

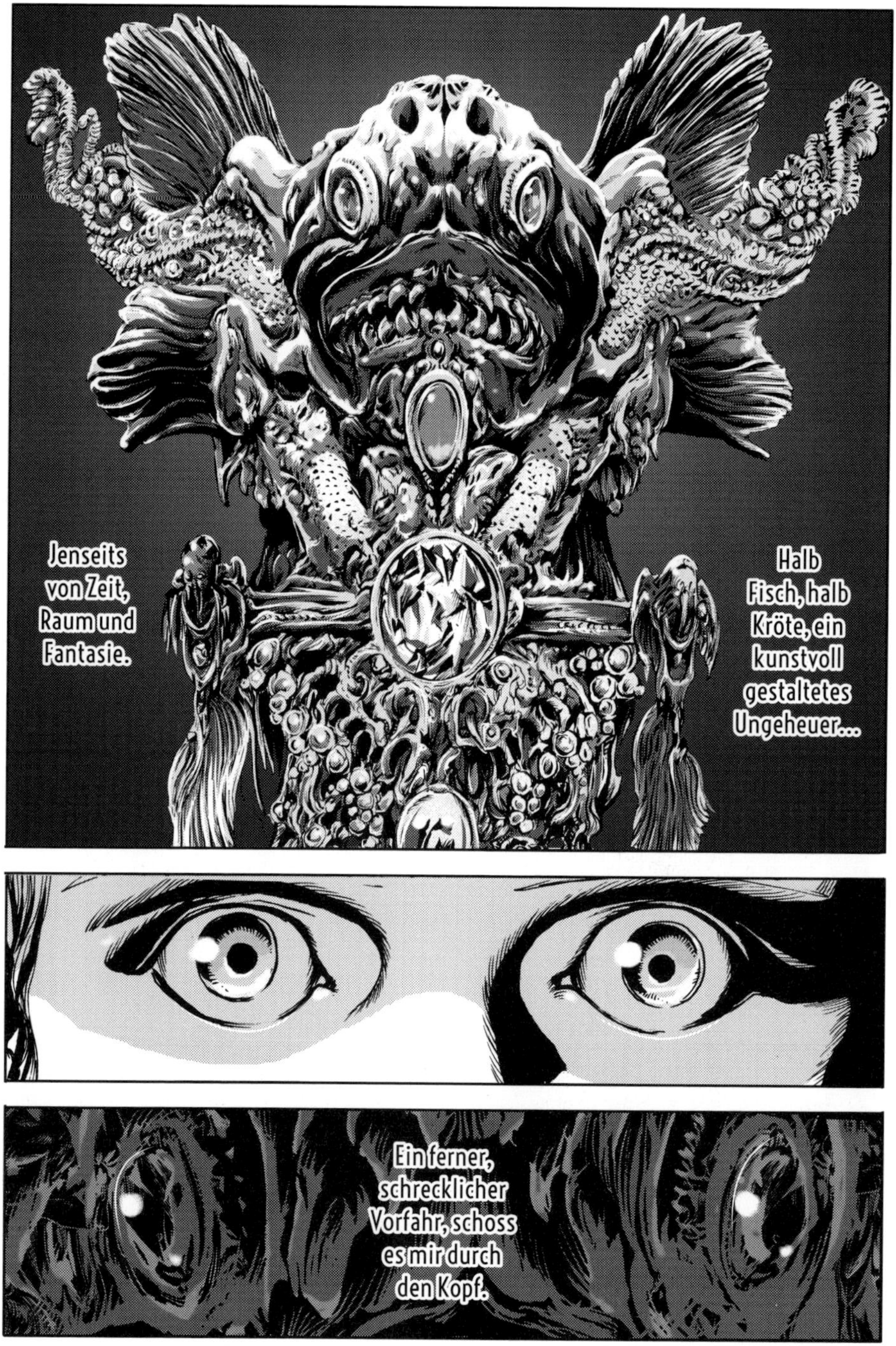
Jenseits von Zeit, Raum und Fantasie.
Halb Fisch, halb Kröte, ein kunstvoll gestaltetes Ungeheuer…
Ein ferner, schrecklicher Vorfahr, schoss es mir durch den Kopf.

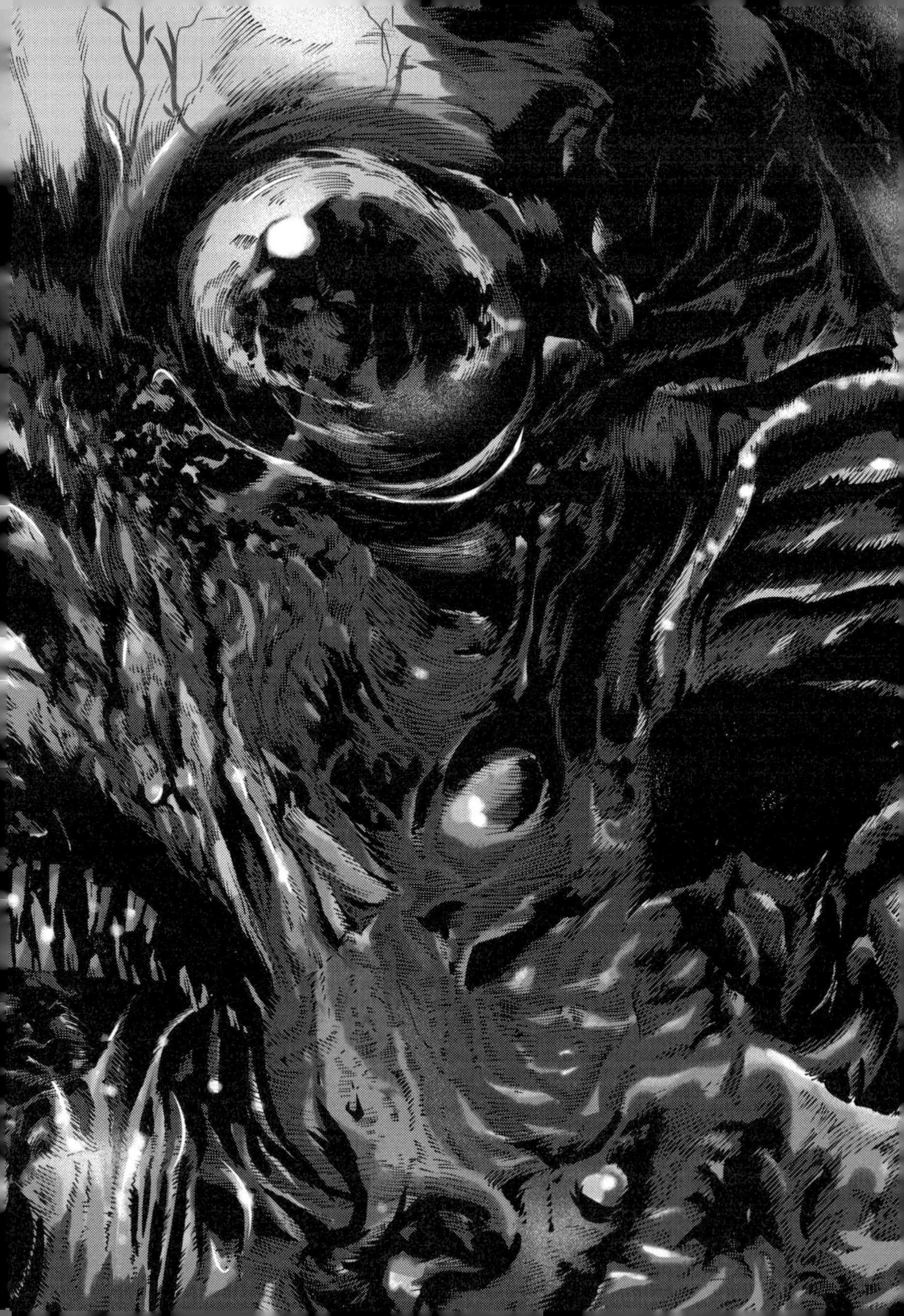

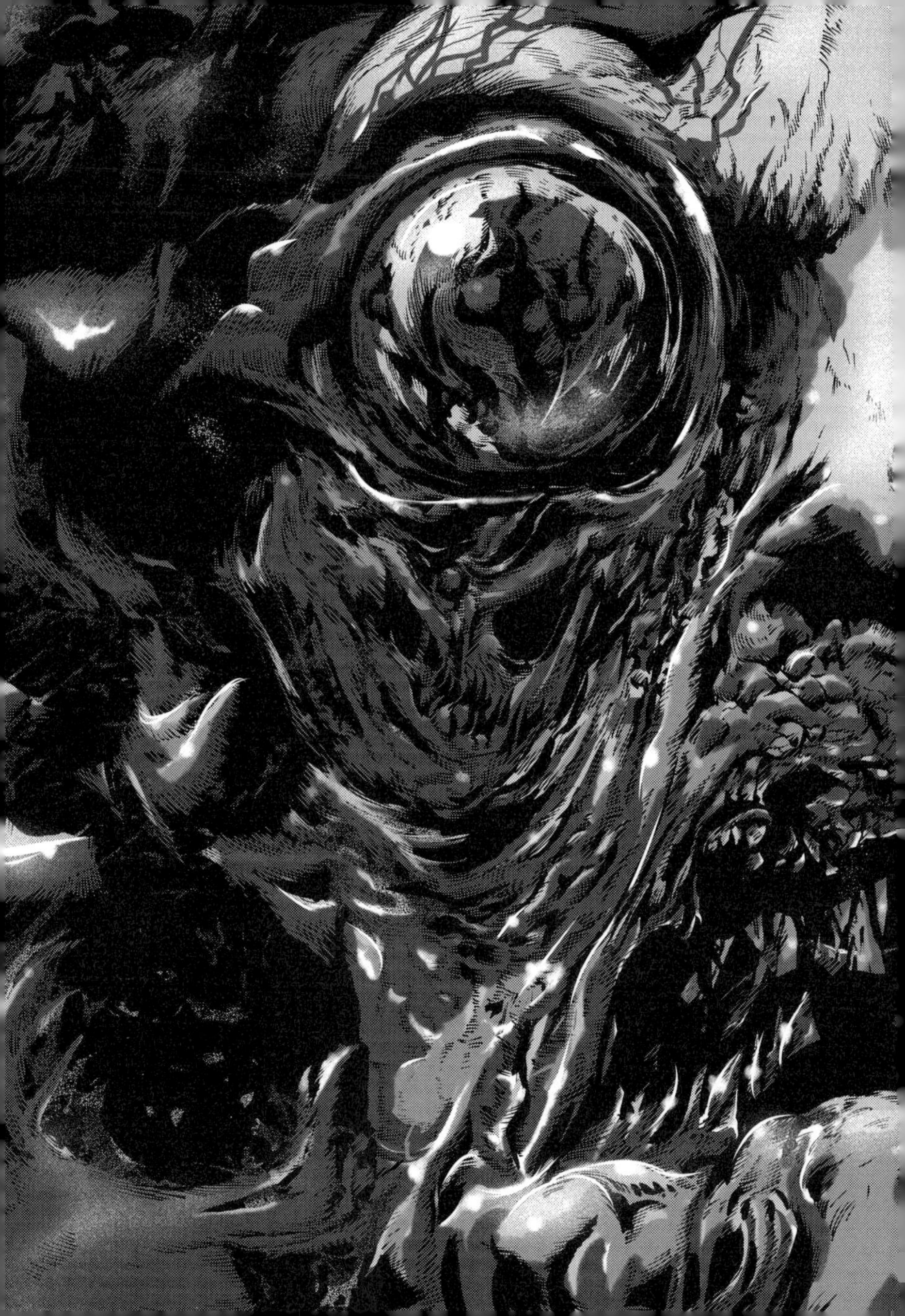

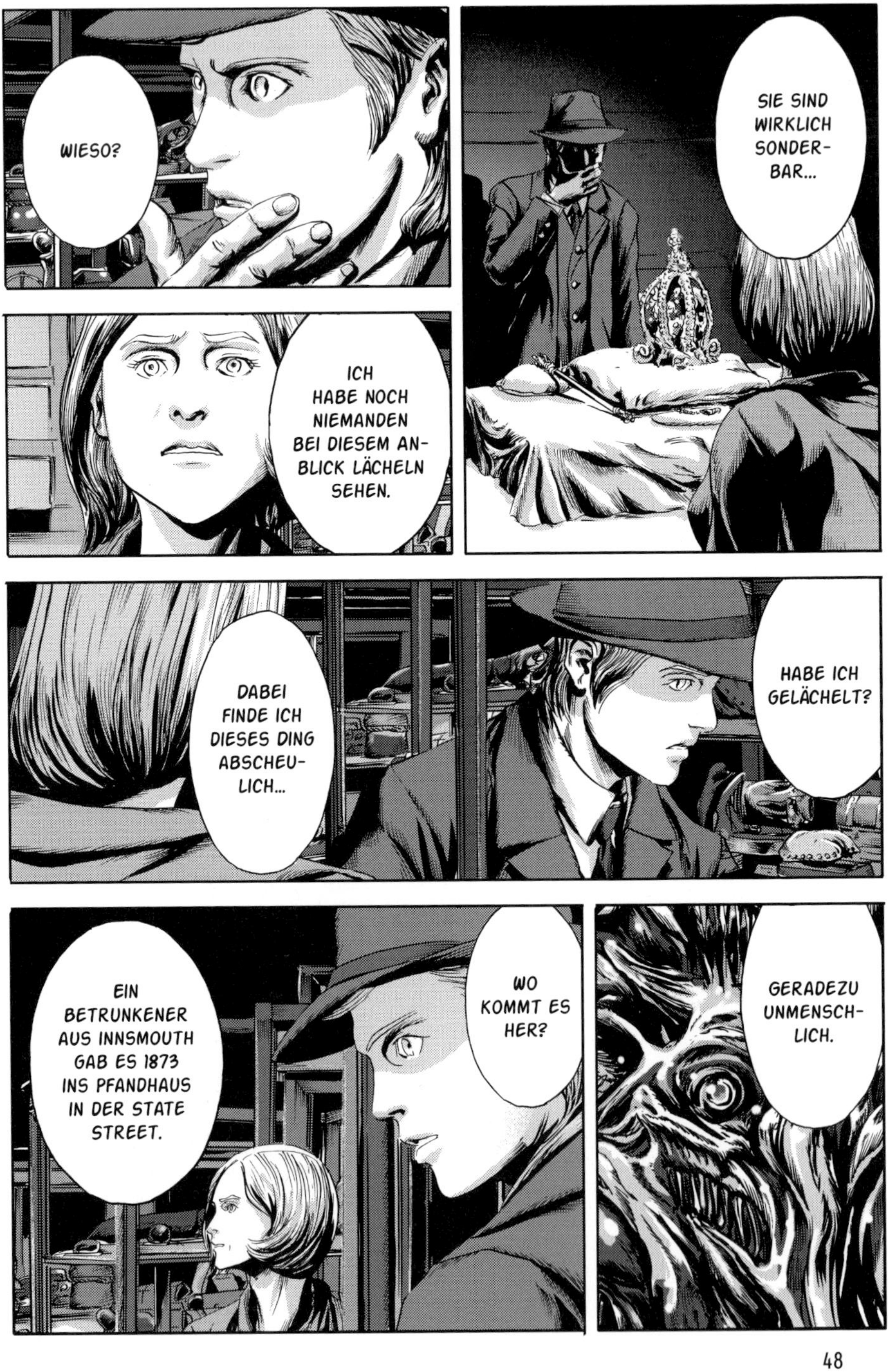
WIESO?
SIE SIND WIRKLICH SONDERBAR...
ICH HABE NOCH NIEMANDEN BEI DIESEM ANBLICK LÄCHELN SEHEN.
DABEI FINDE ICH DIESES DING ABSCHEULICH...
HABE ICH GELÄCHELT?
EIN BETRUNKENER AUS INNSMOUTH GAB ES 1873 INS PFANDHAUS IN DER STATE STREET.
WO KOMMT ES HER?
GERADEZU UNMENSCHLICH.

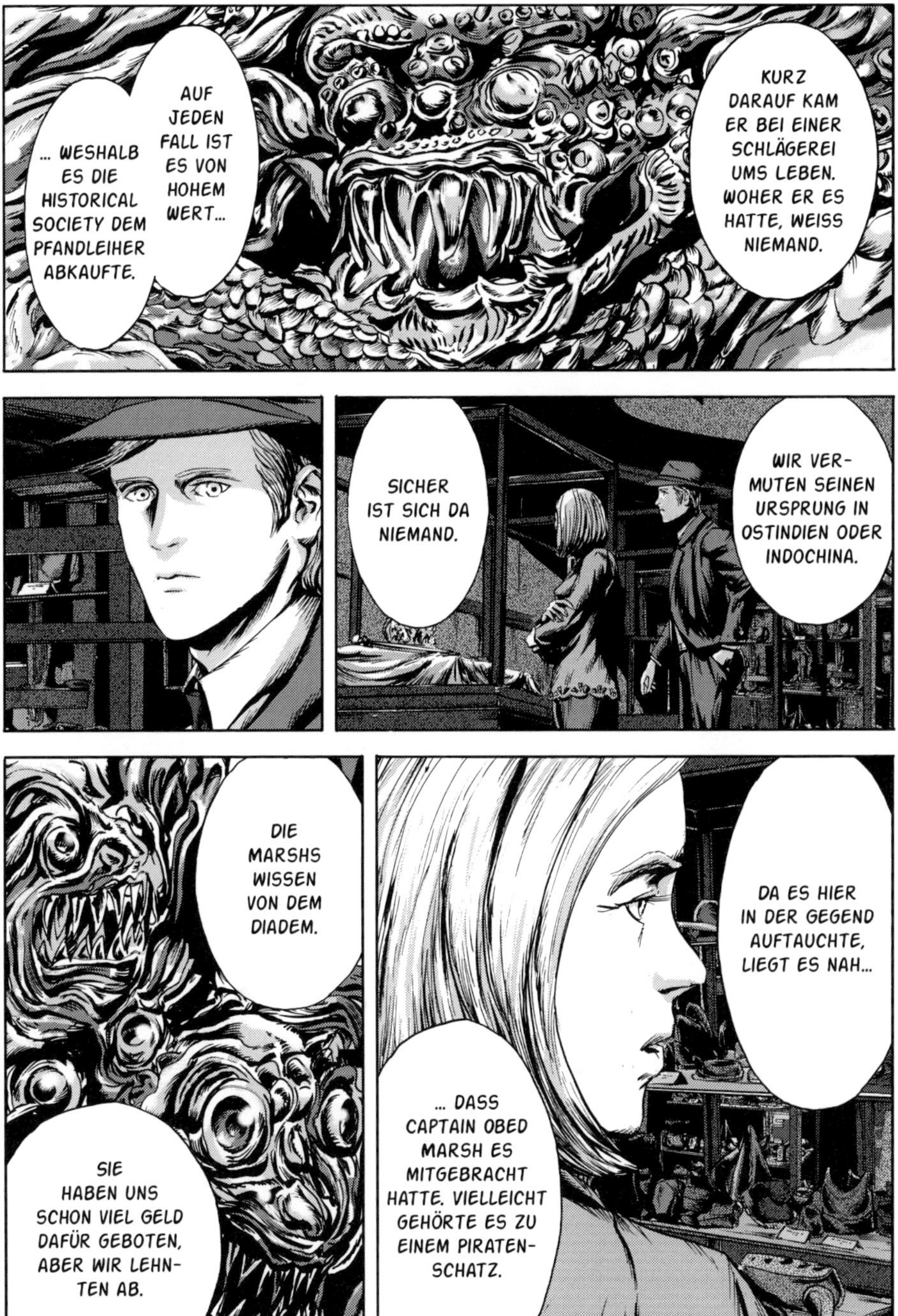
KURZ DARAUF KAM ER BEI EINER SCHLÄGEREI UMS LEBEN. WOHER ER ES HATTE, WEISS NIEMAND.
AUF JEDEN FALL IST ES VON HOHEM WERT...
... WESHALB ES DIE HISTORICAL SOCIETY DEM PFANDLEIHER ABKAUFTE.
WIR VERMUTEN SEINEN URSPRUNG IN OSTINDIEN ODER INDOCHINA.
SICHER IST SICH DA NIEMAND.
DA ES HIER IN DER GEGEND AUFTAUCHTE, LIEGT ES NAH...
... DASS CAPTAIN OBED MARSH ES MITGEBRACHT HATTE. VIELLEICHT GEHÖRTE ES ZU EINEM PIRATENSCHATZ.
DIE MARSHS WISSEN VON DEM DIADEM.
SIE HABEN UNS SCHON VIEL GELD DAFÜR GEBOTEN, ABER WIR LEHNTEN AB.

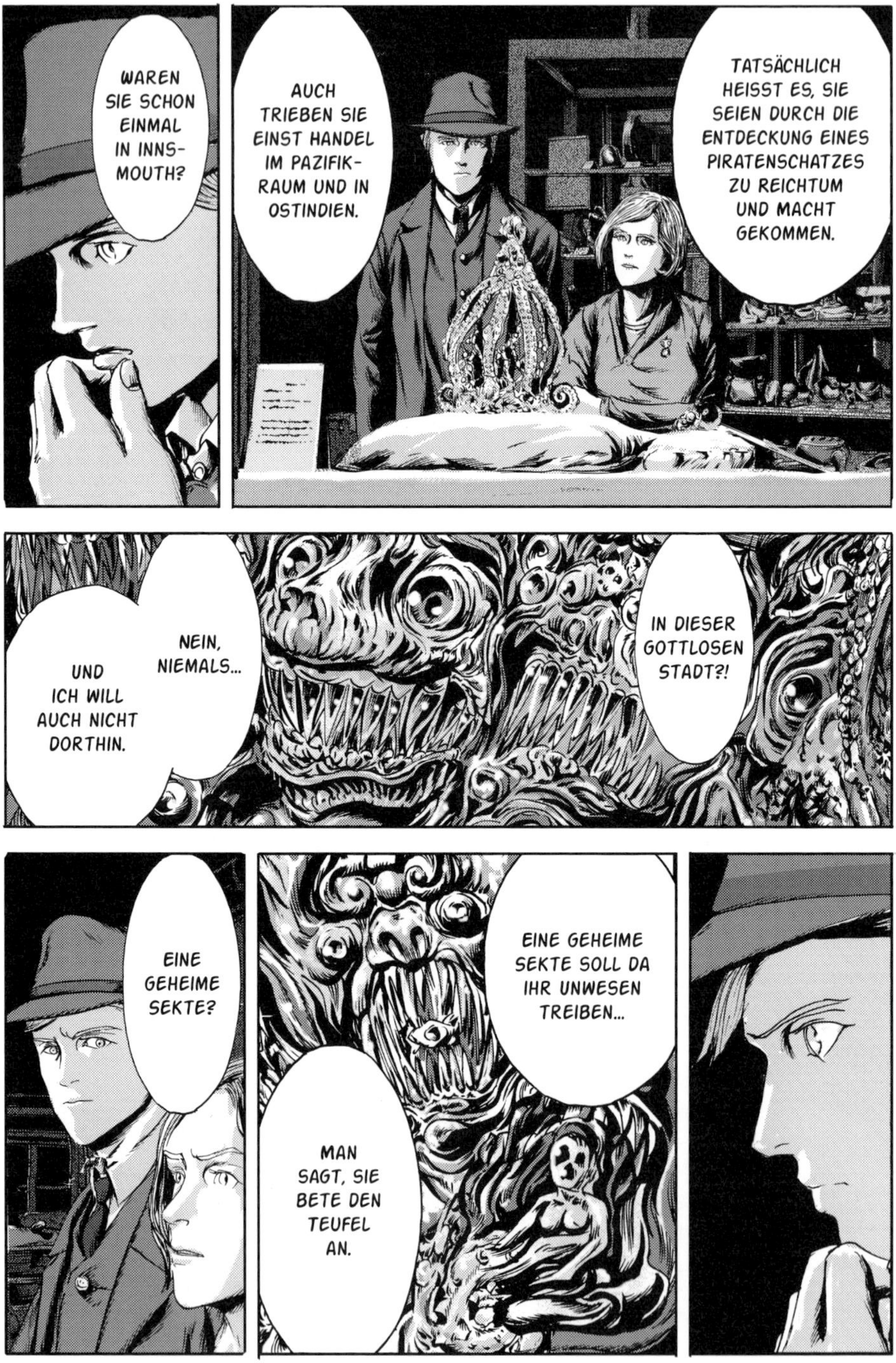
TATSÄCHLICH HEISST ES, SIE SEIEN DURCH DIE ENTDECKUNG EINES PIRATENSCHATZES ZU REICHTUM UND MACHT GEKOMMEN.
AUCH TRIEBEN SIE EINST HANDEL IM PAZIFIK-RAUM UND IN OSTINDIEN.
WAREN SIE SCHON EINMAL IN INNS-MOUTH?
IN DIESER GOTTLOSEN STADT?!
NEIN, NIEMALS...
UND ICH WILL AUCH NICHT DORTHIN.
EINE GEHEIME SEKTE SOLL DA IHR UNWESEN TREIBEN...
MAN SAGT, SIE BETE DEN TEUFEL AN.
EINE GEHEIME SEKTE?

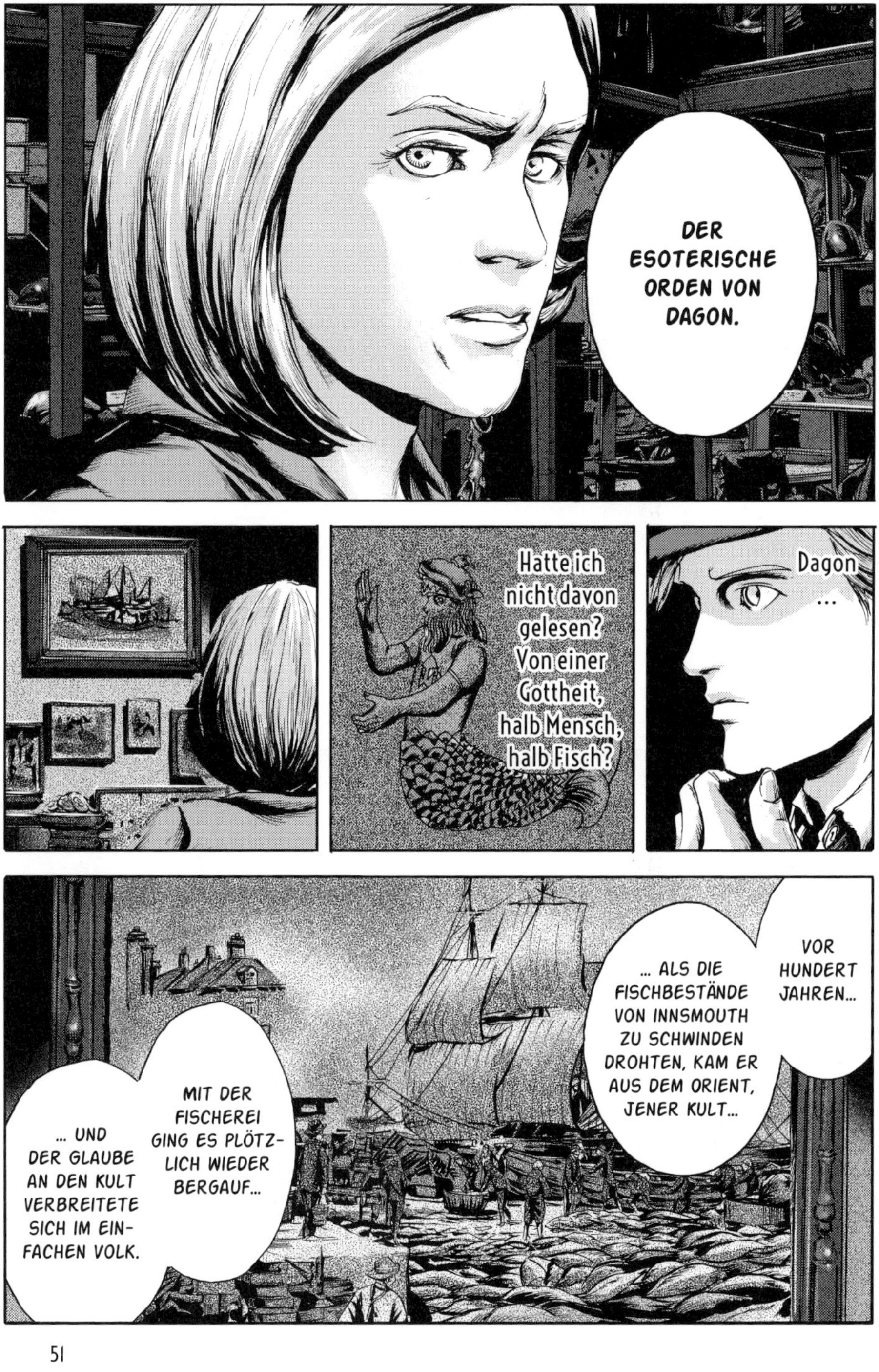
DER ESOTERISCHE ORDEN VON DAGON.
Hatte ich nicht davon gelesen? Von einer Gottheit, halb Mensch, halb Fisch?
Dagon …
VOR HUNDERT JAHREN…
… ALS DIE FISCHBESTÄNDE VON INNSMOUTH ZU SCHWINDEN DROHTEN, KAM ER AUS DEM ORIENT, JENER KULT…
MIT DER FISCHEREI GING ES PLÖTZLICH WIEDER BERGAUF…
… UND DER GLAUBE AN DEN KULT VERBREITETE SICH IM EINFACHEN VOLK.

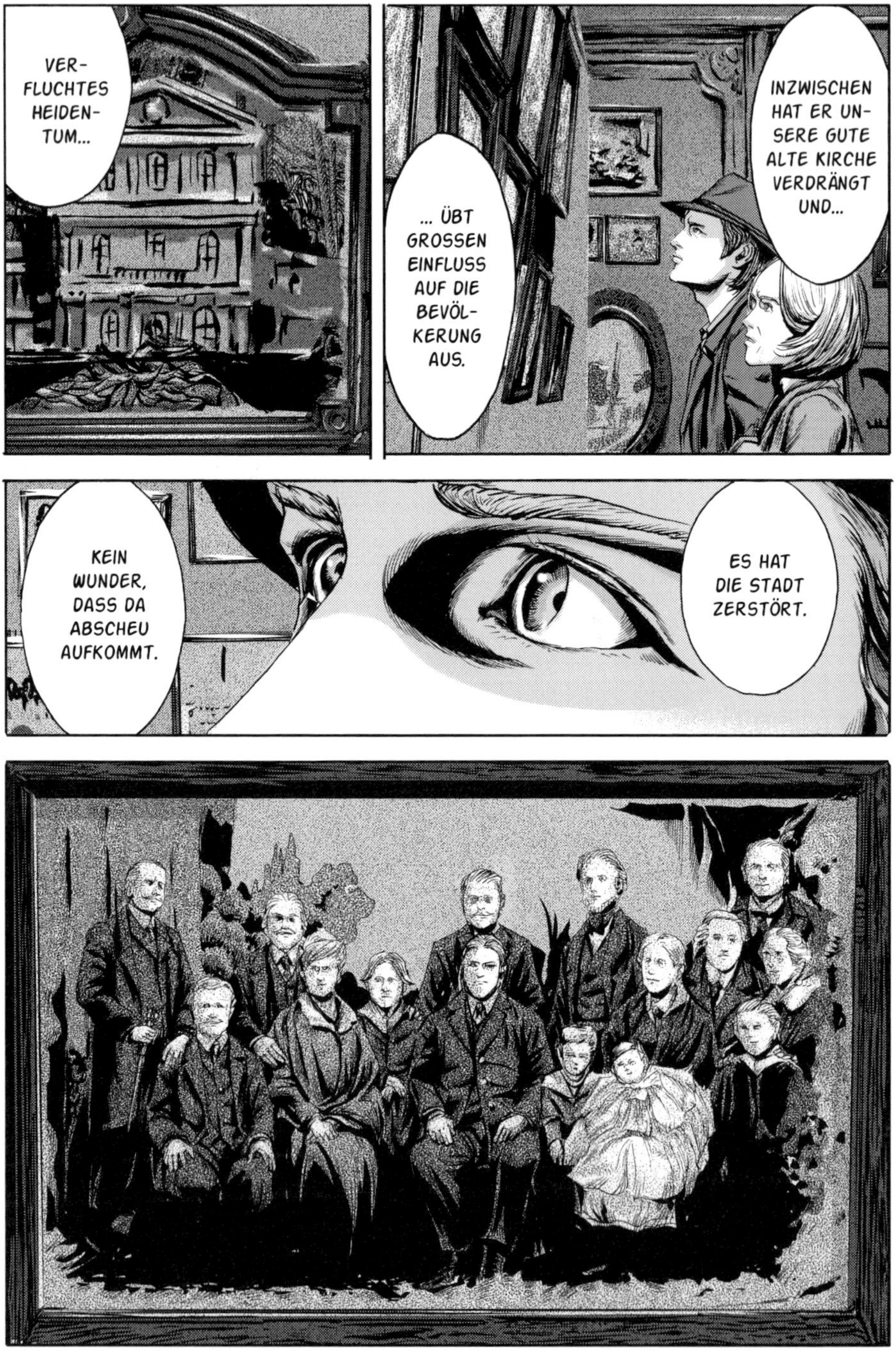
INZWISCHEN HAT ER UNSERE GUTE ALTE KIRCHE VERDRÄNGT UND...
... ÜBT GROSSEN EINFLUSS AUF DIE BEVÖLKERUNG AUS.
VERFLUCHTES HEIDENTUM...
ES HAT DIE STADT ZERSTÖRT.
KEIN WUNDER, DASS DA ABSCHEU AUFKOMMT.

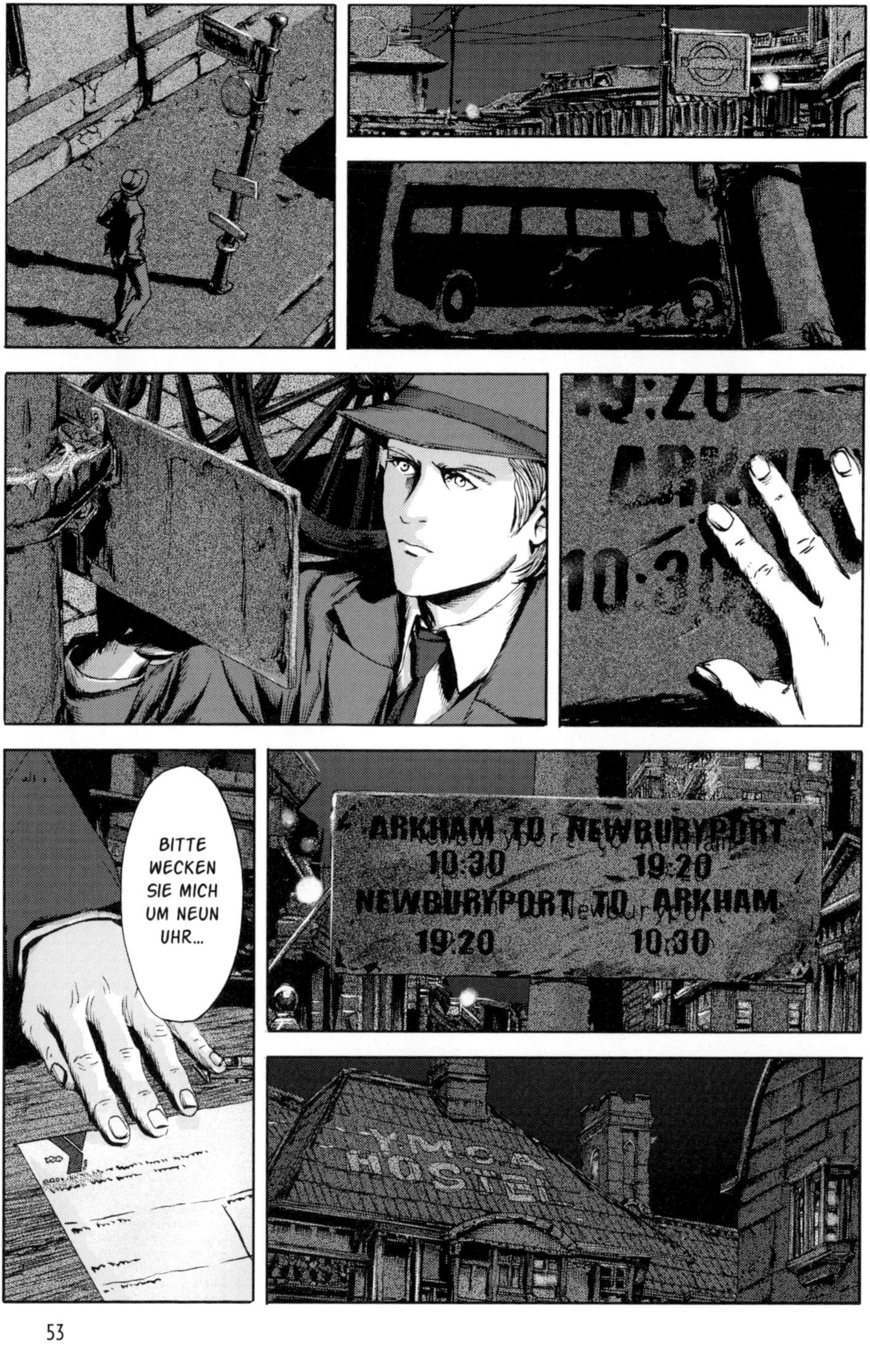
ARKHAM TO NEWBURYPORT
10:30 19:20
NEWBURYPORT TO ARKHAM
19:20 10:30
BITTE WECKEN SIE MICH UM NEUN UHR...

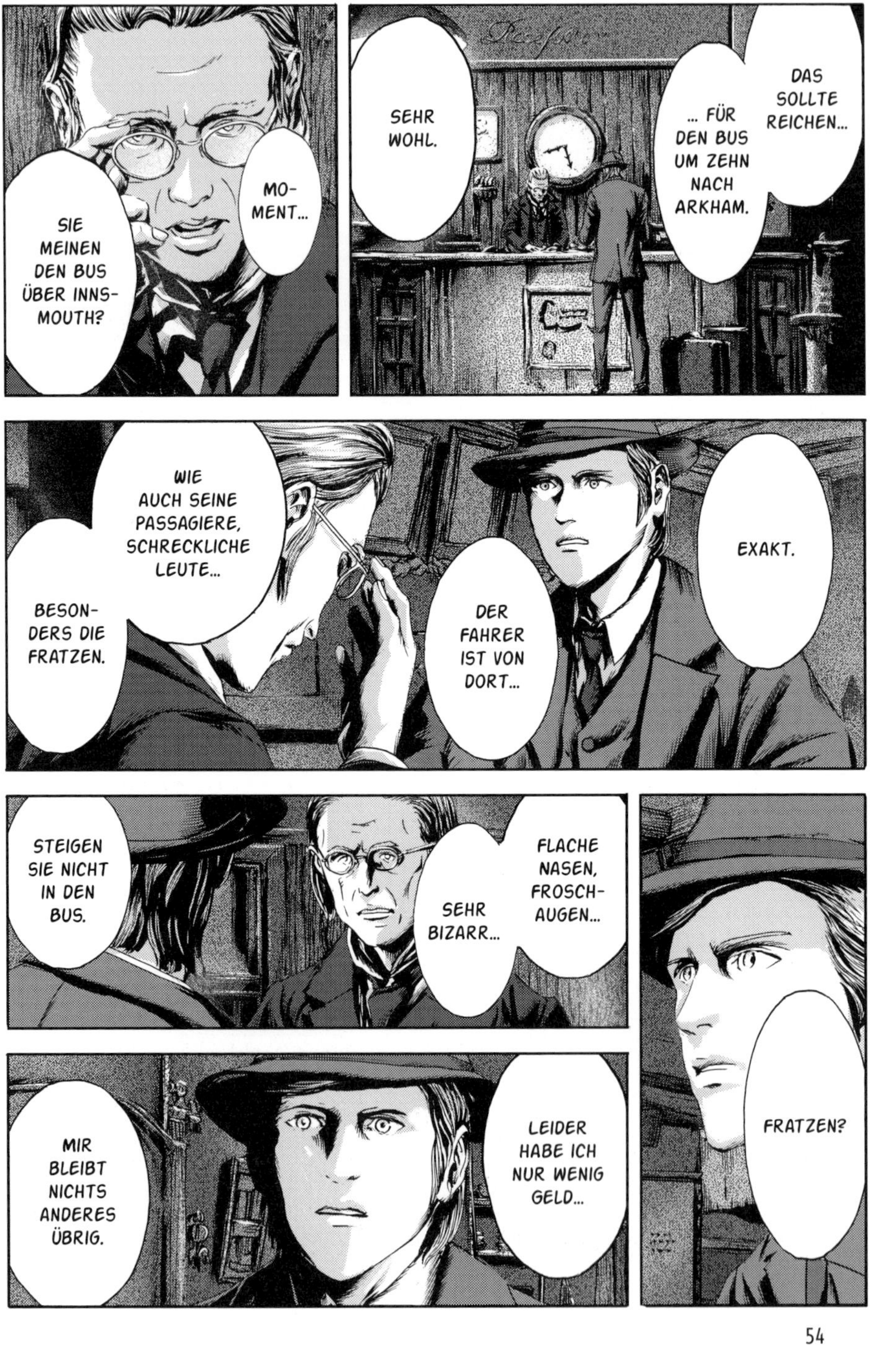
DAS SOLLTE REICHEN...
... FÜR DEN BUS UM ZEHN NACH ARKHAM.
SEHR WOHL.
MO-MENT...
SIE MEINEN DEN BUS ÜBER INNS-MOUTH?
EXAKT.
DER FAHRER IST VON DORT...
WIE AUCH SEINE PASSAGIERE, SCHRECKLICHE LEUTE...
BESON-DERS DIE FRATZEN.
FRATZEN?
FLACHE NASEN, FROSCH-AUGEN...
SEHR BIZARR...
STEIGEN SIE NICHT IN DEN BUS.
LEIDER HABE ICH NUR WENIG GELD...
MIR BLEIBT NICHTS ANDERES ÜBRIG.

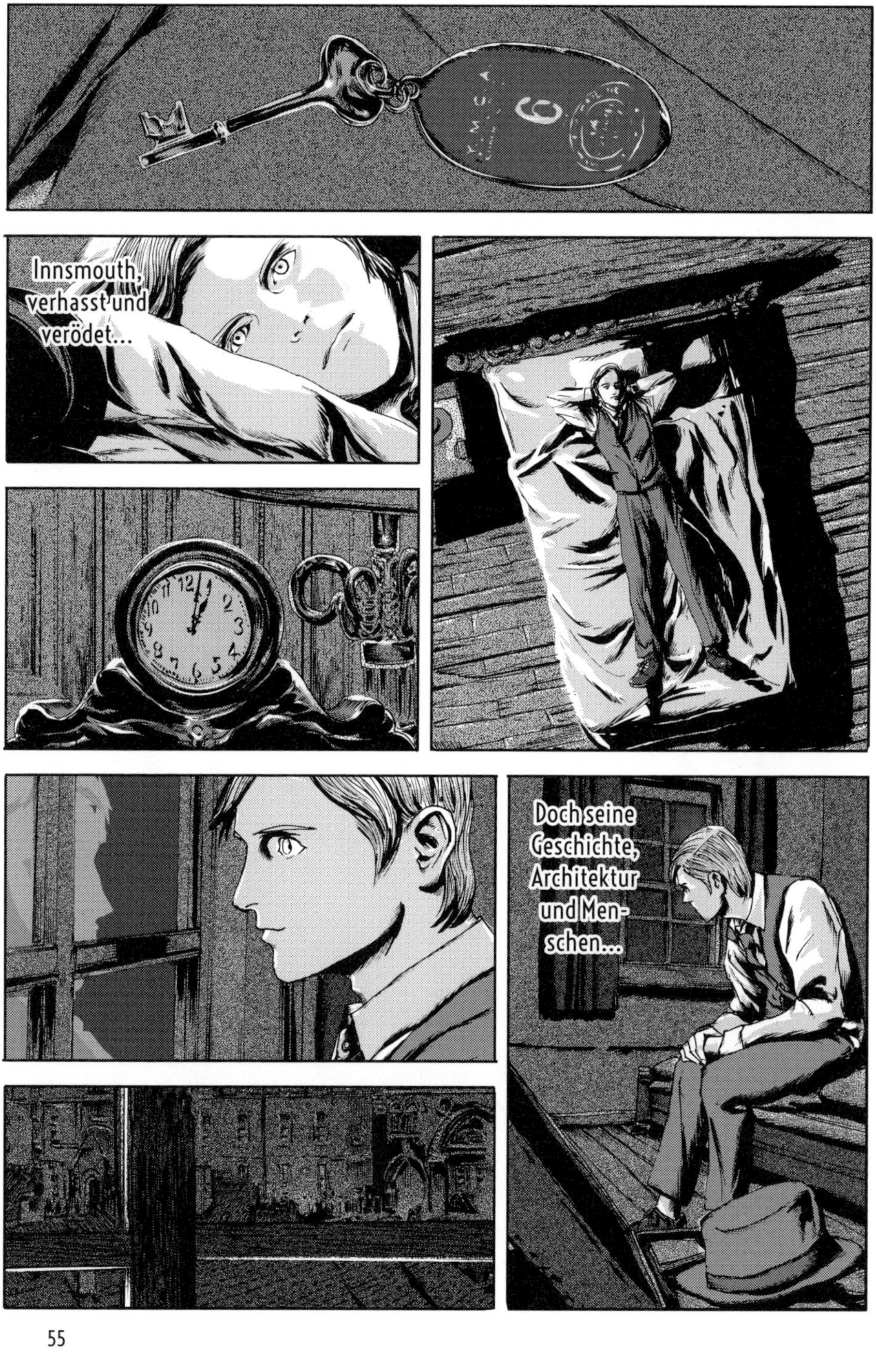
Innsmouth, verhasst und verödet…
Doch seine Geschichte, Architektur und Menschen…

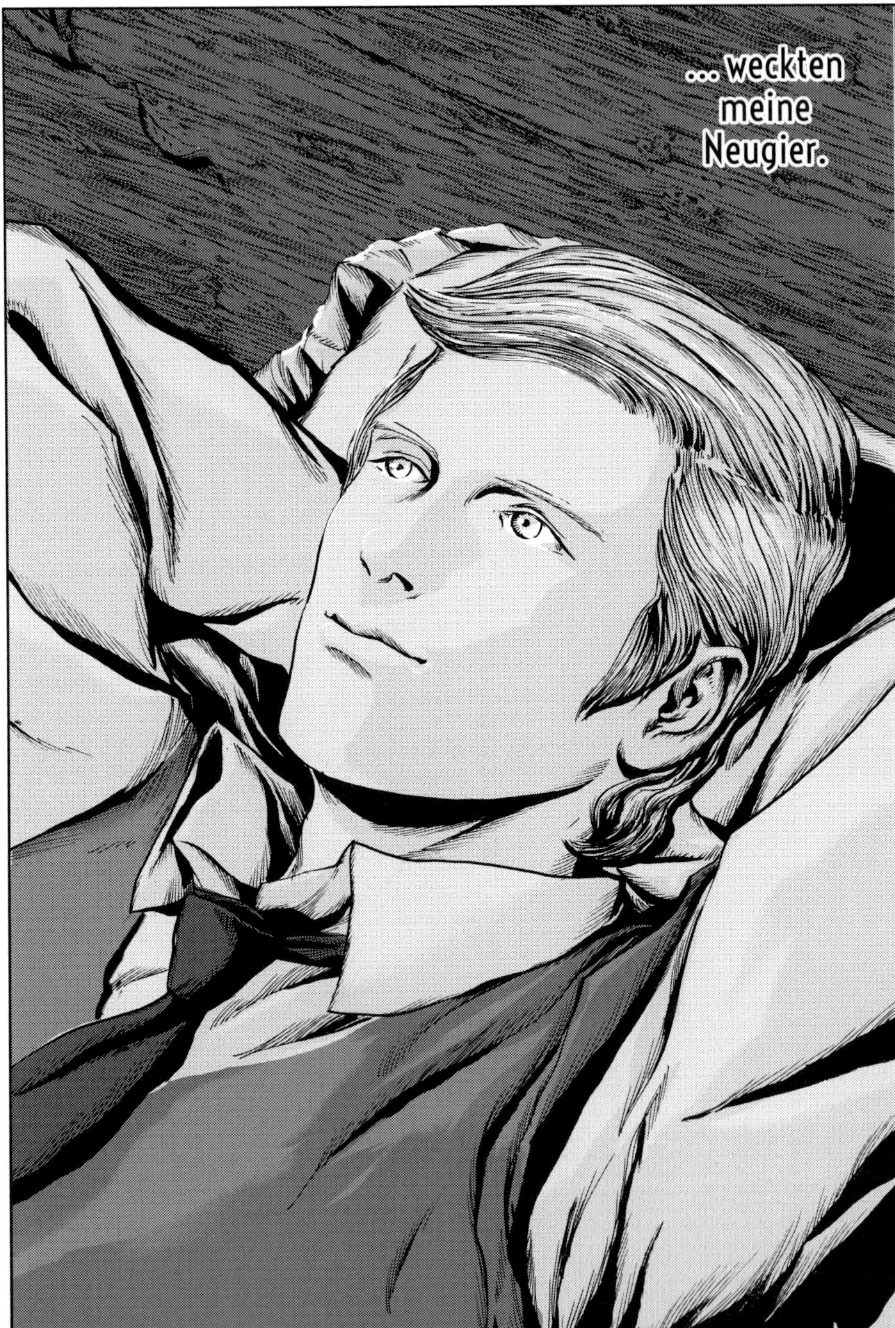
... weckten
meine
Neugier.

2 DER ESOTERISCHE ORDEN VON DAGON

Esoteric Order of Dagon

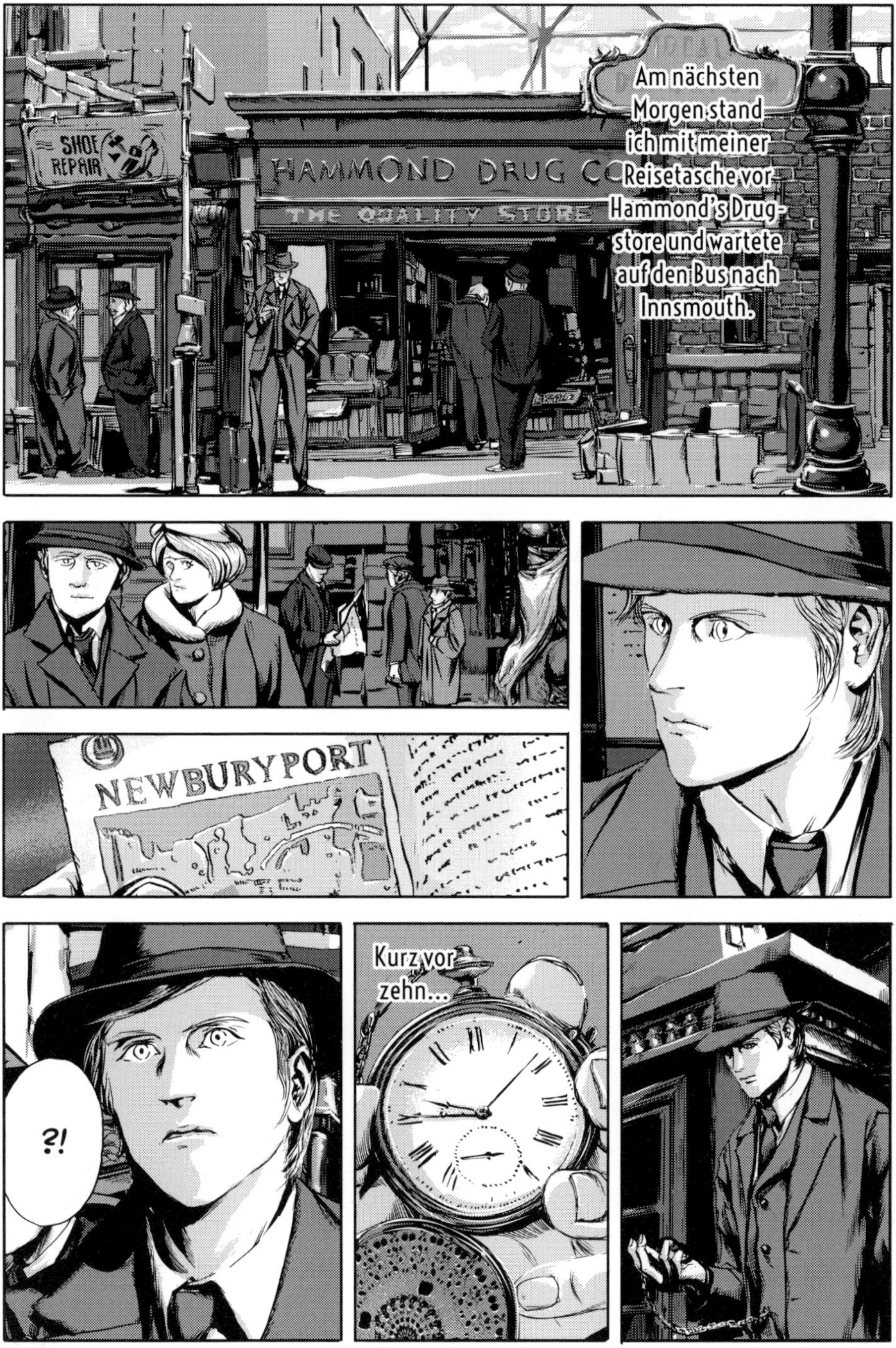

Am nächsten Morgen stand ich mit meiner Reisetasche vor Hammond's Drugstore und wartete auf den Bus nach Innsmouth.
SHOE REPAIR
HAMMOND DRUG CO
THE QUALITY STORE
NEWBURYPORT
?!
Kurz vor zehn...

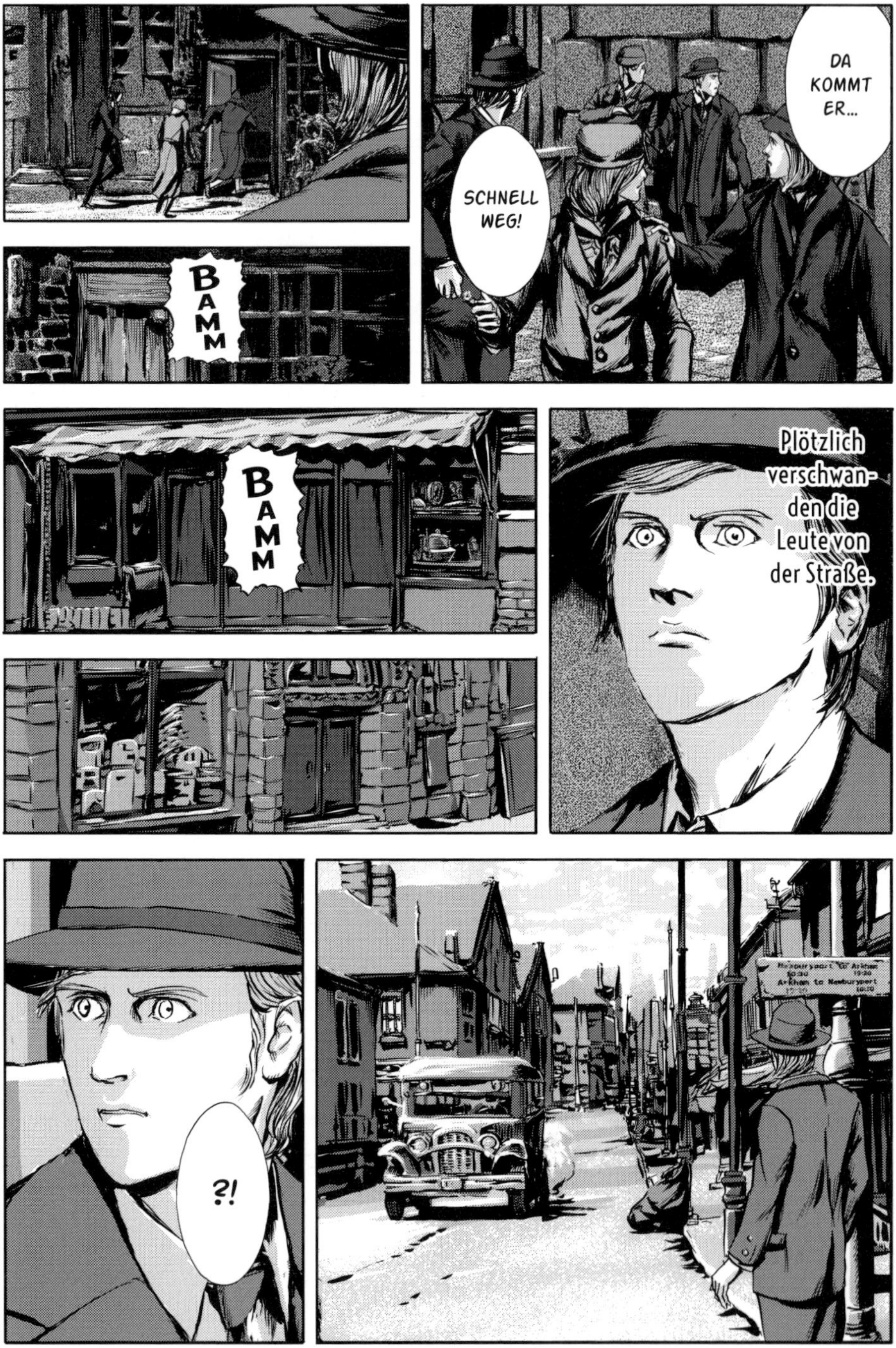
DA KOMMT ER...
SCHNELL WEG!
BAMM
BAMM
Plötzlich verschwan- den die Leute von der Straße.
?!

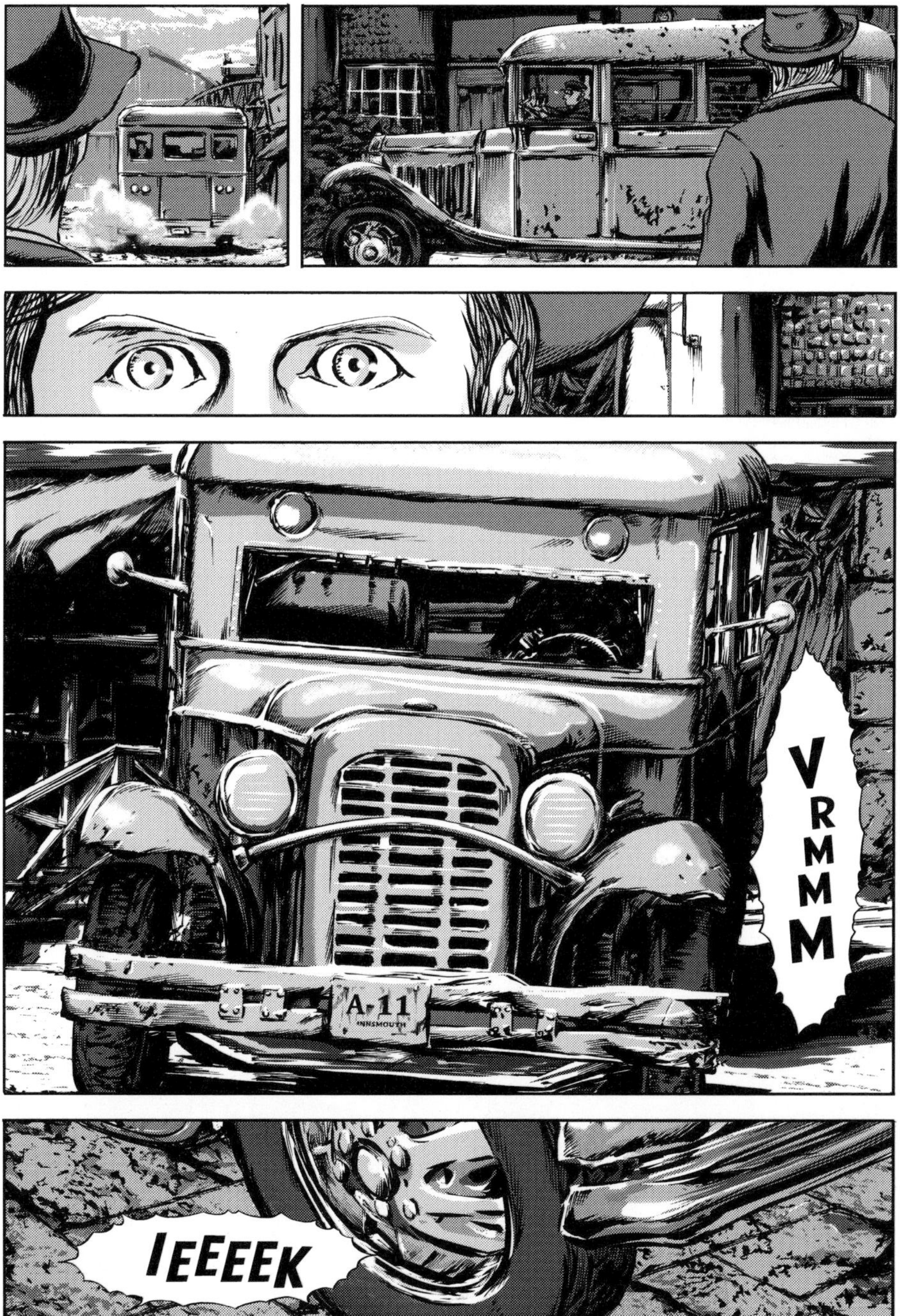
A-11
INNSMOUTH
VRMMM
IEEEEK

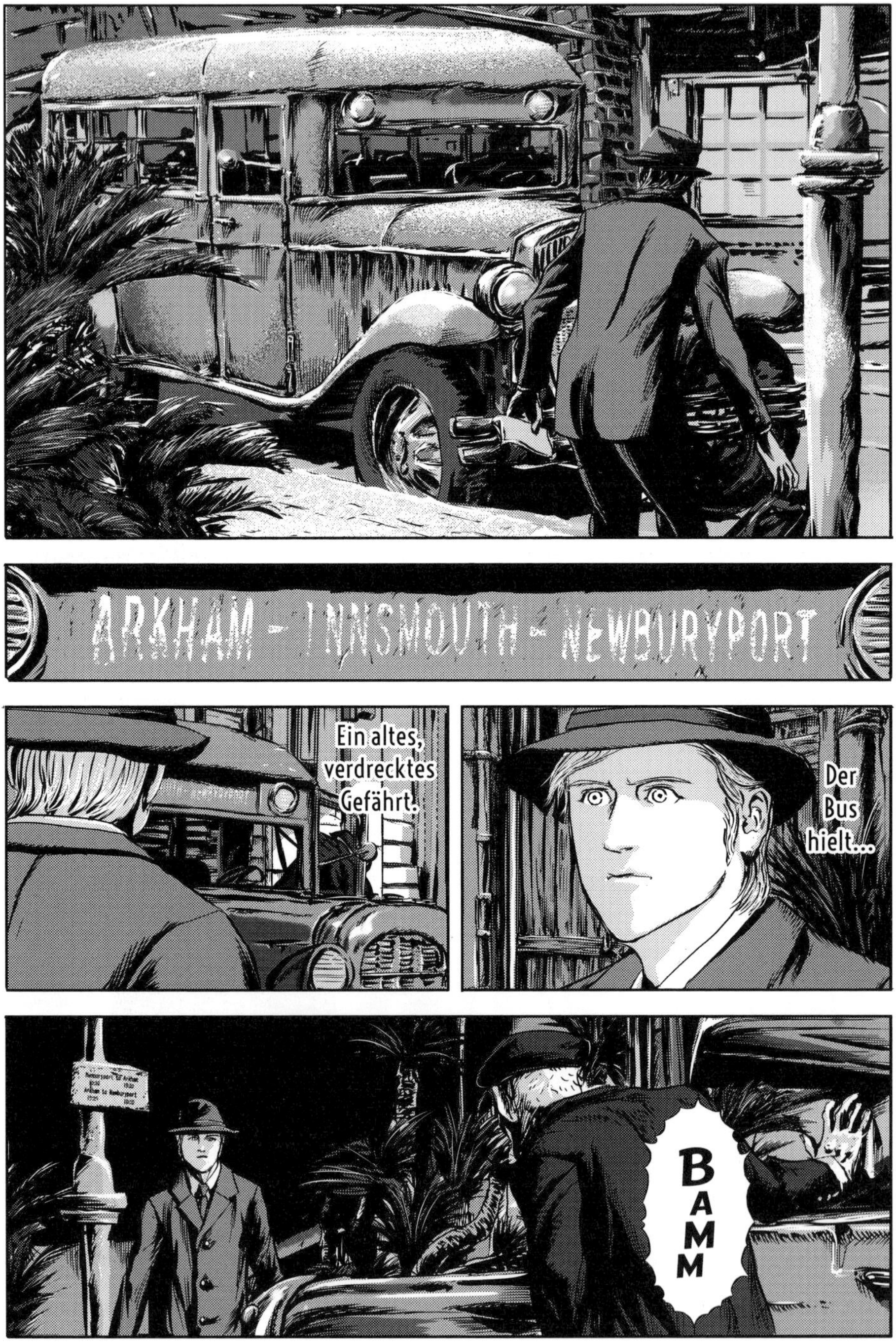
ARKHAM - INNSMOUTH - NEWBURYPORT
Ein altes, verdrecktes Gefährt.
Der Bus hielt...
BAMM

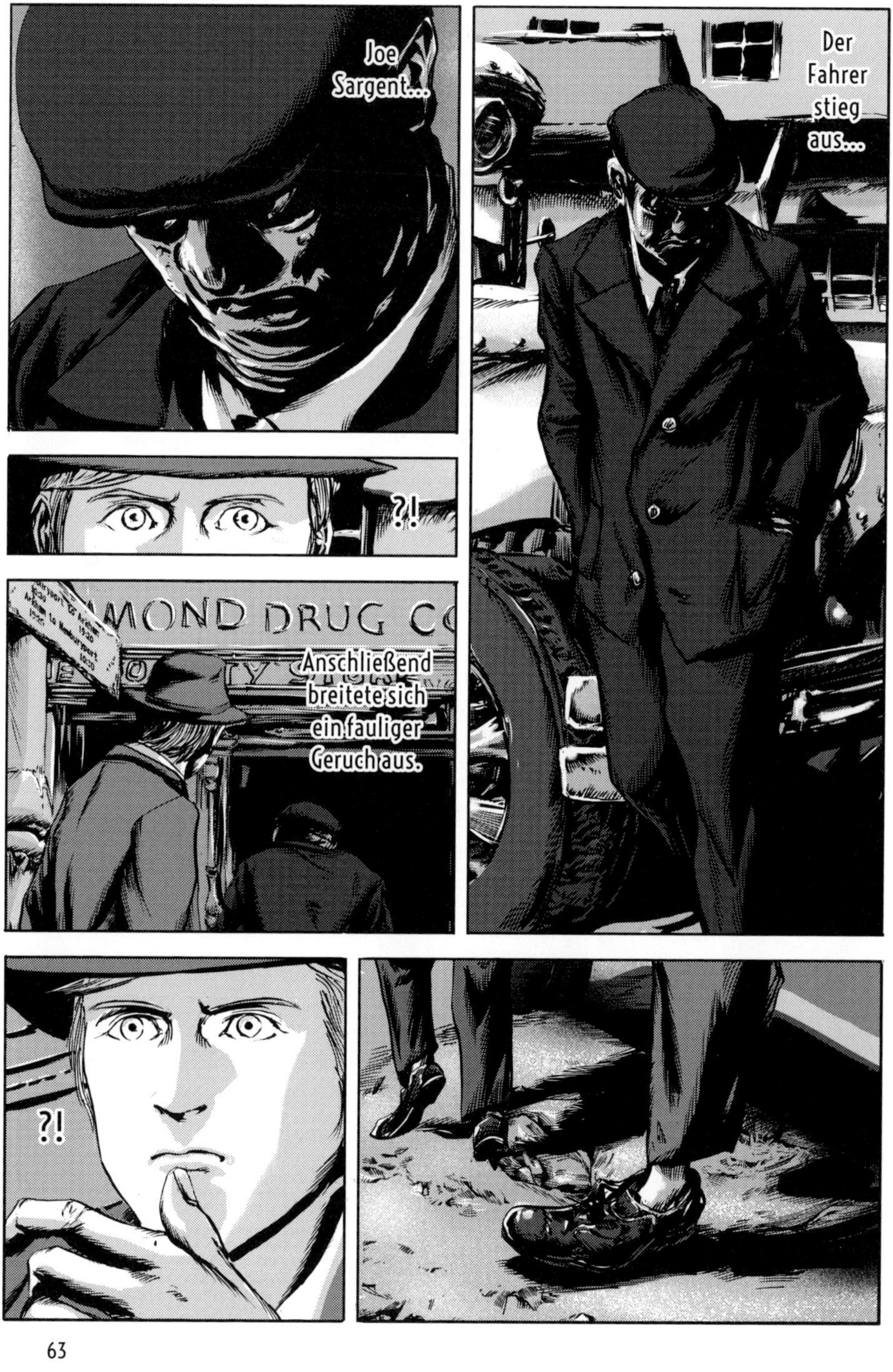
Der Fahrer stieg aus...
Joe Sargent...
?!
Anschließend breitete sich ein fauliger Geruch aus.
?!

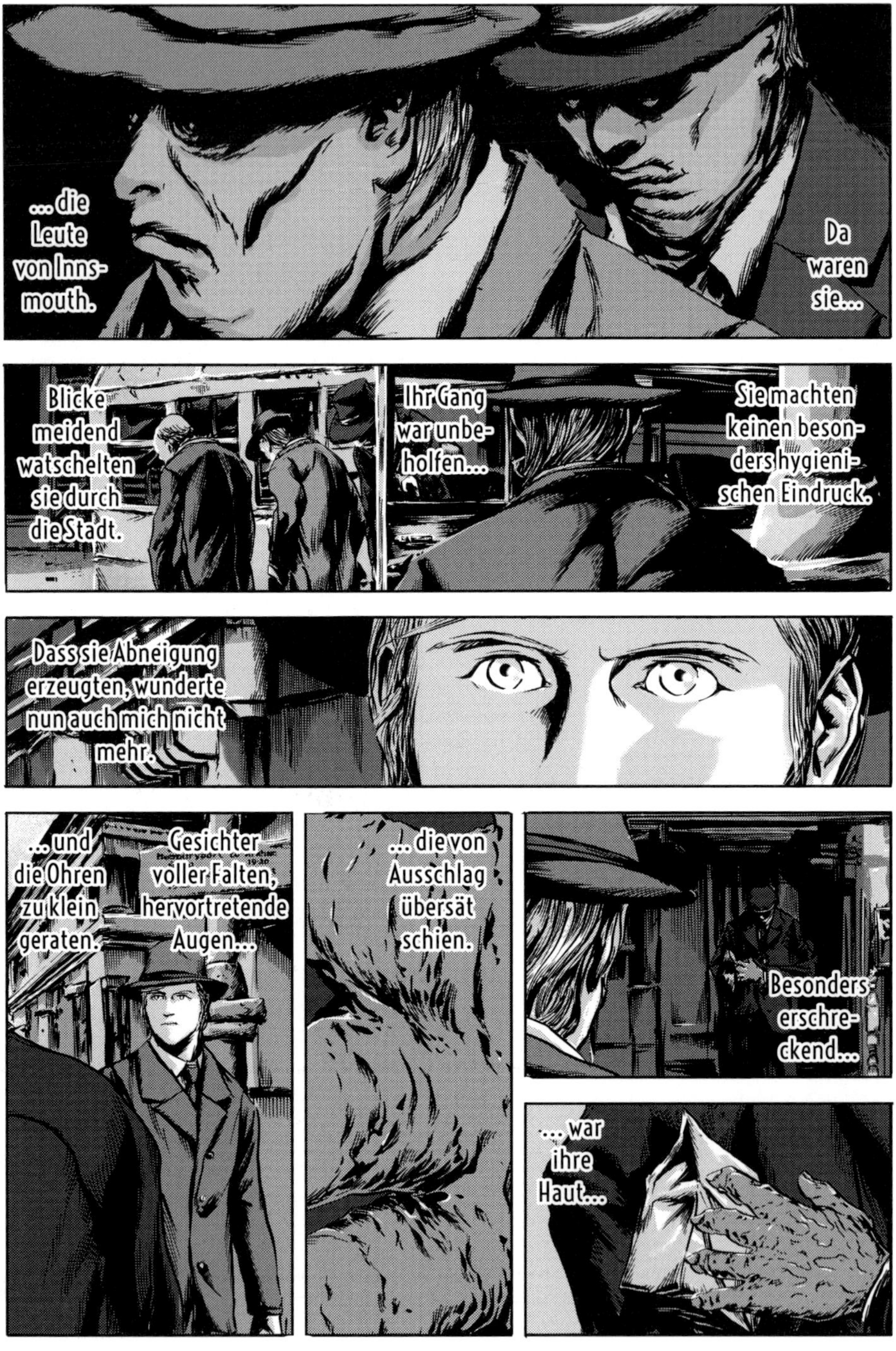
Da waren sie...
... die Leute von Innsmouth.
Blicke meidend watschelten sie durch die Stadt.
Ihr Gang war unbeholfen...
Sie machten keinen besonders hygienischen Eindruck.
Dass sie Abneigung erzeugten, wunderte nun auch mich nicht mehr.
Gesichter voller Falten, hervortretende Augen...
... und die Ohren zu klein geraten.
... die von Ausschlag übersät schien.
Besonders erschreckend...
... war ihre Haut...

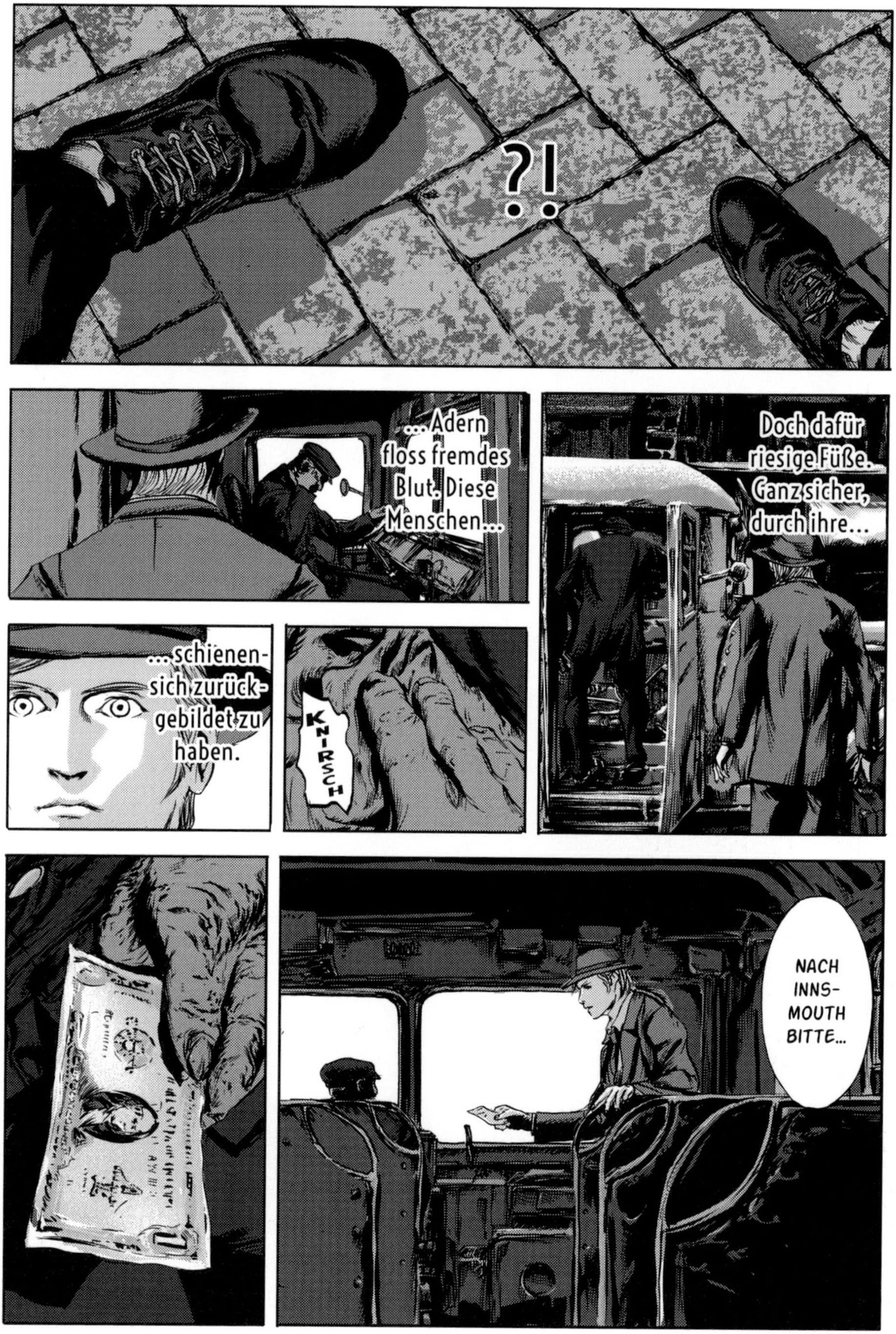
?!
... Adern floss fremdes Blut. Diese Menschen...
Doch dafür riesige Füße. Ganz sicher, durch ihre...
... schienen- sich zurück- gebildet zu haben.
KNIRSCH
NACH INNS- MOUTH BITTE...

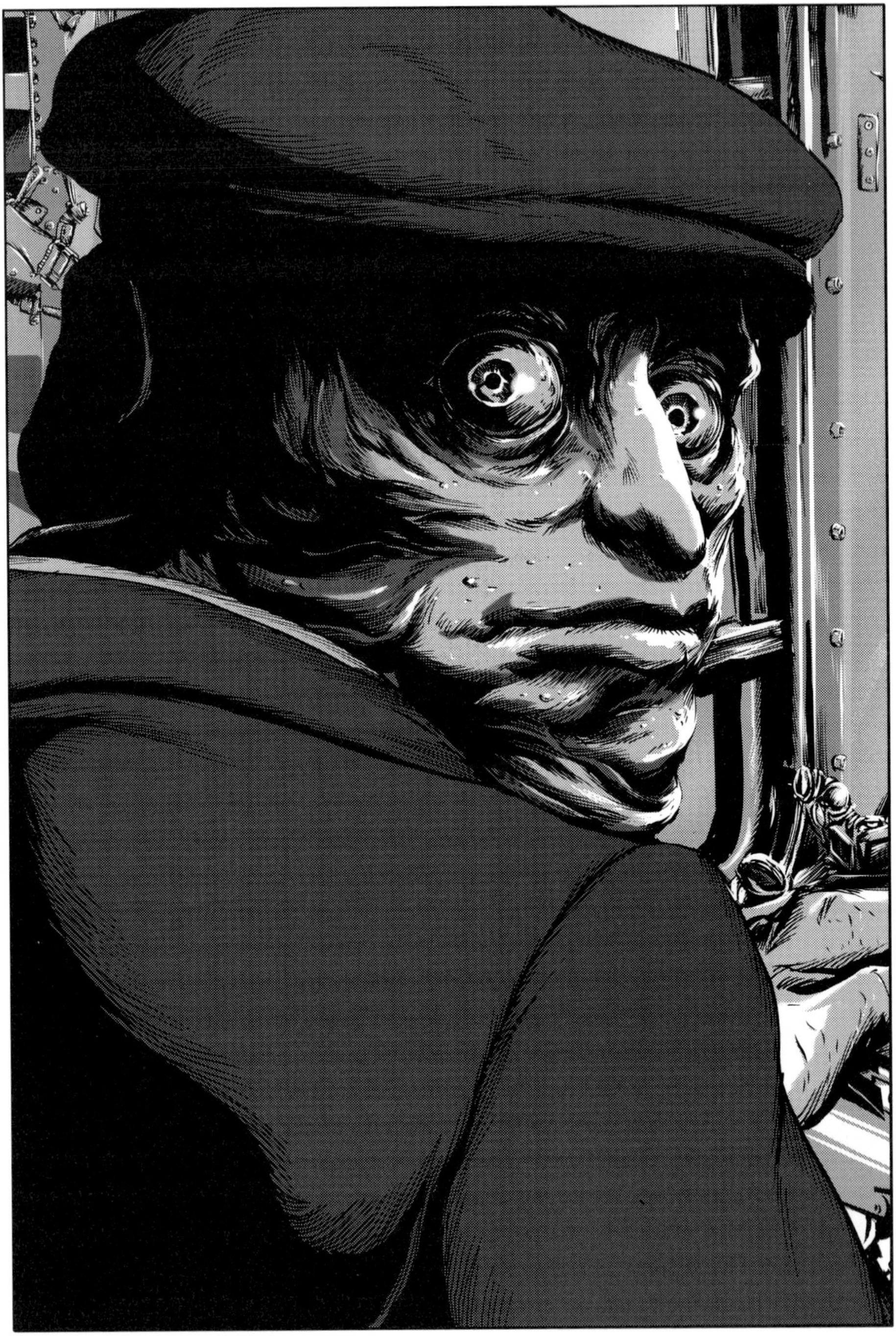

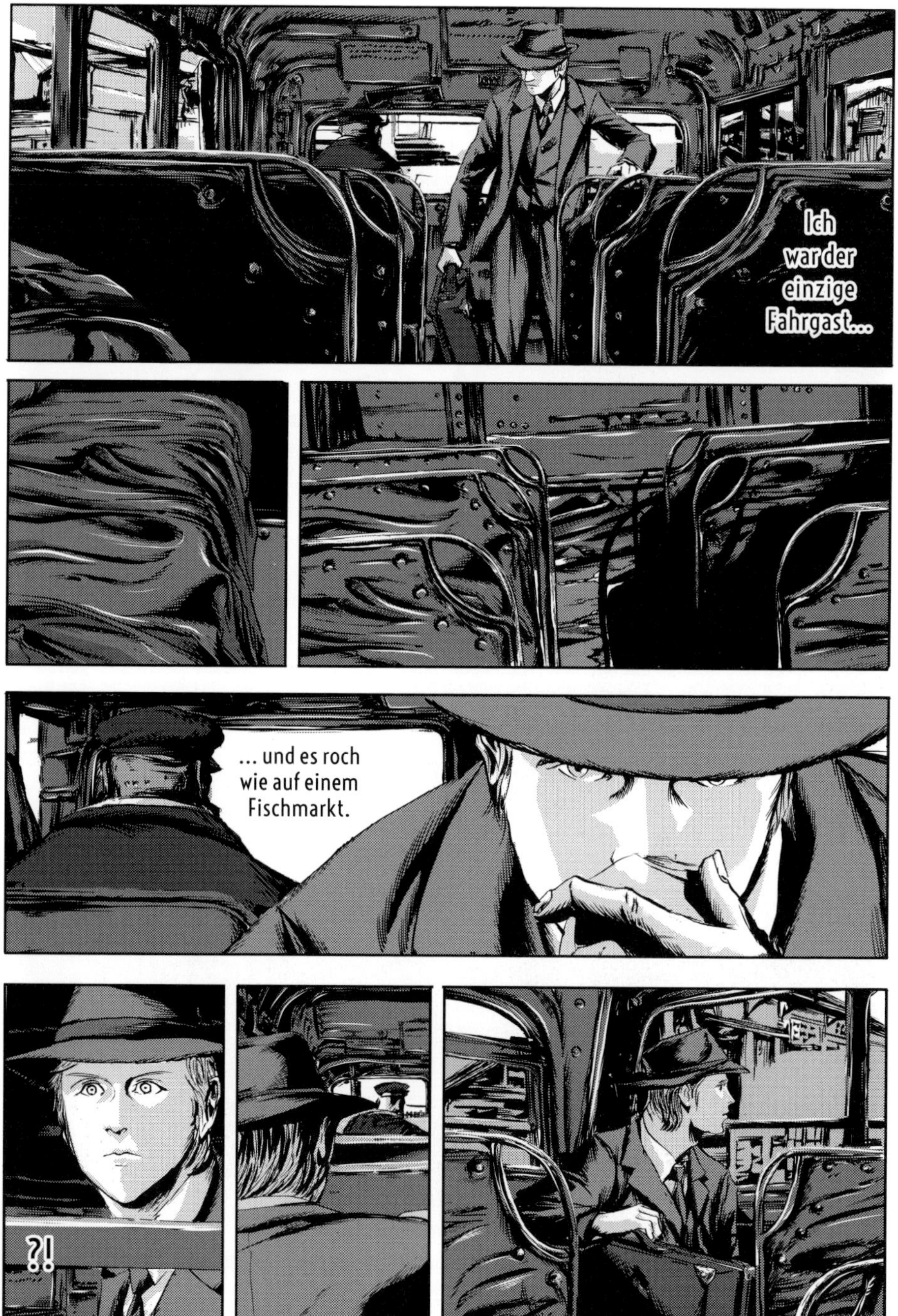
Ich
war der
einzige
Fahrgast...
... und es roch
wie auf einem
Fischmarkt.
?!

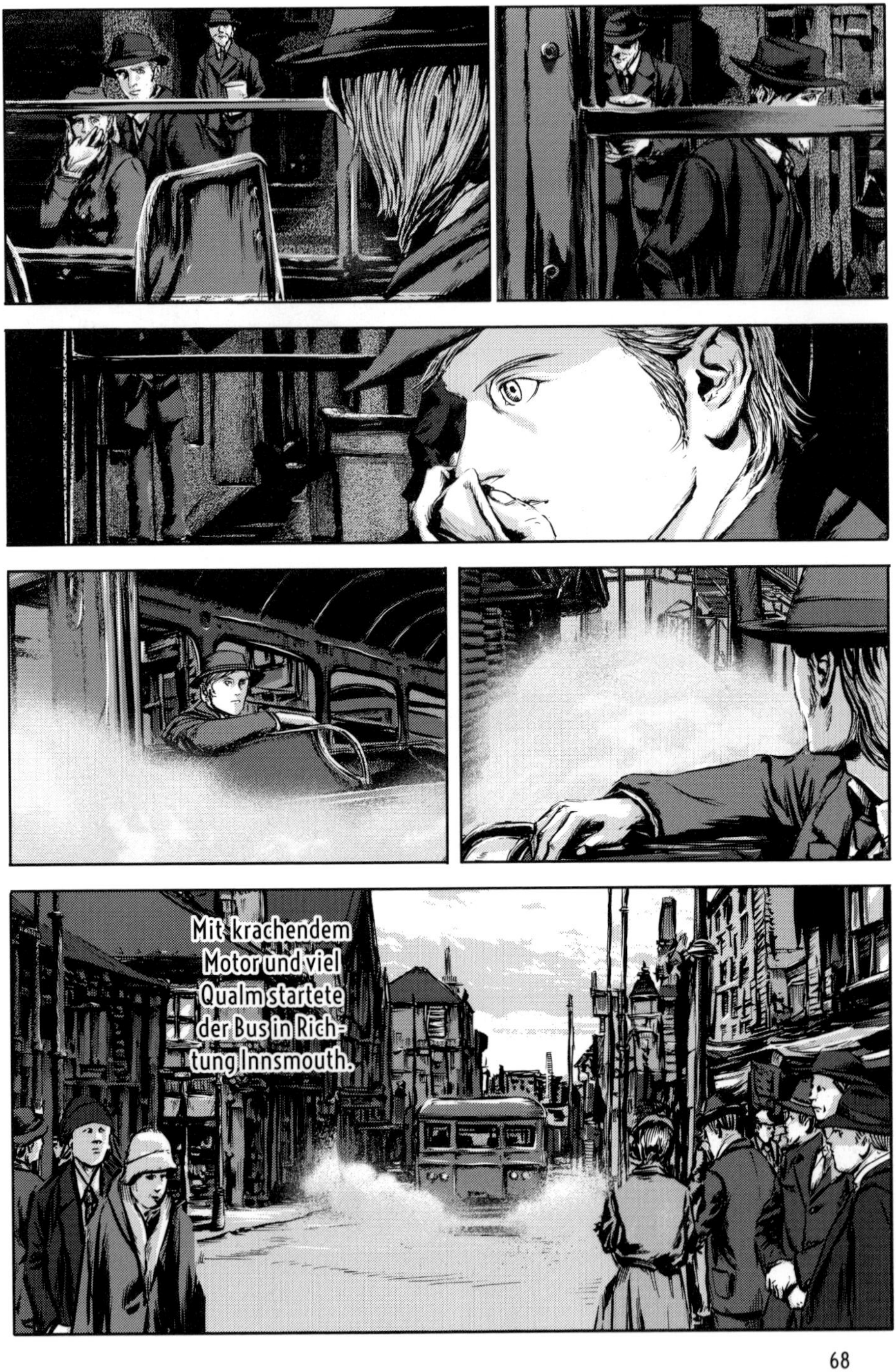
Mit krachendem Motor und viel Qualm startete der Bus in Richtung Innsmouth.

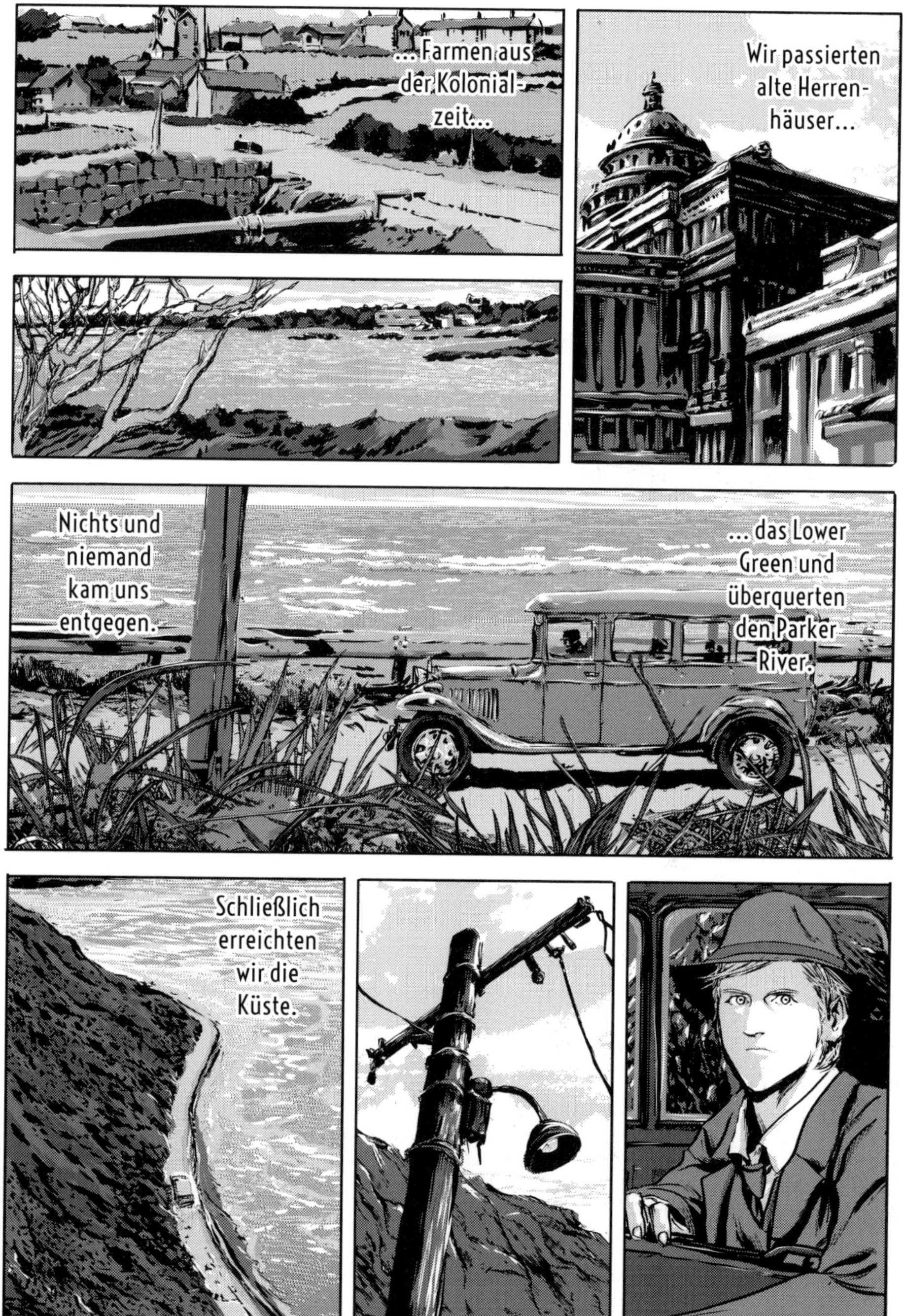
... Farmen aus der Kolonial-zeit...
Wir passierten alte Herren-häuser...
Nichts und niemand kam uns entgegen.
... das Lower Green und überquerten den Parker River.
Schließlich erreichten wir die Küste.

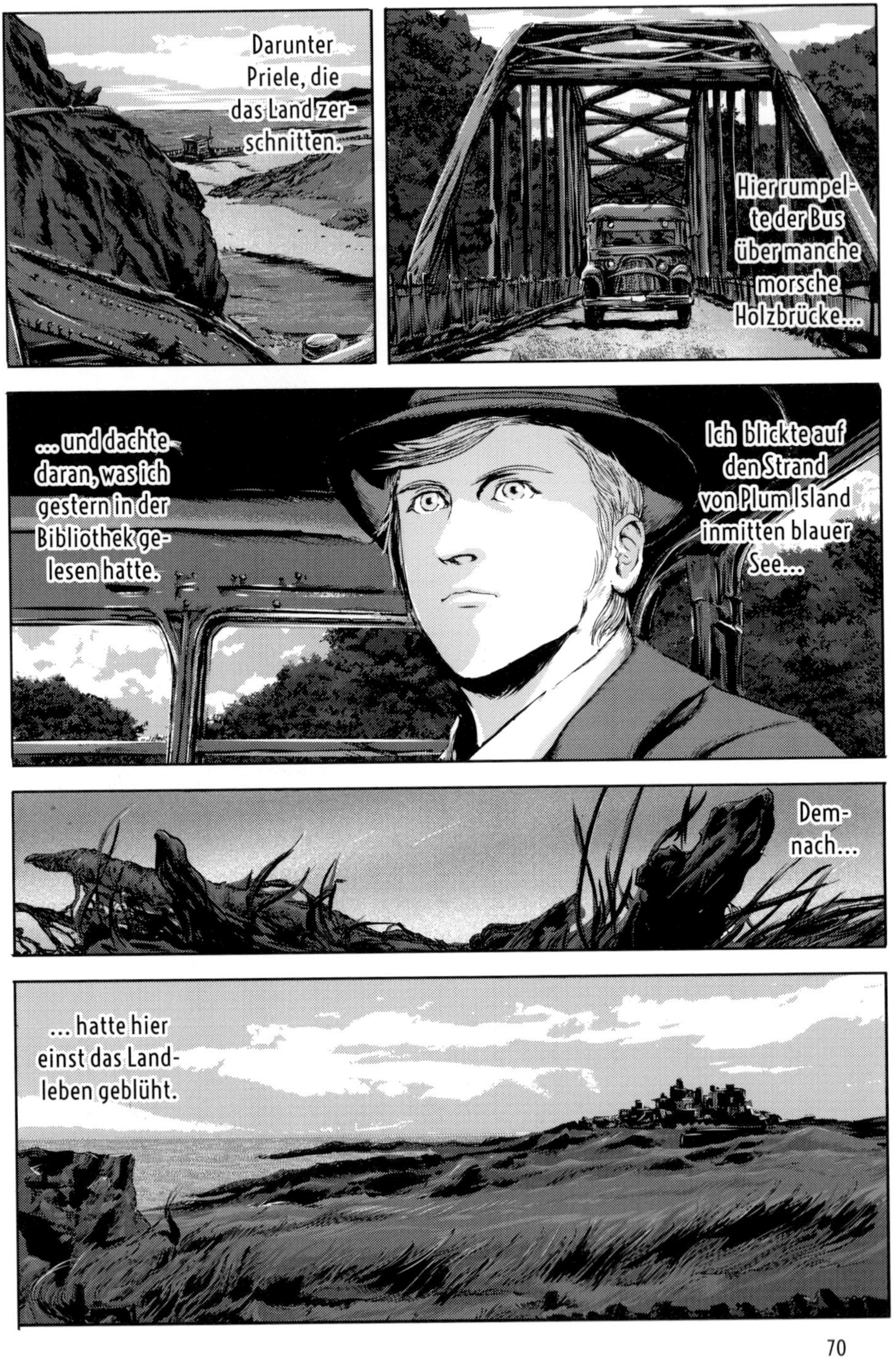

Hier rumpelte der Bus über manche morsche Holzbrücke…
Darunter Priele, die das Land zerschnitten.
Ich blickte auf den Strand von Plum Island inmitten blauer See…
… und dachte daran, was ich gestern in der Bibliothek gelesen hatte.
Demnach…
… hatte hier einst das Landleben geblüht.

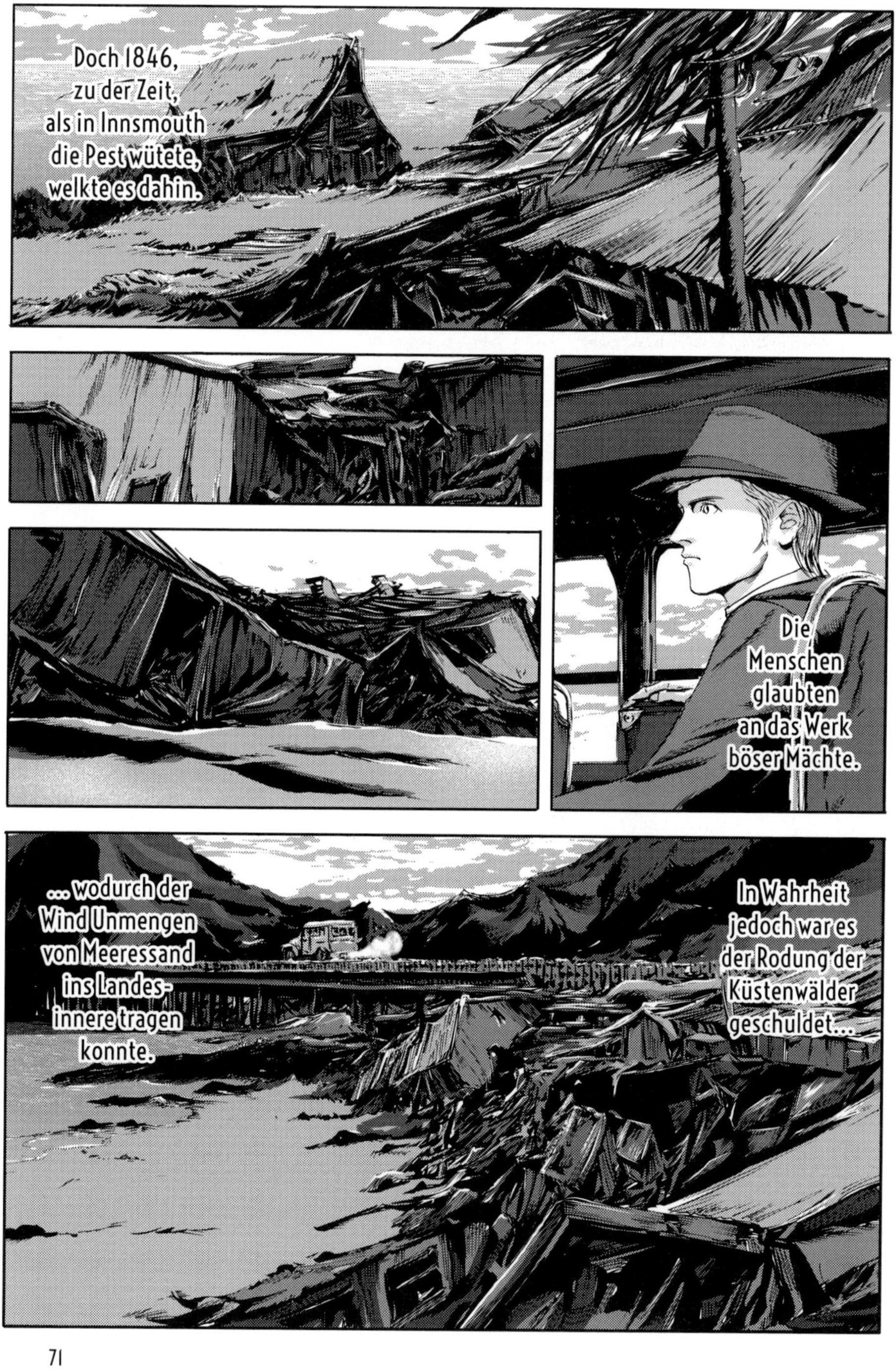
Doch 1846, zu der Zeit, als in Innsmouth die Pest wütete, welkte es dahin.
Die Menschen glaubten an das Werk böser Mächte.
In Wahrheit jedoch war es der Rodung der Küstenwälder geschuldet ...
... wodurch der Wind Unmengen von Meeressand ins Landesinnere tragen konnte.

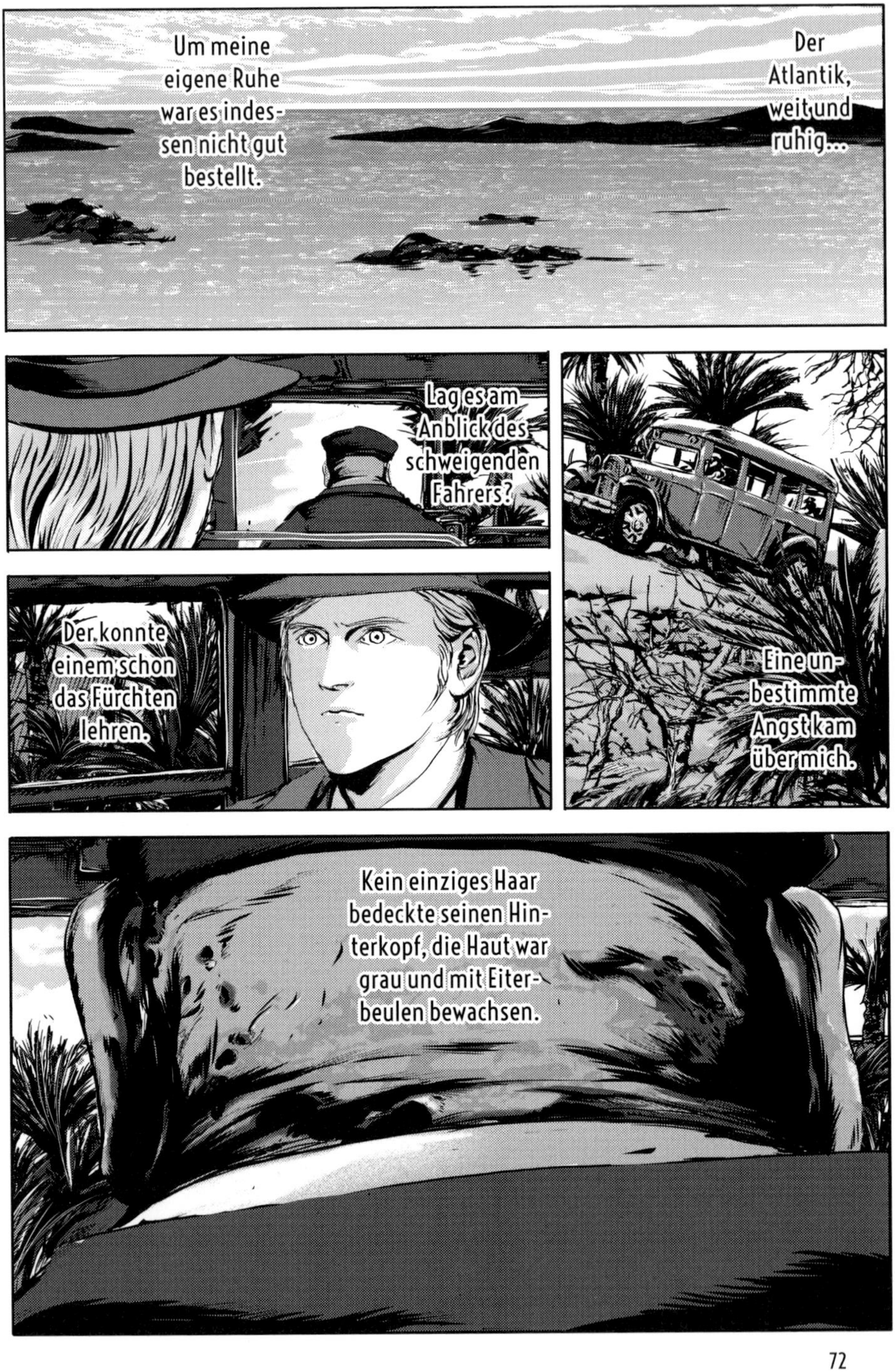
Der Atlantik, weit und ruhig …
Um meine eigene Ruhe war es indes-sen nicht gut bestellt.
Lag es am Anblick des schweigenden Fahrers?
Der konnte einem schon das Fürchten lehren.
Eine un-bestimmte Angst kam über mich.
Kein einziges Haar bedeckte seinen Hin-terkopf, die Haut war grau und mit Eiter-beulen bewachsen.

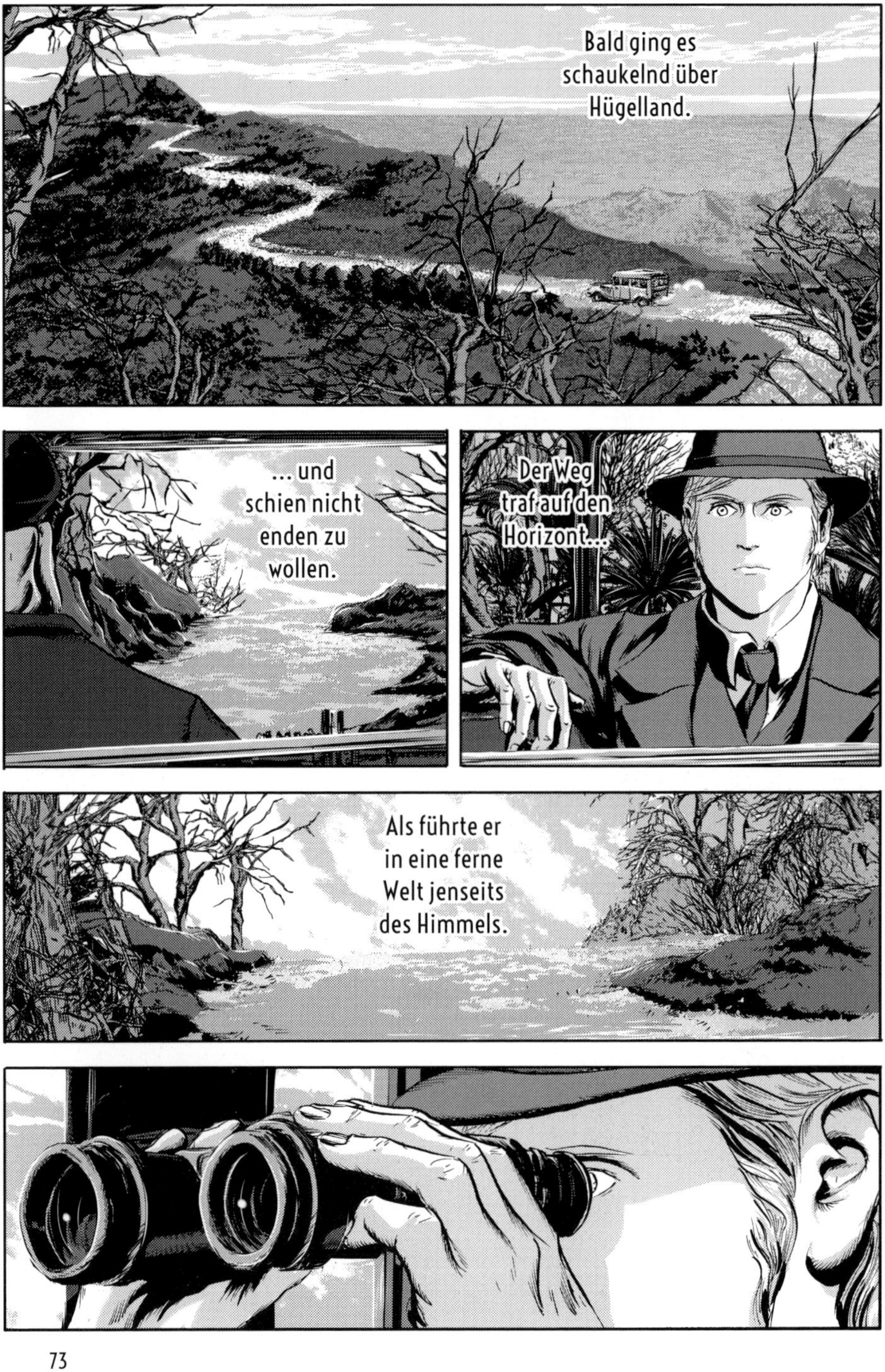
Bald ging es schaukelnd über Hügelland.
... und schien nicht enden zu wollen.
Der Weg traf auf den Horizont ...
Als führte er in eine ferne Welt jenseits des Himmels.

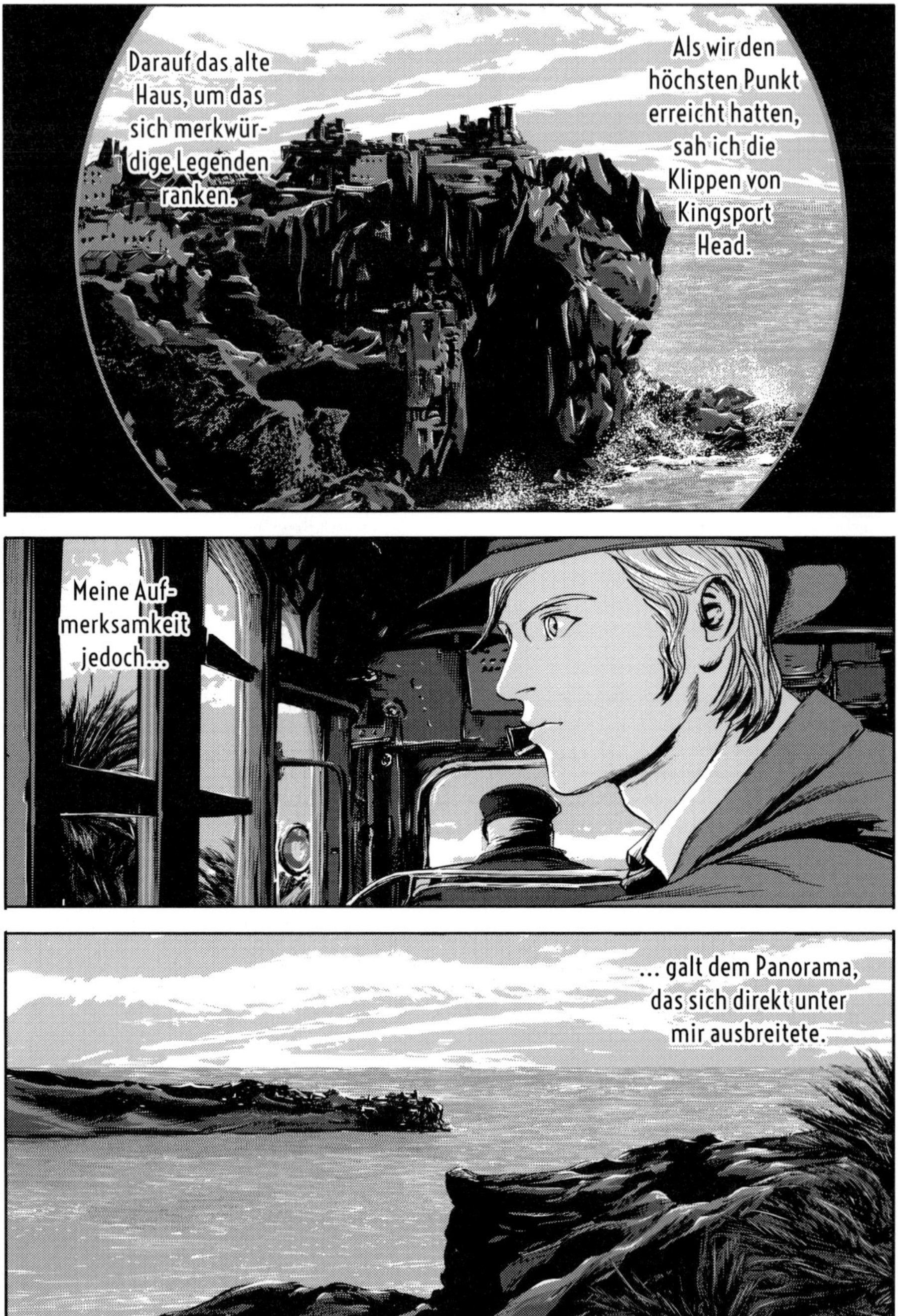
Als wir den höchsten Punkt erreicht hatten, sah ich die Klippen von Kingsport Head.
Darauf das alte Haus, um das sich merkwürdige Legenden ranken.
Meine Aufmerksamkeit jedoch ...
... galt dem Panorama, das sich direkt unter mir ausbreitete.

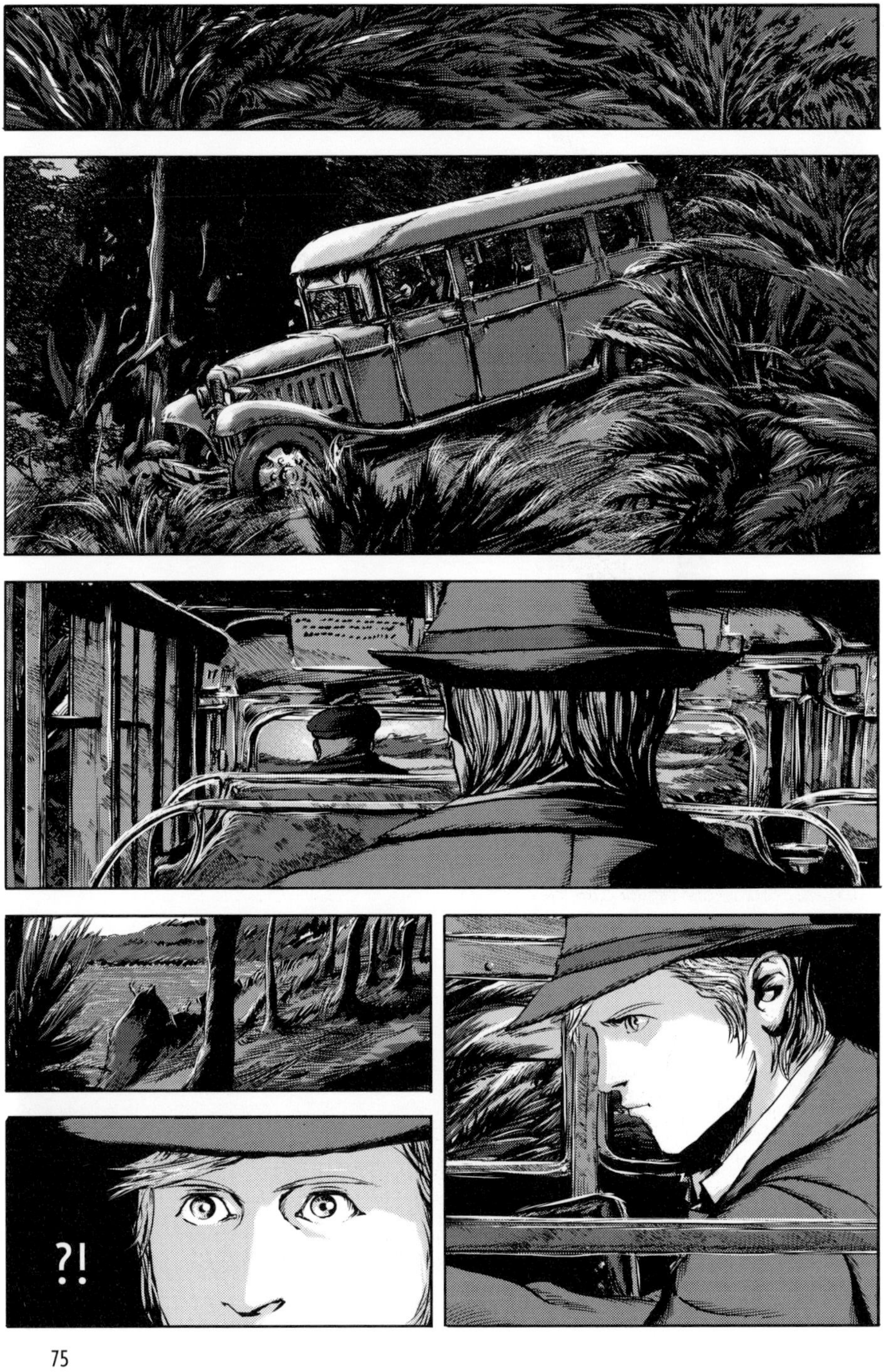

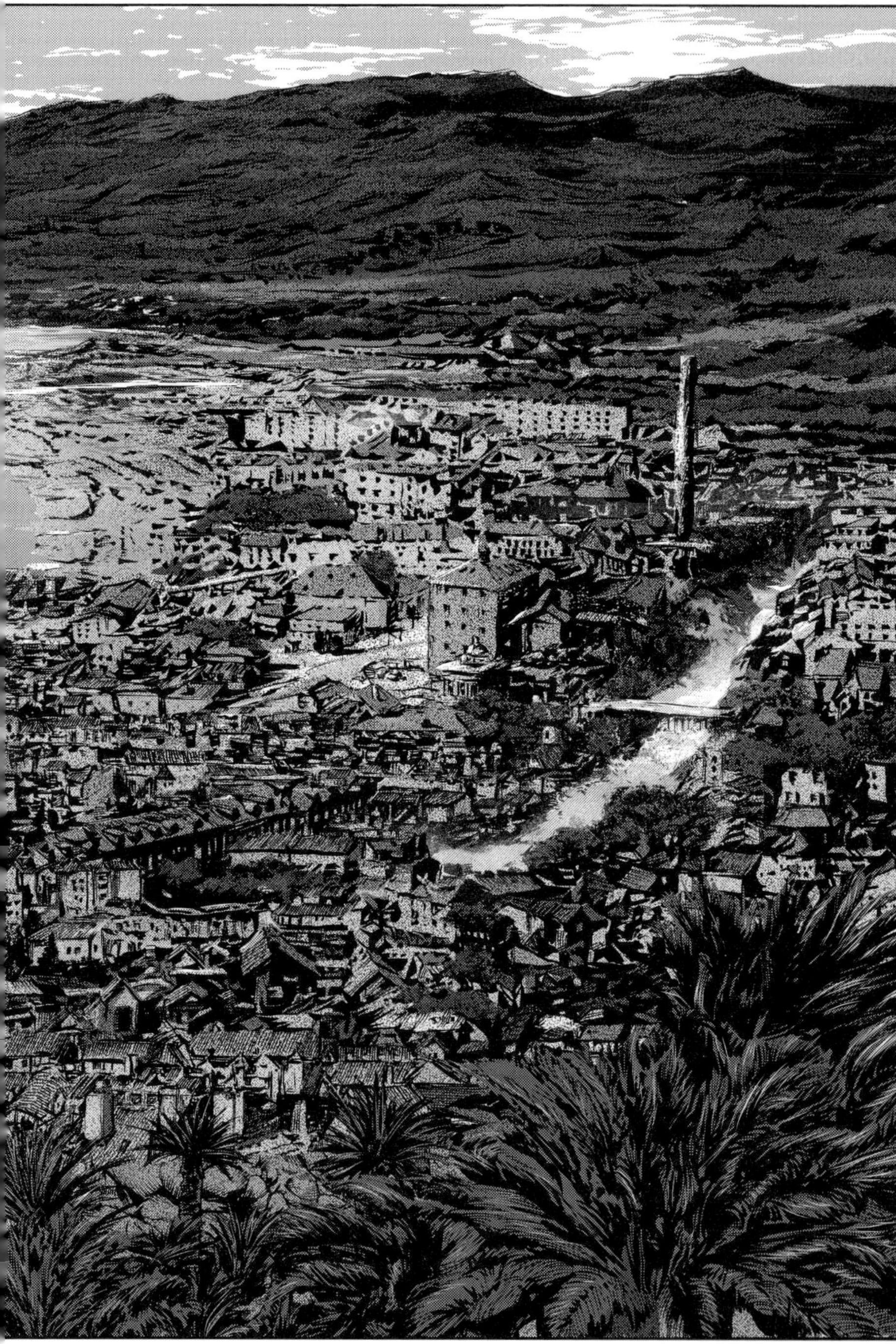

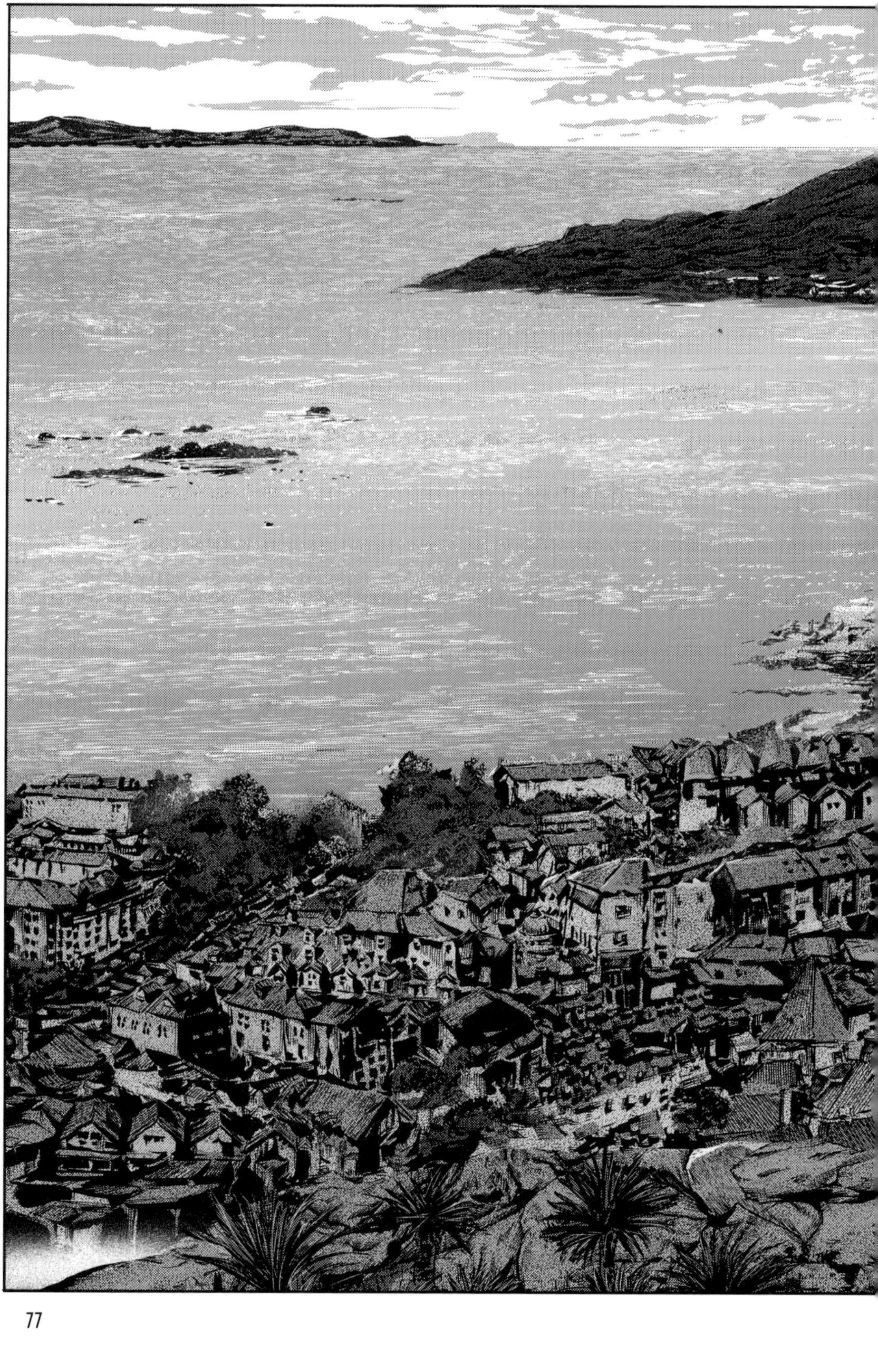

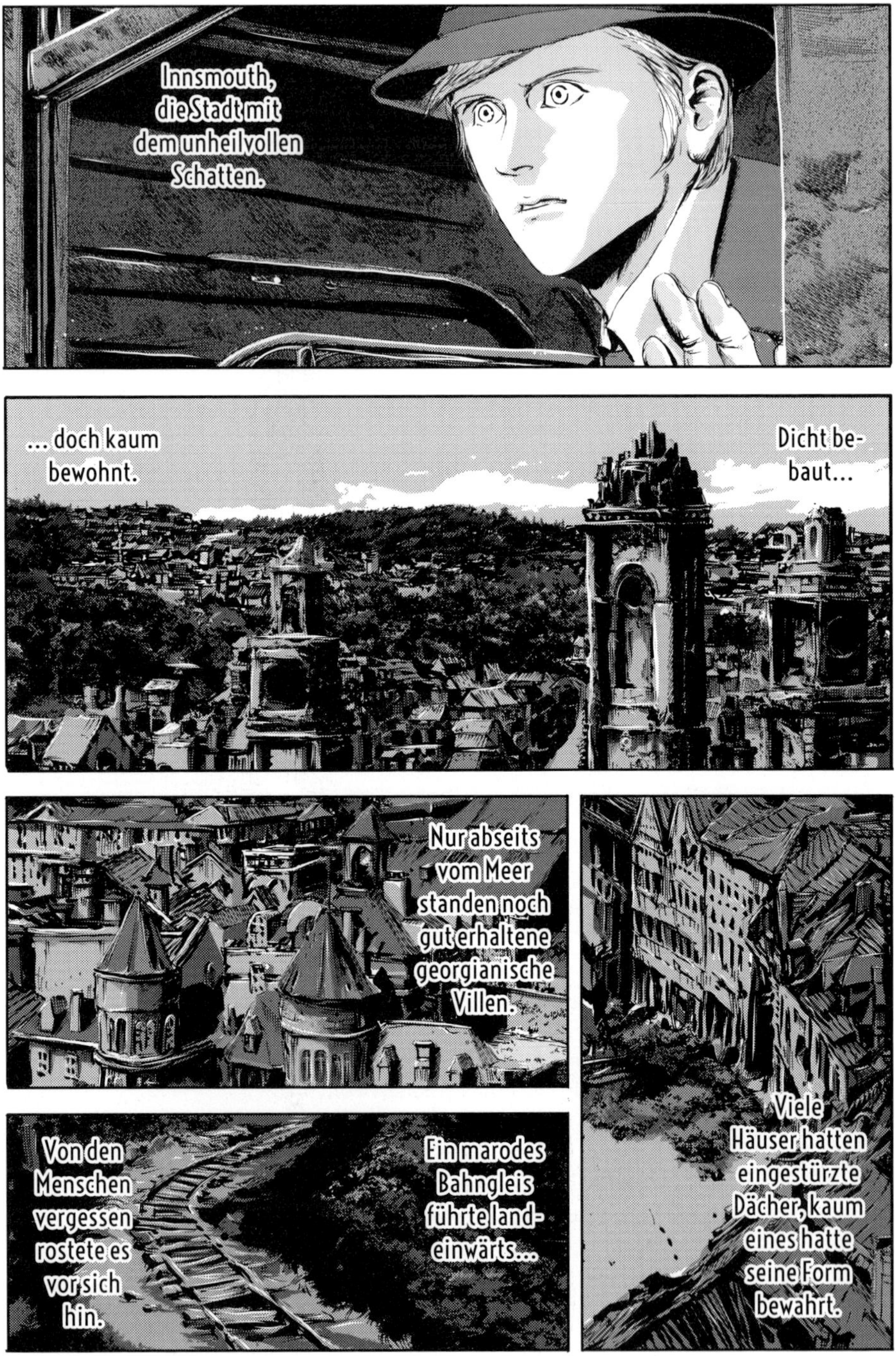
Innsmouth, die Stadt mit dem unheilvollen Schatten.
Dicht bebaut...
... doch kaum bewohnt.
Viele Häuser hatten eingestürzte Dächer, kaum eines hatte seine Form bewahrt.
Nur abseits vom Meer standen noch gut erhaltene georgianische Villen.
Ein marodes Bahngleis führte landeinwärts...
Von den Menschen vergessen rostete es vor sich hin.

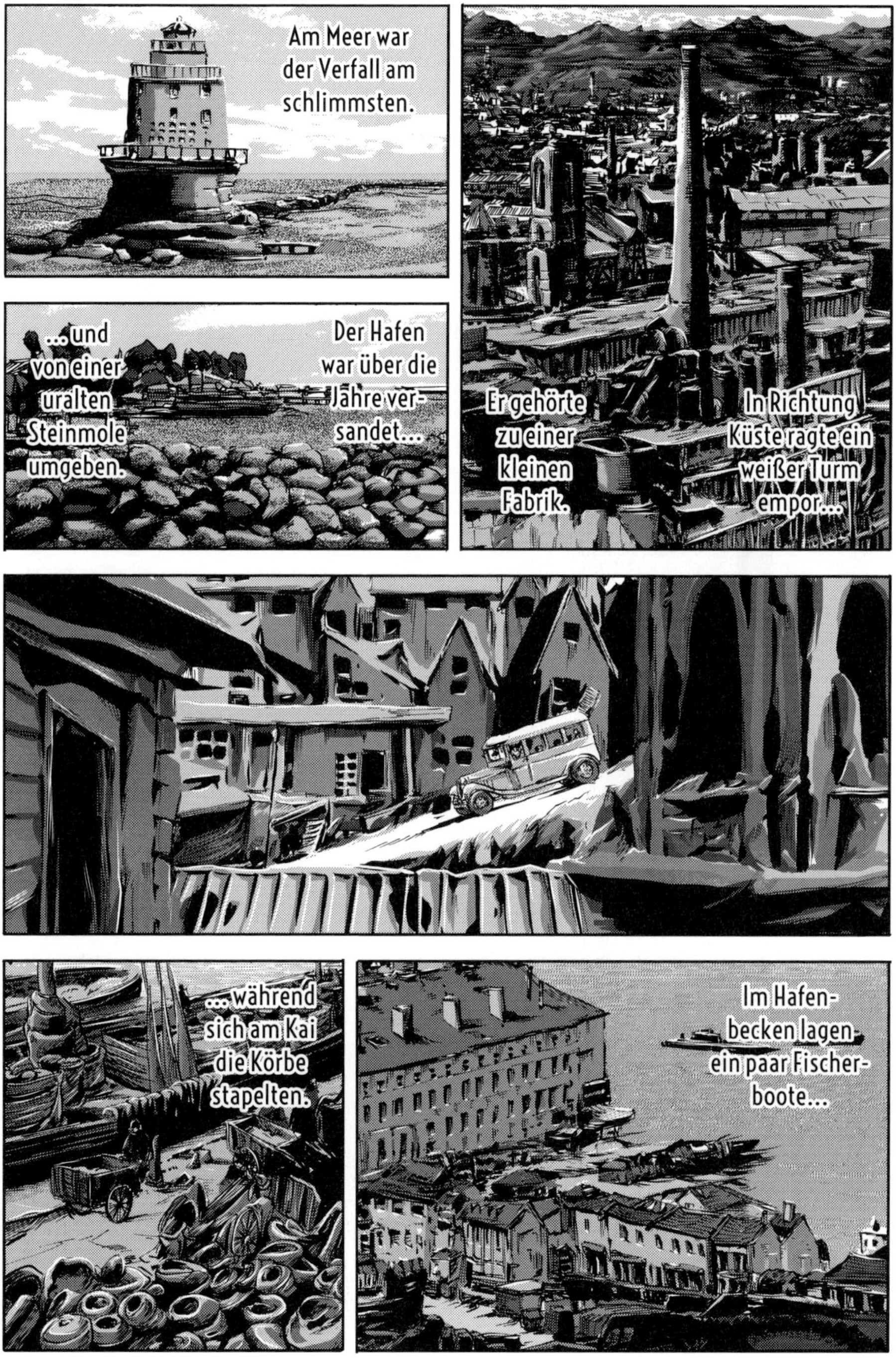
Am Meer war der Verfall am schlimmsten.
Der Hafen war über die Jahre versandet…
… und von einer uralten Steinmole umgeben.
In Richtung Küste ragte ein weißer Turm empor…
Er gehörte zu einer kleinen Fabrik.
Im Hafenbecken lagen ein paar Fischerboote…
… während sich am Kai die Körbe stapelten.

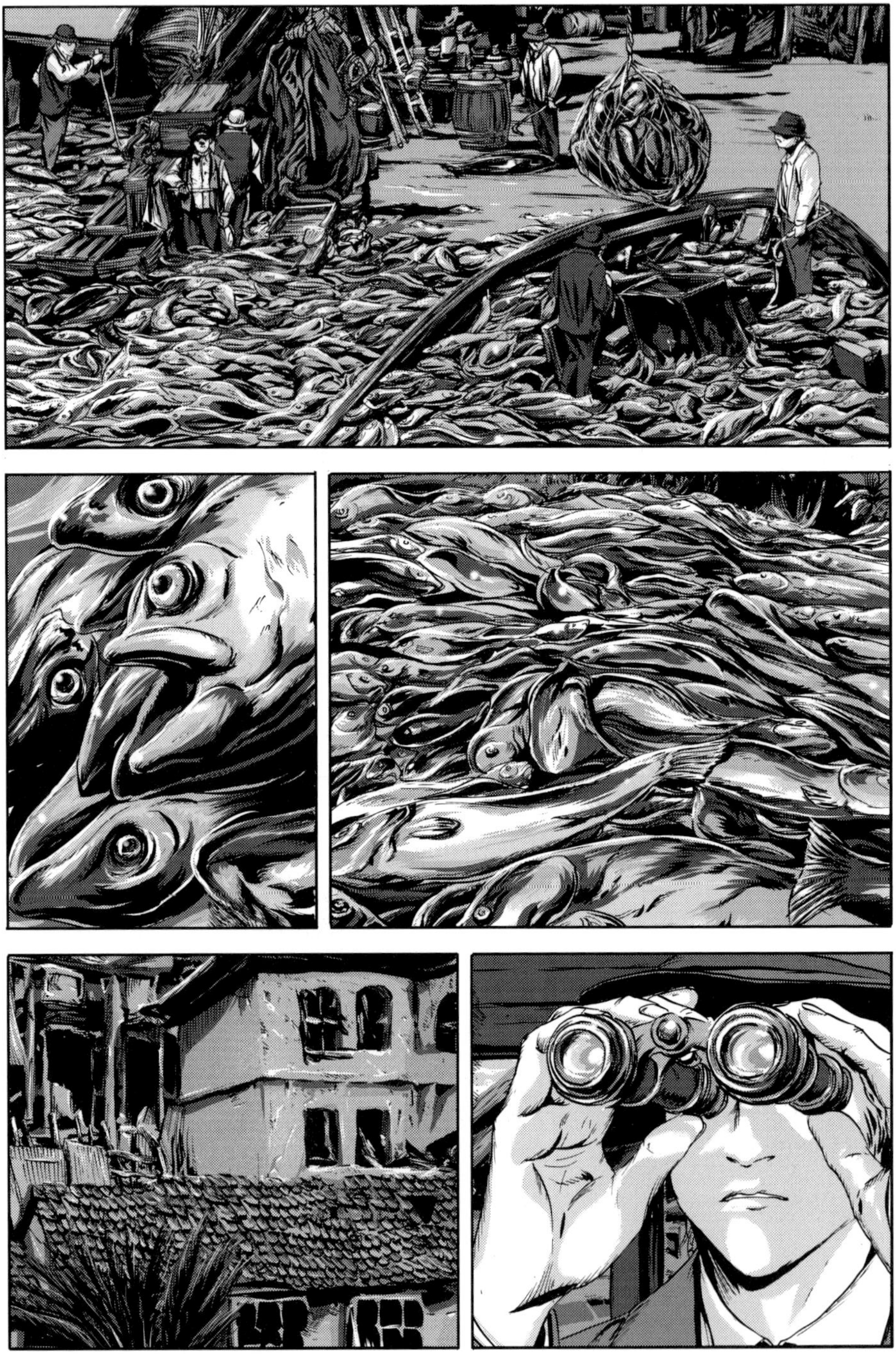

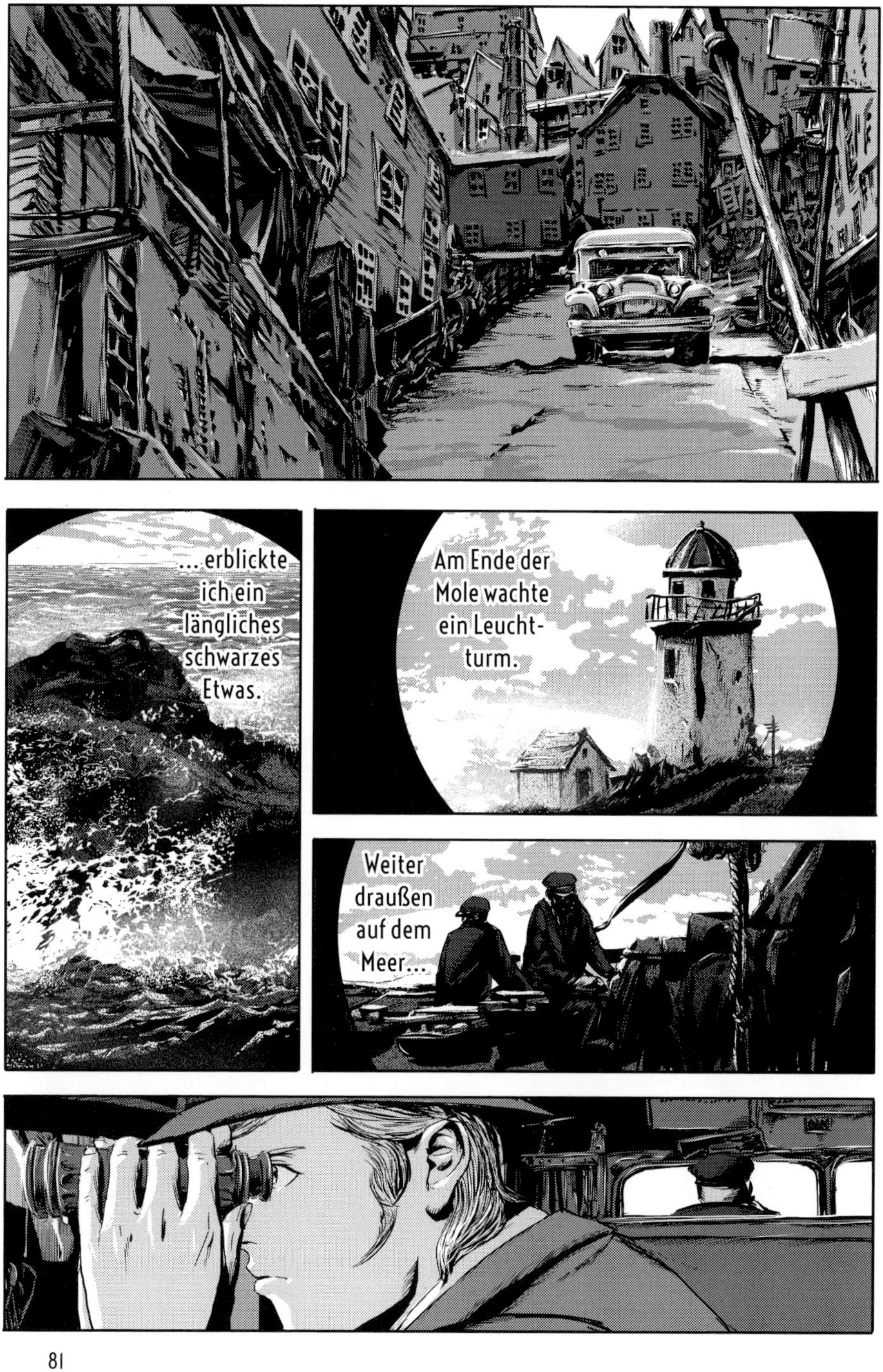

Am Ende der Mole wachte ein Leucht-turm.
Weiter draußen auf dem Meer…
…erblickte ich ein längliches schwarzes Etwas.

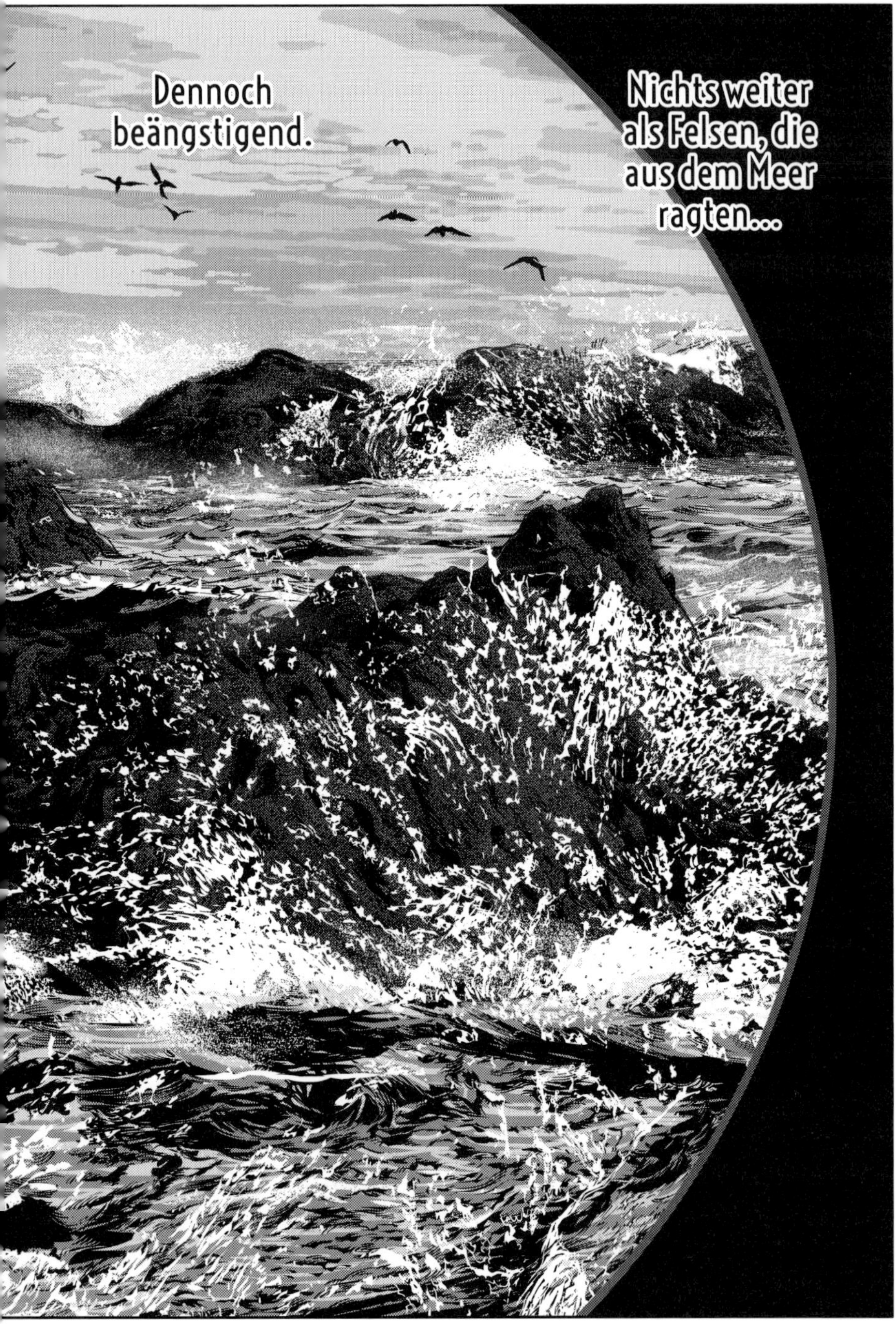
Nichts weiter als Felsen, die aus dem Meer ragten...
Dennoch beängstigend.

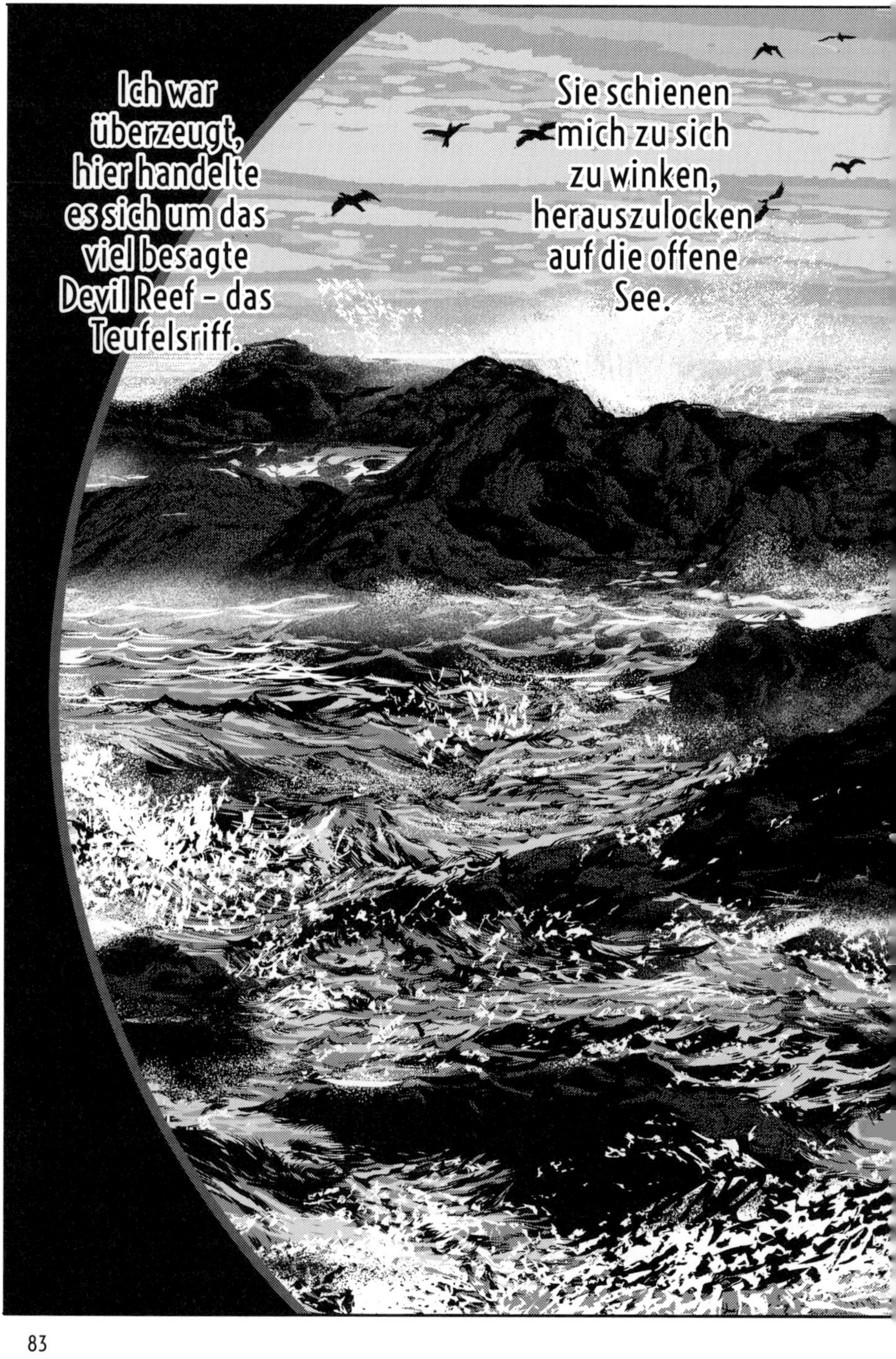
Ich war überzeugt, hier handelte es sich um das viel besagte Devil Reef – das Teufelsriff.
Sie schienen mich zu sich zu winken, herauszulocken auf die offene See.

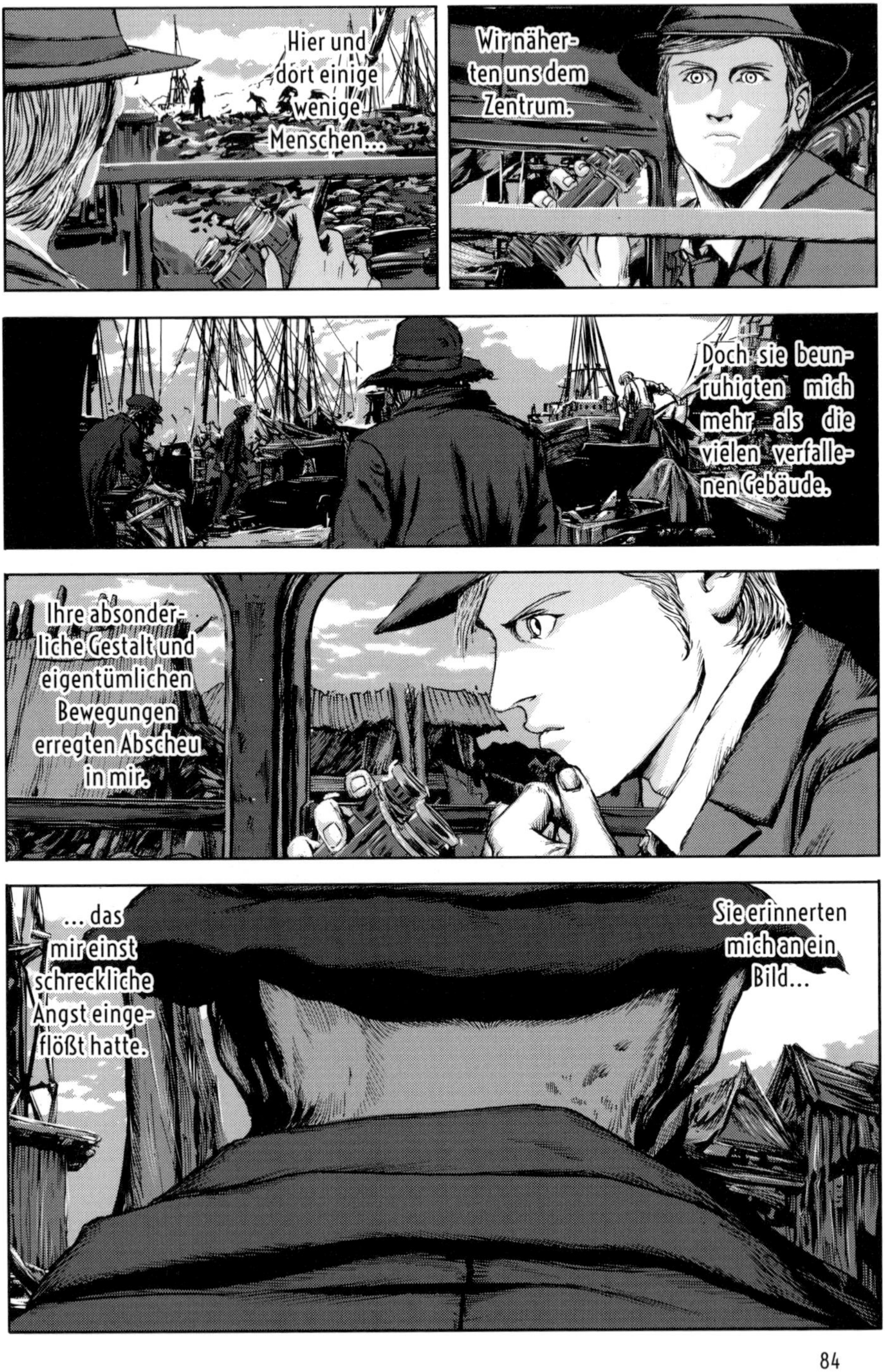
Hier und dort einige wenige Menschen ...
Wir näherten uns dem Zentrum.
Doch sie beunruhigten mich mehr als die vielen verfallenen Gebäude.
Ihre absonderliche Gestalt und eigentümlichen Bewegungen erregten Abscheu in mir.
Sie erinnerten mich an ein Bild ...
... das mir einst schreckliche Angst eingeflößt hatte.

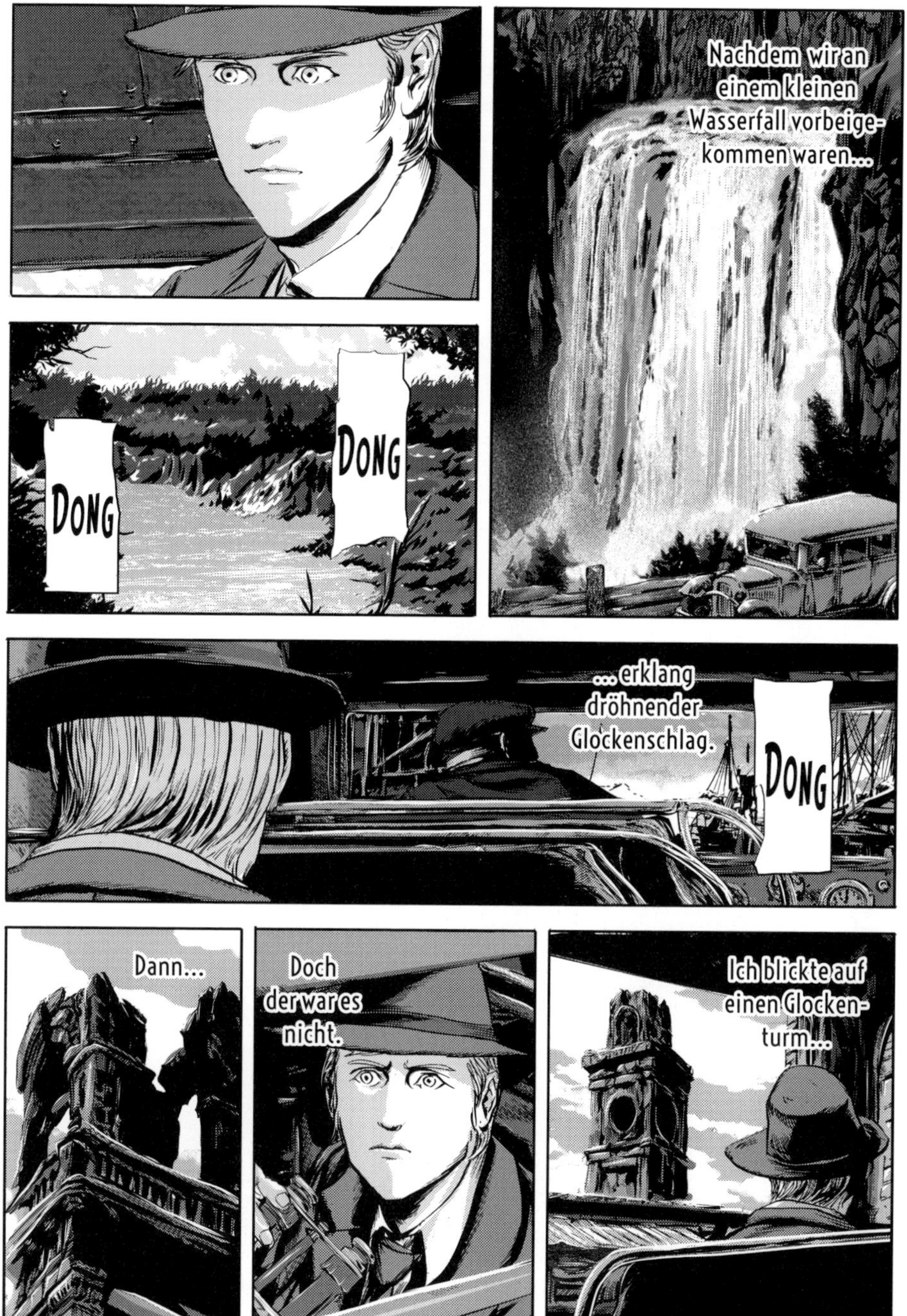
Nachdem wir an einem kleinen Wasserfall vorbeigekommen waren…
DONG
DONG
… erklang dröhnender Glockenschlag.
DONG
Ich blickte auf einen Glockenturm…
Doch der war es nicht.
Dann…

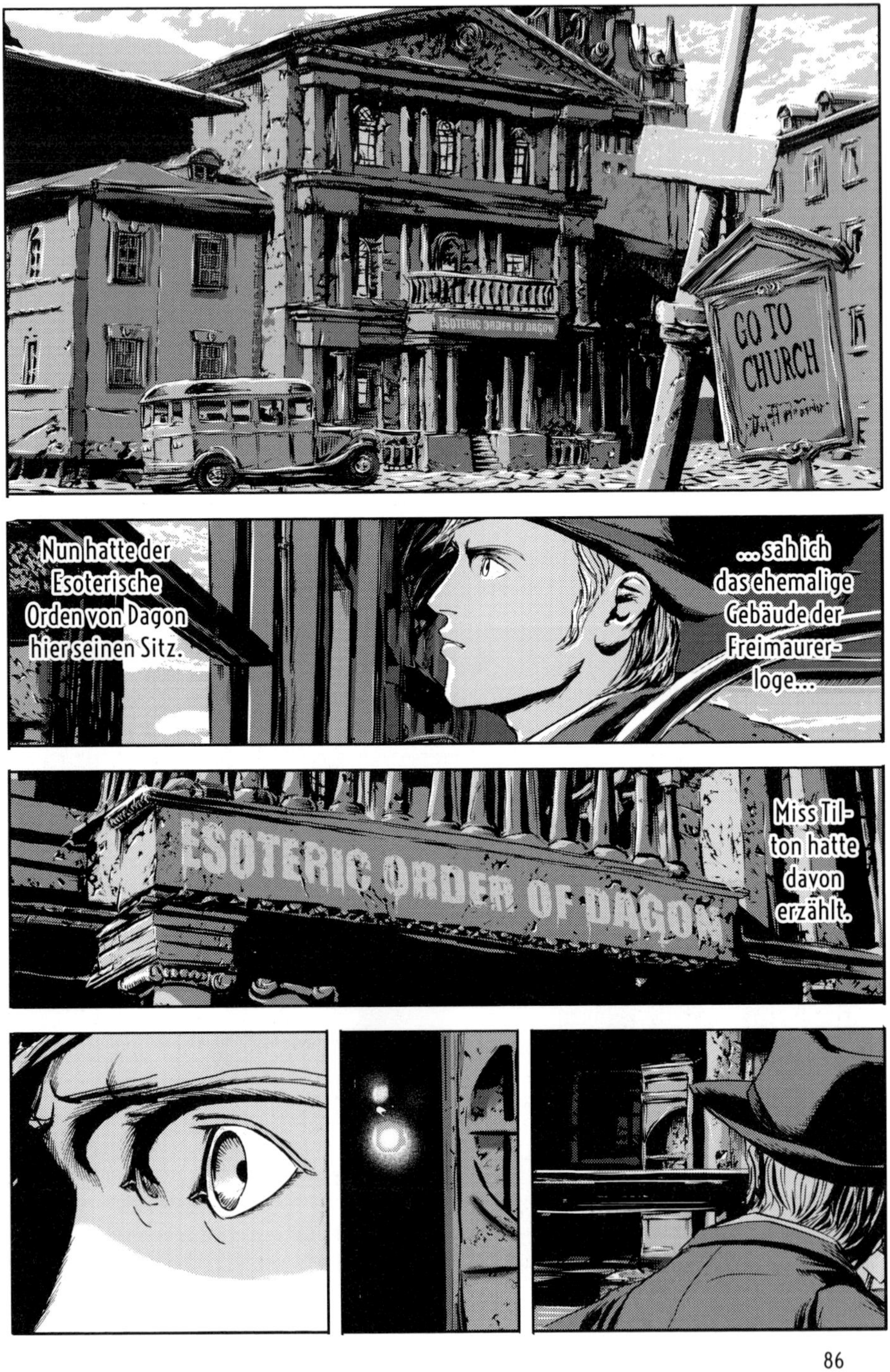
ESOTERIC ORDER OF DAGON
GO TO CHURCH
Nun hatte der Esoterische Orden von Dagon hier seinen Sitz.
... sah ich das ehemalige Gebäude der Freimaurer-loge...
ESOTERIC ORDER OF DAGON
Miss Tilton hatte davon erzählt.

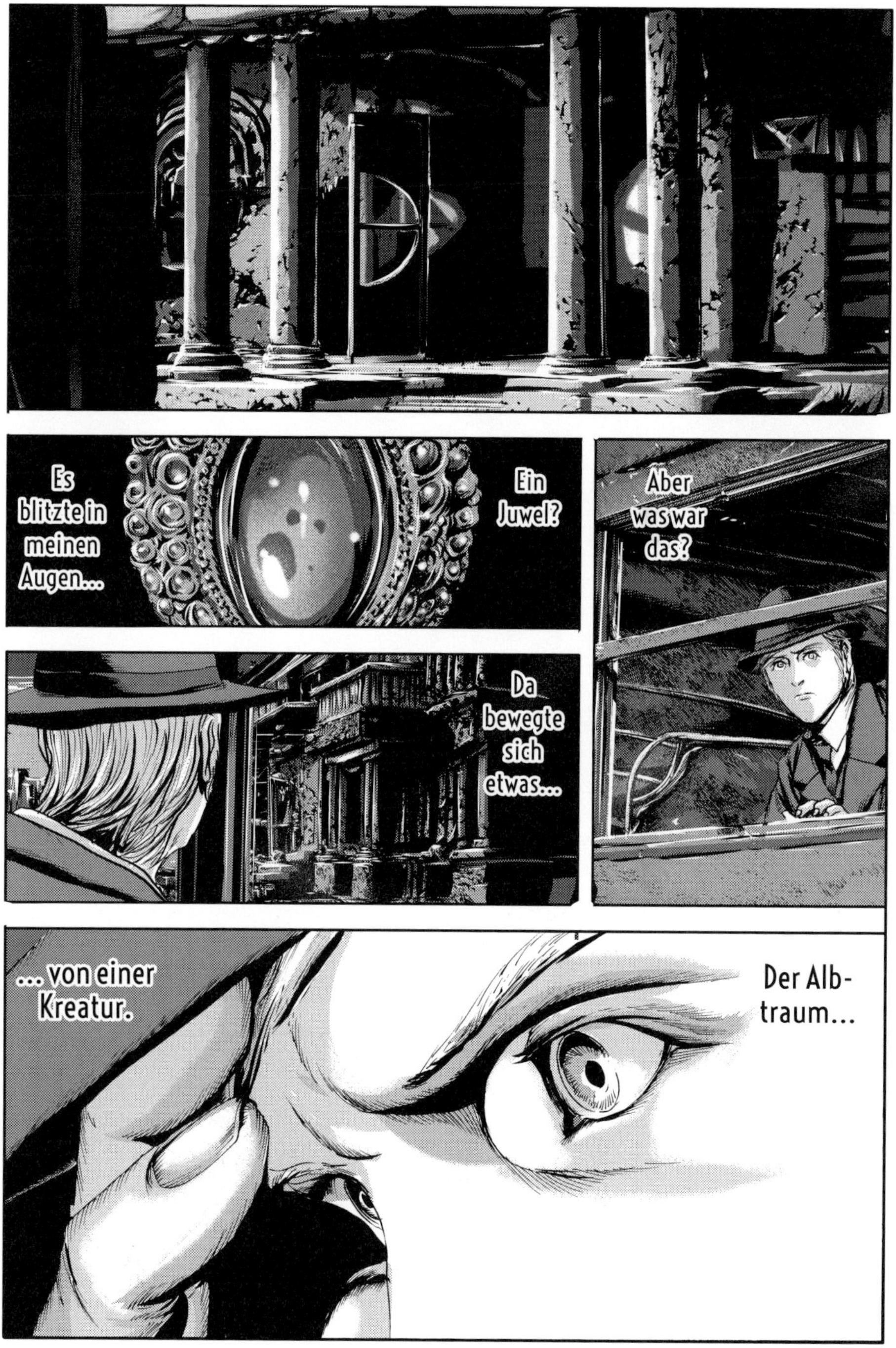
Es blitzte in meinen Augen…
Ein Juwel?
Aber was war das?
Da bewegte sich etwas…
… von einer Kreatur.
Der Albtraum…

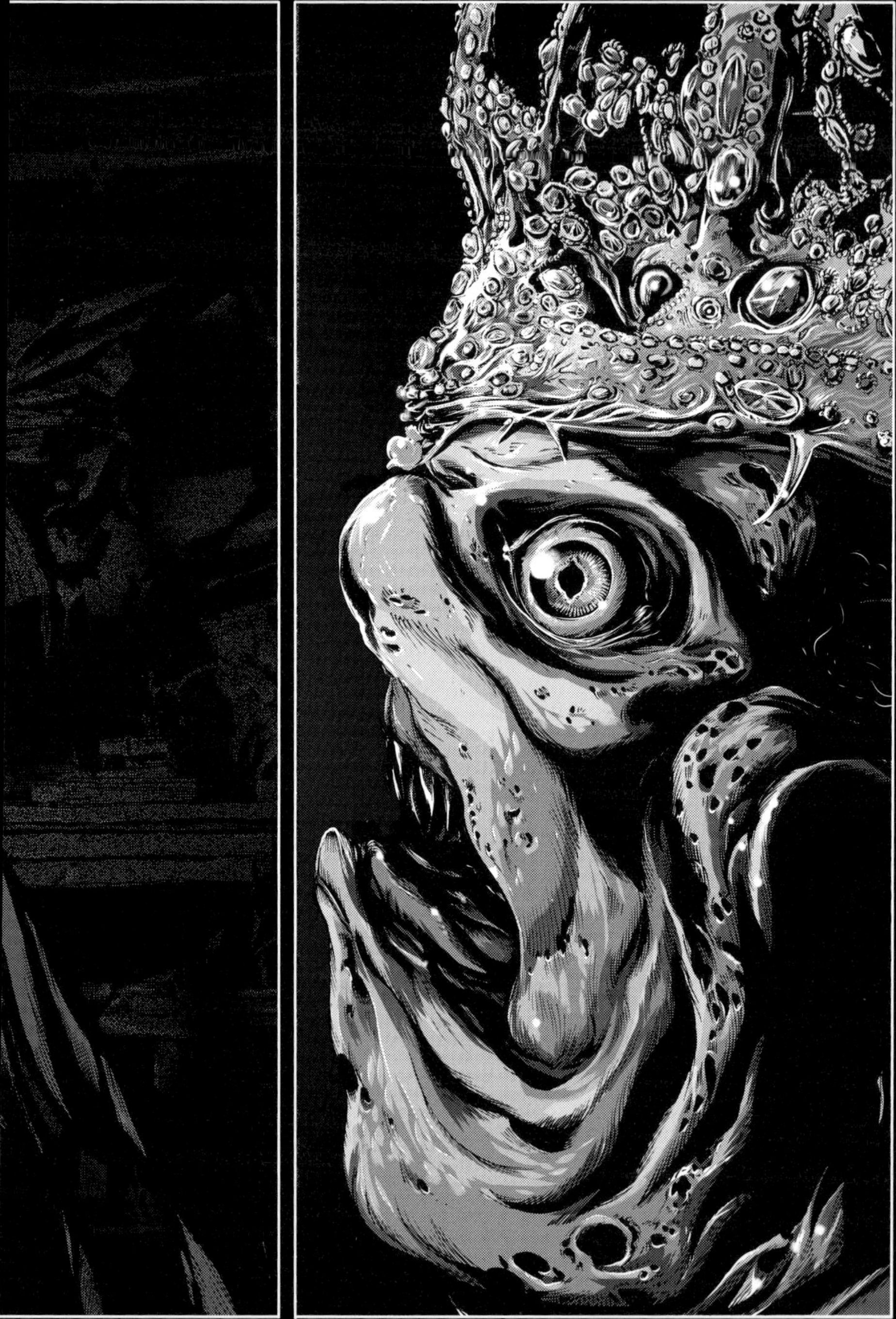

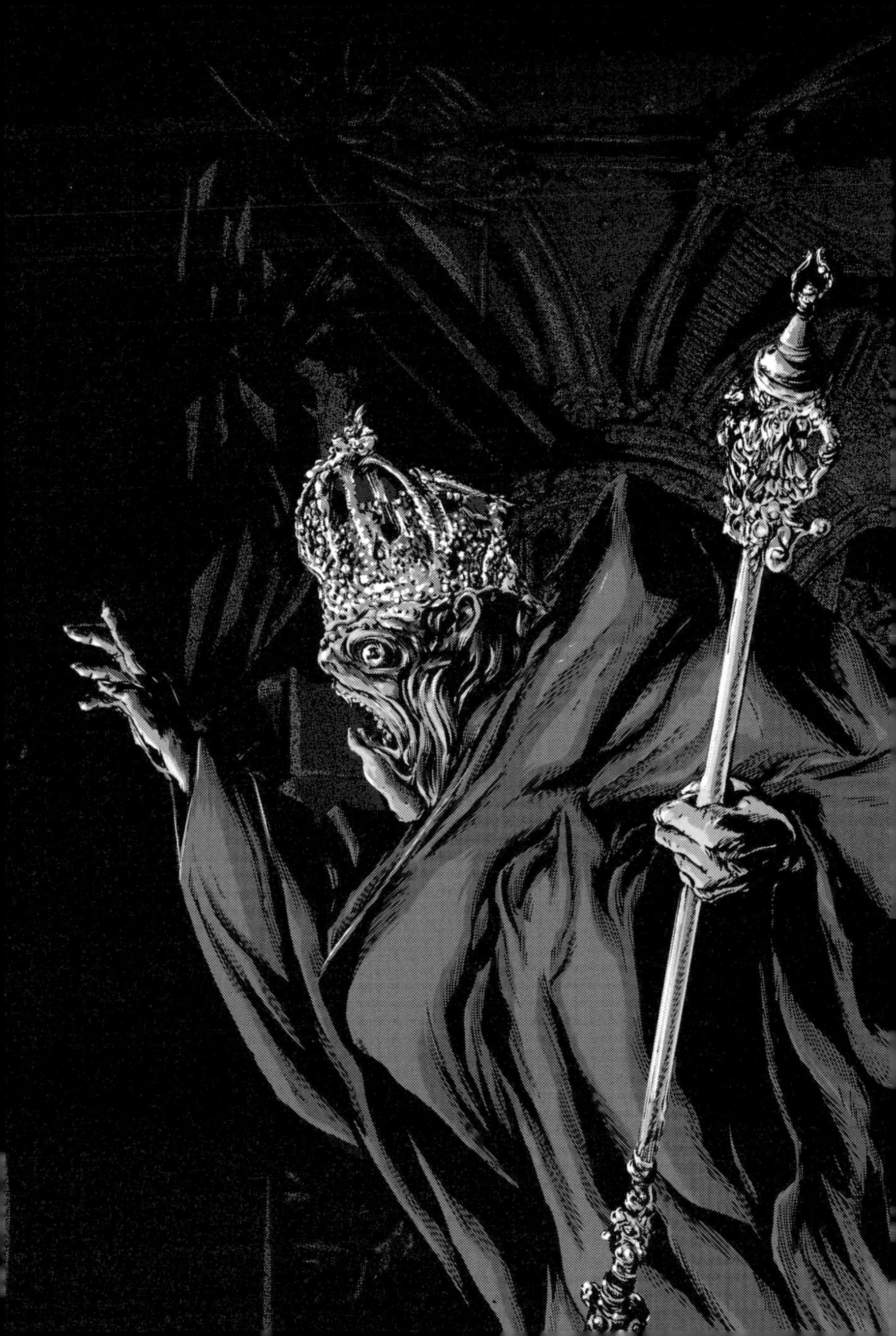

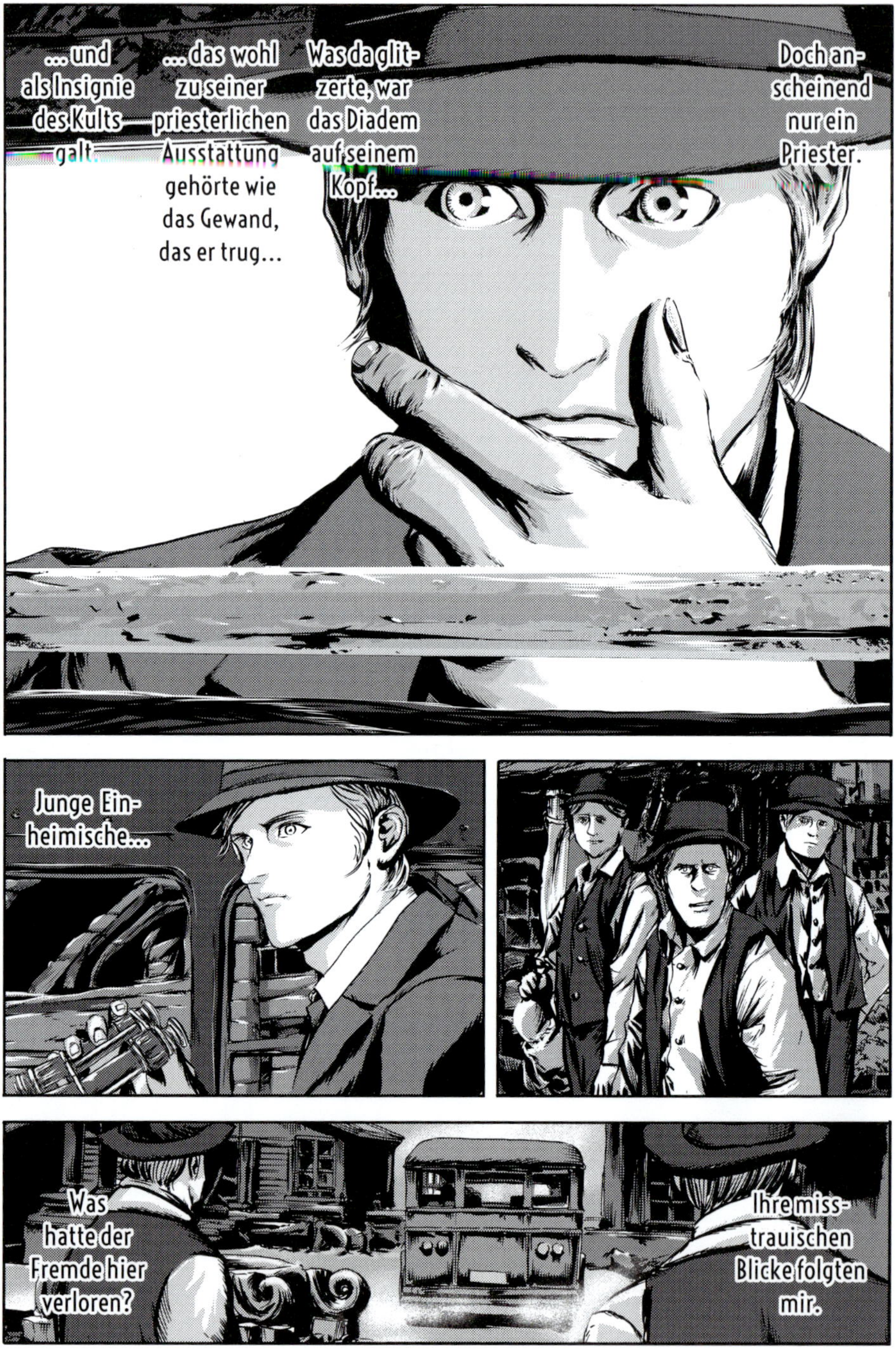
Doch anscheinend nur ein Priester.
Was da glitzerte, war das Diadem auf seinem Kopf...
... das wohl zu seiner priesterlichen Ausstattung gehörte wie das Gewand, das er trug...
... und als Insignie des Kults galt.
Junge Einheimische...
Ihre misstrauischen Blicke folgten mir.
Was hatte der Fremde hier verloren?

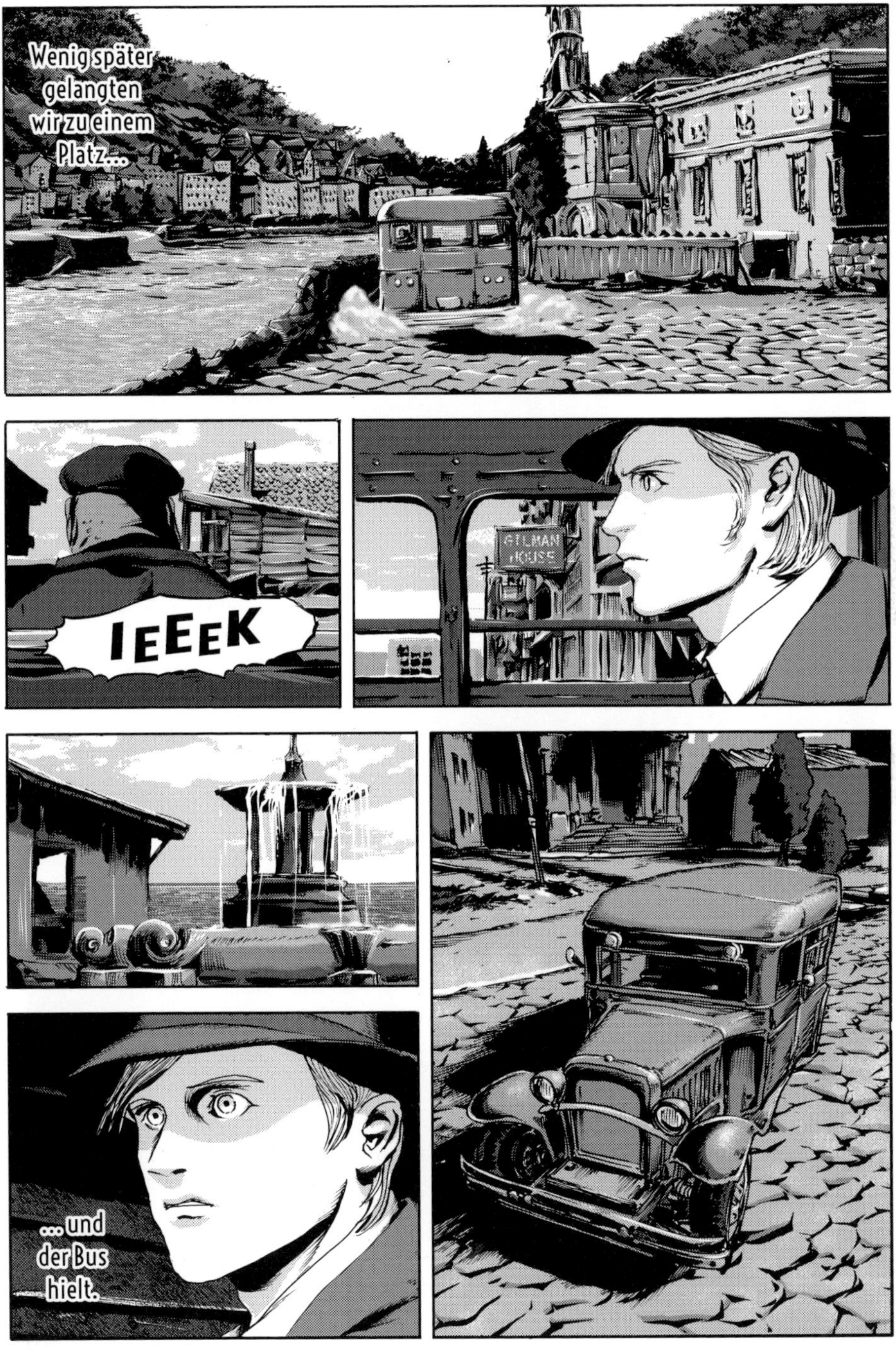
Wenig später gelangten wir zu einem Platz...
IEEEK
GILMAN HOUSE
... und der Bus hielt.

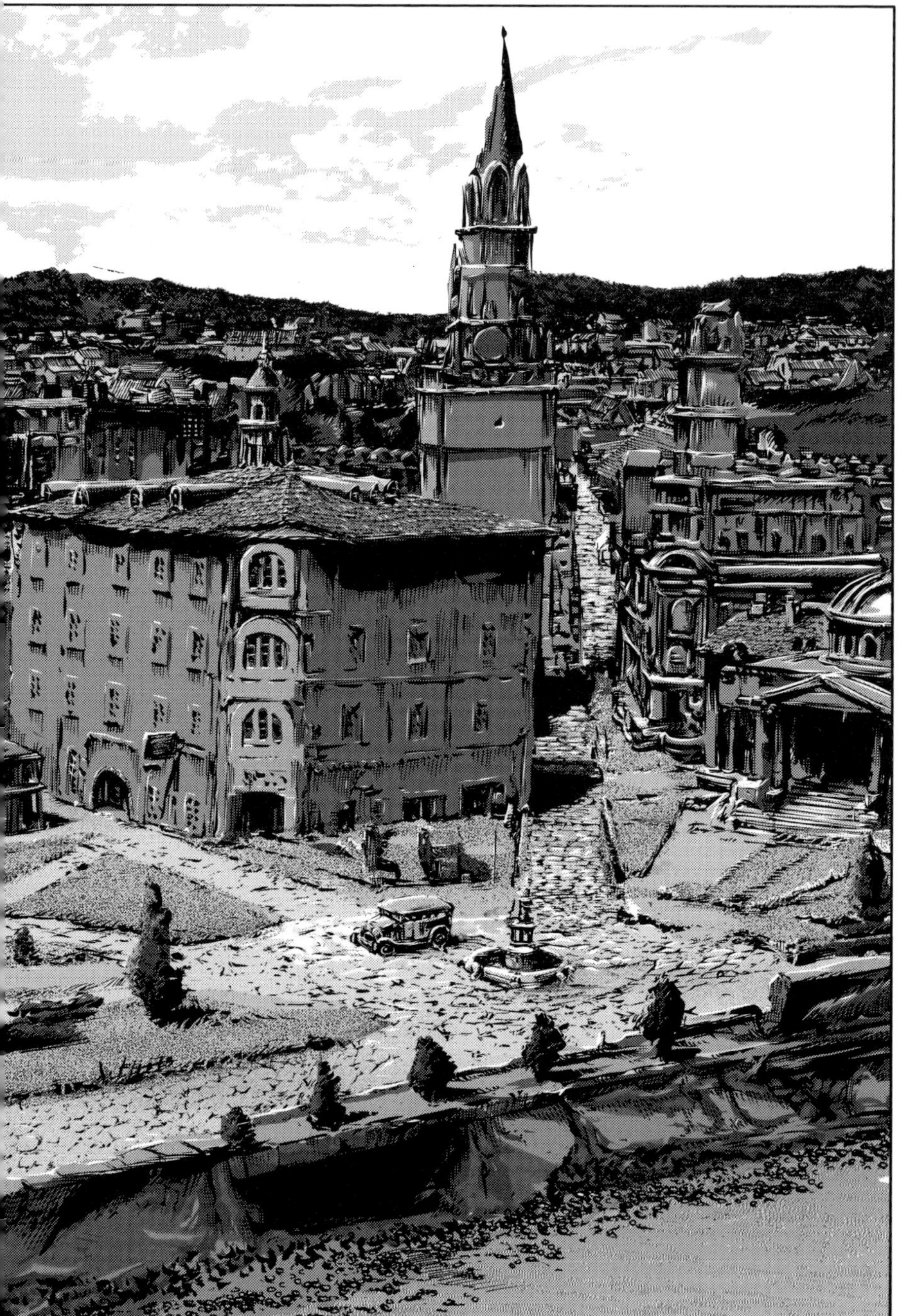

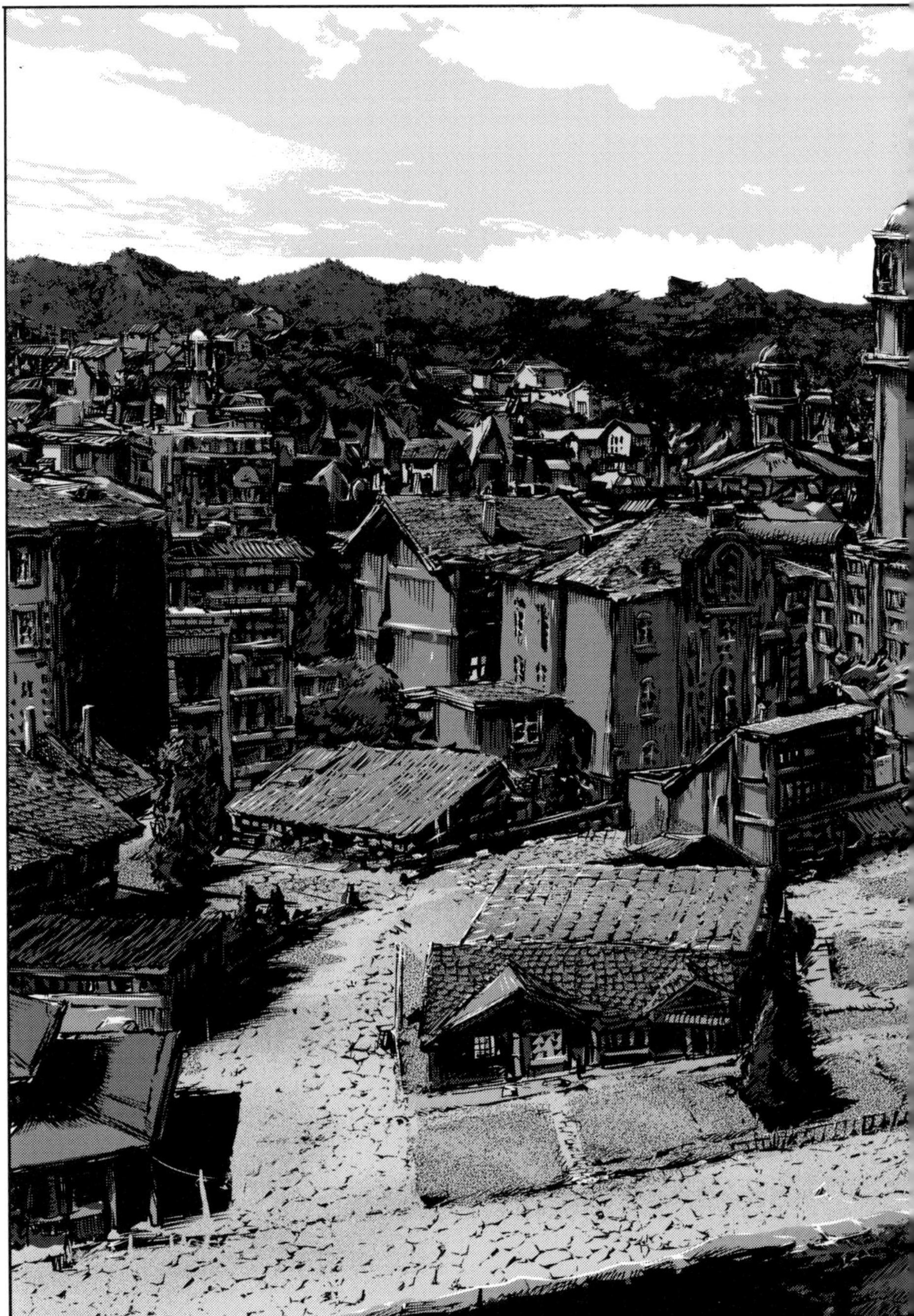

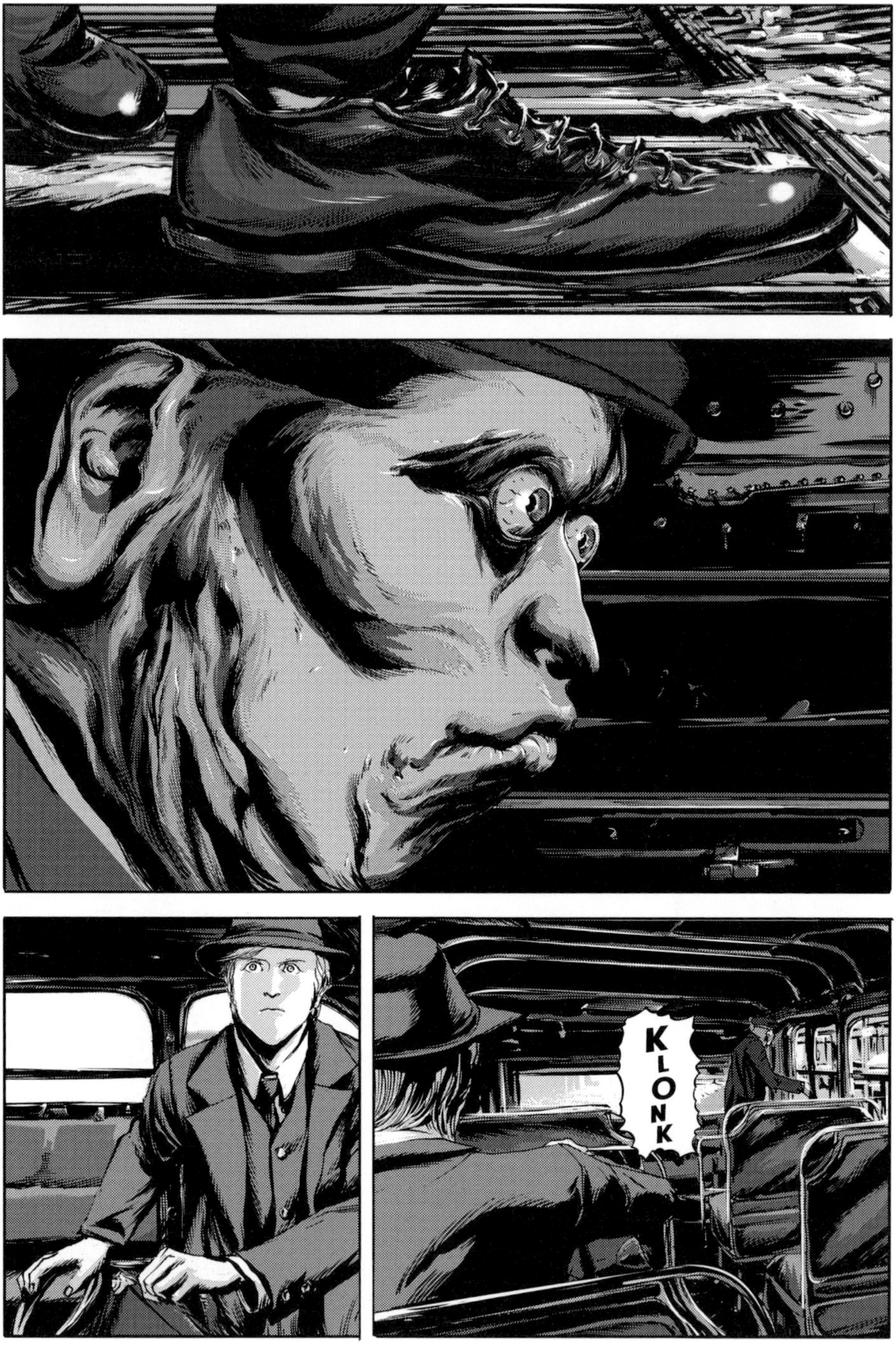
KLONK

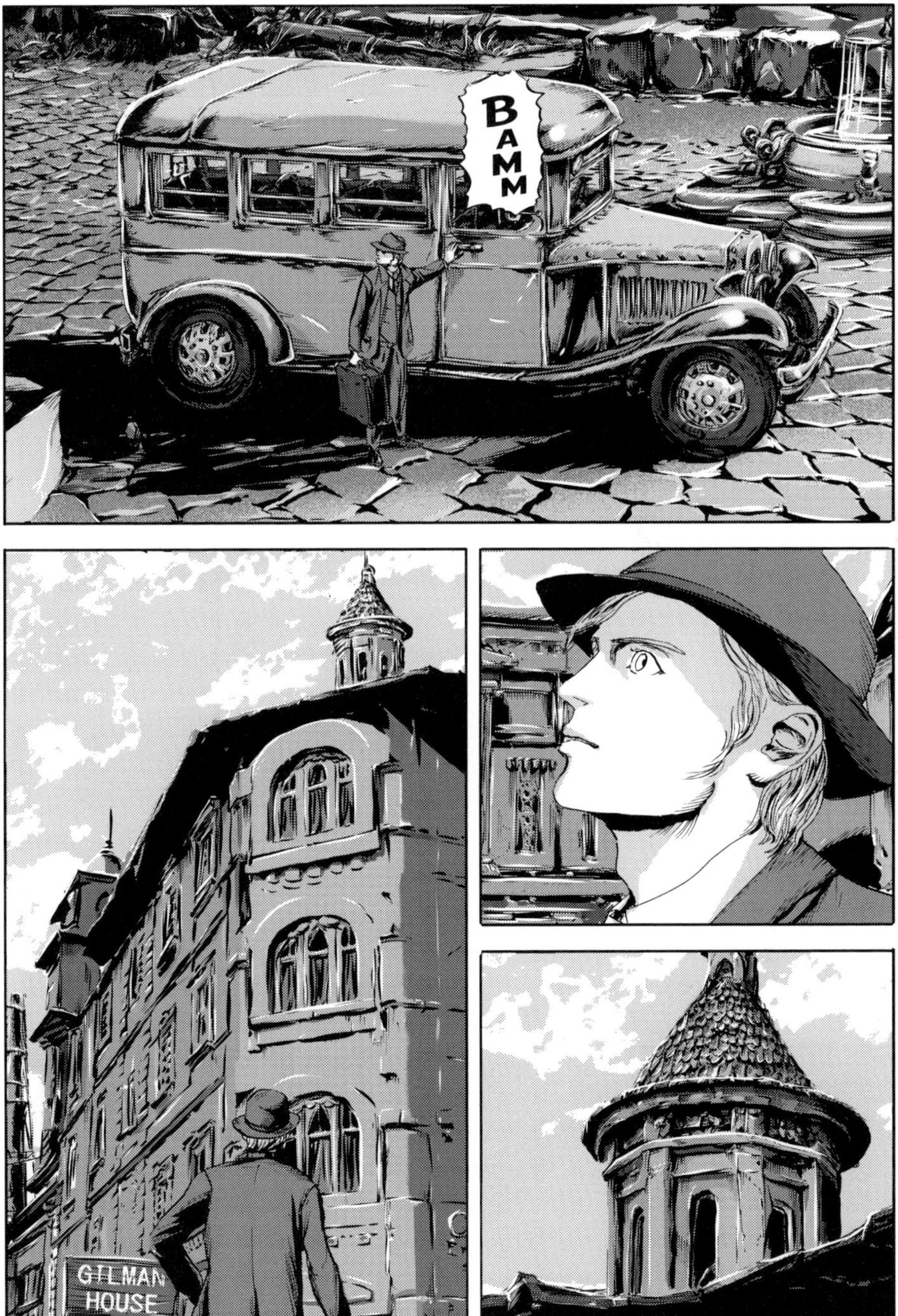
BAMM
GILMAN HOUSE

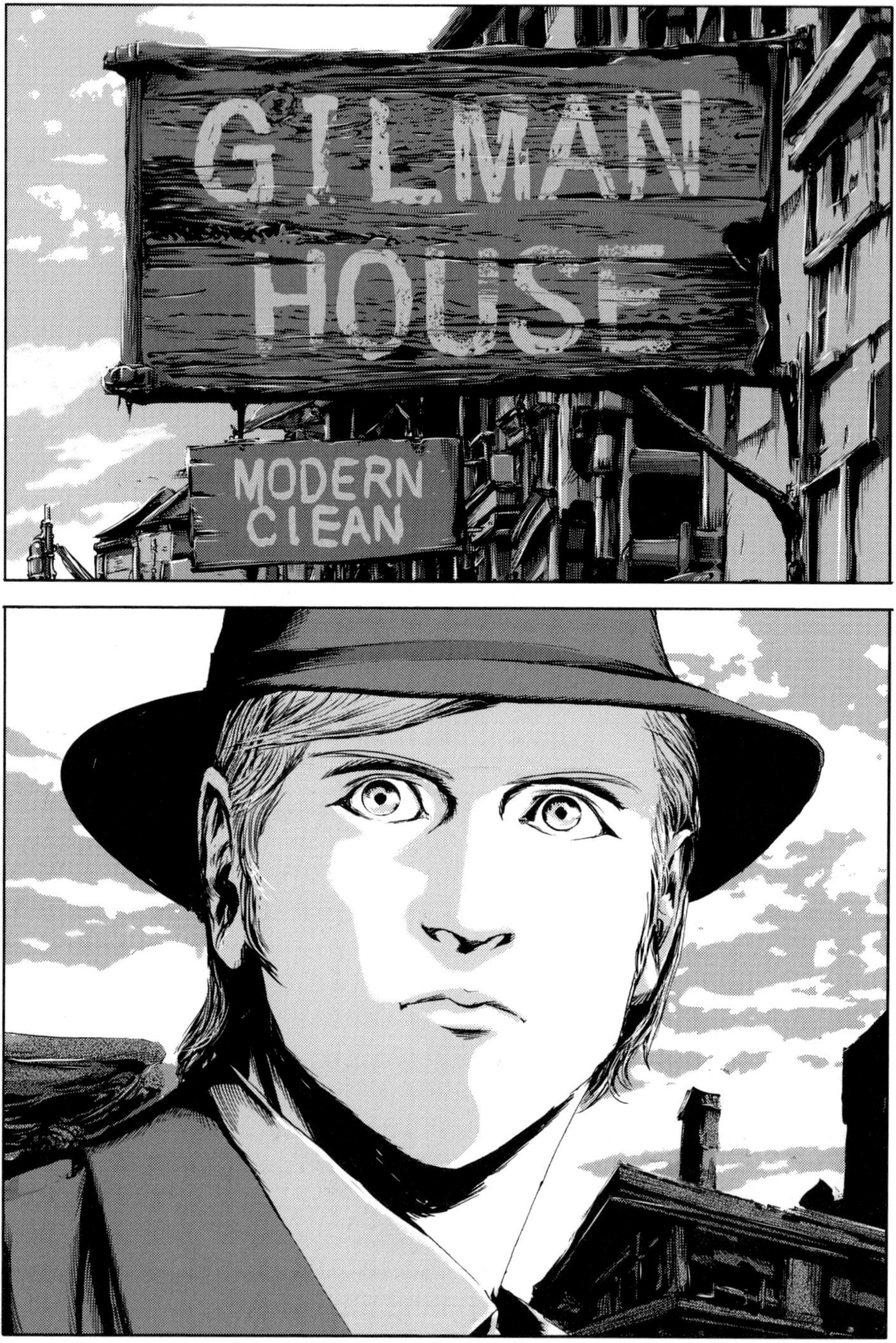
GILMAN
HOUSE
MODERN
CLEAN

3 INNSMOUTHER FRATZEN

Innsmouth Look

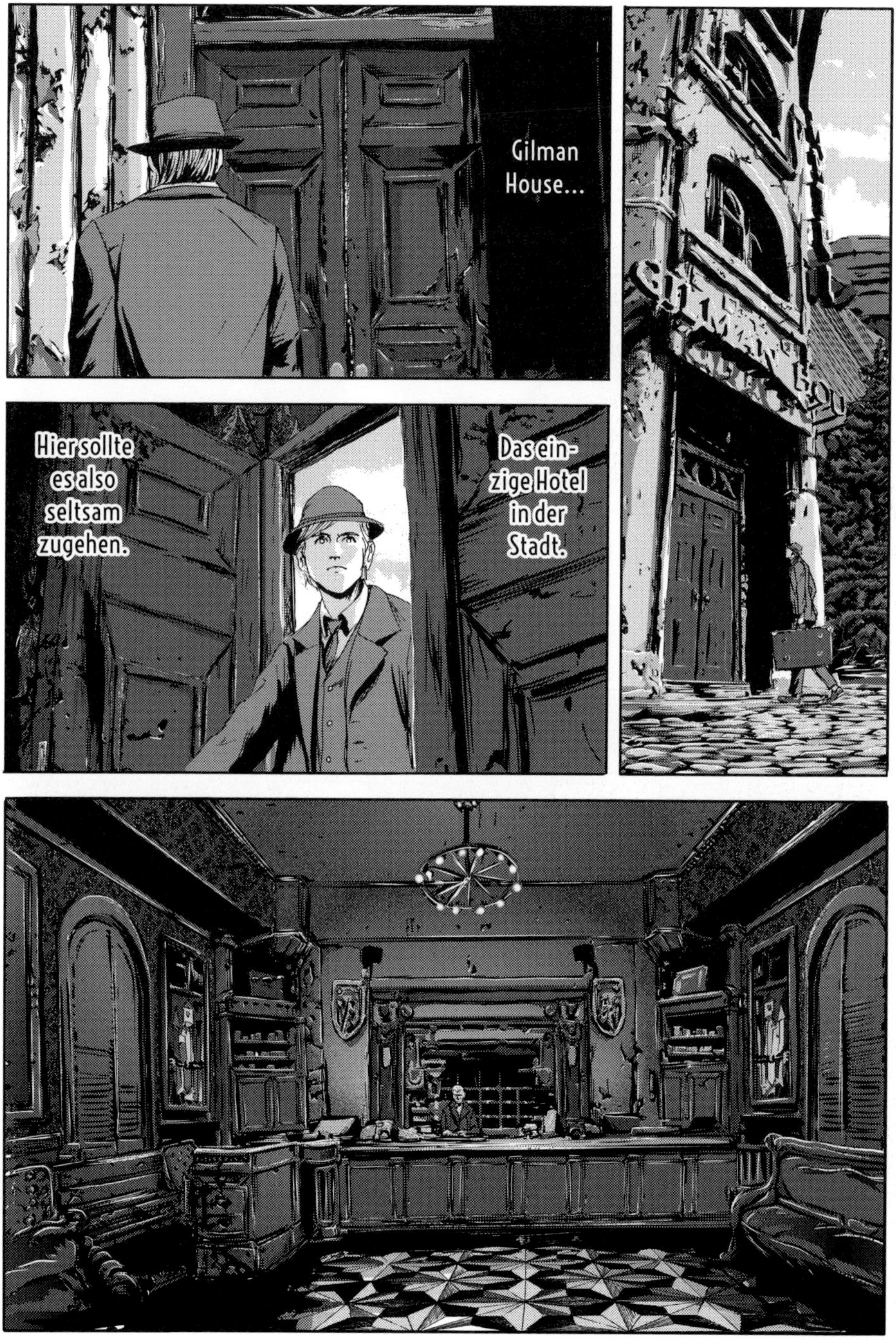
Gilman House...
Das ein-zige Hotel in der Stadt.
Hier sollte es also seltsam zugehen.

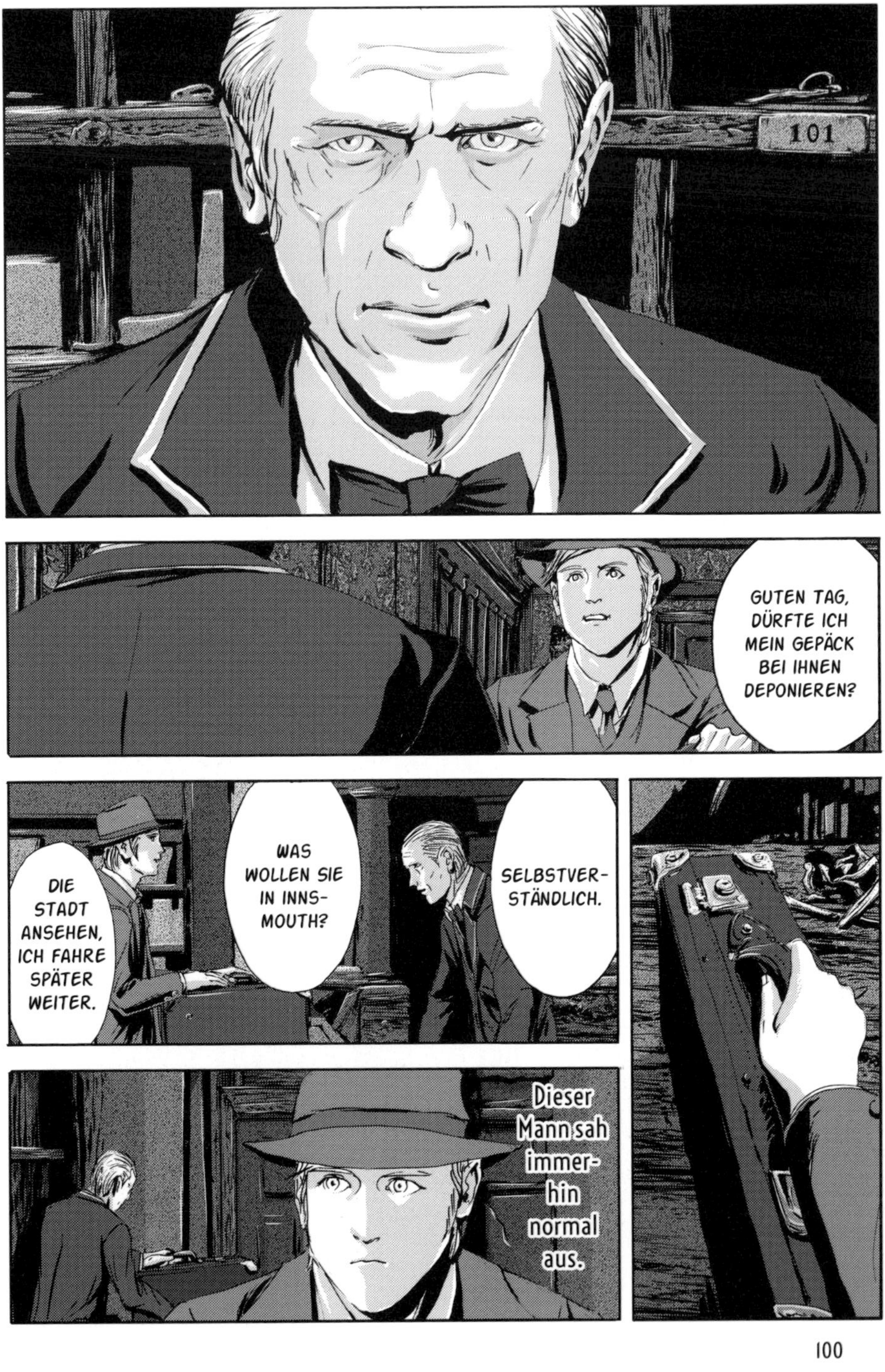
GUTEN TAG, DÜRFTE ICH MEIN GEPÄCK BEI IHNEN DEPONIEREN?
SELBSTVER-STÄNDLICH.
WAS WOLLEN SIE IN INNS-MOUTH?
DIE STADT ANSEHEN, ICH FAHRE SPÄTER WEITER.
Dieser Mann sah immer-hin normal aus.

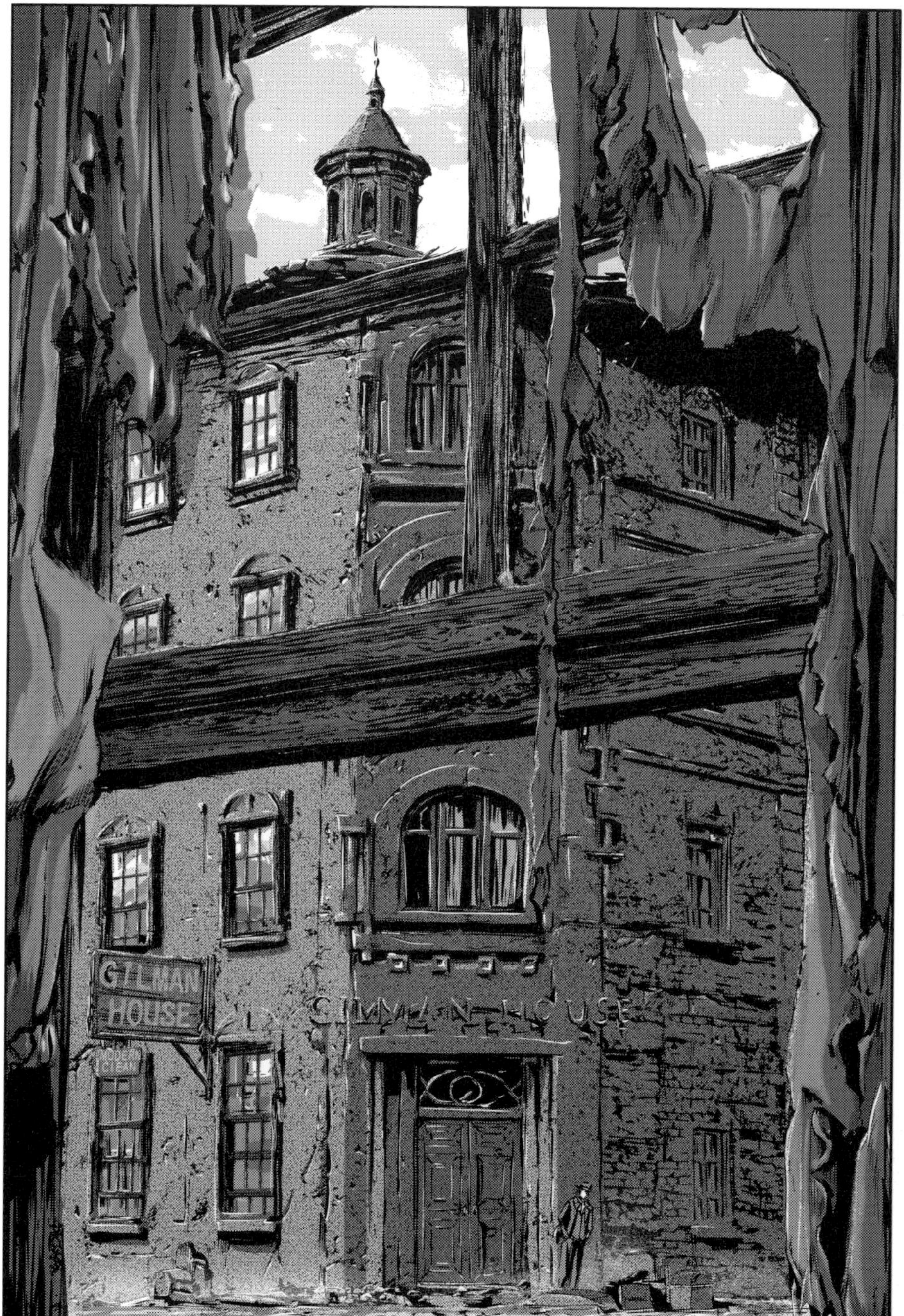
GILMAN
HOUSE

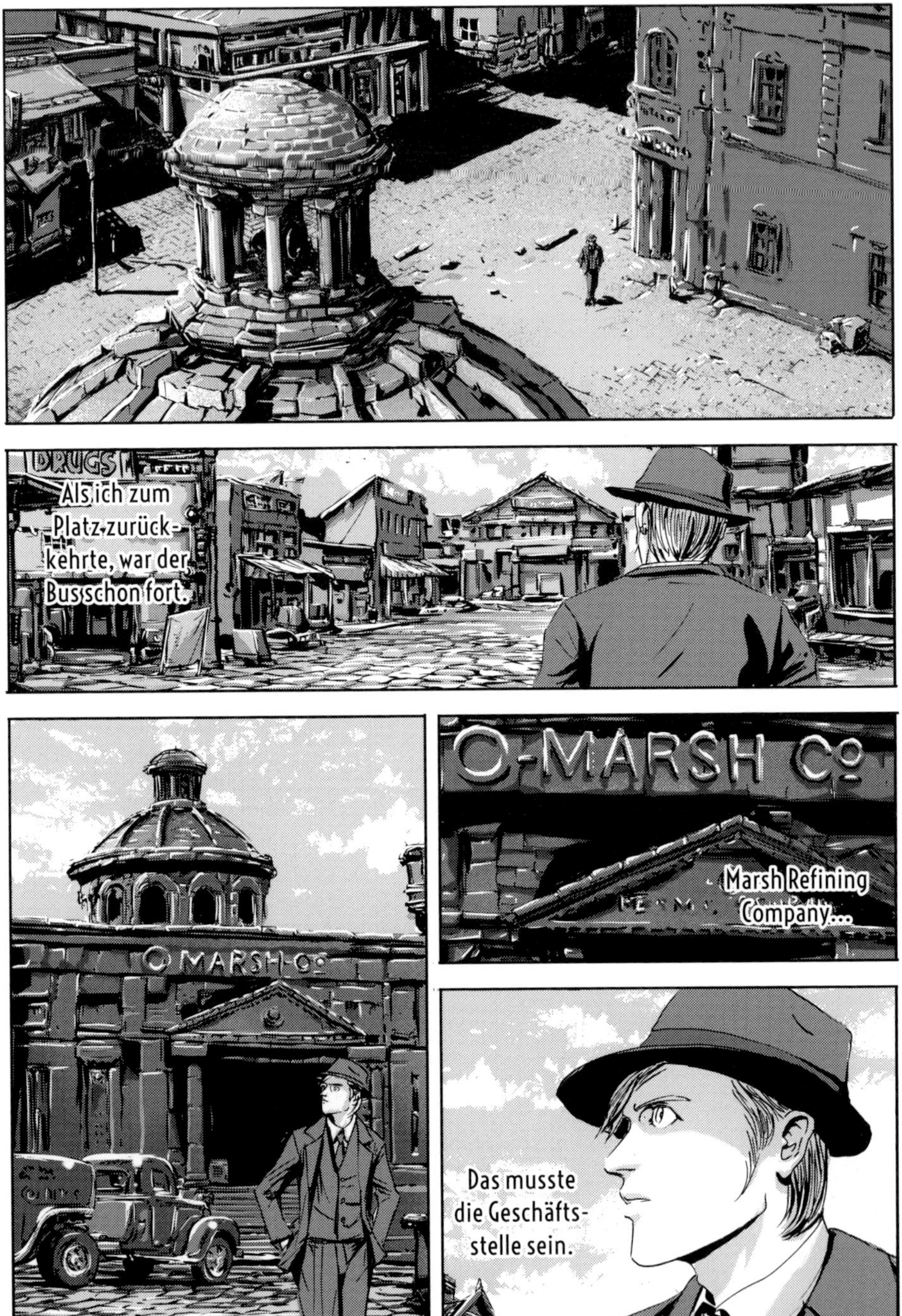
DRUGS
Als ich zum Platz zurückkehrte, war der Bus schon fort.
O-MARSH Co
MARSH Co
Marsh Refining Company...
Das musste die Geschäftsstelle sein.

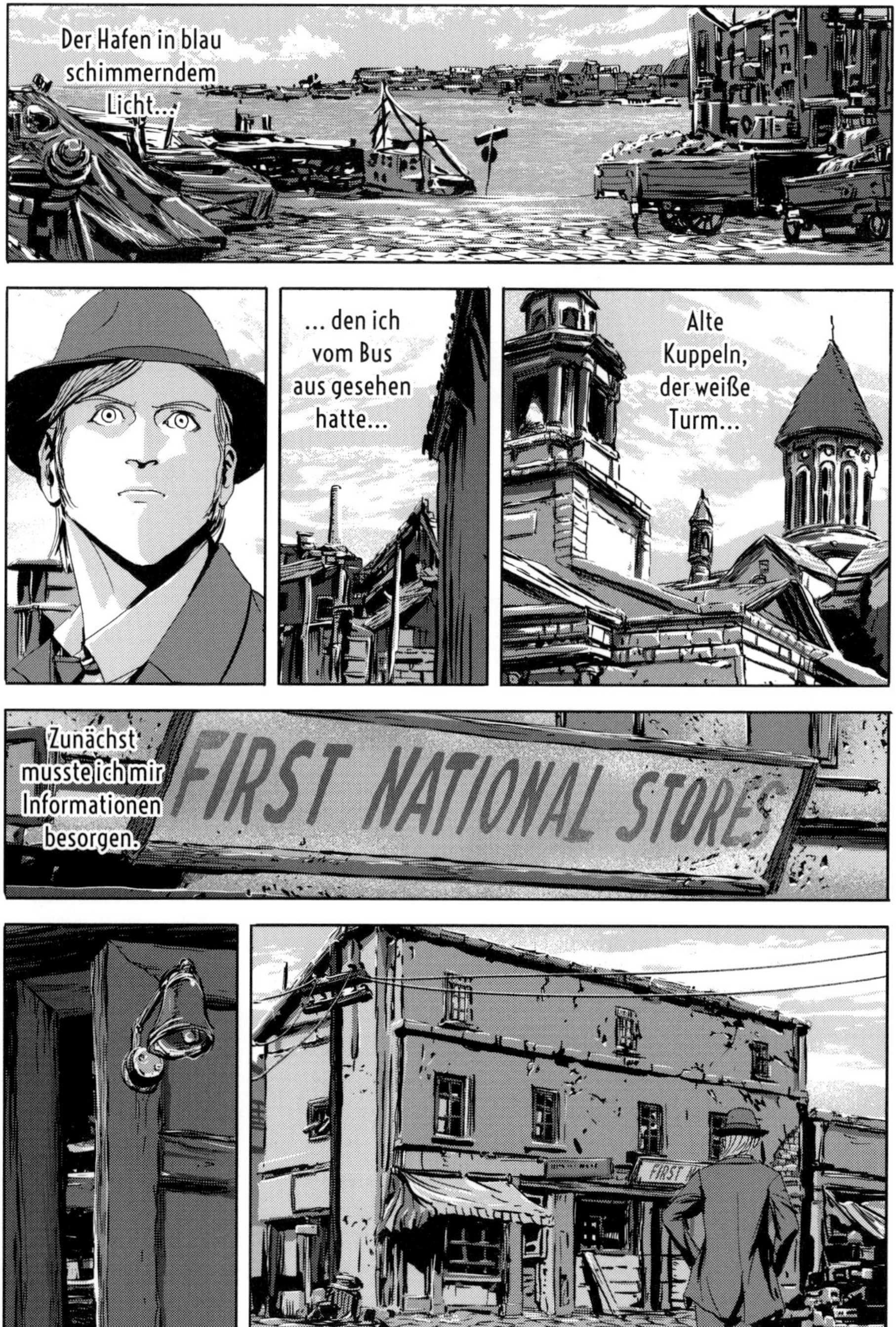
Der Hafen in blau schimmerndem Licht...
... den ich vom Bus aus gesehen hatte...
Alte Kuppeln, der weiße Turm...
Zunächst musste ich mir Informationen besorgen.
FIRST NATIONAL STORES

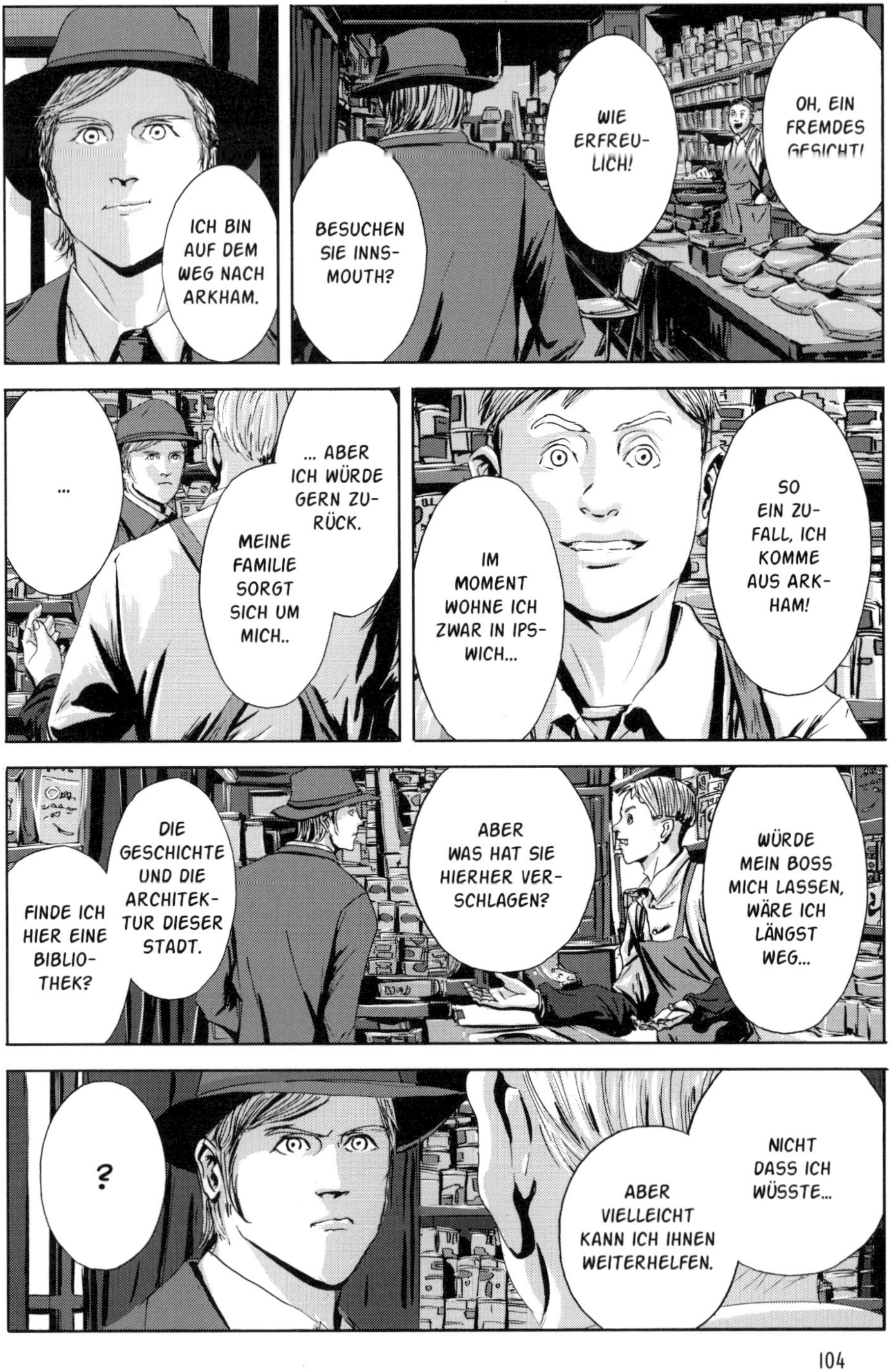
OH, EIN FREMDES GESICHT!
WIE ERFREULICH!
BESUCHEN SIE INNSMOUTH?
ICH BIN AUF DEM WEG NACH ARKHAM.
SO EIN ZUFALL, ICH KOMME AUS ARKHAM!
IM MOMENT WOHNE ICH ZWAR IN IPSWICH...
... ABER ICH WÜRDE GERN ZURÜCK.
MEINE FAMILIE SORGT SICH UM MICH..
...
WÜRDE MEIN BOSS MICH LASSEN, WÄRE ICH LÄNGST WEG...
ABER WAS HAT SIE HIERHER VERSCHLAGEN?
DIE GESCHICHTE UND DIE ARCHITEKTUR DIESER STADT.
FINDE ICH HIER EINE BIBLIOTHEK?
NICHT DASS ICH WÜSSTE...
ABER VIELLEICHT KANN ICH IHNEN WEITERHELFEN.
?

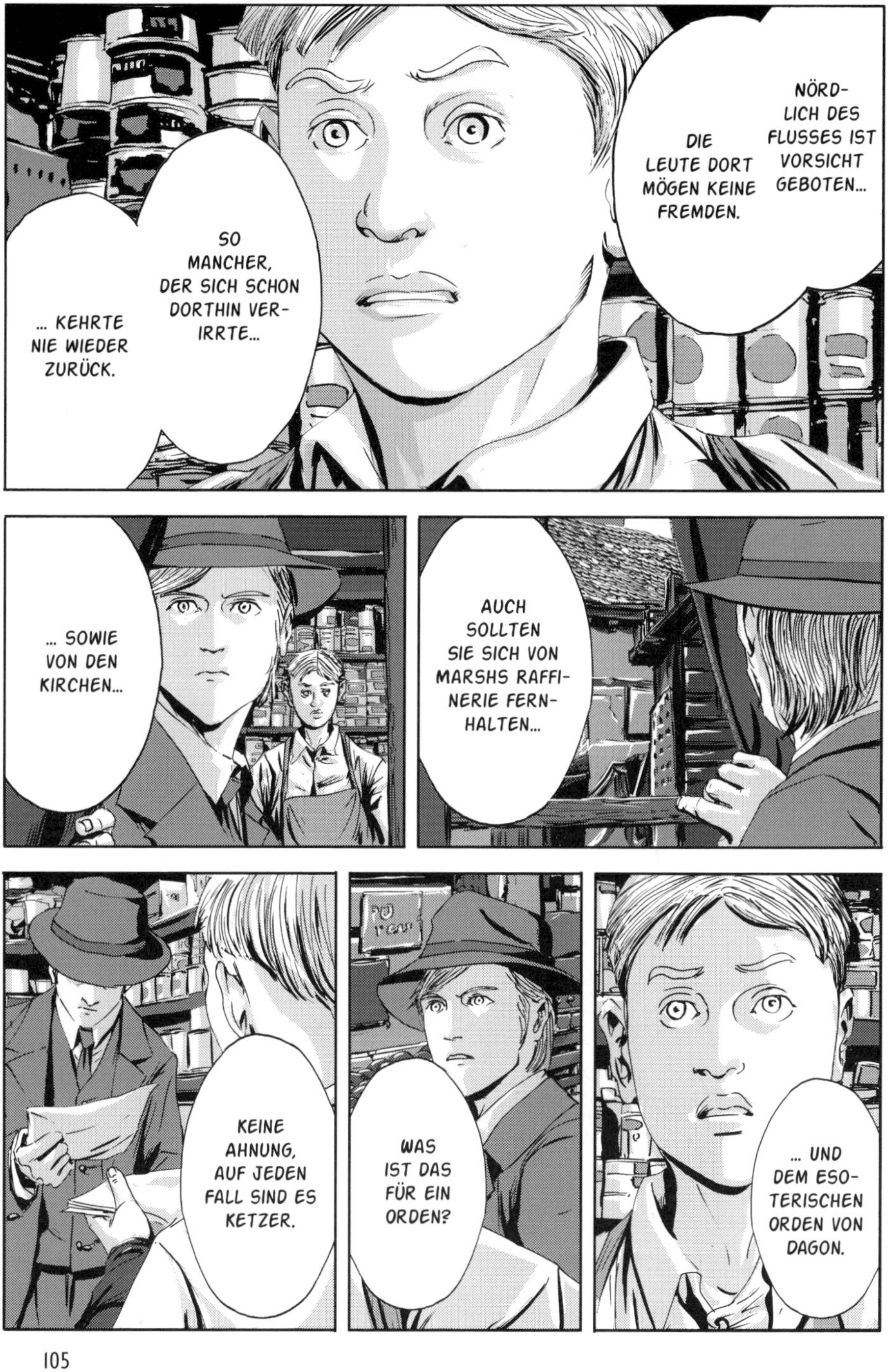
NÖRDLICH DES FLUSSES IST VORSICHT GEBOTEN...
DIE LEUTE DORT MÖGEN KEINE FREMDEN.
SO MANCHER, DER SICH SCHON DORTHIN VERIRRTE...
... KEHRTE NIE WIEDER ZURÜCK.
AUCH SOLLTEN SIE SICH VON MARSHS RAFFINERIE FERNHALTEN...
... SOWIE VON DEN KIRCHEN...
... UND DEM ESOTERISCHEN ORDEN VON DAGON.
WAS IST DAS FÜR EIN ORDEN?
KEINE AHNUNG, AUF JEDEN FALL SIND ES KETZER.

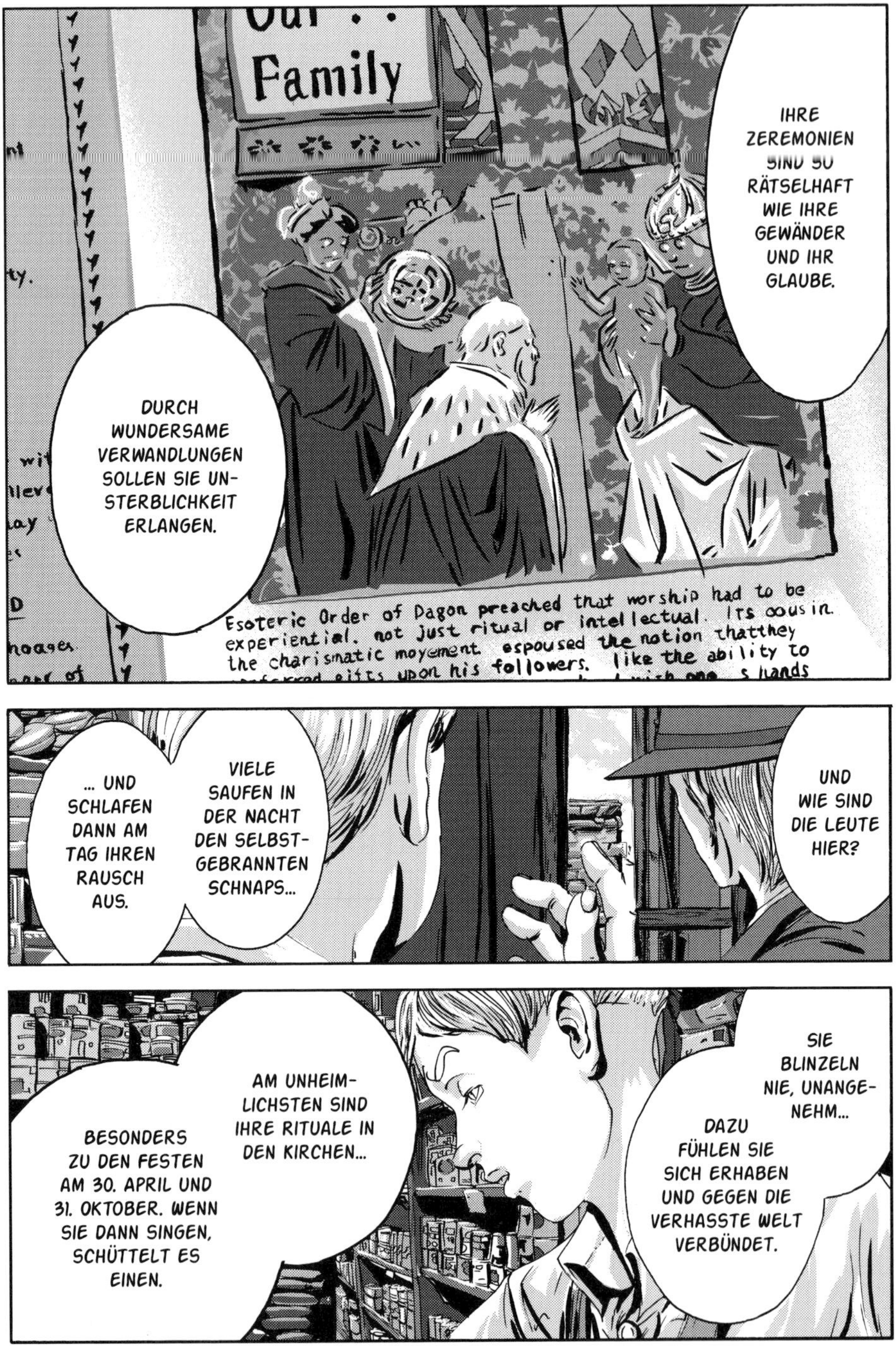
Family
Esoteric Order of Dagon preached that worship had to be
experiential. not just ritual or intellectual. Its cousin
the charismatic movement espoused the notion thatthey
IHRE ZEREMONIEN SIND SO RÄTSELHAFT WIE IHRE GEWÄNDER UND IHR GLAUBE.
DURCH WUNDERSAME VERWANDLUNGEN SOLLEN SIE UNSTERBLICHKEIT ERLANGEN.
UND WIE SIND DIE LEUTE HIER?
VIELE SAUFEN IN DER NACHT DEN SELBSTGEBRANNTEN SCHNAPS...
... UND SCHLAFEN DANN AM TAG IHREN RAUSCH AUS.
SIE BLINZELN NIE, UNANGENEHM...
DAZU FÜHLEN SIE SICH ERHABEN UND GEGEN DIE VERHASSTE WELT VERBÜNDET.
AM UNHEIMLICHSTEN SIND IHRE RITUALE IN DEN KIRCHEN...
BESONDERS ZU DEN FESTEN AM 30. APRIL UND 31. OKTOBER. WENN SIE DANN SINGEN, SCHÜTTELT ES EINEN.

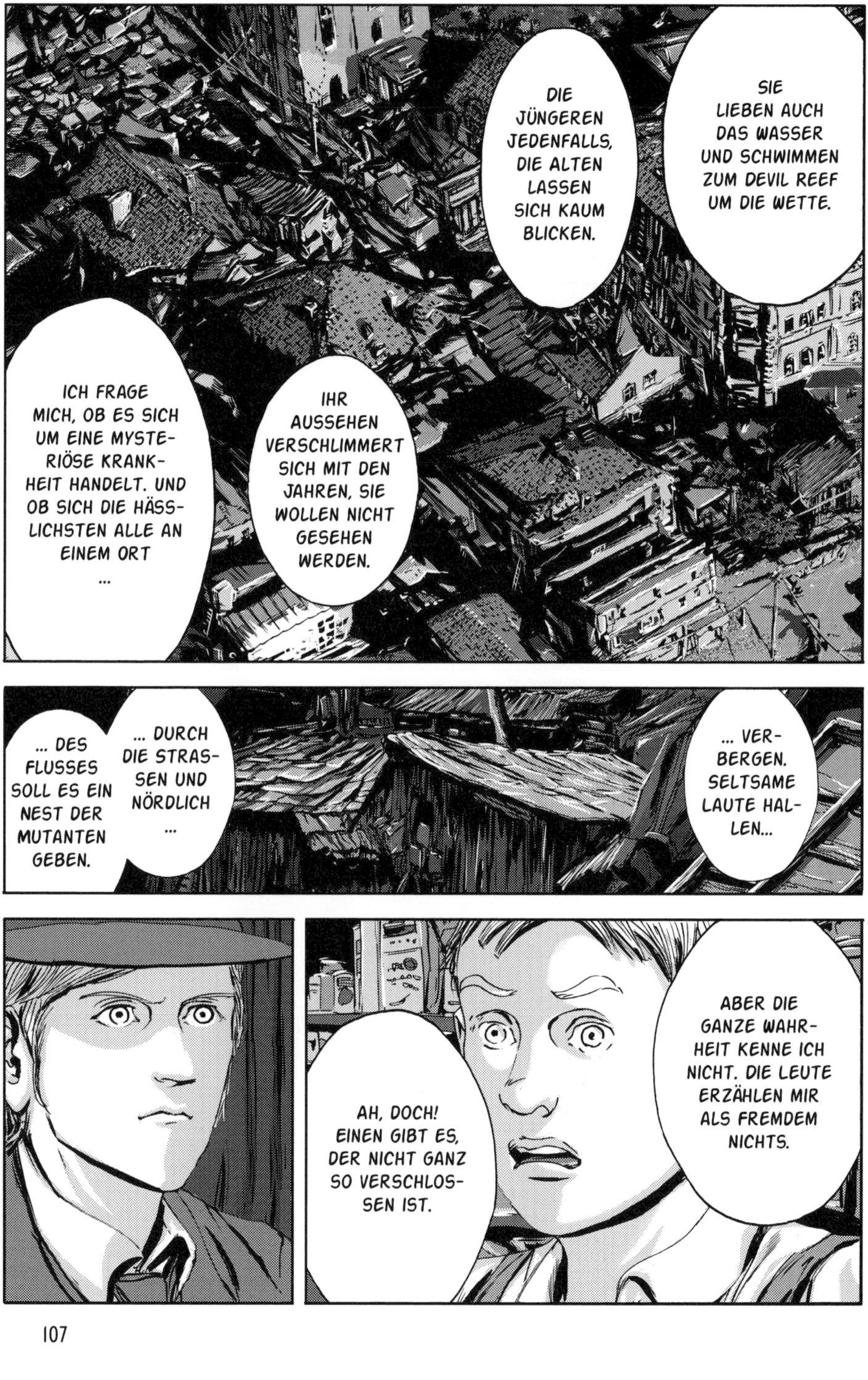
SIE LIEBEN AUCH DAS WASSER UND SCHWIMMEN ZUM DEVIL REEF UM DIE WETTE.
DIE JÜNGEREN JEDENFALLS, DIE ALTEN LASSEN SICH KAUM BLICKEN.
IHR AUSSEHEN VERSCHLIMMERT SICH MIT DEN JAHREN, SIE WOLLEN NICHT GESEHEN WERDEN.
ICH FRAGE MICH, OB ES SICH UM EINE MYSTERIÖSE KRANKHEIT HANDELT. UND OB SICH DIE HÄSSLICHSTEN ALLE AN EINEM ORT ...
... VERBERGEN. SELTSAME LAUTE HALLEN...
... DURCH DIE STRASSEN UND NÖRDLICH ...
... DES FLUSSES SOLL ES EIN NEST DER MUTANTEN GEBEN.
ABER DIE GANZE WAHRHEIT KENNE ICH NICHT. DIE LEUTE ERZÄHLEN MIR ALS FREMDEM NICHTS.
AH, DOCH! EINEN GIBT ES, DER NICHT GANZ SO VERSCHLOSSEN IST.

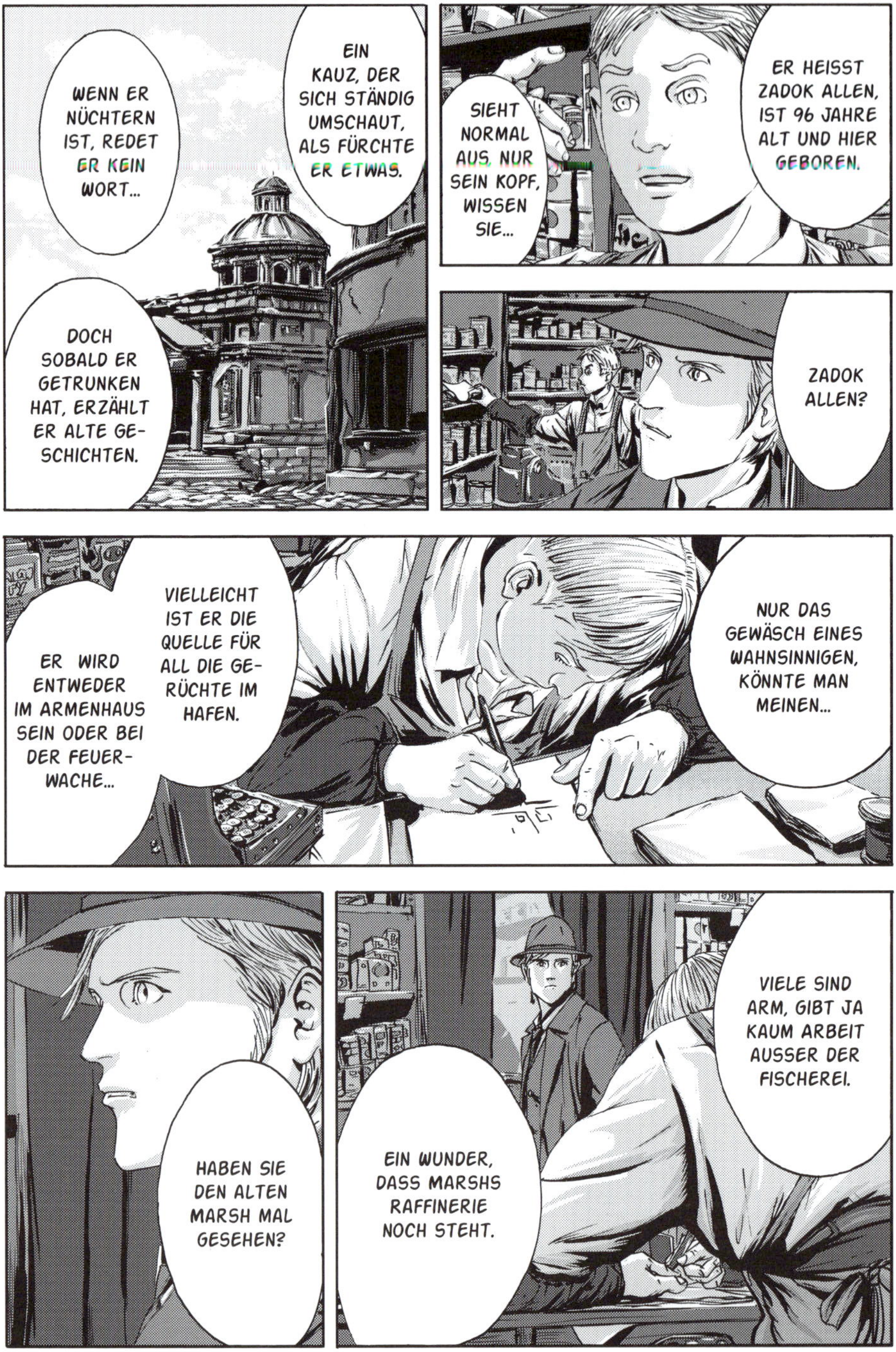

WENN ER NÜCHTERN IST, REDET ER KEIN WORT...
EIN KAUZ, DER SICH STÄNDIG UMSCHAUT, ALS FÜRCHTE ER ETWAS.
DOCH SOBALD ER GETRUNKEN HAT, ERZÄHLT ER ALTE GESCHICHTEN.
ER HEISST ZADOK ALLEN, IST 96 JAHRE ALT UND HIER GEBOREN.
SIEHT NORMAL AUS, NUR SEIN KOPF, WISSEN SIE...
ZADOK ALLEN?
NUR DAS GEWÄSCH EINES WAHNSINNIGEN, KÖNNTE MAN MEINEN...
VIELLEICHT IST ER DIE QUELLE FÜR ALL DIE GERÜCHTE IM HAFEN.
ER WIRD ENTWEDER IM ARMENHAUS SEIN ODER BEI DER FEUERWACHE...
VIELE SIND ARM, GIBT JA KAUM ARBEIT AUSSER DER FISCHEREI.
EIN WUNDER, DASS MARSHS RAFFINERIE NOCH STEHT.
HABEN SIE DEN ALTEN MARSH MAL GESEHEN?

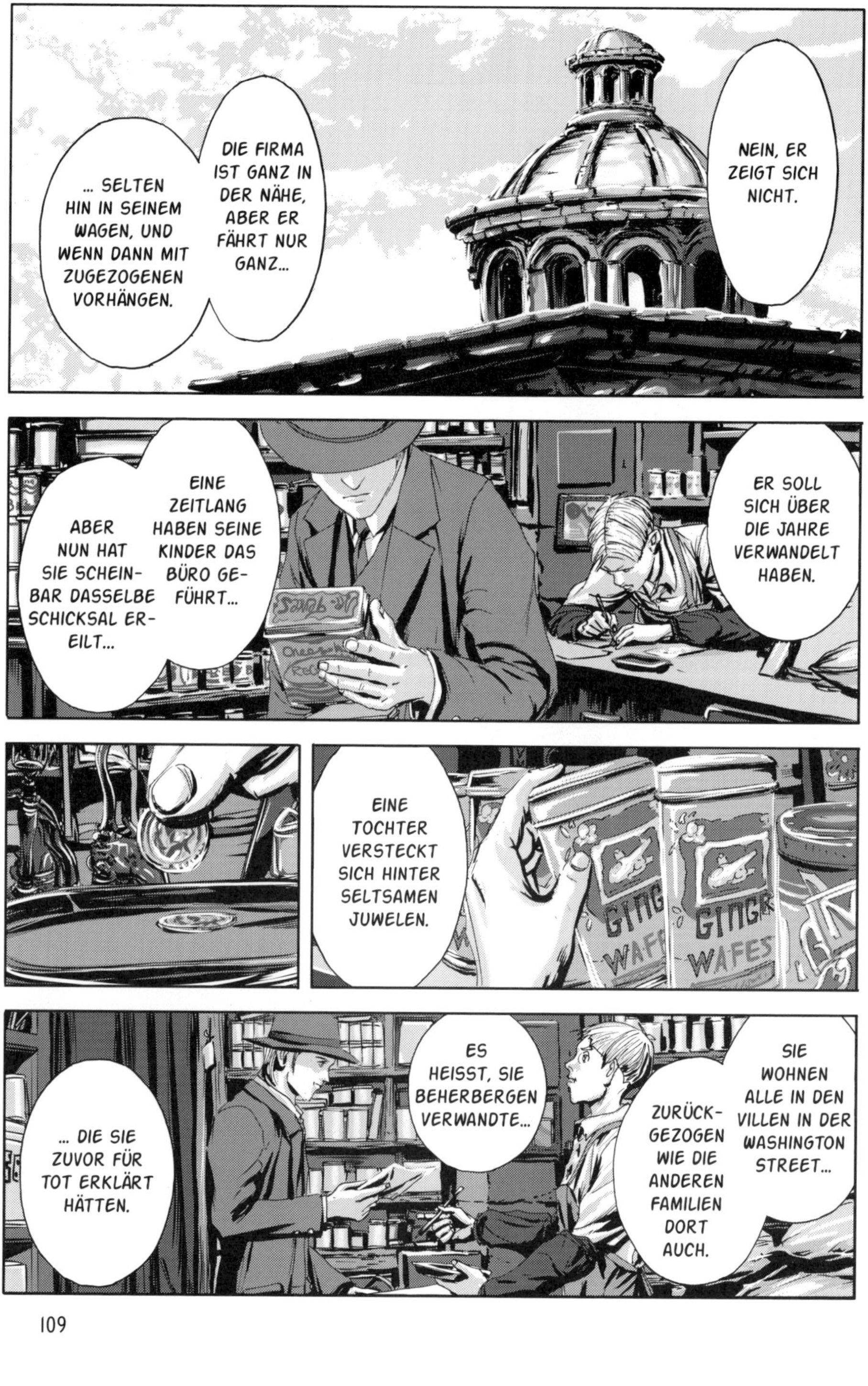
NEIN, ER ZEIGT SICH NICHT.
DIE FIRMA IST GANZ IN DER NÄHE, ABER ER FÄHRT NUR GANZ...
... SELTEN HIN IN SEINEM WAGEN, UND WENN DANN MIT ZUGEZOGENEN VORHÄNGEN.
ER SOLL SICH ÜBER DIE JAHRE VERWANDELT HABEN.
EINE ZEITLANG HABEN SEINE KINDER DAS BÜRO GEFÜHRT...
ABER NUN HAT SIE SCHEINBAR DASSELBE SCHICKSAL EREILT...
EINE TOCHTER VERSTECKT SICH HINTER SELTSAMEN JUWELEN.
SIE WOHNEN ALLE IN DEN VILLEN IN DER WASHINGTON STREET...
ZURÜCKGEZOGEN WIE DIE ANDEREN FAMILIEN DORT AUCH.
ES HEISST, SIE BEHERBERGEN VERWANDTE...
... DIE SIE ZUVOR FÜR TOT ERKLÄRT HÄTTEN.

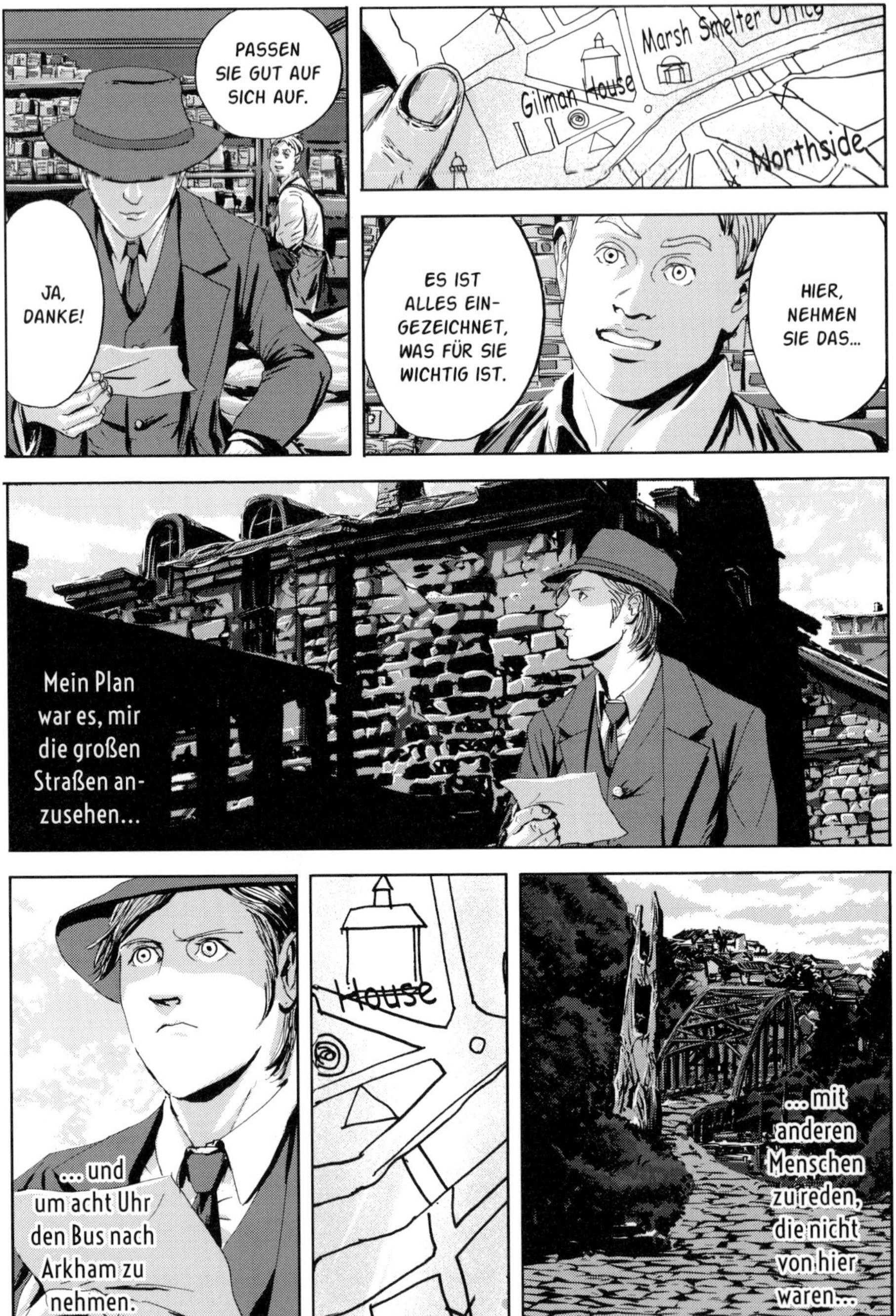
PASSEN SIE GUT AUF SICH AUF.
JA, DANKE!
Marsh Smelter Office
Gilman House
Northside
HIER, NEHMEN SIE DAS...
ES IST ALLES EINGEZEICHNET, WAS FÜR SIE WICHTIG IST.
Mein Plan war es, mir die großen Straßen anzusehen...
... und um acht Uhr den Bus nach Arkham zu nehmen.
House
... mit anderen Menschen zu reden, die nicht von hier waren...

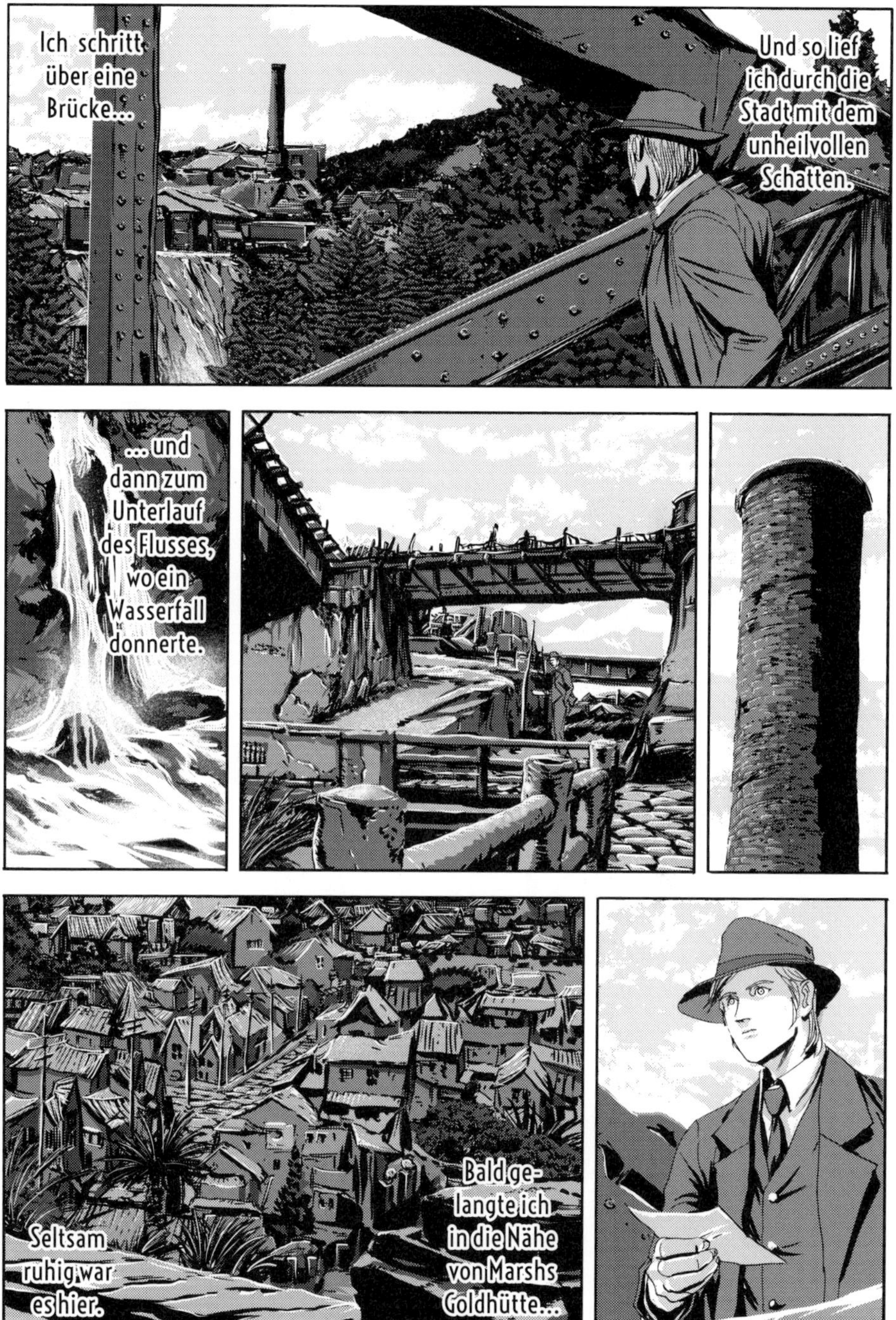
Ich schritt über eine Brücke…
Und so lief ich durch die Stadt mit dem unheilvollen Schatten.
… und dann zum Unterlauf des Flusses, wo ein Wasserfall donnerte.
Bald gelangte ich in die Nähe von Marshs Goldhütte…
Seltsam ruhig war es hier.

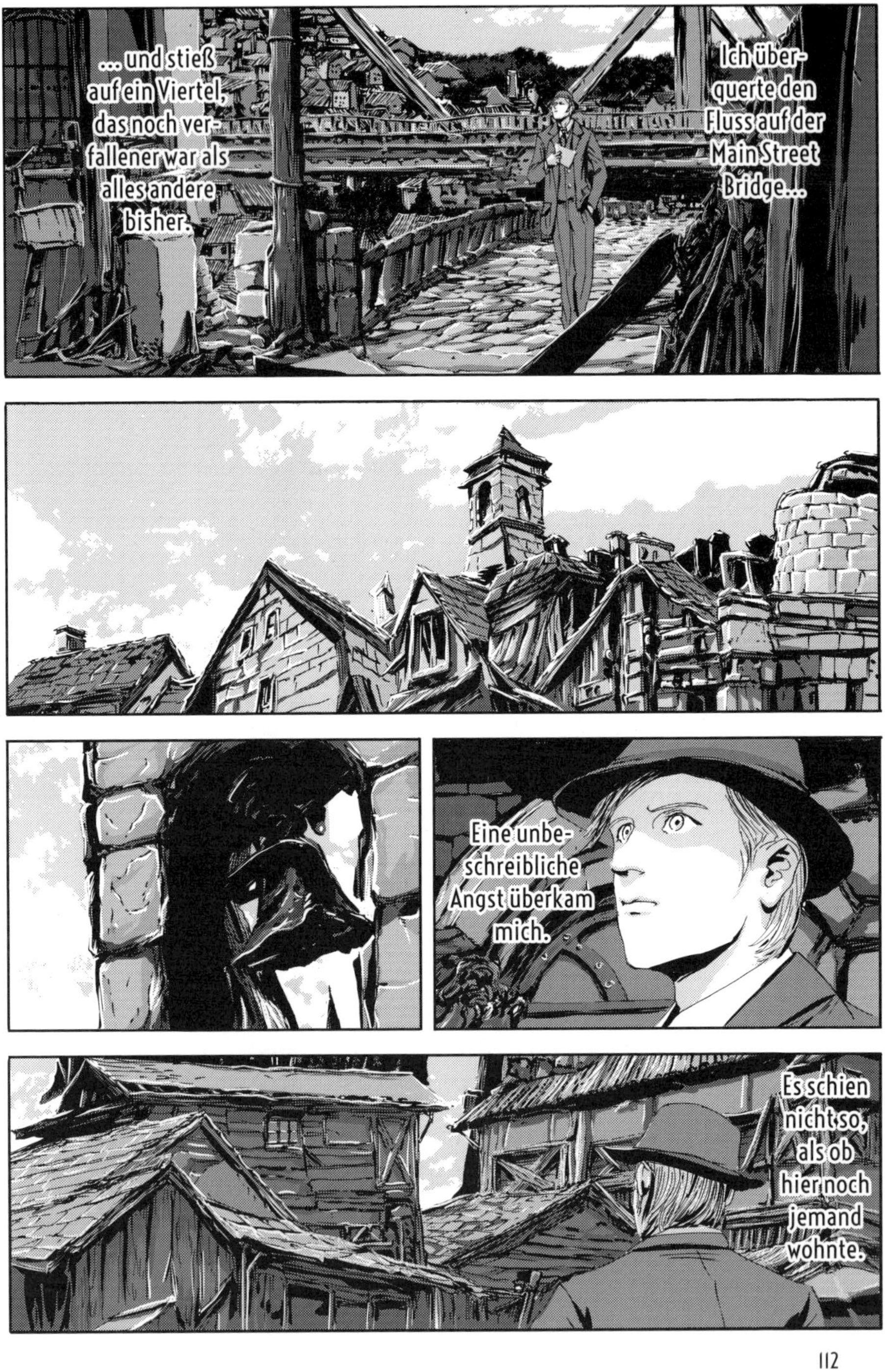
Ich überquerte den Fluss auf der Main Street Bridge…
… und stieß auf ein Viertel, das noch verfallener war als alles andere bisher.
Eine unbeschreibliche Angst überkam mich.
Es schien nicht so, als ob hier noch jemand wohnte.

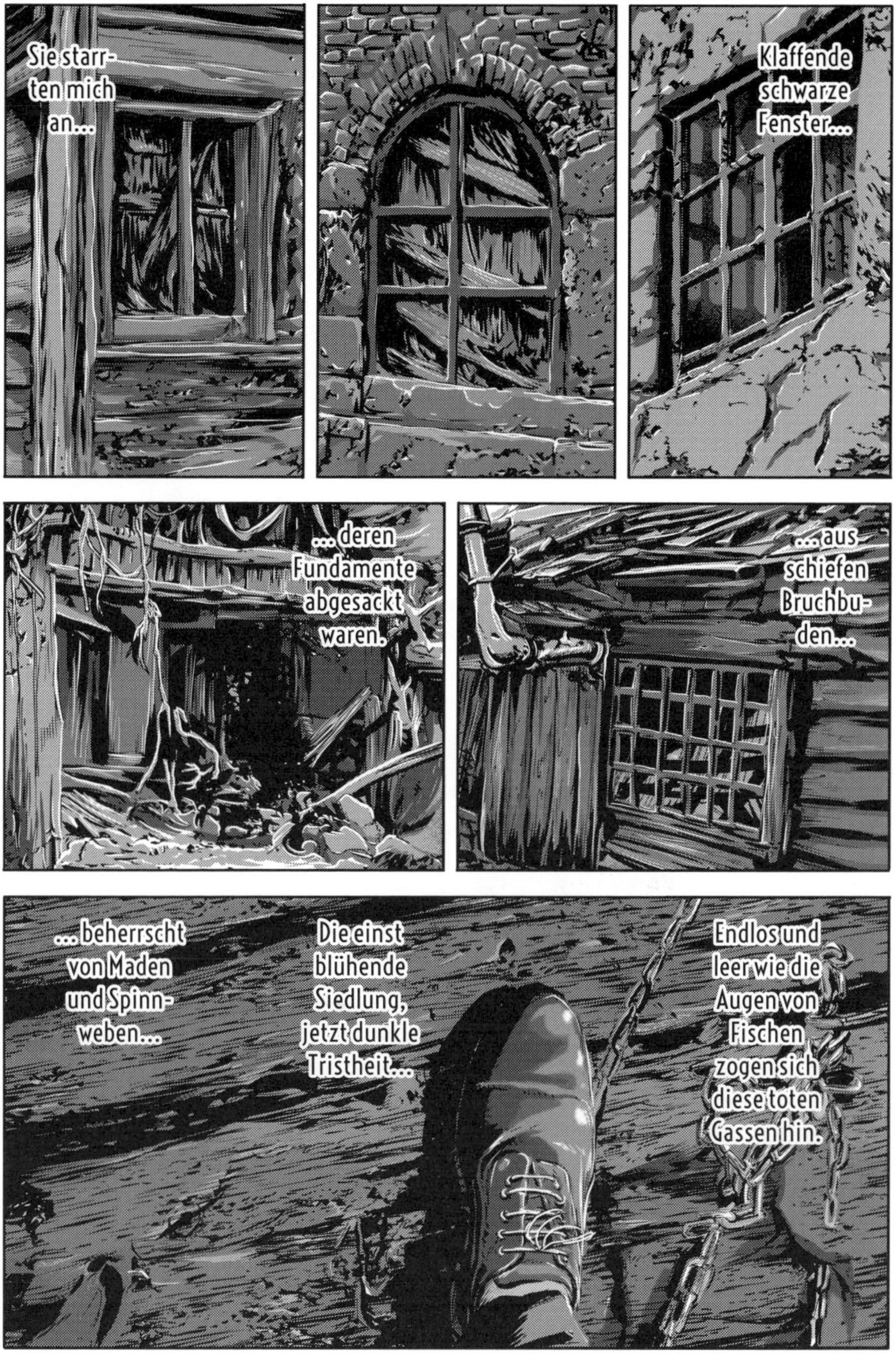

Sie starr-
ten mich
an…
Klaffende
schwarze
Fenster…
… deren
Fundamente
abgesackt
waren.
… aus
schiefen
Bruchbu-
den…
… beherrscht
von Maden
und Spinn-
weben…
Die einst
blühende
Siedlung,
jetzt dunkle
Tristheit…
Endlos und
leer wie die
Augen von
Fischen
zogen sich
diese toten
Gassen hin.

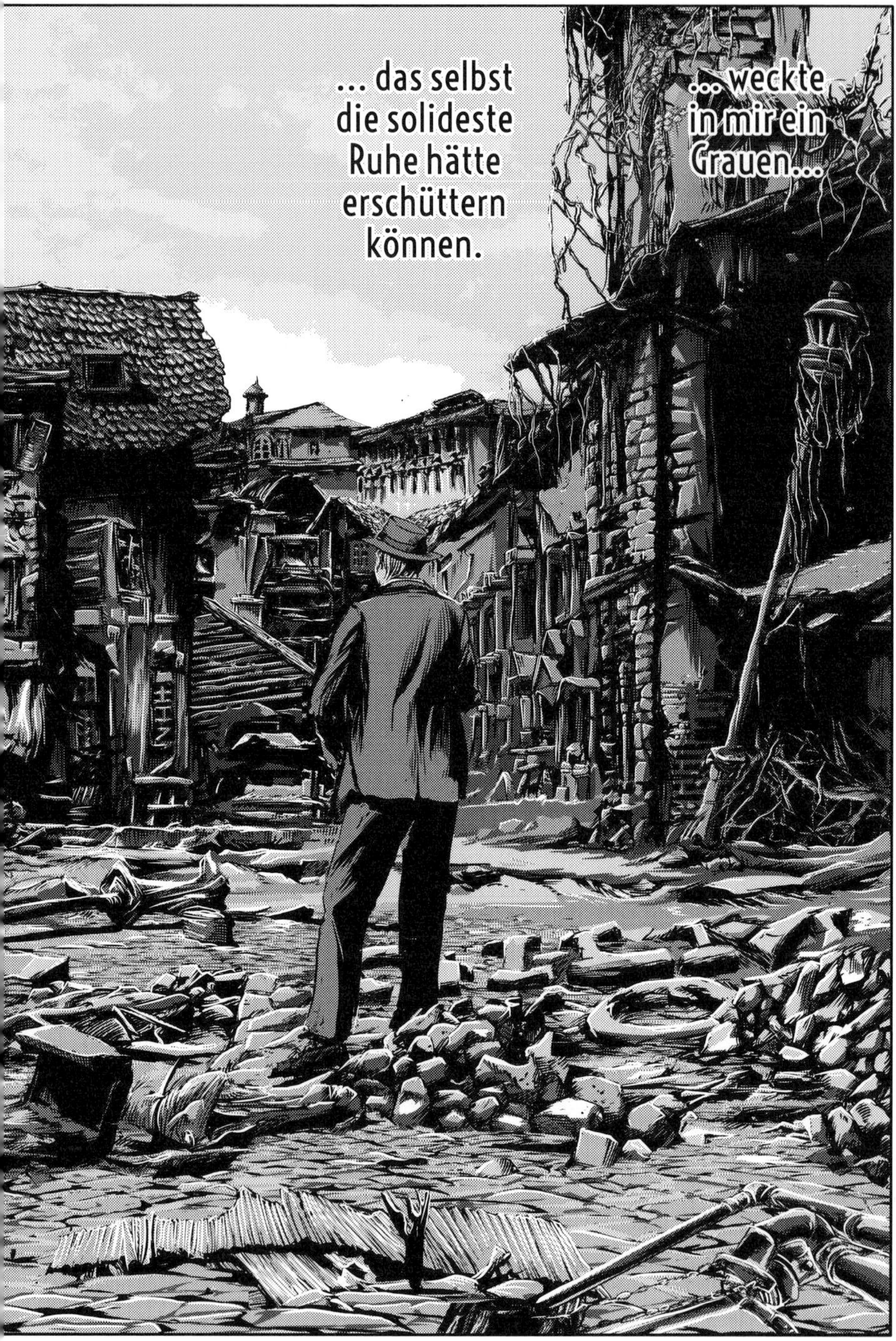

... das selbst die solideste Ruhe hätte erschüttern können.
... weckte in mir ein Grauen...

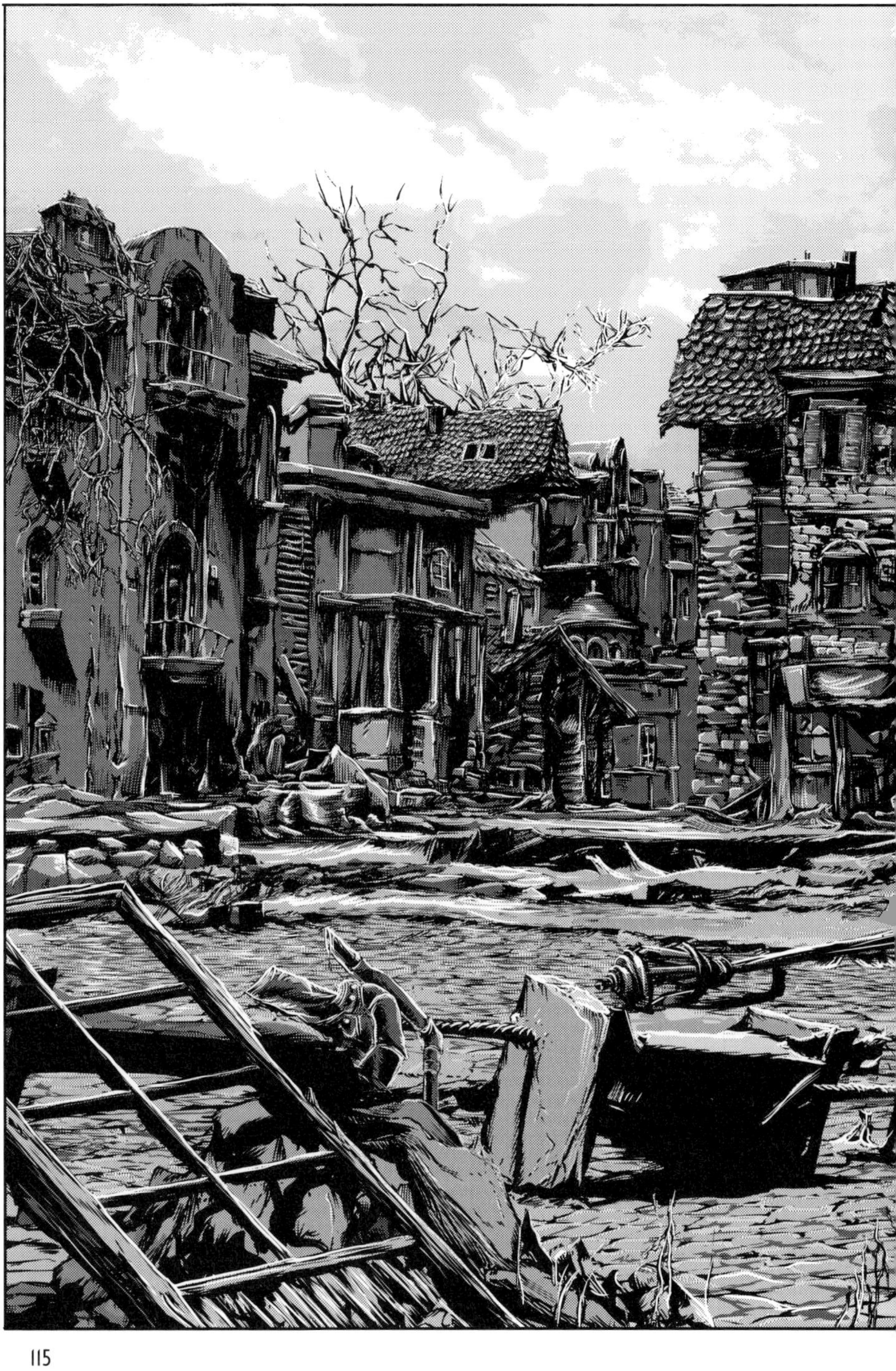

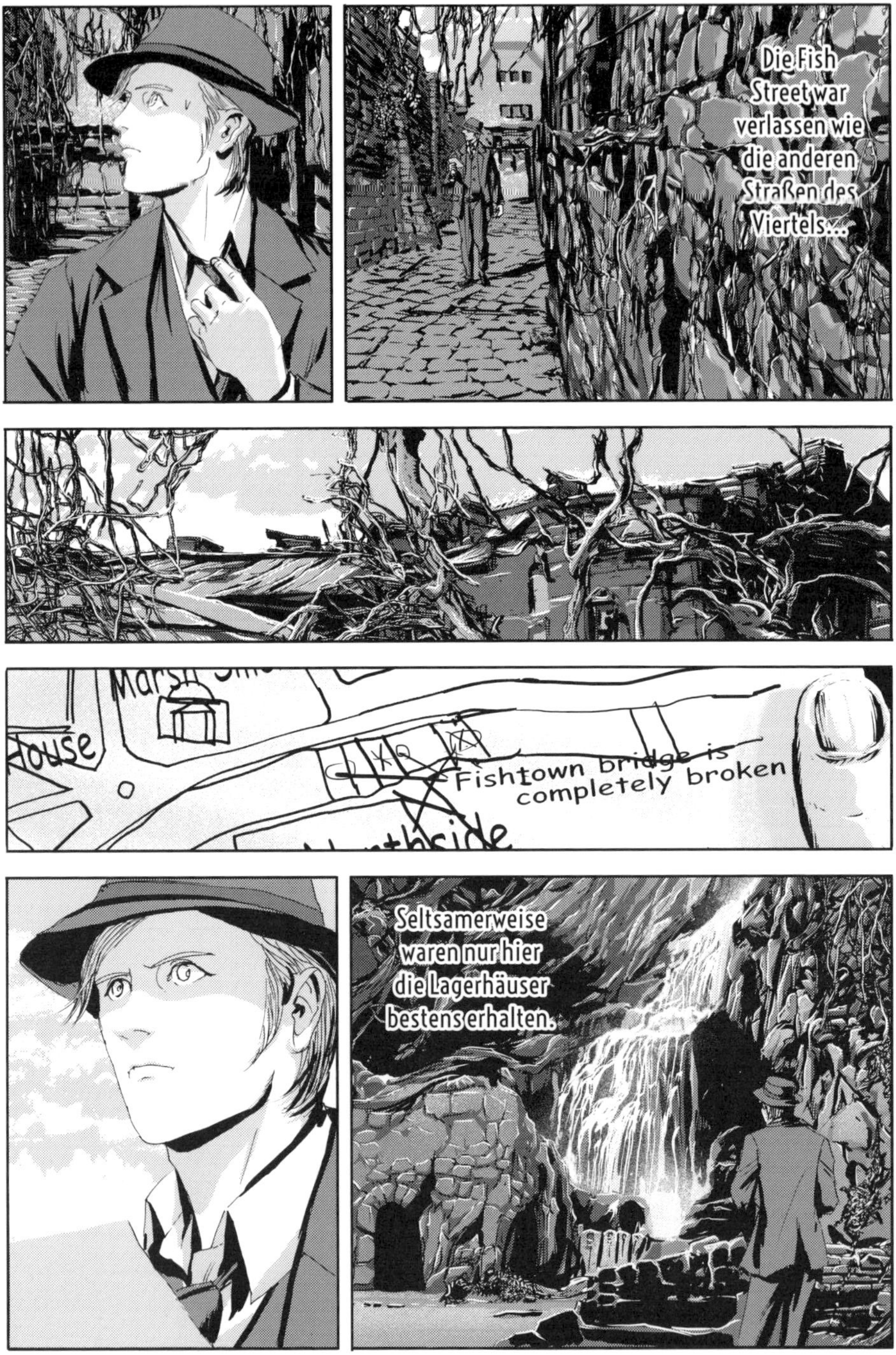
Die Fish Street war verlassen wie die anderen Straßen des Viertels …
Fishtown bridge is completely broken
Seltsamerweise waren nur hier die Lagerhäuser bestens erhalten.

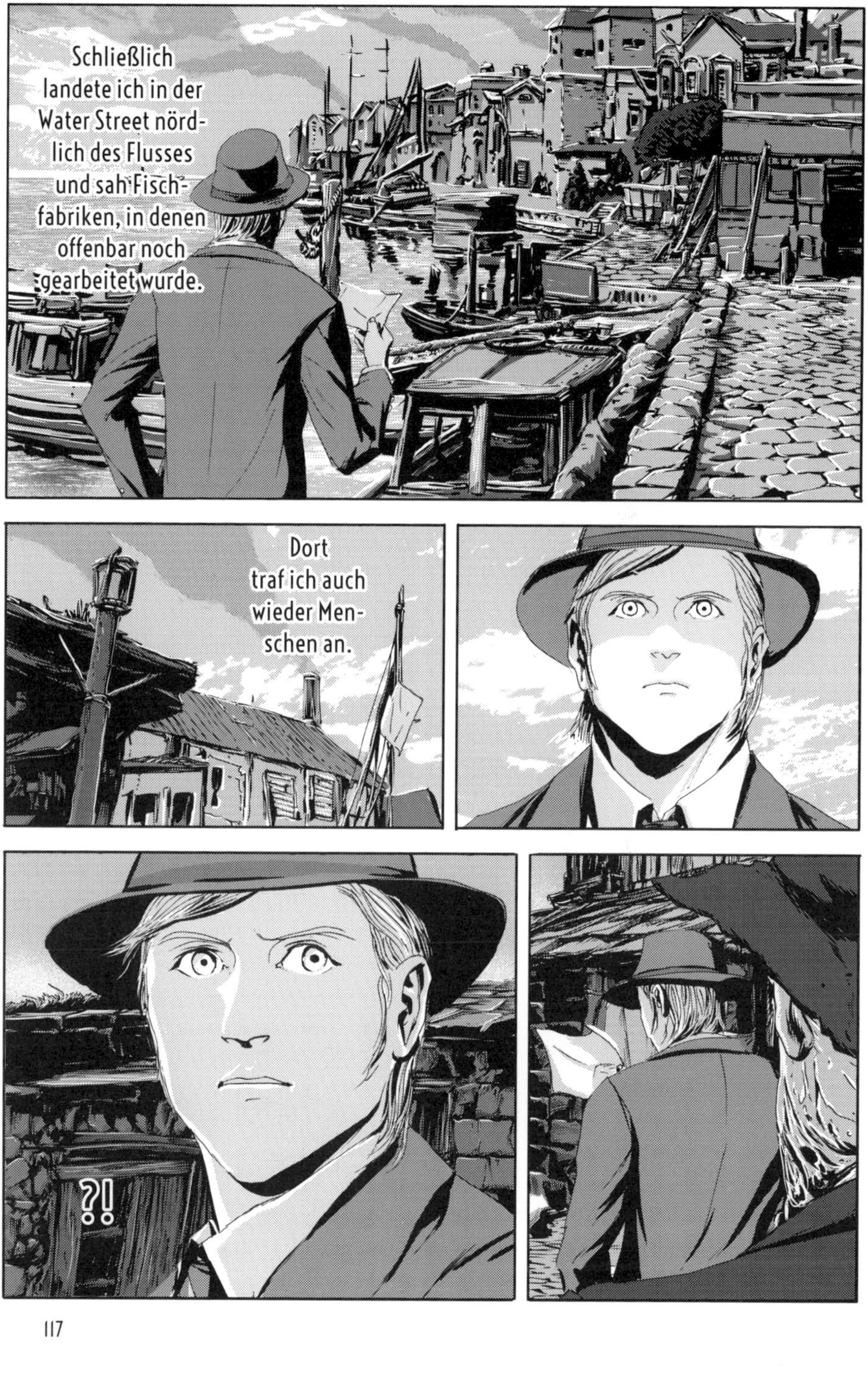
Schließlich landete ich in der Water Street nördlich des Flusses und sah Fischfabriken, in denen offenbar noch gearbeitet wurde.
Dort traf ich auch wieder Menschen an.
?!

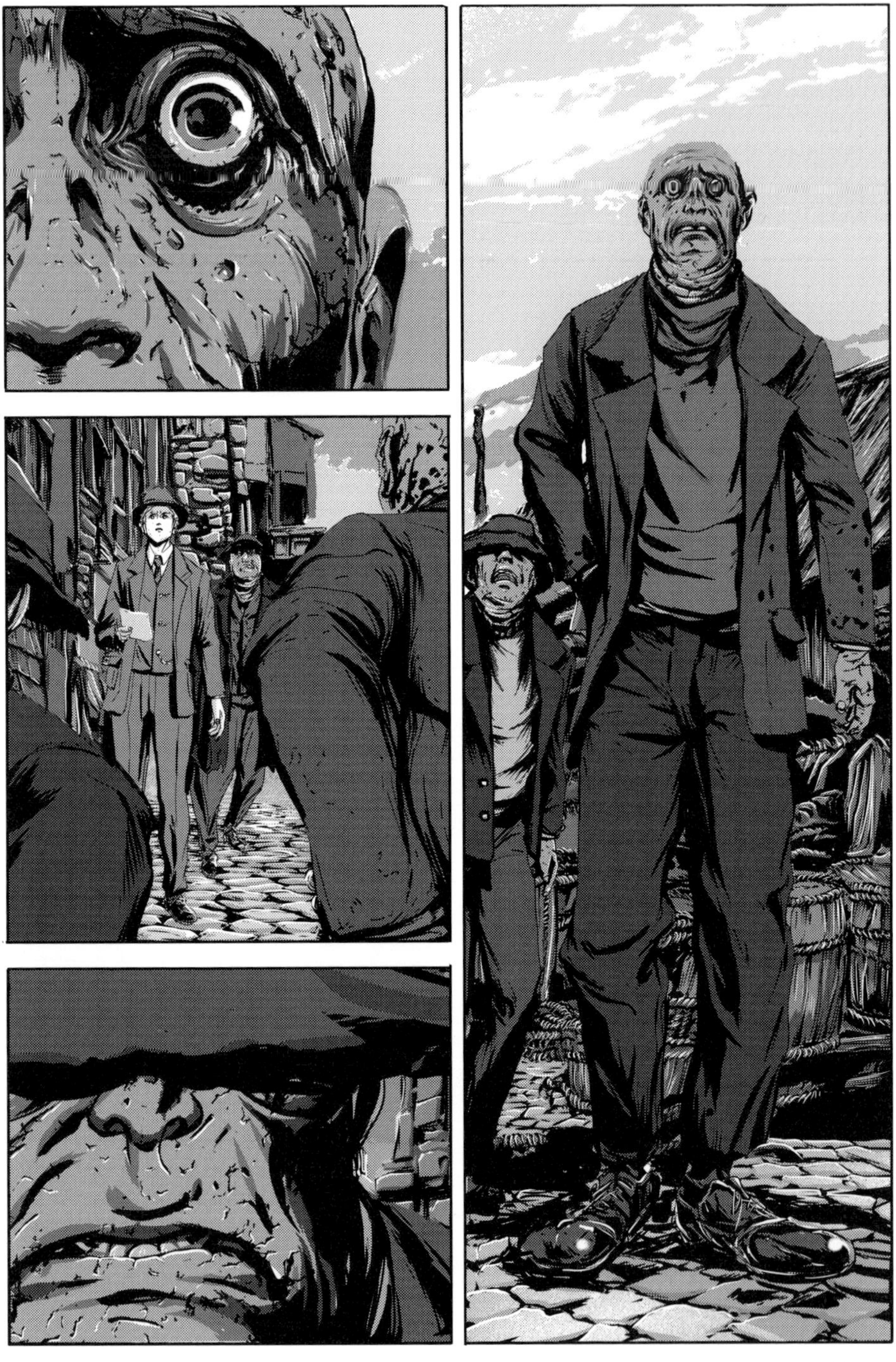

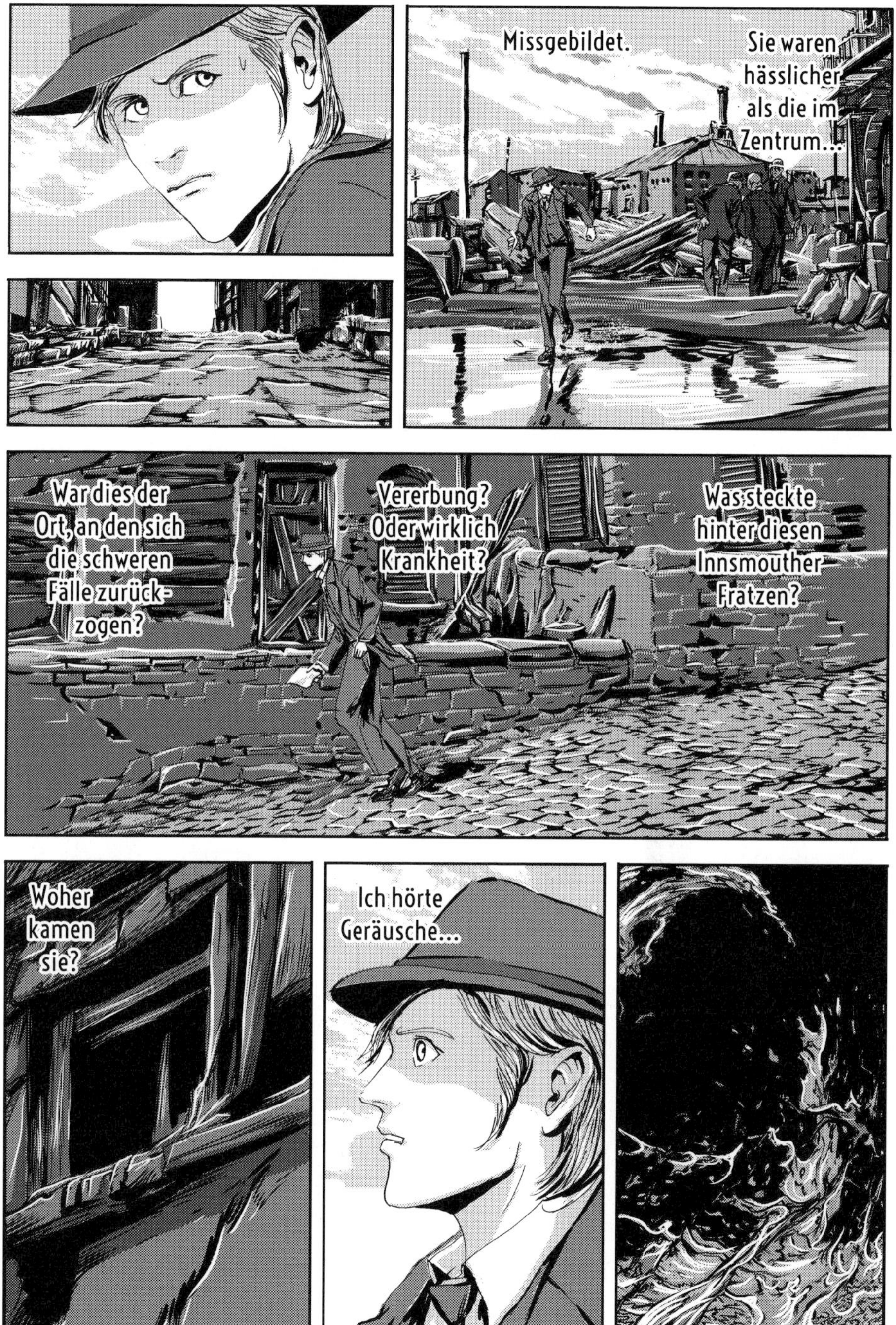
Missgebildet.
Sie waren hässlicher als die im Zentrum...
War dies der Ort, an den sich die schweren Fälle zurück-zogen?
Vererbung? Oder wirklich Krankheit?
Was steckte hinter diesen Innsmouther Fratzen?
Woher kamen sie?
Ich hörte Geräusche...

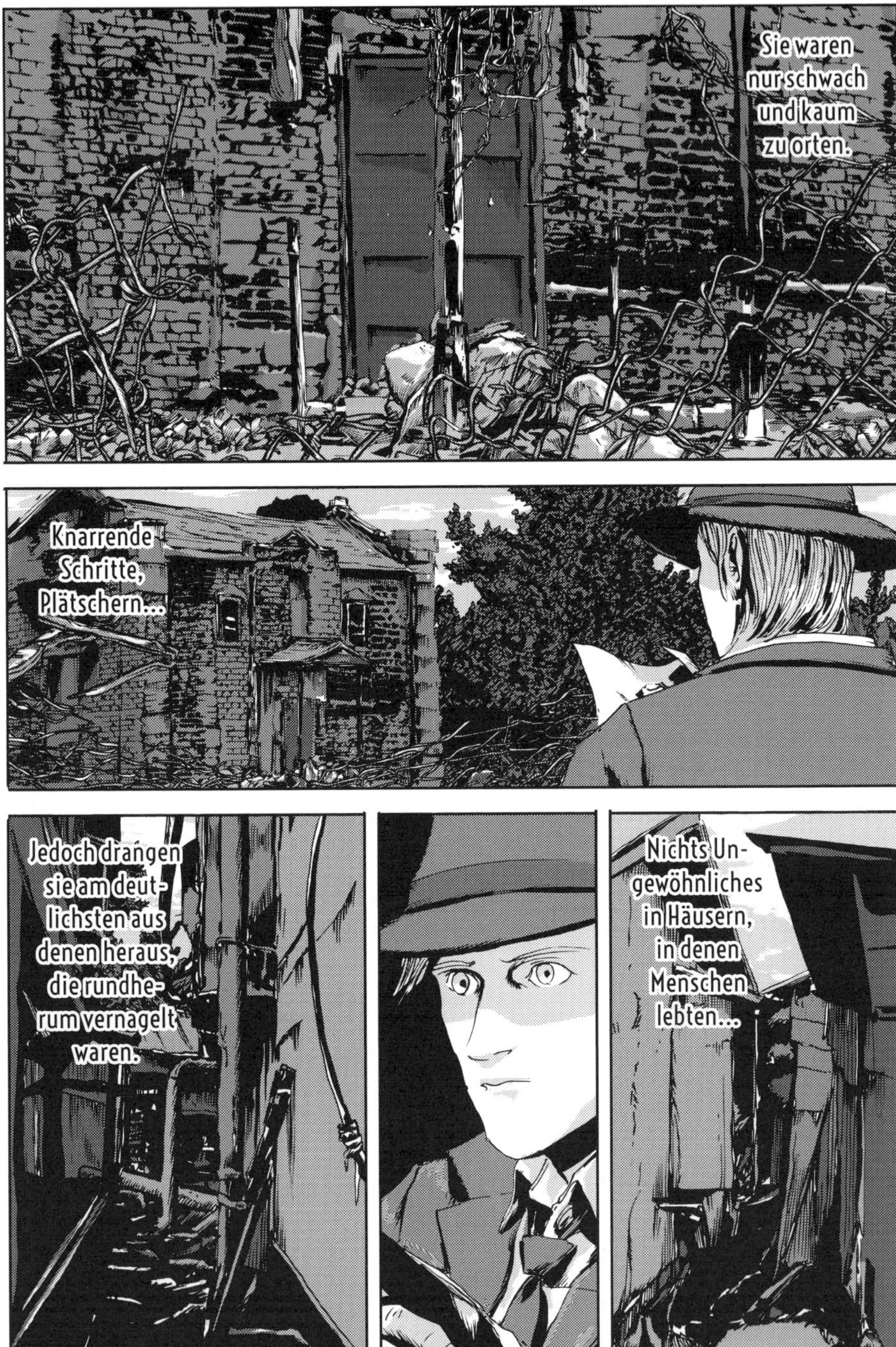
Sie waren nur schwach und kaum zu orten.
Knarrende Schritte, Plätschern…
Jedoch drangen sie am deutlichsten aus denen heraus, die rundherum vernagelt waren.
Nichts Ungewöhnliches in Häusern, in denen Menschen lebten…

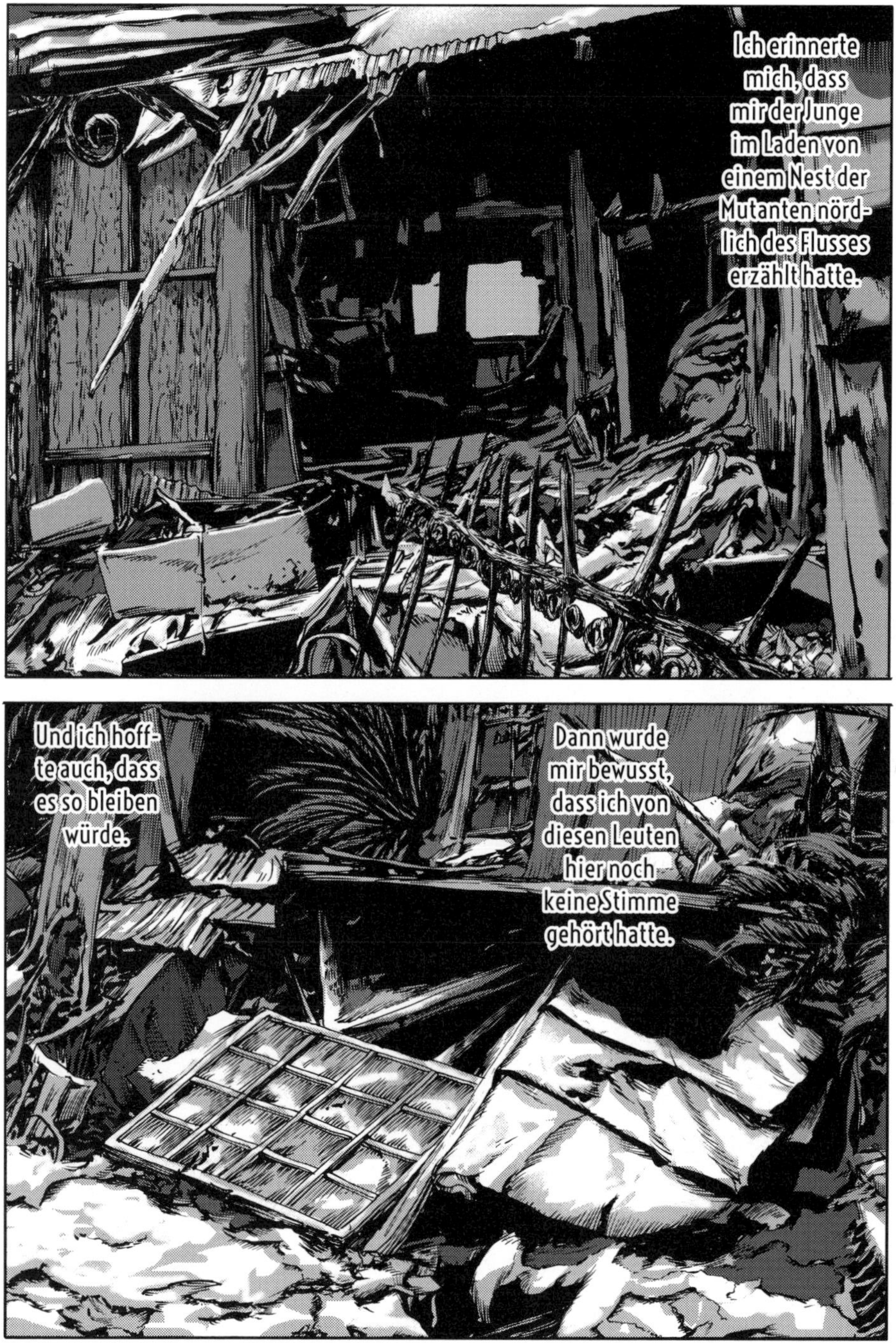
Ich erinnerte mich, dass mir der Junge im Laden von einem Nest der Mutanten nörd-lich des Flusses erzählt hatte.
Dann wurde mir bewusst, dass ich von diesen Leuten hier noch keine Stimme gehört hatte.
Und ich hoff-te auch, dass es so bleiben würde.

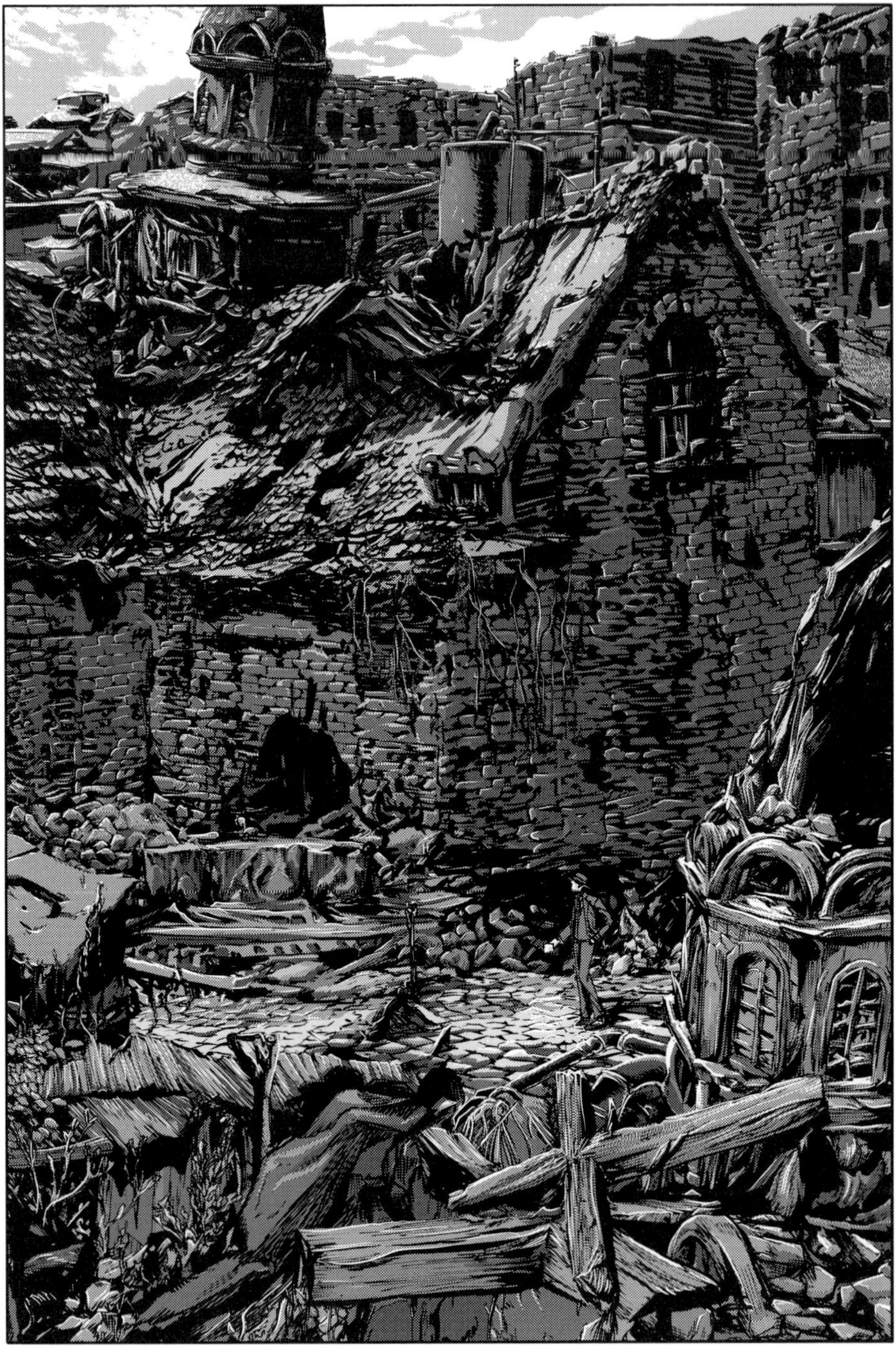

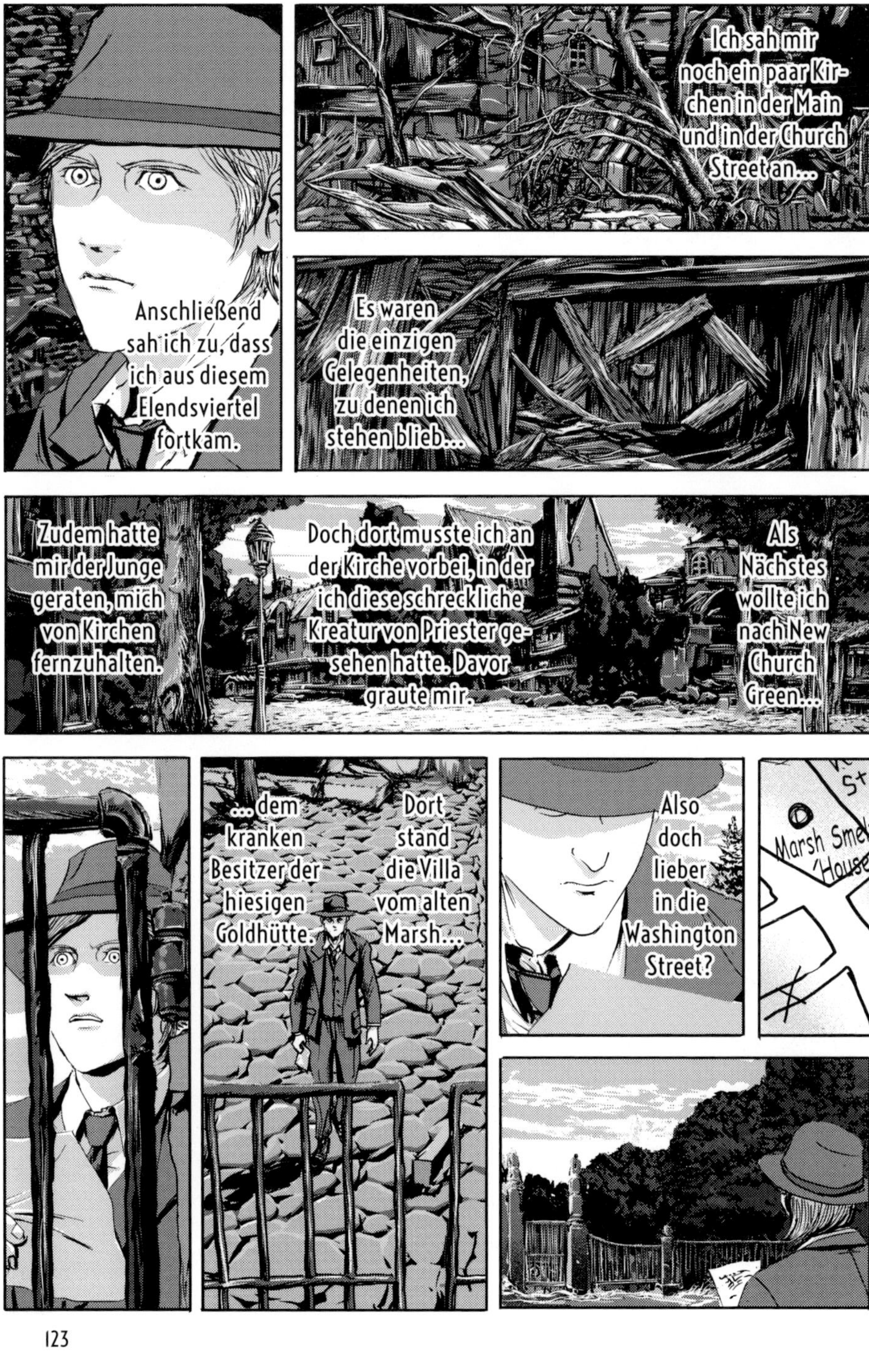
Ich sah mir noch ein paar Kirchen in der Main und in der Church Street an …
Anschließend sah ich zu, dass ich aus diesem Elendsviertel fortkam.
Es waren die einzigen Gelegenheiten, zu denen ich stehen blieb …
Als Nächstes wollte ich nach New Church Green …
Doch dort musste ich an der Kirche vorbei, in der ich diese schreckliche Kreatur von Priester gesehen hatte. Davor graute mir.
Zudem hatte mir der Junge geraten, mich von Kirchen fernzuhalten.
Also doch lieber in die Washington Street?
Marsh Smel House
Dort stand die Villa vom alten Marsh …
… dem kranken Besitzer der hiesigen Goldhütte.

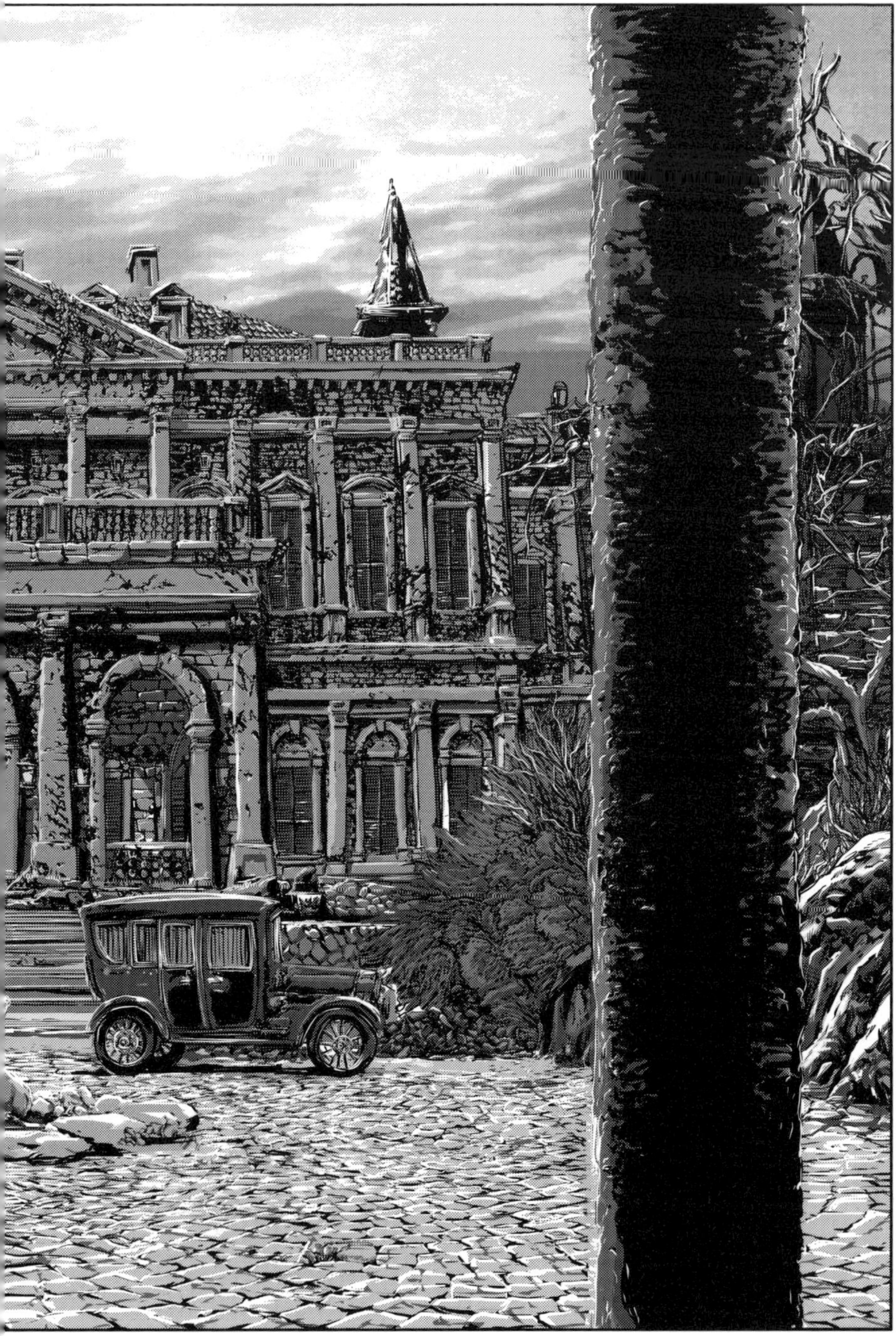

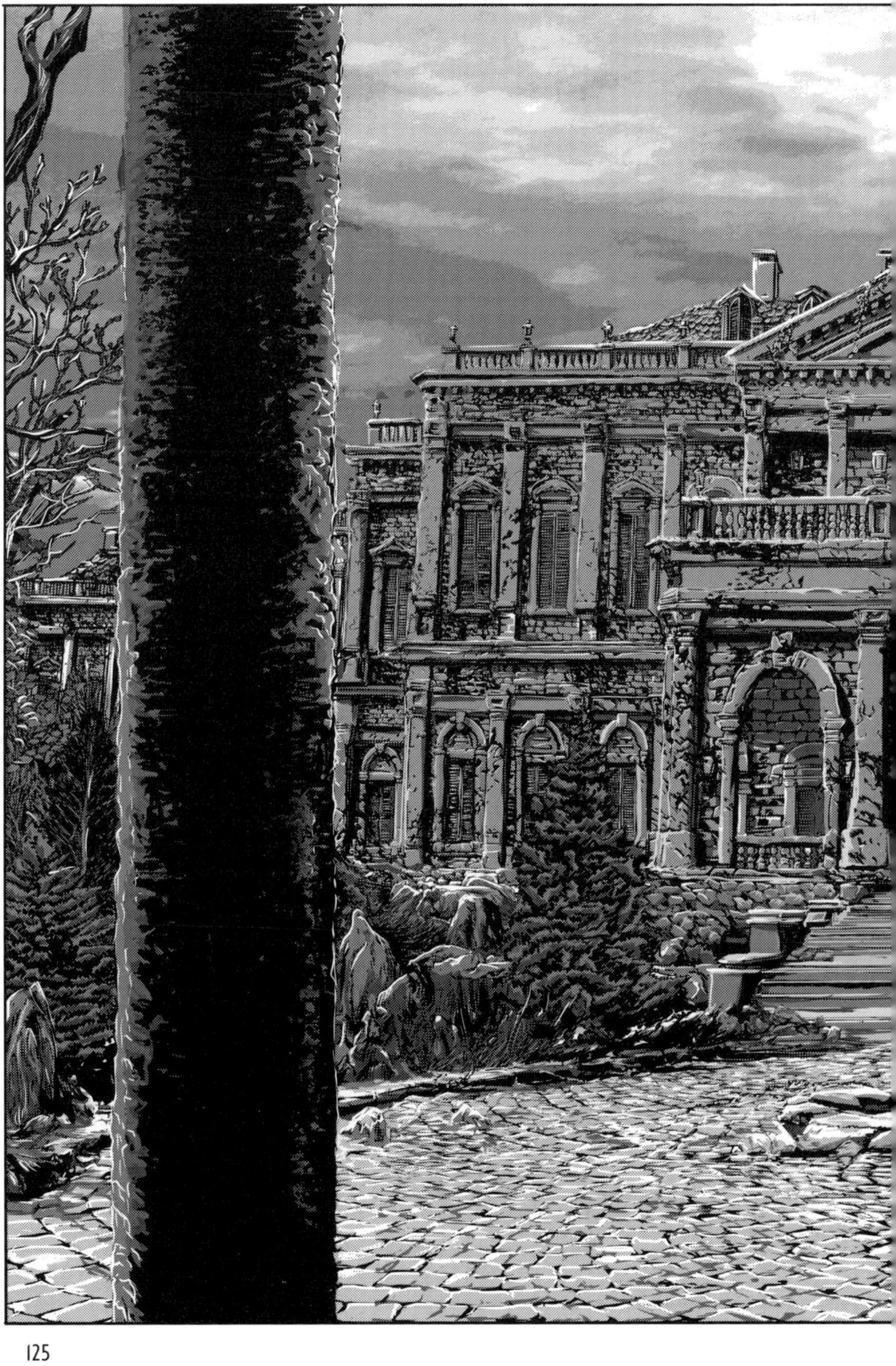

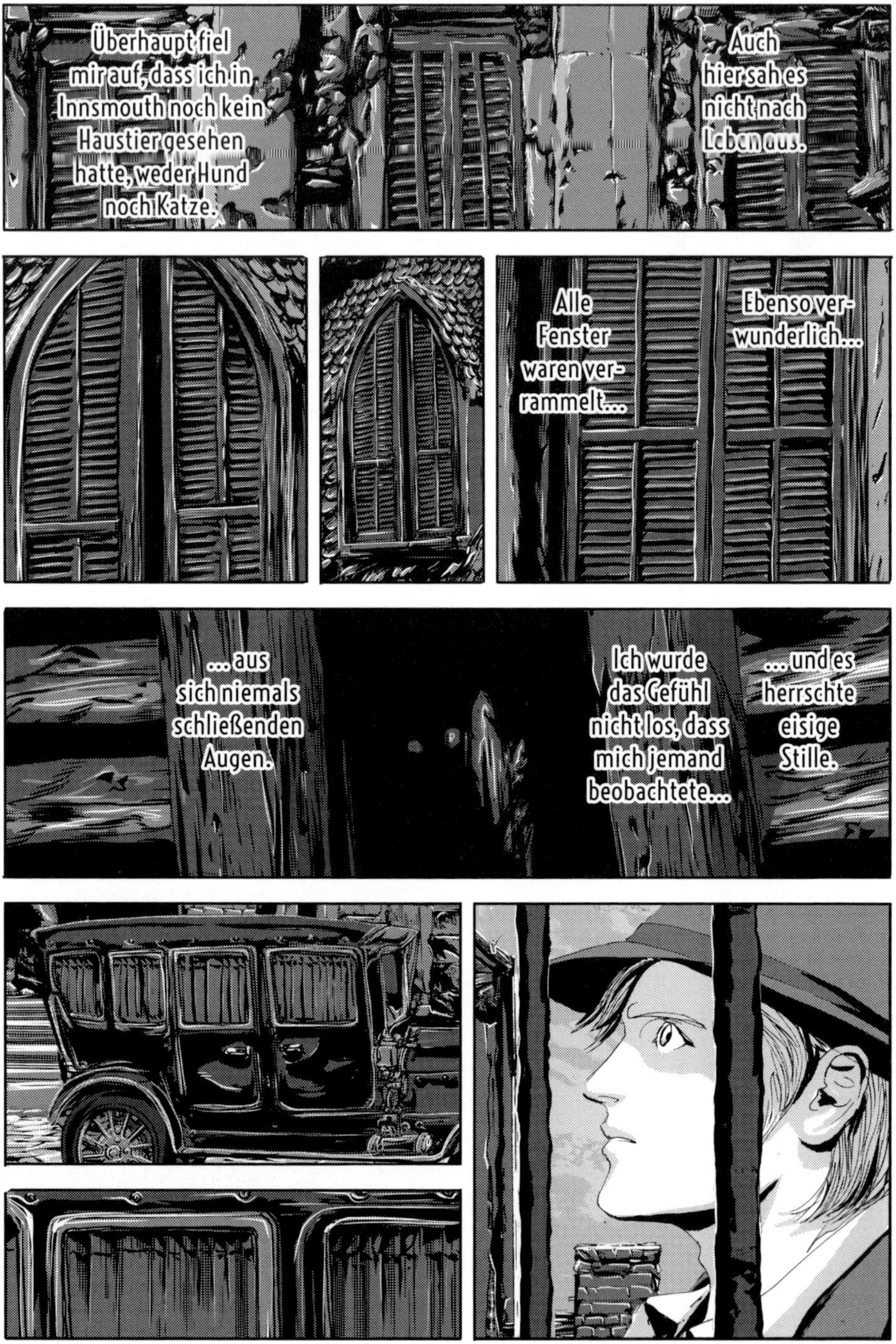
Überhaupt fiel mir auf, dass ich in Innsmouth noch kein Haustier gesehen hatte, weder Hund noch Katze.
Auch hier sah es nicht nach Leben aus.
Alle Fenster waren verrammelt…
Ebenso verwunderlich…
… aus sich niemals schließenden Augen.
Ich wurde das Gefühl nicht los, dass mich jemand beobachtete…
… und es herrschte eisige Stille.

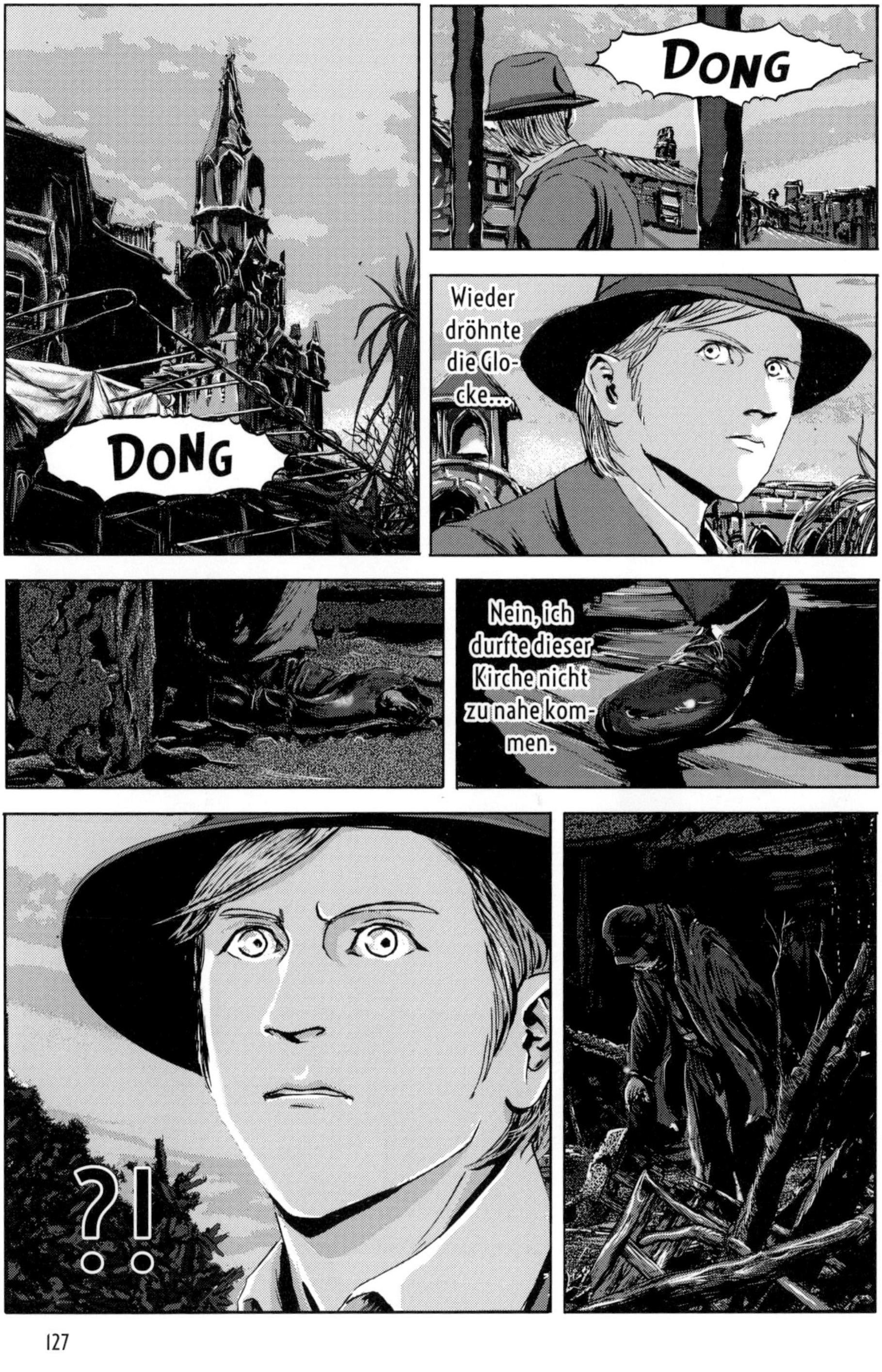
DONG
DONG
Wieder dröhnte die Glo-cke...
Nein, ich durfte dieser Kirche nicht zu nahe kom-men.
?!

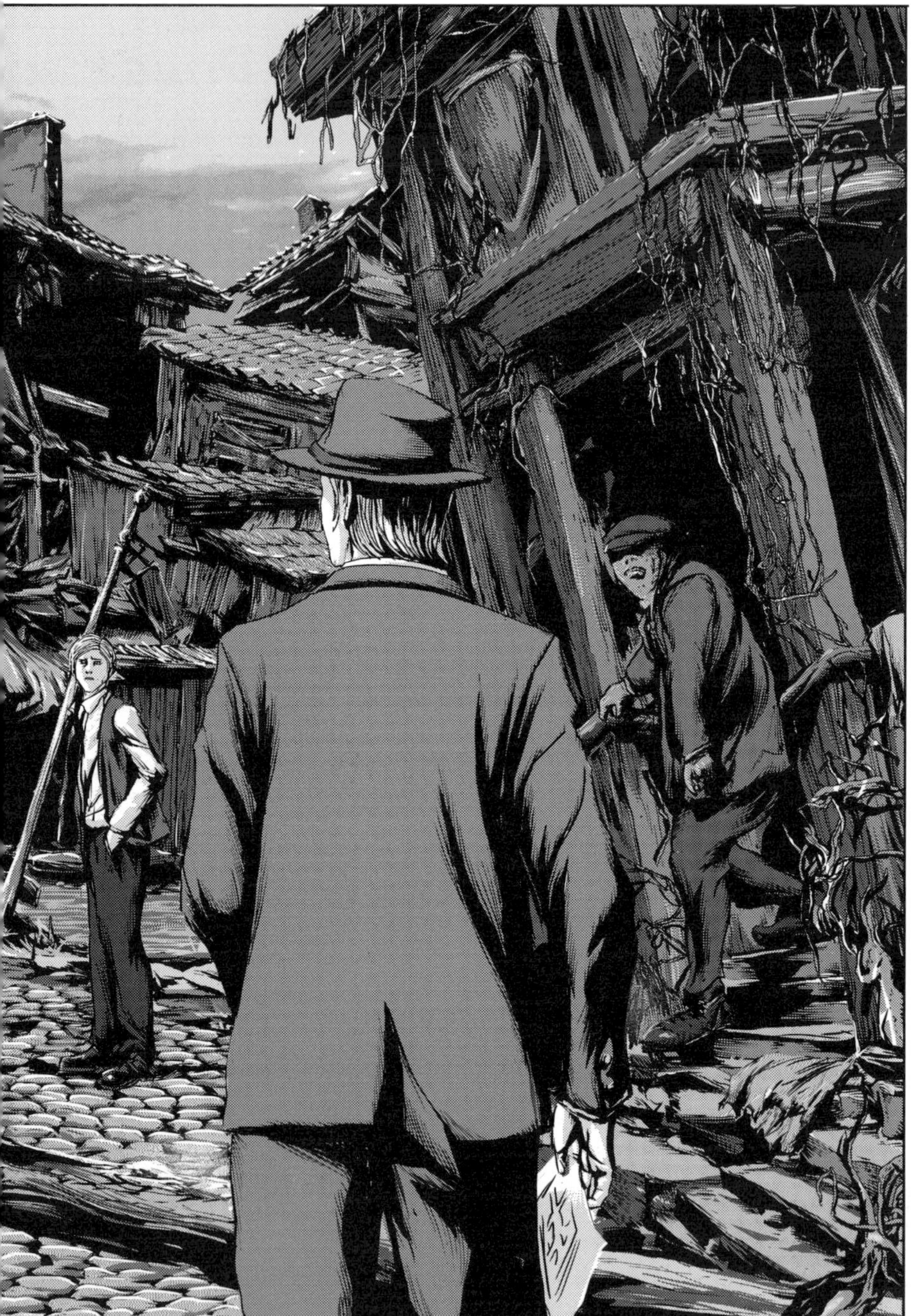

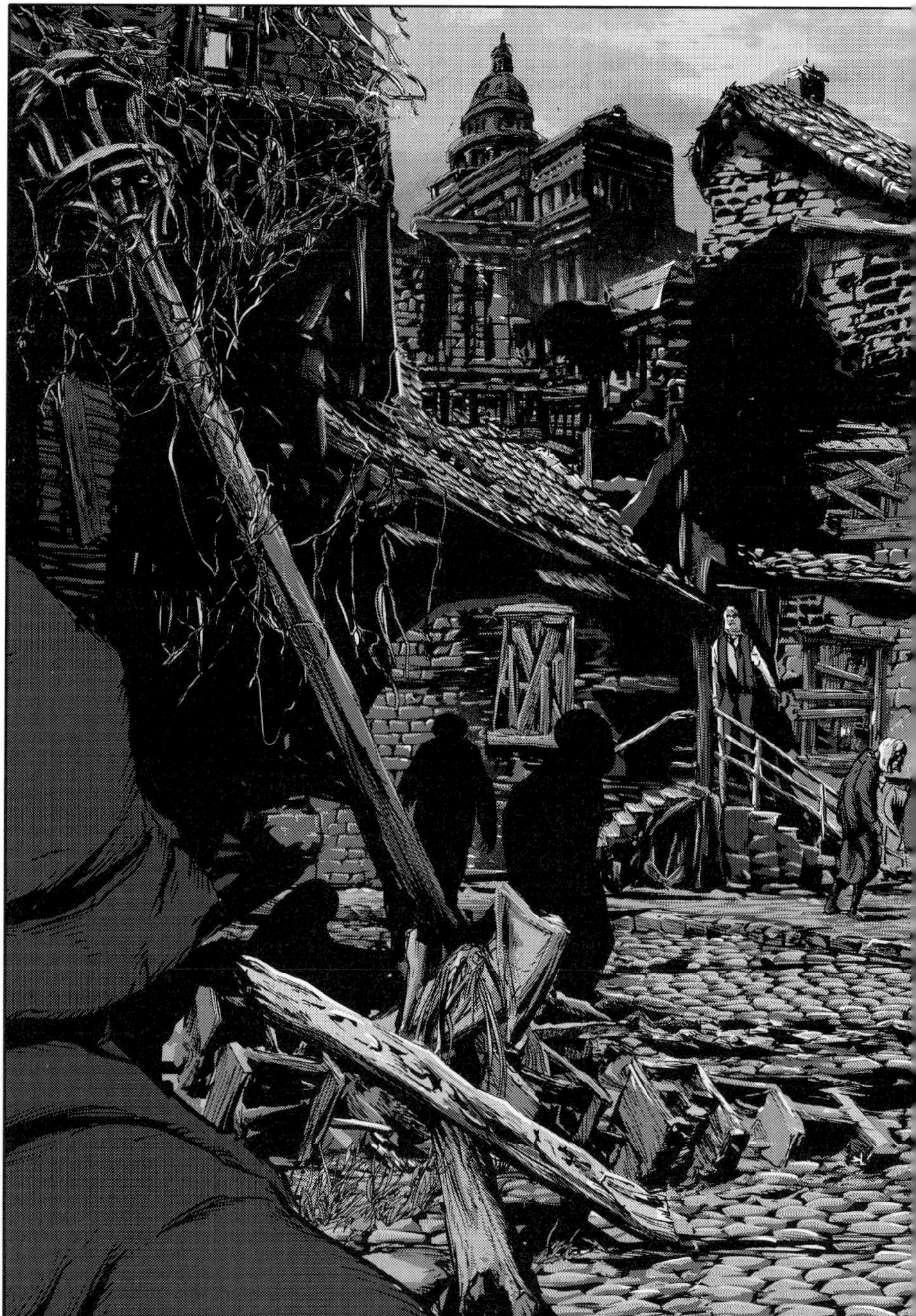

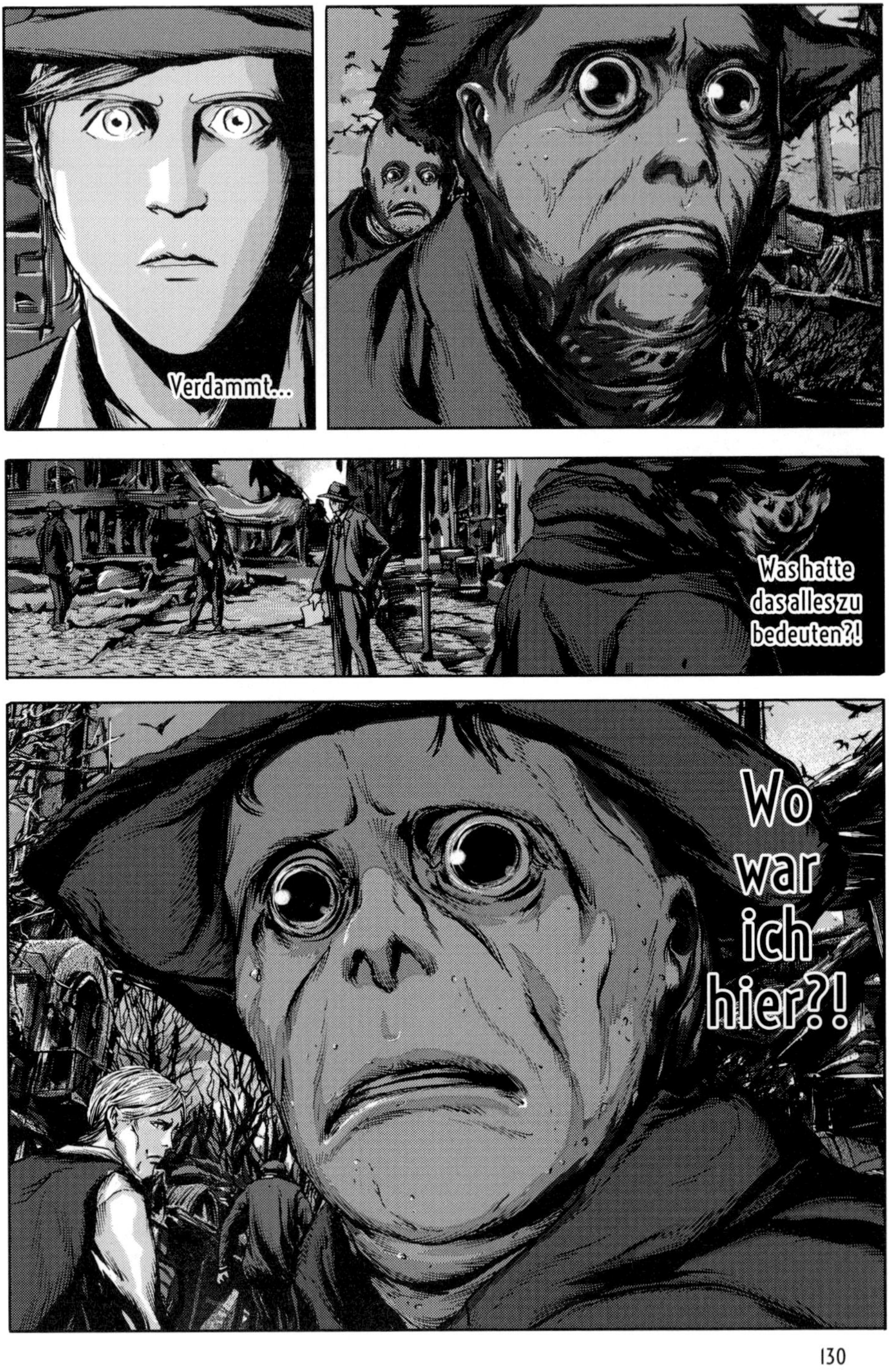
Verdammt...
Was hatte das alles zu bedeuten?!
Wo war ich hier?!

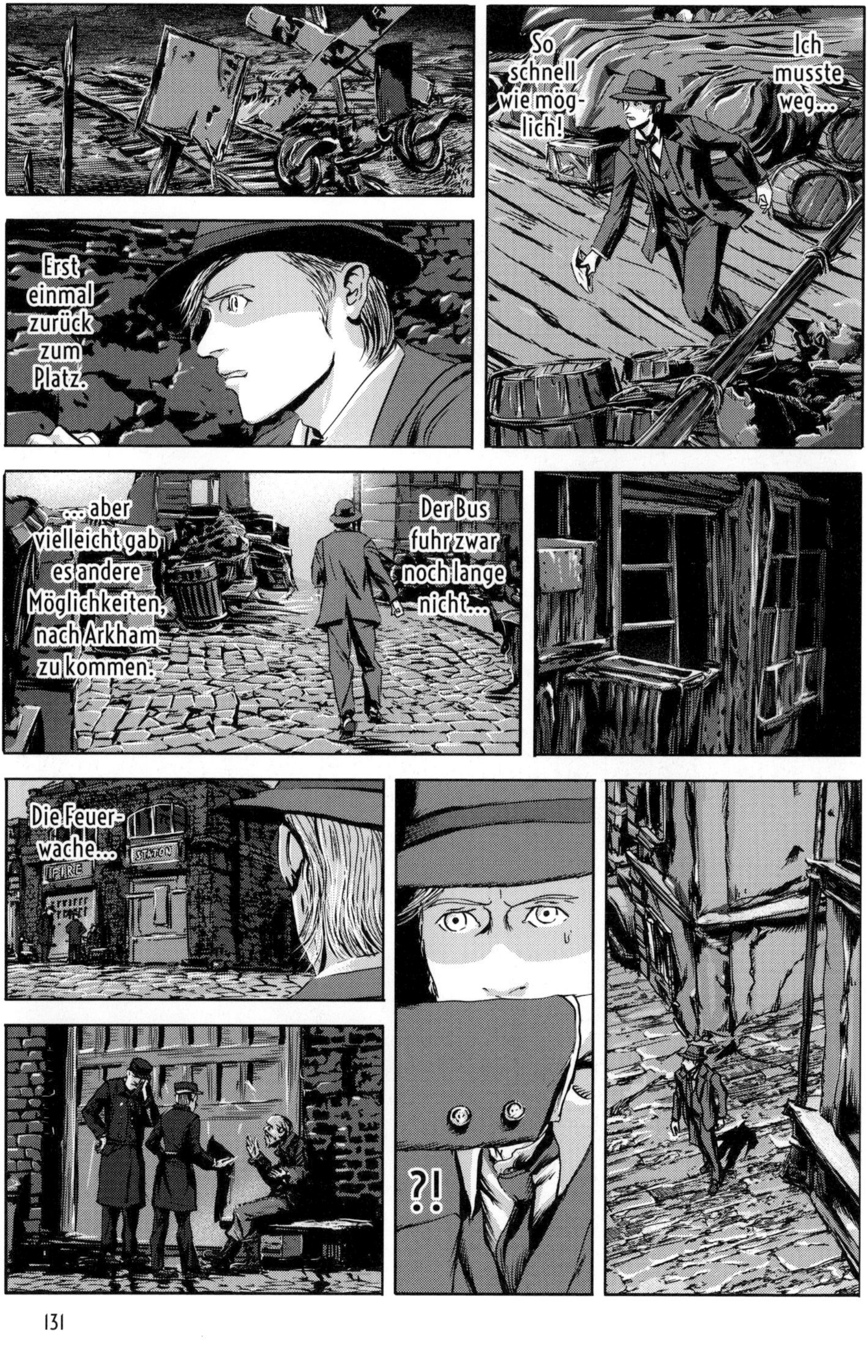

Erst einmal zurück zum Platz.
Ich musste weg...
So schnell wie mög-lich!
Der Bus fuhr zwar noch lange nicht...
... aber vielleicht gab es andere Möglichkeiten, nach Arkham zu kommen.
Die Feuer-wache...
STATON
FIRE
?!

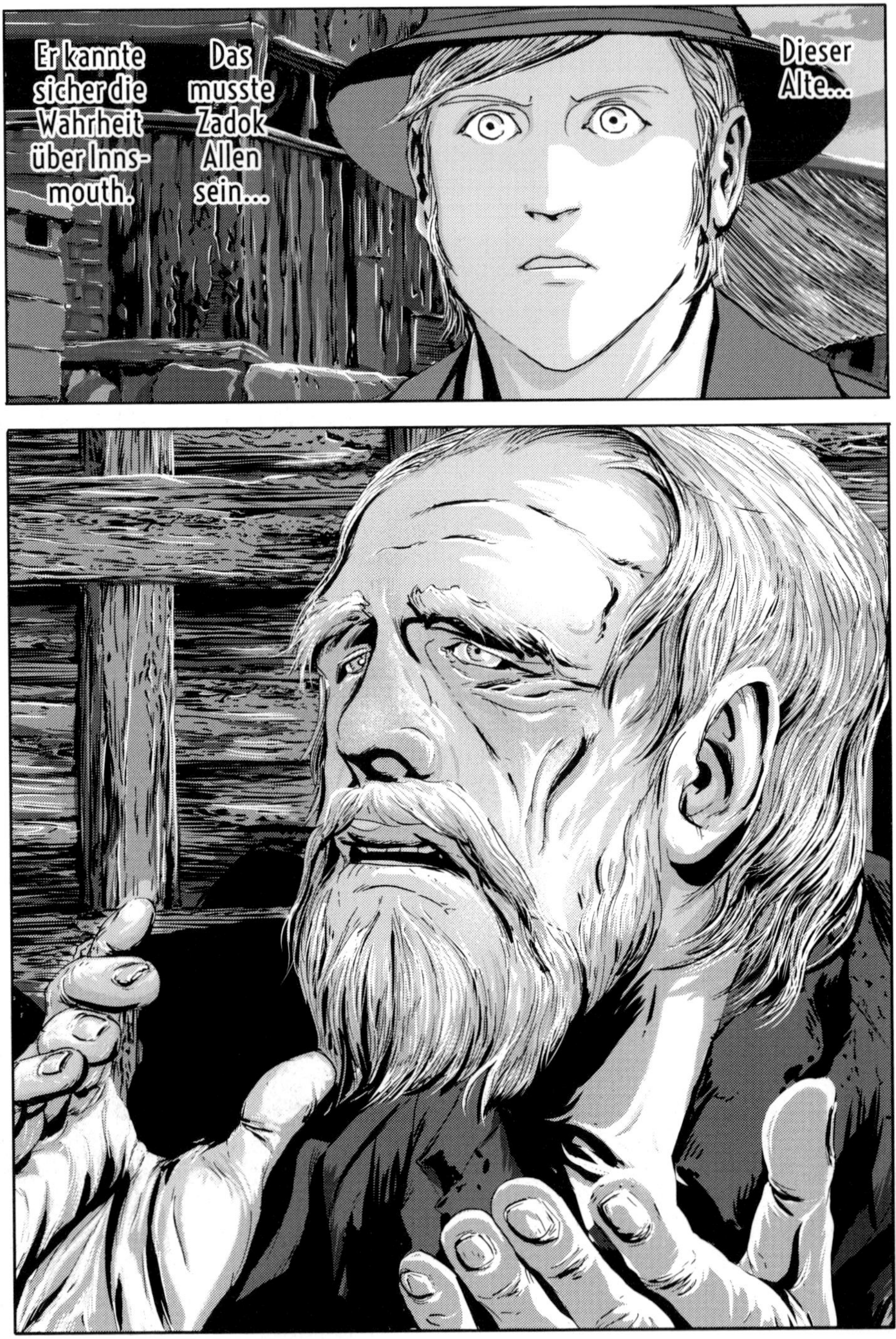
Dieser Alte…
Das musste Zadok Allen sein…
Er kannte sicher die Wahrheit über Innsmouth.

4 ZADOK ALLEN

Zadok Allen

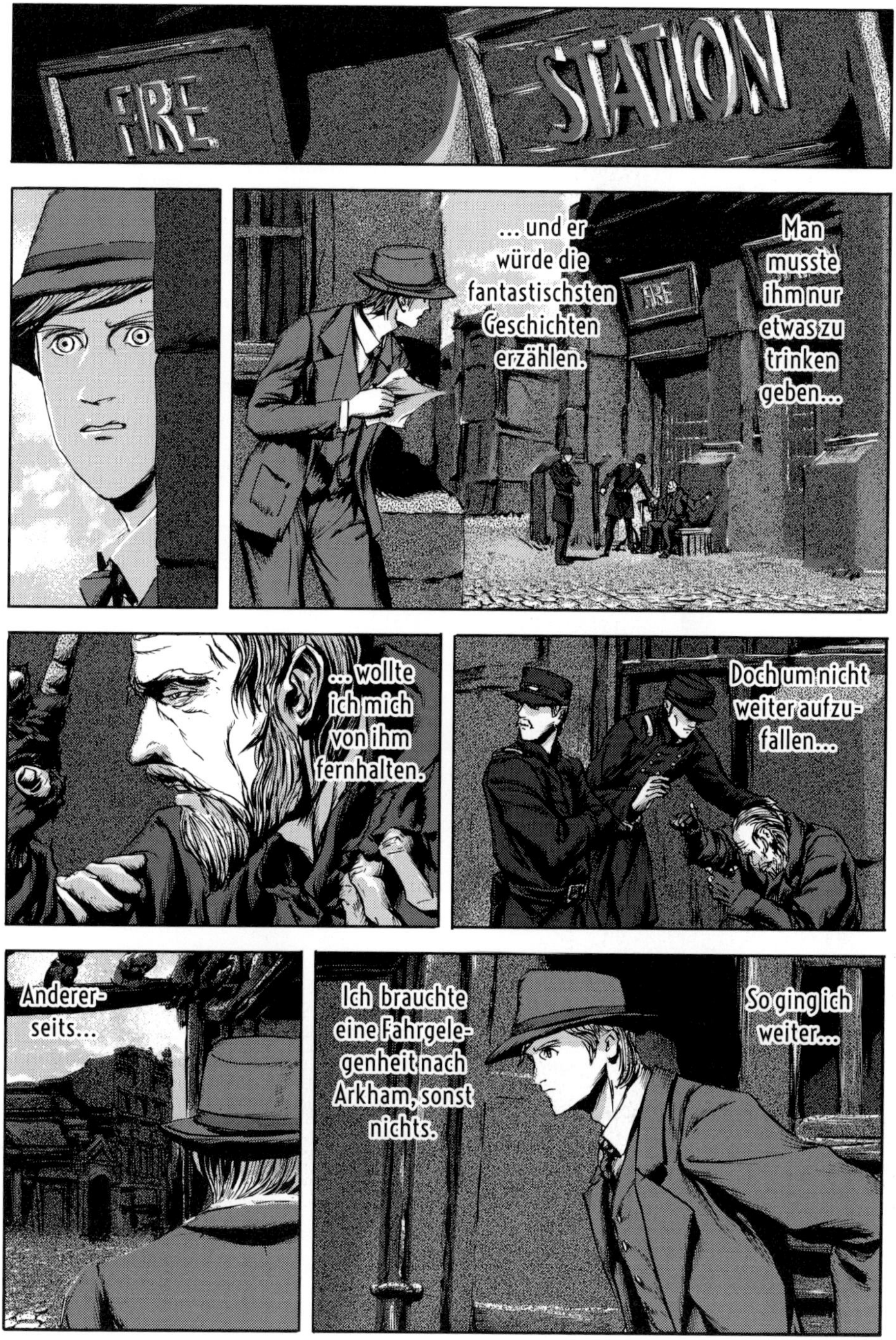
FIRE
STATION
Man musste ihm nur etwas zu trinken geben...
... und er würde die fantastischsten Geschichten erzählen.
FIRE
... wollte ich mich von ihm fernhalten.
Doch um nicht weiter aufzu-fallen...
Andererseits...
Ich brauchte eine Fahrgele-genheit nach Arkham, sonst nichts.
So ging ich weiter...

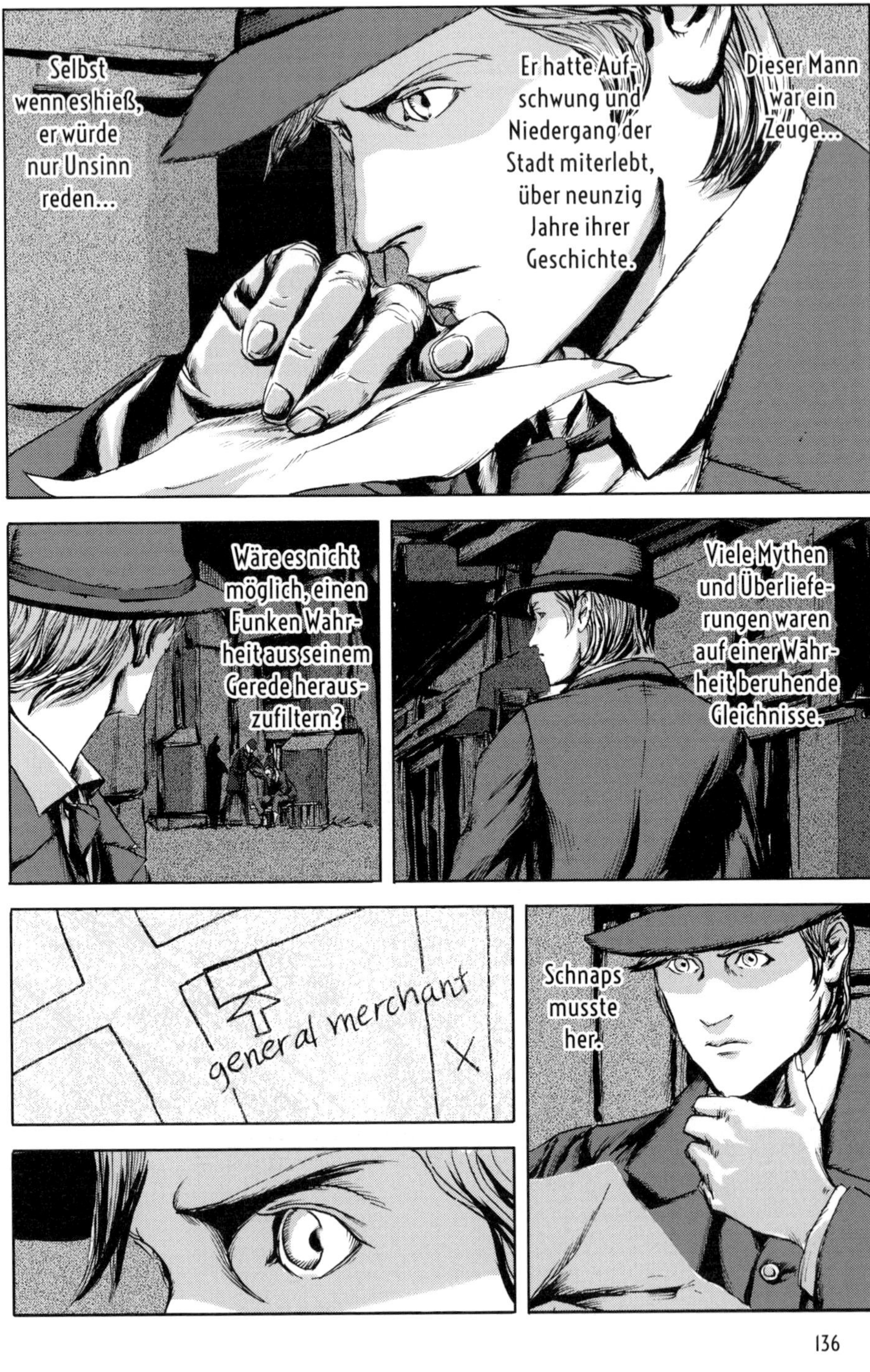
Dieser Mann war ein Zeuge...
Er hatte Aufschwung und Niedergang der Stadt miterlebt, über neunzig Jahre ihrer Geschichte.
Selbst wenn es hieß, er würde nur Unsinn reden...
Viele Mythen und Überlieferungen waren auf einer Wahrheit beruhende Gleichnisse.
Wäre es nicht möglich, einen Funken Wahrheit aus seinem Gerede herauszufiltern?
Schnaps musste her.
general merchant
X

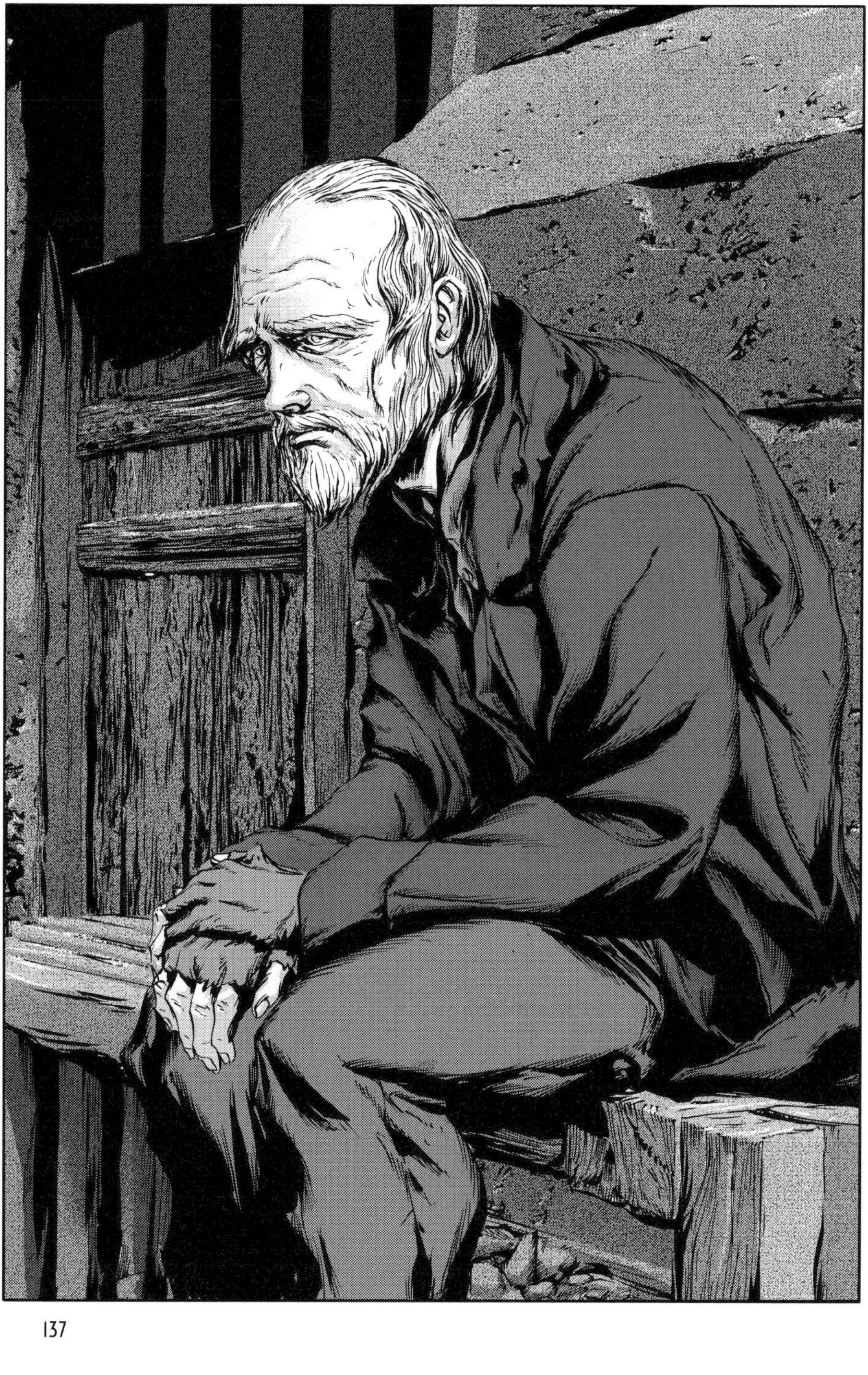

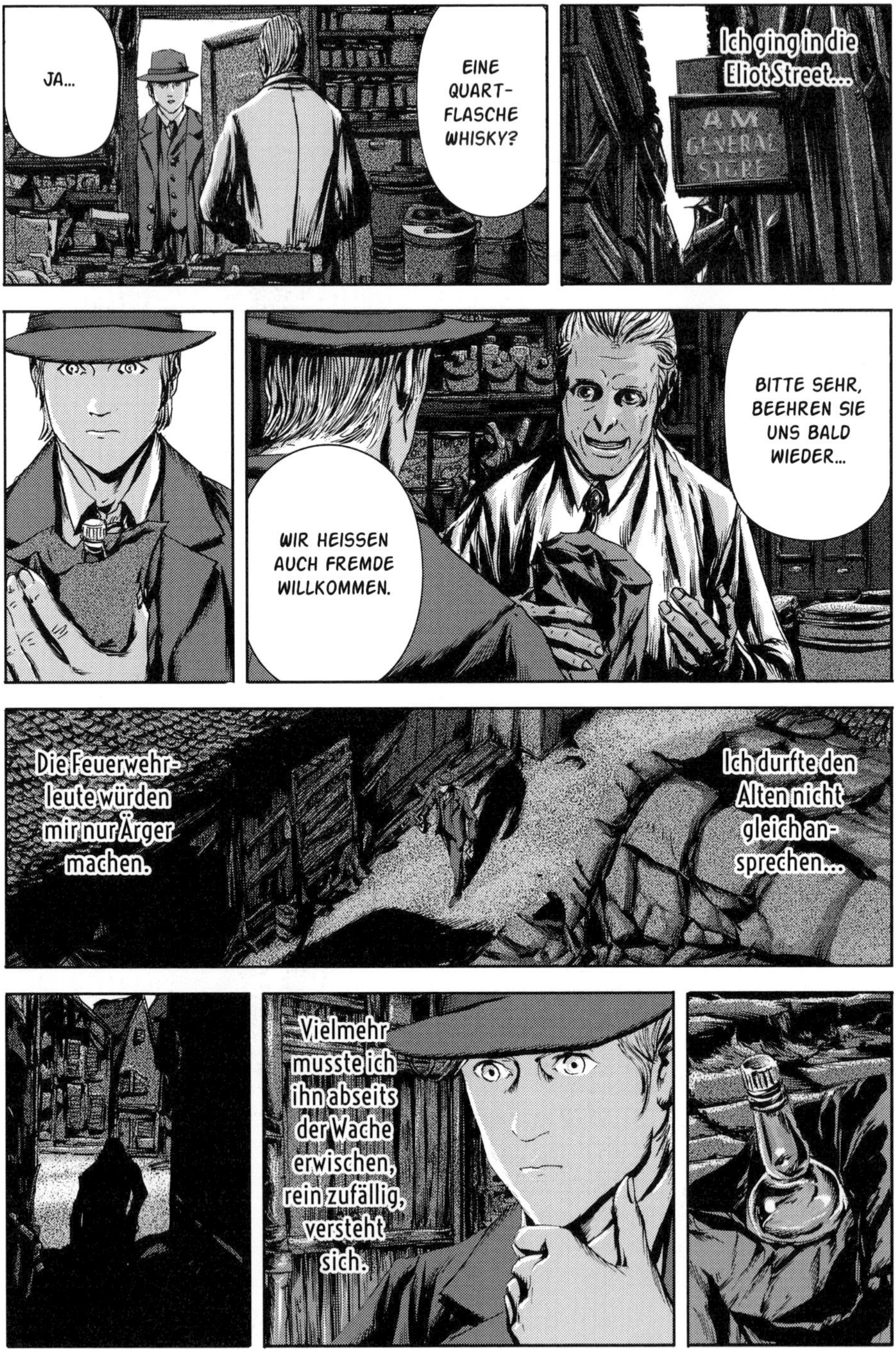
Ich ging in die Eliot Street…
AM GENERAL STORE
EINE QUART-FLASCHE WHISKY?
JA…
BITTE SEHR, BEEHREN SIE UNS BALD WIEDER…
WIR HEISSEN AUCH FREMDE WILLKOMMEN.
Ich durfte den Alten nicht gleich ansprechen…
Die Feuerwehrleute würden mir nur Ärger machen.
Vielmehr musste ich ihn abseits der Wache erwischen, rein zufällig, versteht sich.

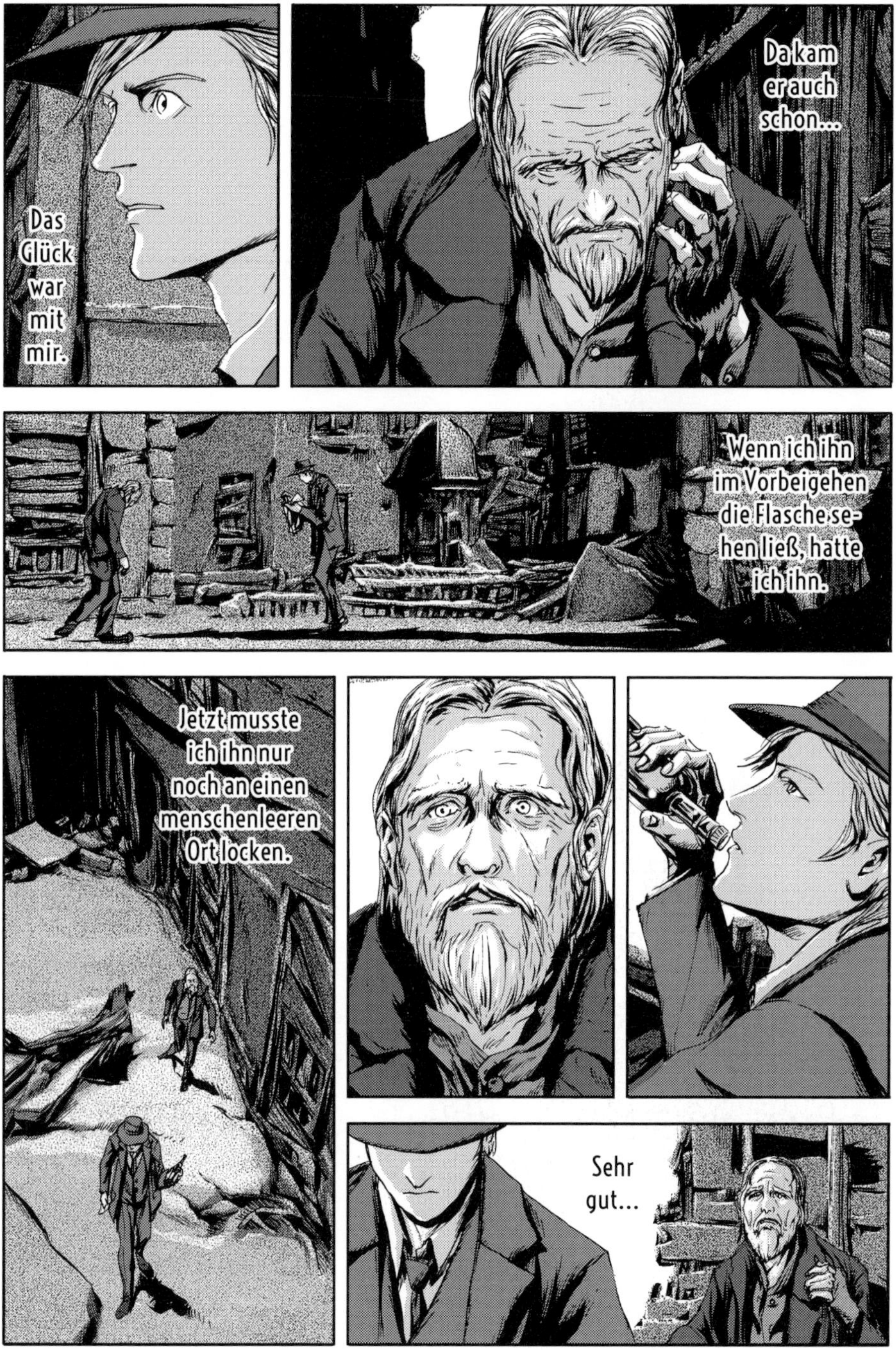
Das Glück war mit mir.
Da kam er auch schon…
Wenn ich ihn im Vorbeigehen die Flasche sehen ließ, hatte ich ihn.
Jetzt musste ich ihn nur noch an einen menschenleeren Ort locken.
Sehr gut…

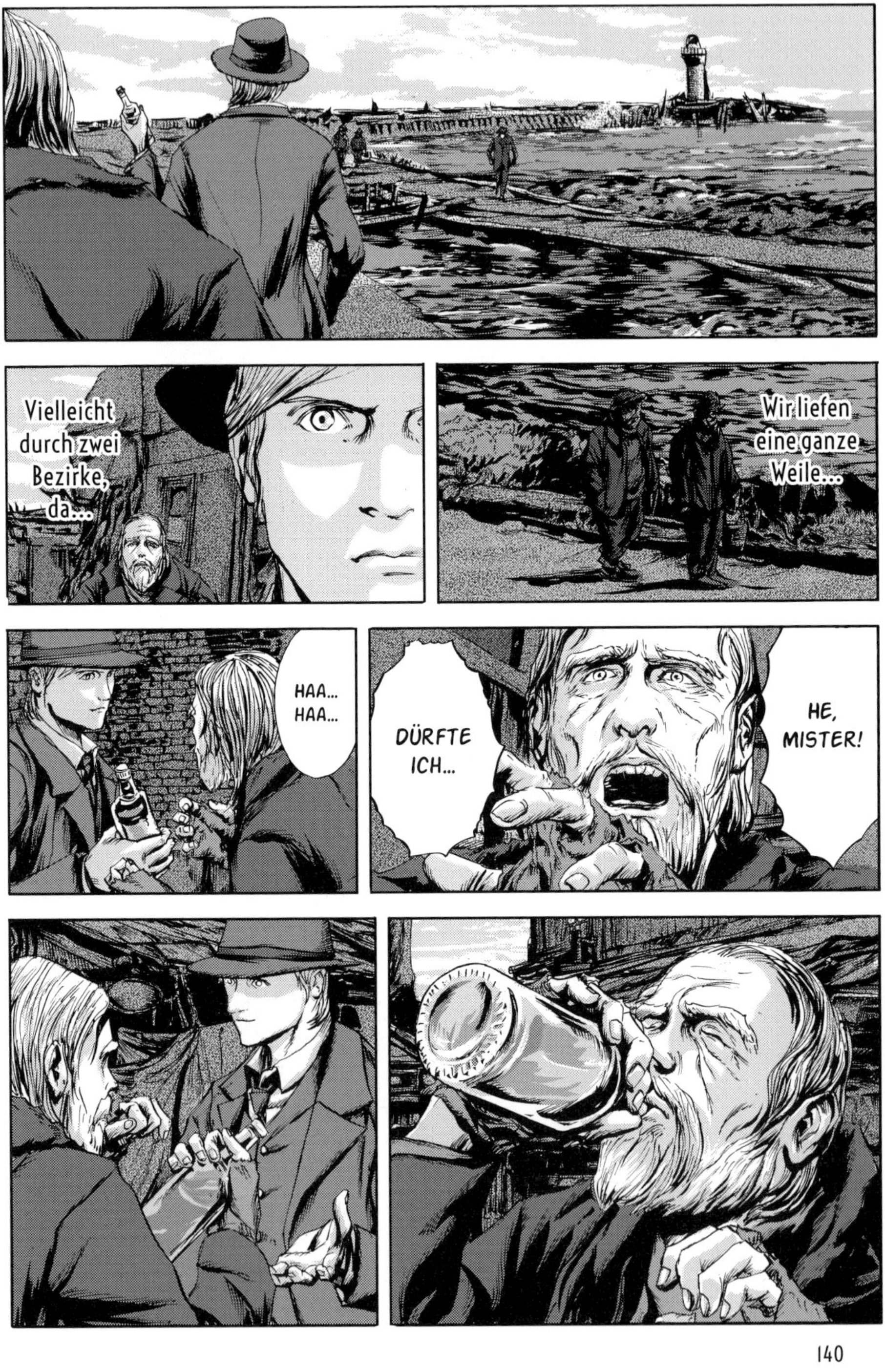
Wir liefen eine ganze Weile...
Vielleicht durch zwei Bezirke, da...
HE, MISTER!
DÜRFTE ICH...
HAA... HAA...

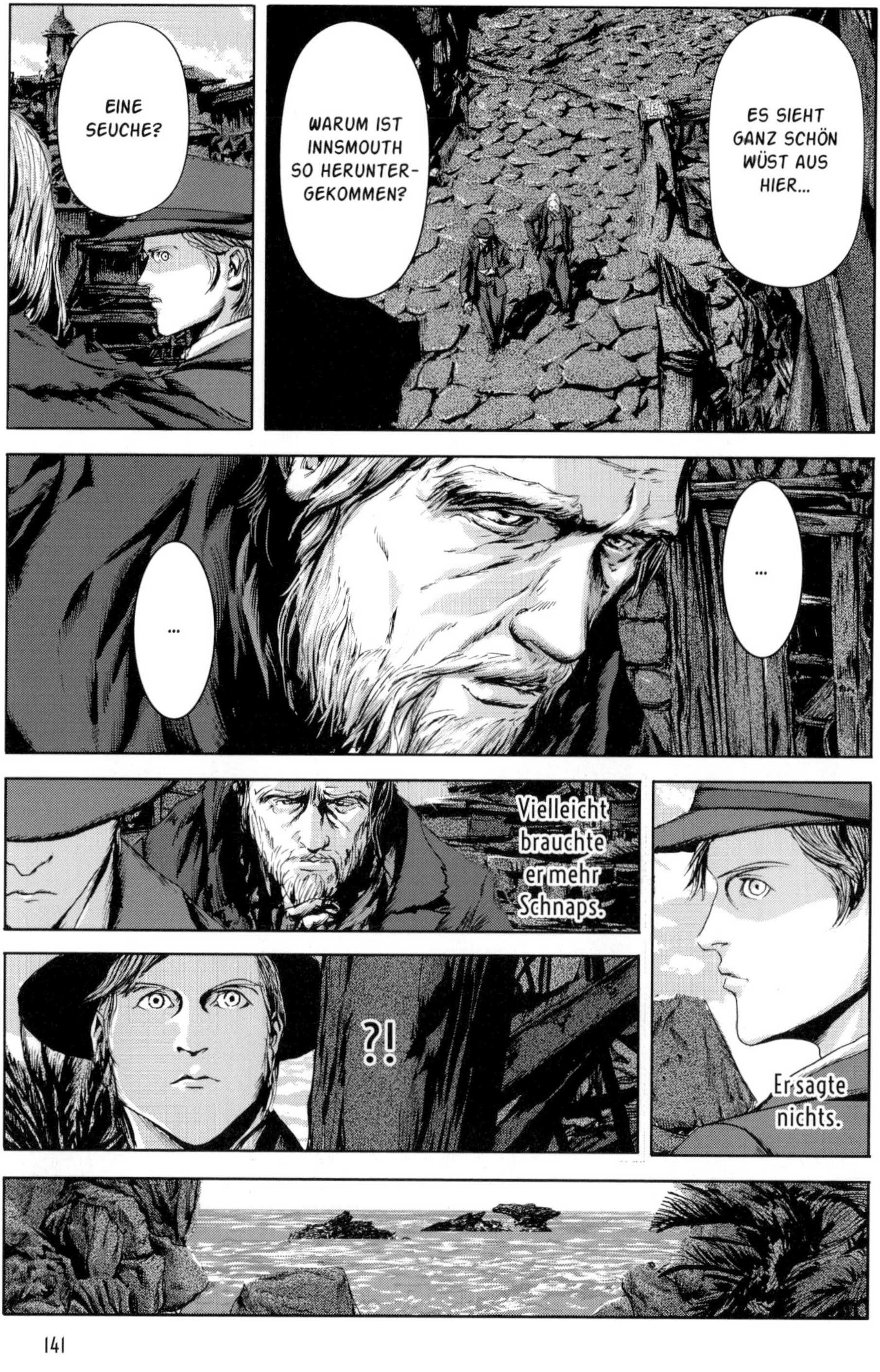

ES SIEHT GANZ SCHÖN WÜST AUS HIER...
WARUM IST INNSMOUTH SO HERUNTER-GEKOMMEN?
EINE SEUCHE?
...
...
Er sagte nichts.
Vielleicht brauchte er mehr Schnaps.
?!

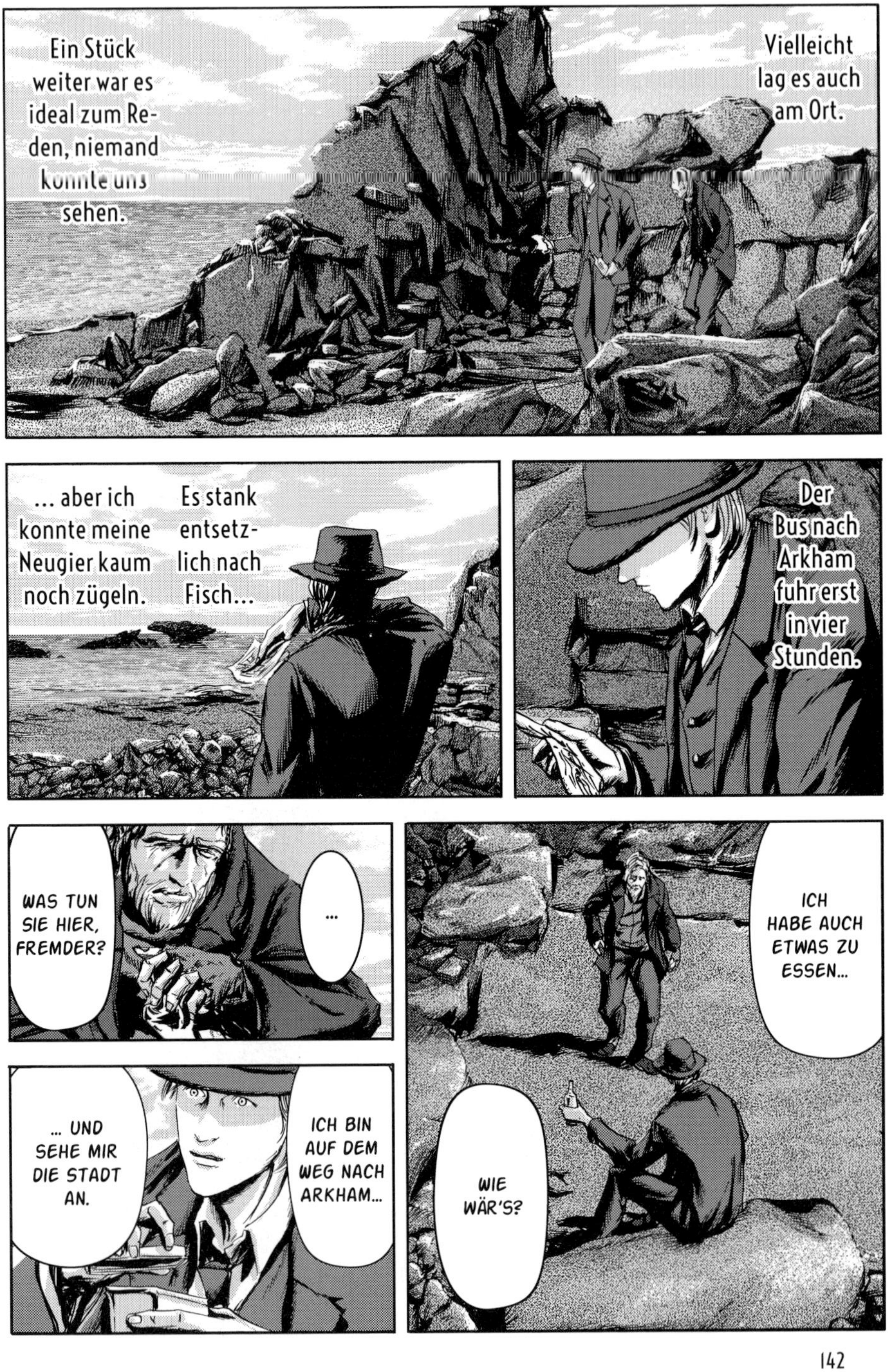
Ein Stück weiter war es ideal zum Reden, niemand konnte uns sehen.
Vielleicht lag es auch am Ort.
... aber ich konnte meine Neugier kaum noch zügeln.
Es stank entsetzlich nach Fisch...
Der Bus nach Arkham fuhr erst in vier Stunden.
WAS TUN SIE HIER, FREMDER?
...
... UND SEHE MIR DIE STADT AN.
ICH BIN AUF DEM WEG NACH ARKHAM...
ICH HABE AUCH ETWAS ZU ESSEN...
WIE WÄR'S?

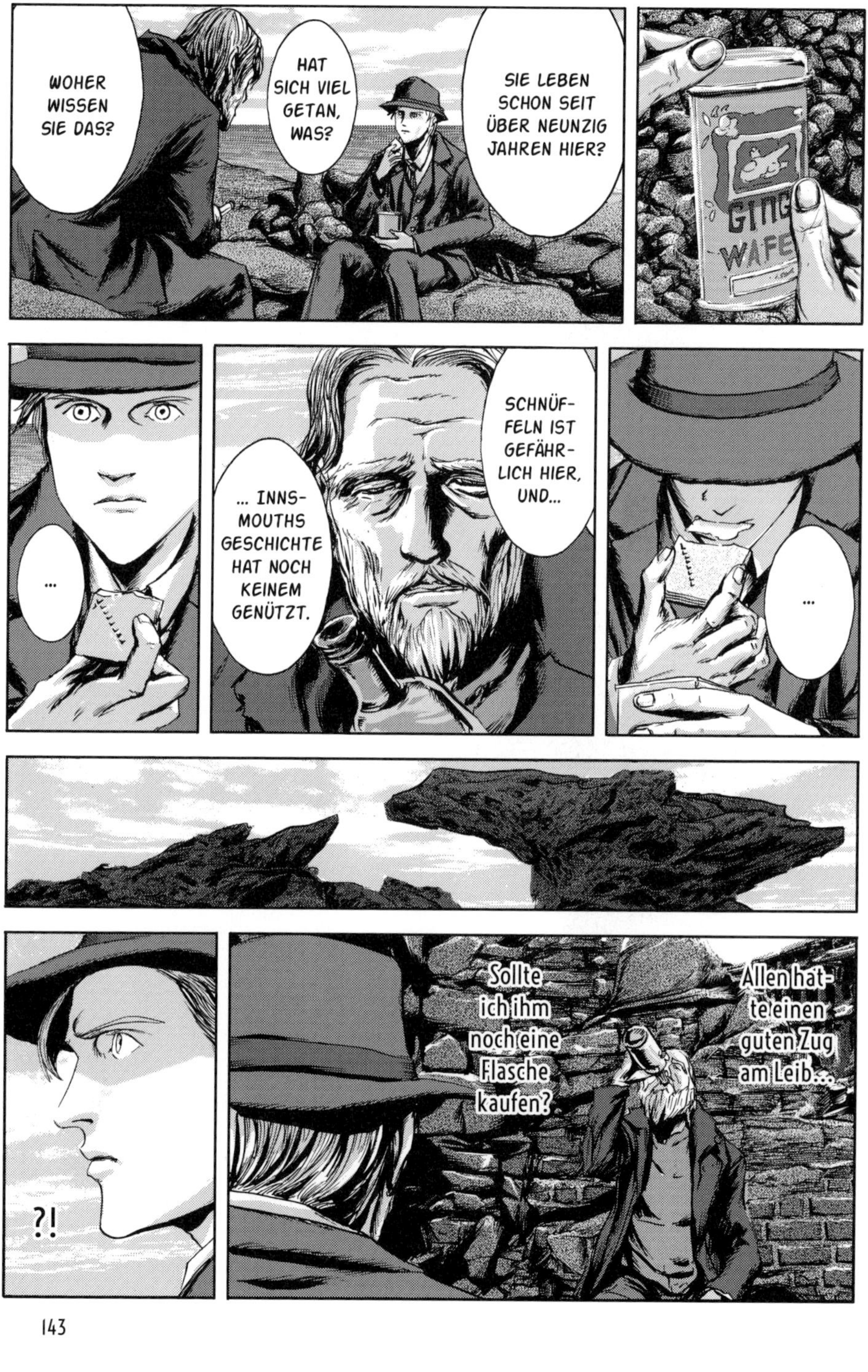
SIE LEBEN SCHON SEIT ÜBER NEUNZIG JAHREN HIER?
HAT SICH VIEL GETAN, WAS?
WOHER WISSEN SIE DAS?
...
... INNS-MOUTHS GESCHICHTE HAT NOCH KEINEM GENÜTZT.
SCHNÜF-FELN IST GEFÄHR-LICH HIER, UND...
...
?!
Sollte ich ihm noch eine Flasche kaufen?
Allen hat-te einen guten Zug am Leib...

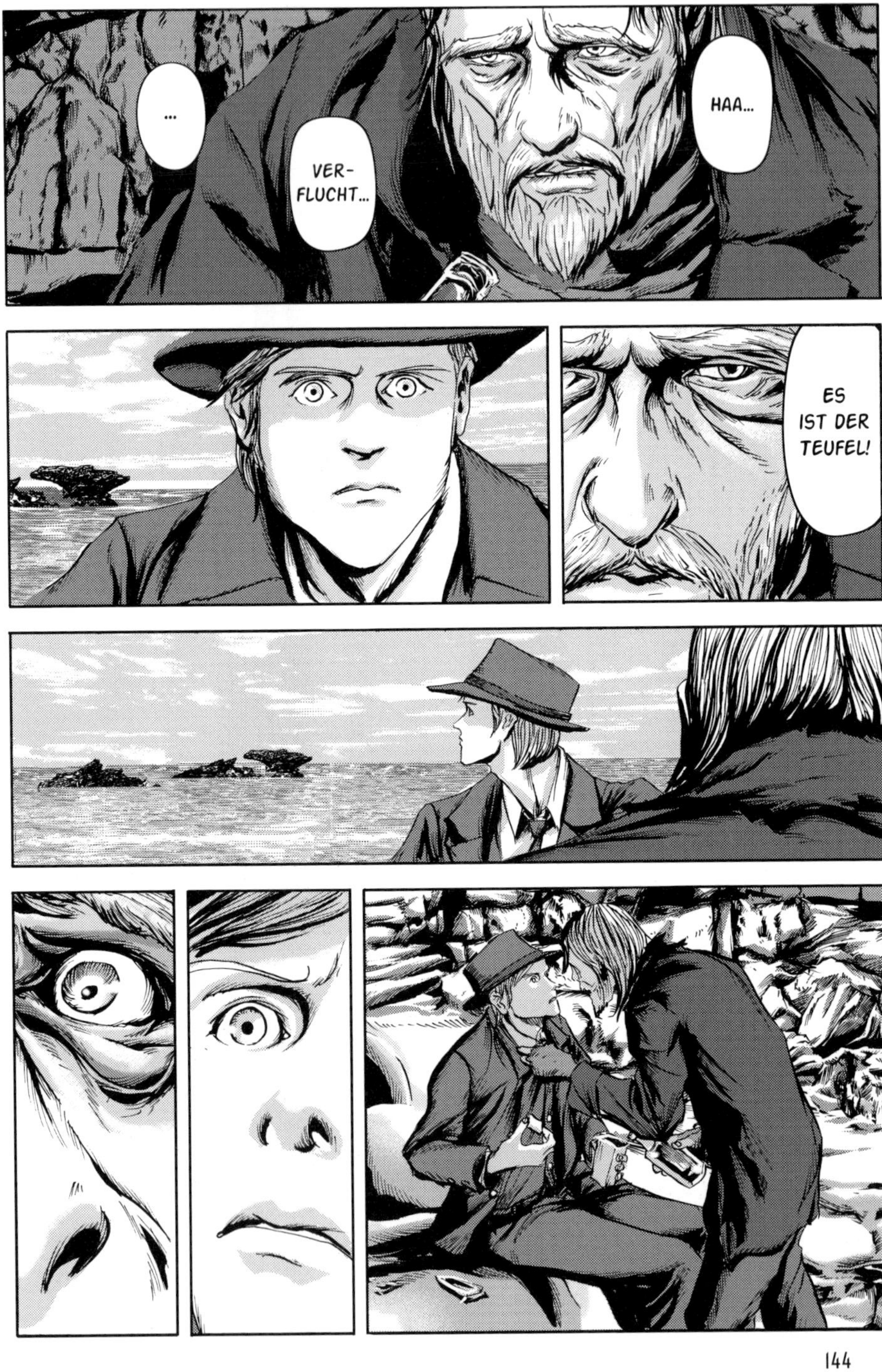
...
VER-
FLUCHT...
HAA...
ES
IST DER
TEUFEL!

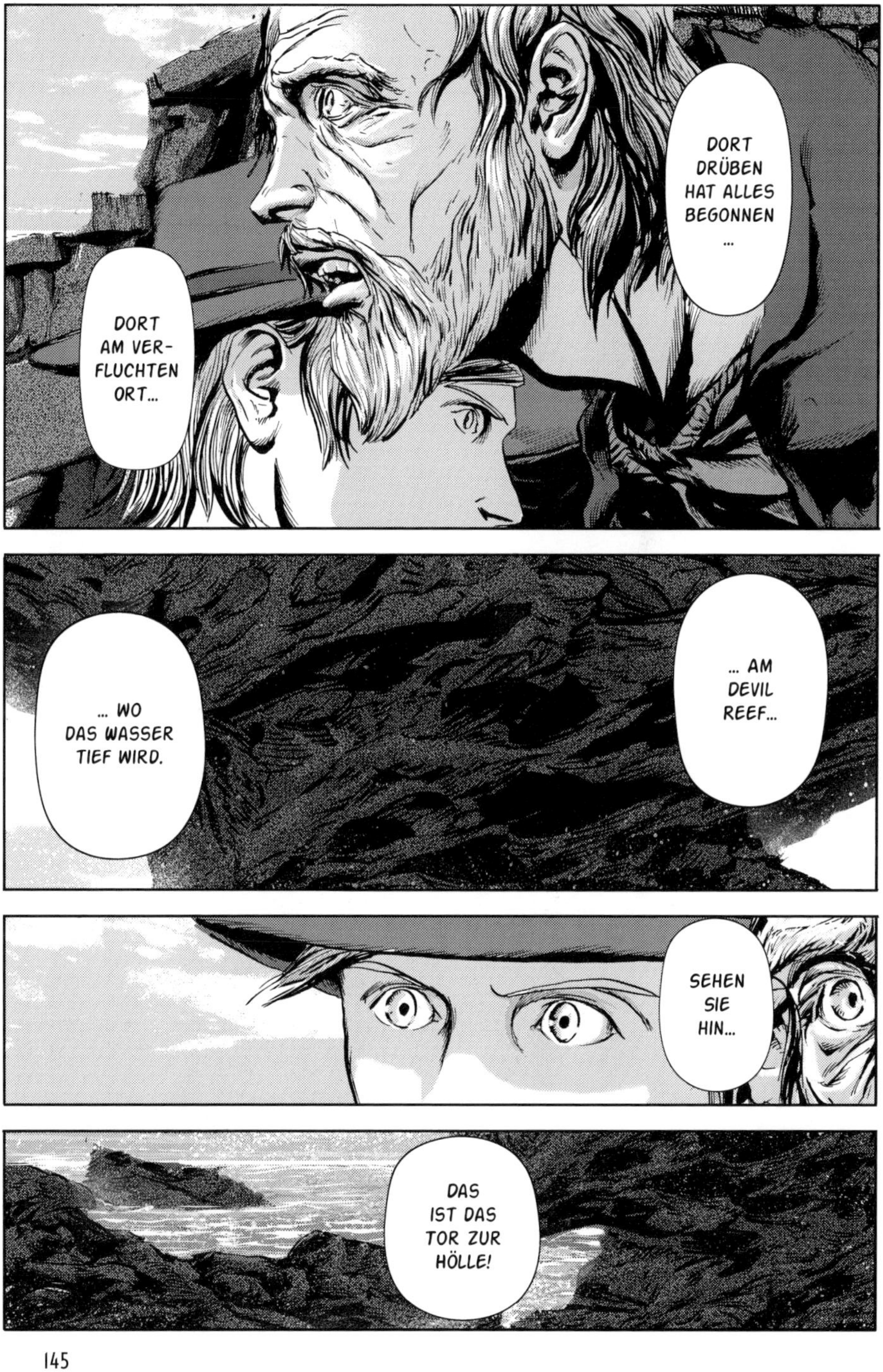
DORT DRÜBEN HAT ALLES BEGONNEN ...
DORT AM VERFLUCHTEN ORT...
... AM DEVIL REEF...
... WO DAS WASSER TIEF WIRD.
SEHEN SIE HIN...
DAS IST DAS TOR ZUR HÖLLE!

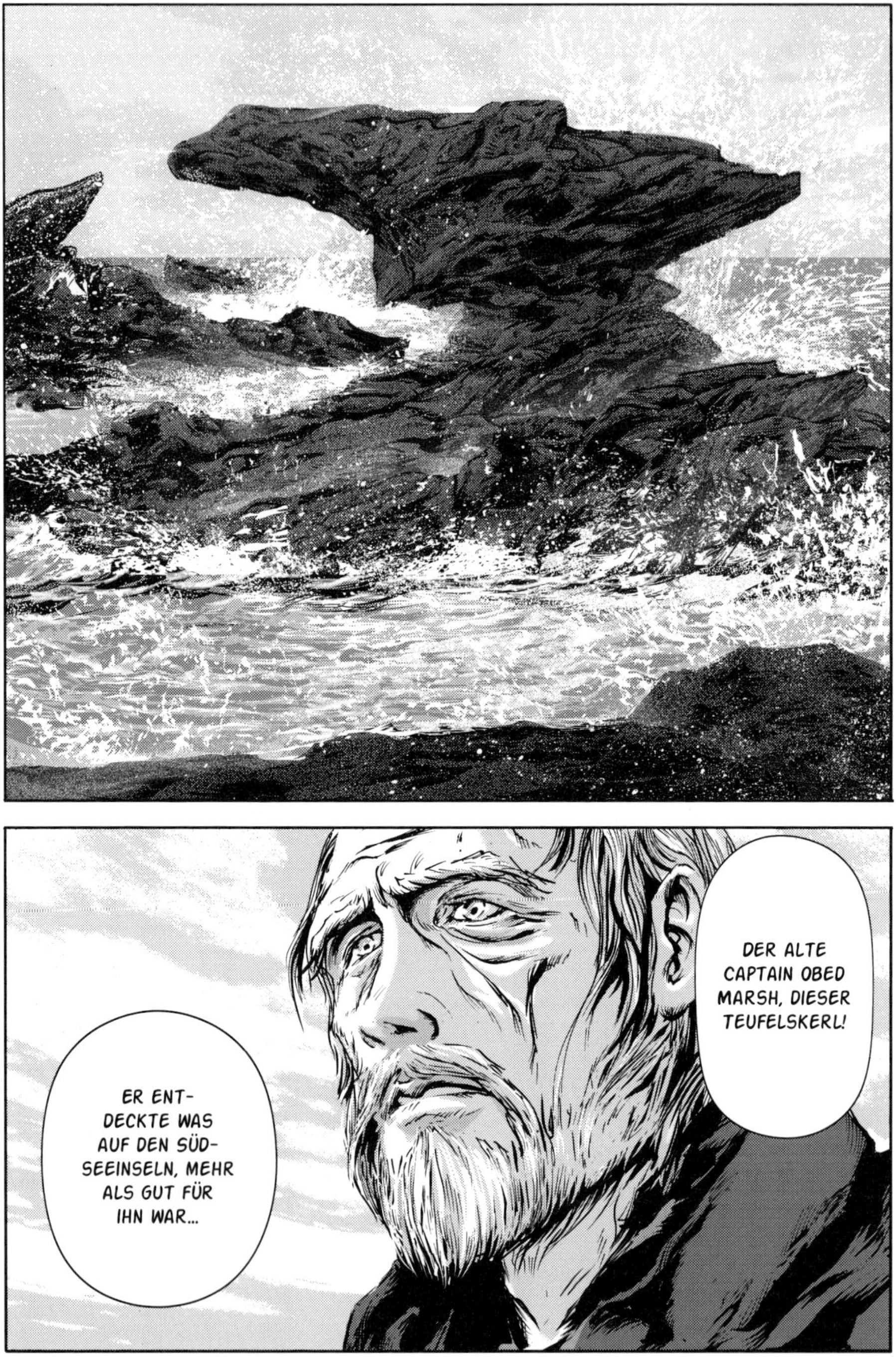
DER ALTE CAPTAIN OBED MARSH, DIESER TEUFELSKERL!
ER ENT-DECKTE WAS AUF DEN SÜD-SEEINSELN, MEHR ALS GUT FÜR IHN WAR...

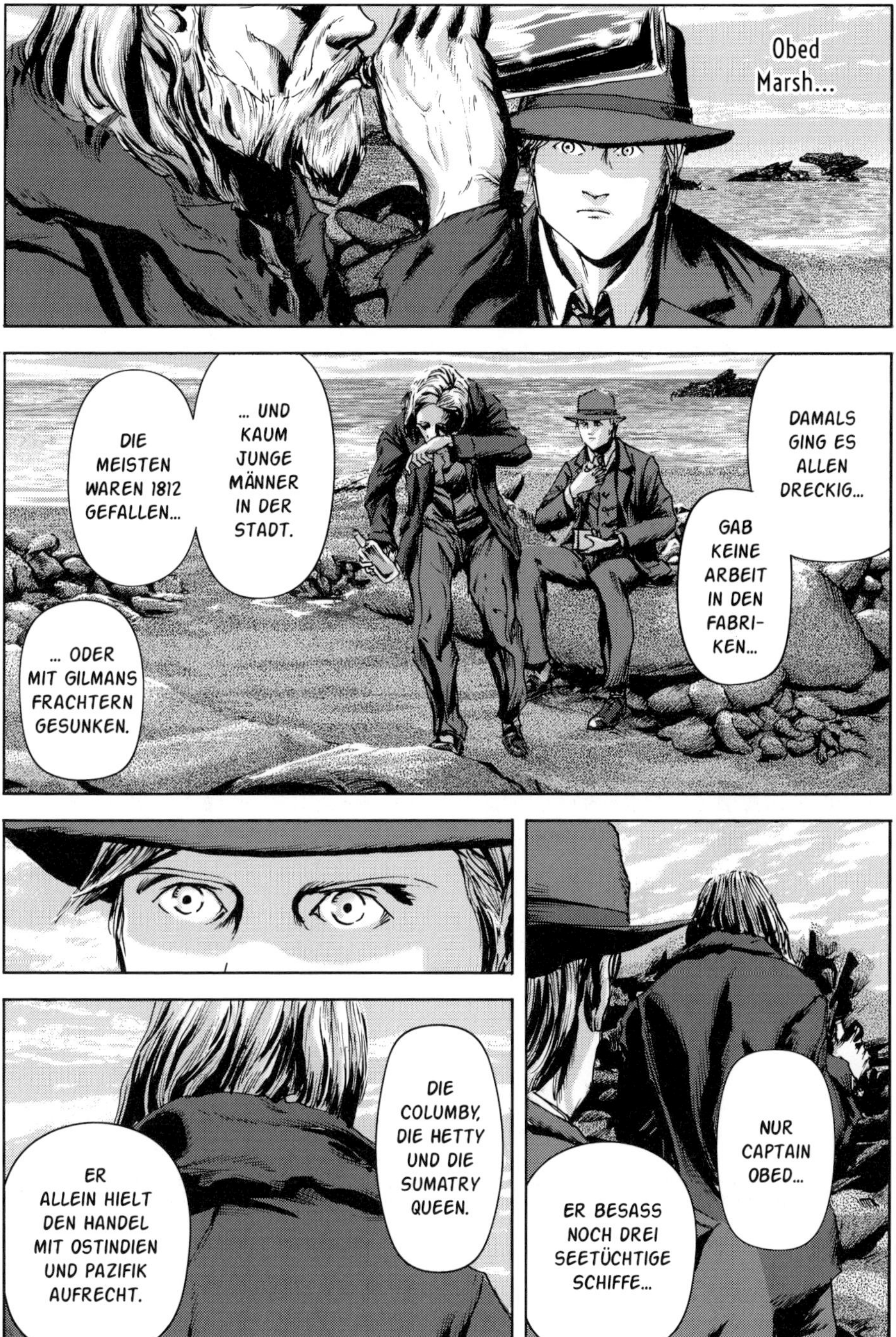
Obed Marsh...
DAMALS GING ES ALLEN DRECKIG...
GAB KEINE ARBEIT IN DEN FABRIKEN...
DIE MEISTEN WAREN 1812 GEFALLEN...
... ODER MIT GILMANS FRACHTERN GESUNKEN.
... UND KAUM JUNGE MÄNNER IN DER STADT.
NUR CAPTAIN OBED...
ER BESASS NOCH DREI SEETÜCHTIGE SCHIFFE...
DIE COLUMBY, DIE HETTY UND DIE SUMATRY QUEEN.
ER ALLEIN HIELT DEN HANDEL MIT OSTINDIEN UND PAZIFIK AUFRECHT.

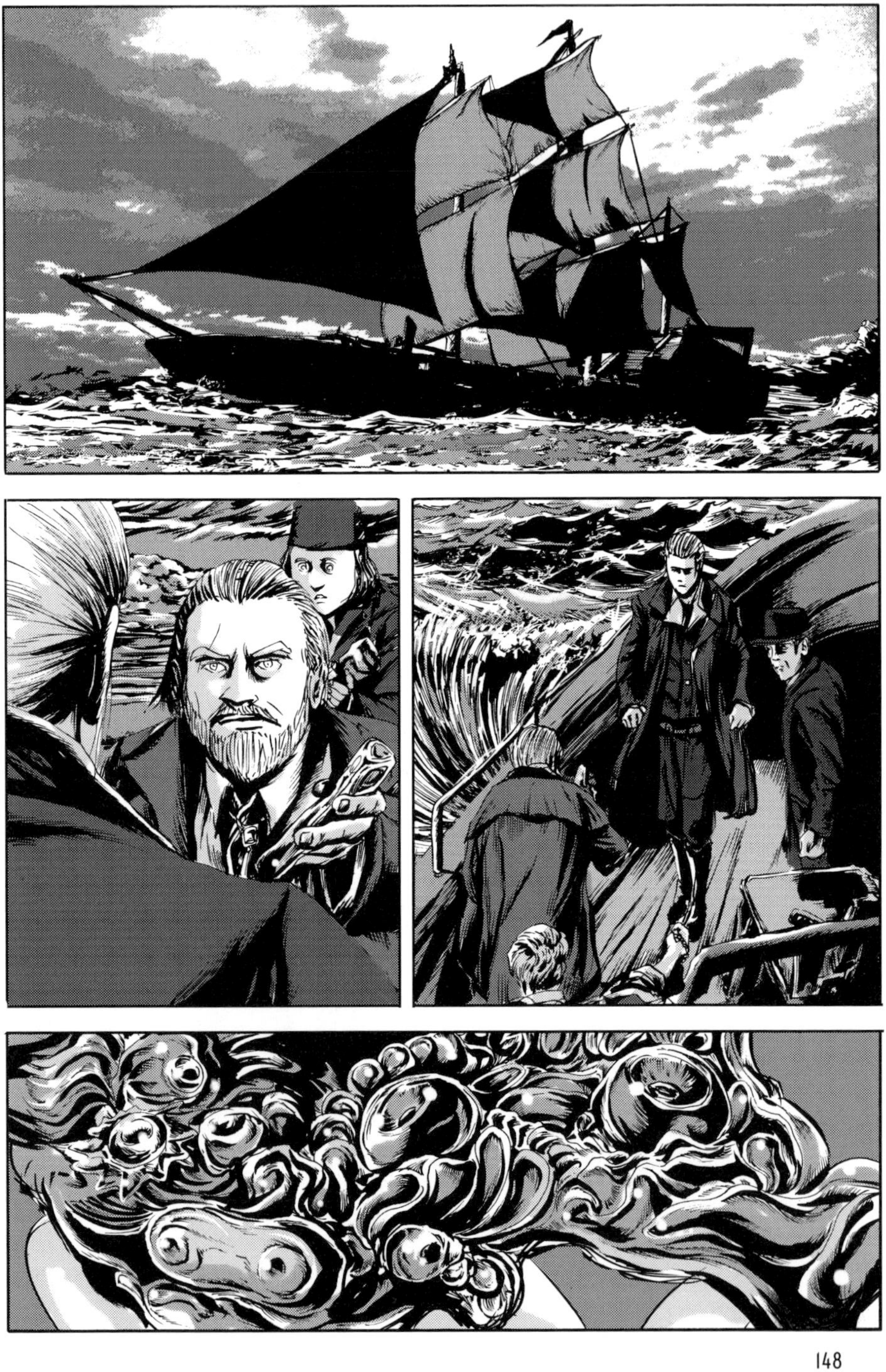

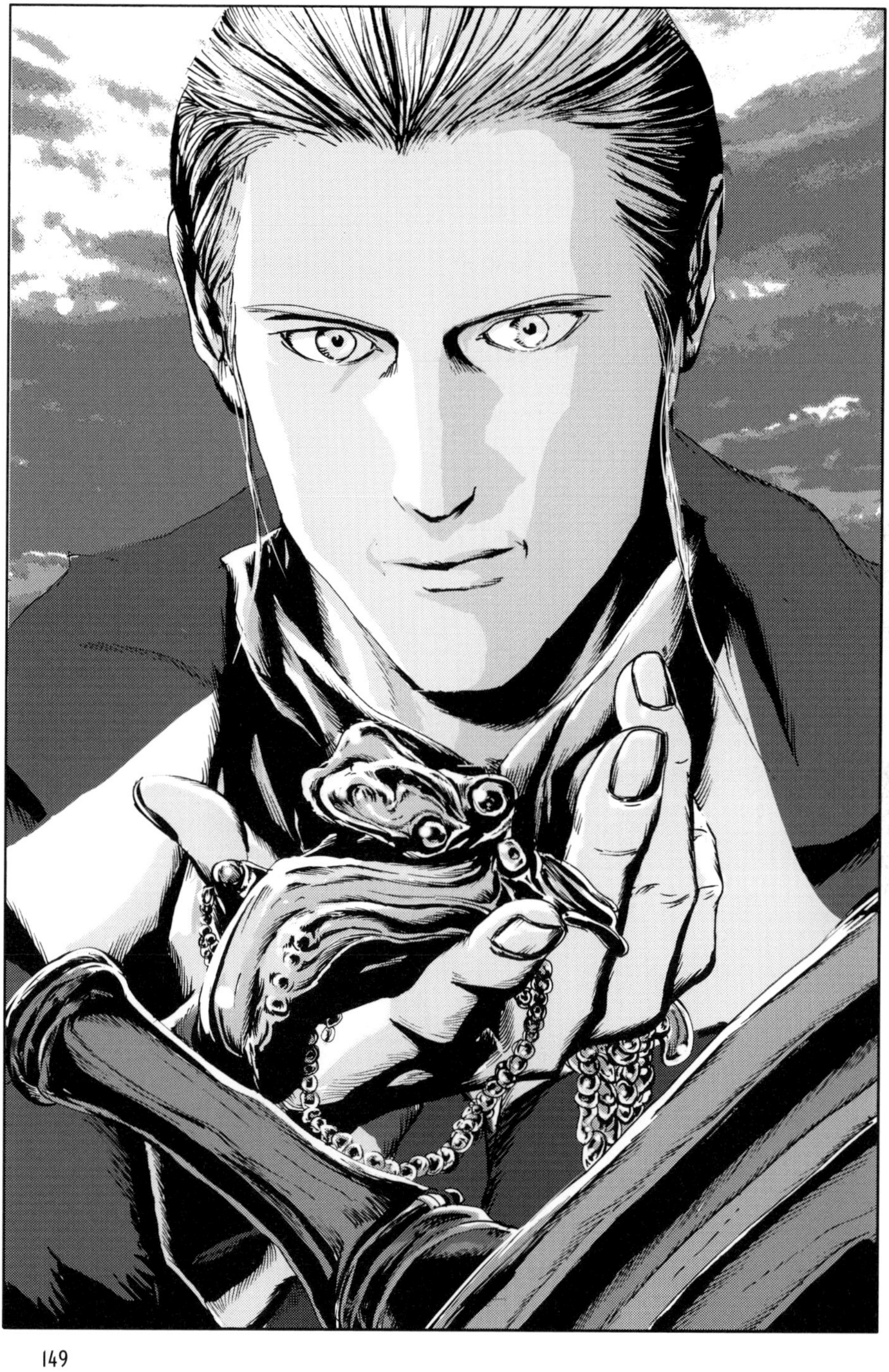

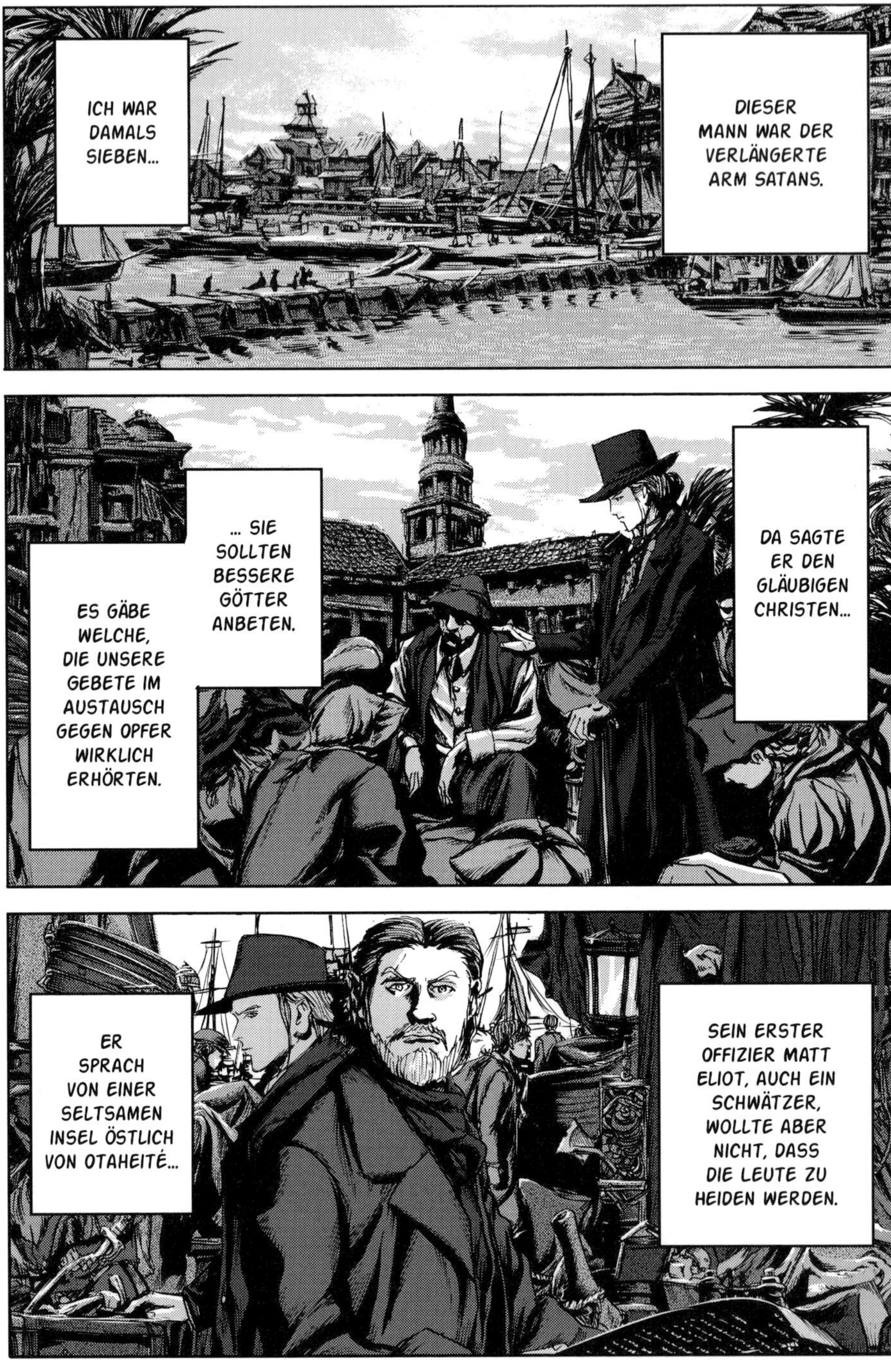
ICH WAR DAMALS SIEBEN...
DIESER MANN WAR DER VERLÄNGERTE ARM SATANS.
DA SAGTE ER DEN GLÄUBIGEN CHRISTEN...
... SIE SOLLTEN BESSERE GÖTTER ANBETEN.
ES GÄBE WELCHE, DIE UNSERE GEBETE IM AUSTAUSCH GEGEN OPFER WIRKLICH ERHÖRTEN.
SEIN ERSTER OFFIZIER MATT ELIOT, AUCH EIN SCHWÄTZER, WOLLTE ABER NICHT, DASS DIE LEUTE ZU HEIDEN WERDEN.
ER SPRACH VON EINER SELTSAMEN INSEL ÖSTLICH VON OTAHEITÉ...

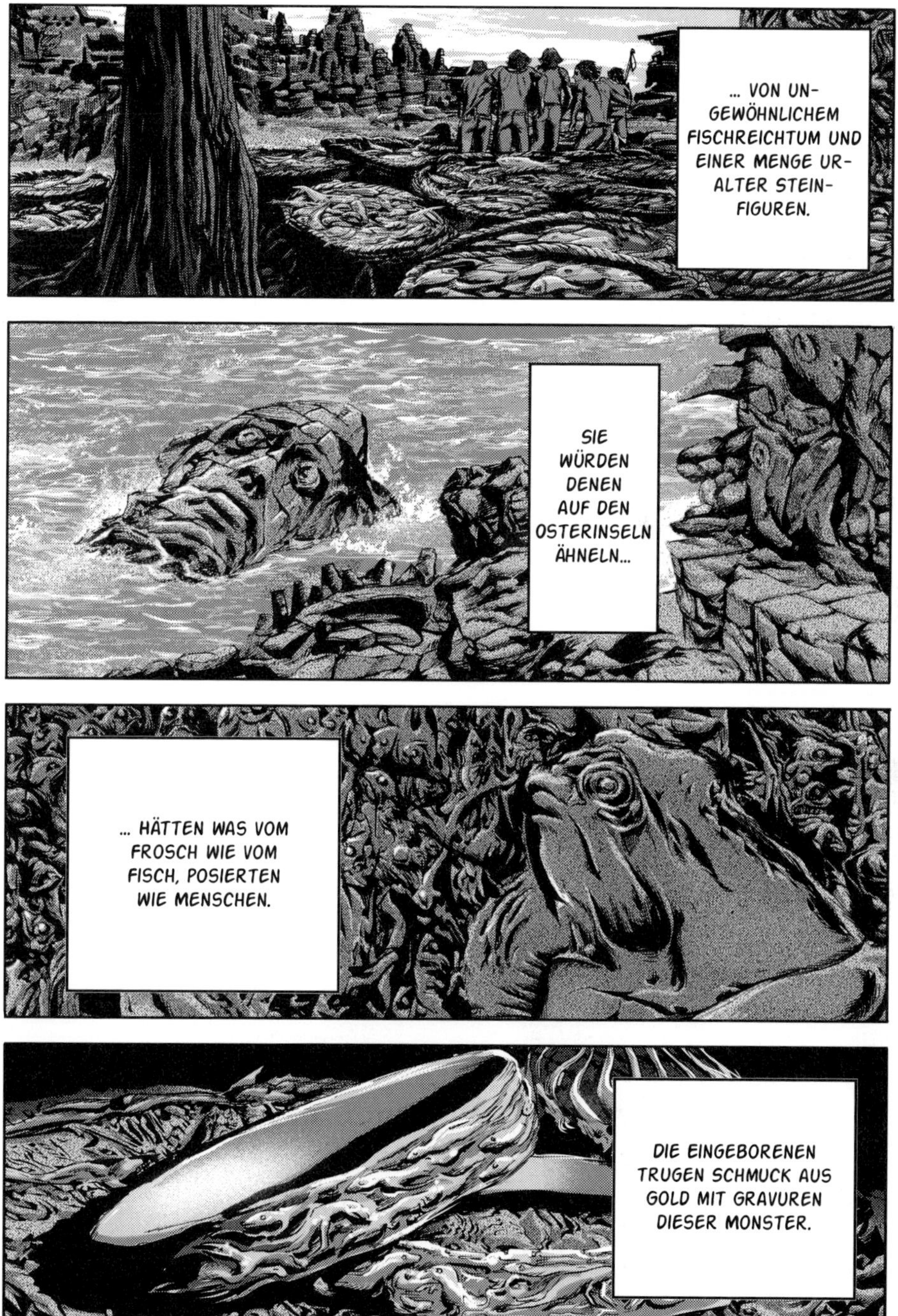
… VON UN-GEWÖHNLICHEM FISCHREICHTUM UND EINER MENGE UR-ALTER STEIN-FIGUREN.
SIE WÜRDEN DENEN AUF DEN OSTERINSELN ÄHNELN…
… HÄTTEN WAS VOM FROSCH WIE VOM FISCH, POSIERTEN WIE MENSCHEN.
DIE EINGEBORENEN TRUGEN SCHMUCK AUS GOLD MIT GRAVUREN DIESER MONSTER.

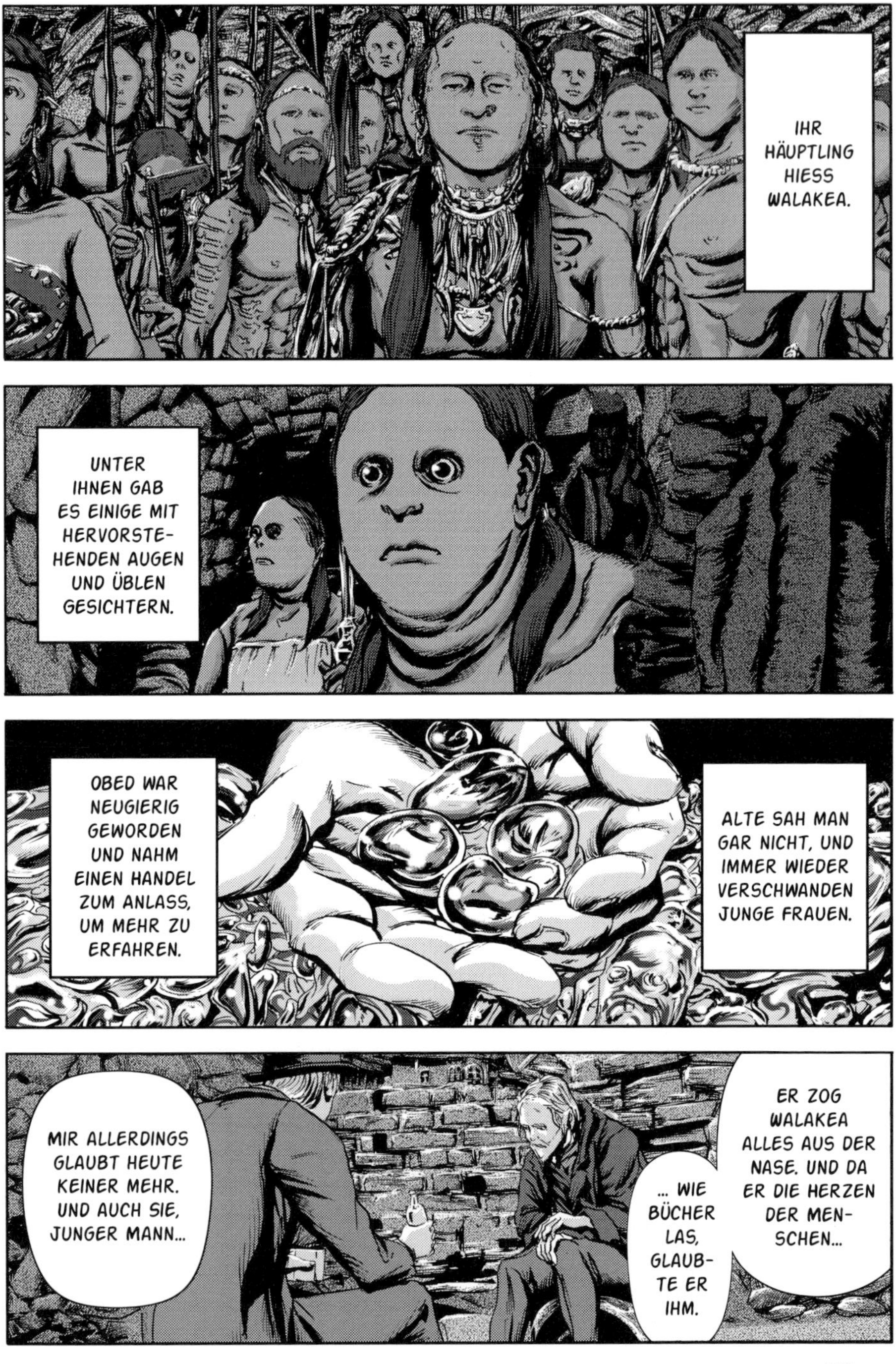
IHR HÄUPTLING HIESS WALAKEA.
UNTER IHNEN GAB ES EINIGE MIT HERVORSTEHENDEN AUGEN UND ÜBLEN GESICHTERN.
OBED WAR NEUGIERIG GEWORDEN UND NAHM EINEN HANDEL ZUM ANLASS, UM MEHR ZU ERFAHREN.
ALTE SAH MAN GAR NICHT, UND IMMER WIEDER VERSCHWANDEN JUNGE FRAUEN.
ER ZOG WALAKEA ALLES AUS DER NASE. UND DA ER DIE HERZEN DER MENSCHEN...
... WIE BÜCHER LAS, GLAUBTE ER IHM.
MIR ALLERDINGS GLAUBT HEUTE KEINER MEHR. UND AUCH SIE, JUNGER MANN...

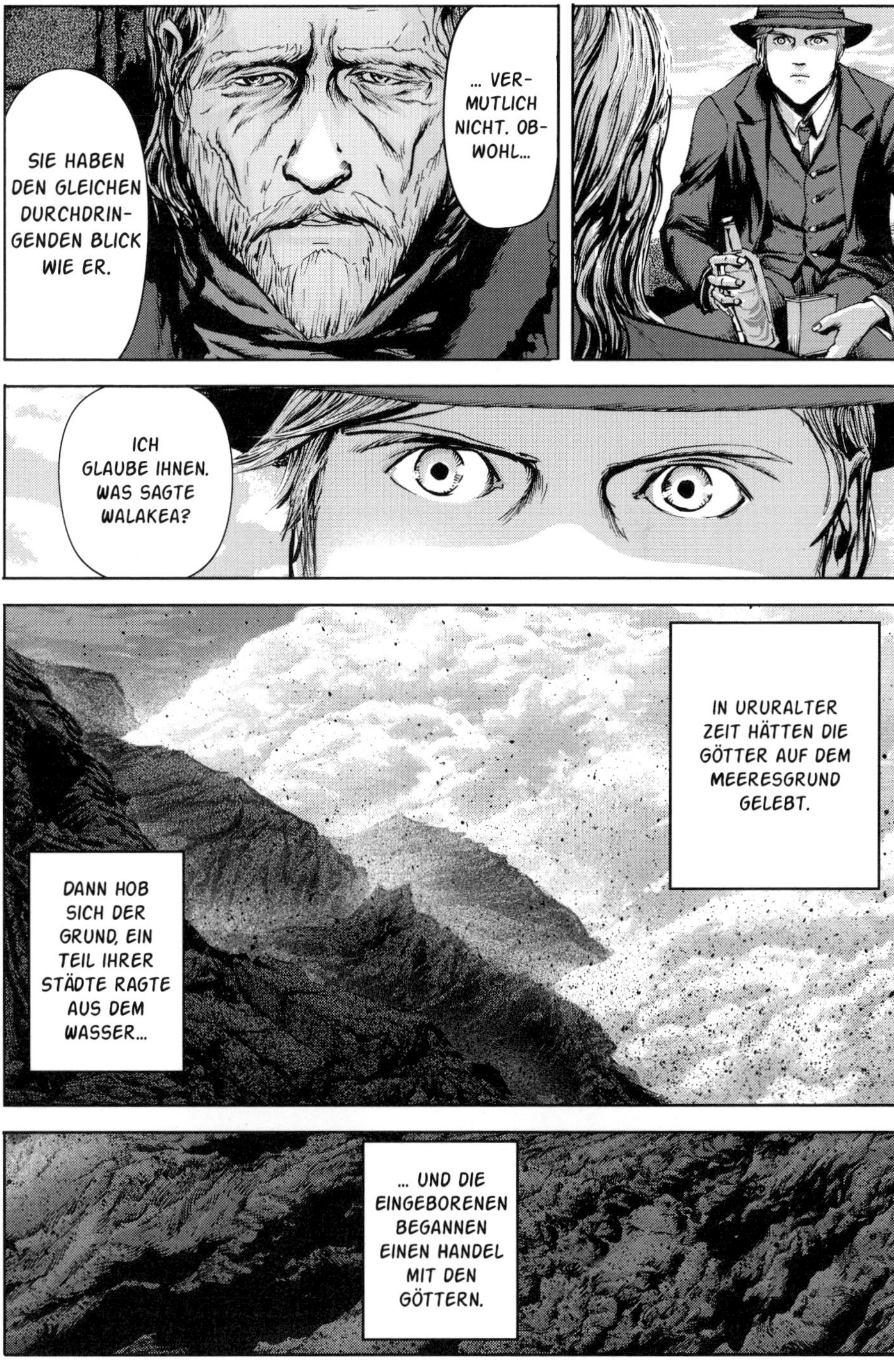
... VER-
MUTLICH
NICHT. OB-
WOHL...
SIE HABEN
DEN GLEICHEN
DURCHDRIN-
GENDEN BLICK
WIE ER.
ICH
GLAUBE IHNEN.
WAS SAGTE
WALAKEA?
IN URURALTER
ZEIT HÄTTEN DIE
GÖTTER AUF DEM
MEERESGRUND
GELEBT.
DANN HOB
SICH DER
GRUND, EIN
TEIL IHRER
STÄDTE RAGTE
AUS DEM
WASSER...
... UND DIE
EINGEBORENEN
BEGANNEN
EINEN HANDEL
MIT DEN
GÖTTERN.

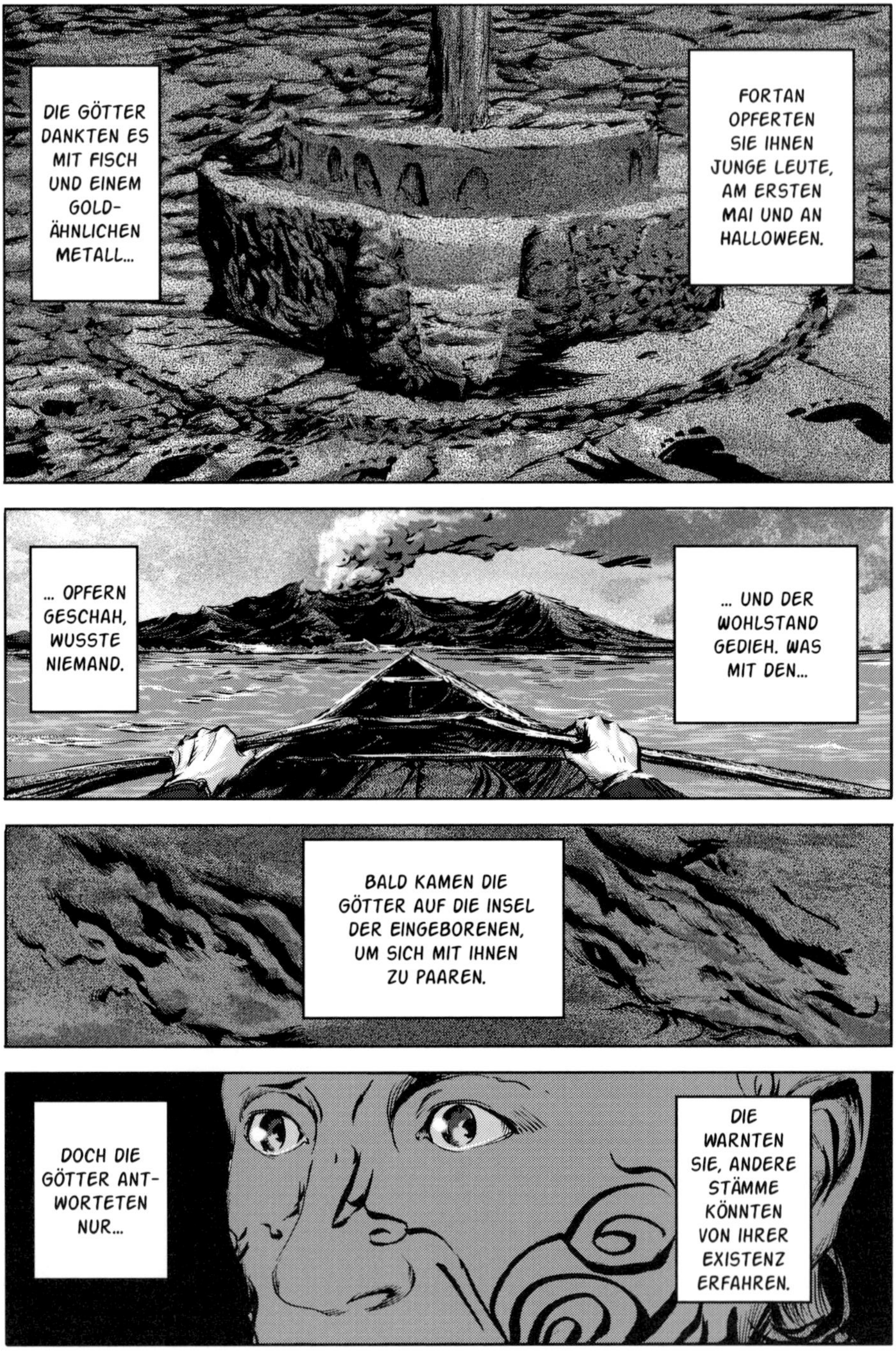
FORTAN OPFERTEN SIE IHNEN JUNGE LEUTE, AM ERSTEN MAI UND AN HALLOWEEN.
DIE GÖTTER DANKTEN ES MIT FISCH UND EINEM GOLD-ÄHNLICHEN METALL…
… UND DER WOHLSTAND GEDIEH. WAS MIT DEN…
… OPFERN GESCHAH, WUSSTE NIEMAND.
BALD KAMEN DIE GÖTTER AUF DIE INSEL DER EINGEBORENEN, UM SICH MIT IHNEN ZU PAAREN.
DIE WARNTEN SIE, ANDERE STÄMME KÖNNTEN VON IHRER EXISTENZ ERFAHREN.
DOCH DIE GÖTTER ANTWORTETEN NUR…

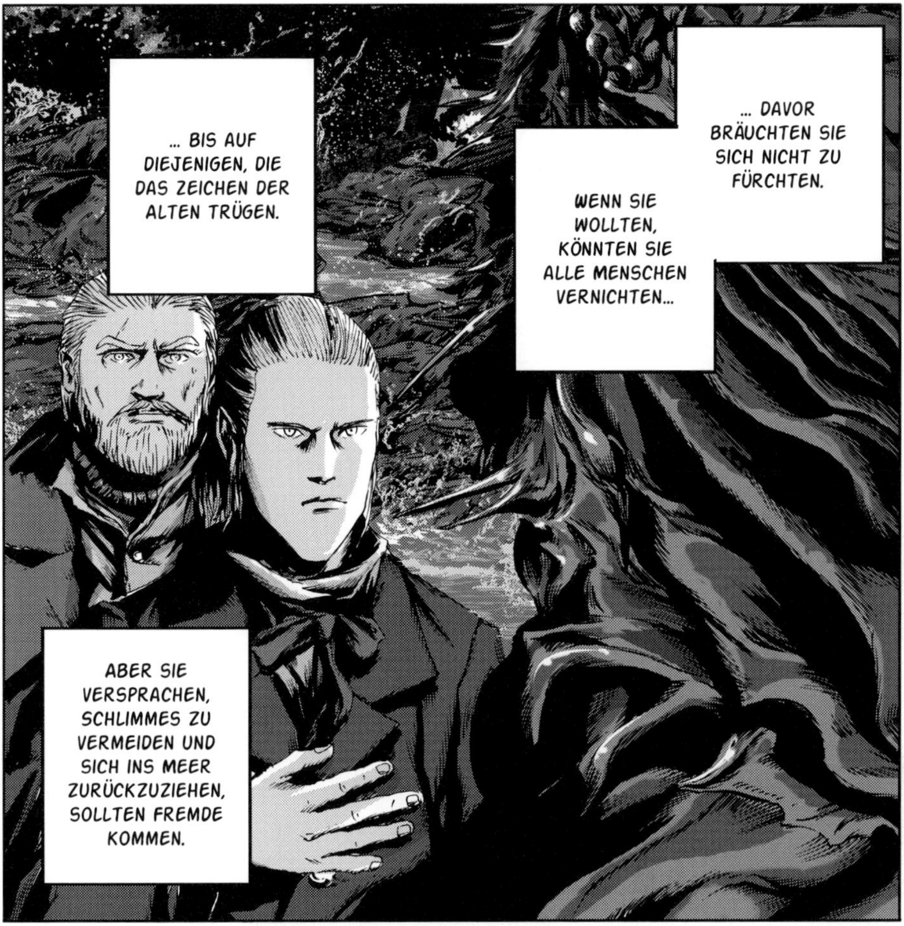
... DAVOR BRÄUCHTEN SIE SICH NICHT ZU FÜRCHTEN.
WENN SIE WOLLTEN, KÖNNTEN SIE ALLE MENSCHEN VERNICHTEN...
... BIS AUF DIEJENIGEN, DIE DAS ZEICHEN DER ALTEN TRÜGEN.
ABER SIE VERSPRACHEN, SCHLIMMES ZU VERMEIDEN UND SICH INS MEER ZURÜCKZUZIEHEN, SOLLTEN FREMDE KOMMEN.

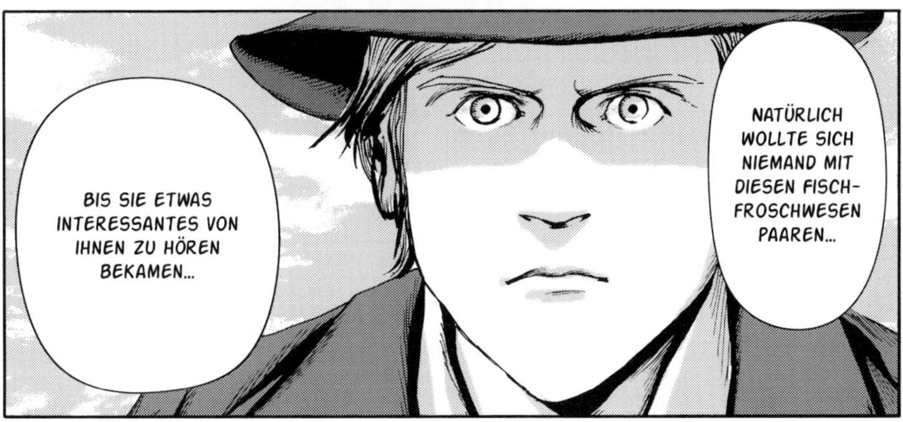
NATÜRLICH WOLLTE SICH NIEMAND MIT DIESEN FISCH-FROSCHWESEN PAAREN...
BIS SIE ETWAS INTERESSANTES VON IHNEN ZU HÖREN BEKAMEN...

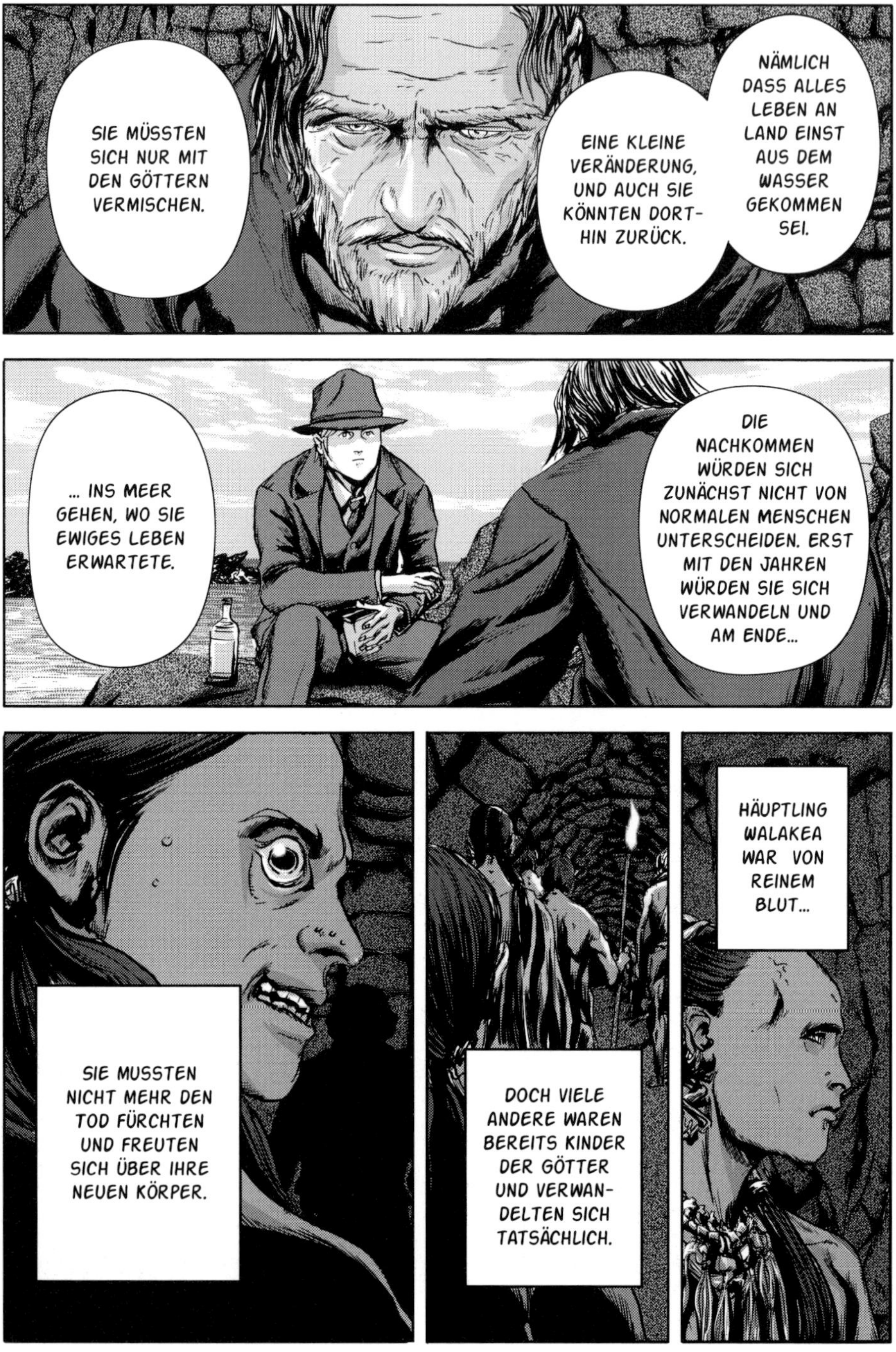
NÄMLICH DASS ALLES LEBEN AN LAND EINST AUS DEM WASSER GEKOMMEN SEI.
EINE KLEINE VERÄNDERUNG, UND AUCH SIE KÖNNTEN DORT-HIN ZURÜCK.
SIE MÜSSTEN SICH NUR MIT DEN GÖTTERN VERMISCHEN.
DIE NACHKOMMEN WÜRDEN SICH ZUNÄCHST NICHT VON NORMALEN MENSCHEN UNTERSCHEIDEN. ERST MIT DEN JAHREN WÜRDEN SIE SICH VERWANDELN UND AM ENDE…
… INS MEER GEHEN, WO SIE EWIGES LEBEN ERWARTETE.
SIE MUSSTEN NICHT MEHR DEN TOD FÜRCHTEN UND FREUTEN SICH ÜBER IHRE NEUEN KÖRPER.
DOCH VIELE ANDERE WAREN BEREITS KINDER DER GÖTTER UND VERWAN-DELTEN SICH TATSÄCHLICH.
HÄUPTLING WALAKEA WAR VON REINEM BLUT…

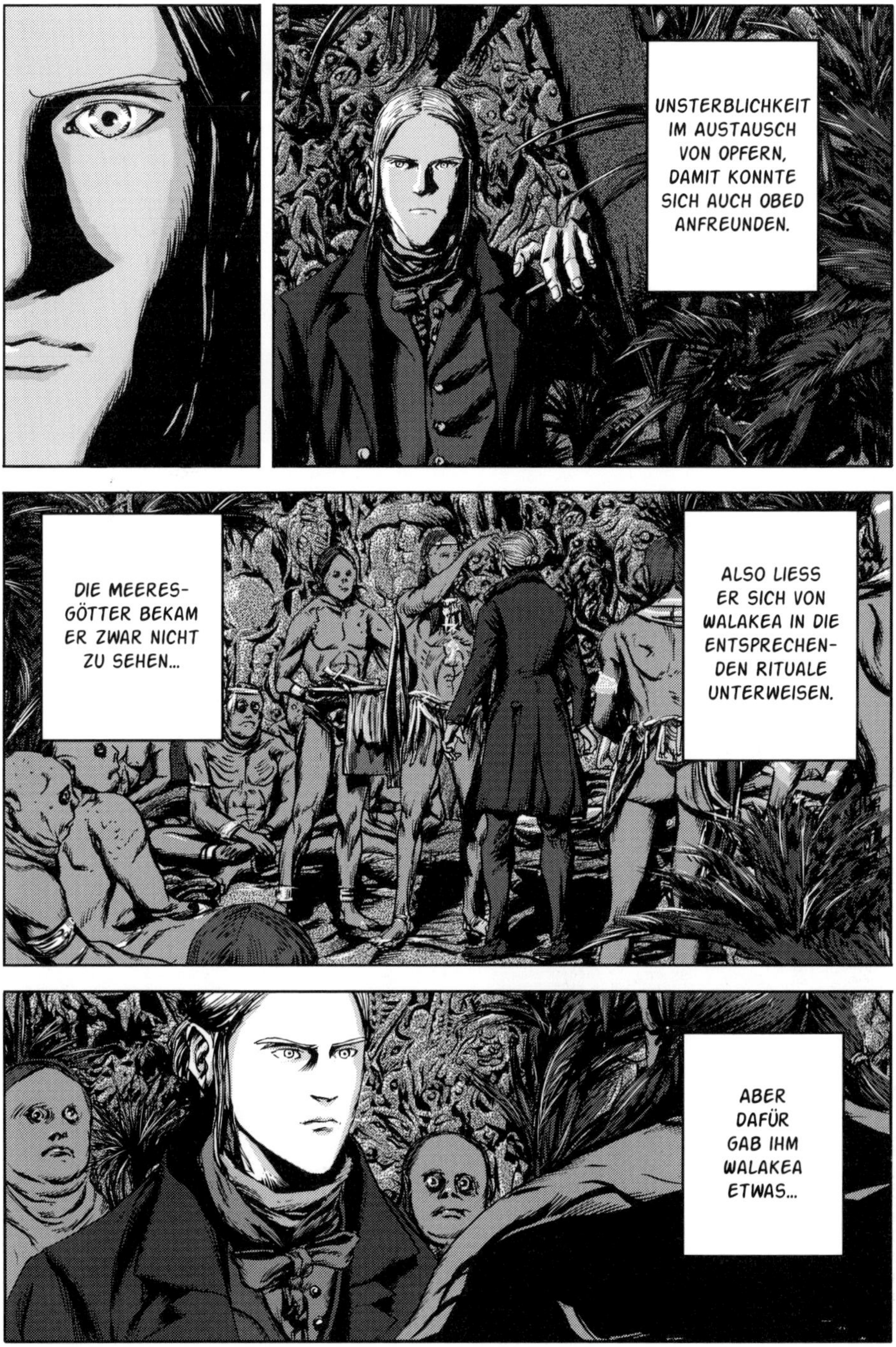
UNSTERBLICHKEIT IM AUSTAUSCH VON OPFERN, DAMIT KONNTE SICH AUCH OBED ANFREUNDEN.
DIE MEERES-GÖTTER BEKAM ER ZWAR NICHT ZU SEHEN...
ALSO LIESS ER SICH VON WALAKEA IN DIE ENTSPRECHEN-DEN RITUALE UNTERWEISEN.
ABER DAFÜR GAB IHM WALAKEA ETWAS...

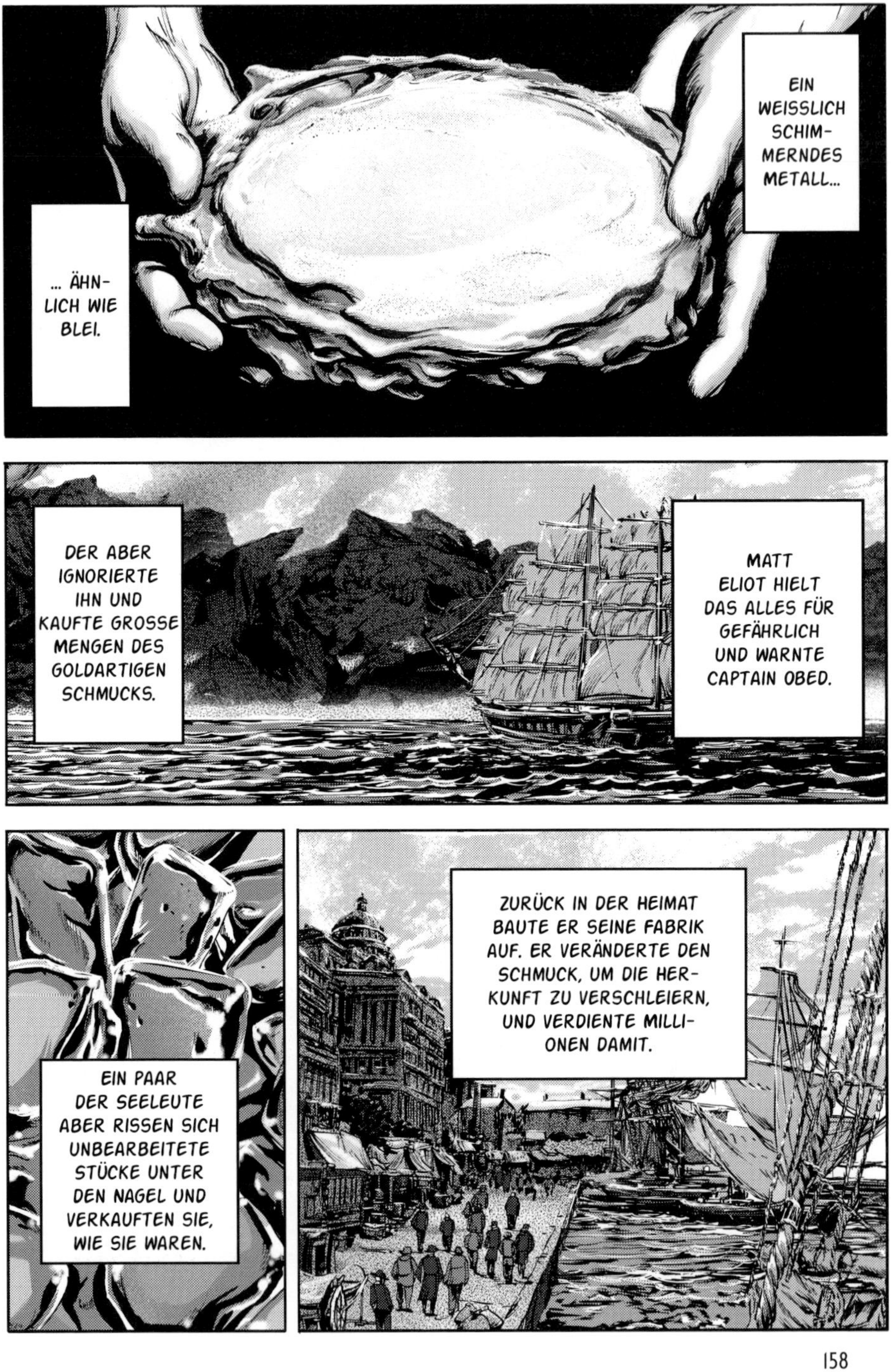
EIN WEISSLICH SCHIMMERNDES METALL...
... ÄHNLICH WIE BLEI.
MATT ELIOT HIELT DAS ALLES FÜR GEFÄHRLICH UND WARNTE CAPTAIN OBED.
DER ABER IGNORIERTE IHN UND KAUFTE GROSSE MENGEN DES GOLDARTIGEN SCHMUCKS.
ZURÜCK IN DER HEIMAT BAUTE ER SEINE FABRIK AUF. ER VERÄNDERTE DEN SCHMUCK, UM DIE HERKUNFT ZU VERSCHLEIERN, UND VERDIENTE MILLIONEN DAMIT.
EIN PAAR DER SEELEUTE ABER RISSEN SICH UNBEARBEITETE STÜCKE UNTER DEN NAGEL UND VERKAUFTEN SIE, WIE SIE WAREN.

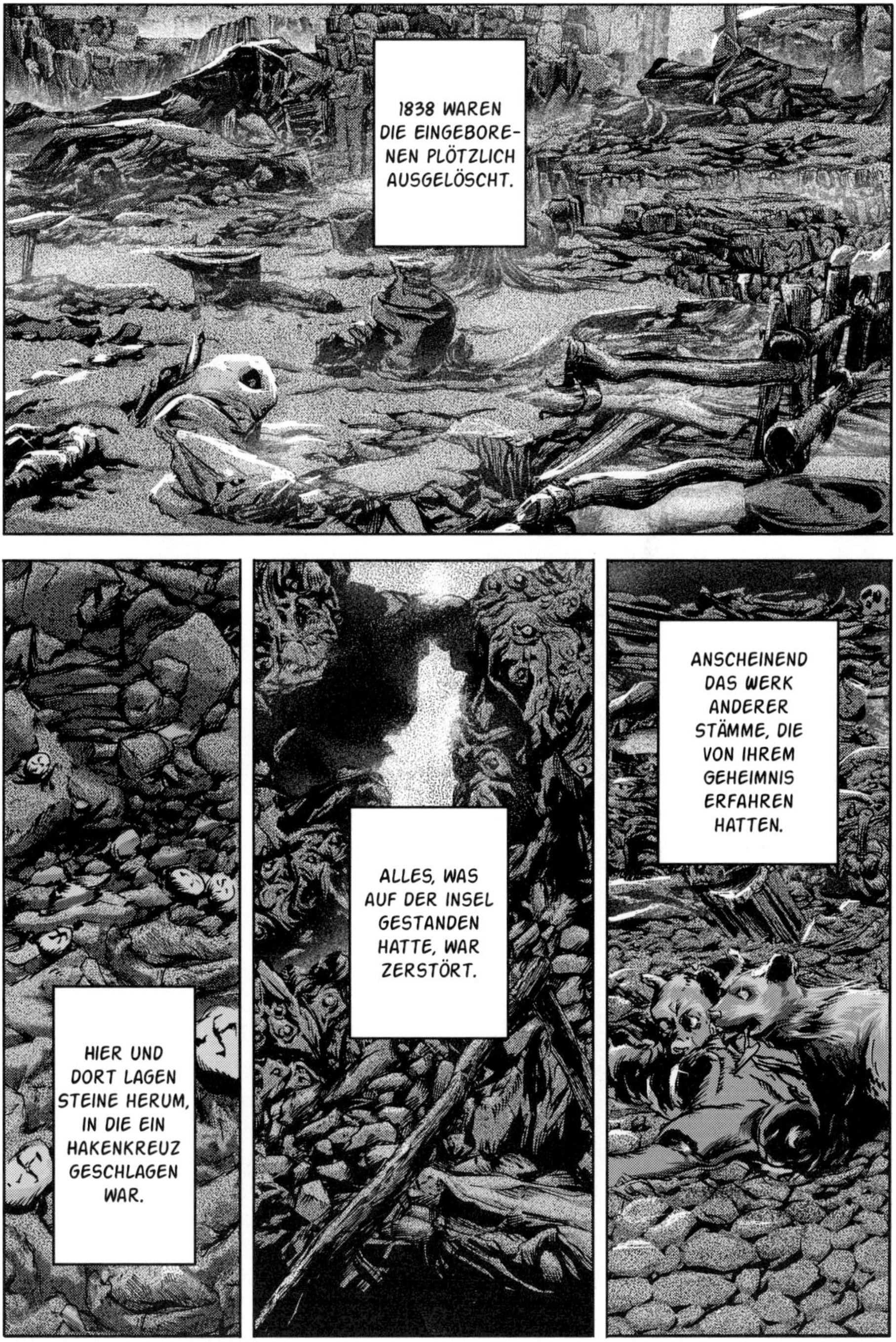
1838 WAREN DIE EINGEBORE-NEN PLÖTZLICH AUSGELÖSCHT.
HIER UND DORT LAGEN STEINE HERUM, IN DIE EIN HAKENKREUZ GESCHLAGEN WAR.
ALLES, WAS AUF DER INSEL GESTANDEN HATTE, WAR ZERSTÖRT.
ANSCHEINEND DAS WERK ANDERER STÄMME, DIE VON IHREM GEHEIMNIS ERFAHREN HATTEN.

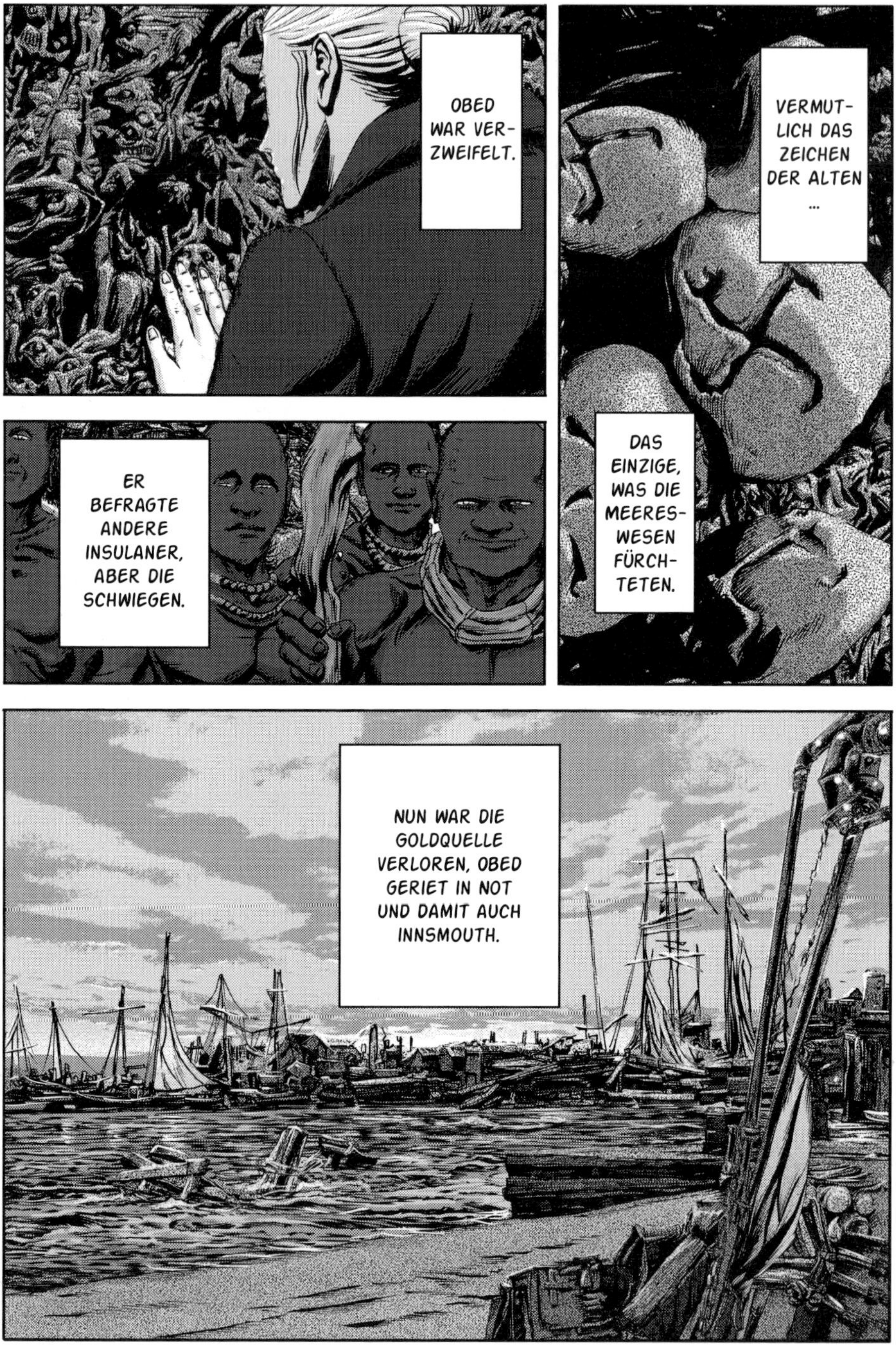
OBED WAR VERZWEIFELT.
ER BEFRAGTE ANDERE INSULANER, ABER DIE SCHWIEGEN.
VERMUTLICH DAS ZEICHEN DER ALTEN ...
DAS EINZIGE, WAS DIE MEERESWESEN FÜRCHTETEN.
NUN WAR DIE GOLDQUELLE VERLOREN, OBED GERIET IN NOT UND DAMIT AUCH INNSMOUTH.

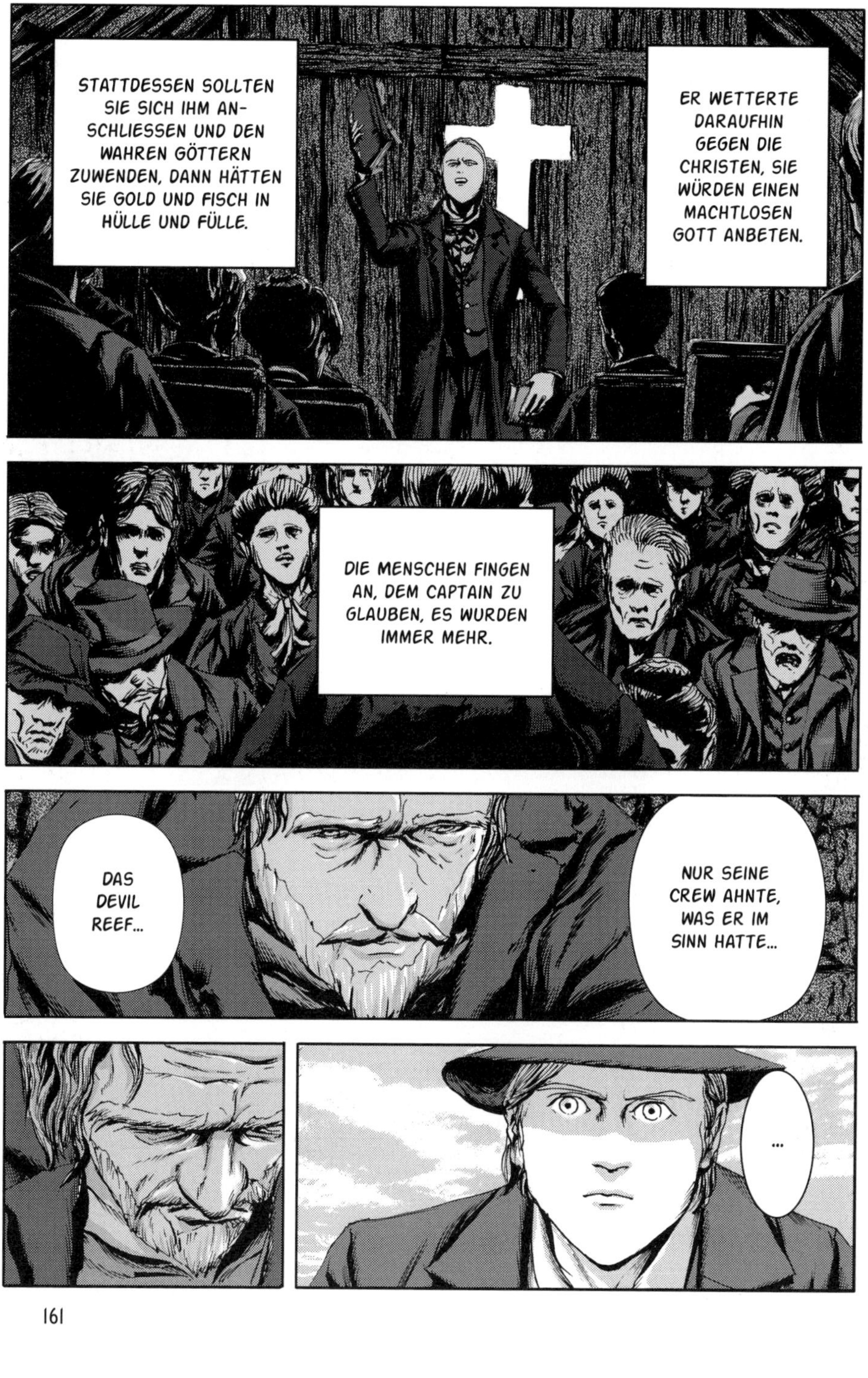
STATTDESSEN SOLLTEN SIE SICH IHM AN-SCHLIESSEN UND DEN WAHREN GÖTTERN ZUWENDEN, DANN HÄTTEN SIE GOLD UND FISCH IN HÜLLE UND FÜLLE.
ER WETTERTE DARAUFHIN GEGEN DIE CHRISTEN, SIE WÜRDEN EINEN MACHTLOSEN GOTT ANBETEN.
DIE MENSCHEN FINGEN AN, DEM CAPTAIN ZU GLAUBEN, ES WURDEN IMMER MEHR.
DAS DEVIL REEF...
NUR SEINE CREW AHNTE, WAS ER IM SINN HATTE...
...

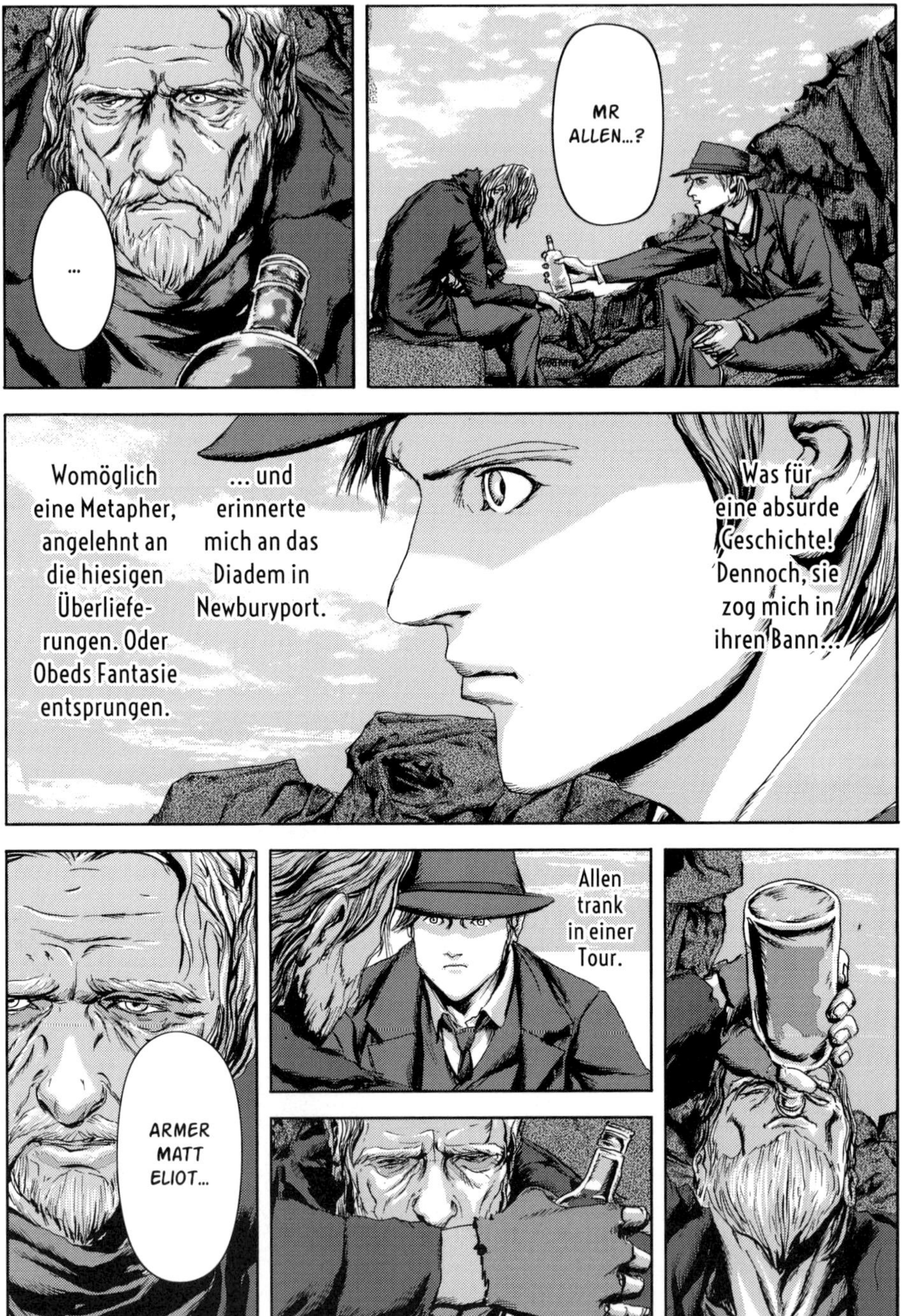
...
MR ALLEN...?
Womöglich eine Metapher, angelehnt an die hiesigen Überliefe-rungen. Oder Obeds Fantasie entsprungen.
... und erinnerte mich an das Diadem in Newburyport.
Was für eine absurde Geschichte! Dennoch, sie zog mich in ihren Bann...
ARMER MATT ELIOT...
Allen trank in einer Tour.

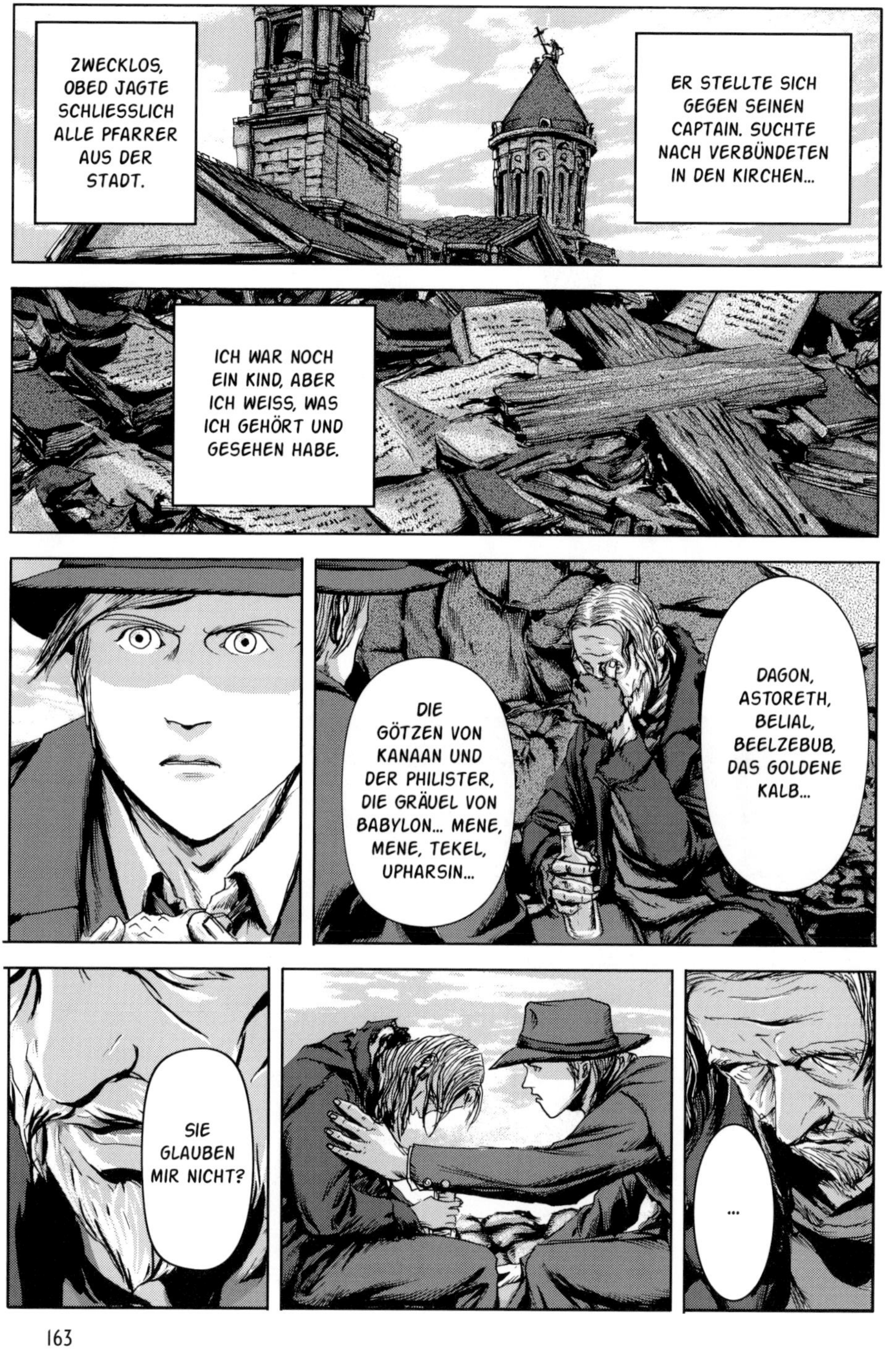
ZWECKLOS, OBED JAGTE SCHLIESSLICH ALLE PFARRER AUS DER STADT.
ER STELLTE SICH GEGEN SEINEN CAPTAIN. SUCHTE NACH VERBÜNDETEN IN DEN KIRCHEN...
ICH WAR NOCH EIN KIND, ABER ICH WEISS, WAS ICH GEHÖRT UND GESEHEN HABE.
DIE GÖTZEN VON KANAAN UND DER PHILISTER, DIE GRÄUEL VON BABYLON... MENE, MENE, TEKEL, UPHARSIN...
DAGON, ASTORETH, BELIAL, BEELZEBUB, DAS GOLDENE KALB...
SIE GLAUBEN MIR NICHT?
...

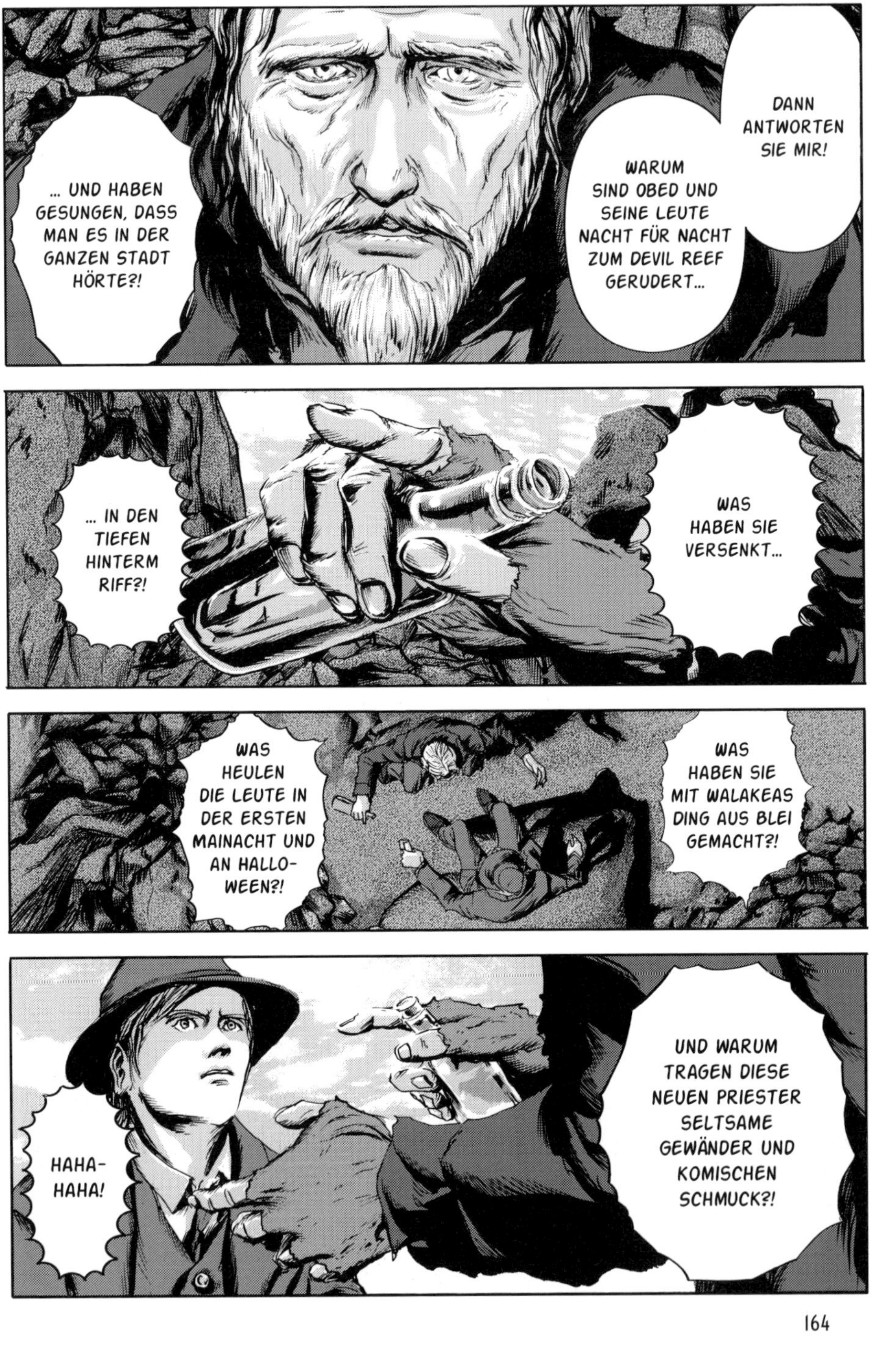
DANN ANTWORTEN SIE MIR!
WARUM SIND OBED UND SEINE LEUTE NACHT FÜR NACHT ZUM DEVIL REEF GERUDERT…
… UND HABEN GESUNGEN, DASS MAN ES IN DER GANZEN STADT HÖRTE?!
WAS HABEN SIE VERSENKT…
… IN DEN TIEFEN HINTERM RIFF?!
WAS HABEN SIE MIT WALAKEAS DING AUS BLEI GEMACHT?!
WAS HEULEN DIE LEUTE IN DER ERSTEN MAINACHT UND AN HALLO-WEEN?!
UND WARUM TRAGEN DIESE NEUEN PRIESTER SELTSAME GEWÄNDER UND KOMISCHEN SCHMUCK?!
HAHA-HAHA!

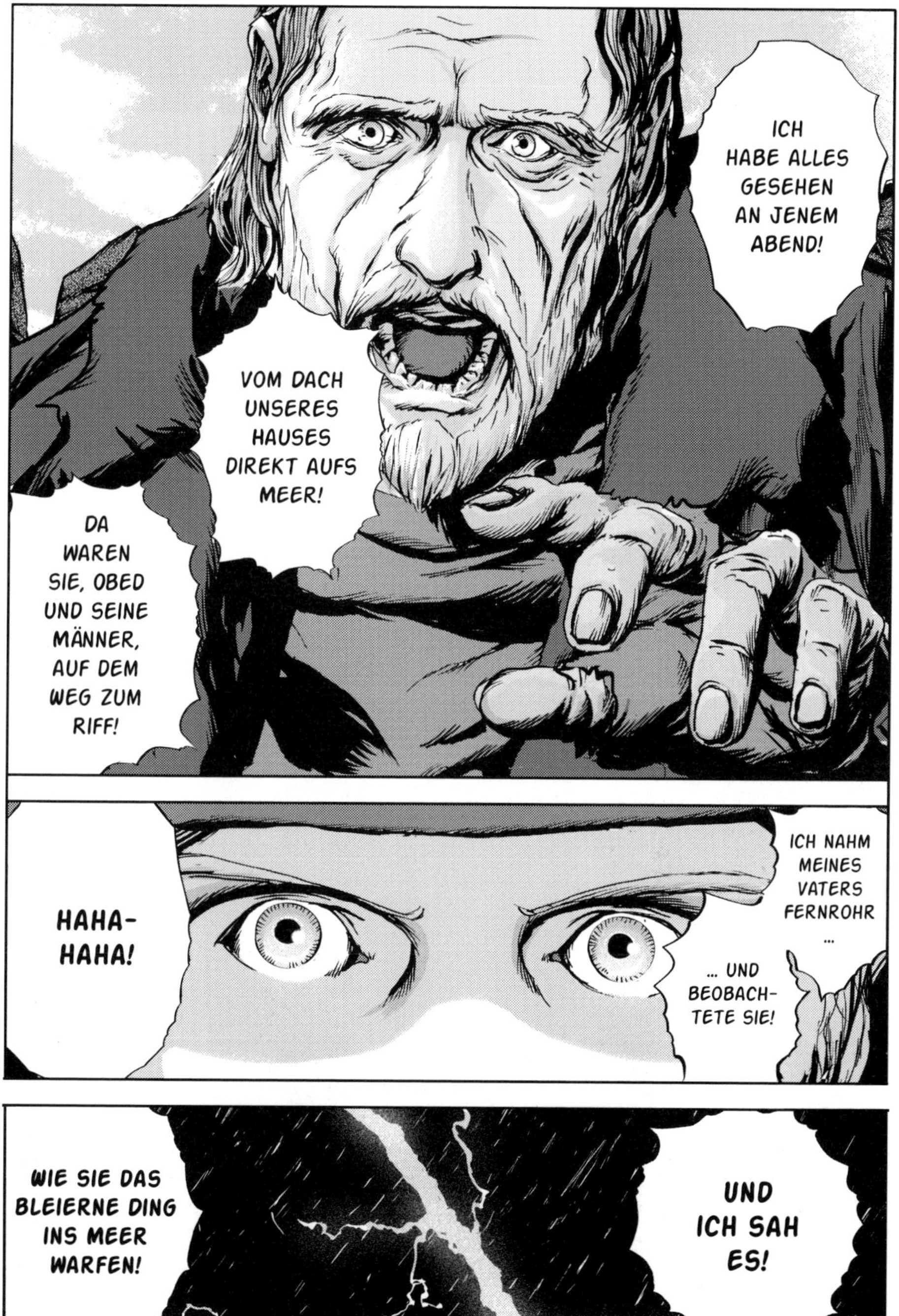
ICH HABE ALLES GESEHEN AN JENEM ABEND!
VOM DACH UNSERES HAUSES DIREKT AUFS MEER!
DA WAREN SIE, OBED UND SEINE MÄNNER, AUF DEM WEG ZUM RIFF!
ICH NAHM MEINES VATERS FERNROHR ...
... UND BEOBACHTETE SIE!
HAHAHAHA!
UND ICH SAH ES!
WIE SIE DAS BLEIERNE DING INS MEER WARFEN!

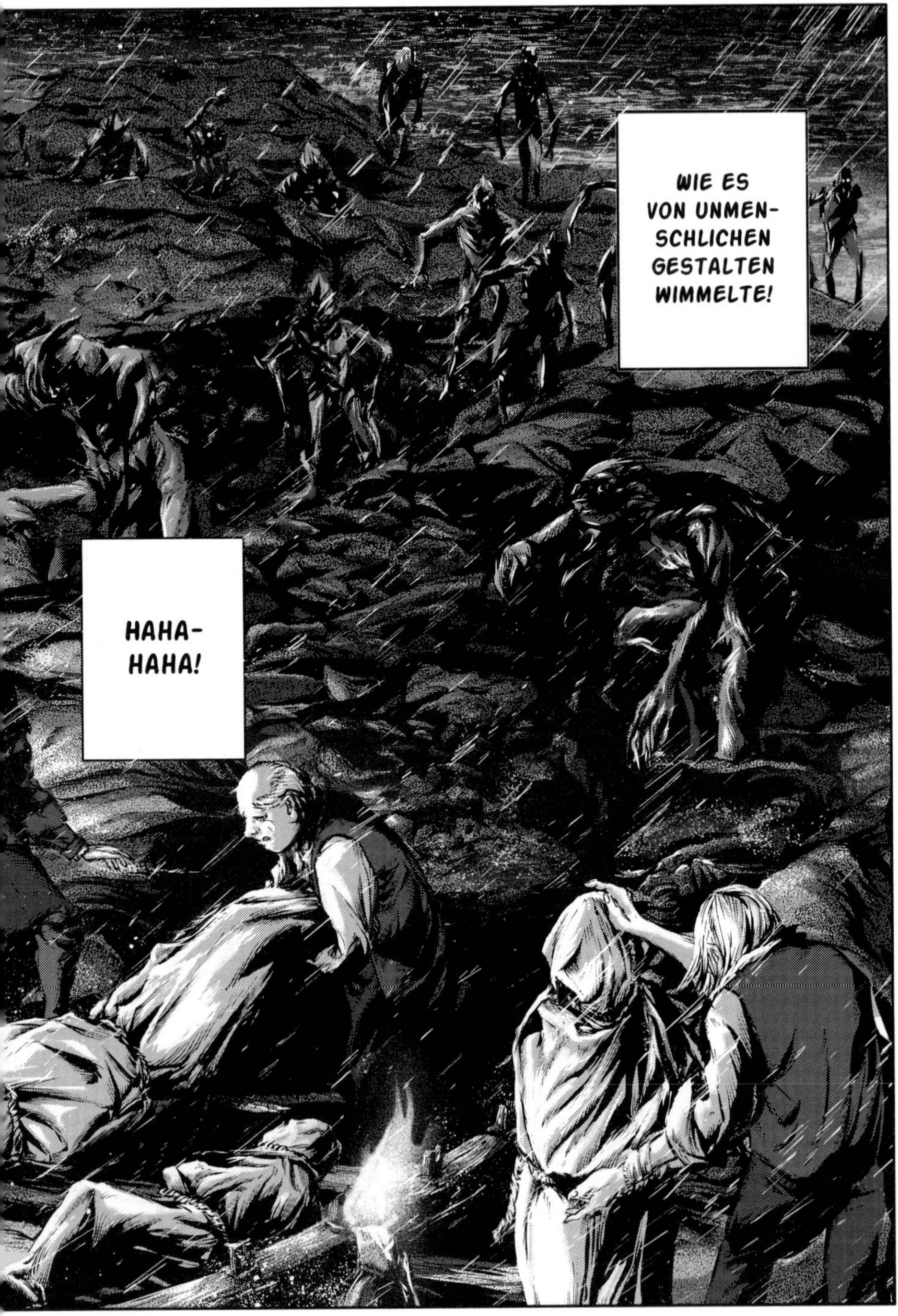
WIE ES VON UNMENSCHLICHEN GESTALTEN WIMMELTE!
HAHAHAHA!

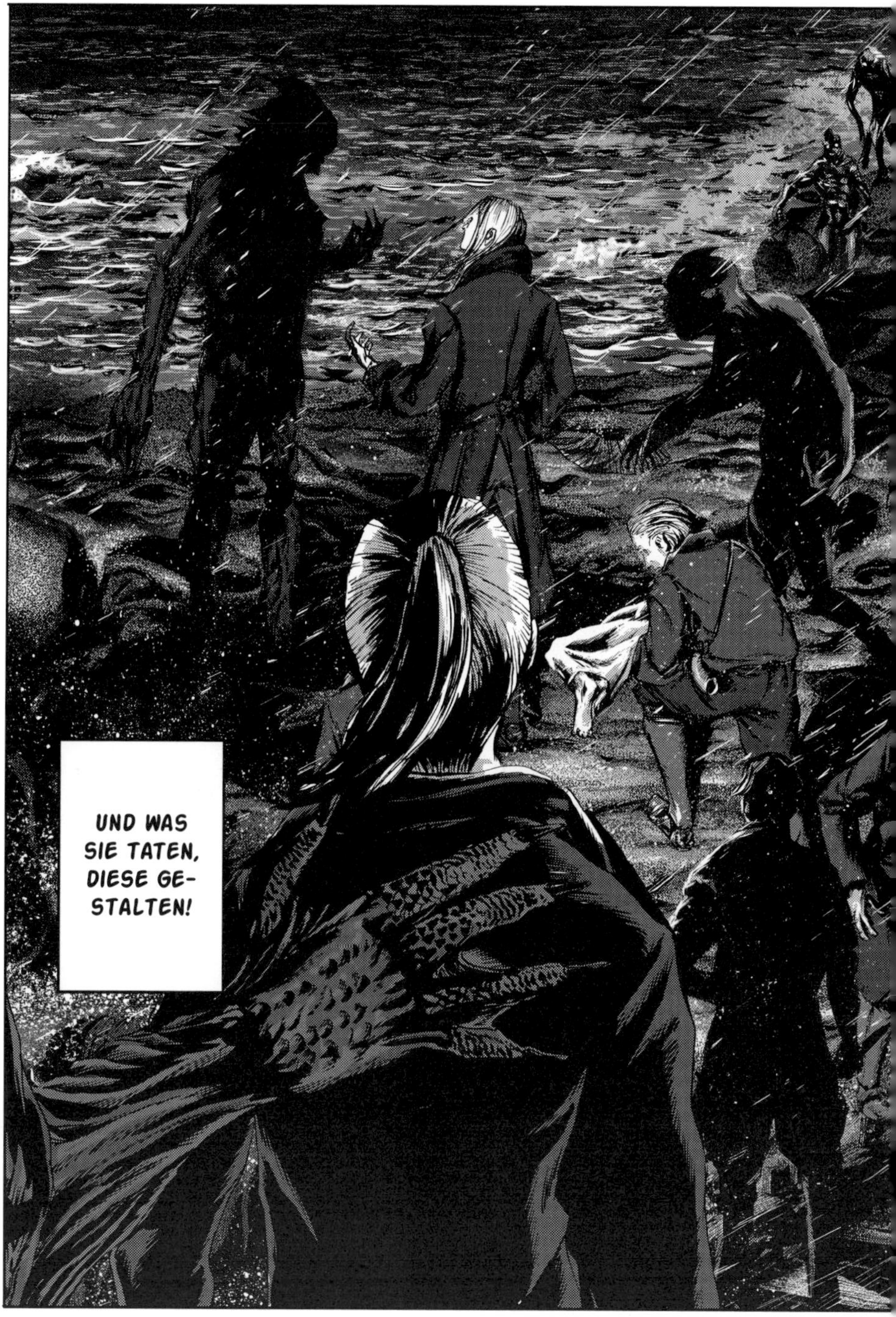
UND WAS SIE TATEN, DIESE GE-STALTEN!

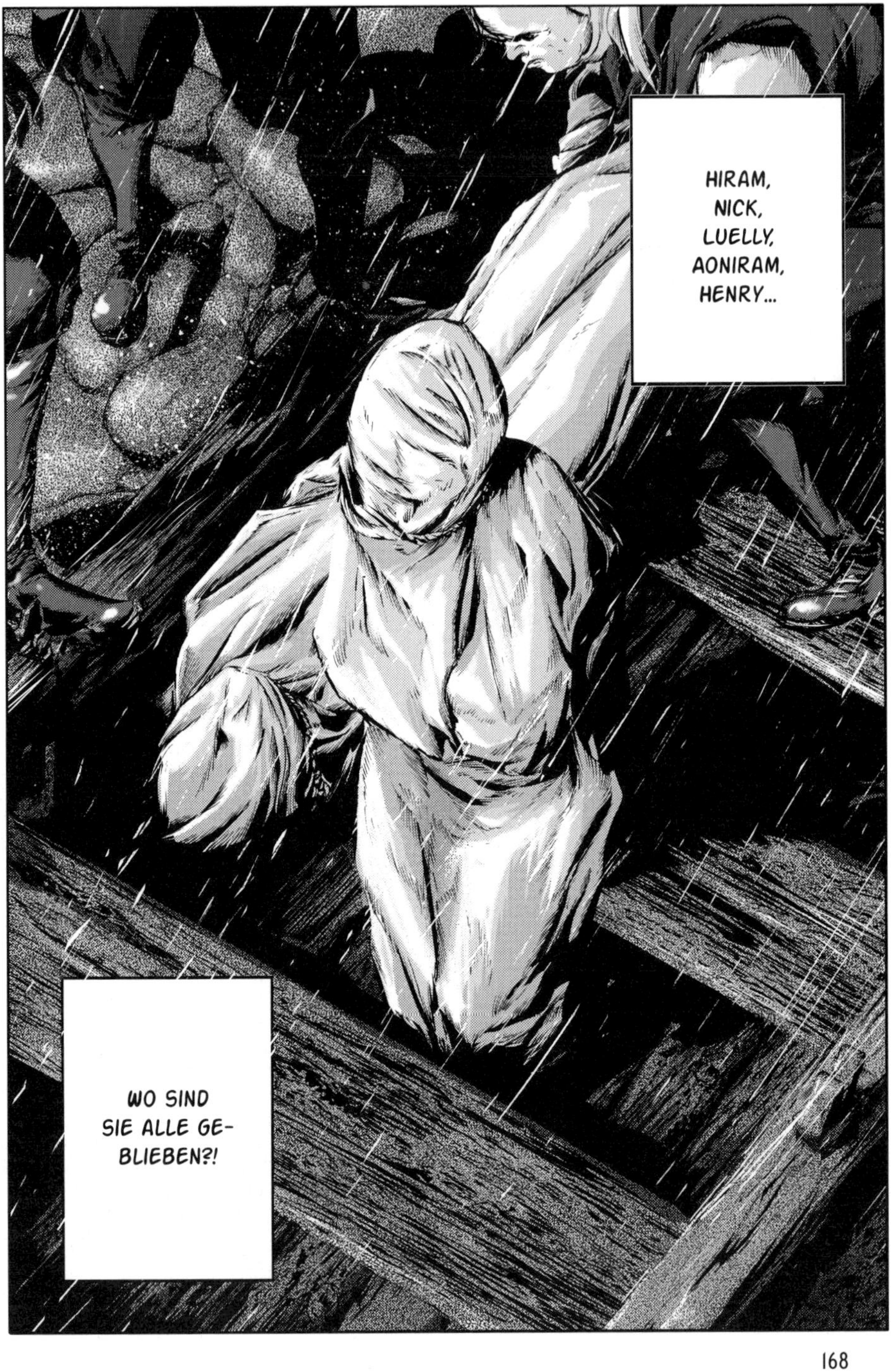

HIRAM,
NICK,
LUELLY,
AONIRAM,
HENRY...
WO SIND
SIE ALLE GE-
BLIEBEN?!

5 DER EID AUF DAGON

The Oath of Dagon

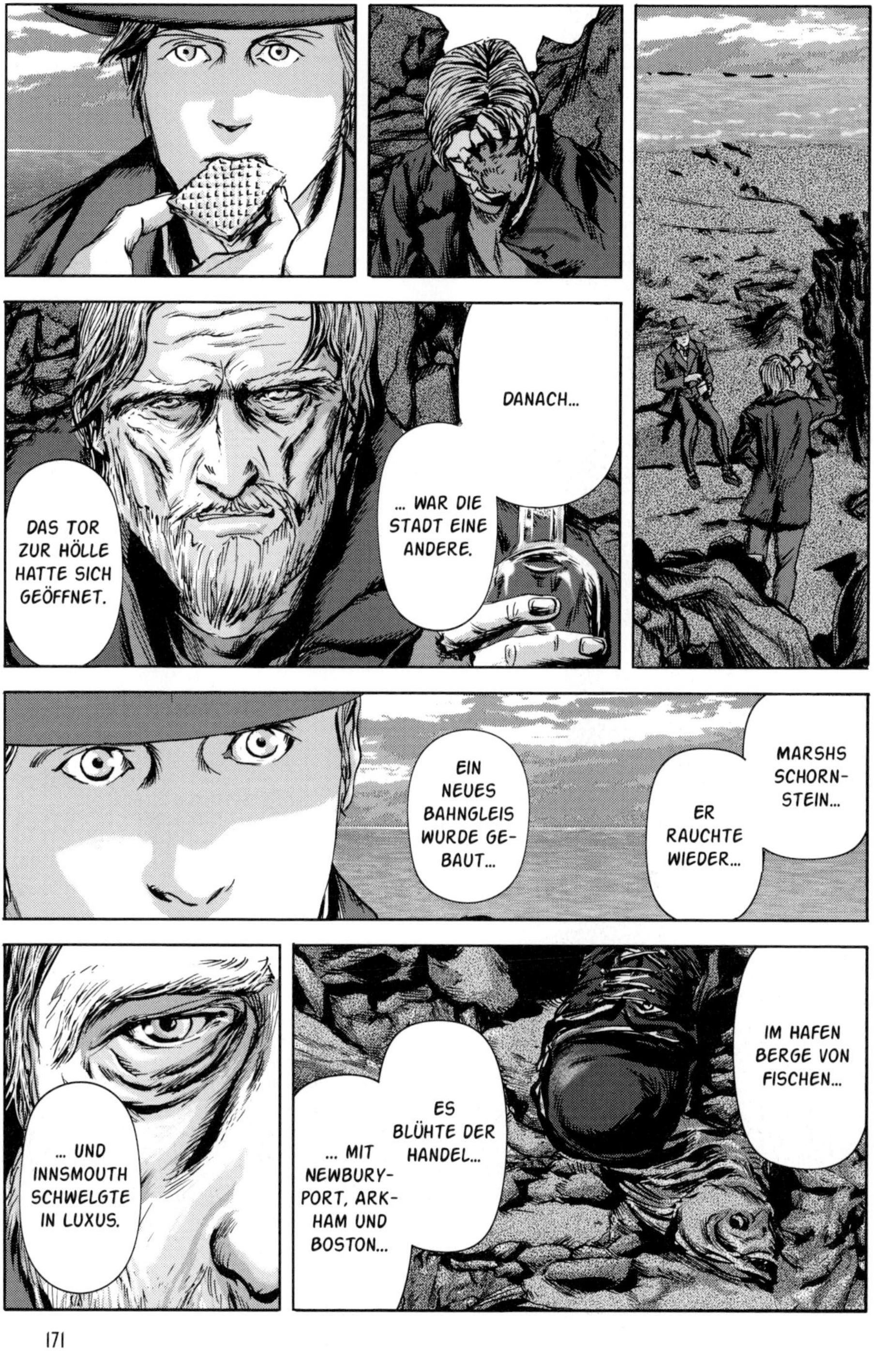
DANACH...
... WAR DIE STADT EINE ANDERE.
DAS TOR ZUR HÖLLE HATTE SICH GEÖFFNET.
MARSHS SCHORN-STEIN...
ER RAUCHTE WIEDER...
EIN NEUES BAHNGLEIS WURDE GE-BAUT...
IM HAFEN BERGE VON FISCHEN...
ES BLÜHTE DER HANDEL...
... MIT NEWBURY-PORT, ARK-HAM UND BOSTON...
... UND INNSMOUTH SCHWELGTE IN LUXUS.

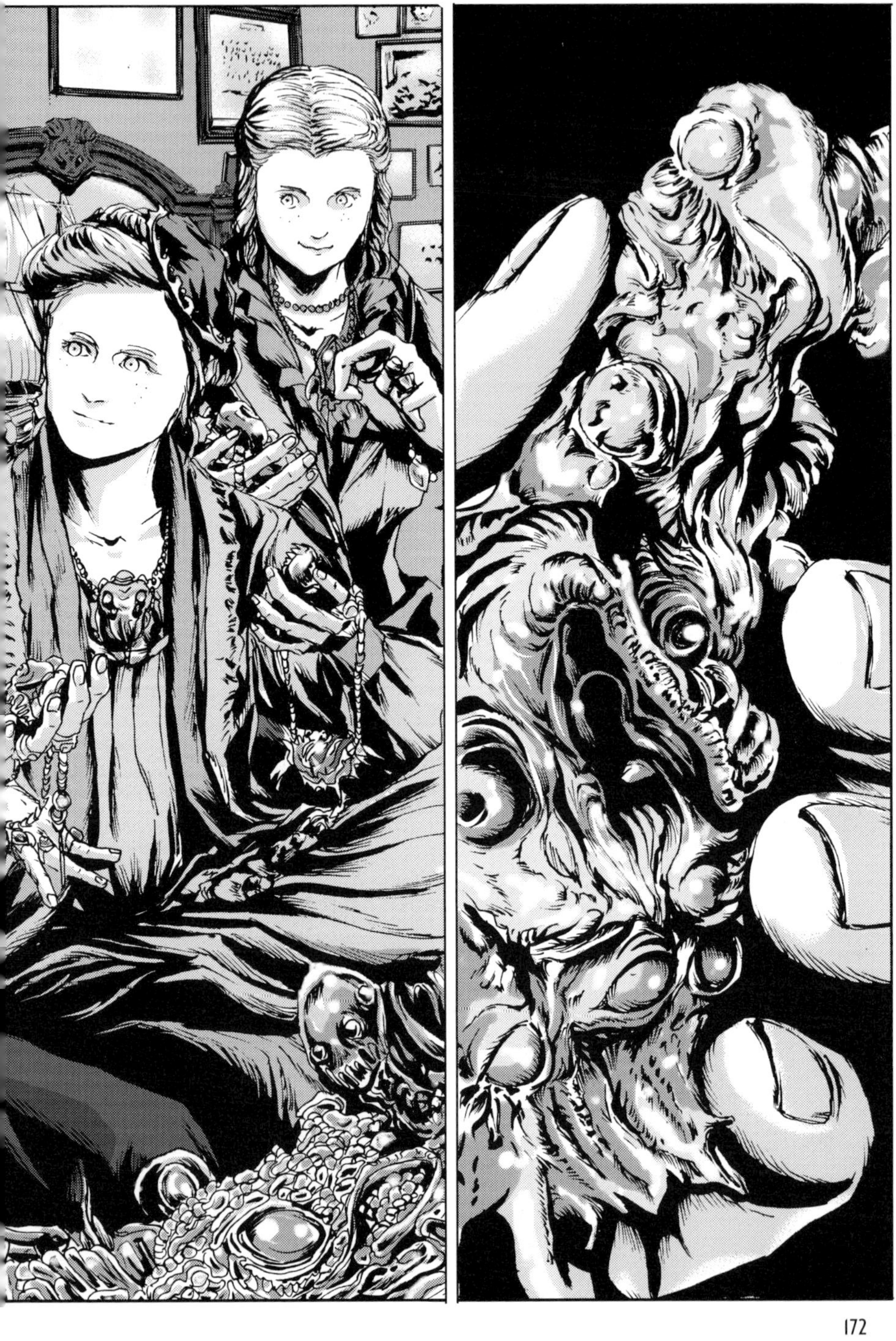

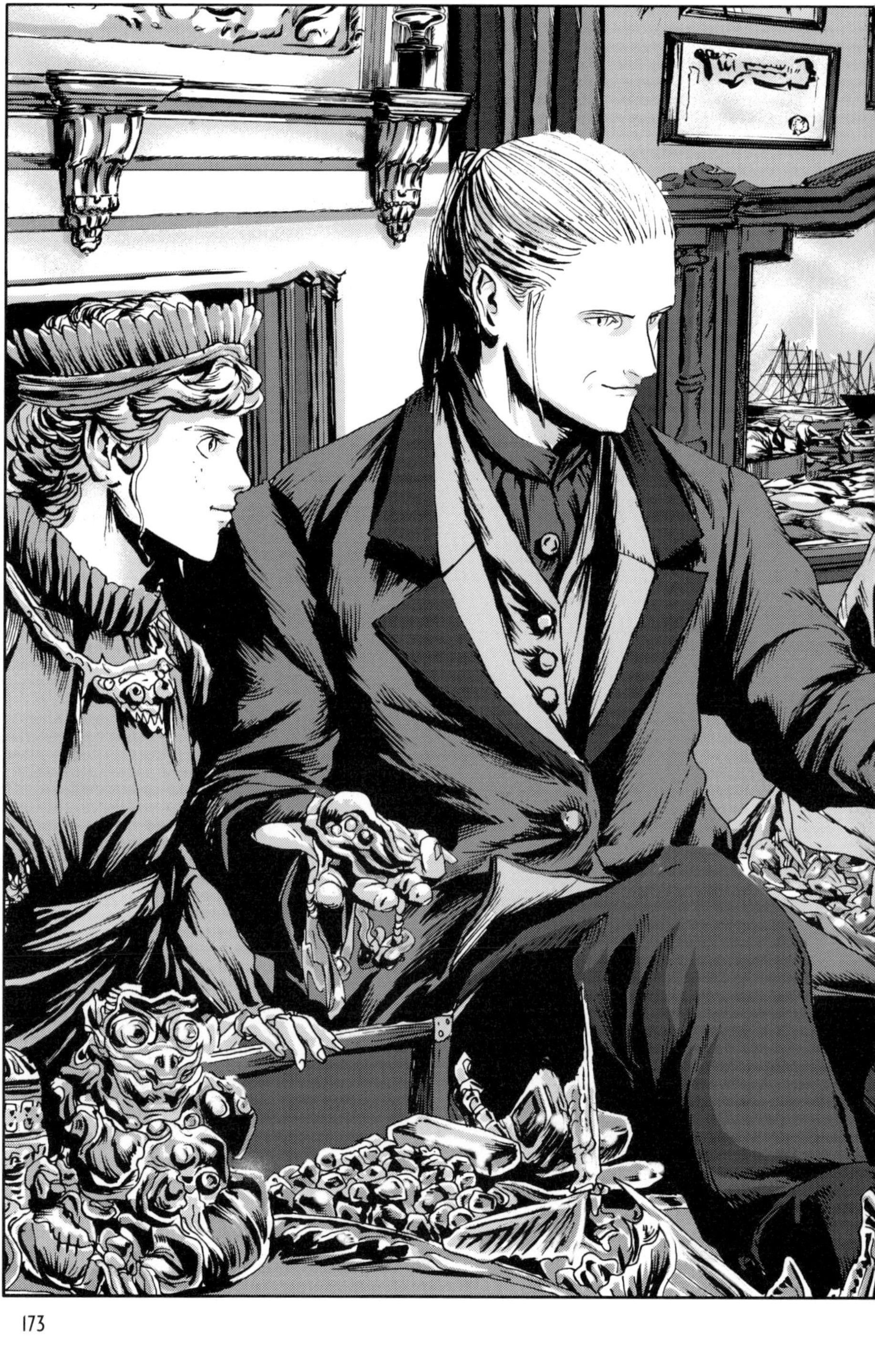

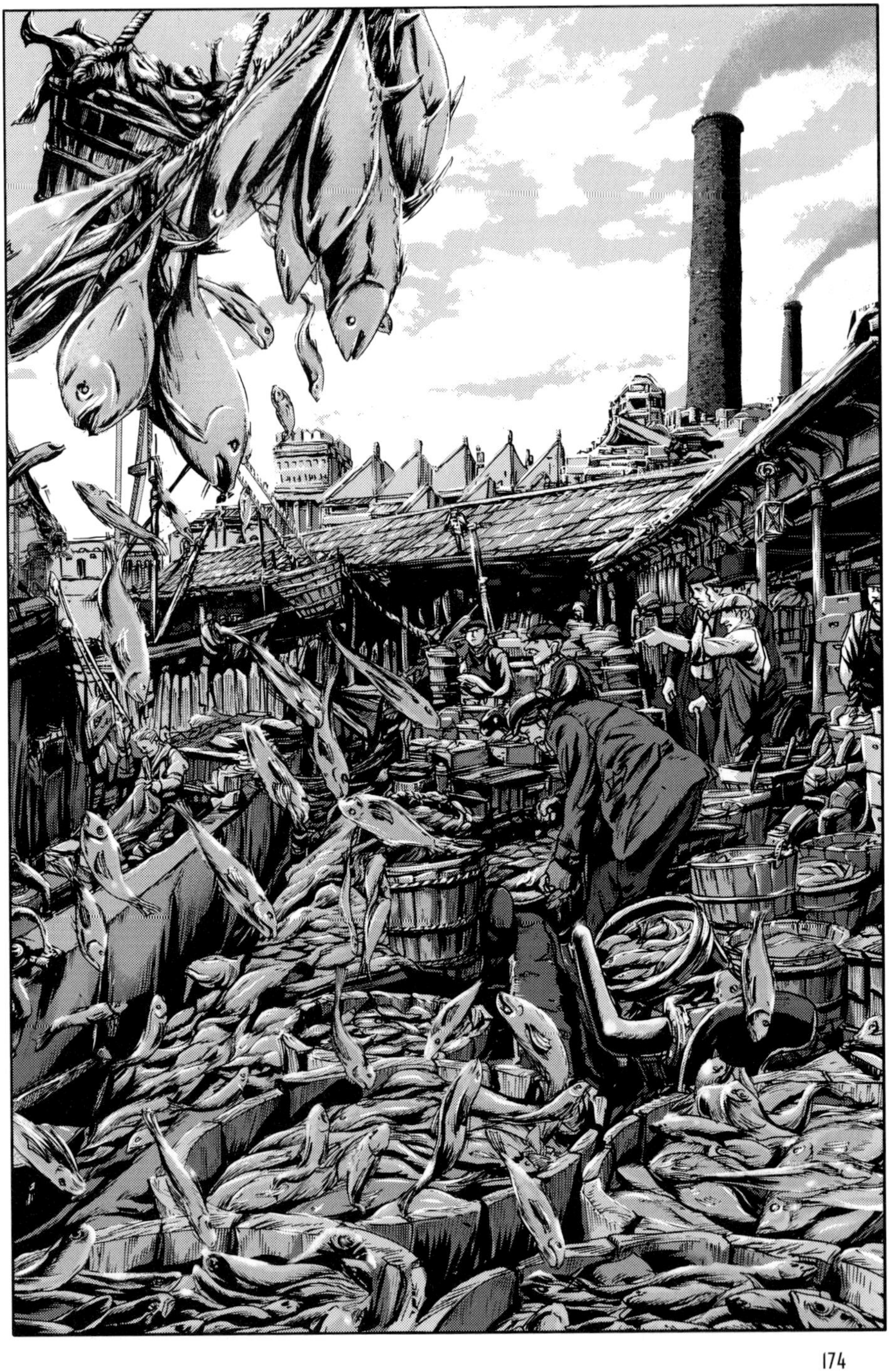

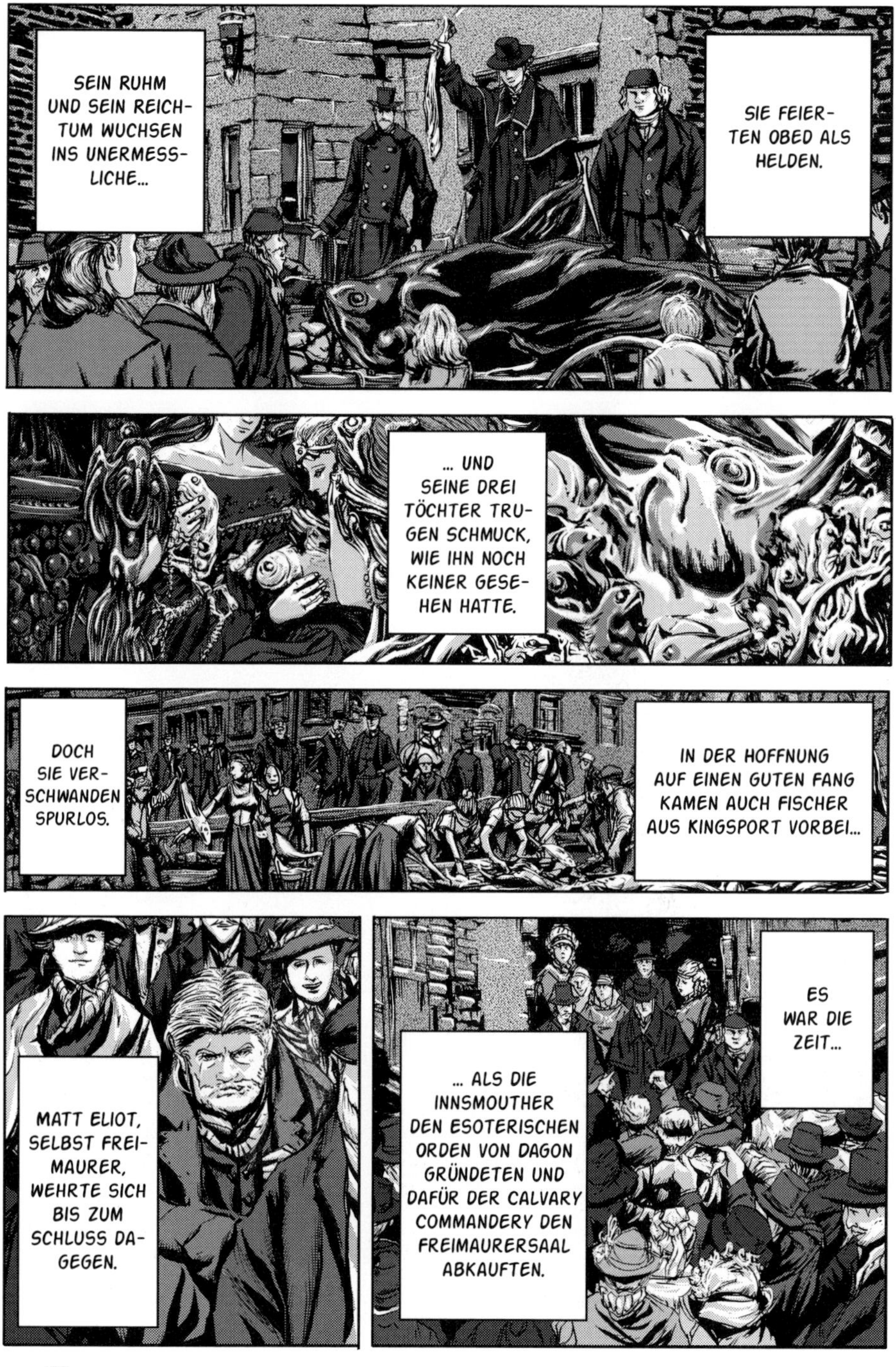
SEIN RUHM UND SEIN REICHTUM WUCHSEN INS UNERMESSLICHE ...
SIE FEIERTEN OBED ALS HELDEN.
... UND SEINE DREI TÖCHTER TRUGEN SCHMUCK, WIE IHN NOCH KEINER GESEHEN HATTE.
DOCH SIE VERSCHWANDEN SPURLOS.
IN DER HOFFNUNG AUF EINEN GUTEN FANG KAMEN AUCH FISCHER AUS KINGSPORT VORBEI ...
MATT ELIOT, SELBST FREIMAURER, WEHRTE SICH BIS ZUM SCHLUSS DAGEGEN.
ES WAR DIE ZEIT ...
... ALS DIE INNSMOUTHER DEN ESOTERISCHEN ORDEN VON DAGON GRÜNDETEN UND DAFÜR DER CALVARY COMMANDERY DEN FREIMAURERSAAL ABKAUFTEN.

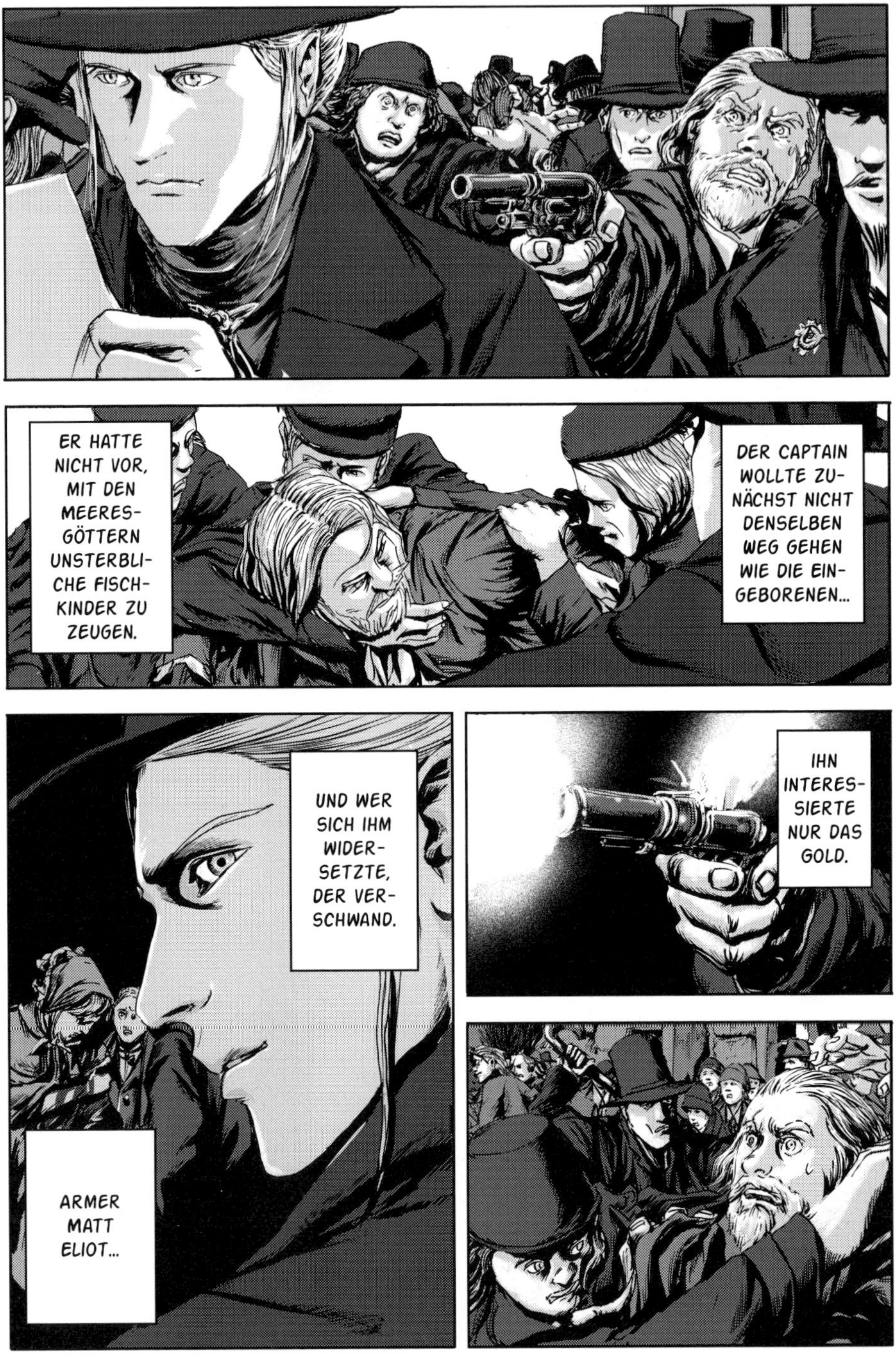

ER HATTE NICHT VOR, MIT DEN MEERES-GÖTTERN UNSTERBLICHE FISCHKINDER ZU ZEUGEN.
DER CAPTAIN WOLLTE ZUNÄCHST NICHT DENSELBEN WEG GEHEN WIE DIE EINGEBORENEN...
UND WER SICH IHM WIDERSETZTE, DER VERSCHWAND.
IHN INTERESSIERTE NUR DAS GOLD.
ARMER MATT ELIOT...

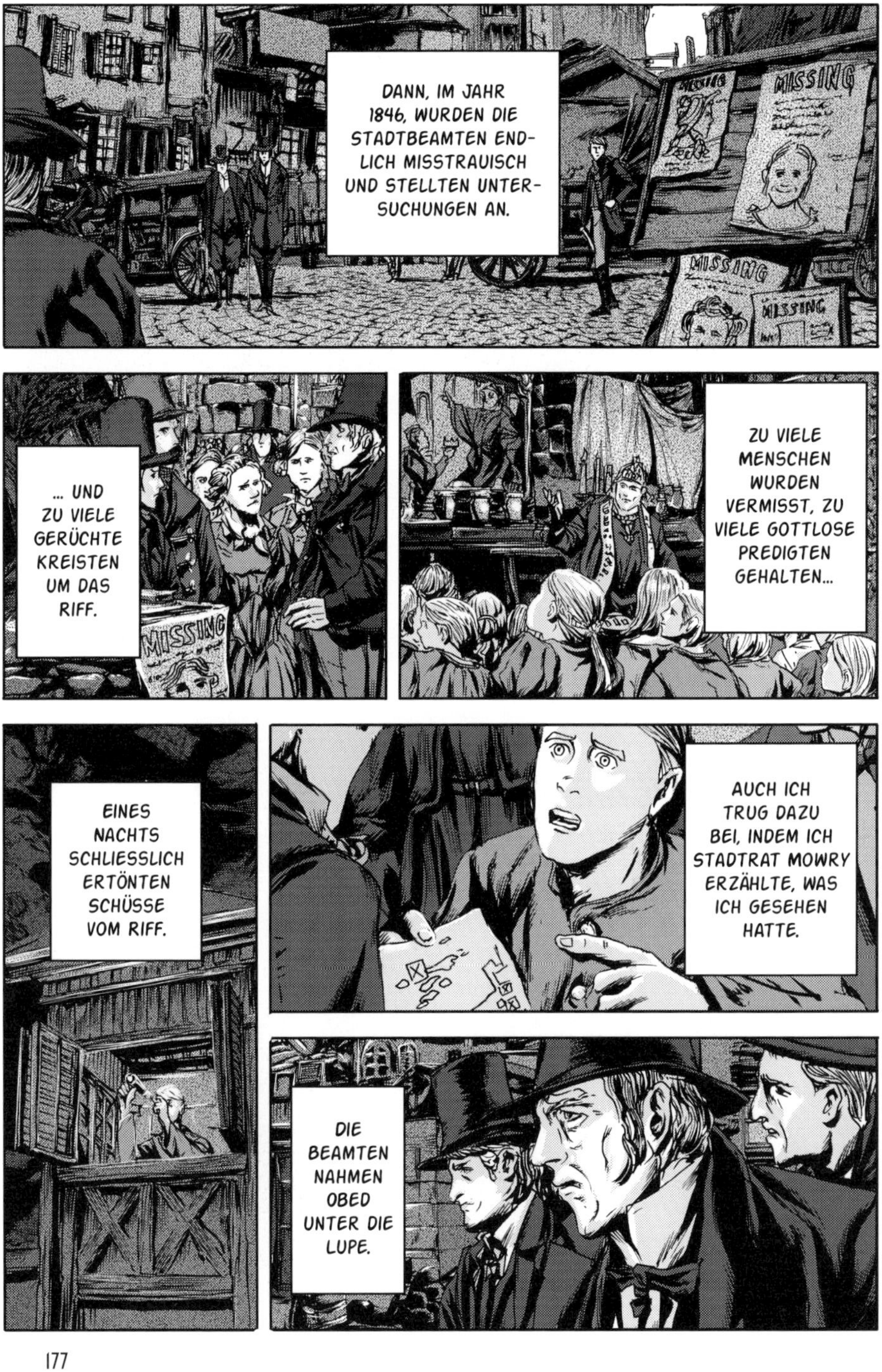
DANN, IM JAHR 1846, WURDEN DIE STADTBEAMTEN ENDLICH MISSTRAUISCH UND STELLTEN UNTERSUCHUNGEN AN.
MISSING
MISSING
MISSING
MISSING
... UND ZU VIELE GERÜCHTE KREISTEN UM DAS RIFF.
MISSING
ZU VIELE MENSCHEN WURDEN VERMISST, ZU VIELE GOTTLOSE PREDIGTEN GEHALTEN...
EINES NACHTS SCHLIESSLICH ERTÖNTEN SCHÜSSE VOM RIFF.
AUCH ICH TRUG DAZU BEI, INDEM ICH STADTRAT MOWRY ERZÄHLTE, WAS ICH GESEHEN HATTE.
DIE BEAMTEN NAHMEN OBED UNTER DIE LUPE.

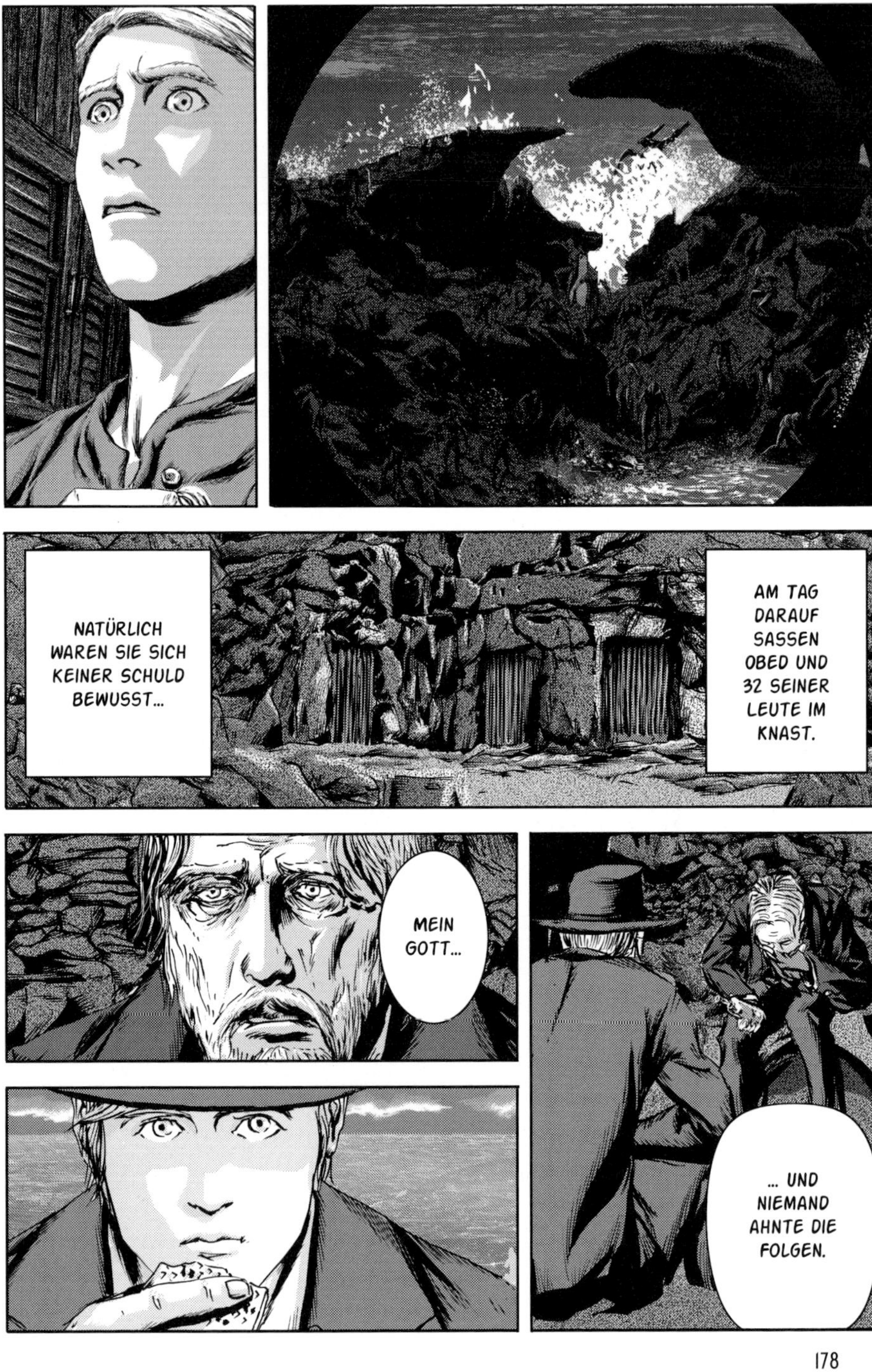

AM TAG DARAUF SASSEN OBED UND 32 SEINER LEUTE IM KNAST.
NATÜRLICH WAREN SIE SICH KEINER SCHULD BEWUSST...
MEIN GOTT...
... UND NIEMAND AHNTE DIE FOLGEN.

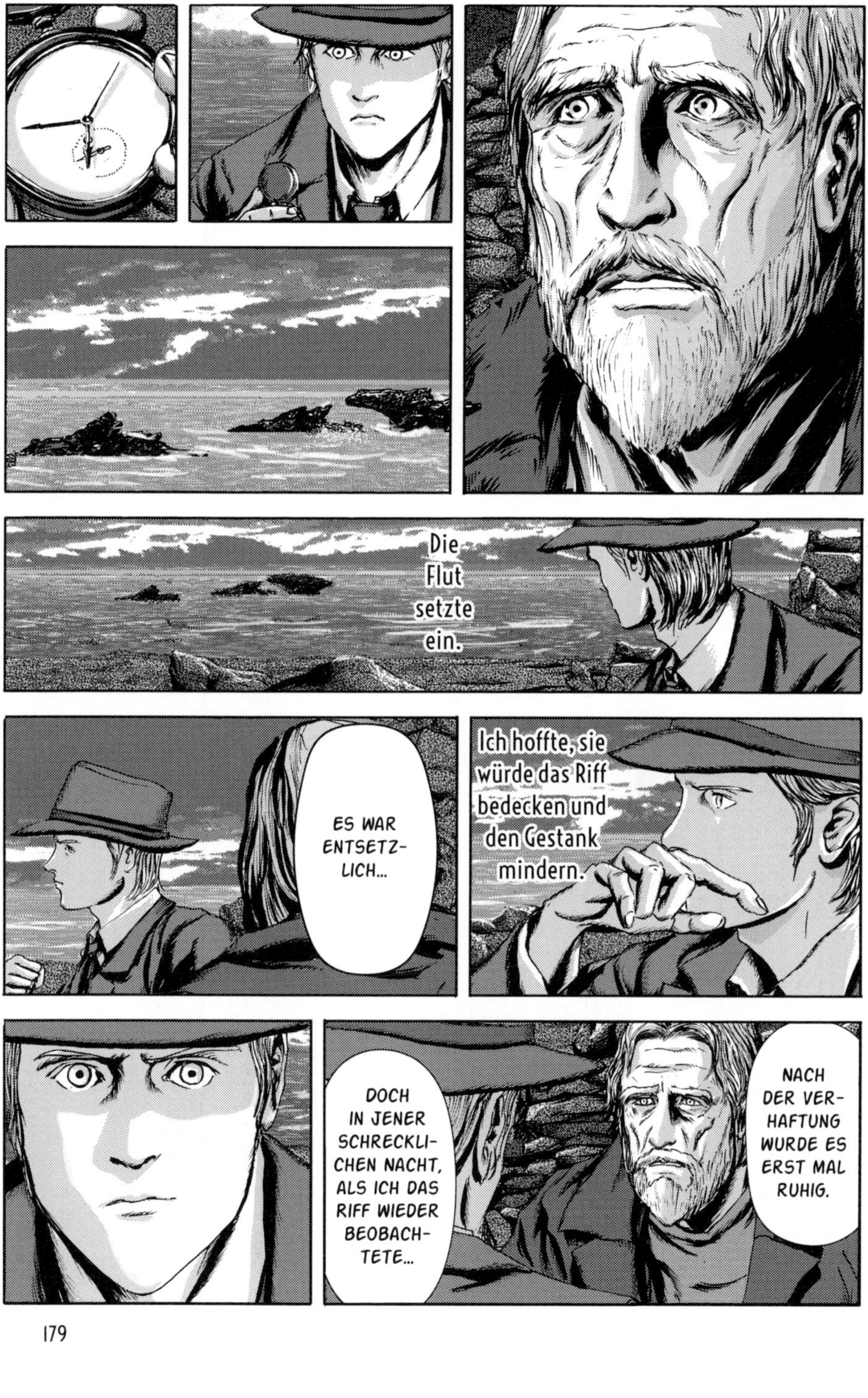
Die Flut setzte ein.
ES WAR ENTSETZLICH...
Ich hoffte, sie würde das Riff bedecken und den Gestank mindern.
NACH DER VERHAFTUNG WURDE ES ERST MAL RUHIG.
DOCH IN JENER SCHRECKLICHEN NACHT, ALS ICH DAS RIFF WIEDER BEOBACHTETE...

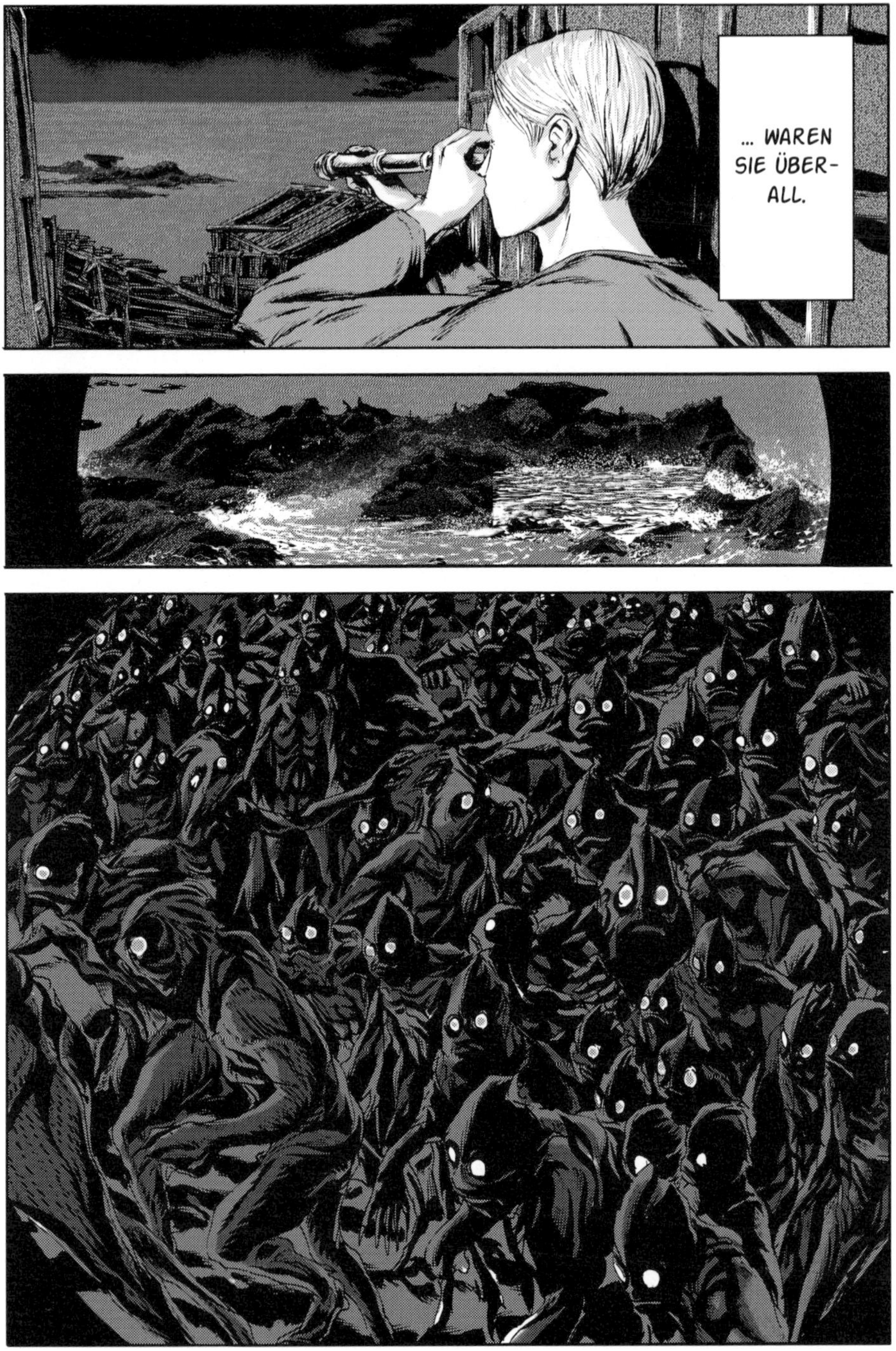
... WAREN SIE ÜBER-ALL.

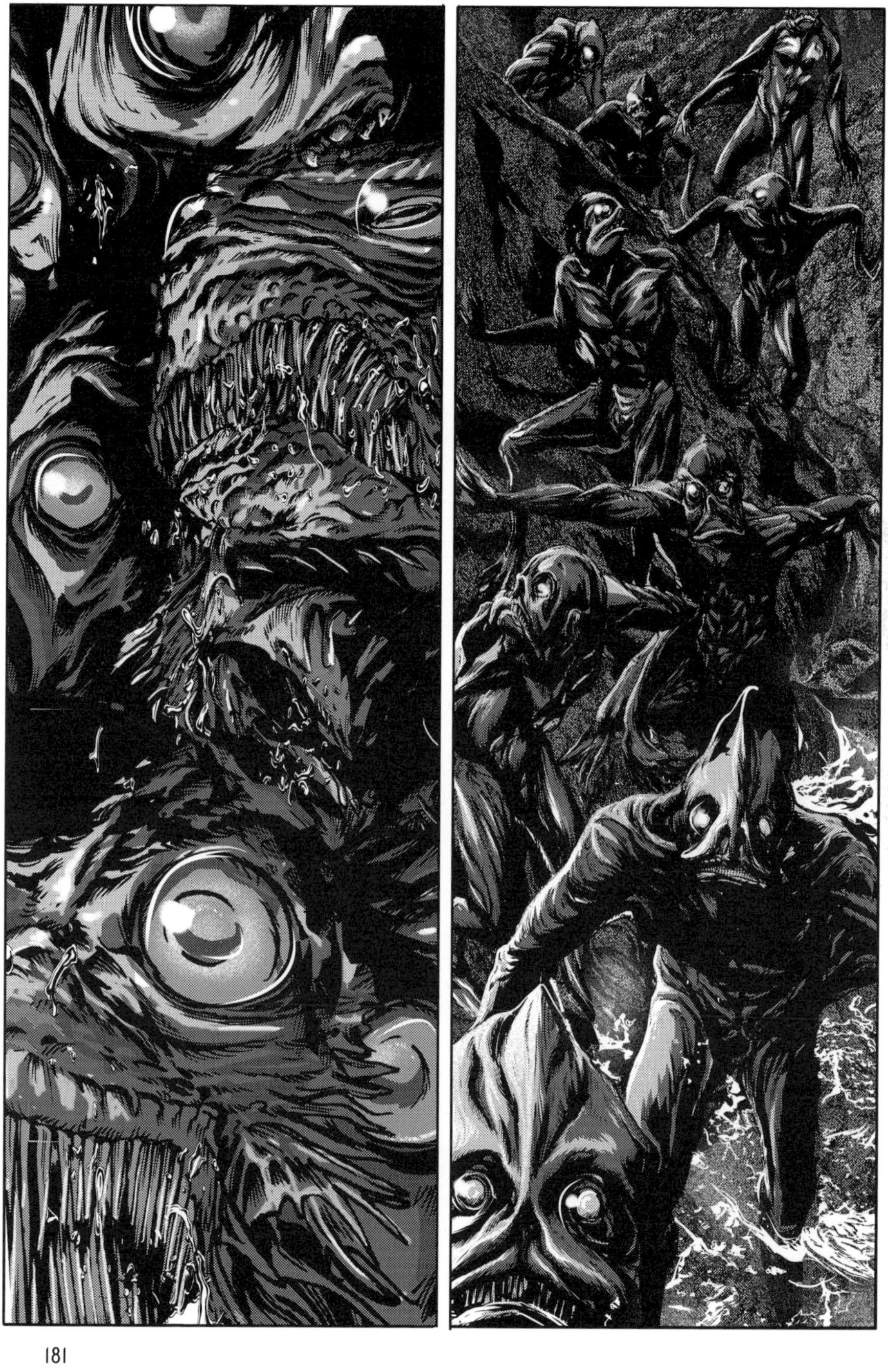

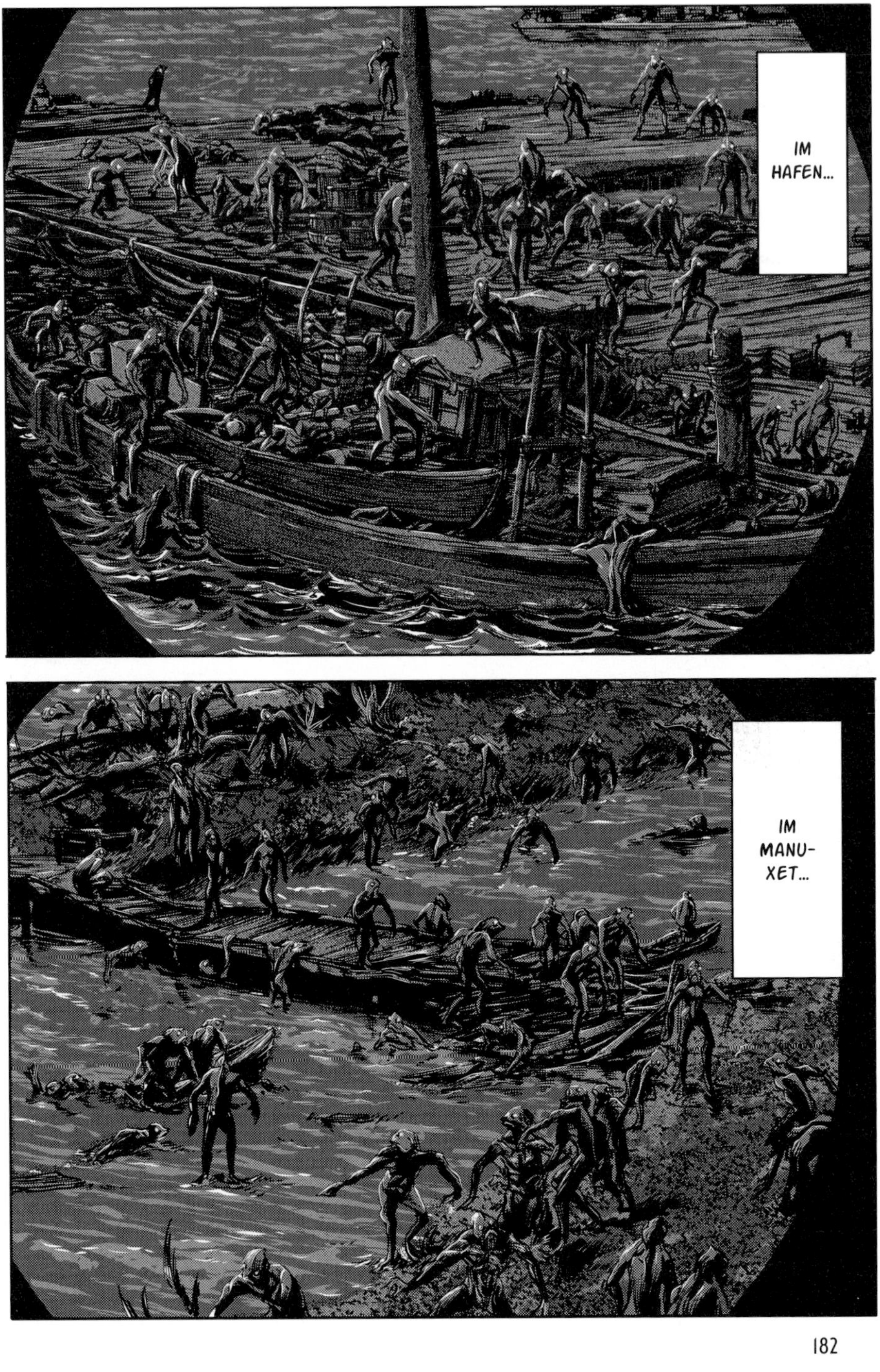
IM HAFEN...
IM MANUXET...

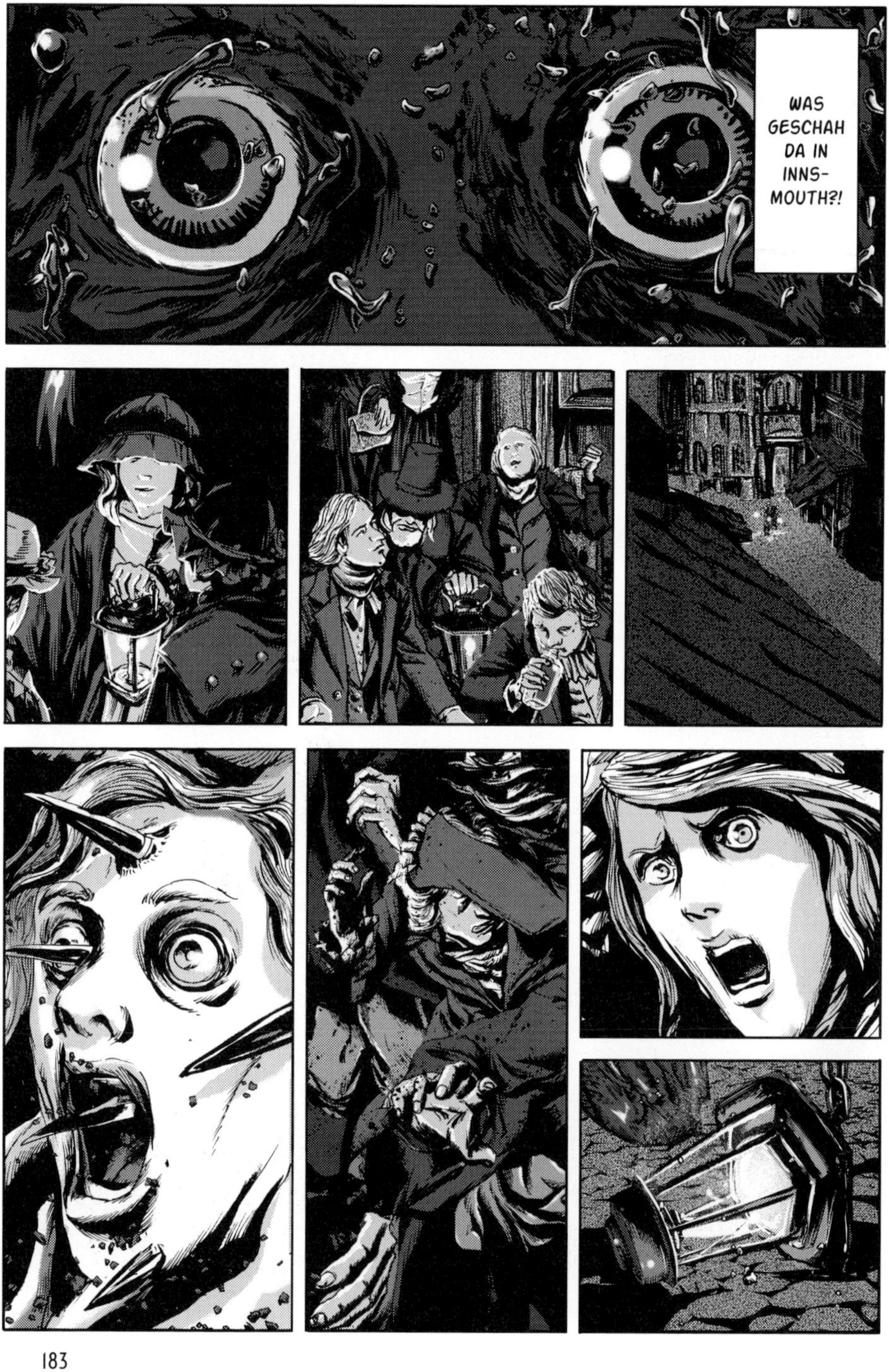
WAS GESCHAH DA IN INNS-MOUTH?!

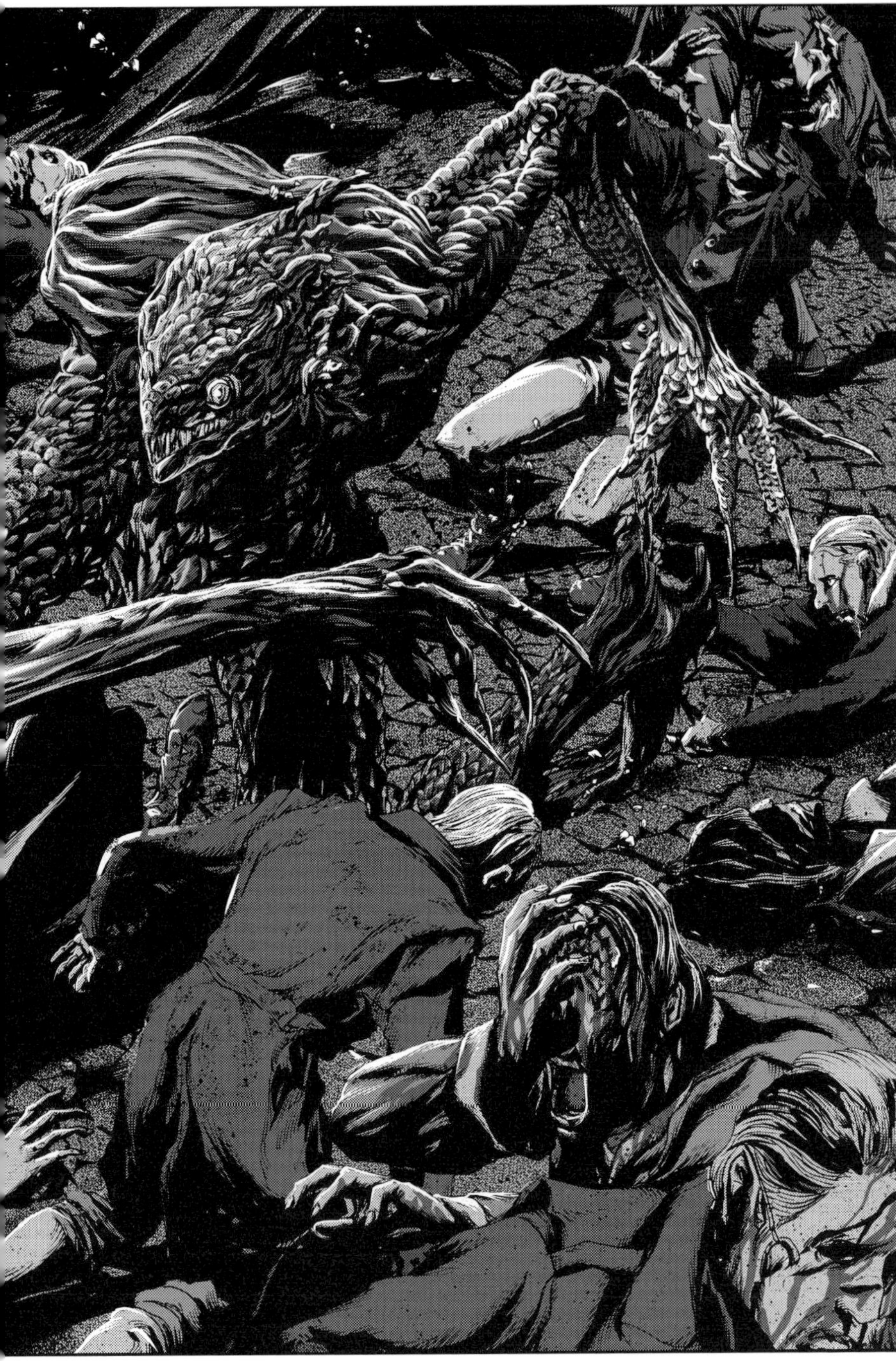

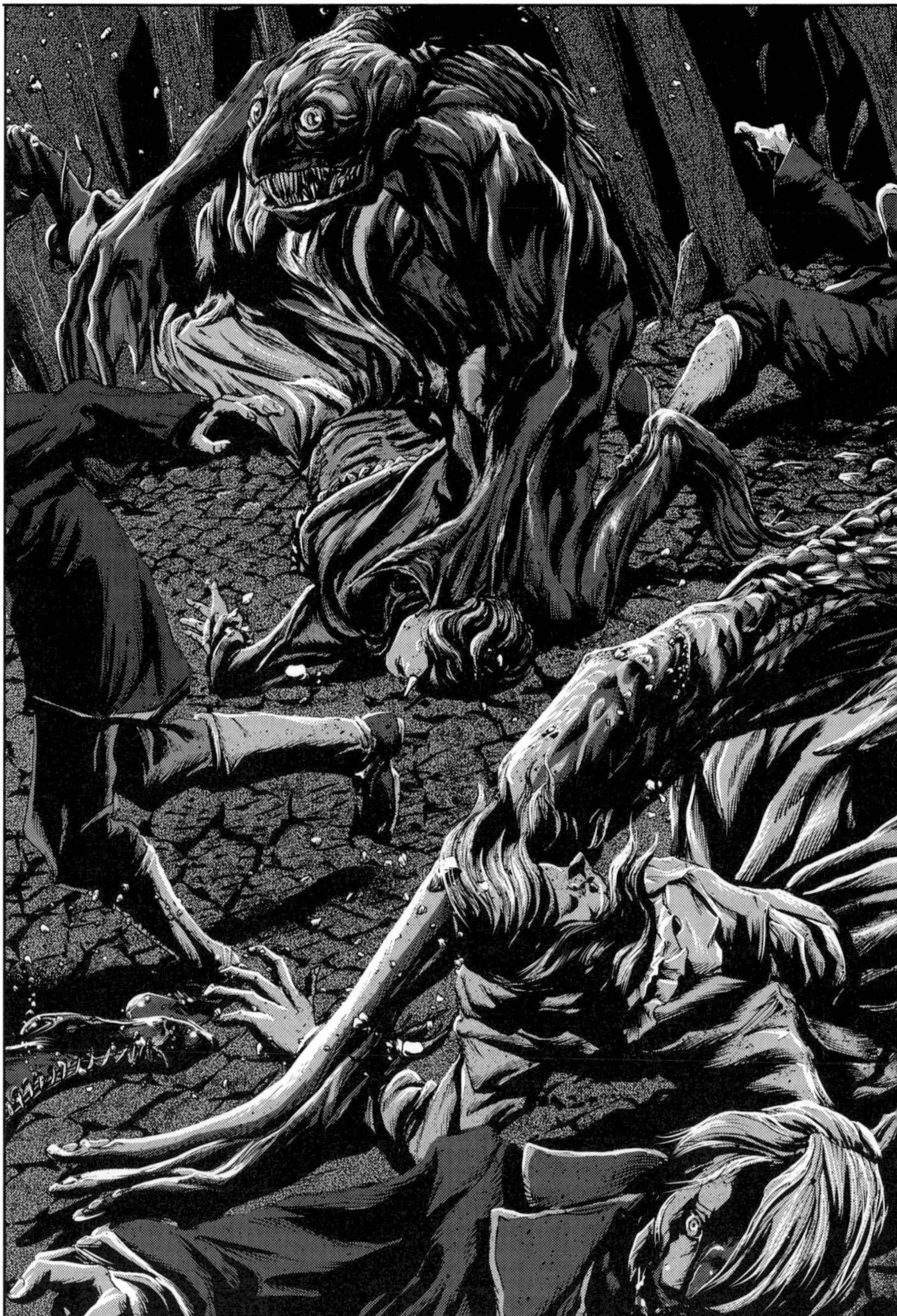

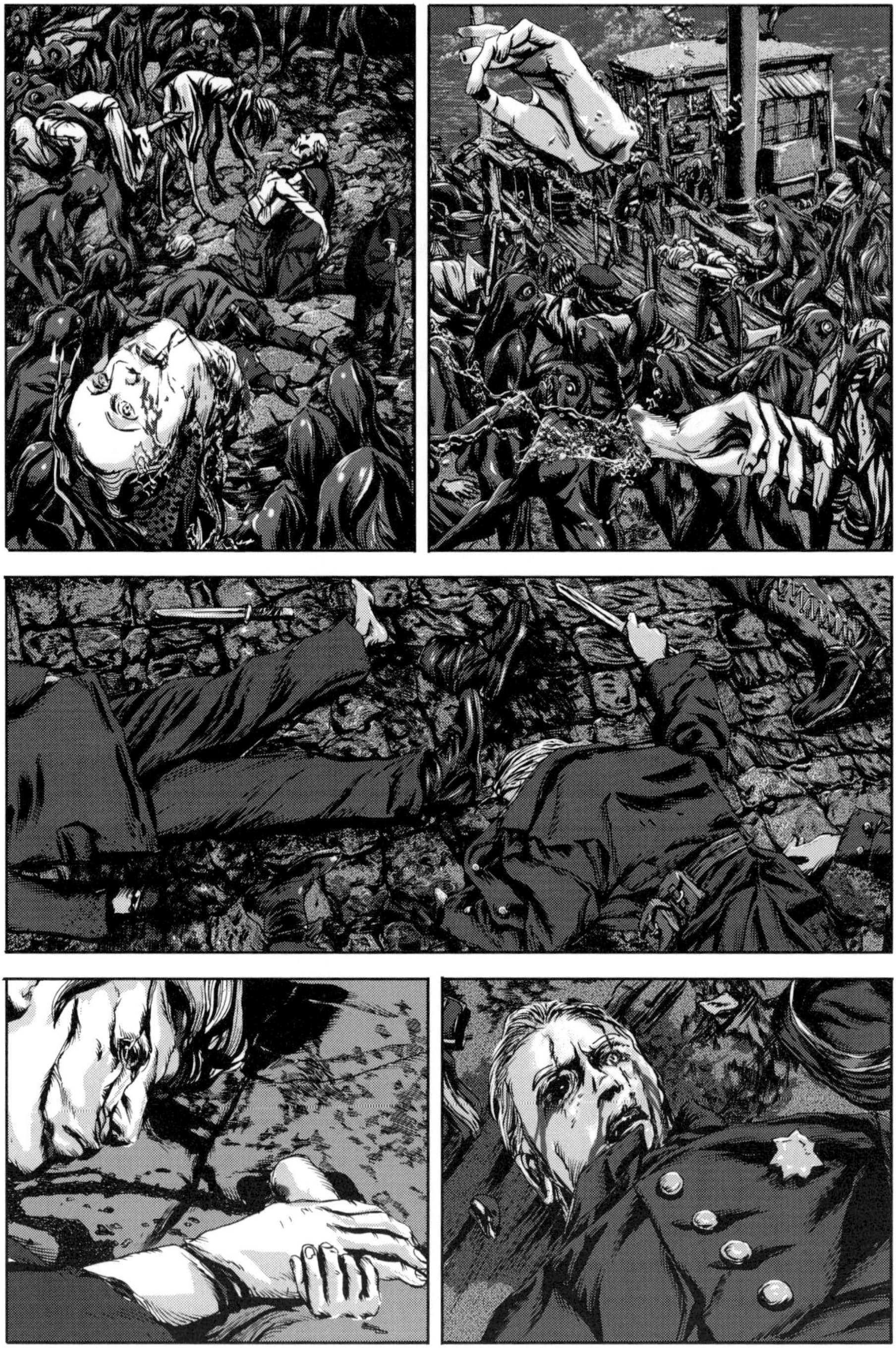

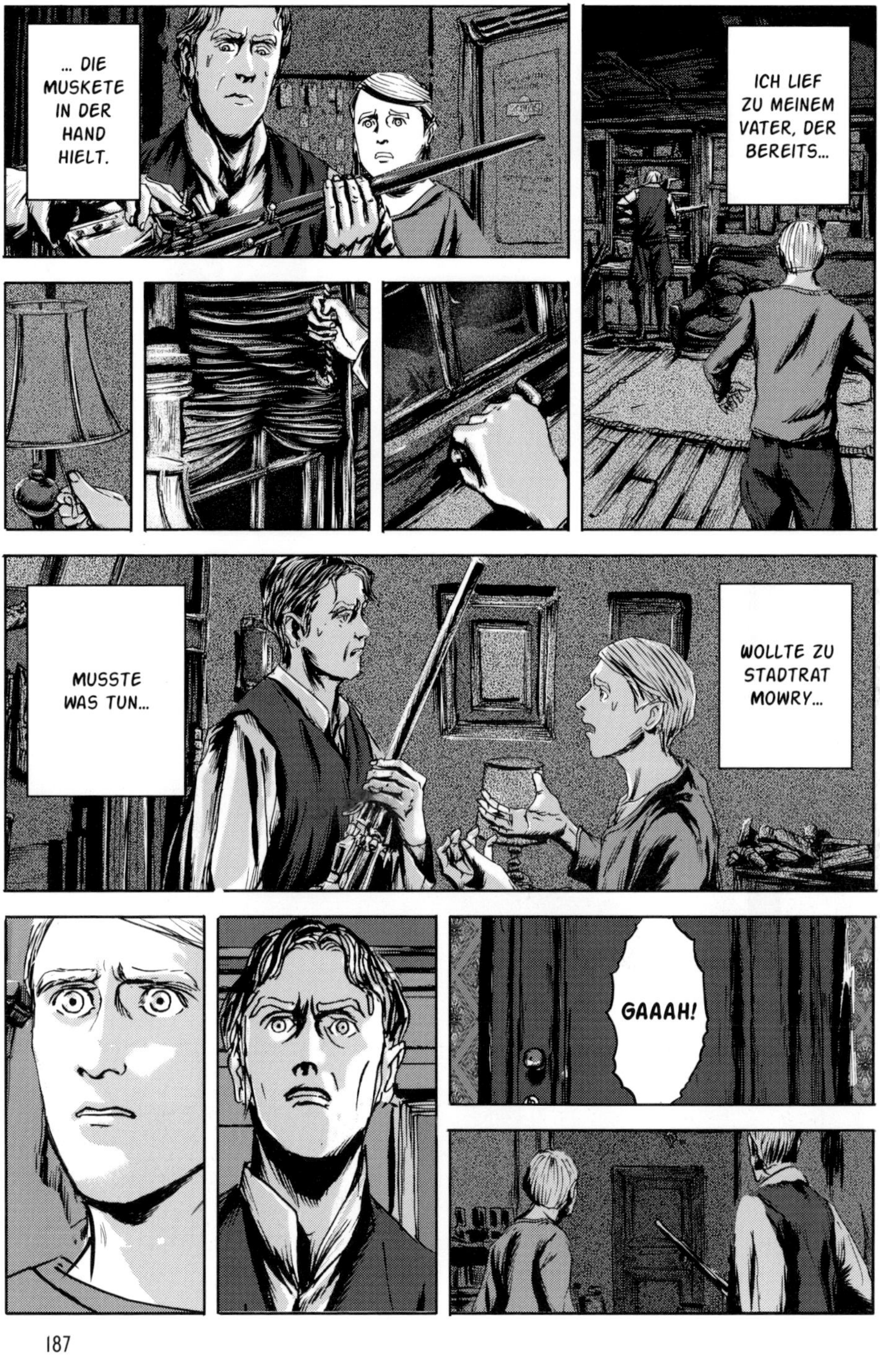
… DIE MUSKETE IN DER HAND HIELT.
ICH LIEF ZU MEINEM VATER, DER BEREITS…
MUSSTE WAS TUN…
WOLLTE ZU STADTRAT MOWRY…
GAAAH!

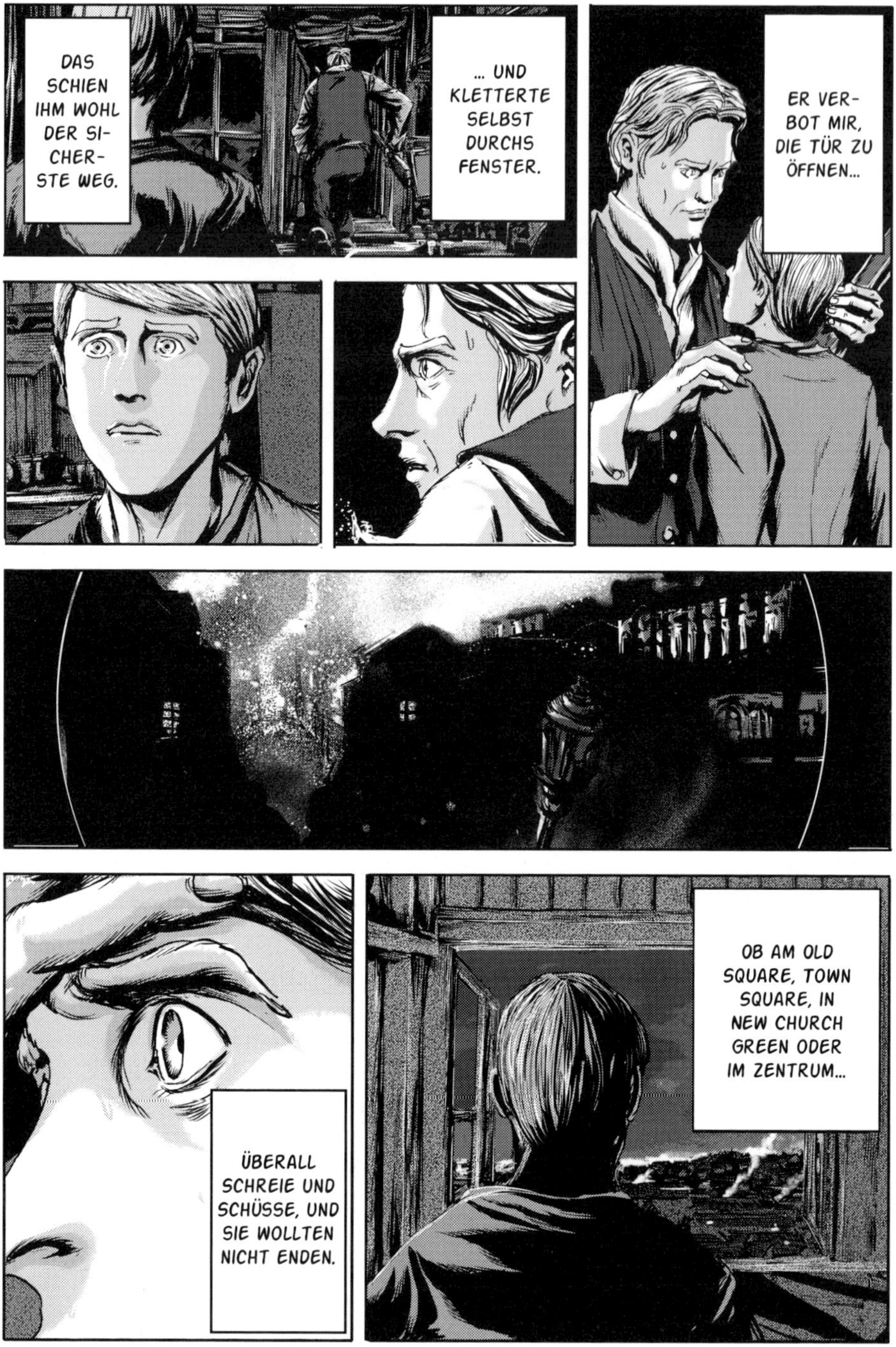
Er verbot mir, die Tür zu öffnen…
… und kletterte selbst durchs Fenster.
Das schien ihm wohl der sicherste Weg.
Ob am Old Square, Town Square, in New Church Green oder im Zentrum…
Überall Schreie und Schüsse, und sie wollten nicht enden.

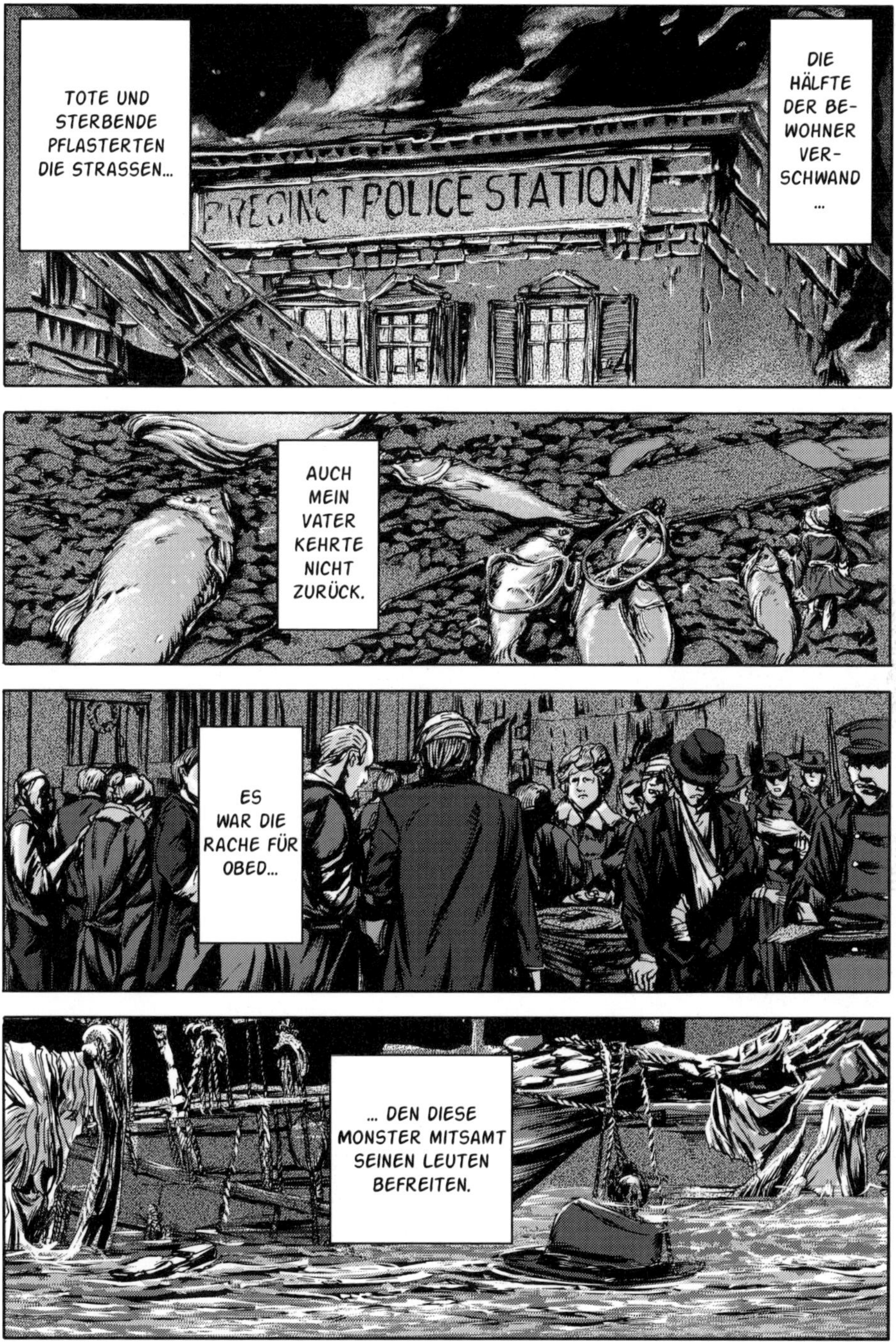
TOTE UND STERBENDE PFLASTERTEN DIE STRASSEN…
PRECINCT POLICE STATION
DIE HÄLFTE DER BE-WOHNER VER-SCHWAND …
AUCH MEIN VATER KEHRTE NICHT ZURÜCK.
ES WAR DIE RACHE FÜR OBED…
… DEN DIESE MONSTER MITSAMT SEINEN LEUTEN BEFREITEN.

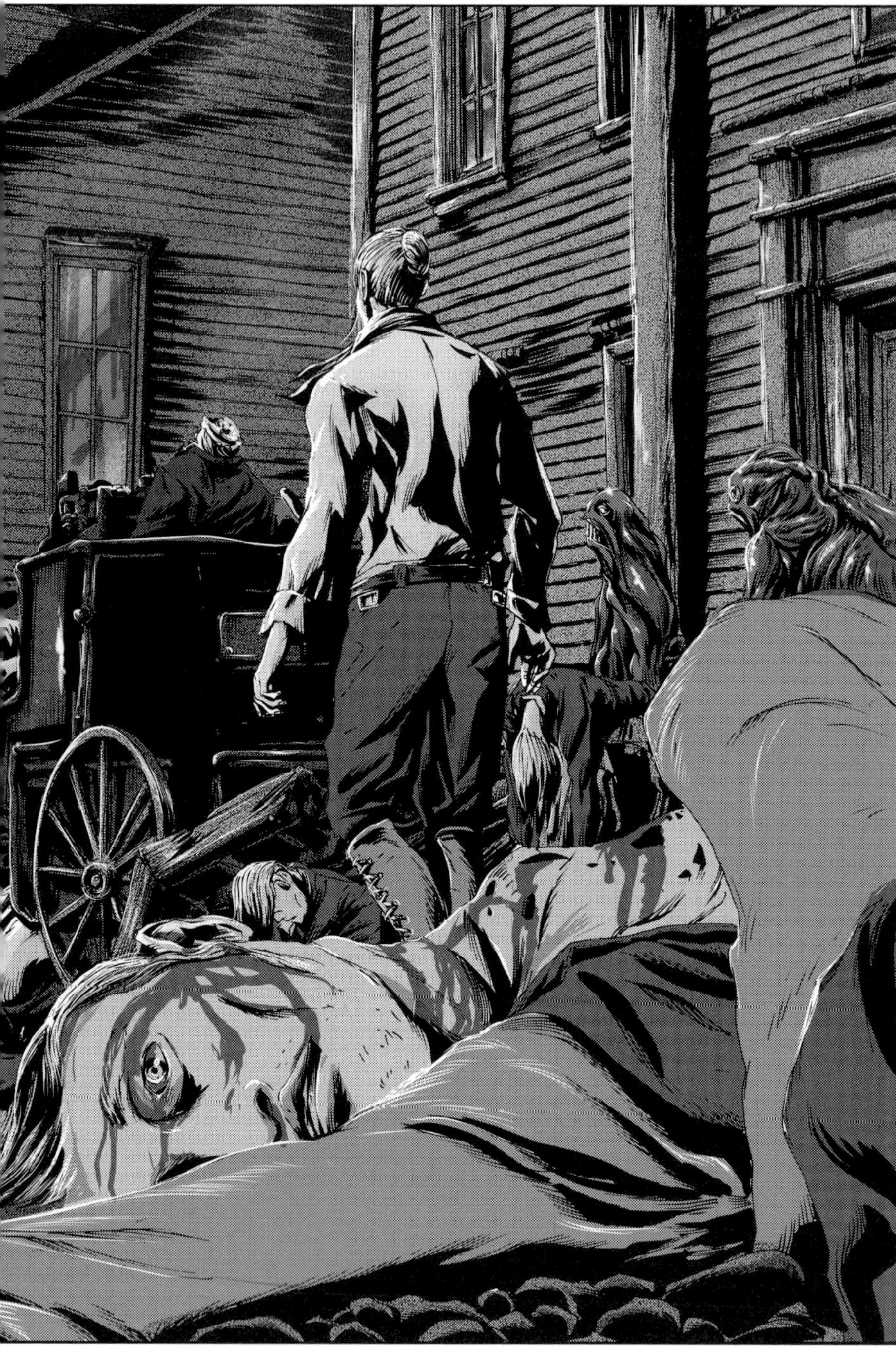

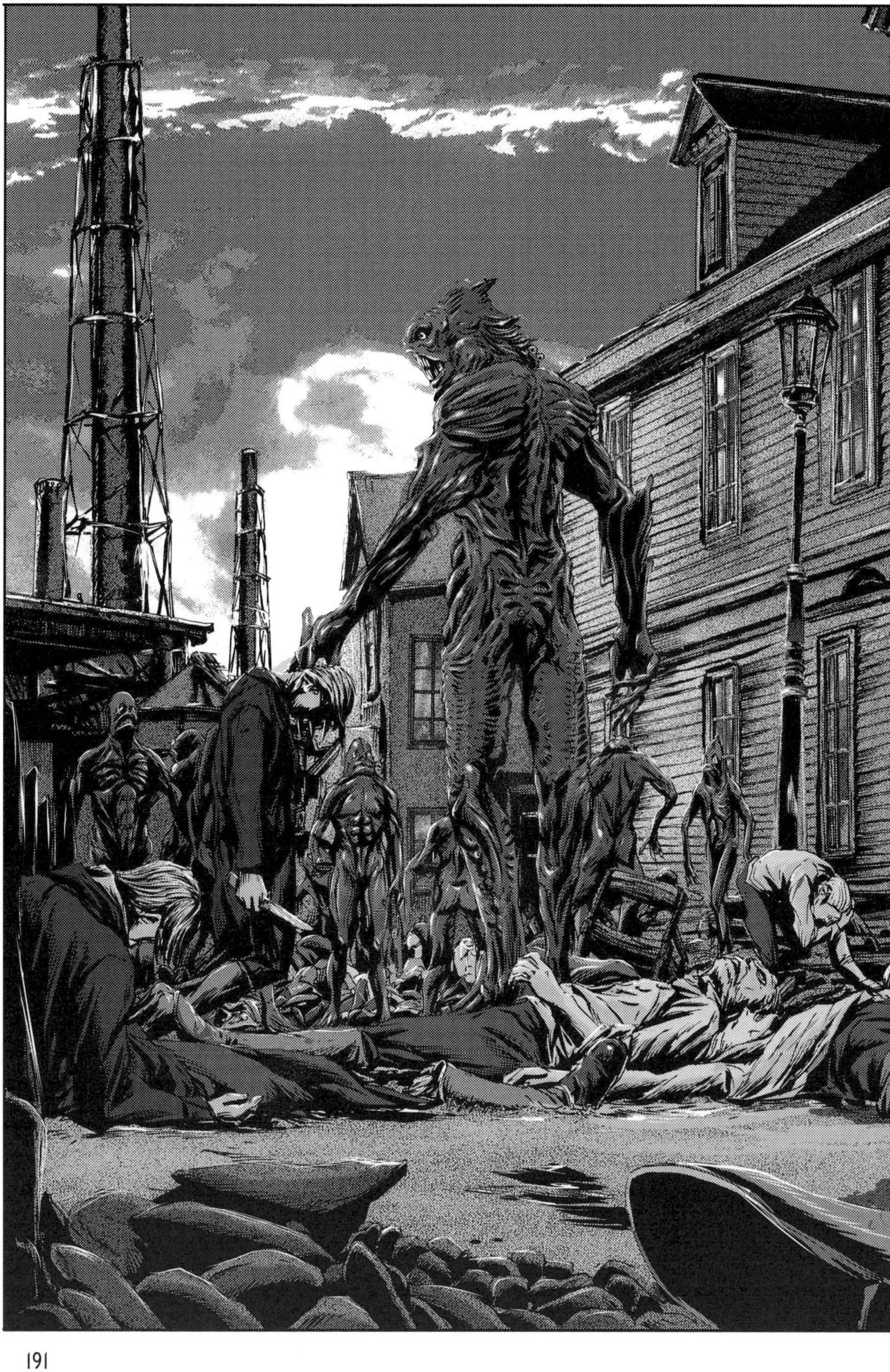

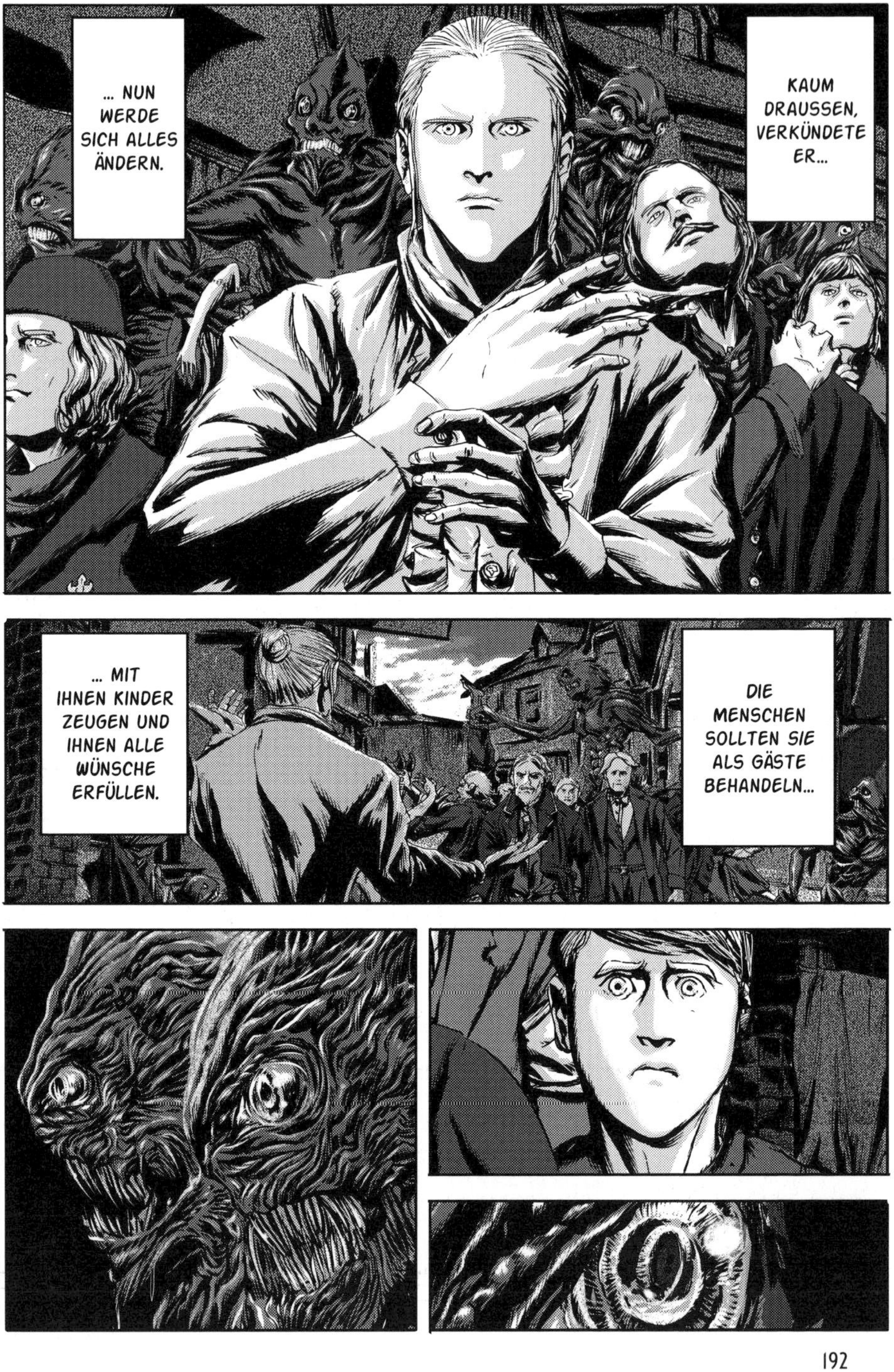
KAUM DRAUSSEN, VERKÜNDETE ER...
... NUN WERDE SICH ALLES ÄNDERN.
DIE MENSCHEN SOLLTEN SIE ALS GÄSTE BEHANDELN...
... MIT IHNEN KINDER ZEUGEN UND IHNEN ALLE WÜNSCHE ERFÜLLEN.

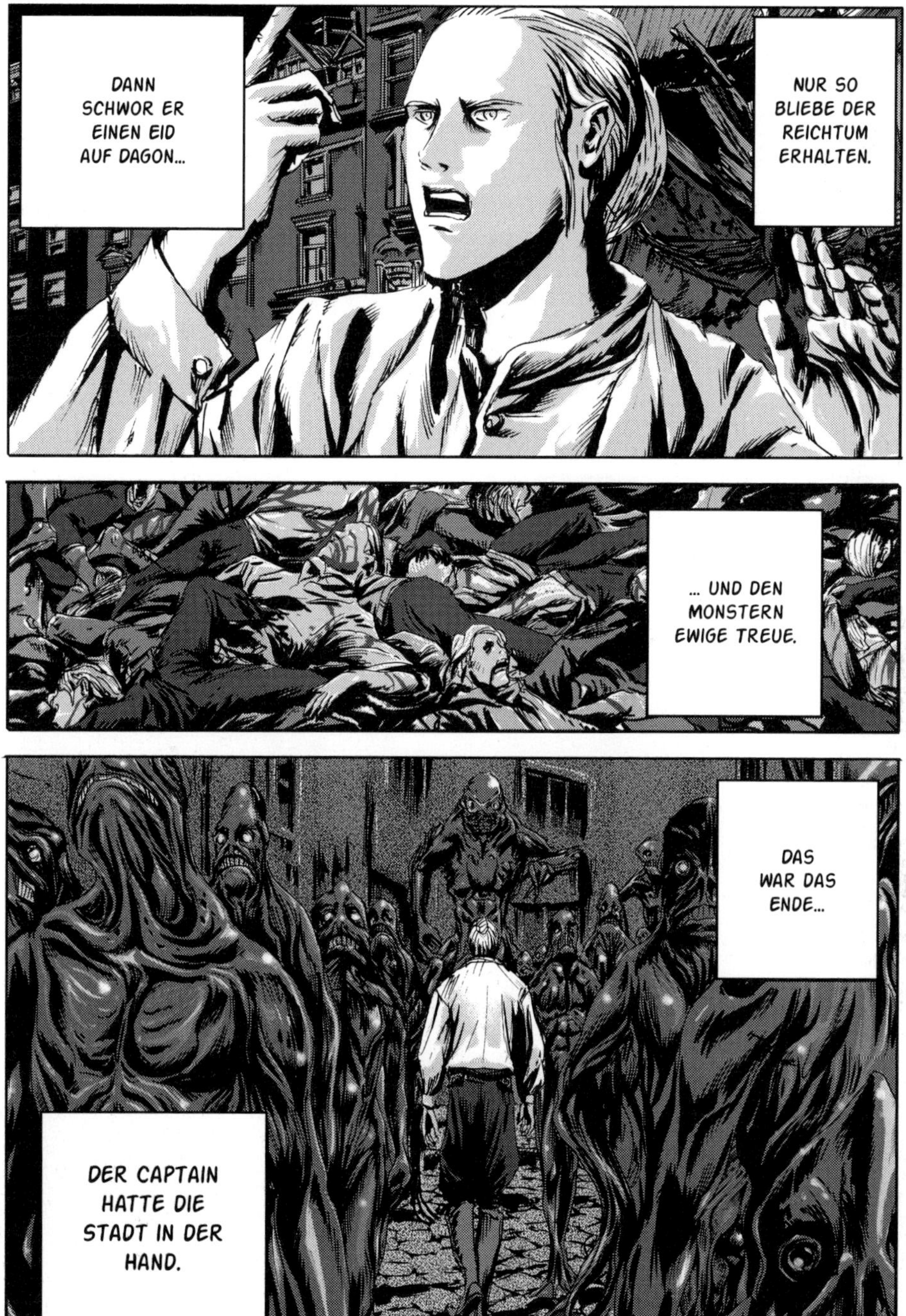
DANN SCHWOR ER EINEN EID AUF DAGON…
NUR SO BLIEBE DER REICHTUM ERHALTEN.
… UND DEN MONSTERN EWIGE TREUE.
DAS WAR DAS ENDE…
DER CAPTAIN HATTE DIE STADT IN DER HAND.

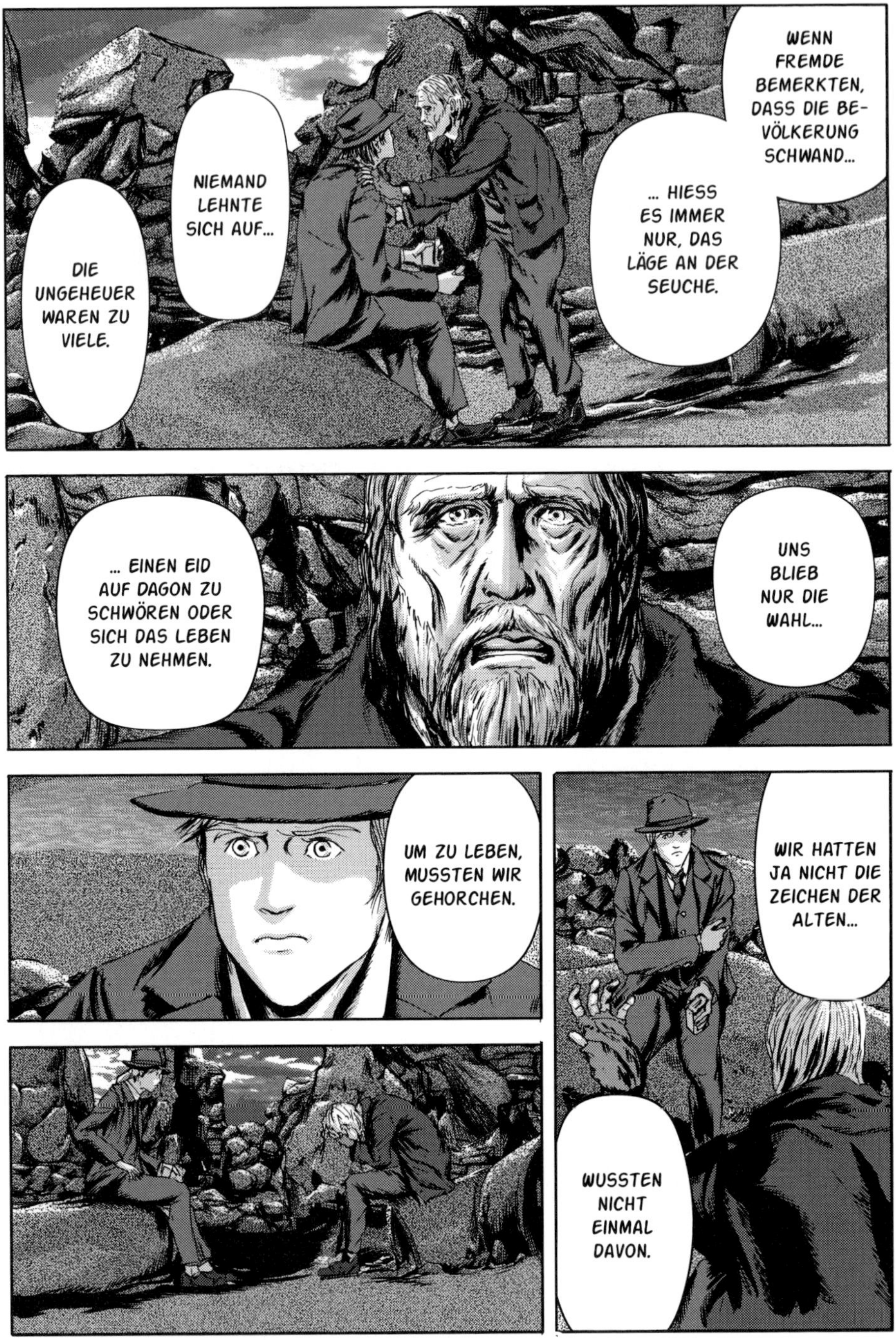
WENN FREMDE BEMERKTEN, DASS DIE BE-VÖLKERUNG SCHWAND...
... HIESS ES IMMER NUR, DAS LÄGE AN DER SEUCHE.
NIEMAND LEHNTE SICH AUF...
DIE UNGEHEUER WAREN ZU VIELE.
UNS BLIEB NUR DIE WAHL...
... EINEN EID AUF DAGON ZU SCHWÖREN ODER SICH DAS LEBEN ZU NEHMEN.
UM ZU LEBEN, MUSSTEN WIR GEHORCHEN.
WIR HATTEN JA NICHT DIE ZEICHEN DER ALTEN...
WUSSTEN NICHT EINMAL DAVON.

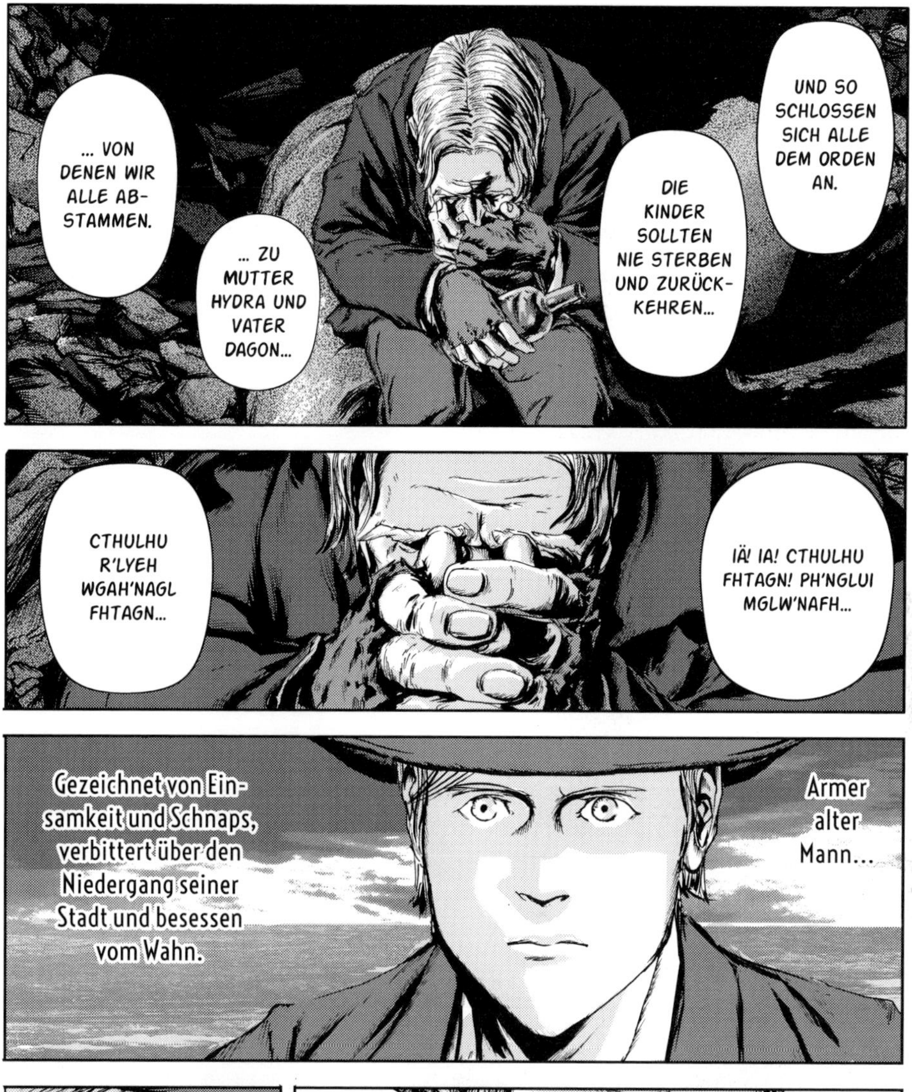
UND SO SCHLOSSEN SICH ALLE DEM ORDEN AN.
DIE KINDER SOLLTEN NIE STERBEN UND ZURÜCK-KEHREN...
... ZU MUTTER HYDRA UND VATER DAGON...
... VON DENEN WIR ALLE AB-STAMMEN.
IÄ! IA! CTHULHU FHTAGN! PH'NGLUI MGLW'NAFH...
CTHULHU R'LYEH WGAH'NAGL FHTAGN...
Armer alter Mann...
Gezeichnet von Ein-samkeit und Schnaps, verbittert über den Niedergang seiner Stadt und besessen vom Wahn.
DIE LEUTE HIER HALTEN MICH FÜR VERRÜCKT...
SIE JETZT SICHER AUCH.

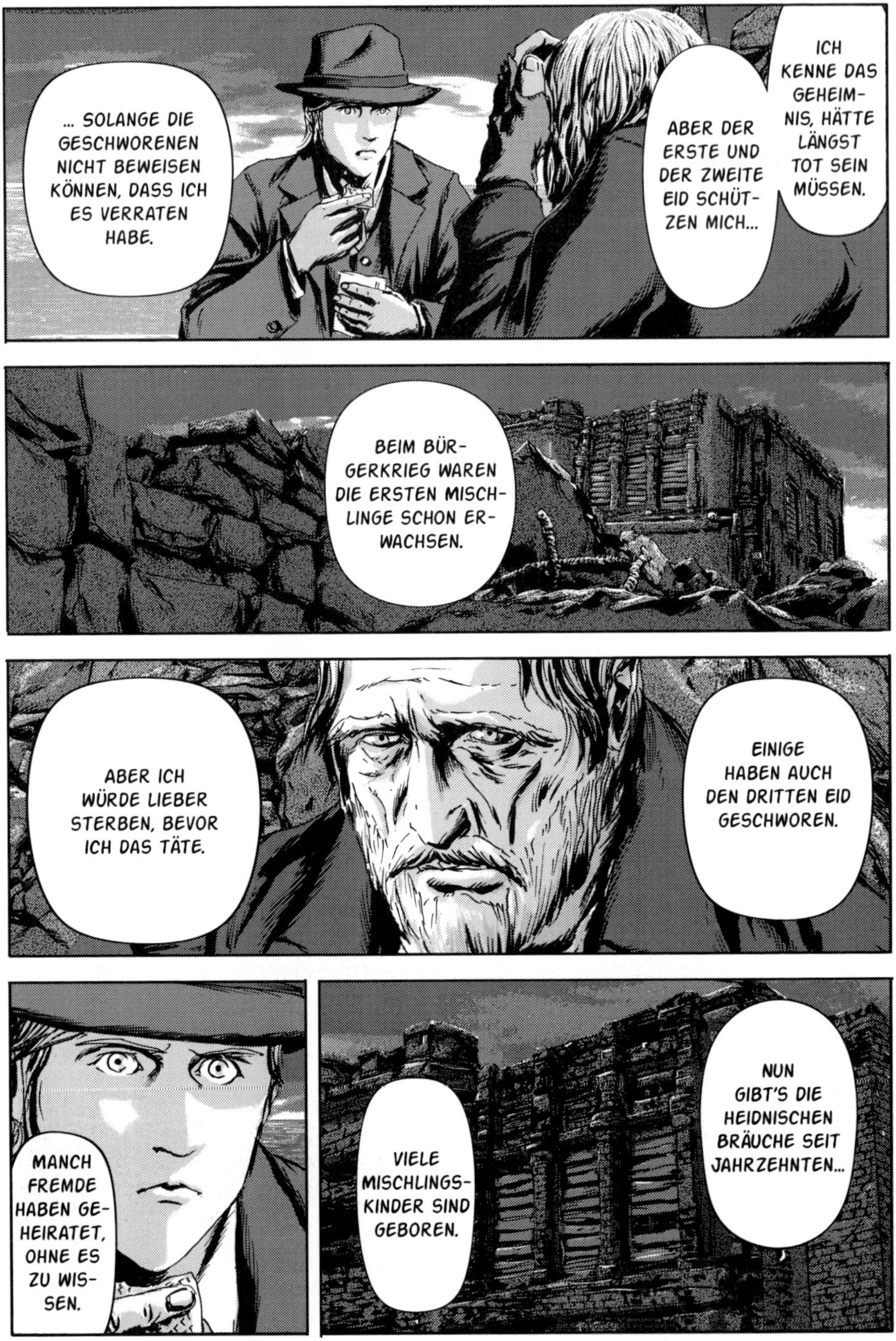
ICH KENNE DAS GEHEIMNIS, HÄTTE LÄNGST TOT SEIN MÜSSEN.
ABER DER ERSTE UND DER ZWEITE EID SCHÜTZEN MICH...
... SOLANGE DIE GESCHWORENEN NICHT BEWEISEN KÖNNEN, DASS ICH ES VERRATEN HABE.
BEIM BÜRGERKRIEG WAREN DIE ERSTEN MISCHLINGE SCHON ERWACHSEN.
EINIGE HABEN AUCH DEN DRITTEN EID GESCHWOREN.
ABER ICH WÜRDE LIEBER STERBEN, BEVOR ICH DAS TÄTE.
NUN GIBT'S DIE HEIDNISCHEN BRÄUCHE SEIT JAHRZEHNTEN...
VIELE MISCHLINGSKINDER SIND GEBOREN.
MANCH FREMDE HABEN GEHEIRATET, OHNE ES ZU WISSEN.

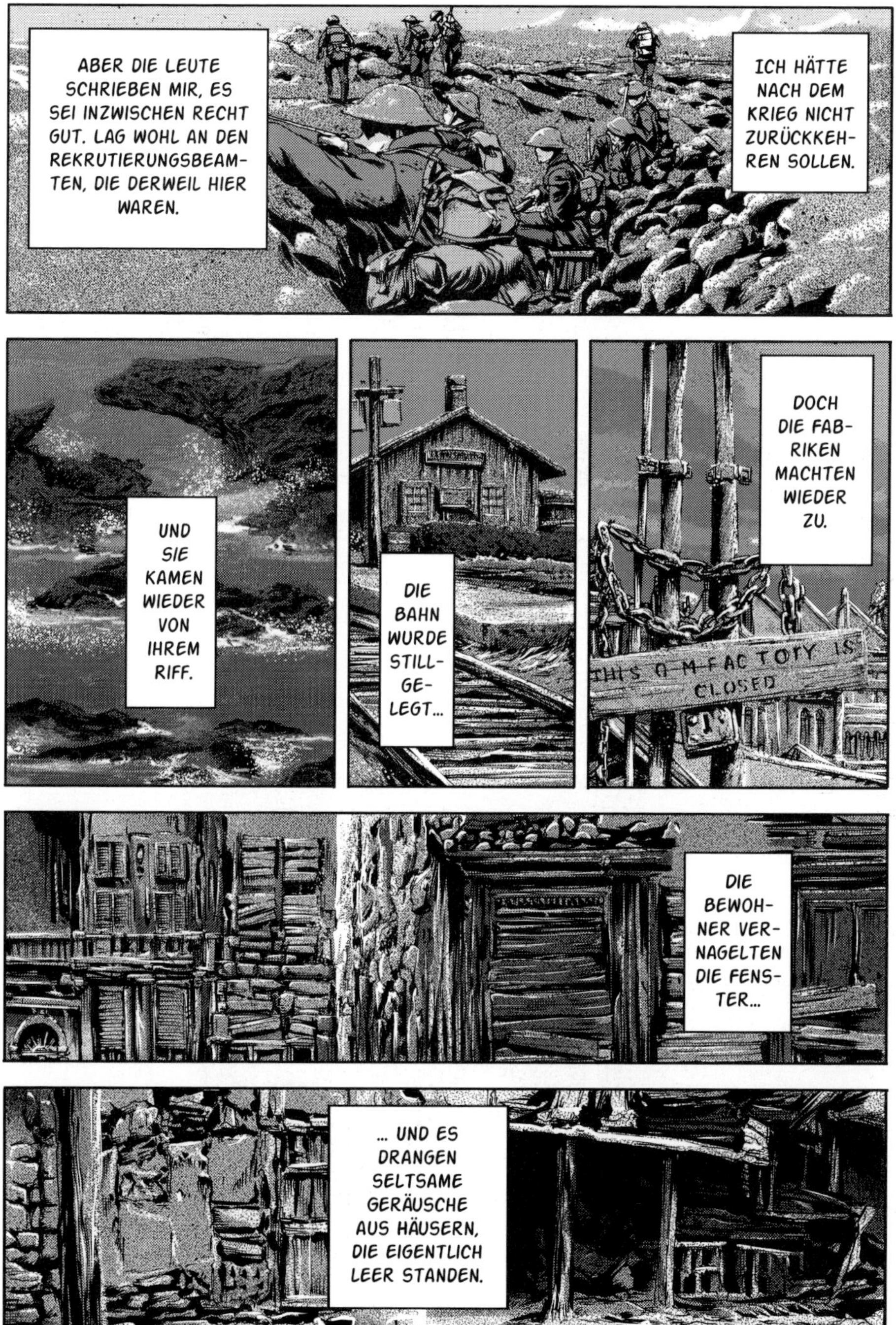
ICH HÄTTE NACH DEM KRIEG NICHT ZURÜCKKEHREN SOLLEN.
ABER DIE LEUTE SCHRIEBEN MIR, ES SEI INZWISCHEN RECHT GUT. LAG WOHL AN DEN REKRUTIERUNGSBEAMTEN, DIE DERWEIL HIER WAREN.
UND SIE KAMEN WIEDER VON IHREM RIFF.
DIE BAHN WURDE STILLGELEGT…
DOCH DIE FABRIKEN MACHTEN WIEDER ZU.
THIS G-M-FACTORY IS CLOSED
DIE BEWOHNER VERNAGELTEN DIE FENSTER…
… UND ES DRANGEN SELTSAME GERÄUSCHE AUS HÄUSERN, DIE EIGENTLICH LEER STANDEN.

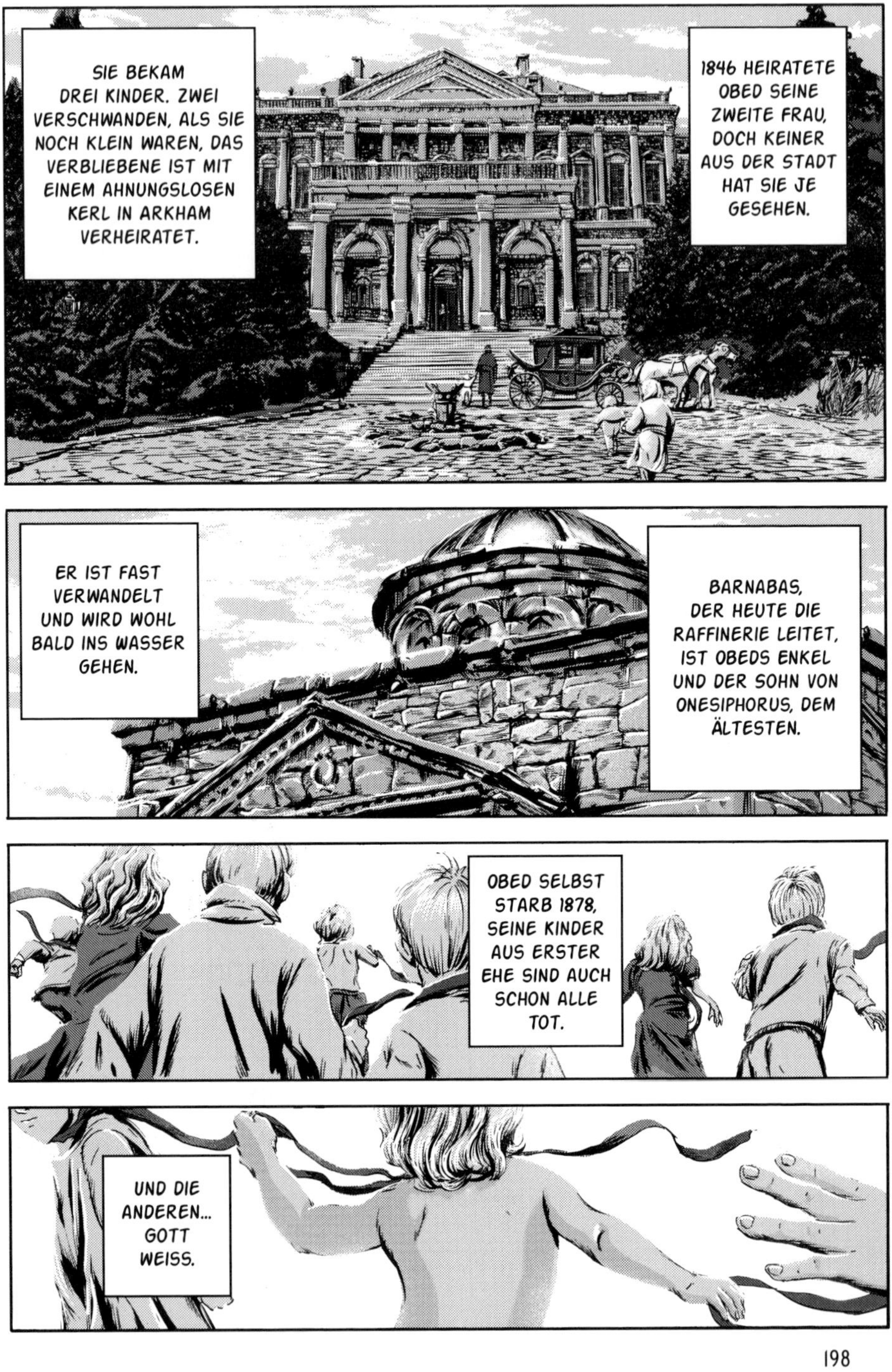
SIE BEKAM DREI KINDER. ZWEI VERSCHWANDEN, ALS SIE NOCH KLEIN WAREN, DAS VERBLIEBENE IST MIT EINEM AHNUNGSLOSEN KERL IN ARKHAM VERHEIRATET.
1846 HEIRATETE OBED SEINE ZWEITE FRAU, DOCH KEINER AUS DER STADT HAT SIE JE GESEHEN.
ER IST FAST VERWANDELT UND WIRD WOHL BALD INS WASSER GEHEN.
BARNABAS, DER HEUTE DIE RAFFINERIE LEITET, IST OBEDS ENKEL UND DER SOHN VON ONESIPHORUS, DEM ÄLTESTEN.
OBED SELBST STARB 1878, SEINE KINDER AUS ERSTER EHE SIND AUCH SCHON ALLE TOT.
UND DIE ANDEREN... GOTT WEISS.

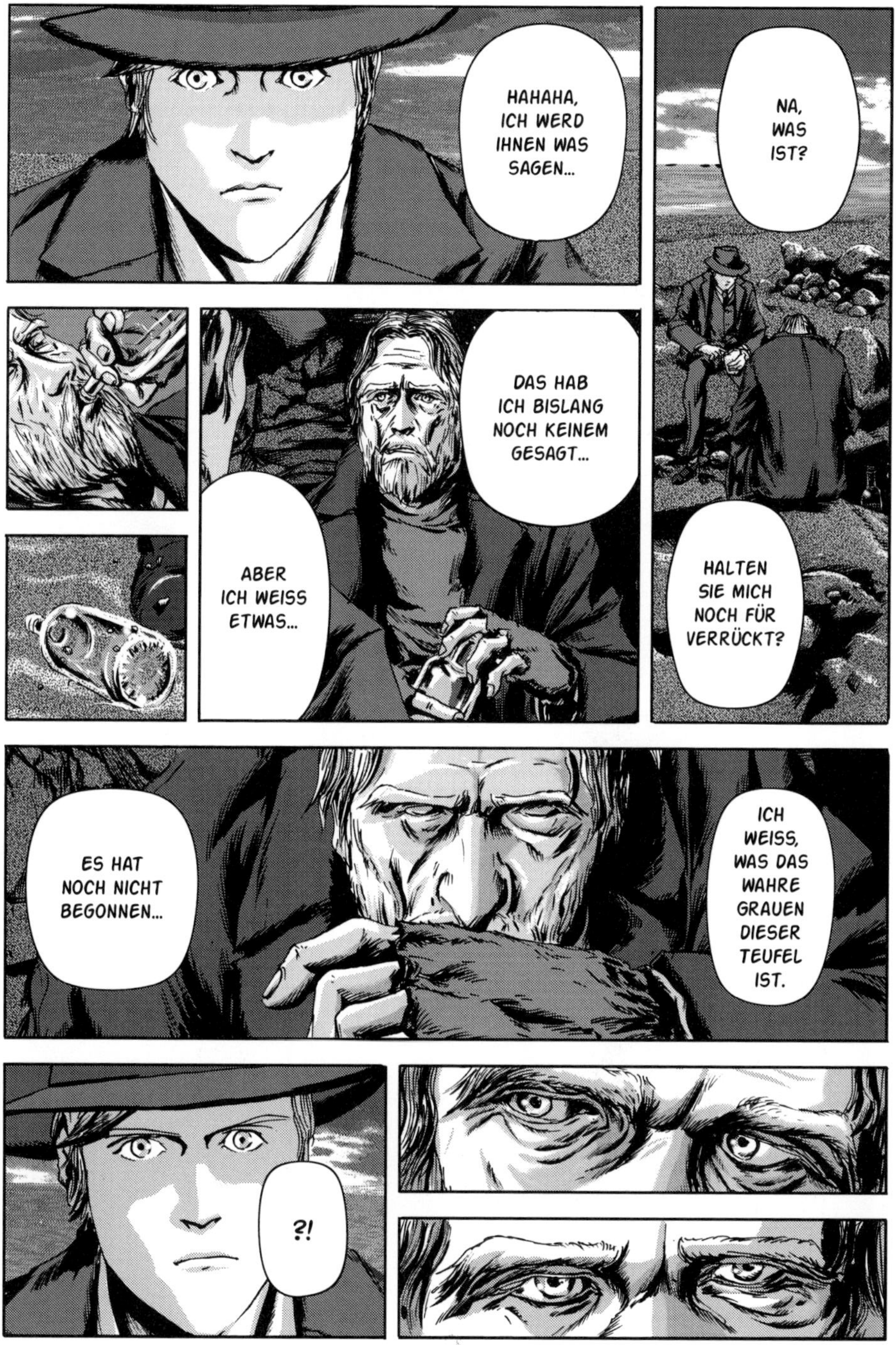
NA, WAS IST?
HAHAHA, ICH WERD IHNEN WAS SAGEN...
HALTEN SIE MICH NOCH FÜR VERRÜCKT?
DAS HAB ICH BISLANG NOCH KEINEM GESAGT...
ABER ICH WEISS ETWAS...
ICH WEISS, WAS DAS WAHRE GRAUEN DIESER TEUFEL IST.
ES HAT NOCH NICHT BEGONNEN...
?!

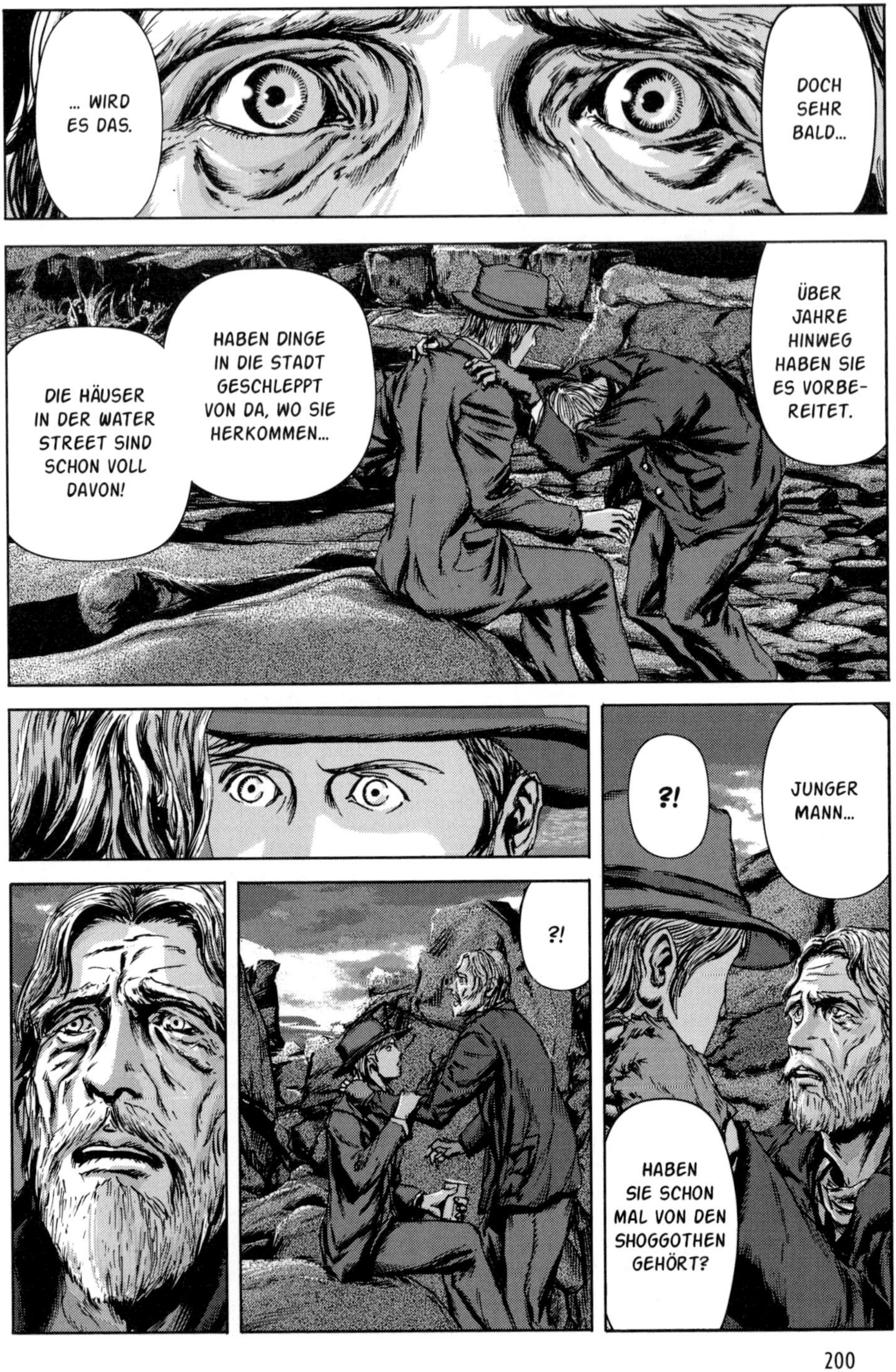
... WIRD ES DAS.
DOCH SEHR BALD...
DIE HÄUSER IN DER WATER STREET SIND SCHON VOLL DAVON!
HABEN DINGE IN DIE STADT GESCHLEPPT VON DA, WO SIE HERKOMMEN...
ÜBER JAHRE HINWEG HABEN SIE ES VORBEREITET.
?!
JUNGER MANN...
?!
HABEN SIE SCHON MAL VON DEN SHOGGOTHEN GEHÖRT?

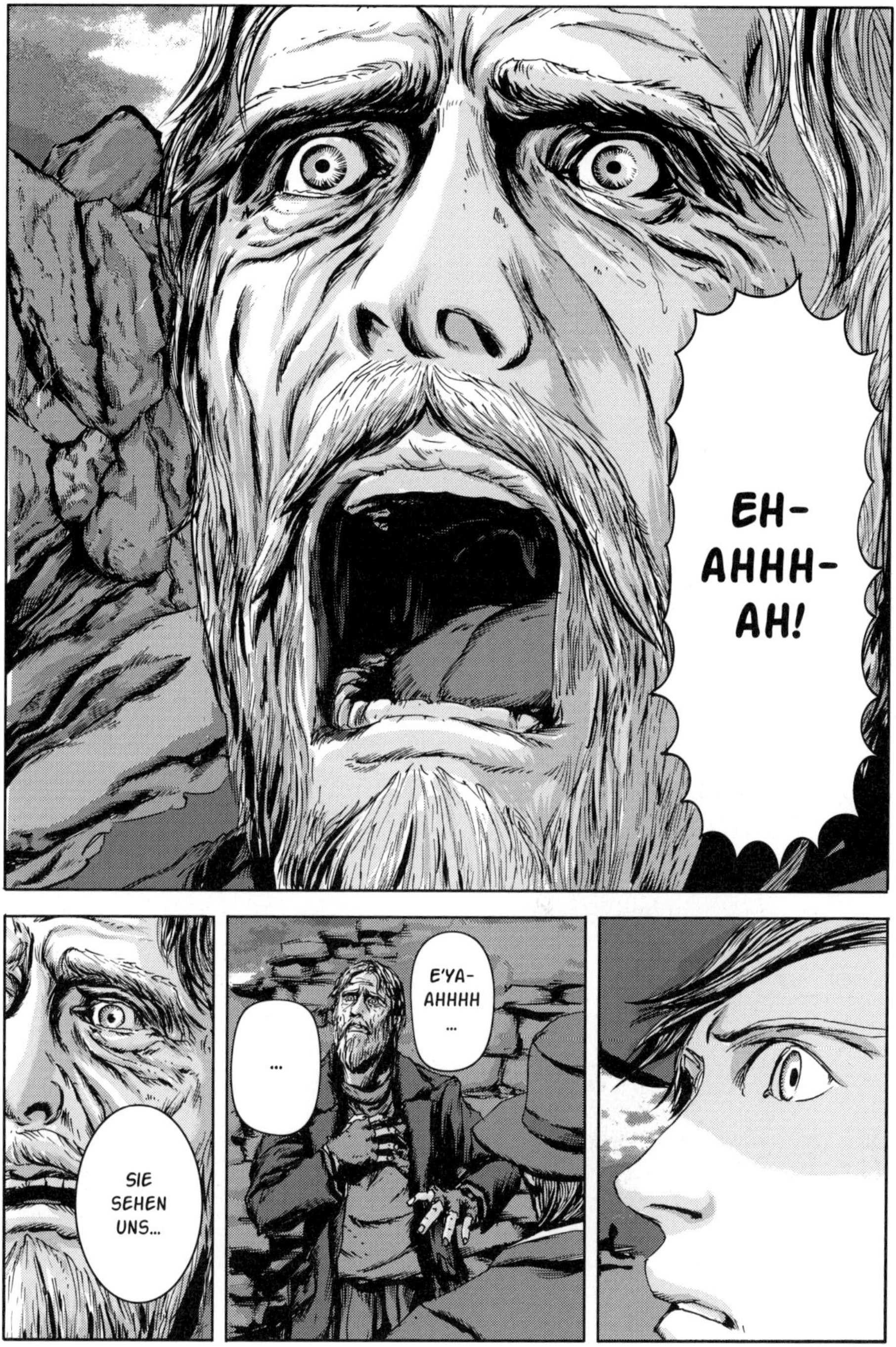
EH-AHHH-AH!
SIE SEHEN UNS...
...
E'YA-AHHHH...

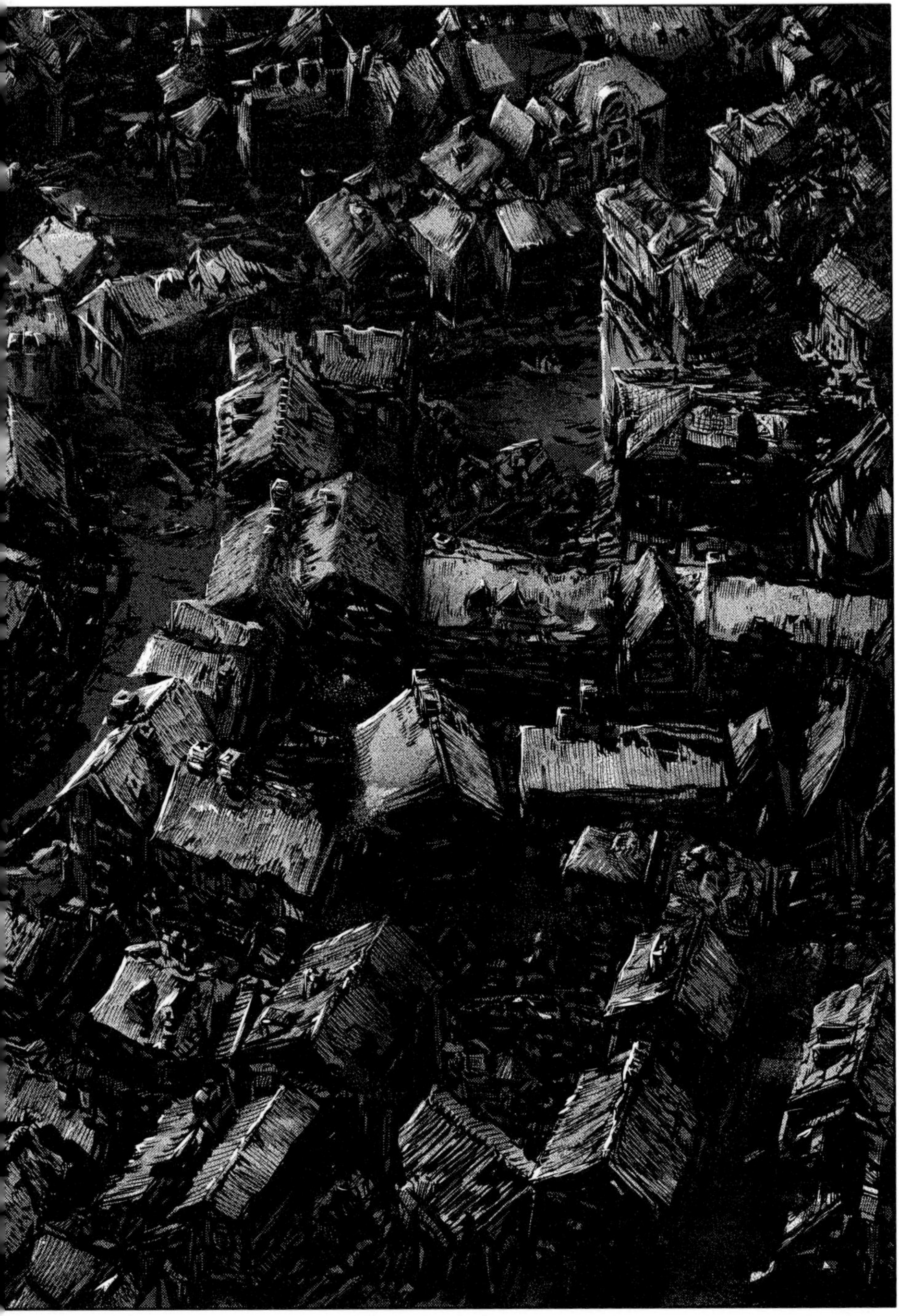

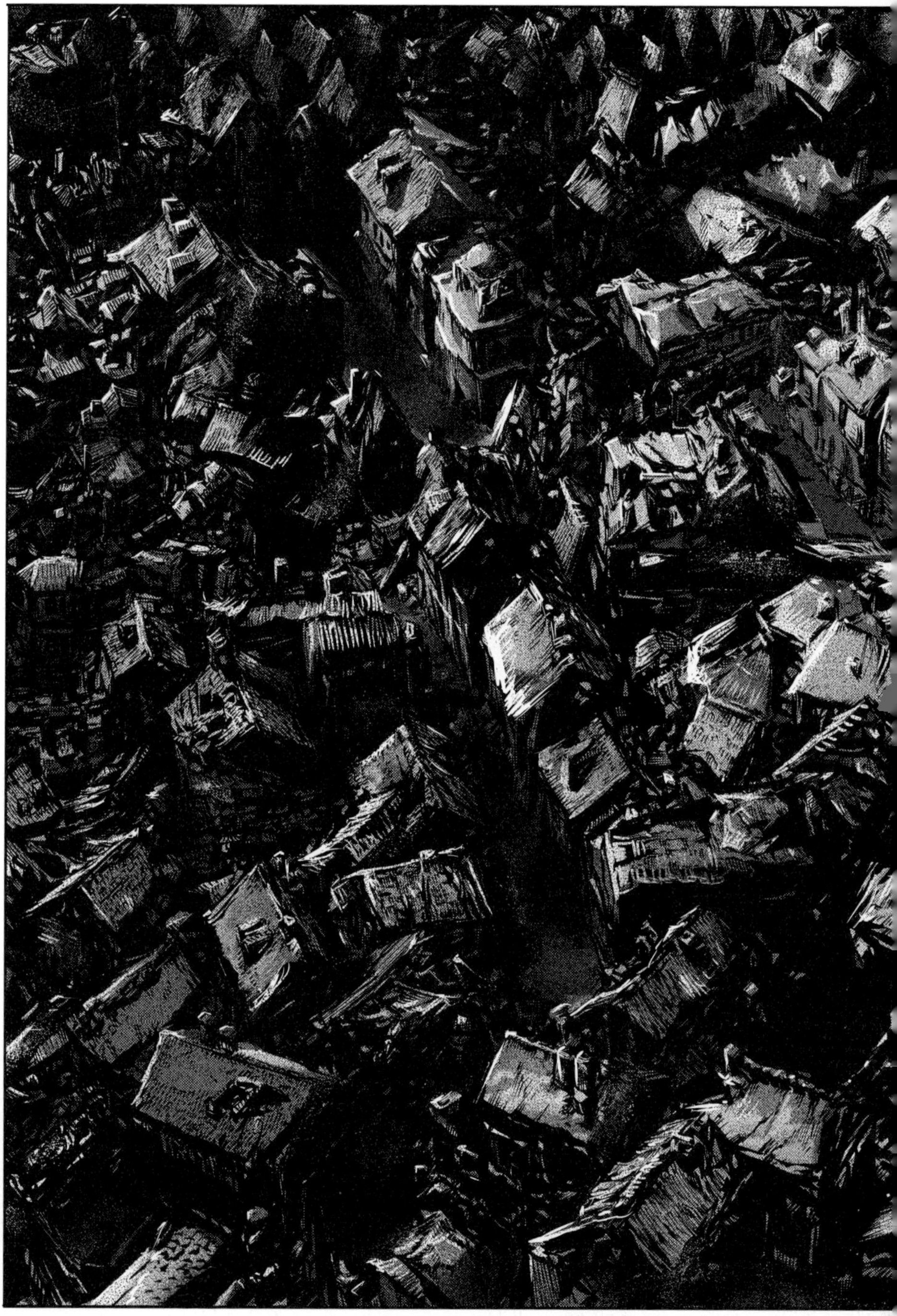

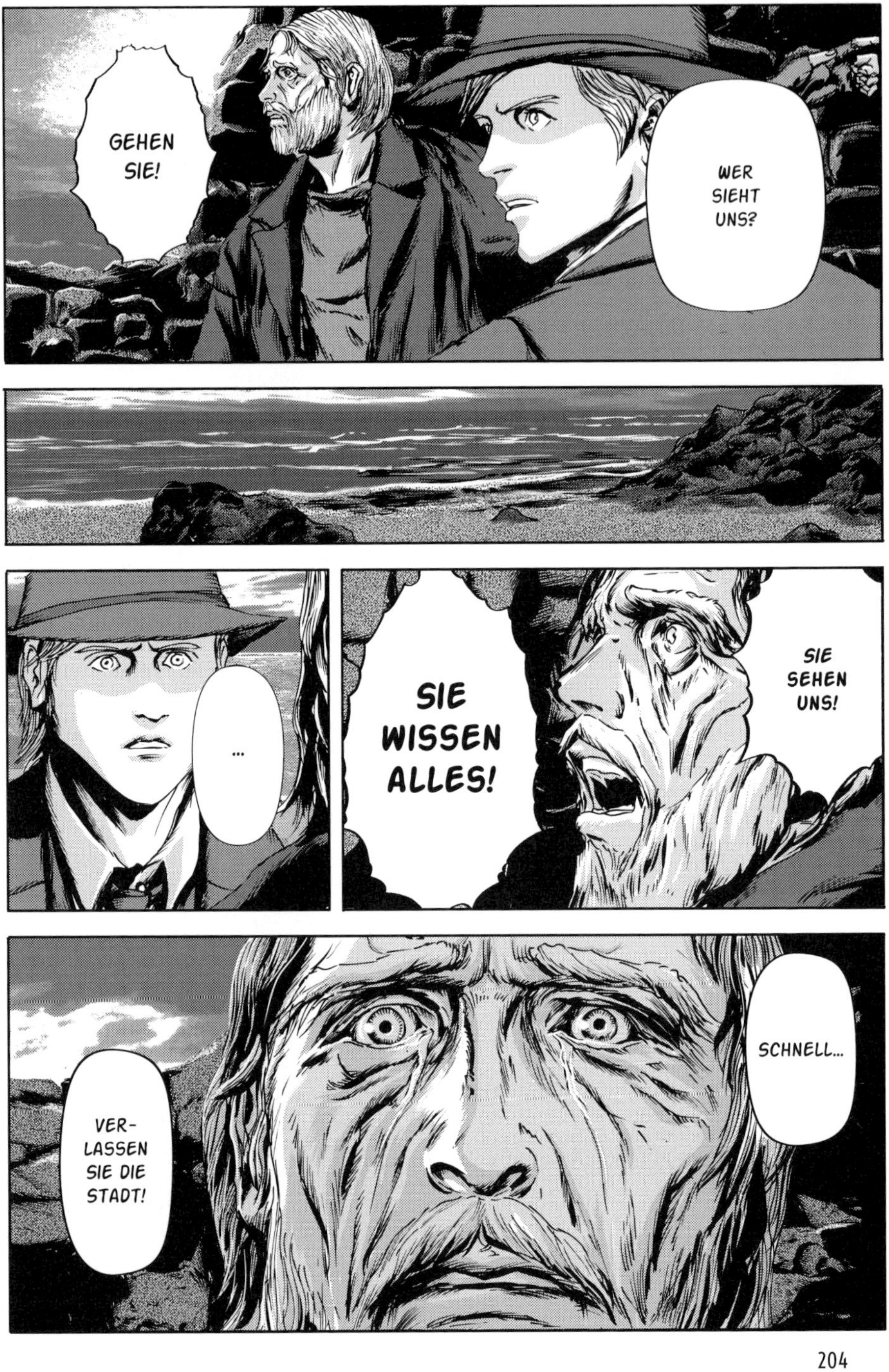
GEHEN SIE!
WER SIEHT UNS?
...
SIE SEHEN UNS!
SIE WISSEN ALLES!
SCHNELL...
VER-LASSEN SIE DIE STADT!

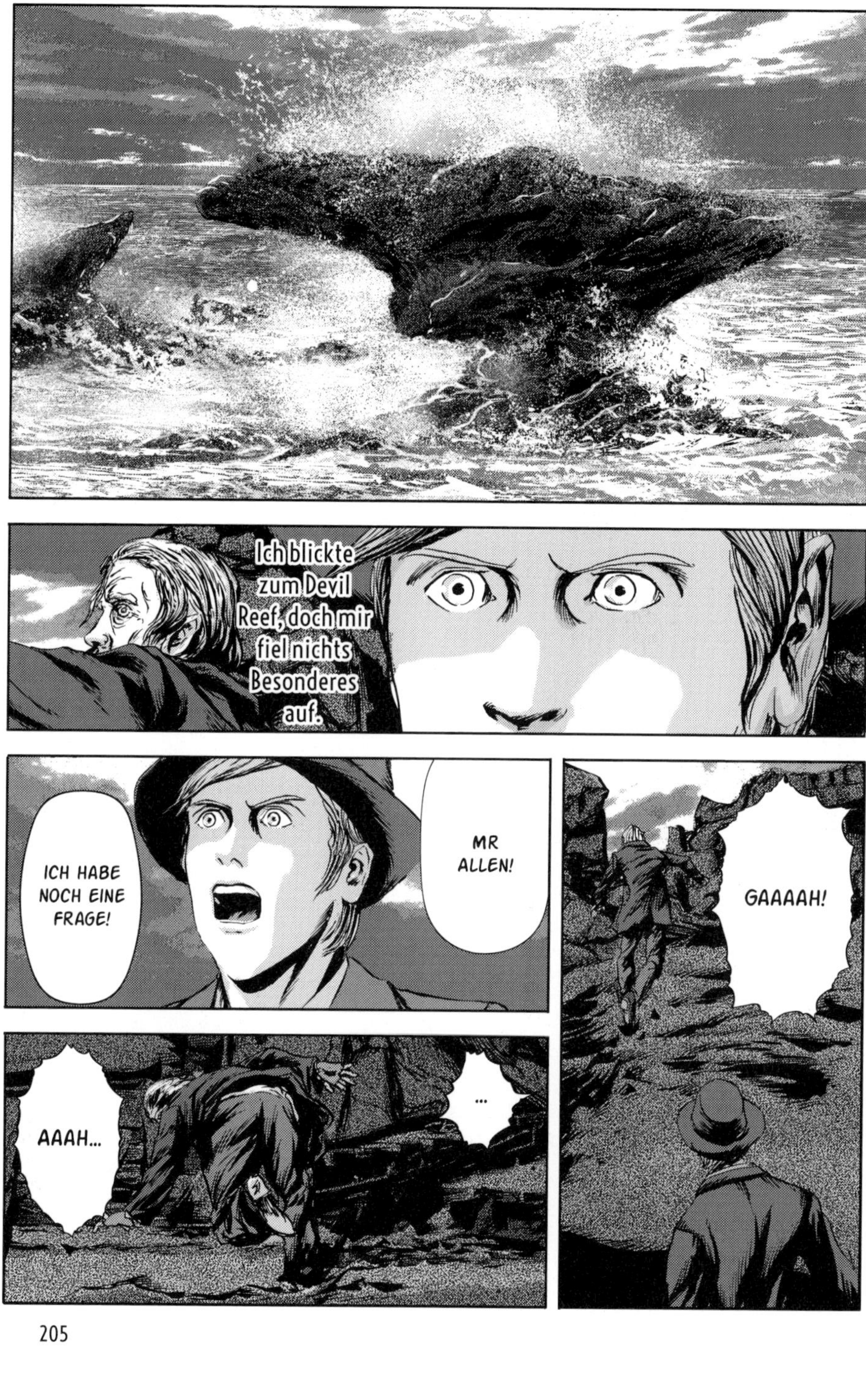
Ich blickte zum Devil Reef, doch mir fiel nichts Besonderes auf.
ICH HABE NOCH EINE FRAGE!
MR ALLEN!
GAAAAH!
AAAH...
...

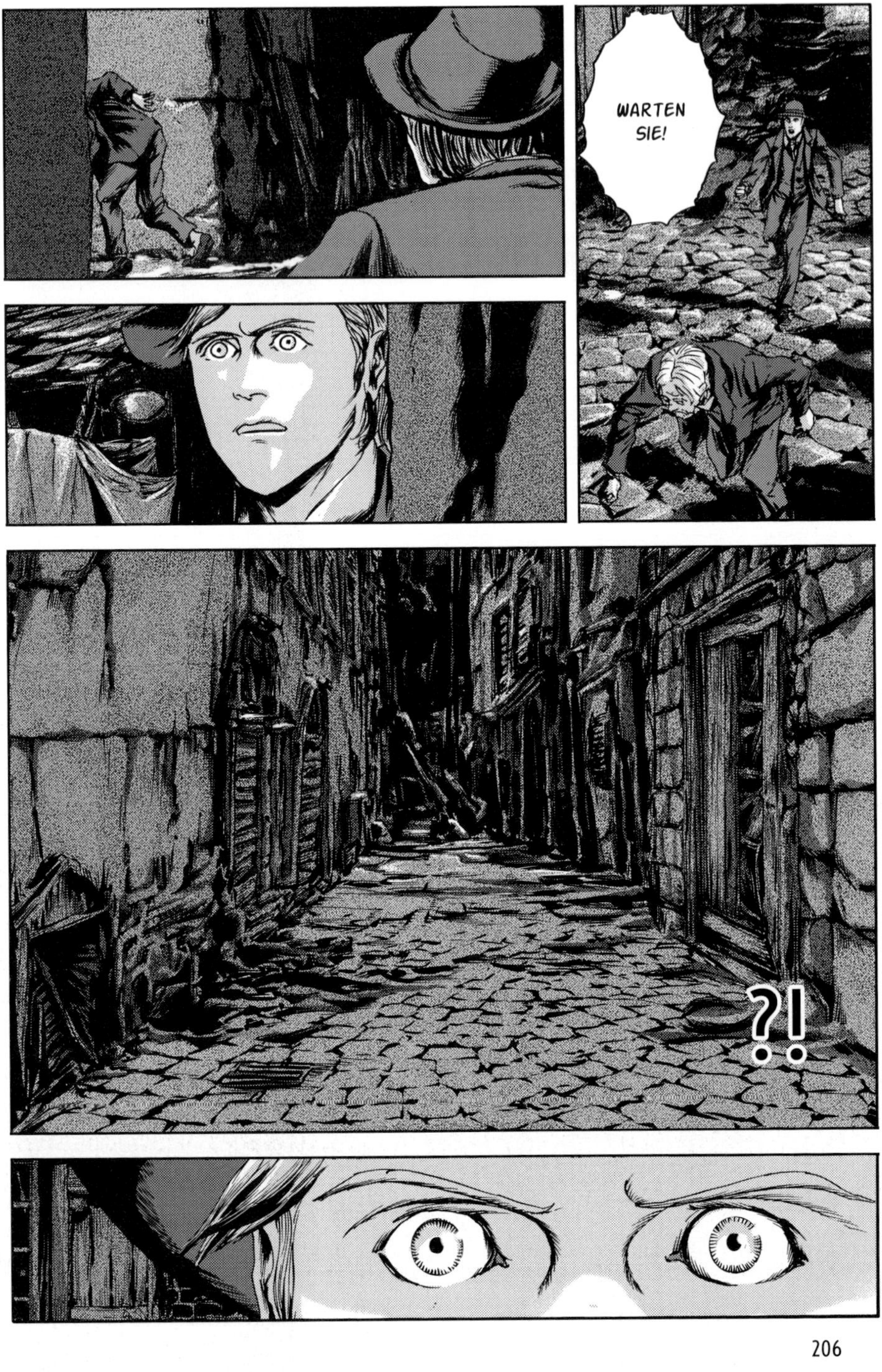
WARTEN
SIE!
?!

DER SCHATTEN ÜBER INNSMOUTH

TEIL 1 ENDE

H. P. LOVECRAFTs
SCHATTEN ÜBER INNSMOUTH

Adaptiert und gezeichnet
von GOU TANABE

2

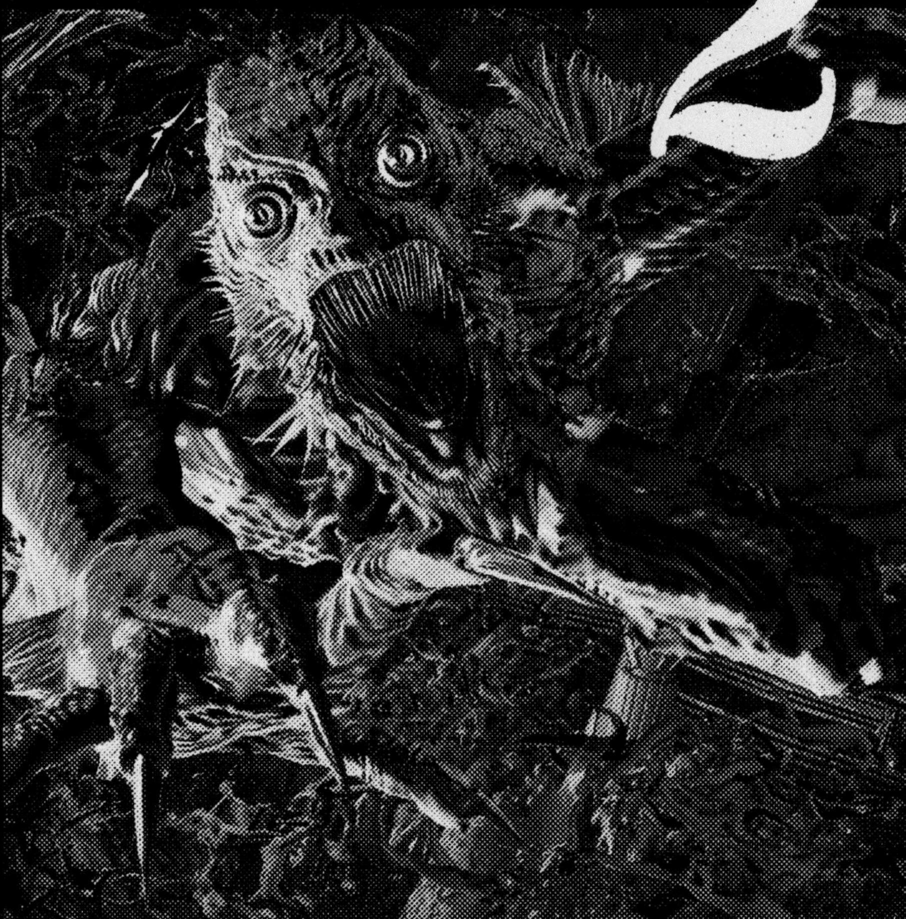

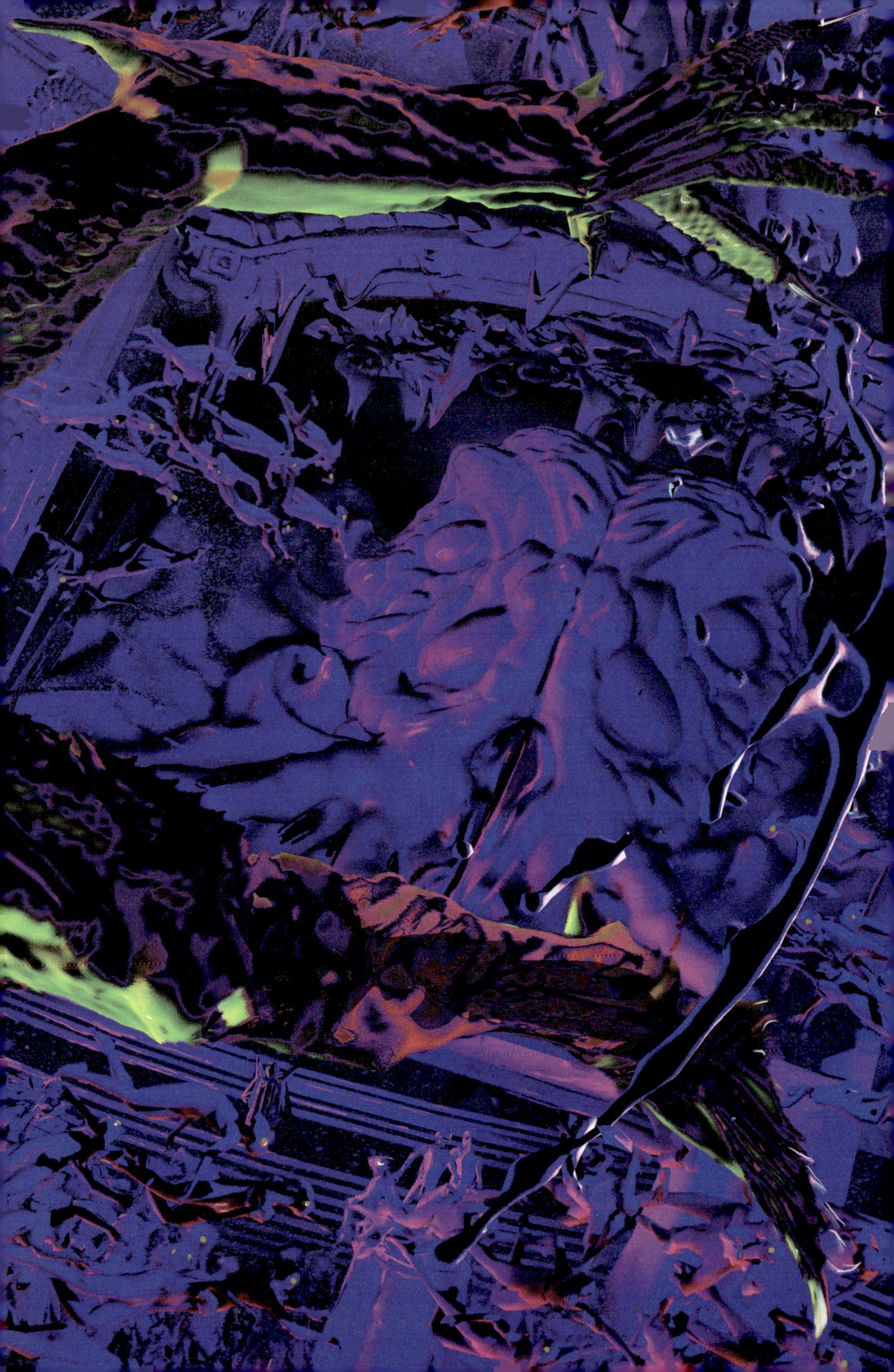

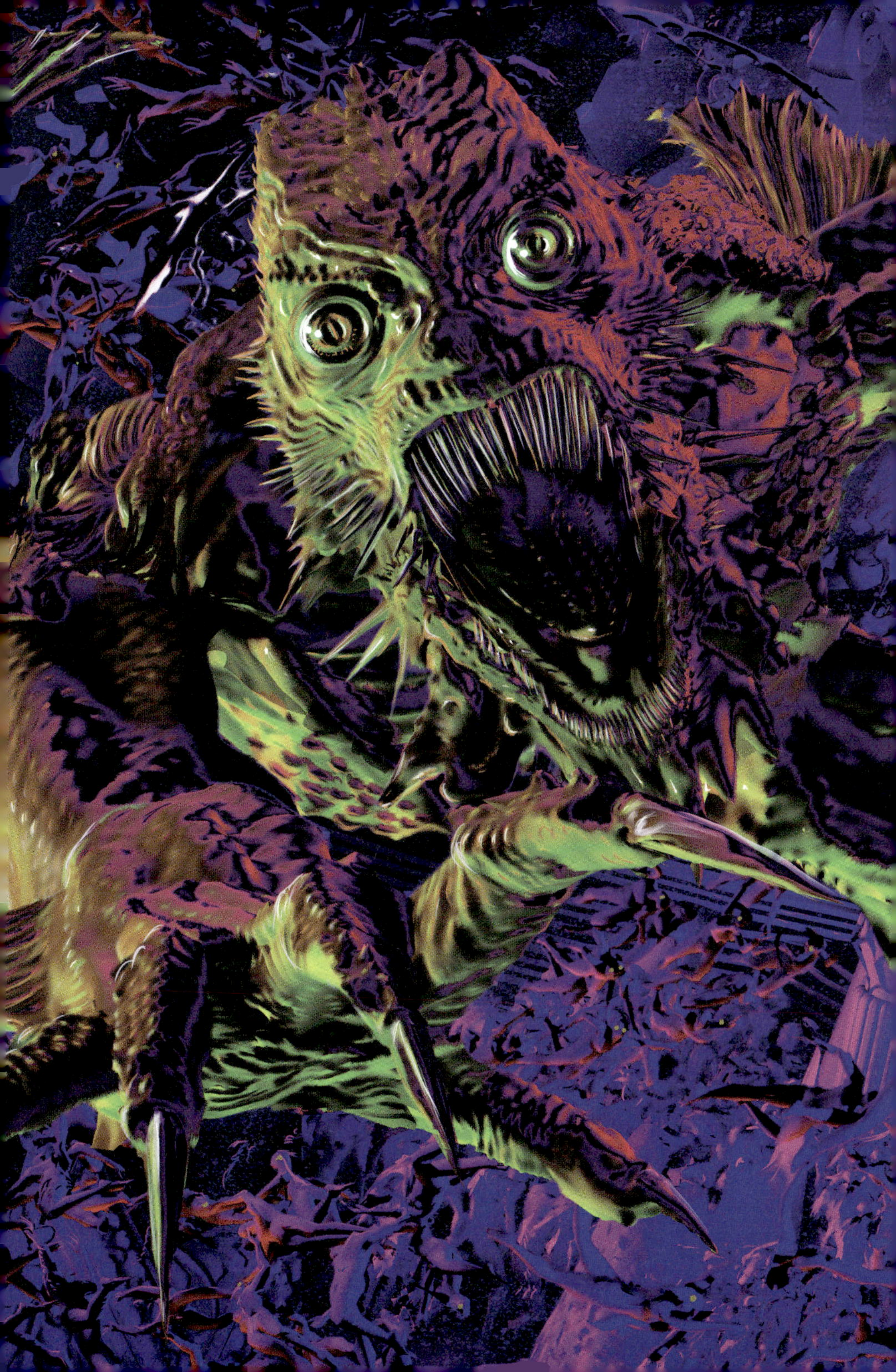

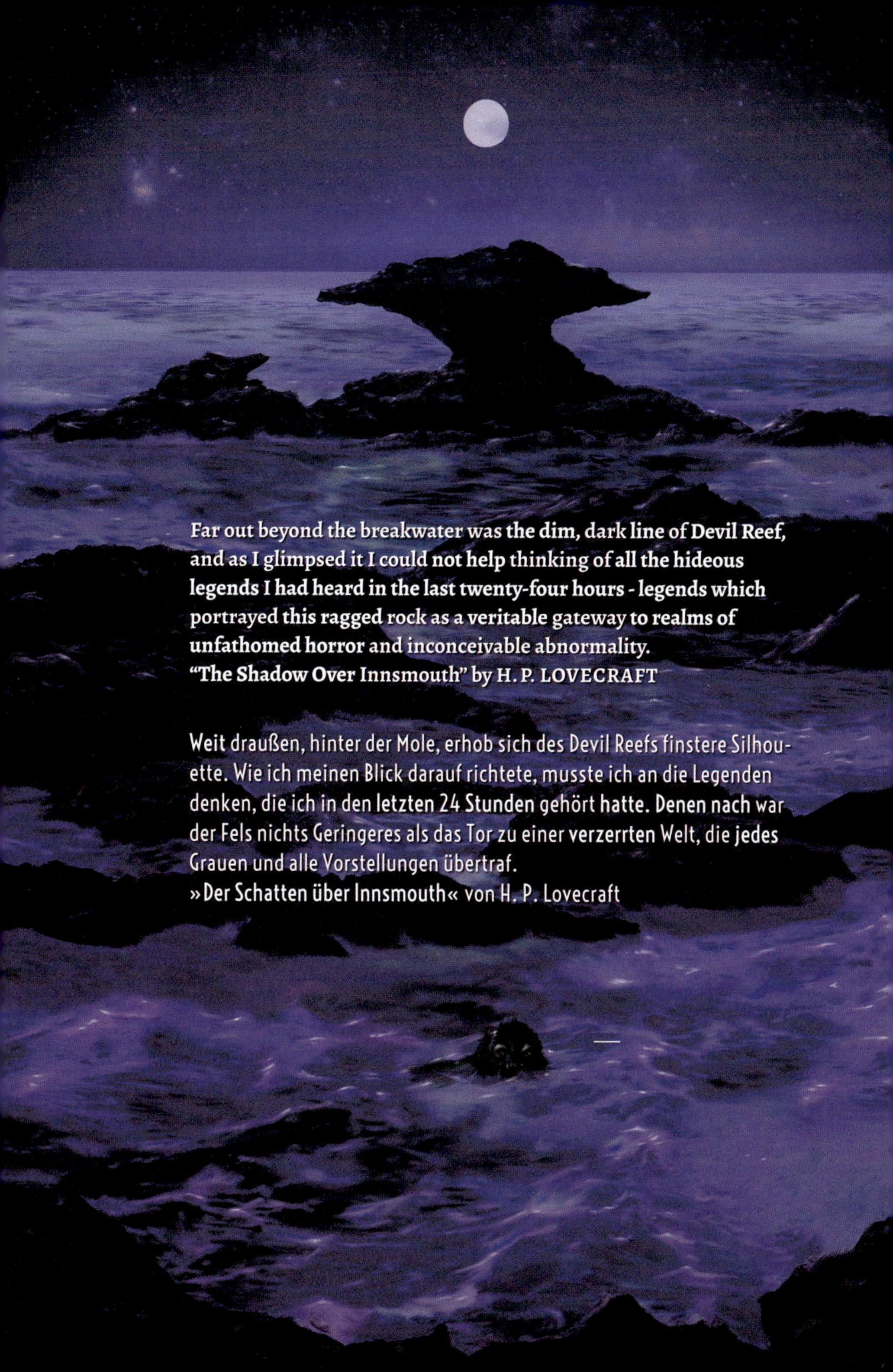

Far out beyond the breakwater was the dim, dark line of Devil Reef, and as I glimpsed it I could not help thinking of all the hideous legends I had heard in the last twenty-four hours - legends which portrayed this ragged rock as a veritable gateway to realms of unfathomed horror and inconceivable abnormality.
"The Shadow Over Innsmouth" by H. P. LOVECRAFT

Weit draußen, hinter der Mole, erhob sich des Devil Reefs finstere Silhouette. Wie ich meinen Blick darauf richtete, musste ich an die Legenden denken, die ich in den letzten 24 Stunden gehört hatte. Denen nach war der Fels nichts Geringeres als das Tor zu einer verzerrten Welt, die jedes Grauen und alle Vorstellungen übertraf.
»Der Schatten über Innsmouth« von H. P. Lovecraft

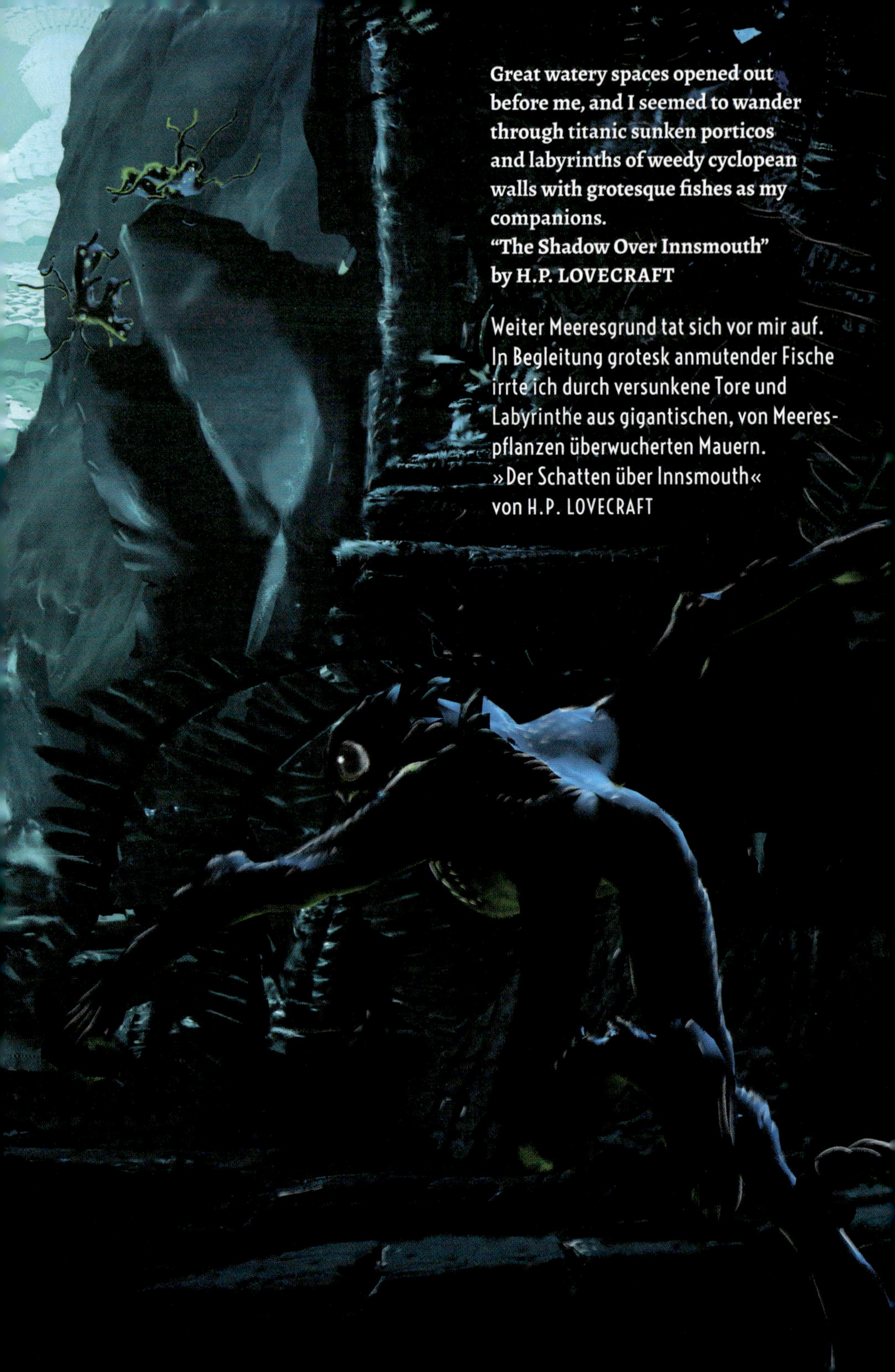

Great watery spaces opened out before me, and I seemed to wander through titanic sunken porticos and labyrinths of weedy cyclopean walls with grotesque fishes as my companions.
"The Shadow Over Innsmouth"
by H.P. LOVECRAFT

Weiter Meeresgrund tat sich vor mir auf. In Begleitung grotesk anmutender Fische irrte ich durch versunkene Tore und Labyrinthe aus gigantischen, von Meerespflanzen überwucherten Mauern.
»Der Schatten über Innsmouth«
von H.P. LOVECRAFT

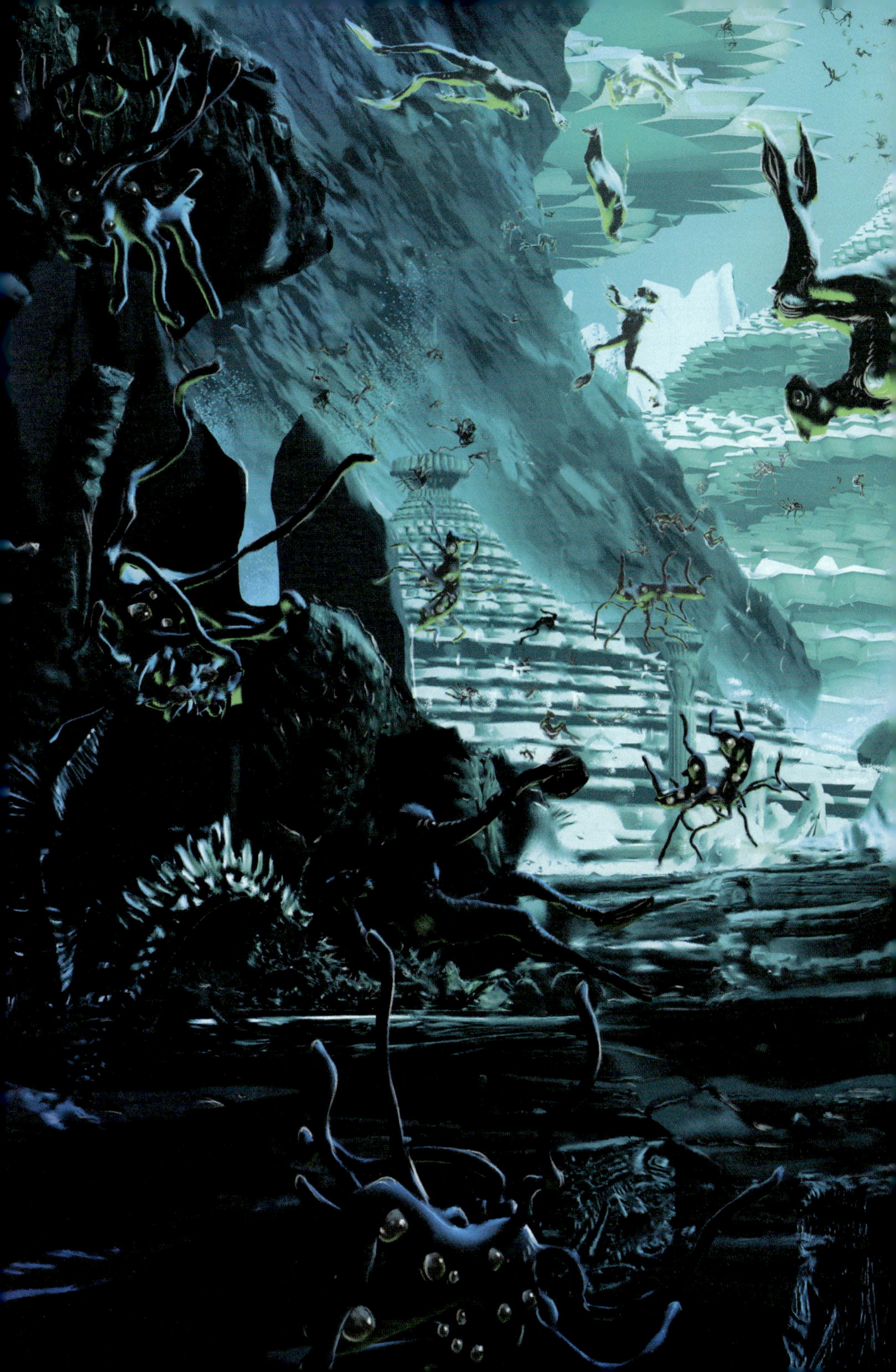

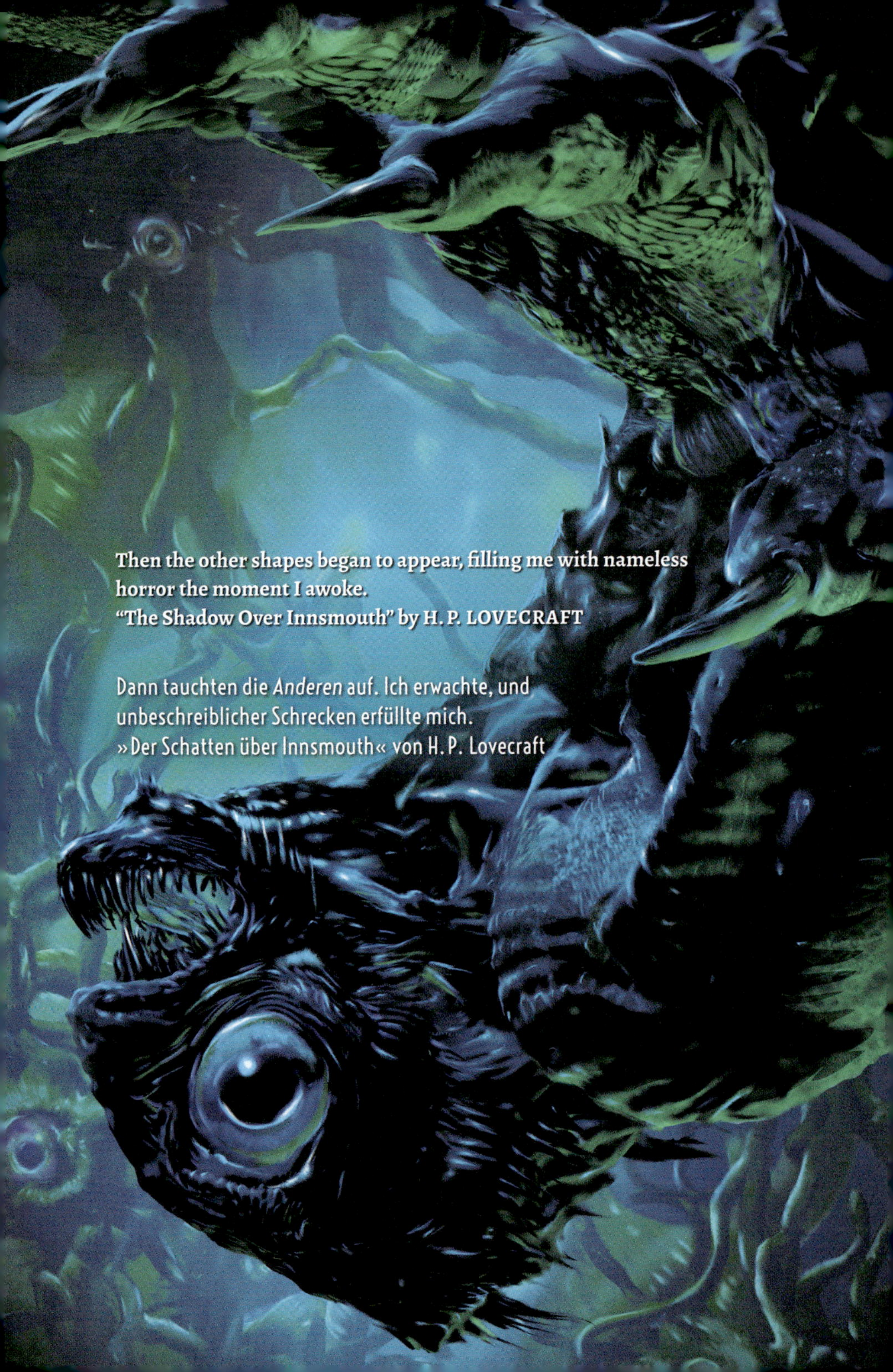

Then the other shapes began to appear, filling me with nameless horror the moment I awoke.
"The Shadow Over Innsmouth" by H. P. LOVECRAFT

Dann tauchten die *Anderen* auf. Ich erwachte, und unbeschreiblicher Schrecken erfüllte mich.
»Der Schatten über Innsmouth« von H. P. Lovecraft

DER SCHATTEN ÜBER INNSMOUTH

Meisterwerke von
H. P. Lovecraft

GOU TANABE

2

6 DAS GILMAN HOUSE

The Gilman House

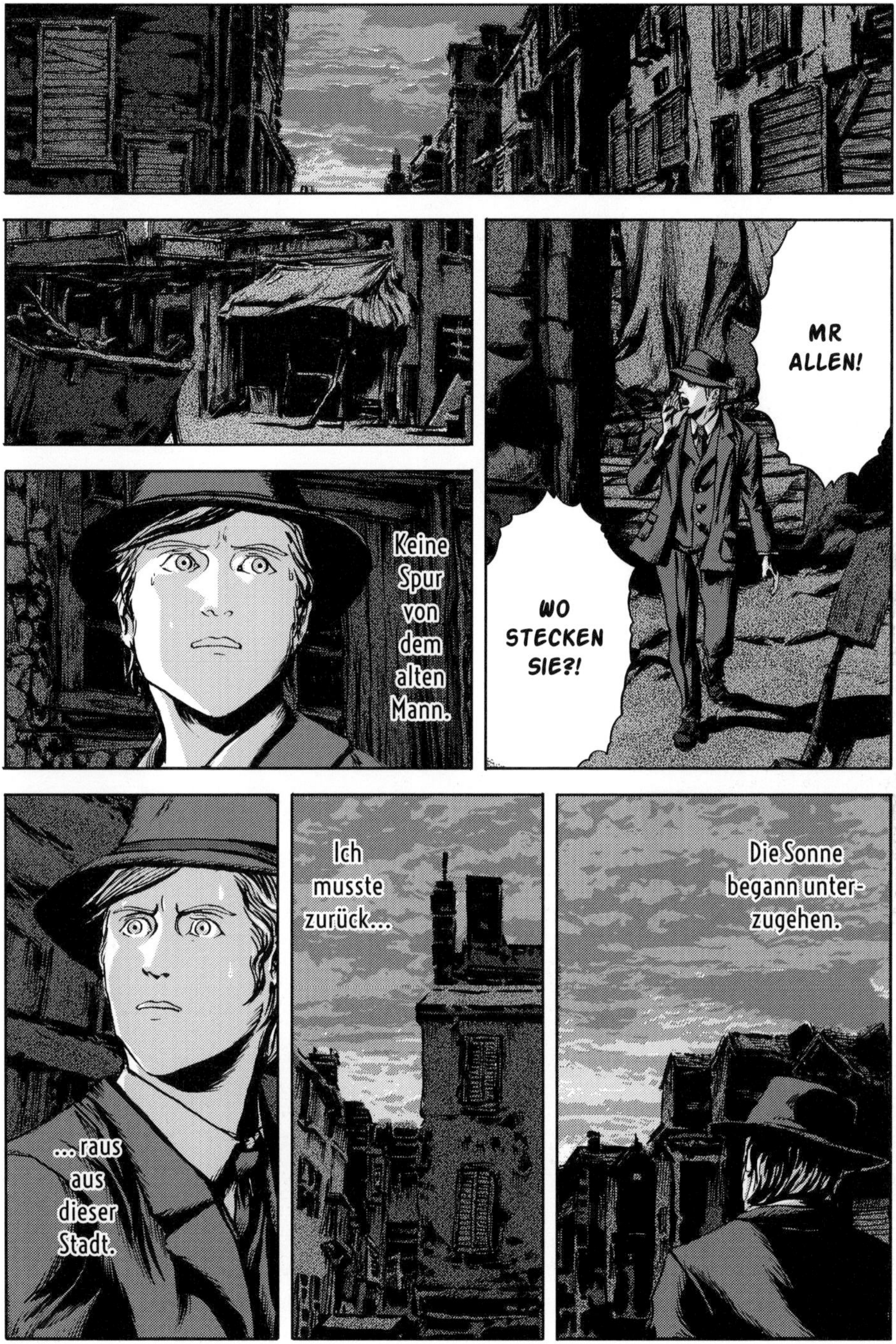
MR ALLEN!
WO STECKEN SIE?!
Keine Spur von dem alten Mann.
Die Sonne begann unter-zugehen.
Ich musste zurück...
...raus aus dieser Stadt.

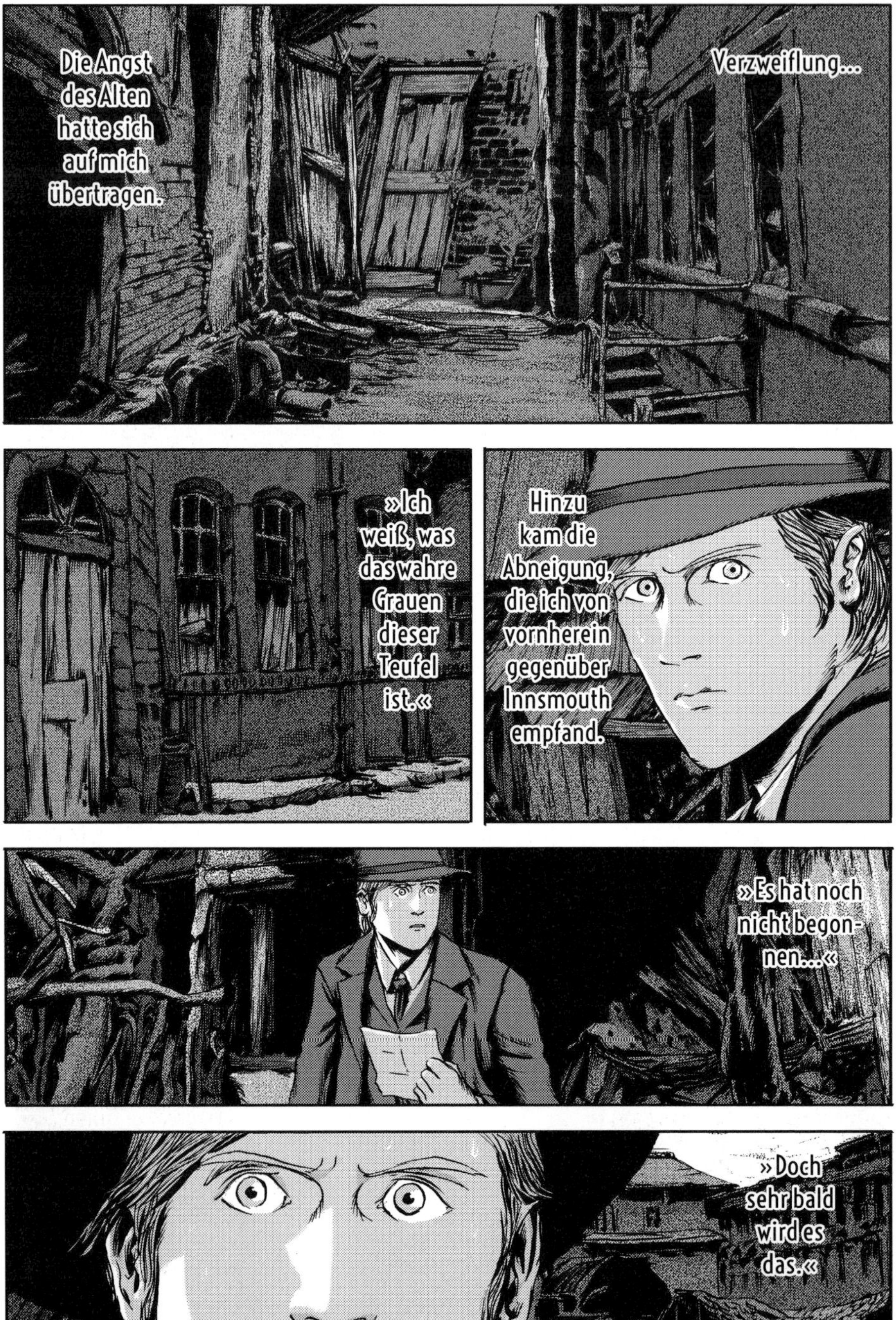
Die Angst des Alten hatte sich auf mich übertragen.
Verzweiflung…
Hinzu kam die Abneigung, die ich von vornherein gegenüber Innsmouth empfand.
» Ich weiß, was das wahre Grauen dieser Teufel ist.«
» Es hat noch nicht begon-nen…«
» Doch sehr bald wird es das.«

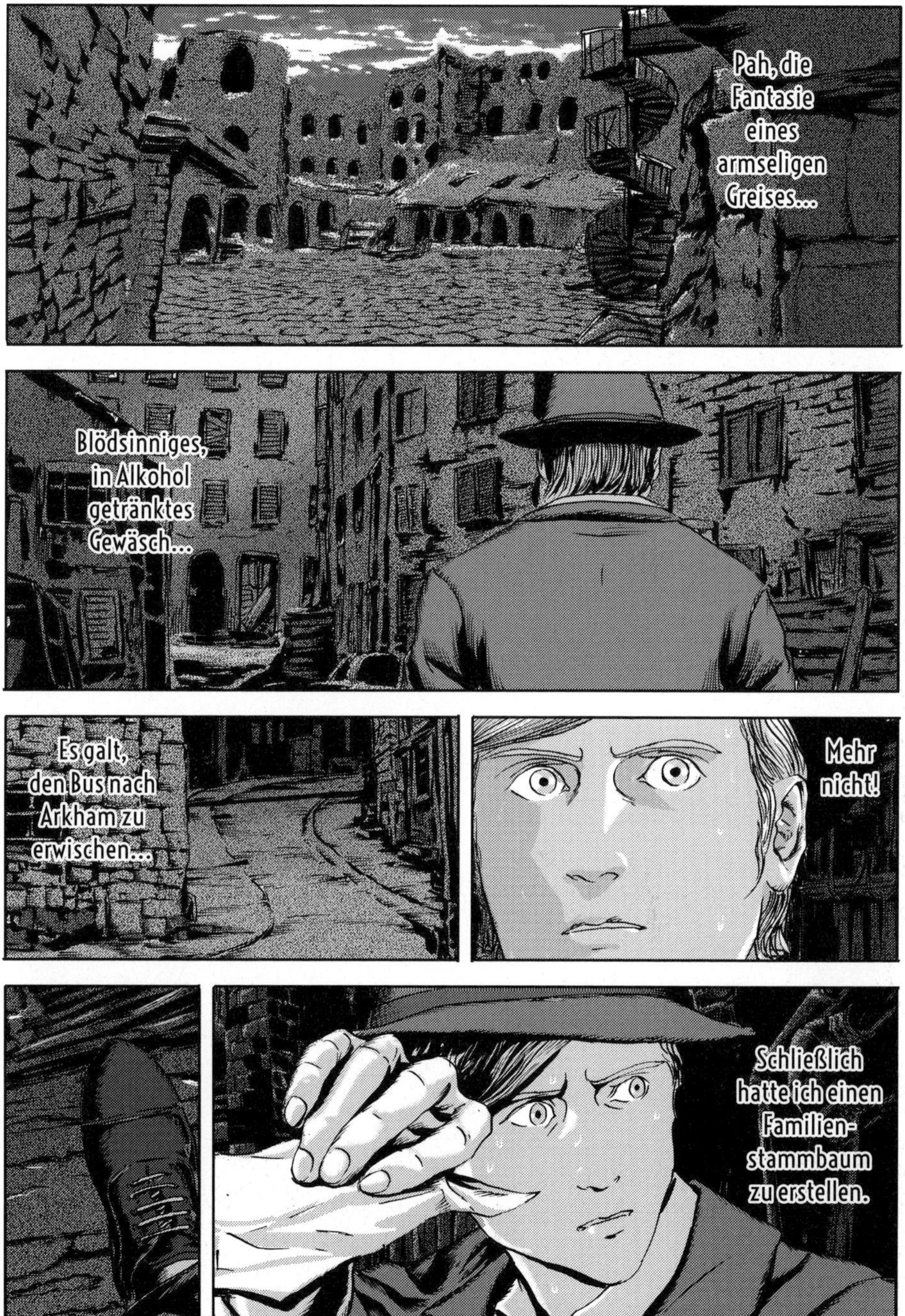
Pah, die Fantasie eines armseligen Greises...
Blödsinniges, in Alkohol getränktes Gewäsch...
Es galt, den Bus nach Arkham zu erwischen...
Mehr nicht!
Schließlich hatte ich einen Familien-stammbaum zu erstellen.

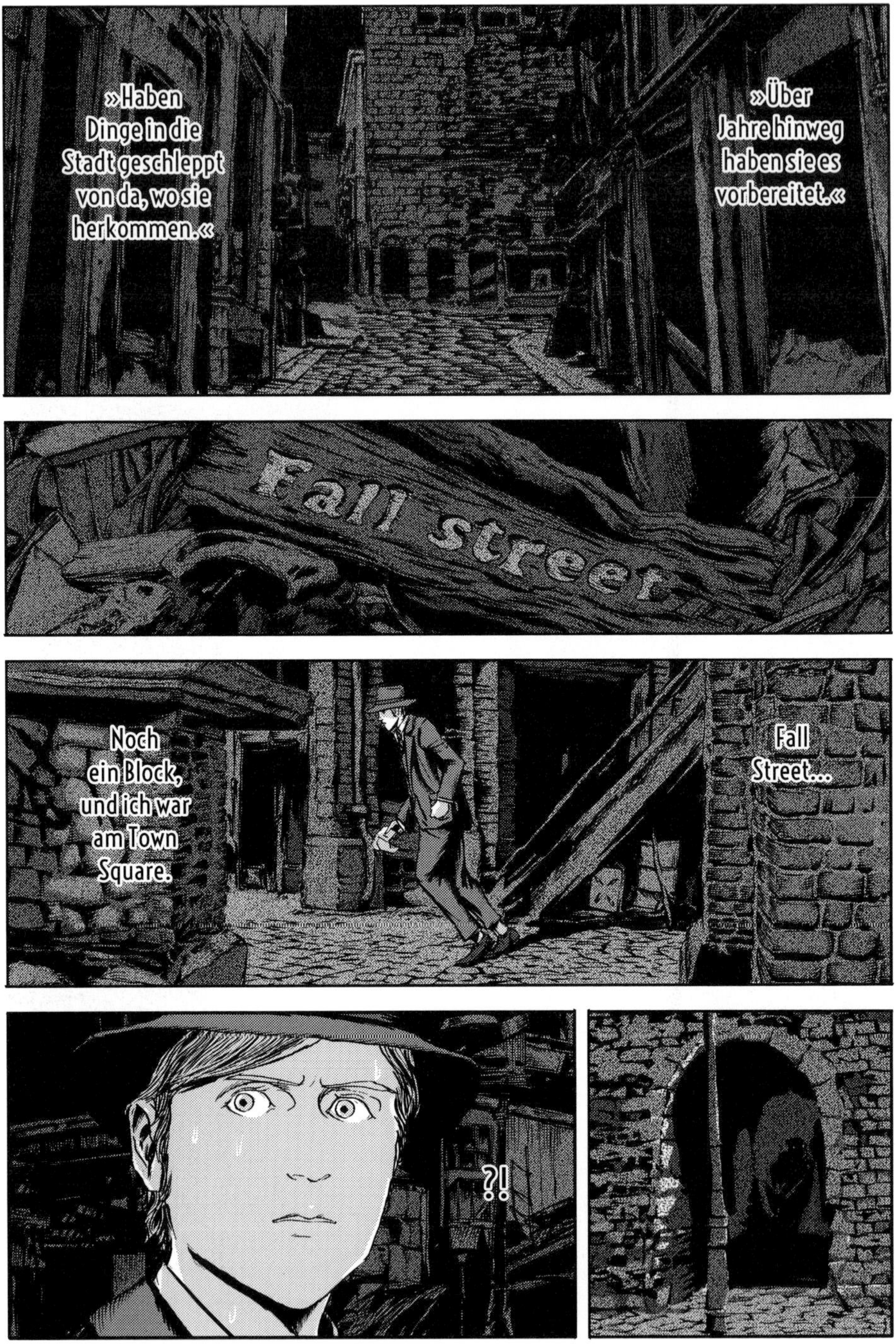
»Über Jahre hinweg haben sie es vorbereitet.«
»Haben Dinge in die Stadt geschleppt von da, wo sie herkommen.«
Fall street
Fall Street...
Noch ein Block, und ich war am Town Square.
?!

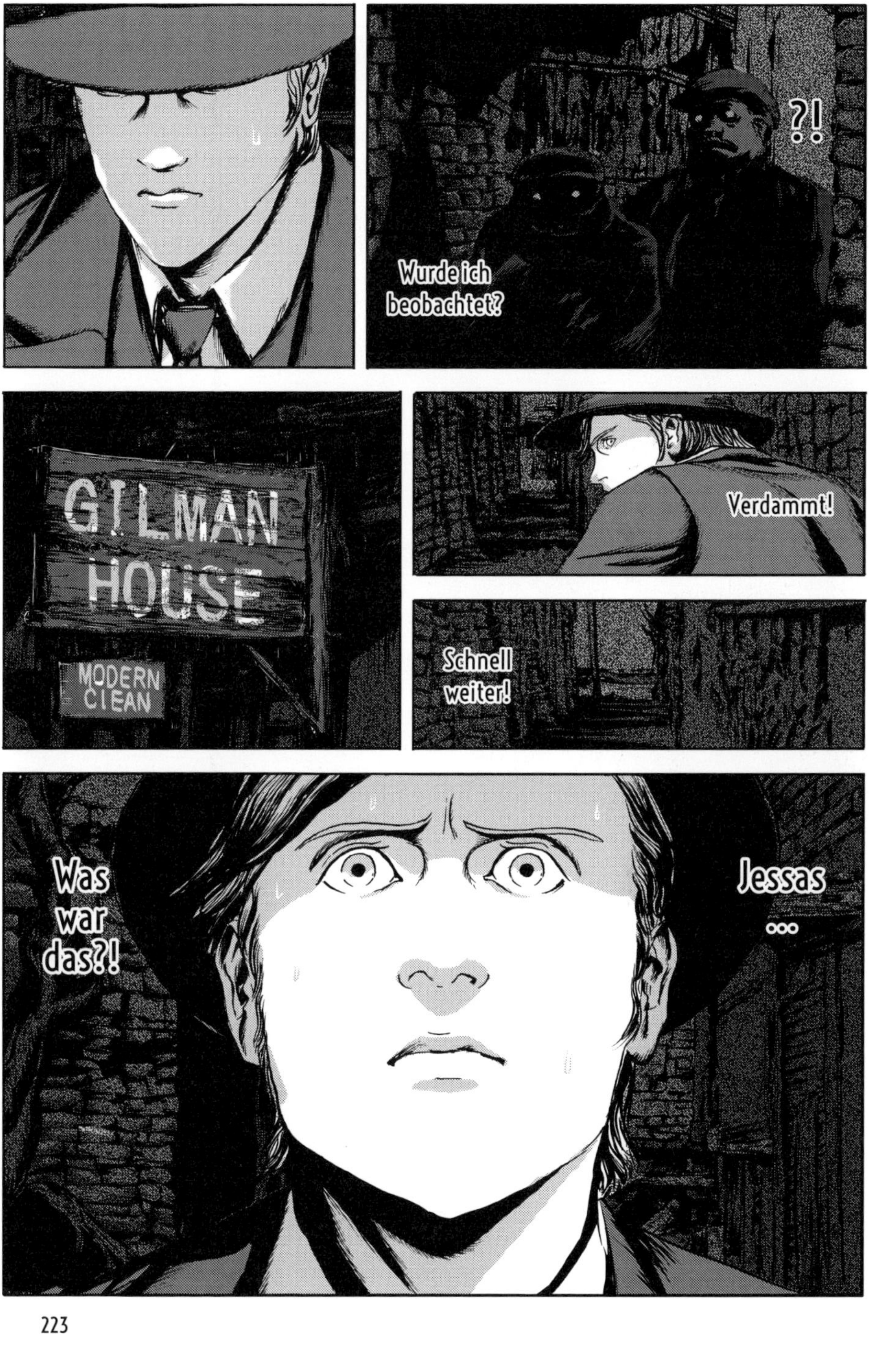
?!
Wurde ich beobachtet?
Verdammt!
Schnell weiter!
GILMAN HOUSE
MODERN CLEAN
Jessas ...
Was war das?!

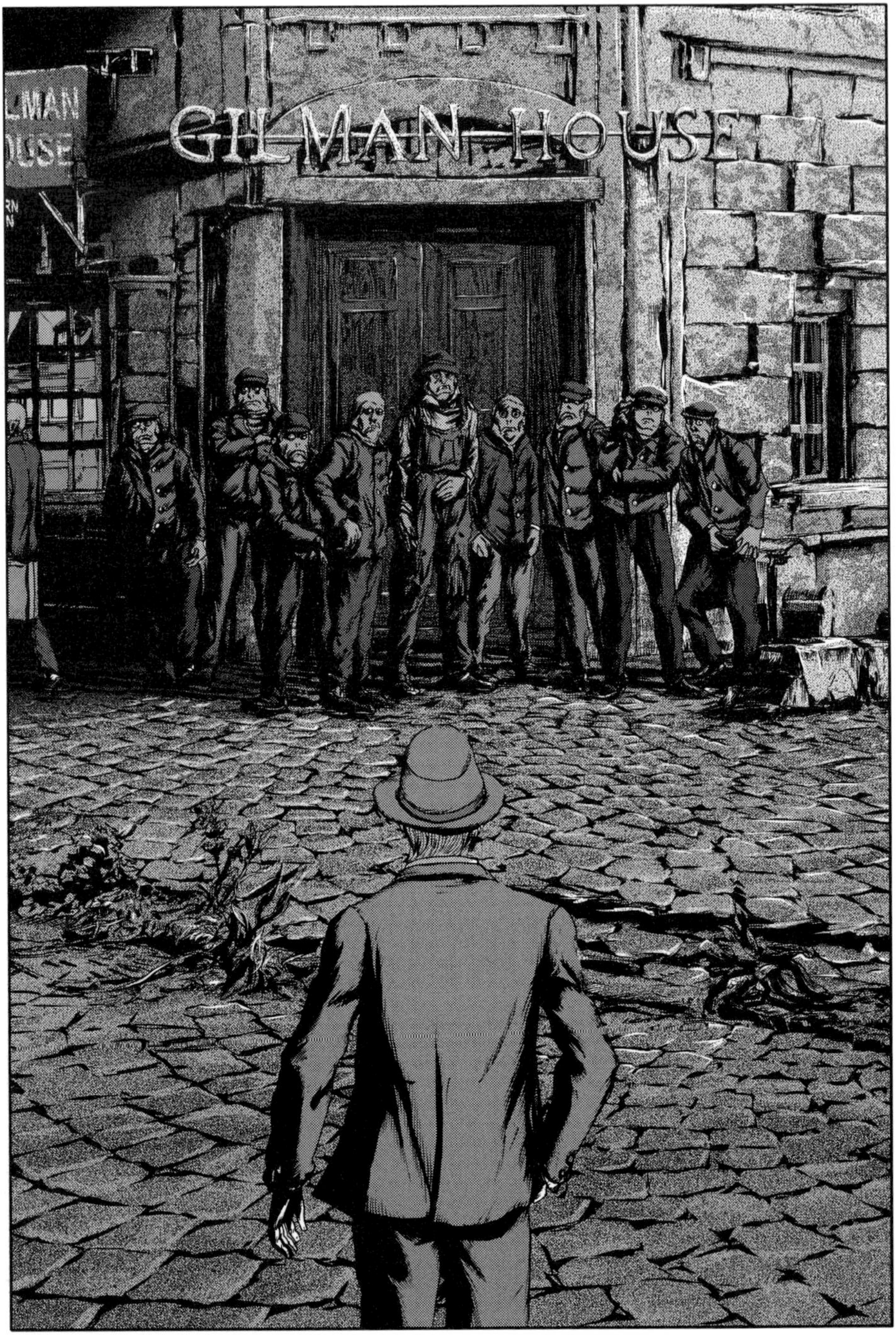
GILMAN HOUSE
LMAN
USE

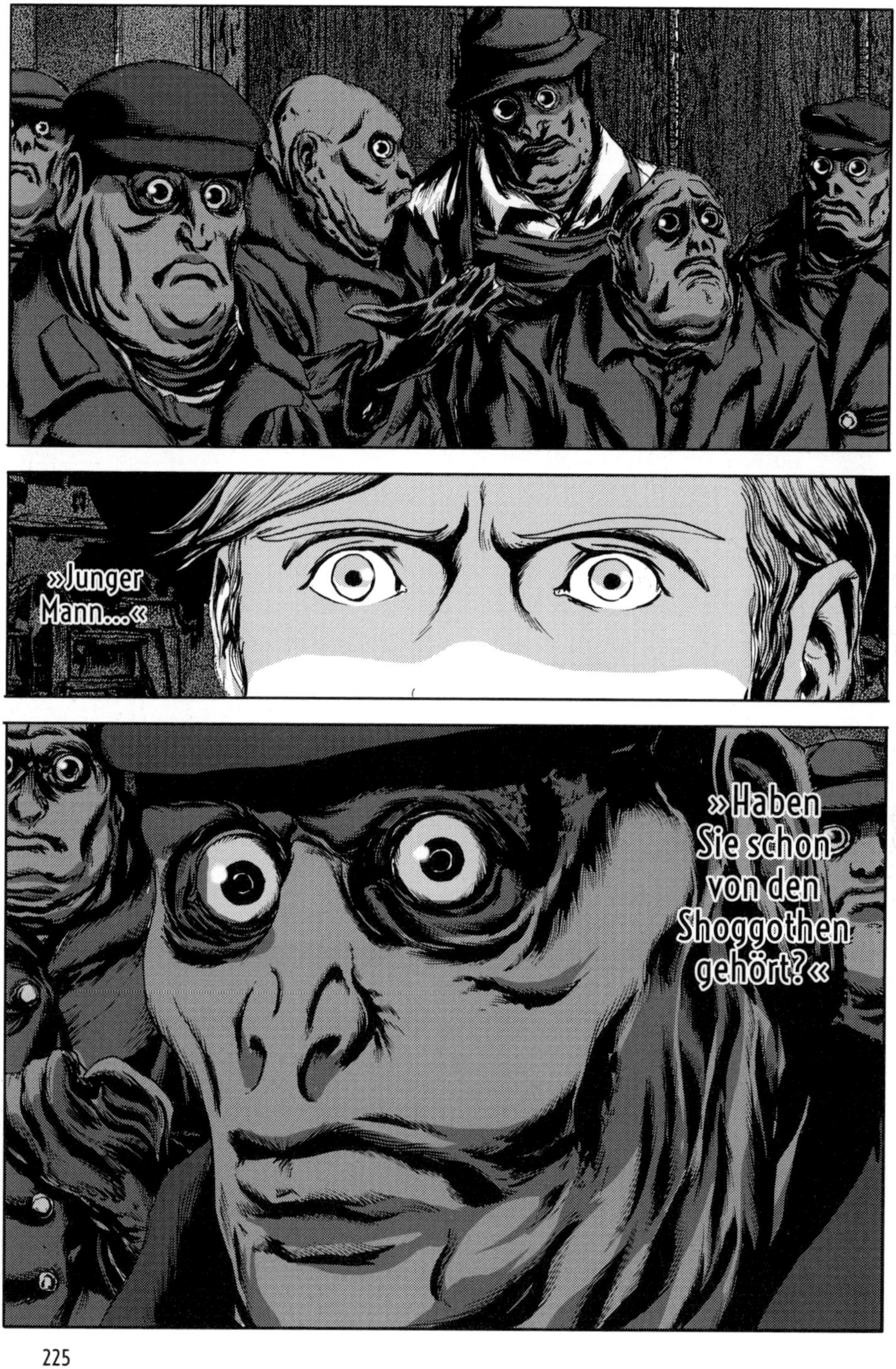
»Junger Mann...«
»Haben Sie schon von den Shoggothen gehört?«

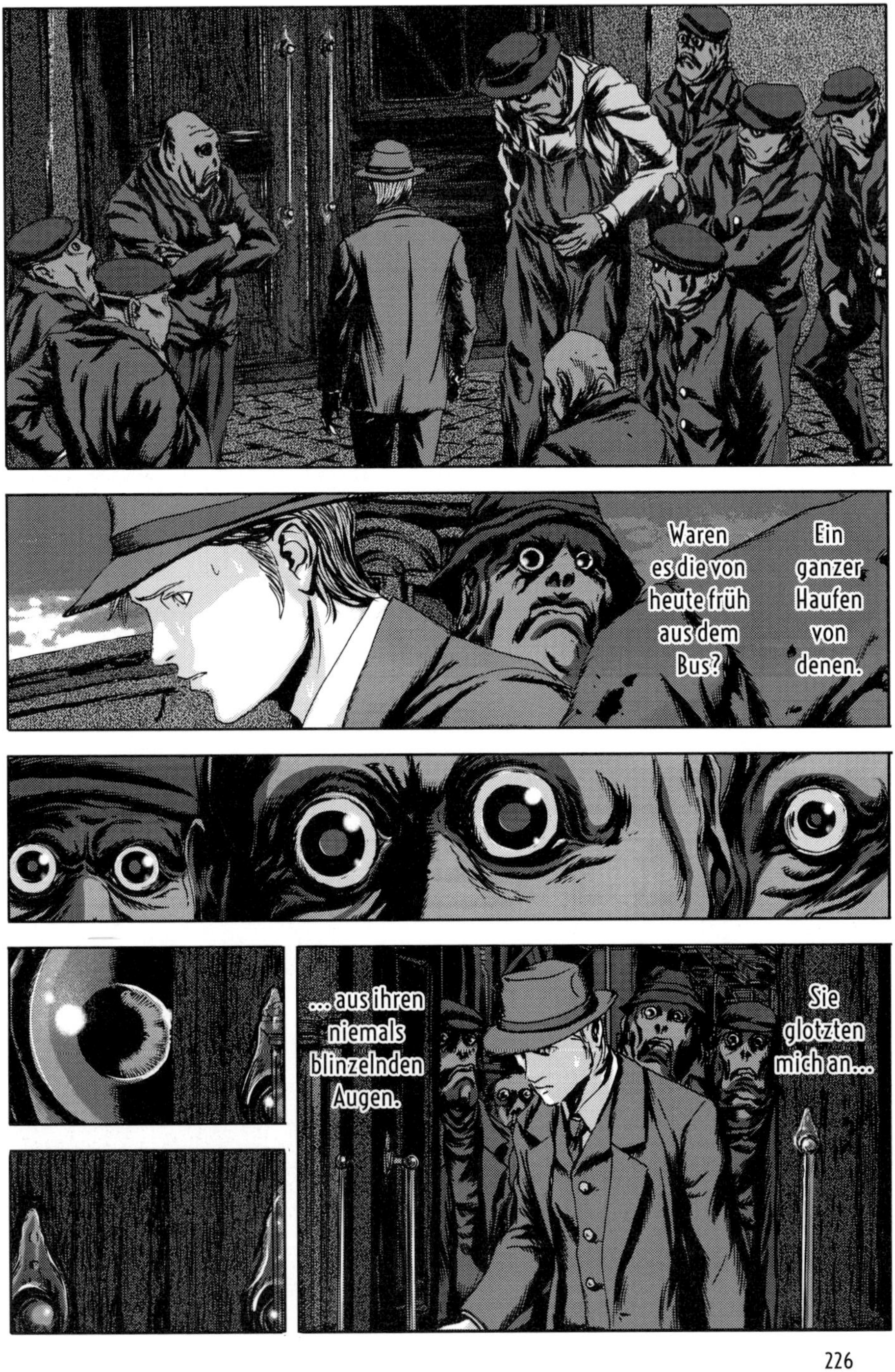
Ein ganzer Haufen von denen.
Waren es die von heute früh aus dem Bus?
Sie glotzten mich an...
... aus ihren niemals blinzelnden Augen.

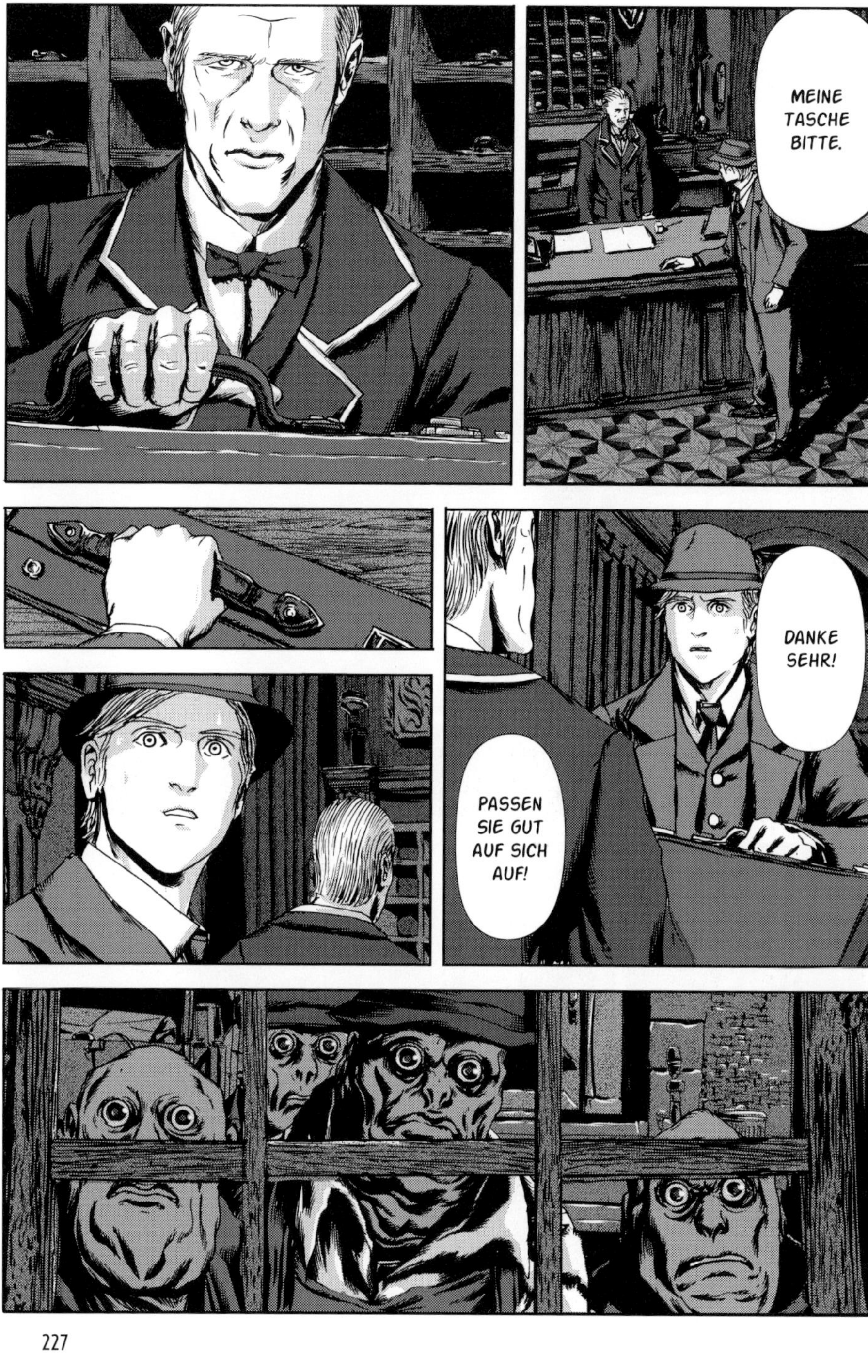
MEINE TASCHE BITTE.
DANKE SEHR!
PASSEN SIE GUT AUF SICH AUF!

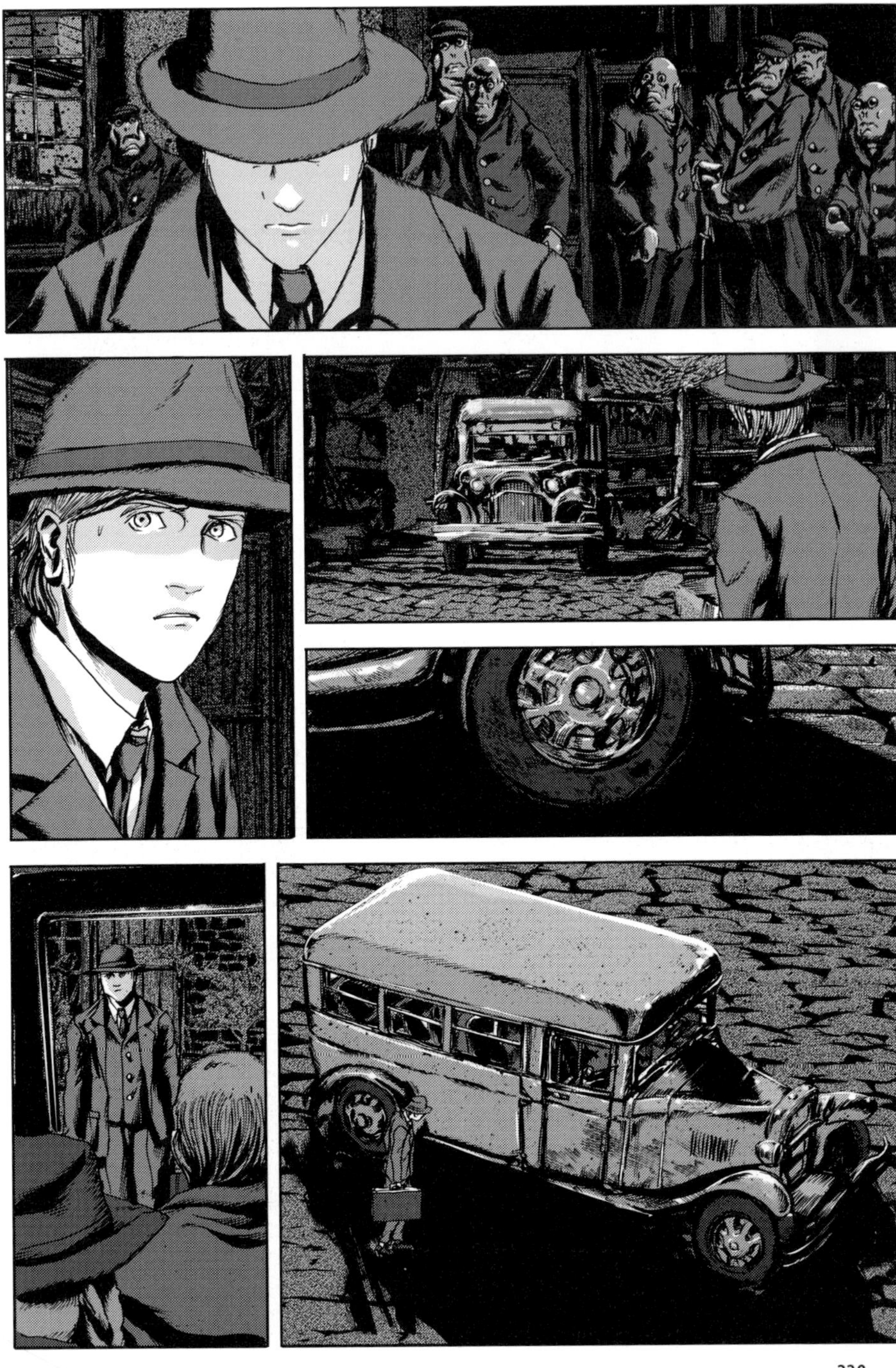

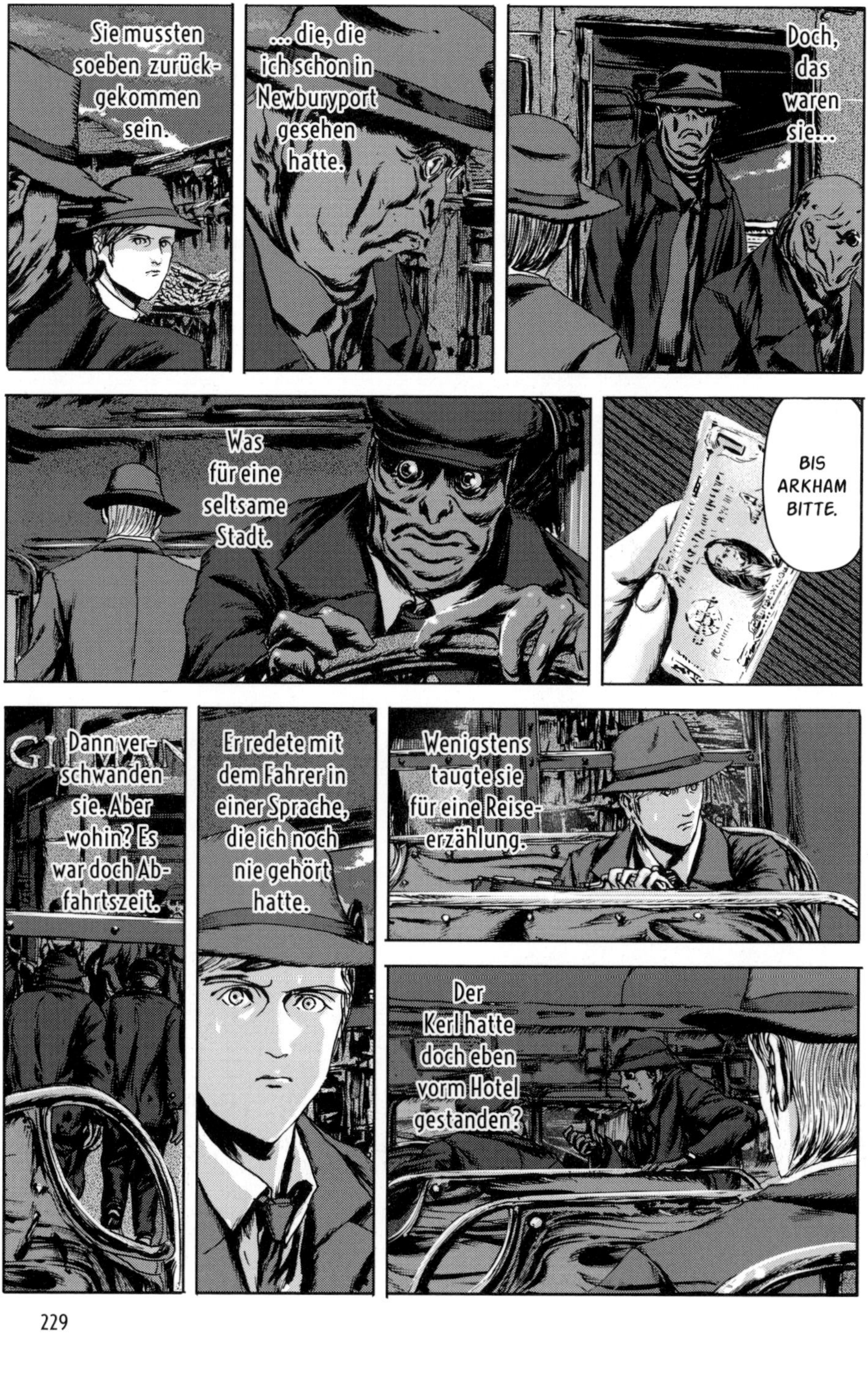
Sie mussten soeben zurückgekommen sein.
... die, die ich schon in Newburyport gesehen hatte.
Doch, das waren sie...
Was für eine seltsame Stadt.
BIS ARKHAM BITTE.
Dann verschwanden sie. Aber wohin? Es war doch Abfahrtszeit.
Er redete mit dem Fahrer in einer Sprache, die ich noch nie gehört hatte.
Wenigstens taugte sie für eine Reiseerzählung.
Der Kerl hatte doch eben vorm Hotel gestanden?

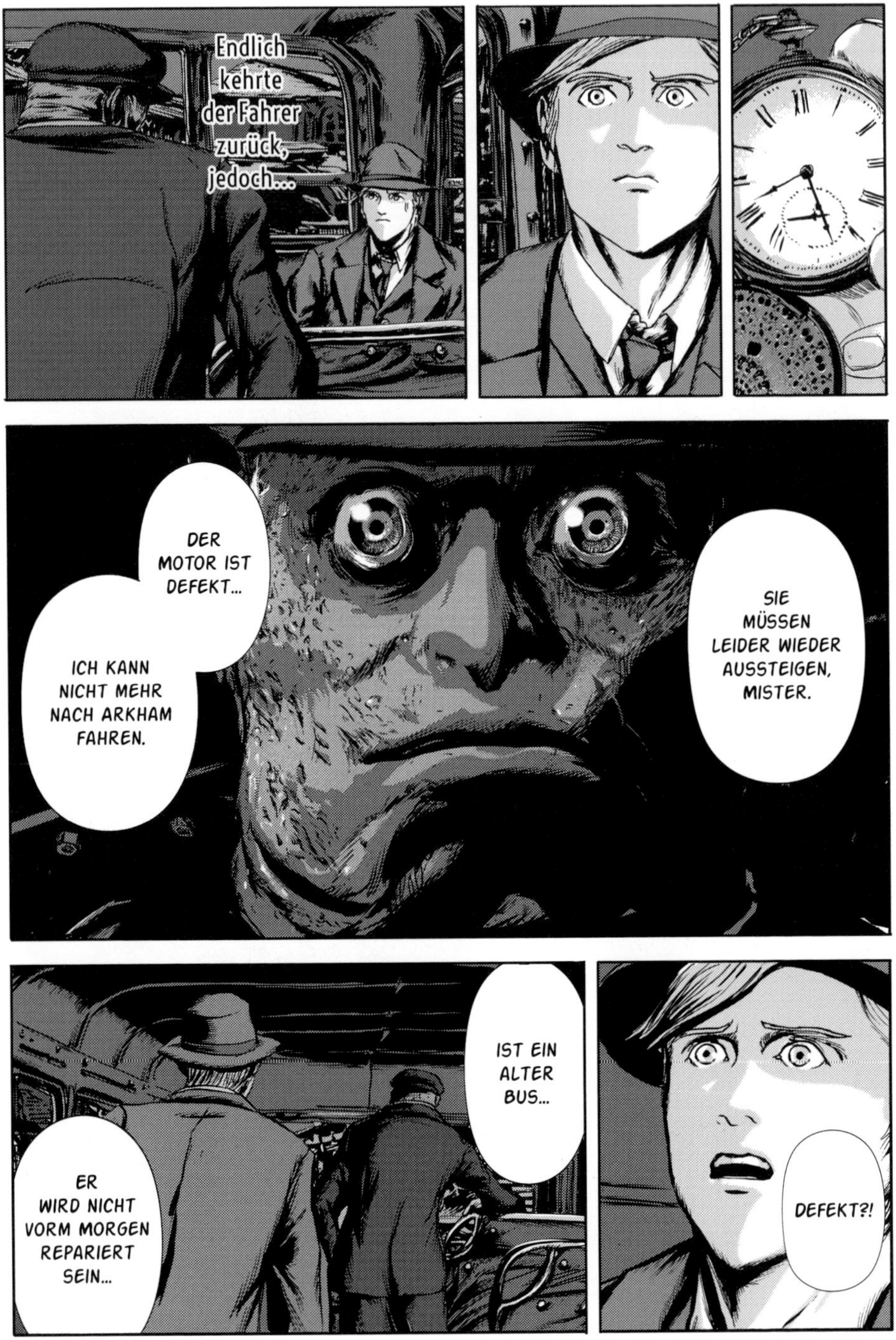
Endlich kehrte der Fahrer zurück, jedoch…
DER MOTOR IST DEFEKT…
ICH KANN NICHT MEHR NACH ARKHAM FAHREN.
SIE MÜSSEN LEIDER WIEDER AUSSTEIGEN, MISTER.
IST EIN ALTER BUS…
ER WIRD NICHT VORM MORGEN REPARIERT SEIN…
DEFEKT?!

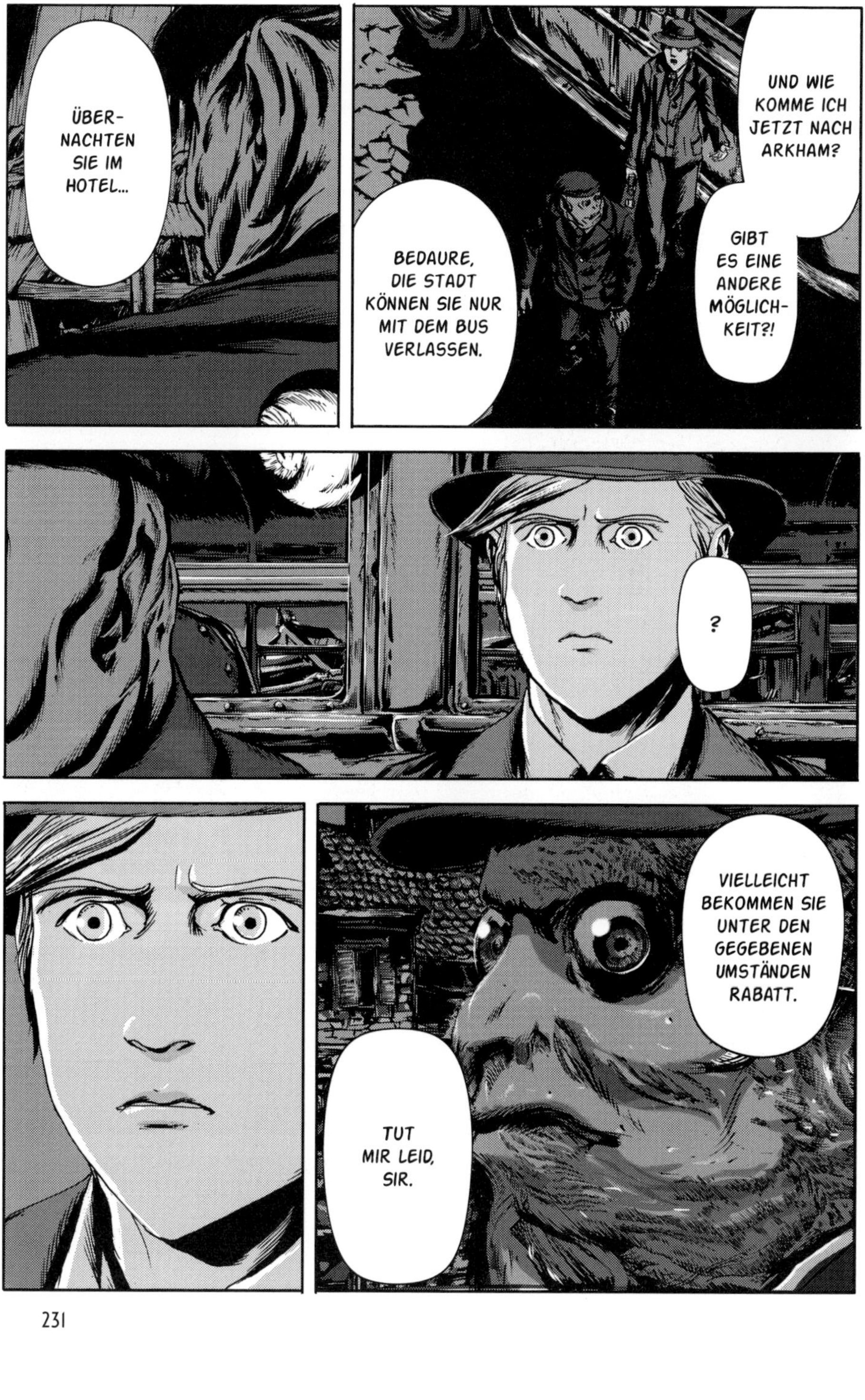
UND WIE KOMME ICH JETZT NACH ARKHAM?
GIBT ES EINE ANDERE MÖGLICH-KEIT?!
BEDAURE, DIE STADT KÖNNEN SIE NUR MIT DEM BUS VERLASSEN.
ÜBER-NACHTEN SIE IM HOTEL...
?
VIELLEICHT BEKOMMEN SIE UNTER DEN GEGEBENEN UMSTÄNDEN RABATT.
TUT MIR LEID, SIR.

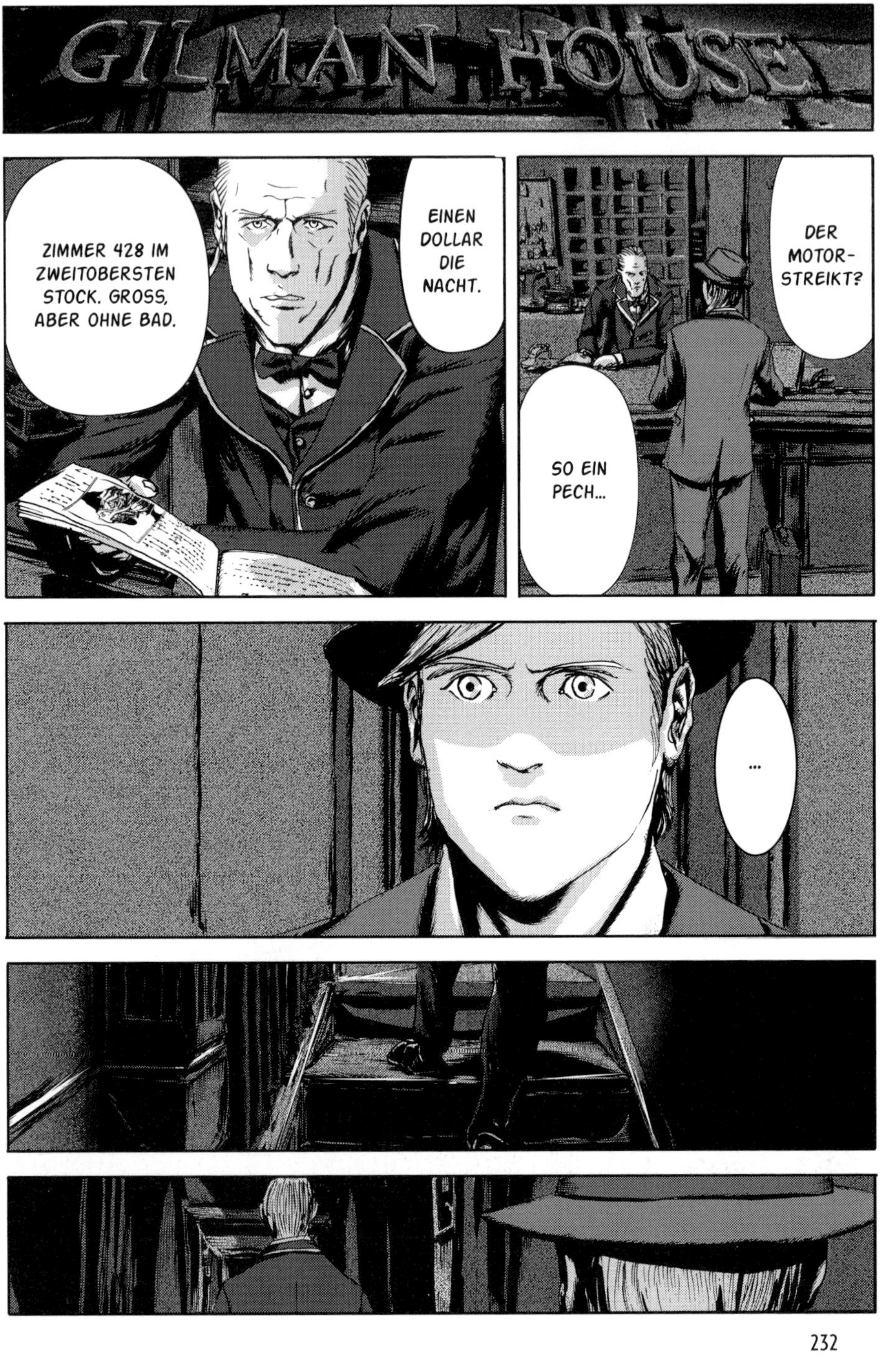
GILMAN HOUSE
ZIMMER 428 IM ZWEITOBERSTEN STOCK. GROSS, ABER OHNE BAD.
EINEN DOLLAR DIE NACHT.
DER MOTOR-STREIKT?
SO EIN PECH...
...

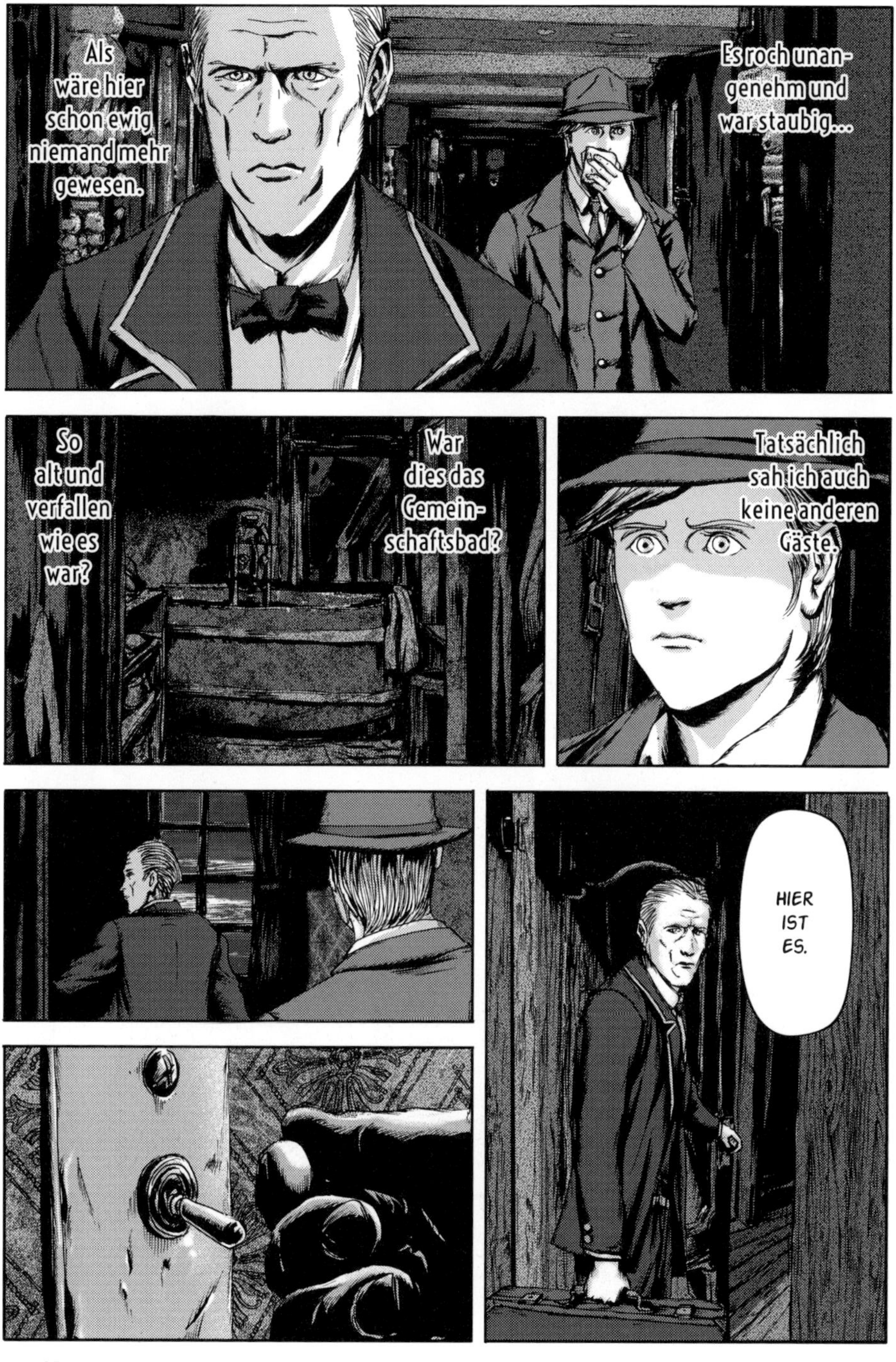
Es roch unangenehm und war staubig…
Als wäre hier schon ewig niemand mehr gewesen.
Tatsächlich sah ich auch keine anderen Gäste.
War dies das Gemeinschaftsbad?
So alt und verfallen wie es war?
HIER IST ES.

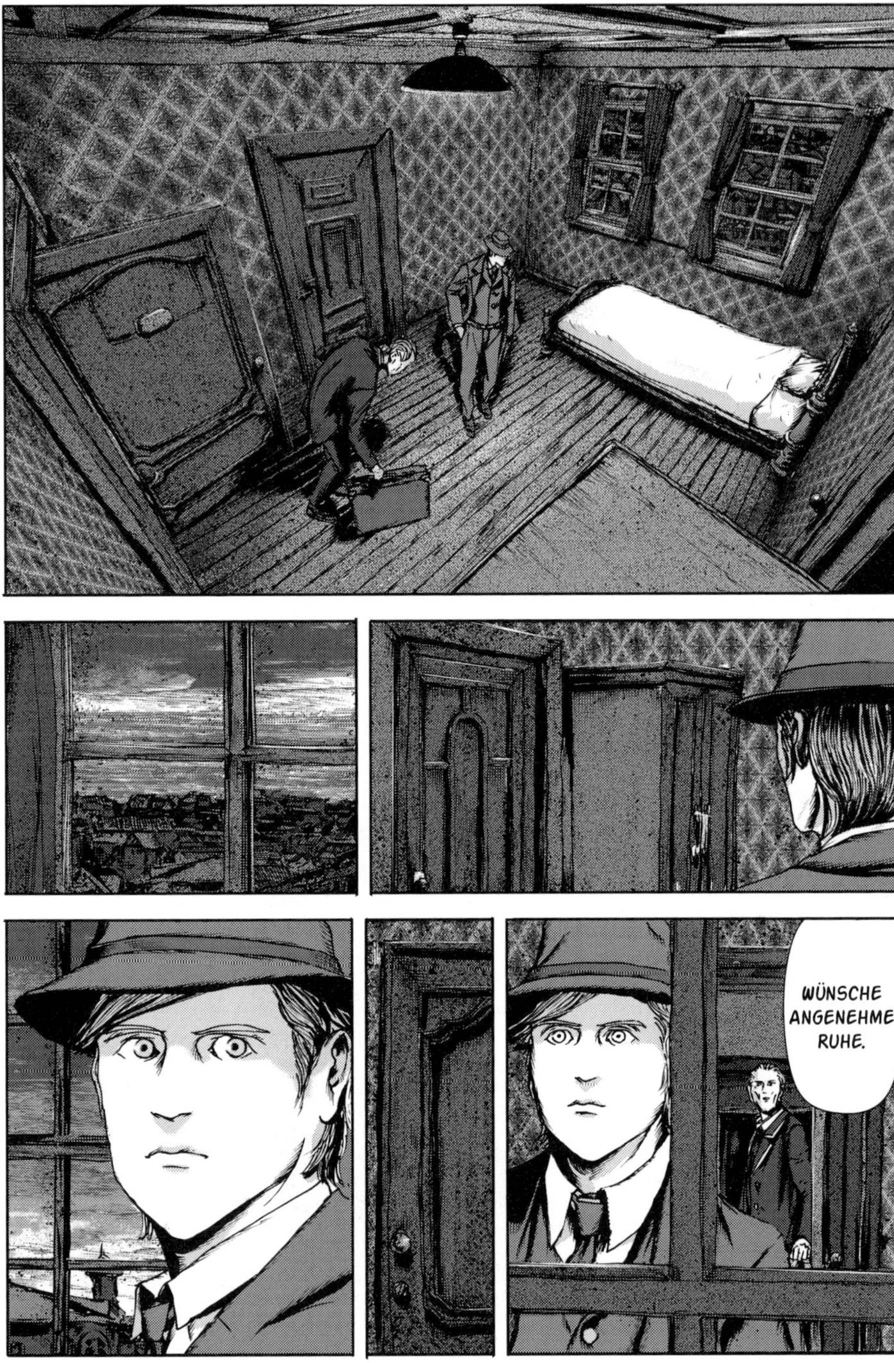
WÜNSCHE
ANGENEHME
RUHE.

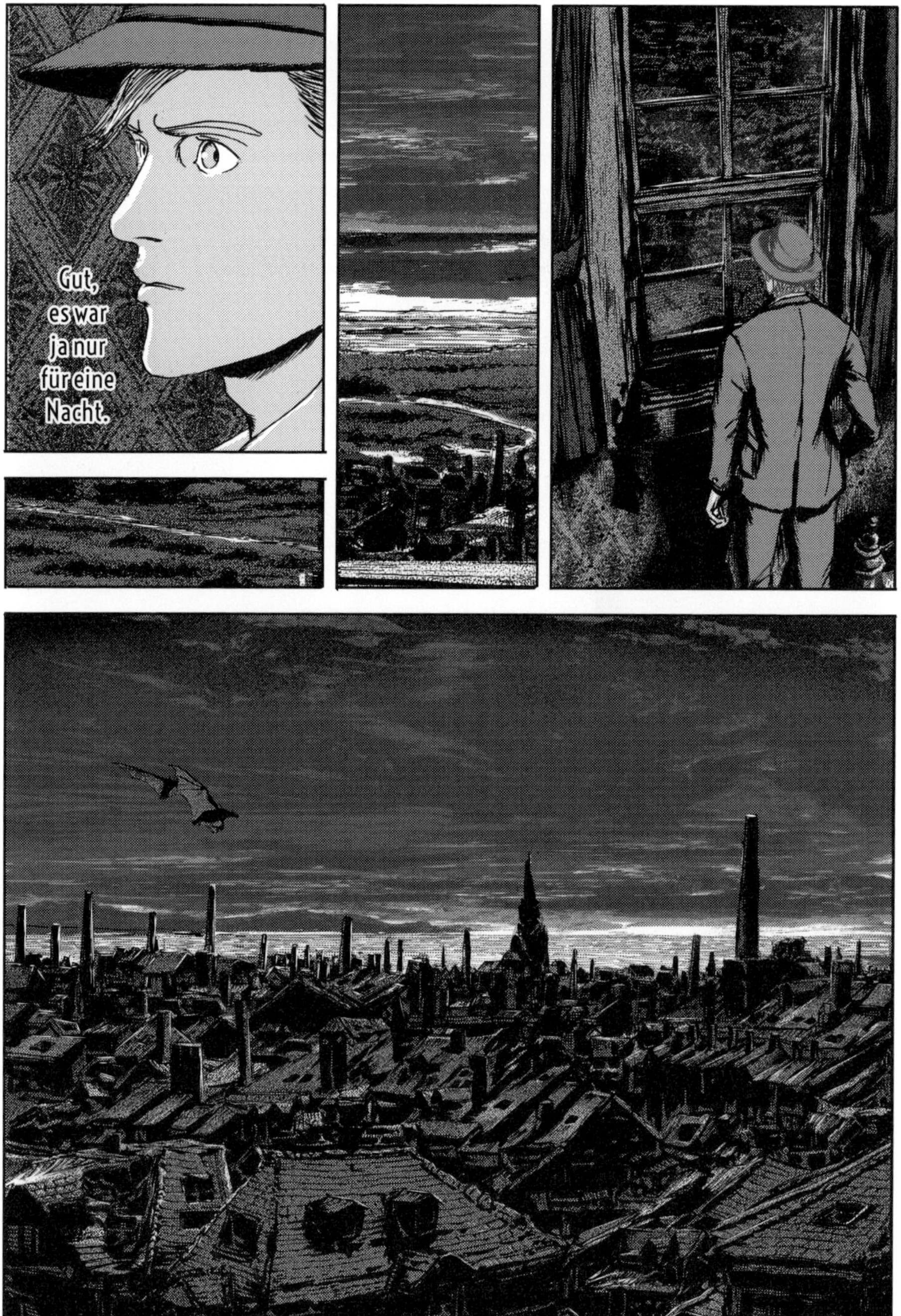
Gut, es war ja nur für eine Nacht.

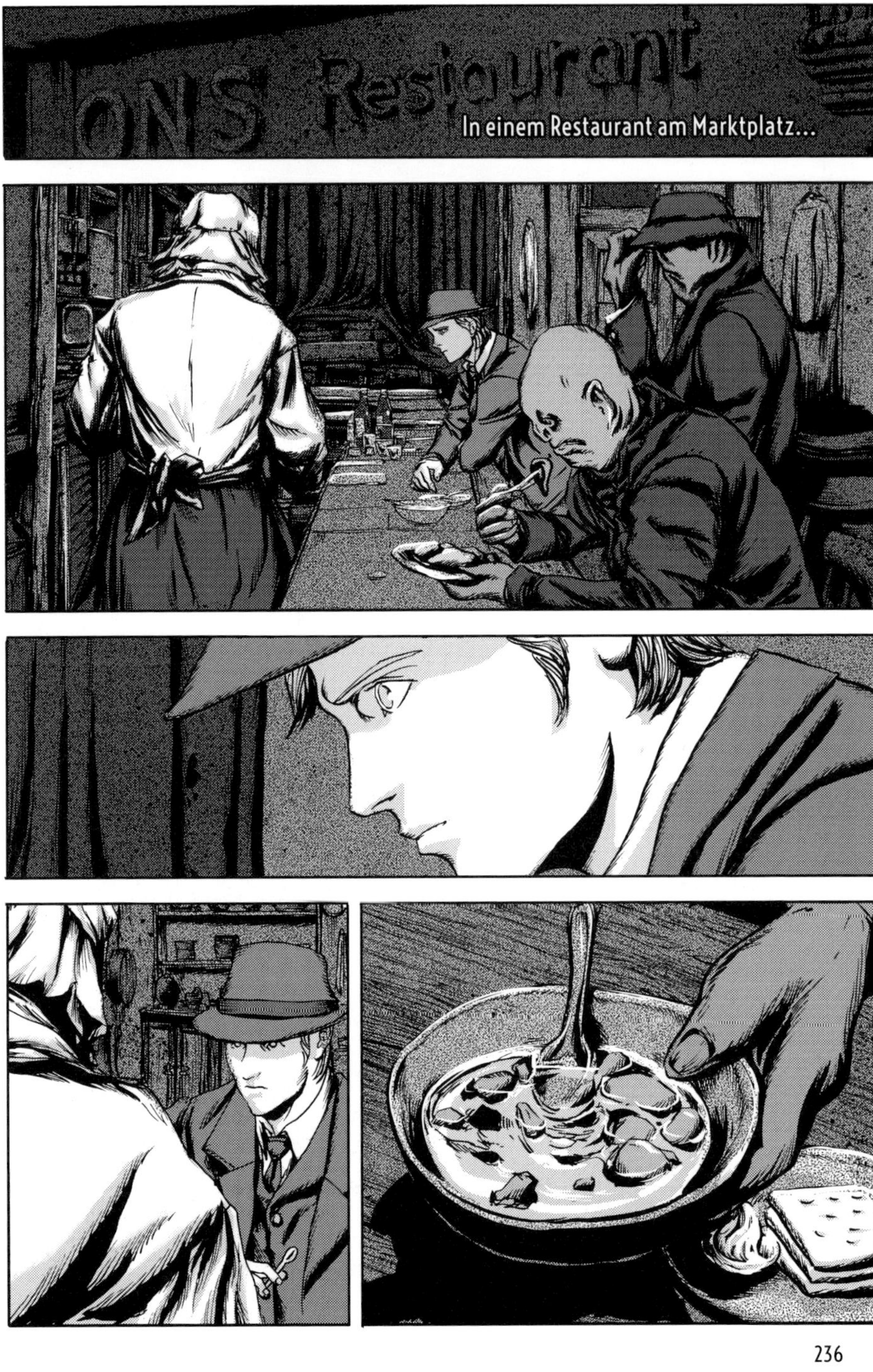
ONS Restaurant
In einem Restaurant am Marktplatz...

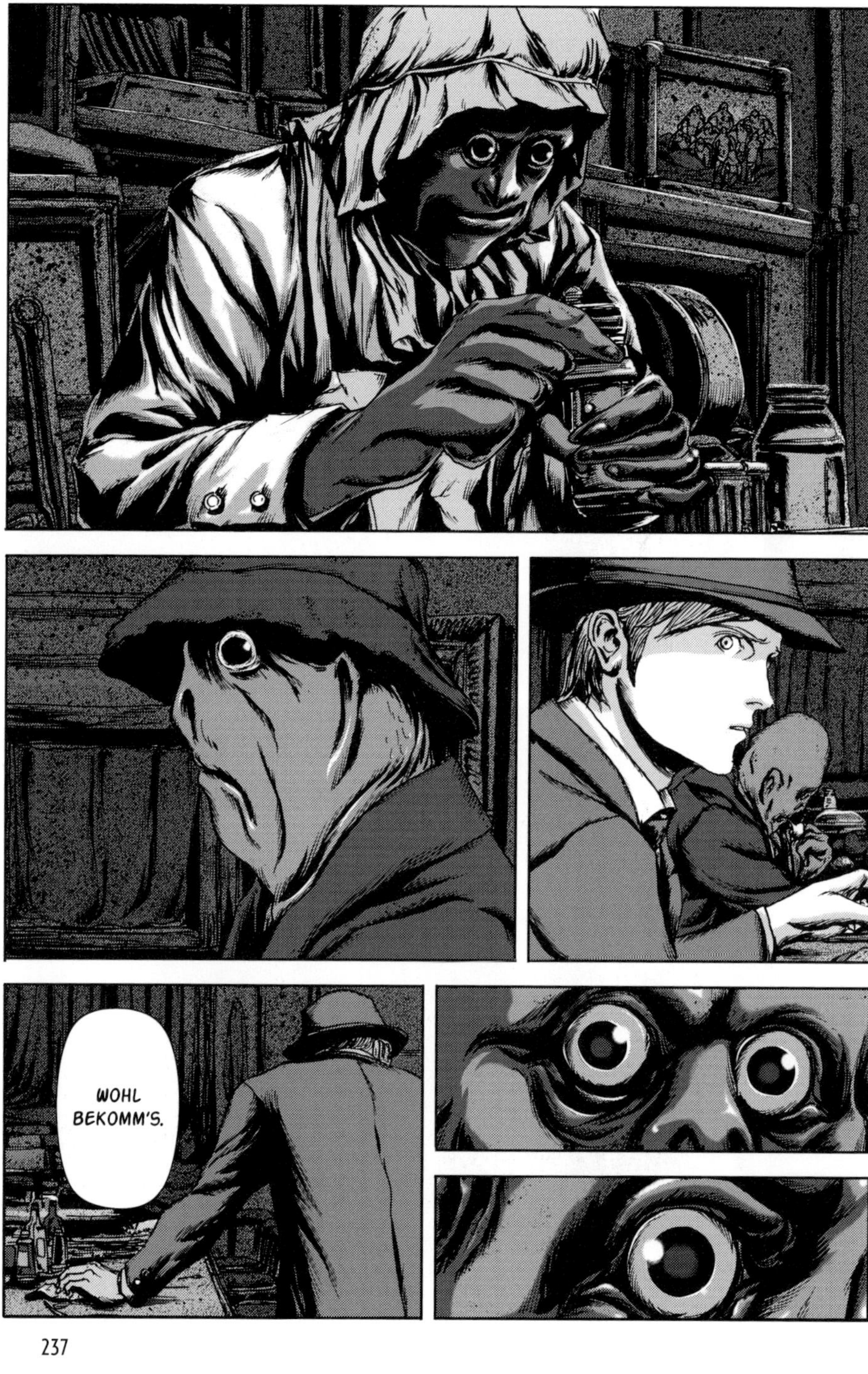
WOHL BEKOMM'S.

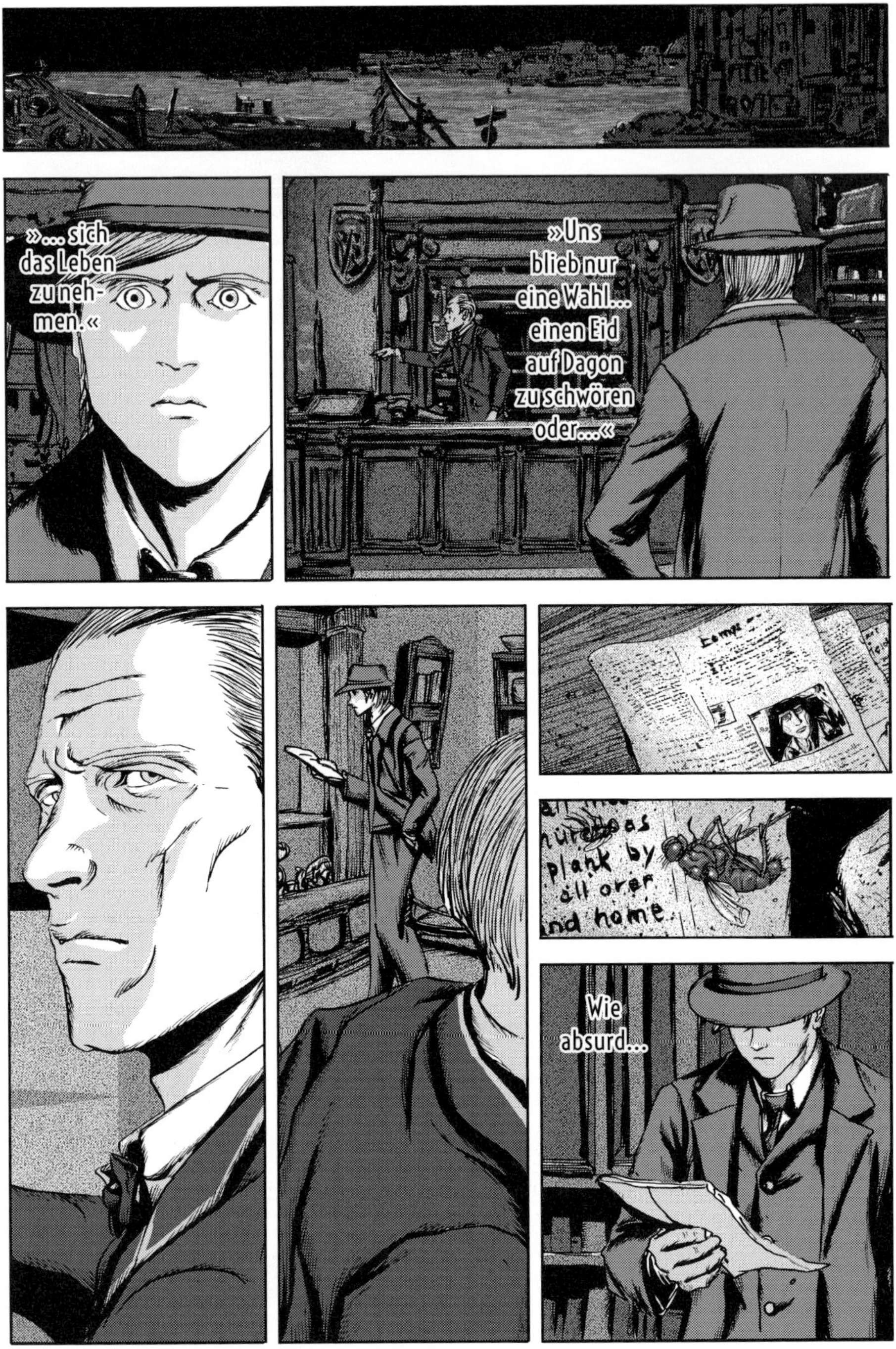
»Uns blieb nur eine Wahl... einen Eid auf Dagon zu schwören oder...«
»... sich das Leben zu nehmen.«
Wie absurd...

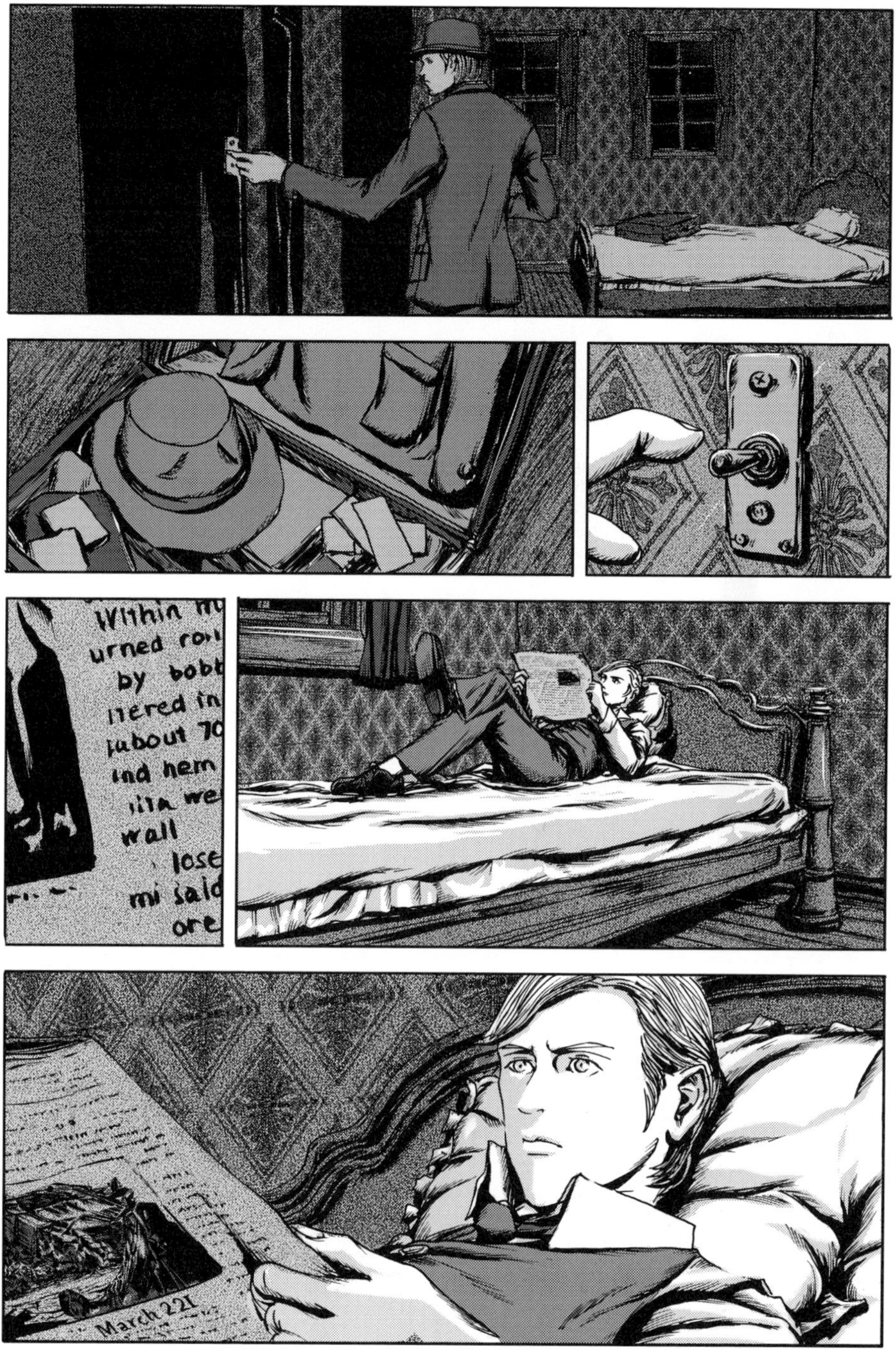
Within m
urned ro
by bobb
iiered in
about 70
ind hem
iita we
wall
lose
mi said
ore
March 22

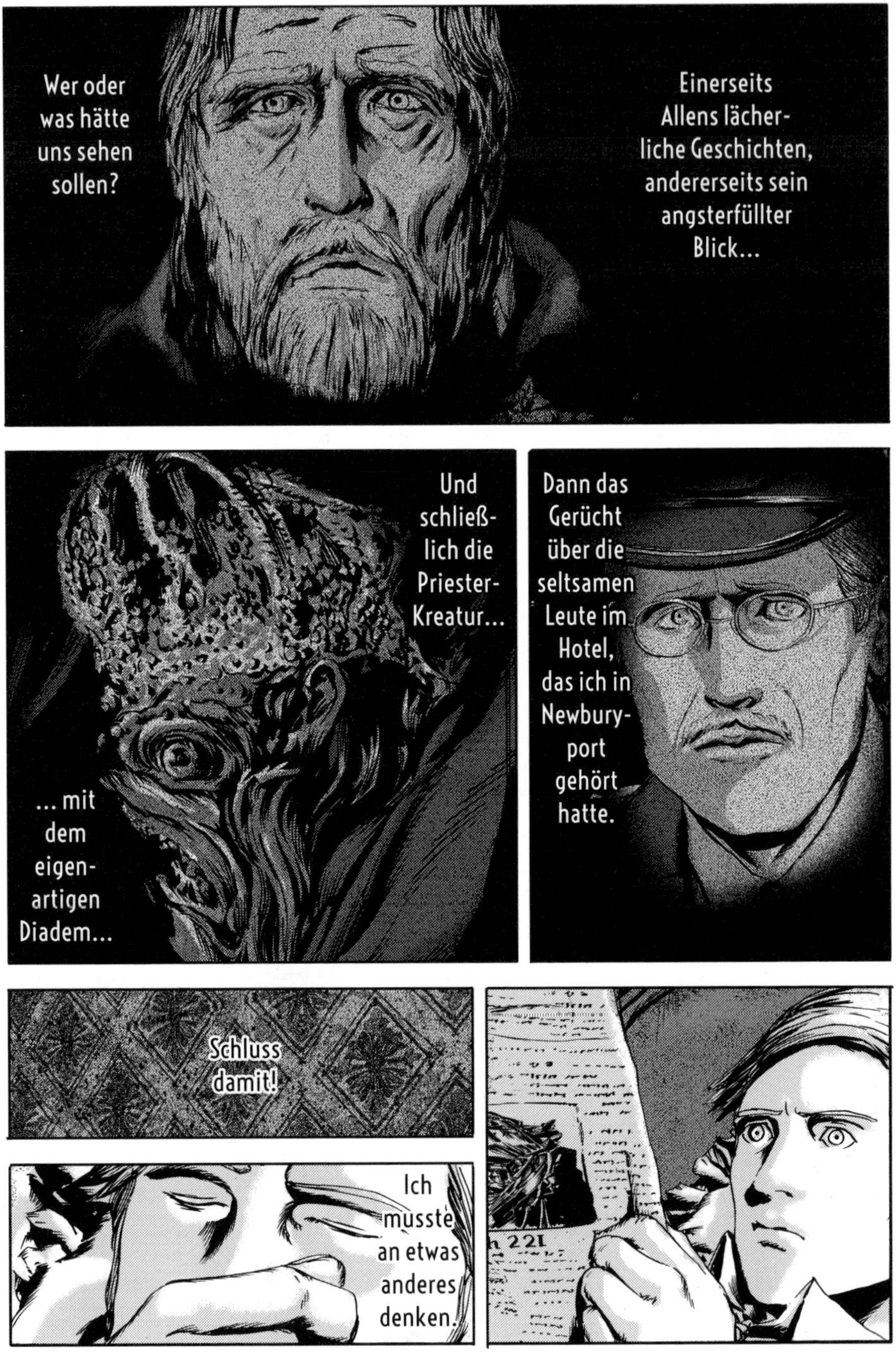
Wer oder was hätte uns sehen sollen?
Einerseits Allens lächerliche Geschichten, andererseits sein angsterfüllter Blick...
Und schließlich die Priester-Kreatur...
... mit dem eigenartigen Diadem...
Dann das Gerücht über die seltsamen Leute im Hotel, das ich in Newburyport gehört hatte.
Schluss damit!
Ich musste an etwas anderes denken.

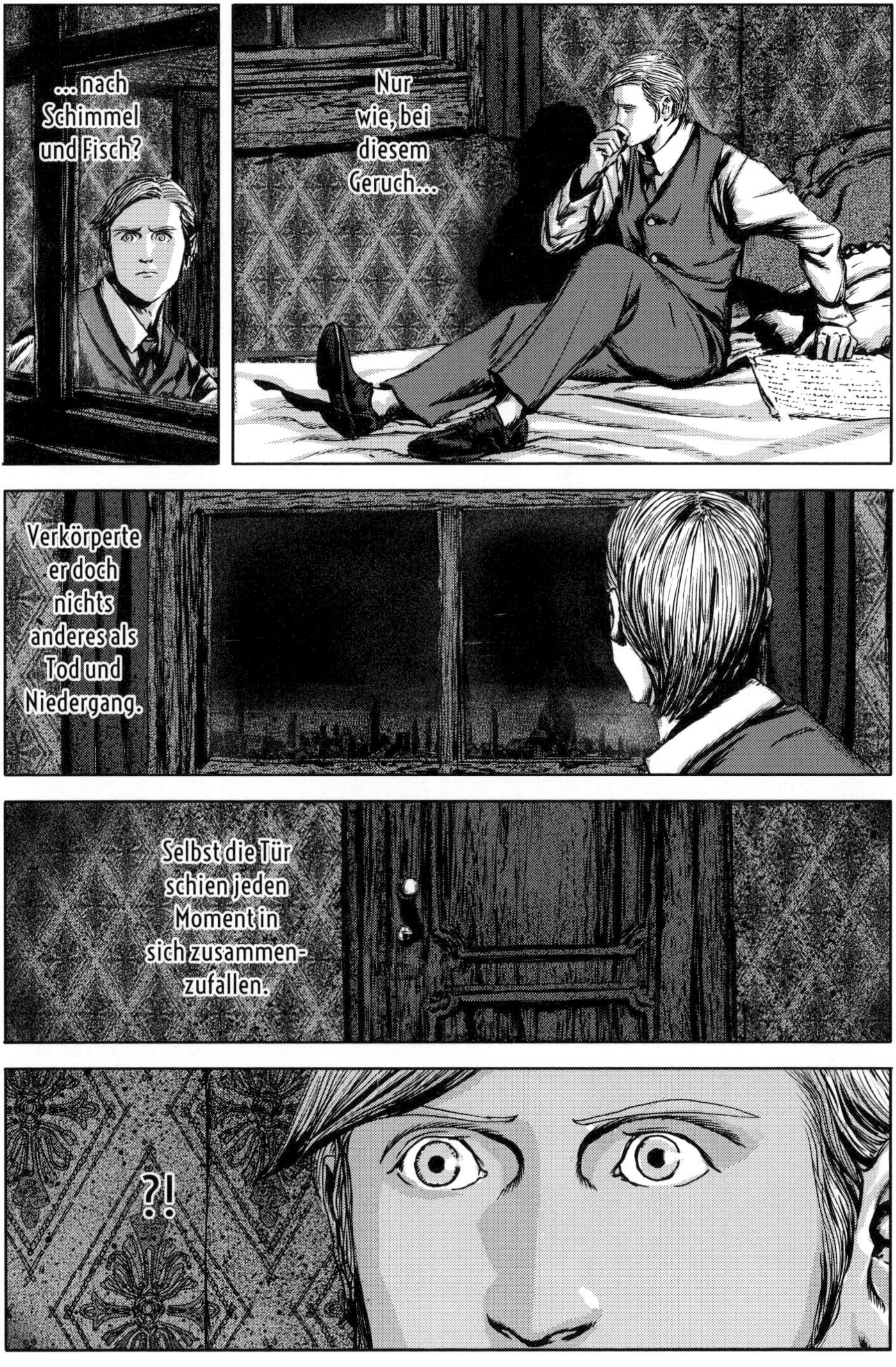
Nur
wie, bei
diesem
Geruch ...
... nach
Schimmel
und Fisch?
Verkörperte
er doch
nichts
anderes als
Tod und
Niedergang.
Selbst die Tür
schien jeden
Moment in
sich zusammen-
zufallen.
?!

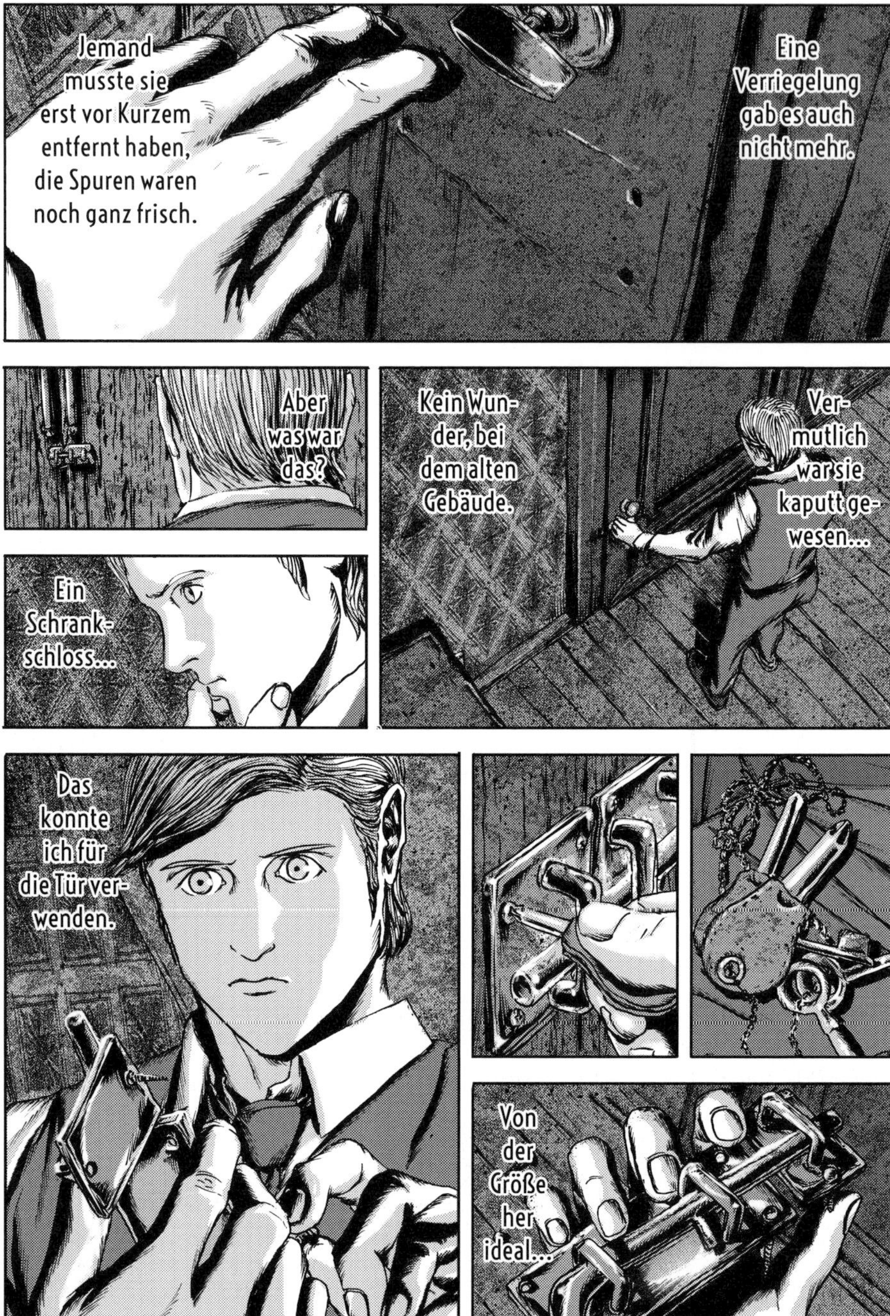

Jemand musste sie erst vor Kurzem entfernt haben, die Spuren waren noch ganz frisch.
Eine Verriegelung gab es auch nicht mehr.
Vermutlich war sie kaputt gewesen...
Kein Wunder, bei dem alten Gebäude.
Aber was war das?
Ein Schrankschloss...
Das konnte ich für die Tür verwenden.
Von der Größe her ideal...

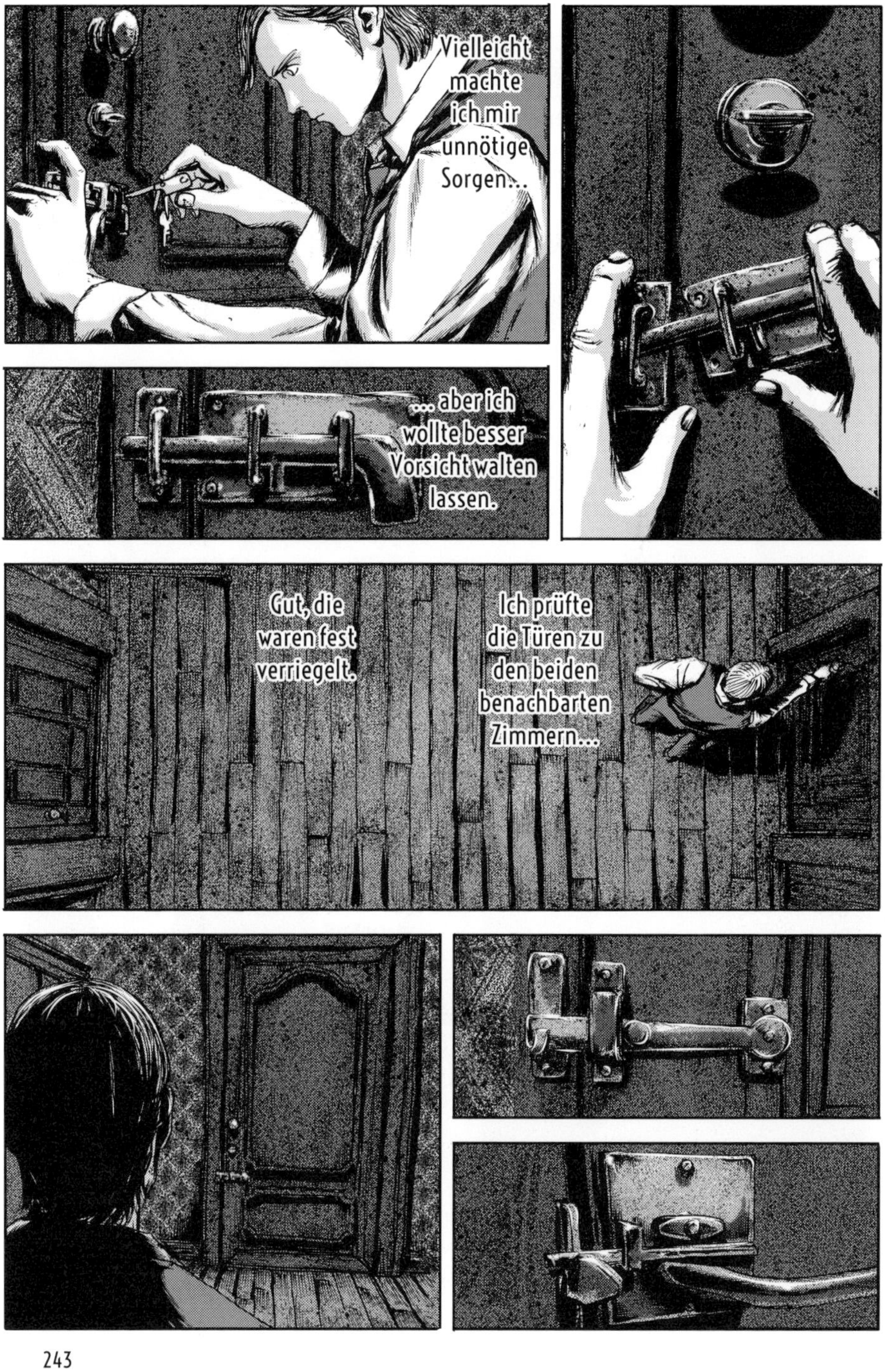
Vielleicht machte ich mir unnötige Sorgen…
… aber ich wollte besser Vorsicht walten lassen.
Ich prüfte die Türen zu den beiden benachbarten Zimmern…
Gut, die waren fest verriegelt.

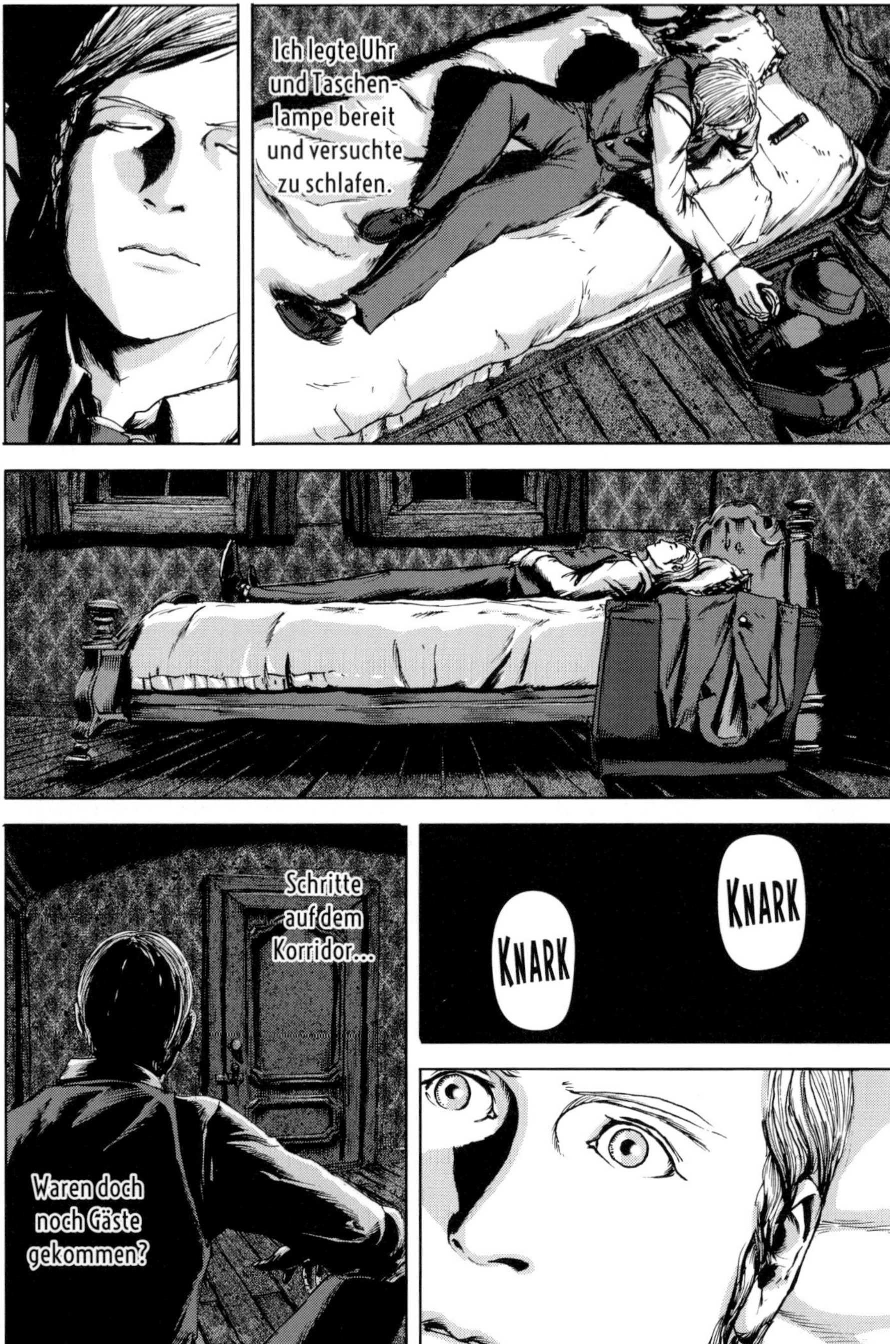

Ich legte Uhr und Taschen-lampe bereit und versuchte zu schlafen.
Schritte auf dem Korridor...
Waren doch noch Gäste gekommen?
KNARK
KNARK

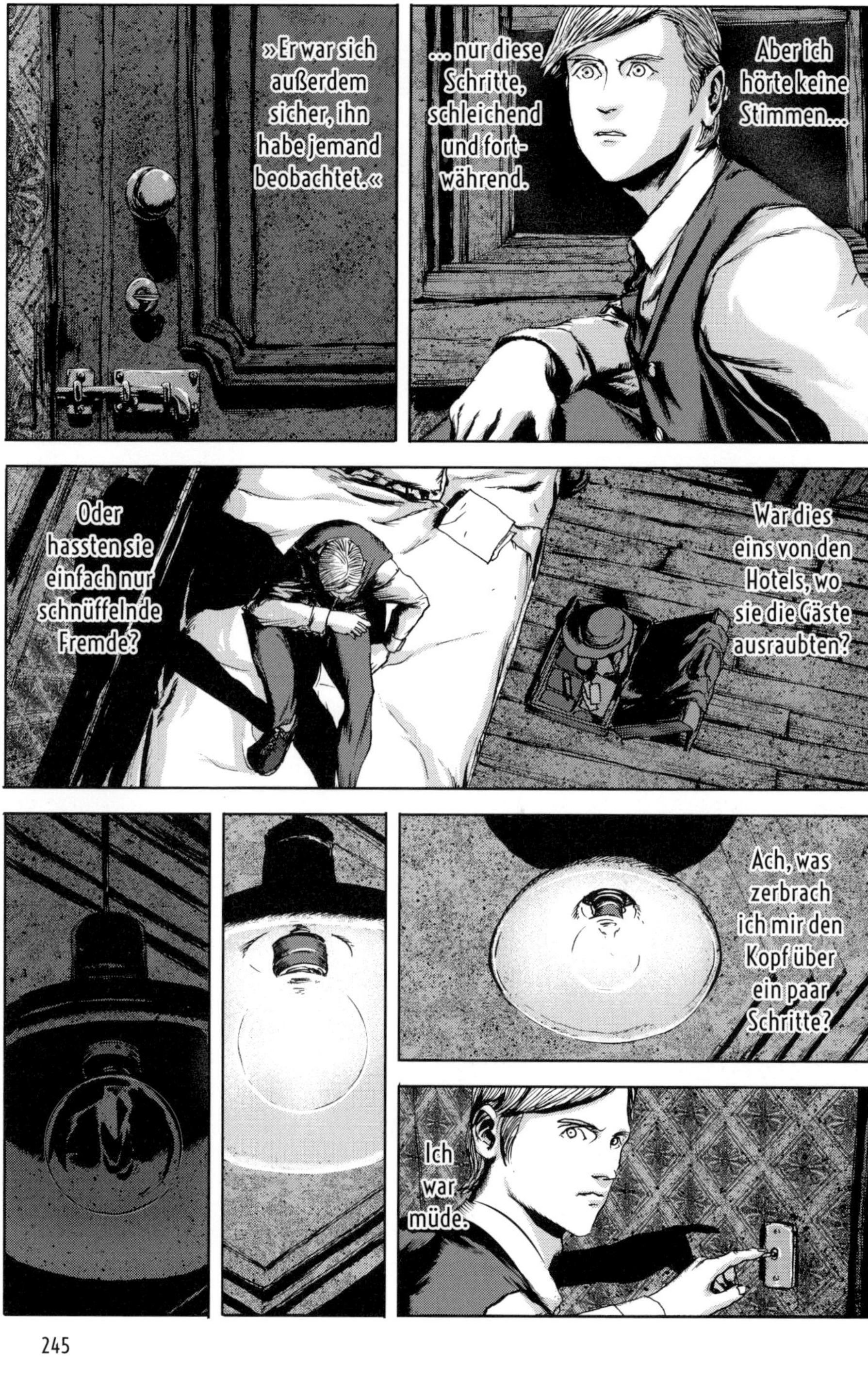

»Er war sich außerdem sicher, ihn habe jemand beobachtet.«
Aber ich hörte keine Stimmen…
… nur diese Schritte, schleichend und fort-während.
War dies eins von den Hotels, wo sie die Gäste ausraubten?
Oder hassten sie einfach nur schnüffelnde Fremde?
Ach, was zerbrach ich mir den Kopf über ein paar Schritte?
Ich war müde.

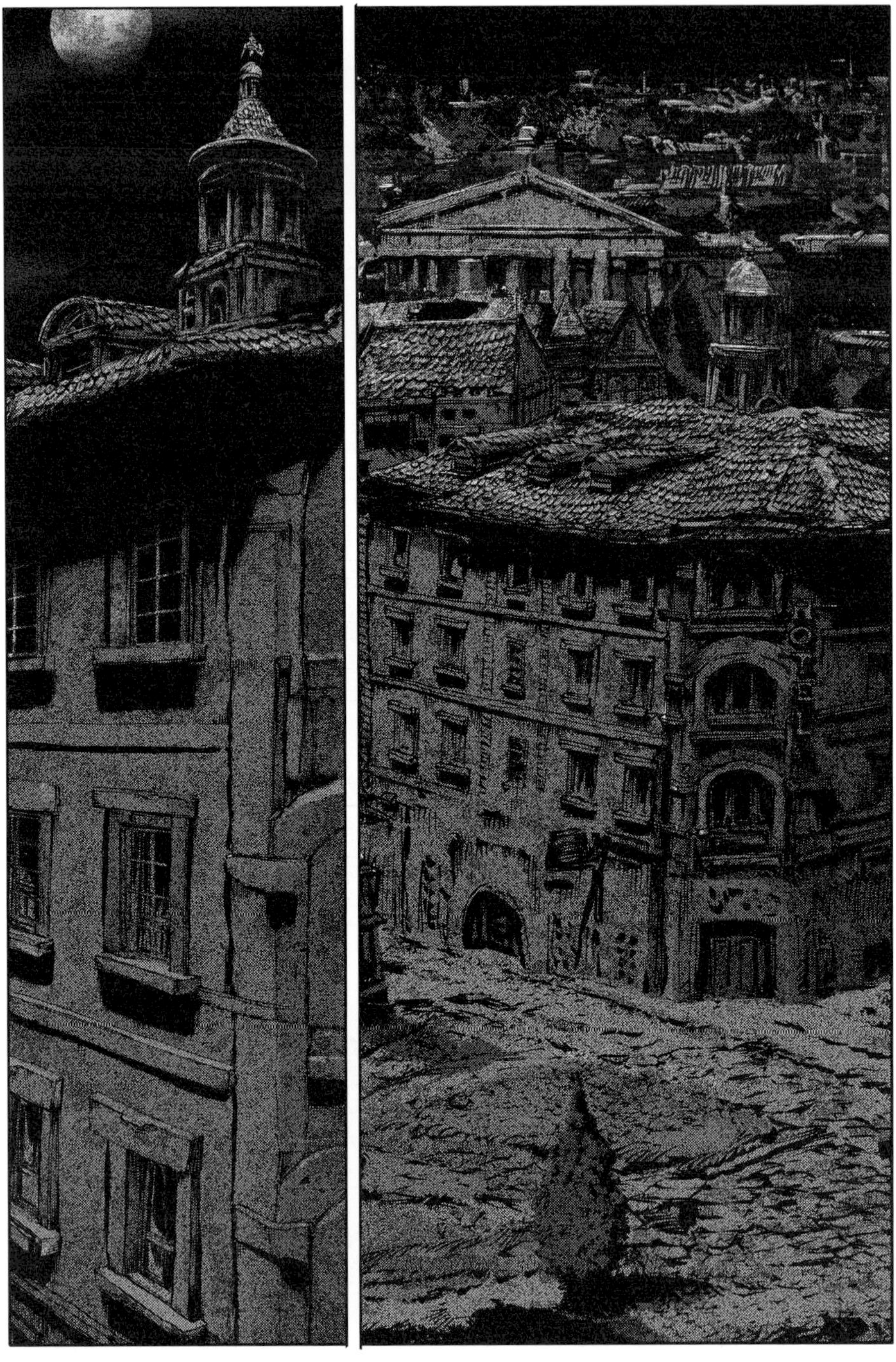

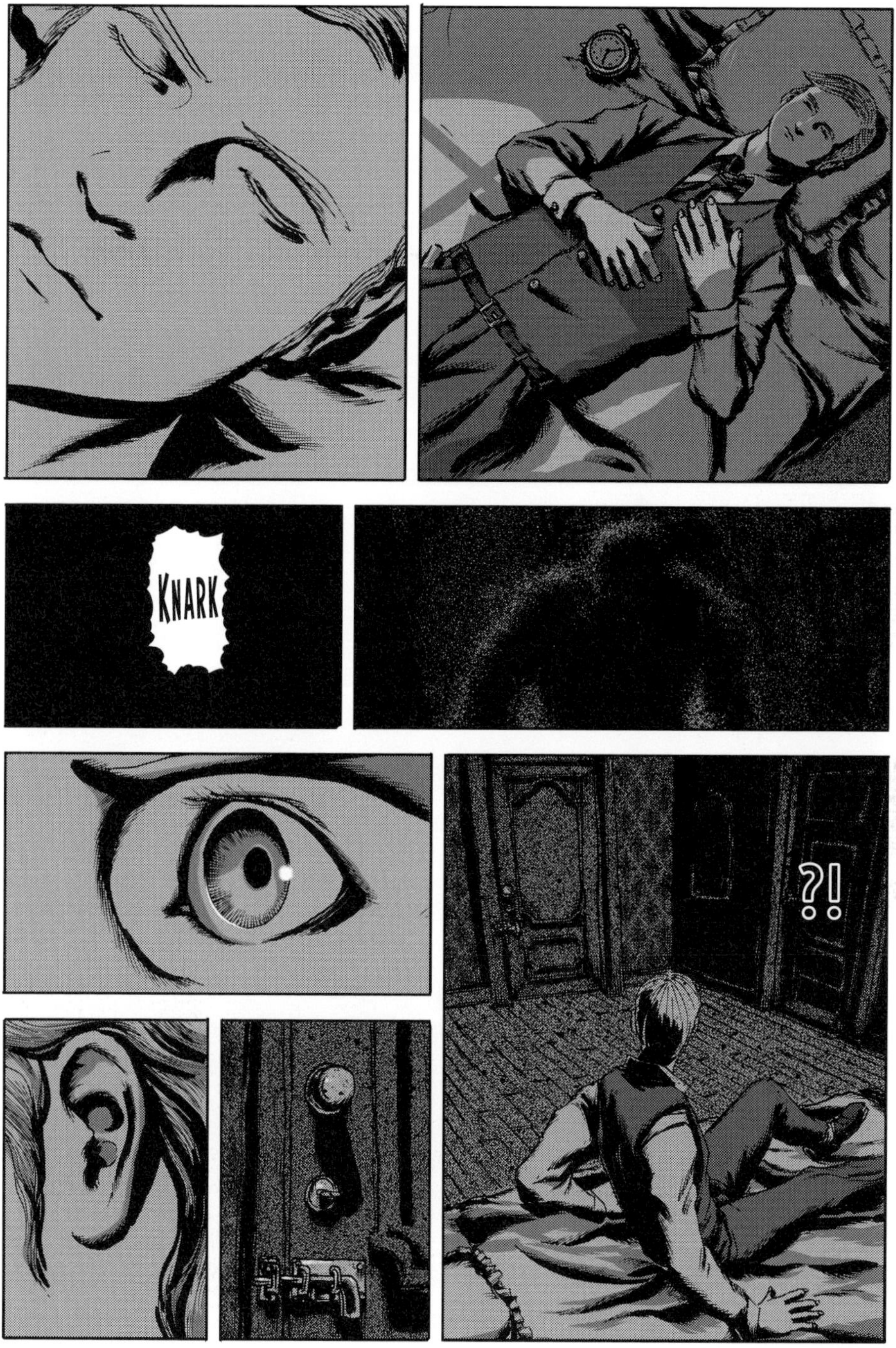
KNARK
?!

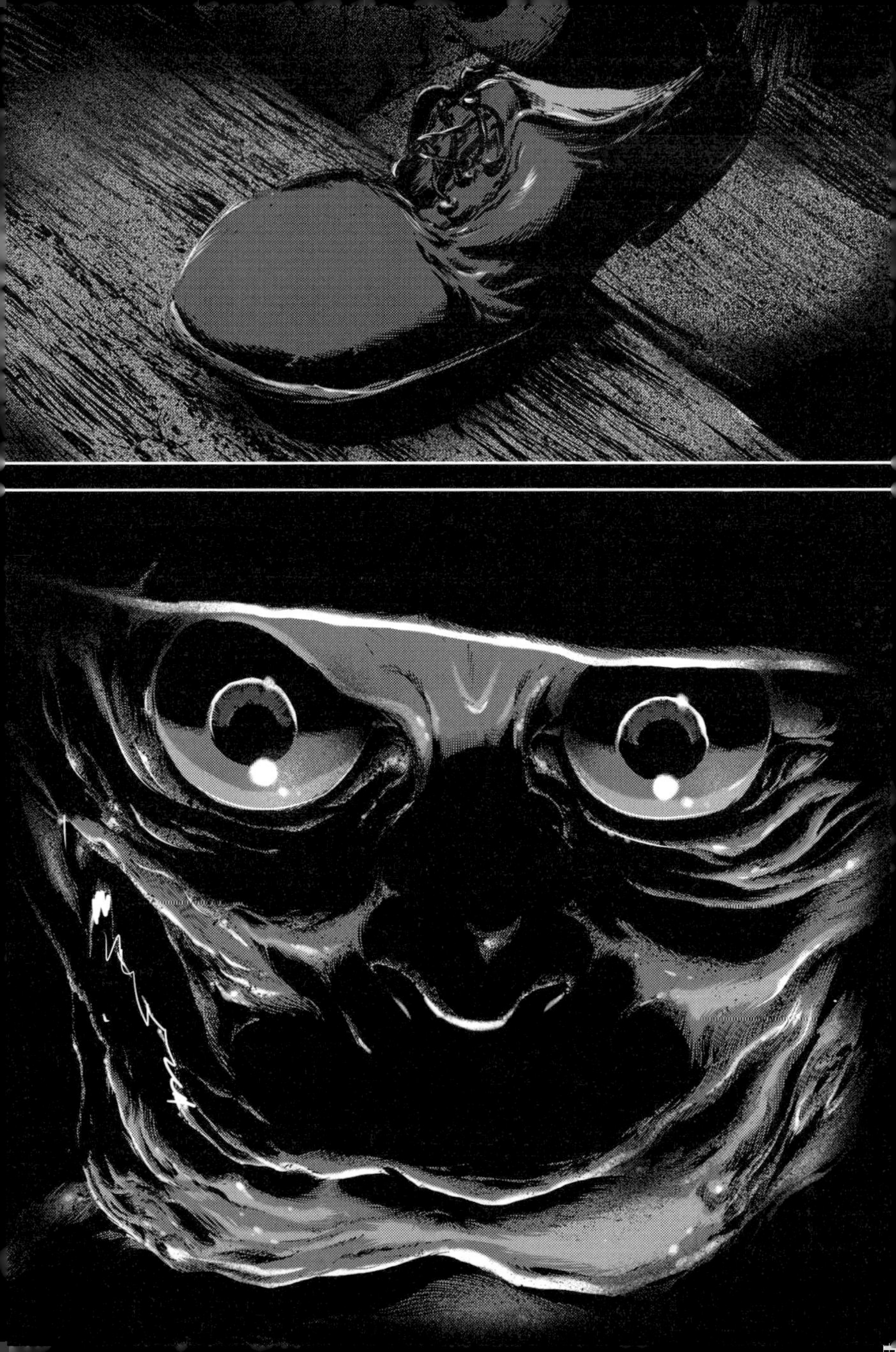

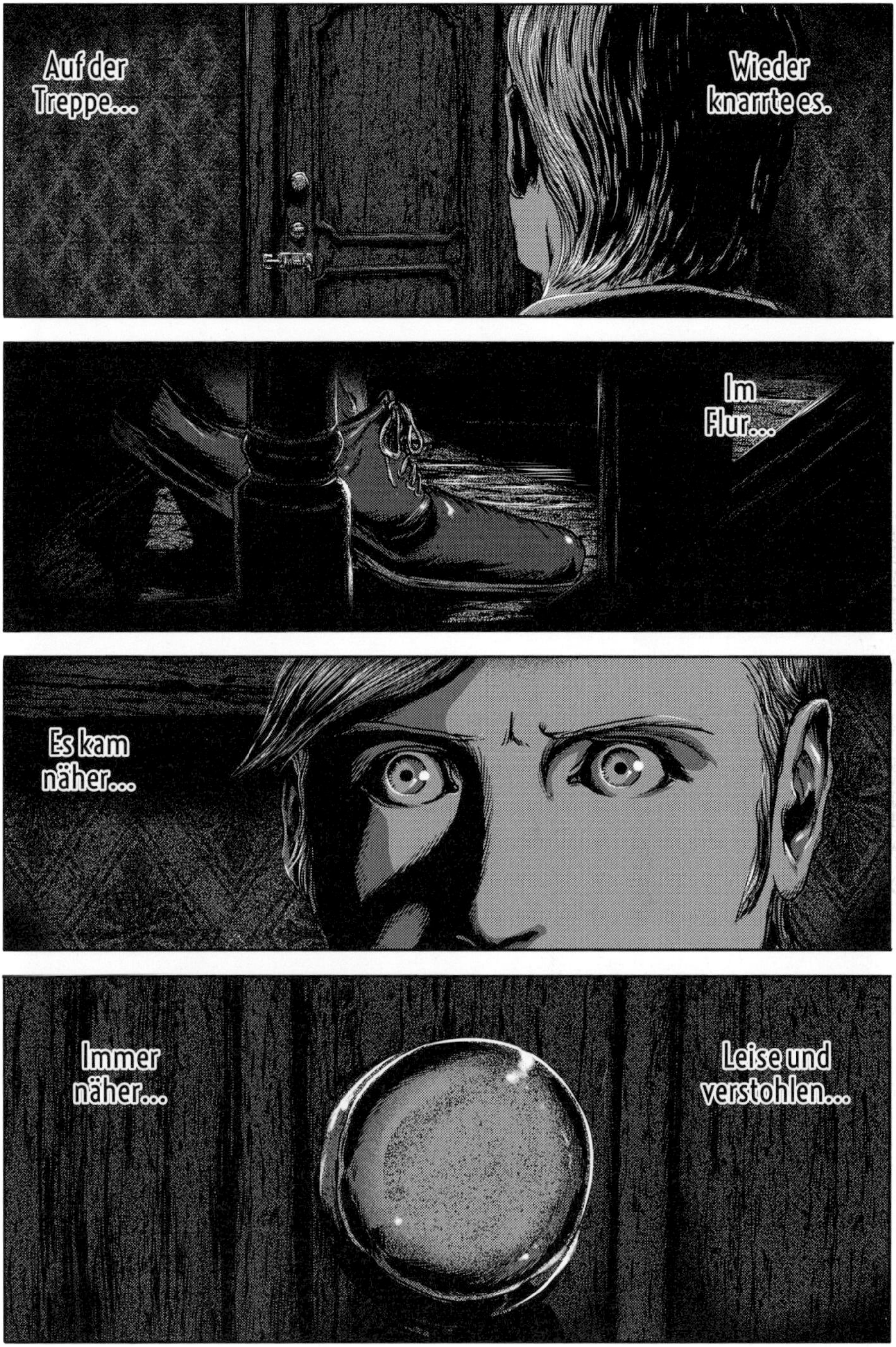
Wieder knarrte es.
Auf der Treppe...
Im Flur...
Es kam näher...
Leise und verstohlen...
Immer näher...

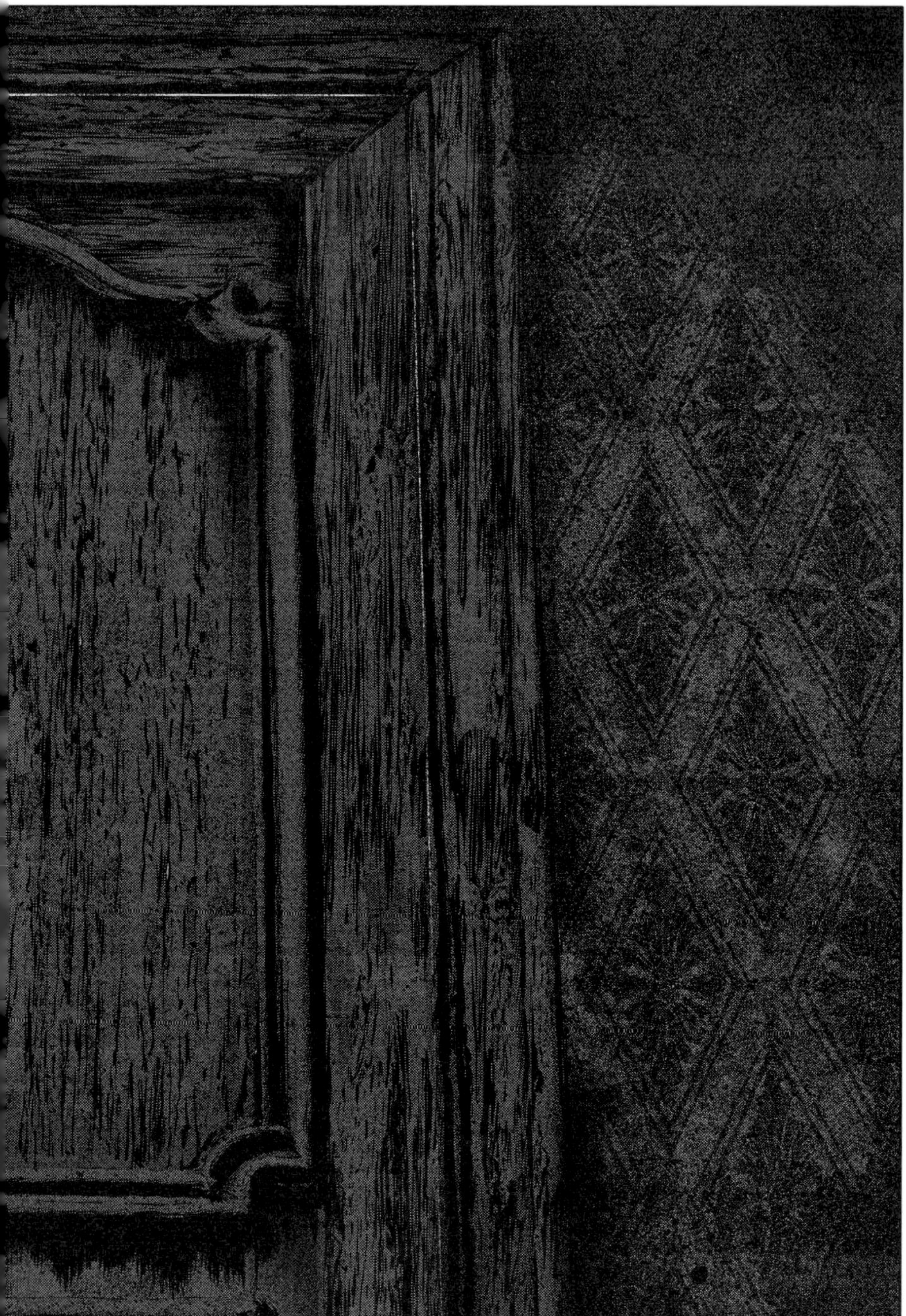

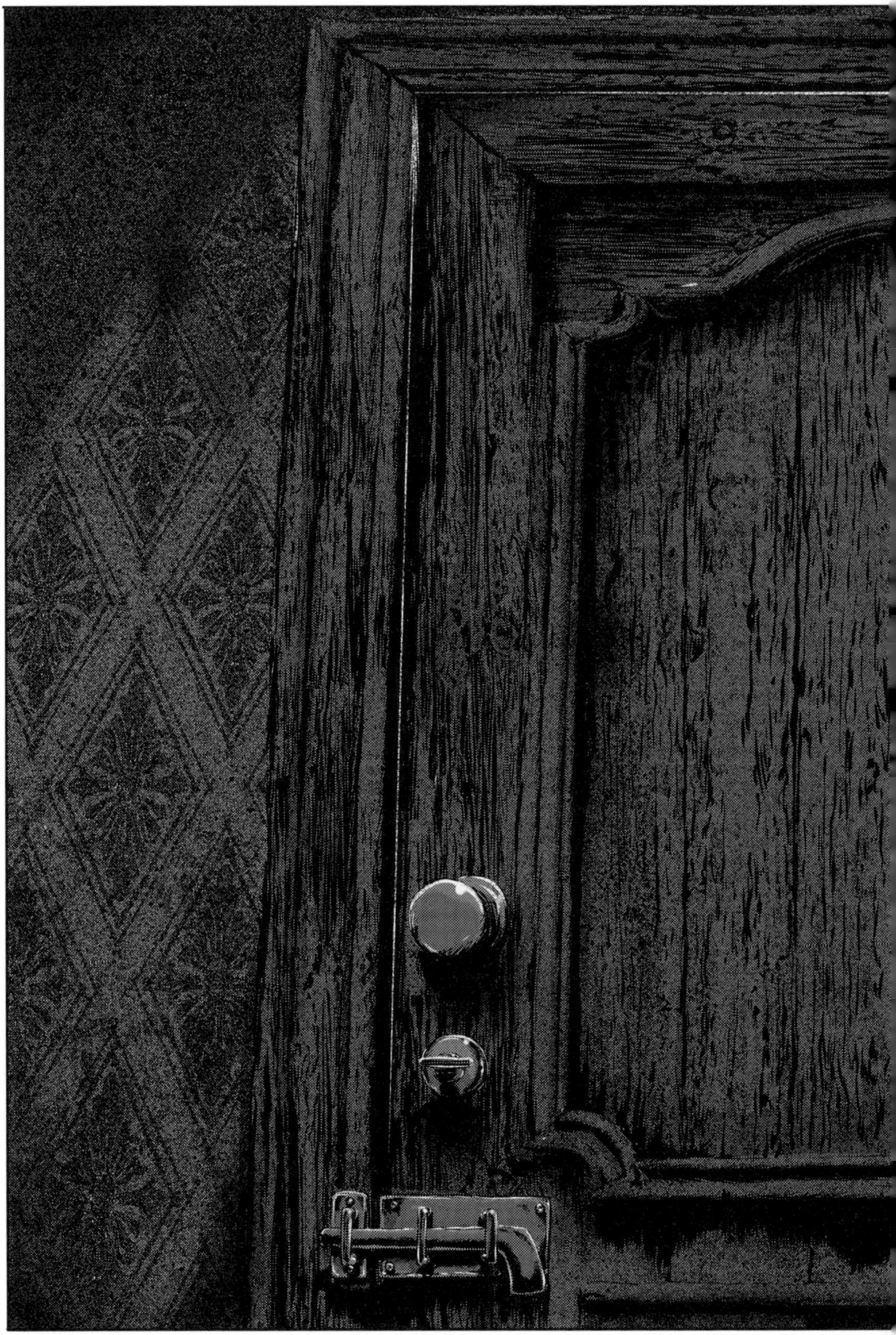

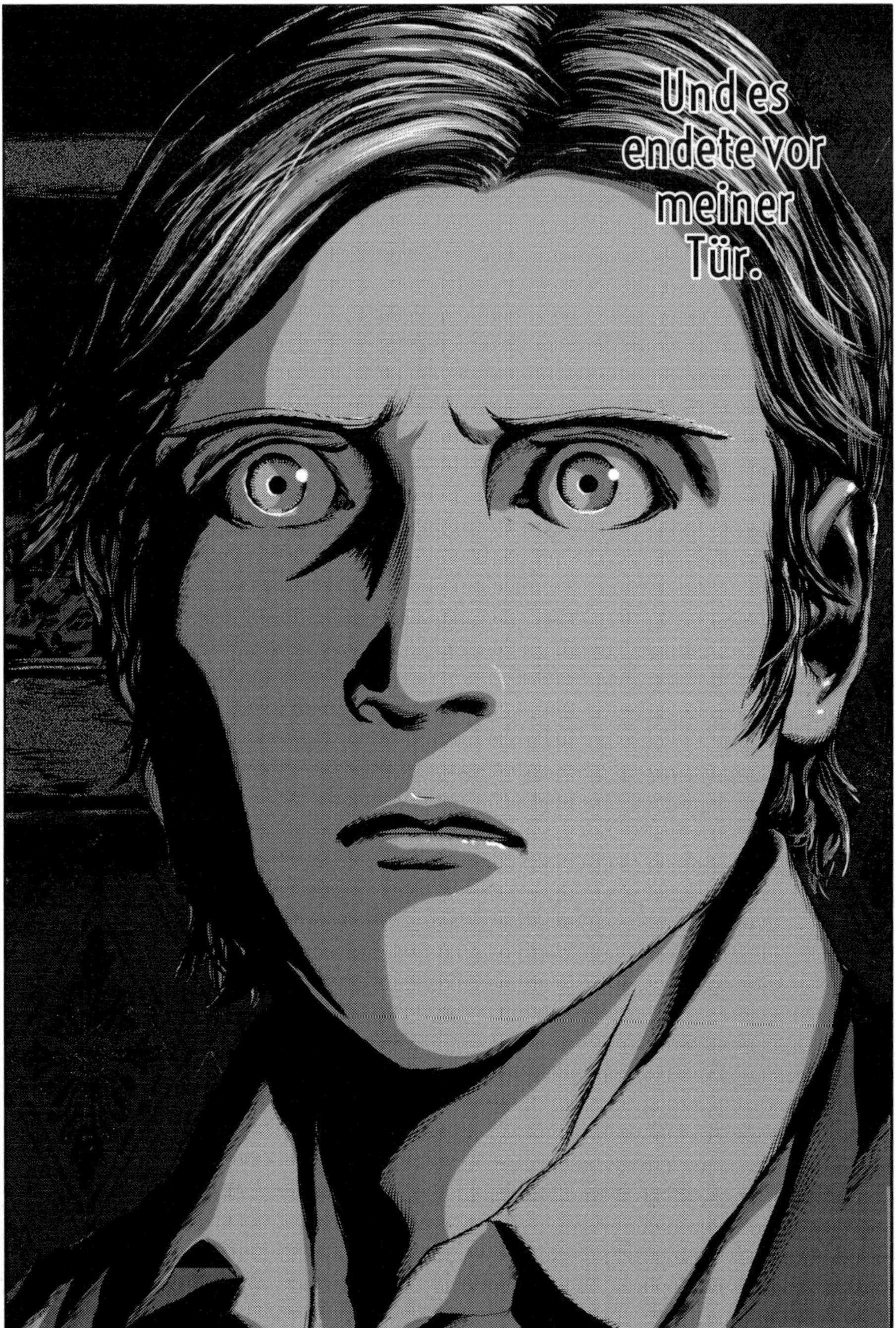
Und es endete vor meiner Tür.

7 DER EINDRINGLING

The Intruder

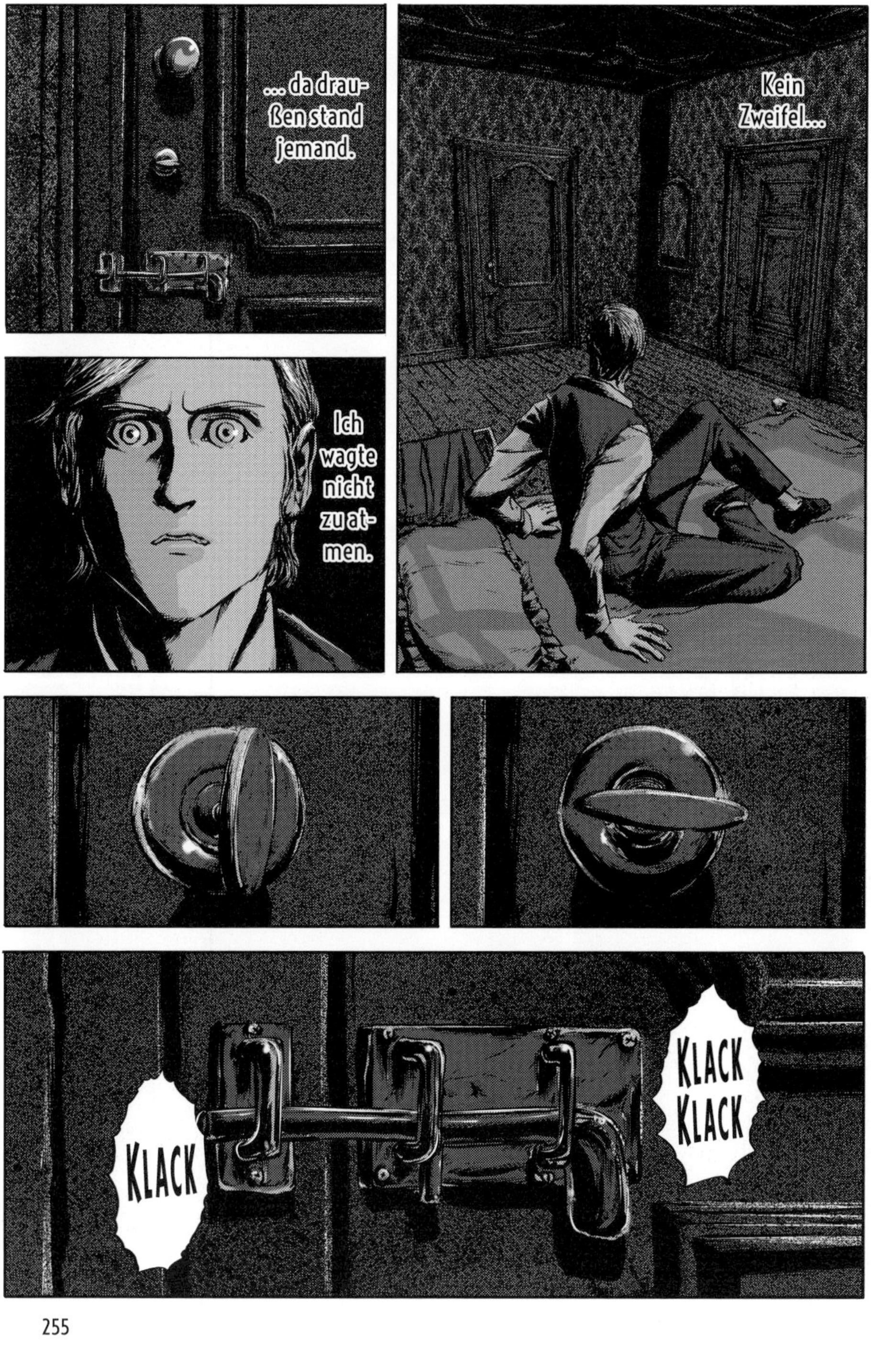
Kein Zweifel...
... da draußen stand jemand.
Ich wagte nicht zu atmen.
KLACK KLACK
KLACK

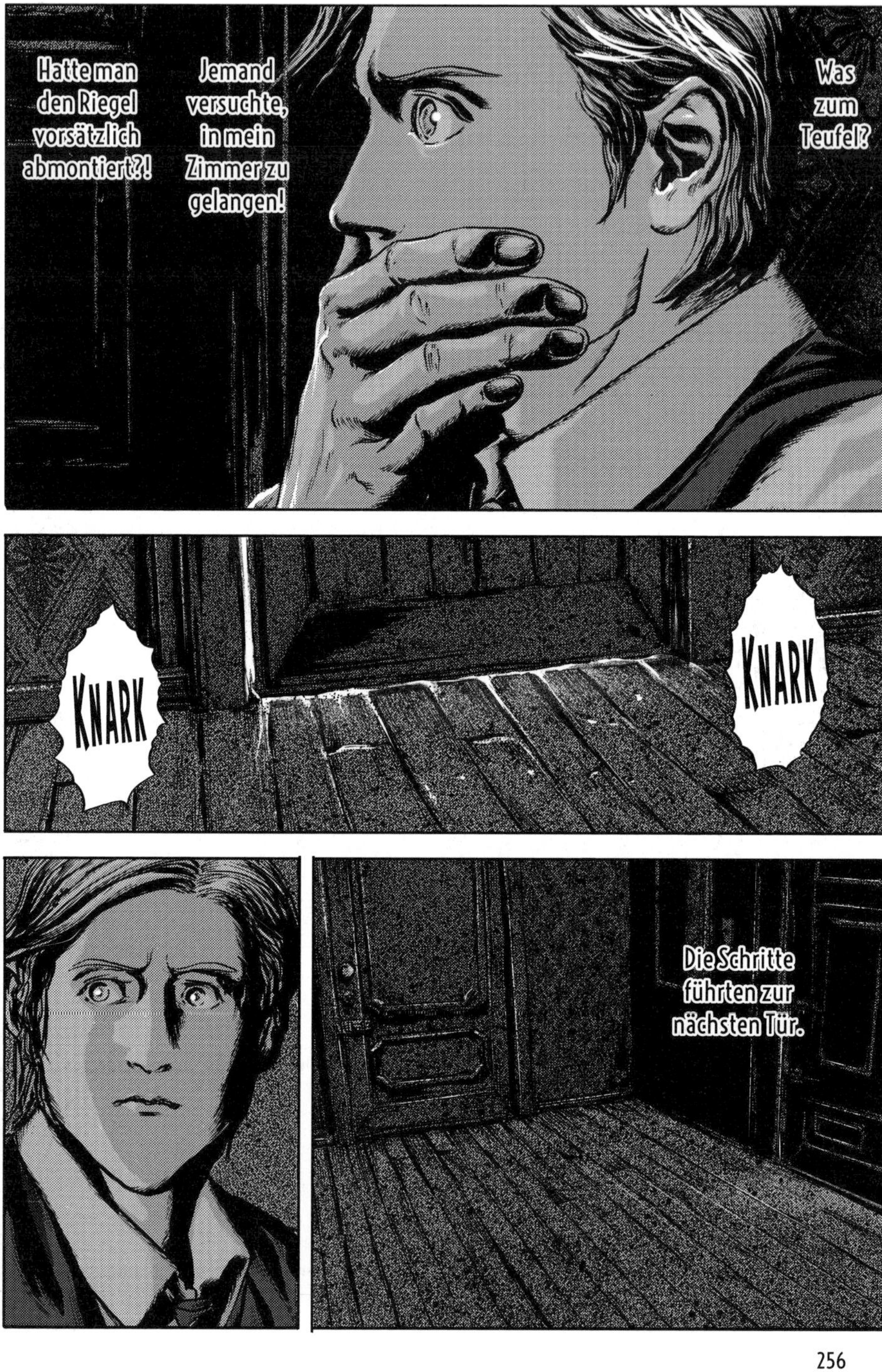

Was zum Teufel?
Jemand versuchte, in mein Zimmer zu gelangen!
Hatte man den Riegel vorsätzlich abmontiert?!
KNARK
KNARK
Die Schritte führten zur nächsten Tür.

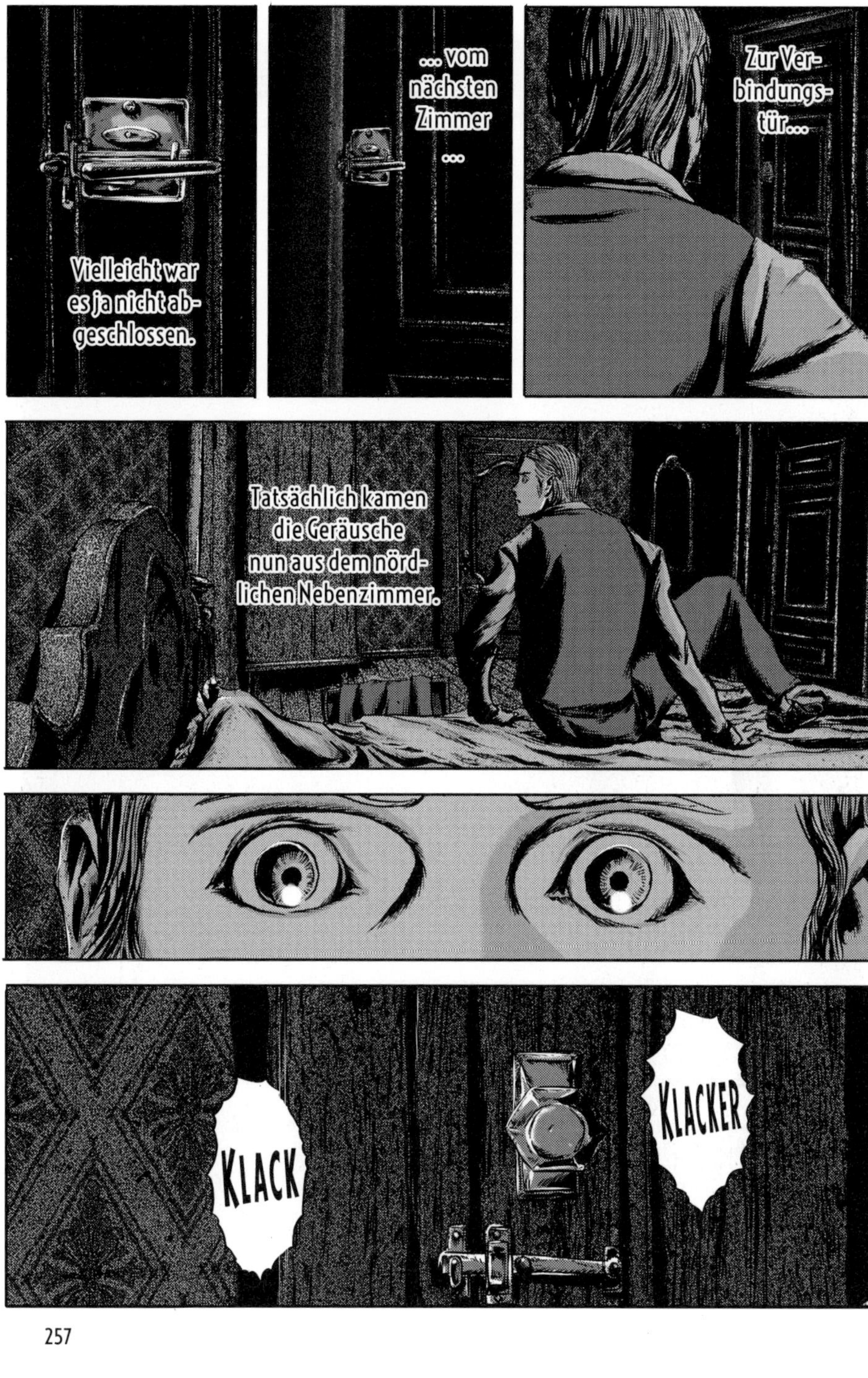
Vielleicht war es ja nicht abgeschlossen.
... vom nächsten Zimmer ...
Zur Verbindungstür...
Tatsächlich kamen die Geräusche nun aus dem nördlichen Nebenzimmer.
Klacker
Klack

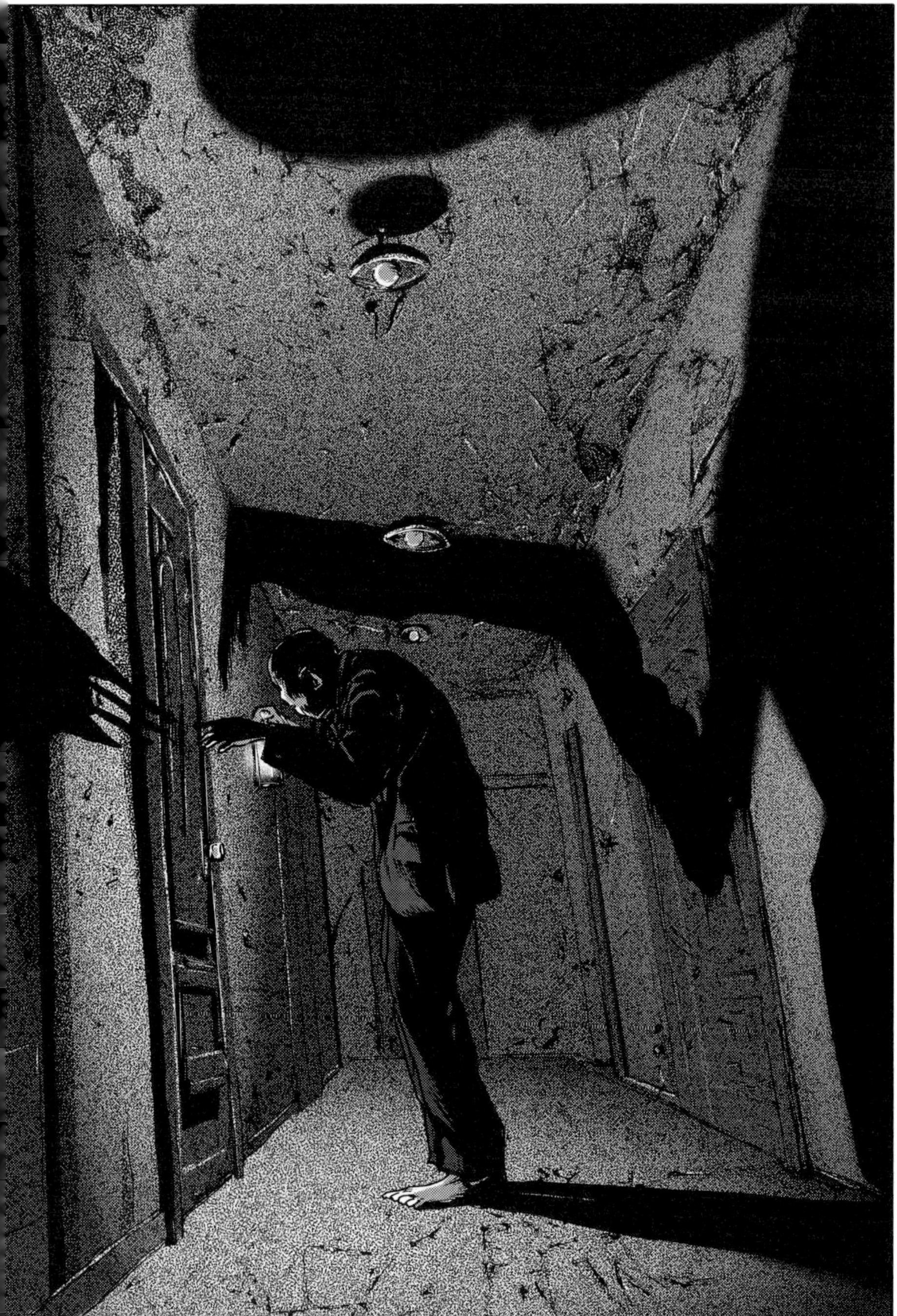

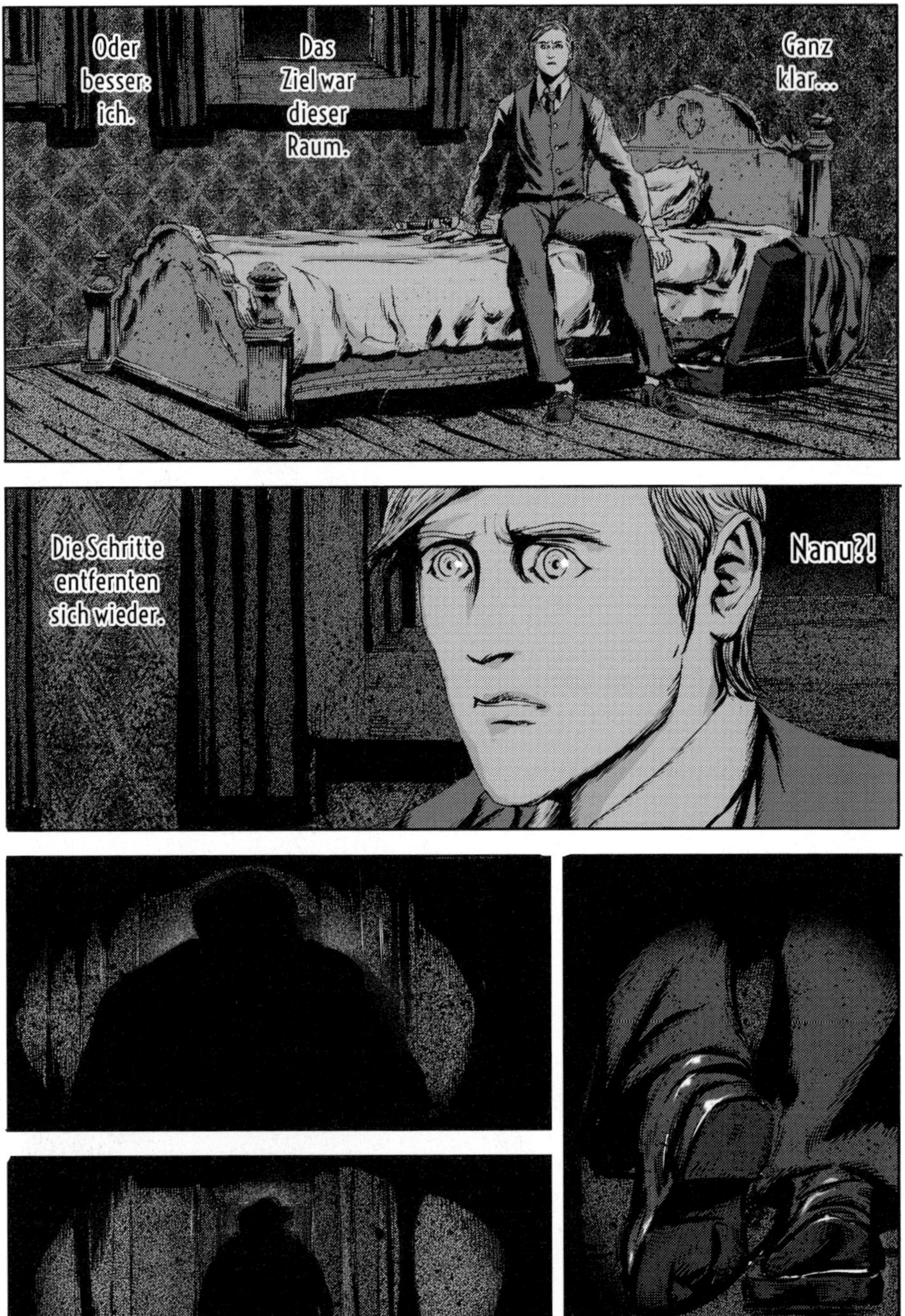
Ganz klar...
Das Ziel war dieser Raum.
Oder besser: ich.
Nanu?!
Die Schritte entfernten sich wieder.

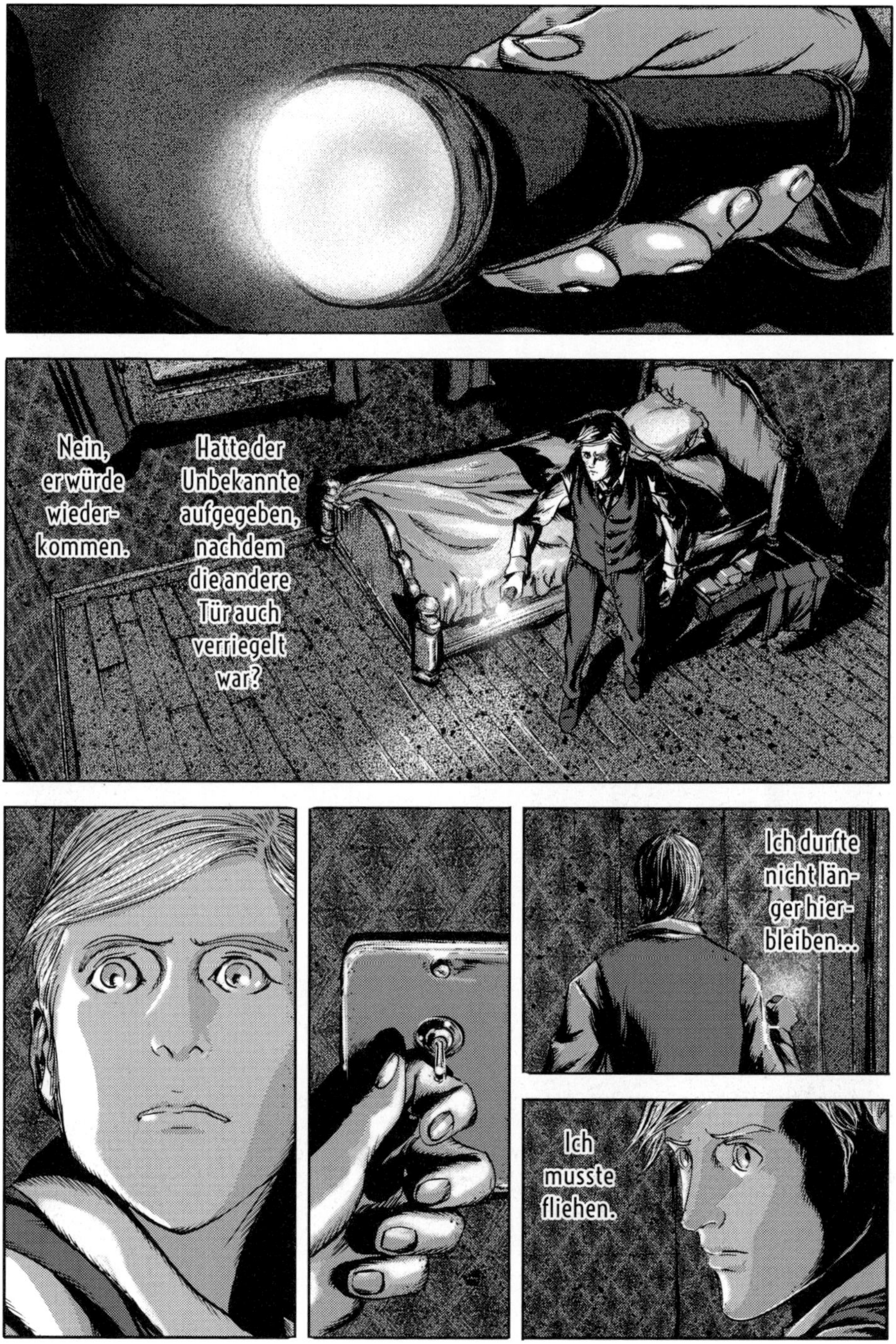
Hatte der Unbekannte aufgegeben, nachdem die andere Tür auch verriegelt war?
Nein, er würde wieder-kommen.
Ich durfte nicht län-ger hier-bleiben...
Ich musste fliehen.

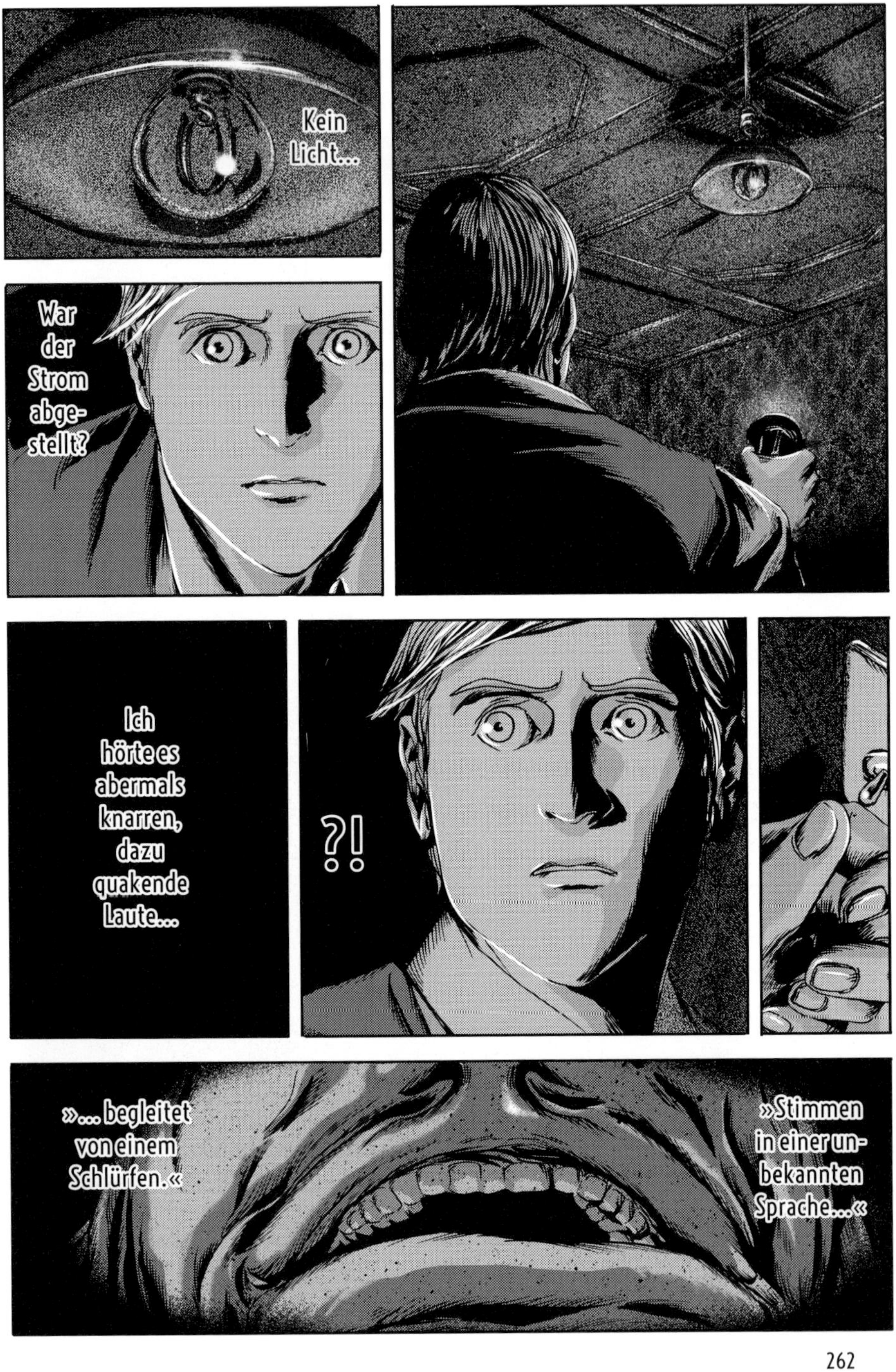

Kein Licht…
War der Strom abgestellt?
Ich hörte es abermals knarren, dazu quakende Laute…
?!
»Stimmen in einer unbekannten Sprache…«
»… begleitet von einem Schlürfen.«

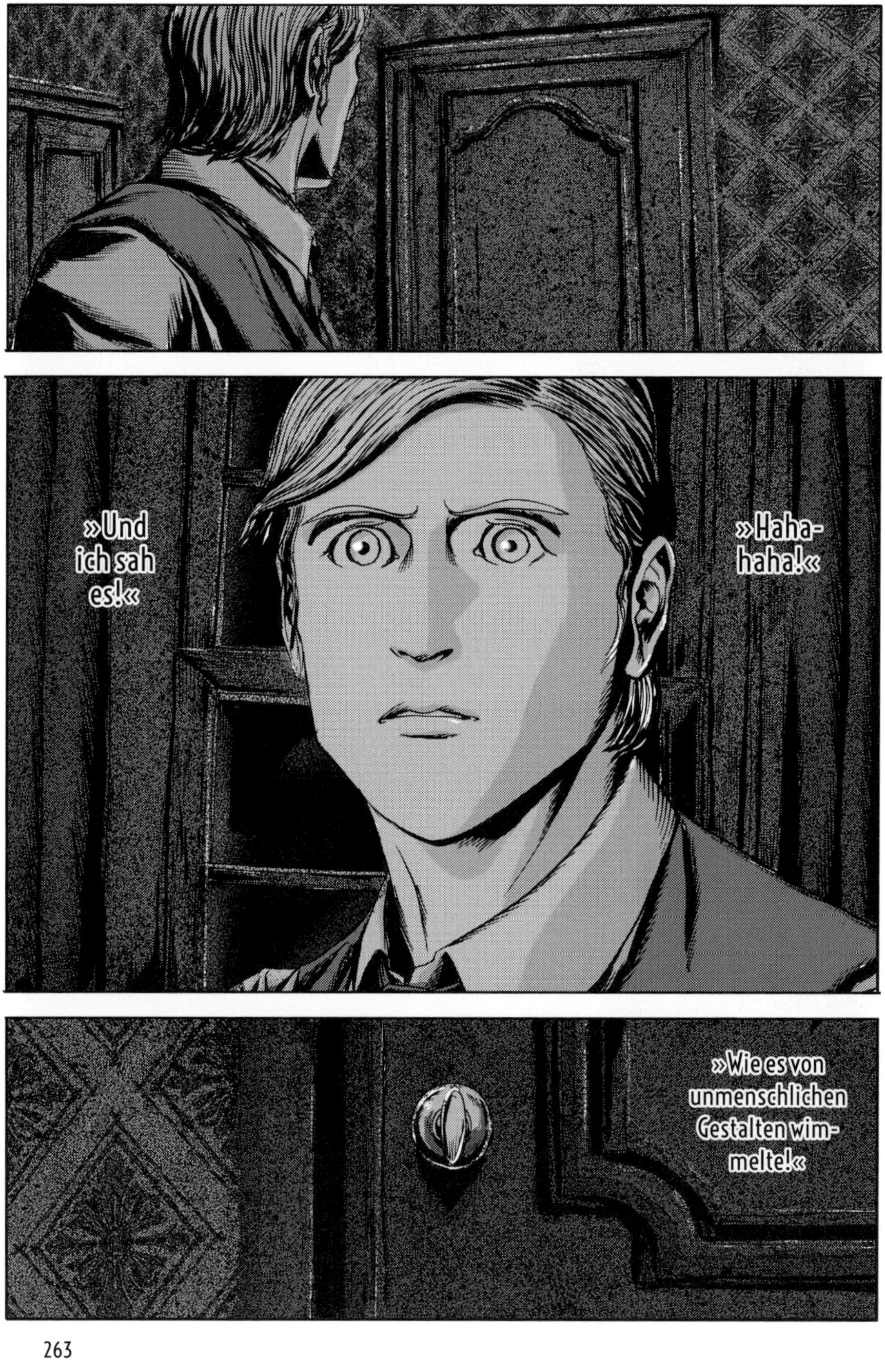
»Haha-
haha!«
»Und
ich sah
es!«
»Wie es von
unmenschlichen
Gestalten wim-
melte!«

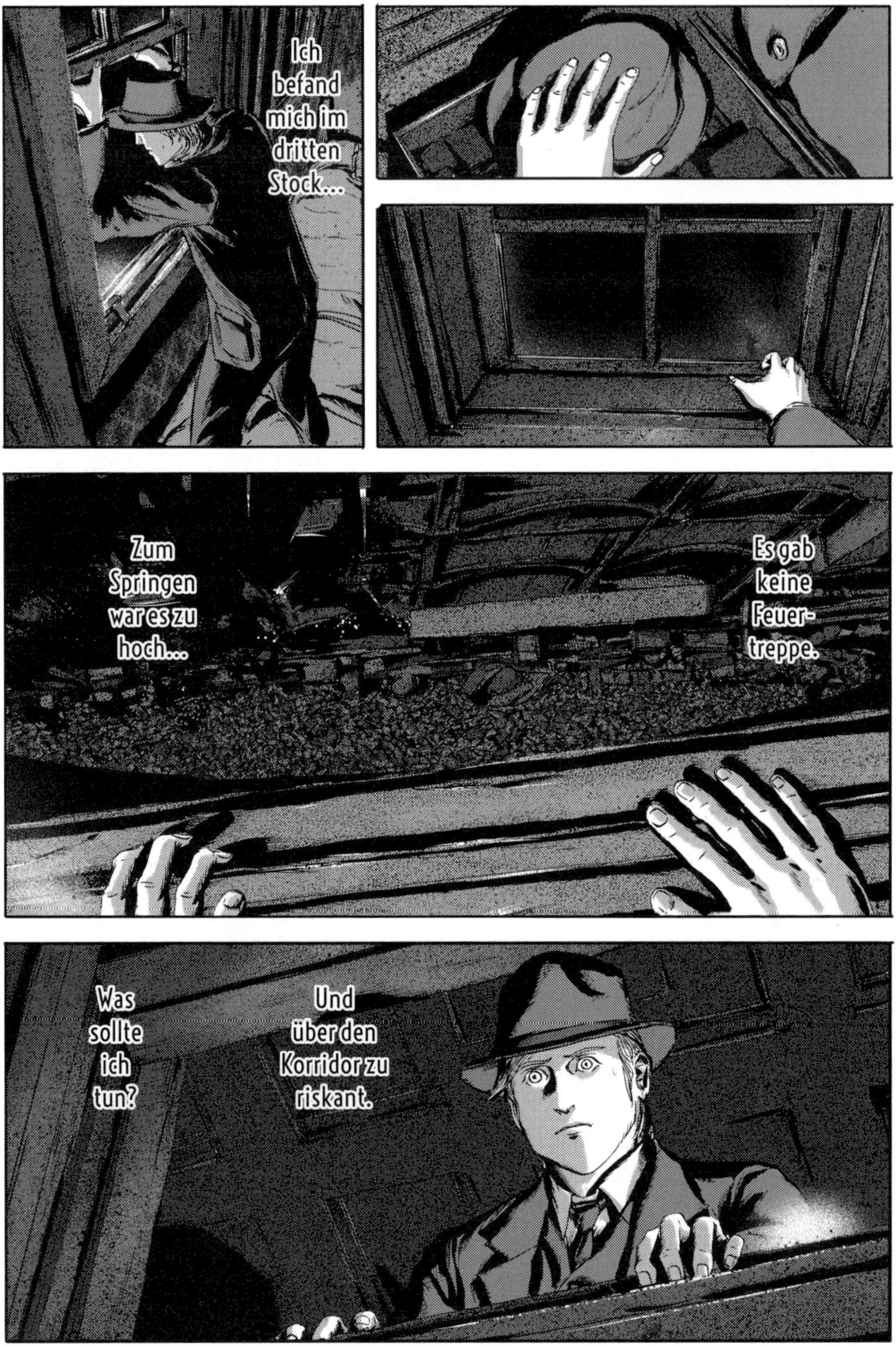
Ich befand mich im dritten Stock…
Es gab keine Feuer-treppe.
Zum Springen war es zu hoch…
Und über den Korridor zu riskant.
Was sollte ich tun?

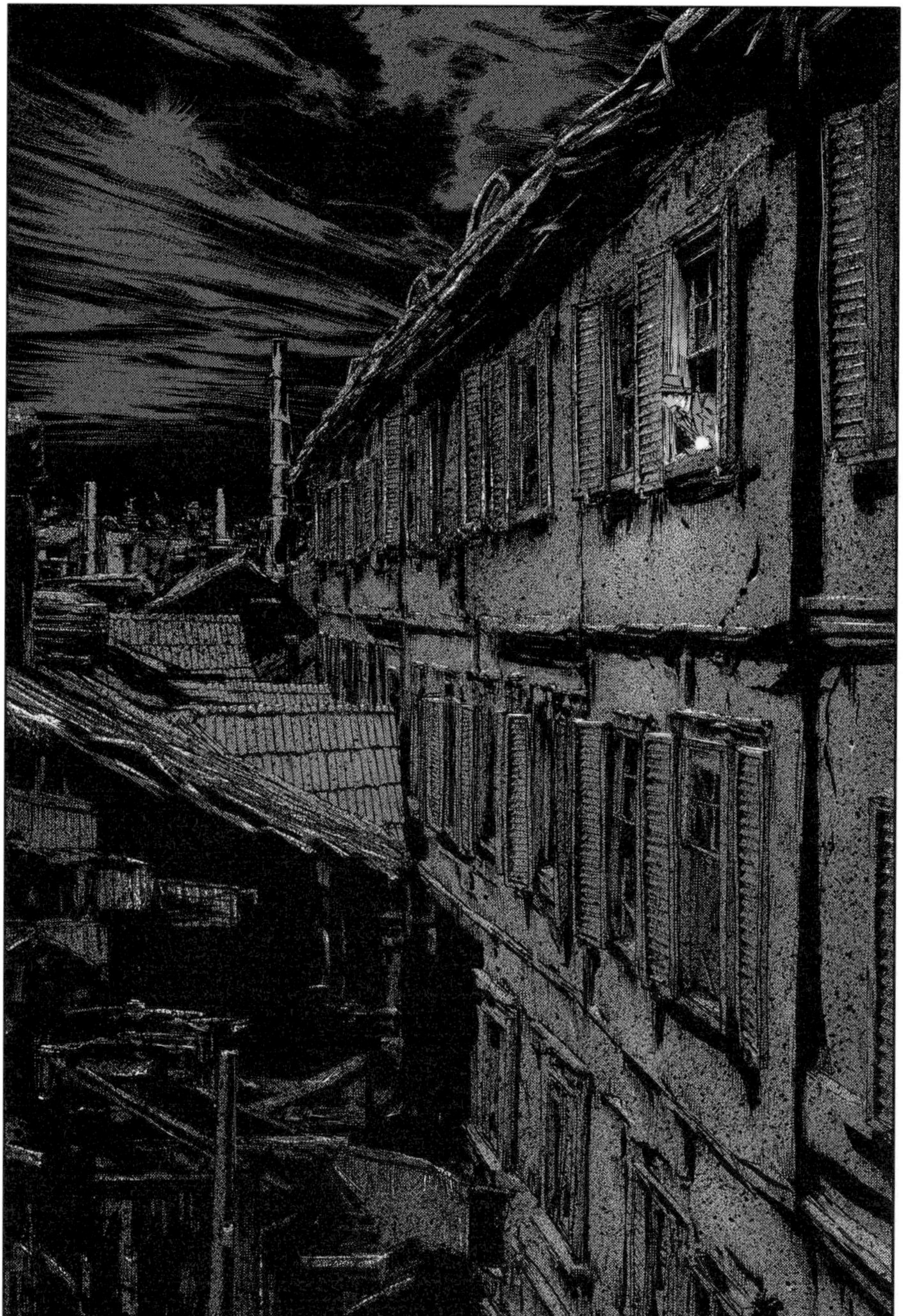

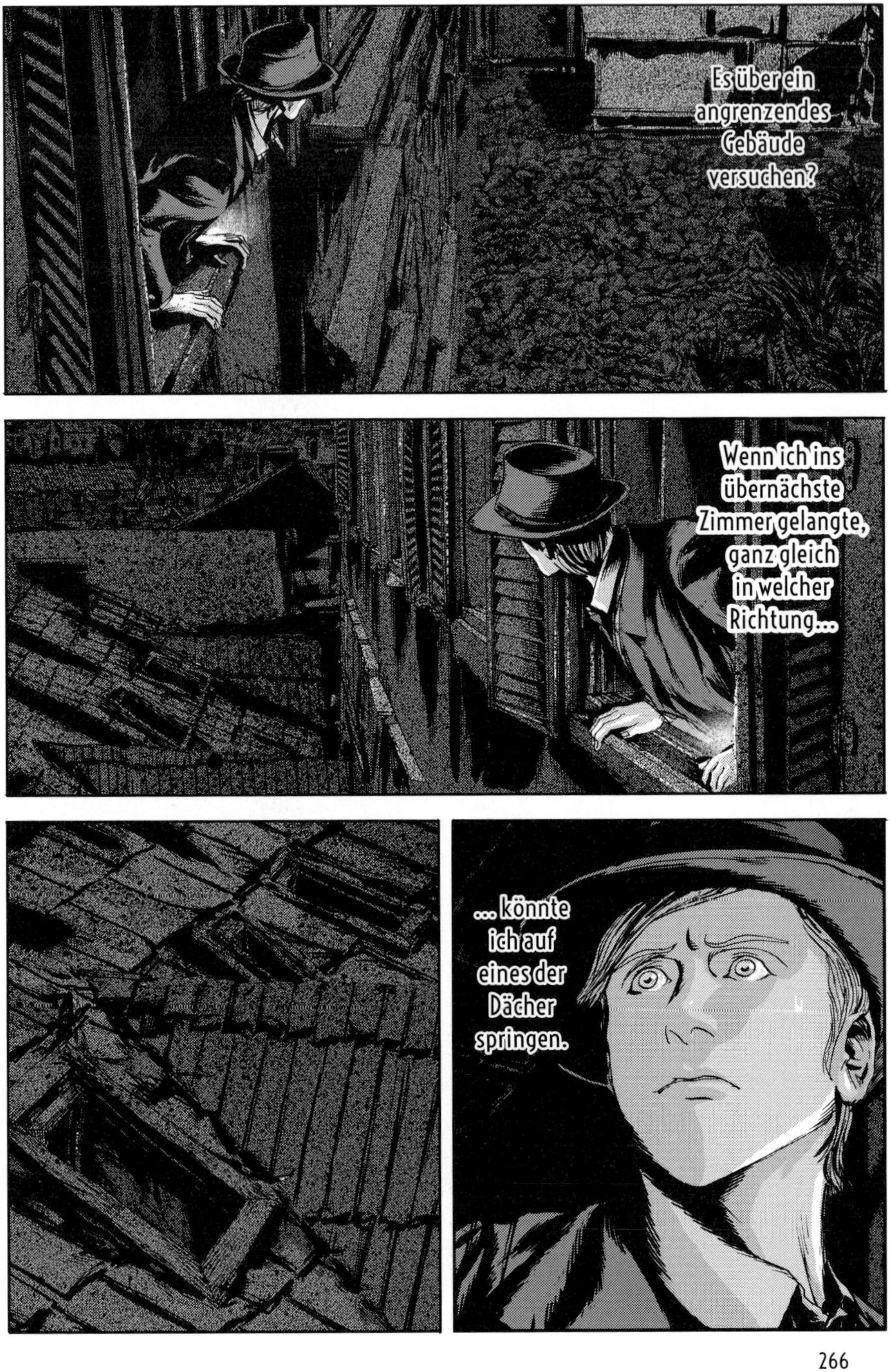
Es über ein angrenzendes Gebäude versuchen?
Wenn ich ins übernächste Zimmer gelangte, ganz gleich in welcher Richtung...
... könnte ich auf eines der Dächer springen.

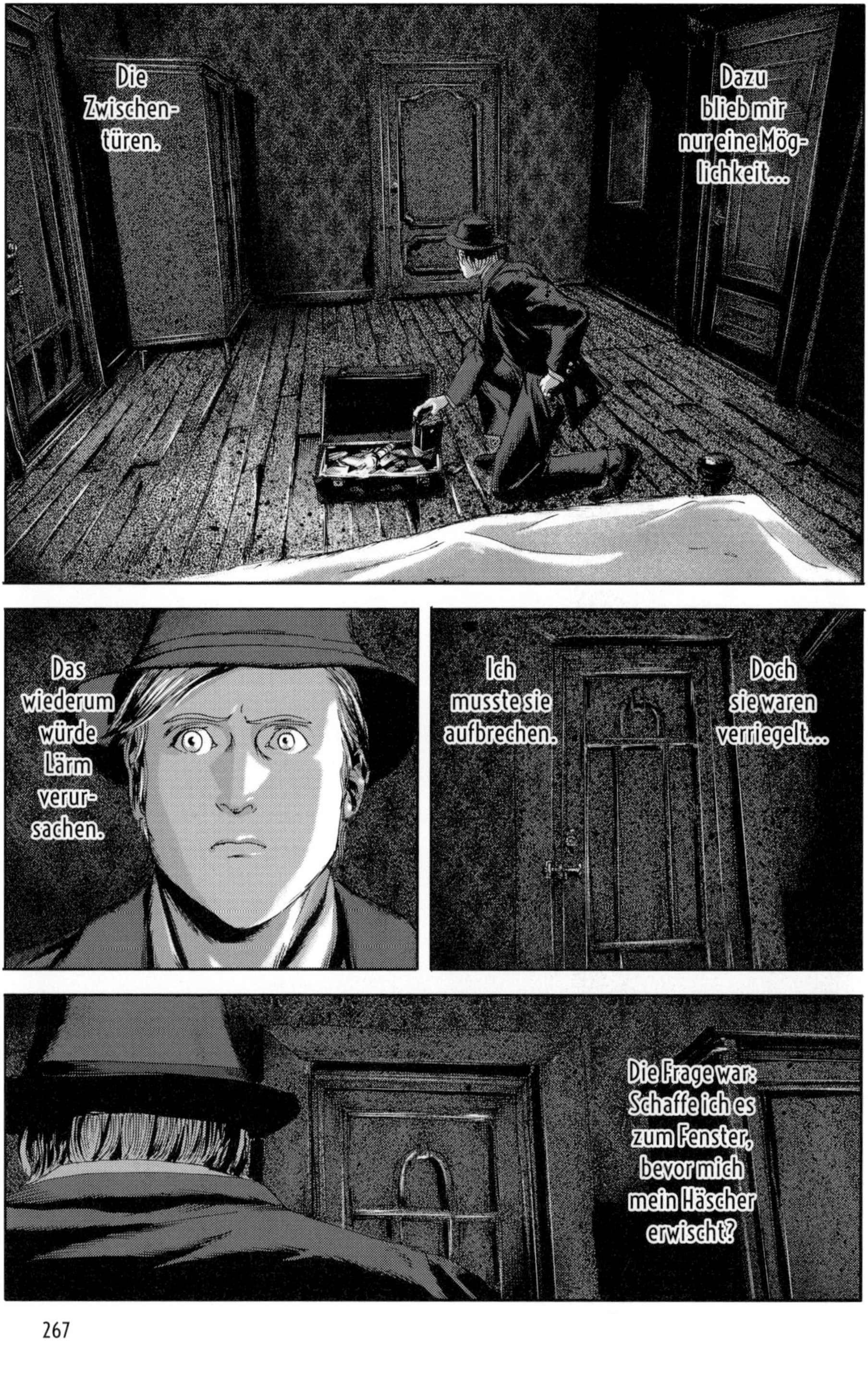
Die Zwischen-türen.
Dazu blieb mir nur eine Mög-lichkeit...
Das wiederum würde Lärm verur-sachen.
Ich musste sie aufbrechen.
Doch sie waren verriegelt...
Die Frage war: Schaffe ich es zum Fenster, bevor mich mein Häscher erwischt?

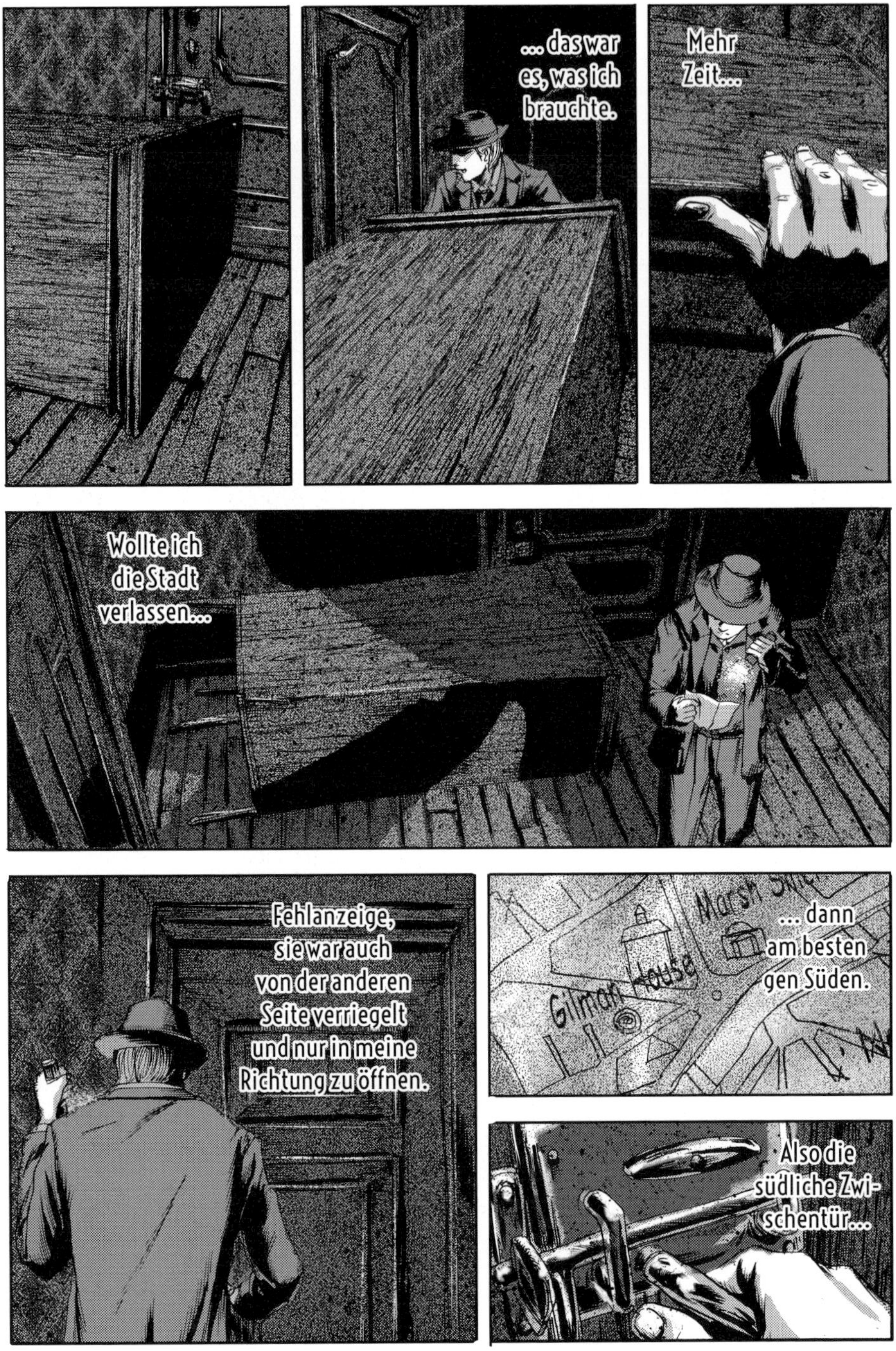
... das war es, was ich brauchte.
Mehr Zeit...
Wollte ich die Stadt verlassen...
Fehlanzeige, sie war auch von der anderen Seite verriegelt und nur in meine Richtung zu öffnen.
Marsh St.
Gilman House
... dann am besten gen Süden.
Also die südliche Zwischentür...

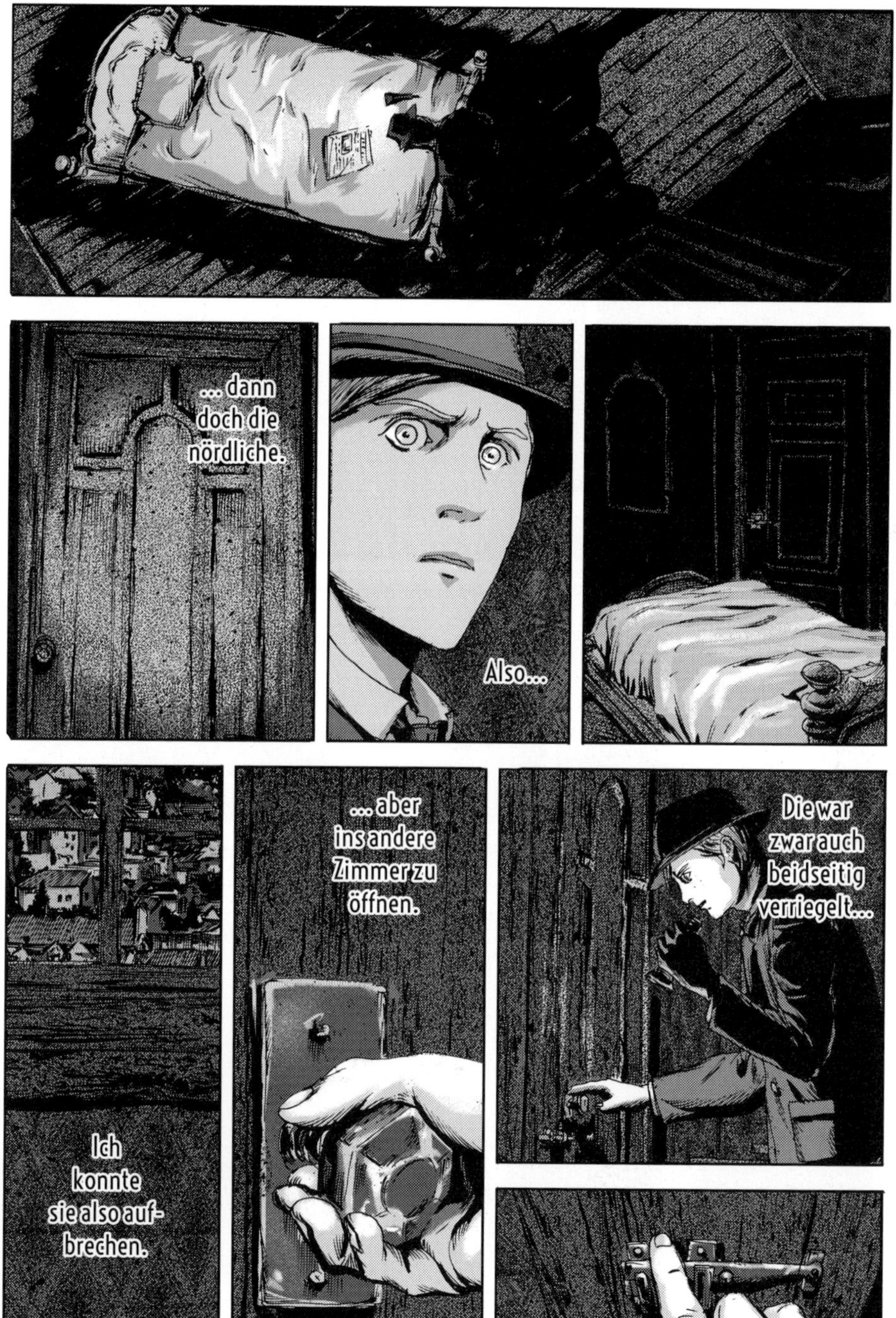
Also...
... dann doch die nördliche.
Die war zwar auch beidseitig verriegelt...
... aber ins andere Zimmer zu öffnen.
Ich konnte sie also auf-brechen.

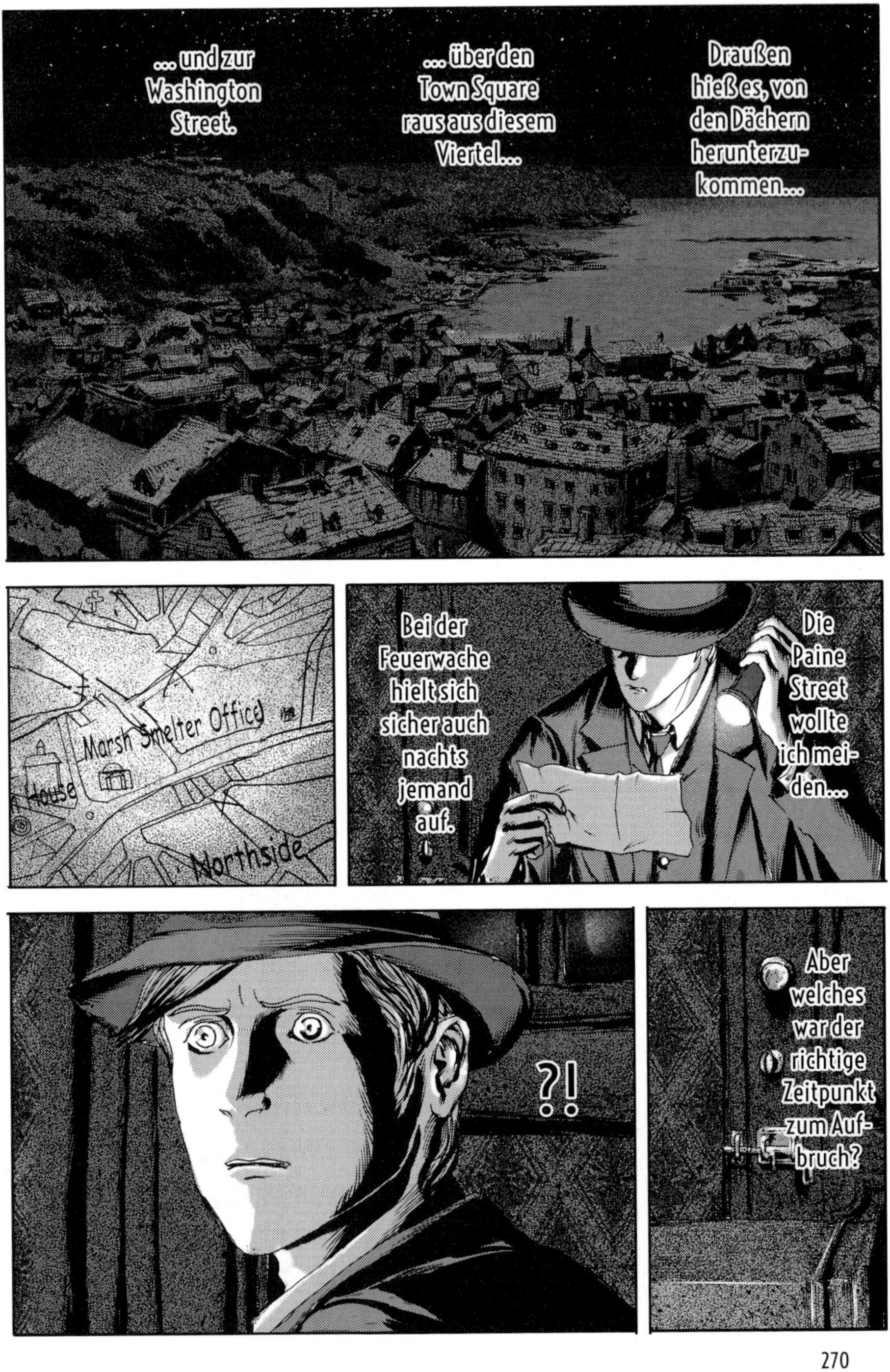
Draußen hieß es, von den Dächern herunterzukommen...
... über den Town Square raus aus diesem Viertel...
... und zur Washington Street.
Die Paine Street wollte ich meiden...
Bei der Feuerwache hielt sich sicher auch nachts jemand auf.
Marsh Smelter Office
House
Northside
Aber welches war der richtige Zeitpunkt zum Aufbruch?
?!

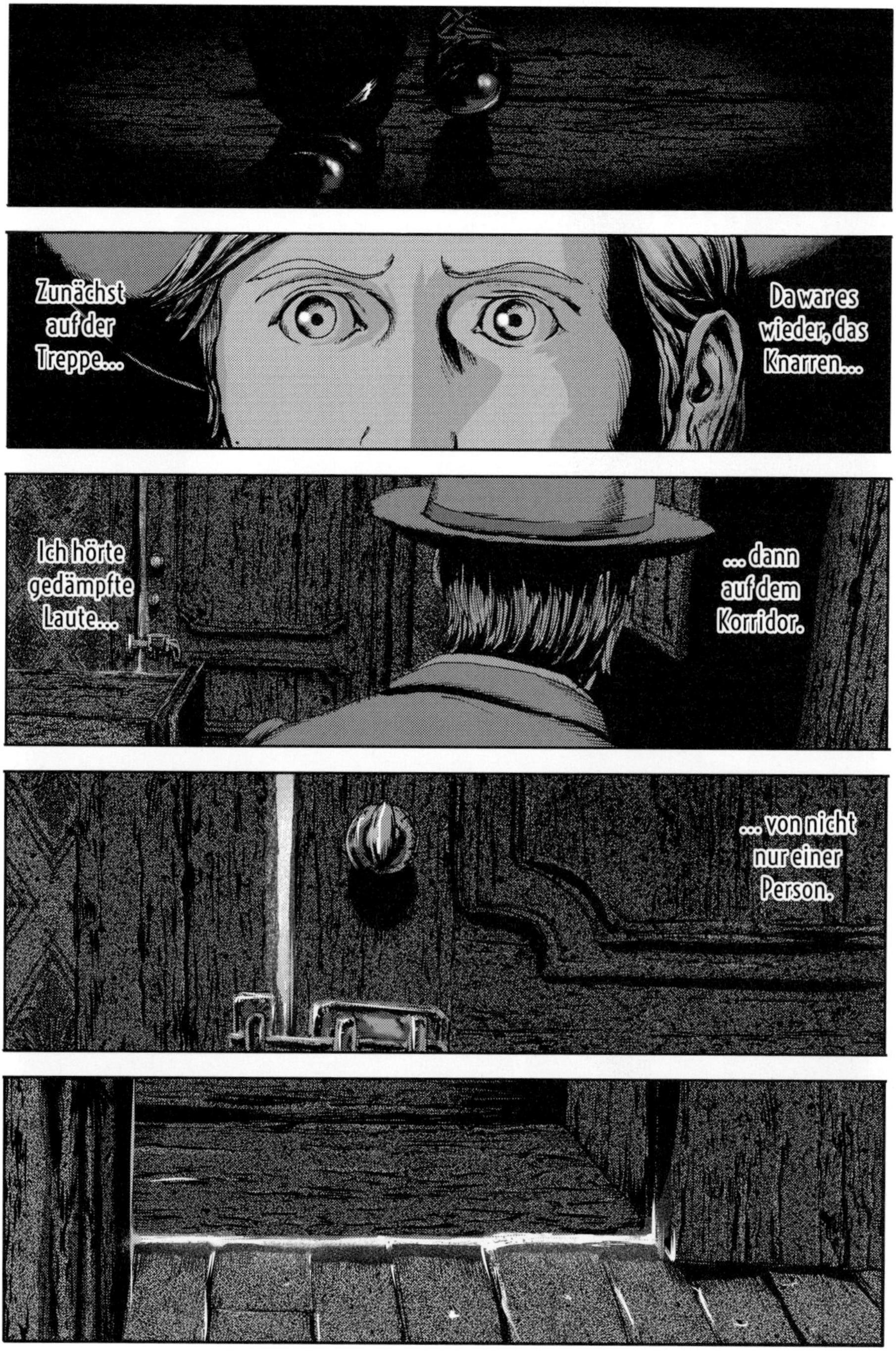
Zunächst auf der Treppe...
Da war es wieder, das Knarren...
Ich hörte gedämpfte Laute...
... dann auf dem Korridor.
... von nicht nur einer Person.

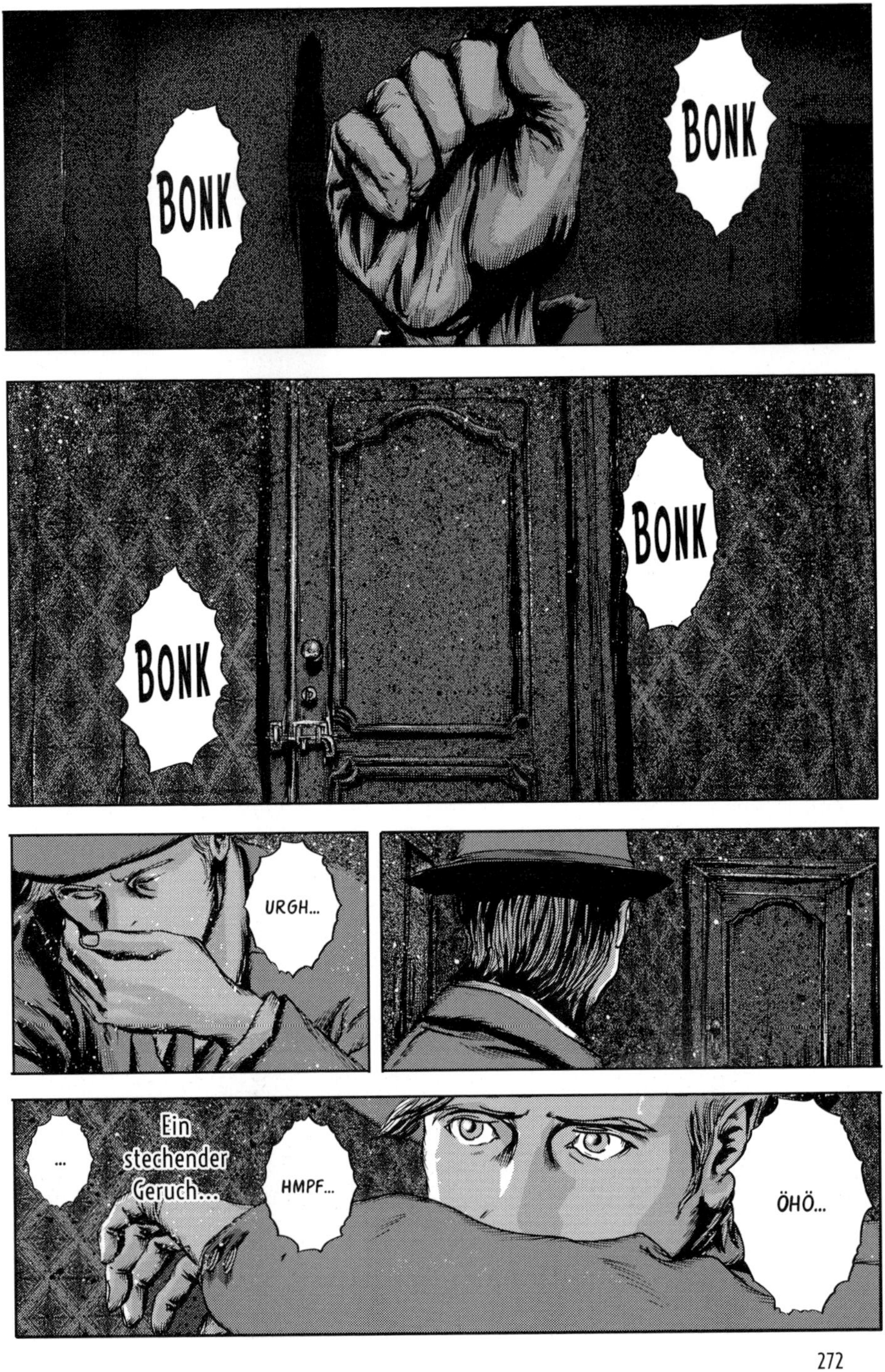
BONK
BONK
BONK
BONK
URGH...
...
Ein stechender Geruch...
HMPF...
ÖHÖ...

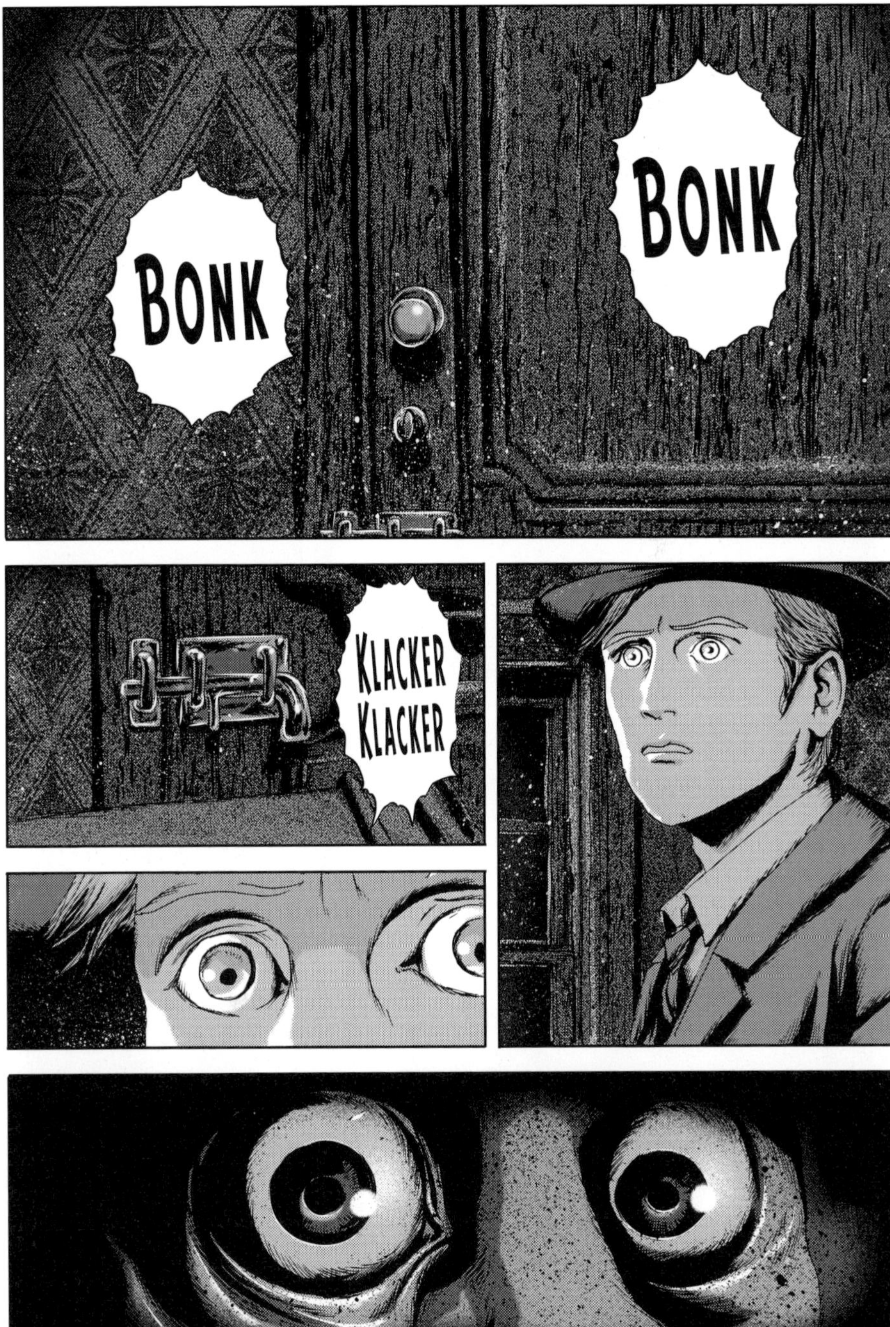
BONK
BONK
KLACKER KLACKER

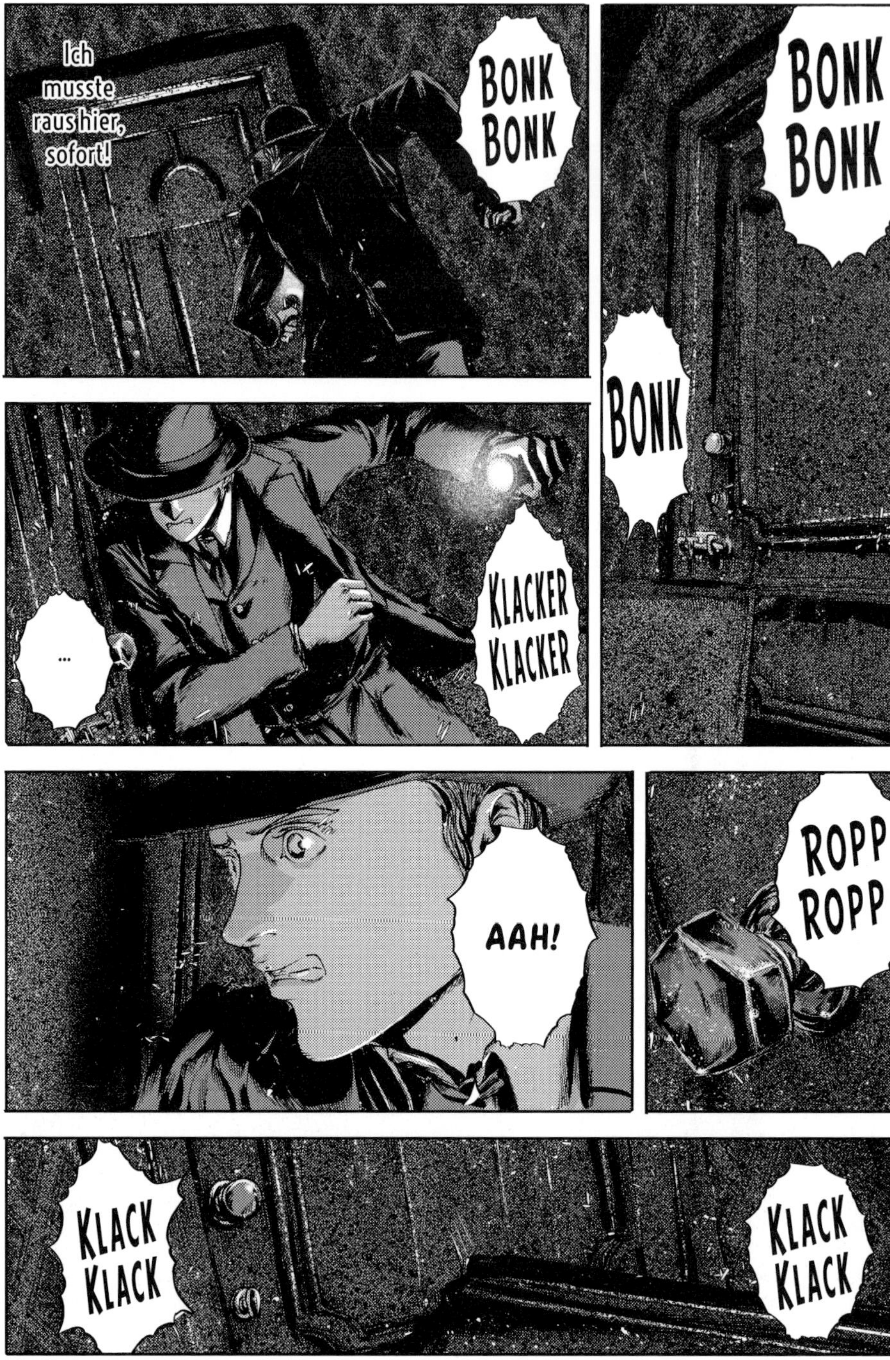
BONK BONK
BONK
Ich musste raus hier, sofort!
BONK BONK
KLACKER KLACKER
...
ROPP ROPP
AAH!
KLACK KLACK
KLACK KLACK

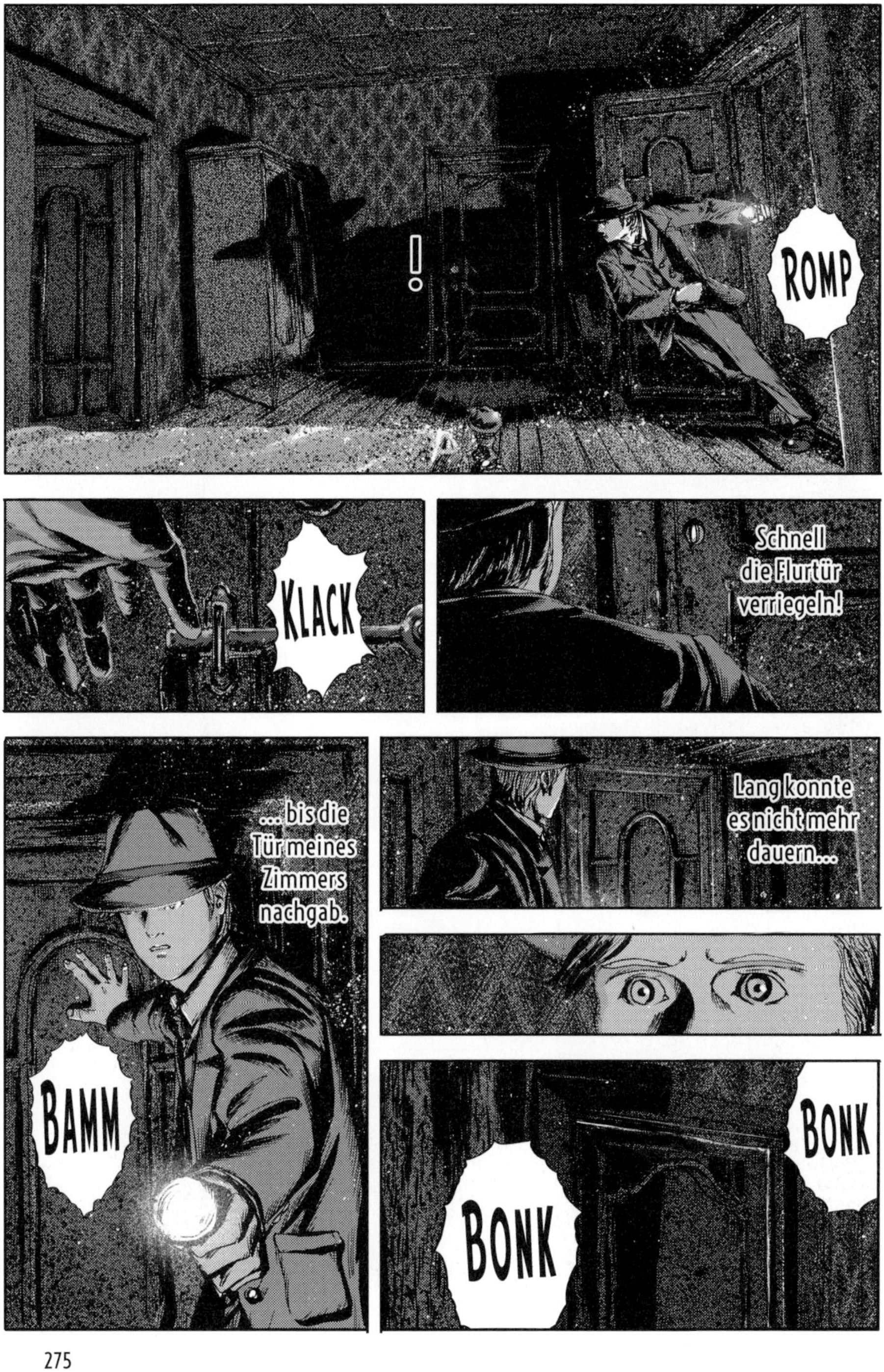
!
ROMP
KLACK
Schnell die Flurtür verriegeln!
... bis die Tür meines Zimmers nachgab.
BAMM
Lang konnte es nicht mehr dauern...
BONK
BONK

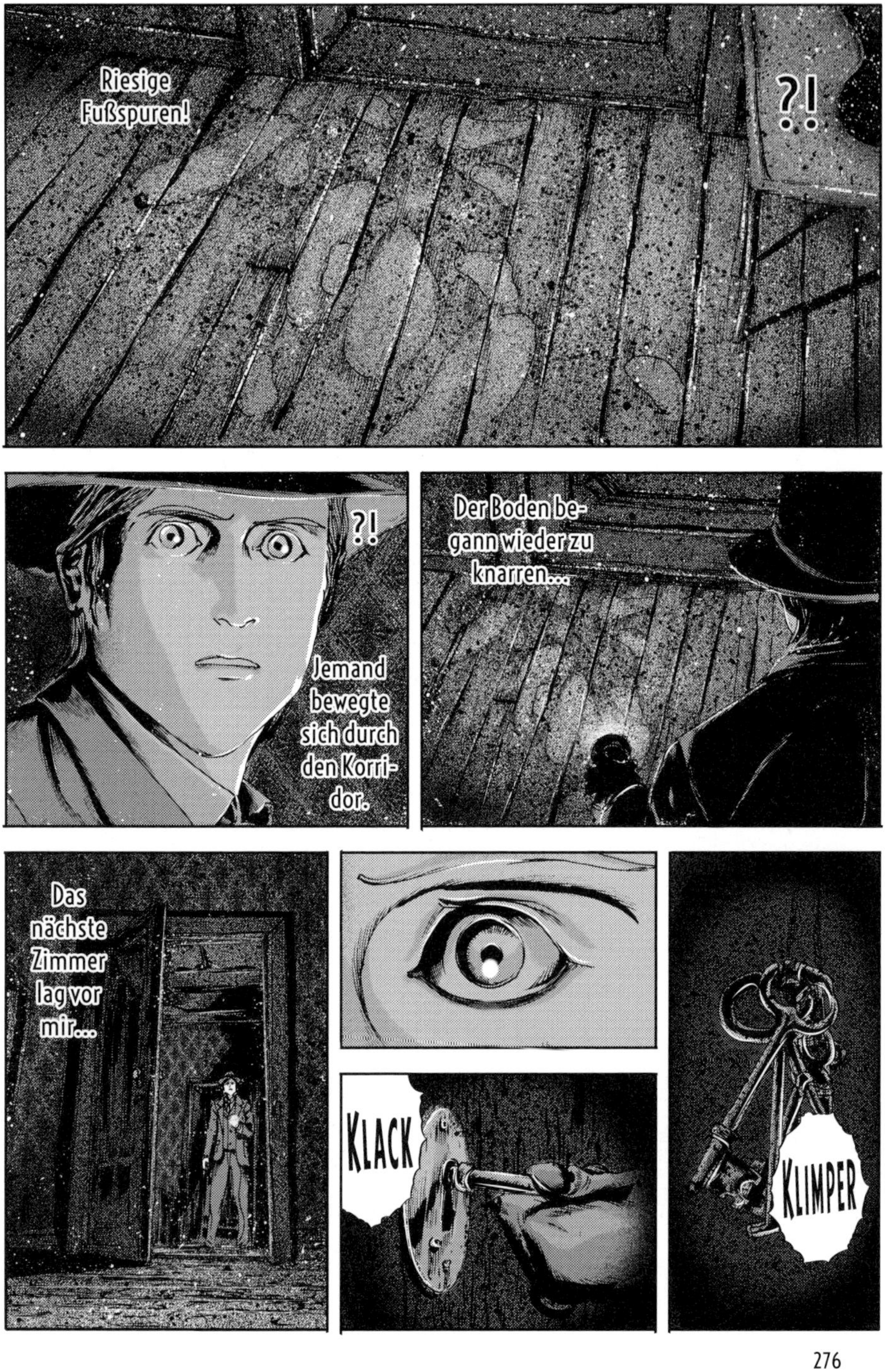
Riesige Fußspuren!
?!
?!
Jemand bewegte sich durch den Korri-dor.
Der Boden be-gann wieder zu knarren...
Das nächste Zimmer lag vor mir...
KLACK
KLIMPER

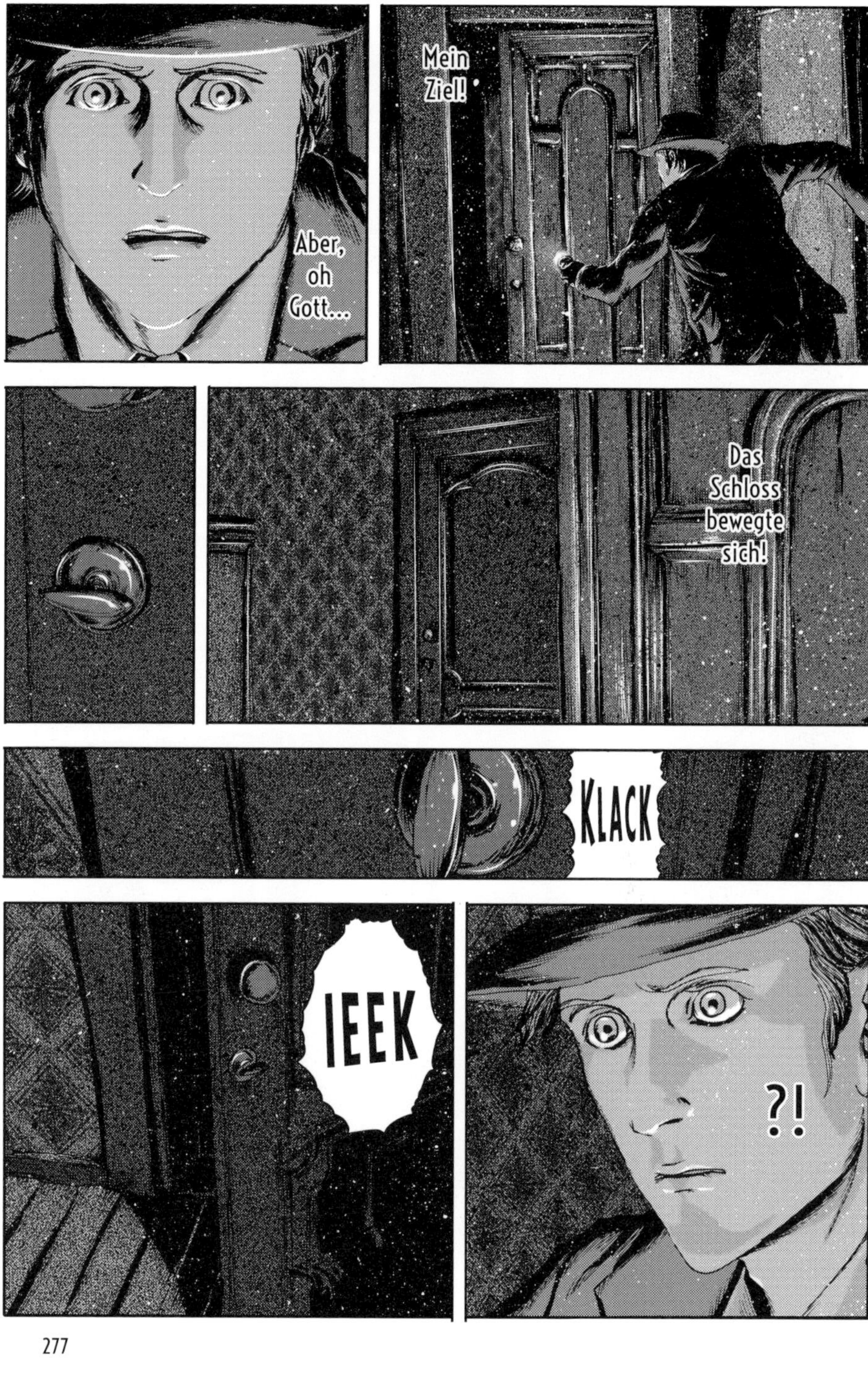
Mein Ziel!
Aber, oh Gott...
Das Schloss bewegte sich!
KLACK
?!
IEEK

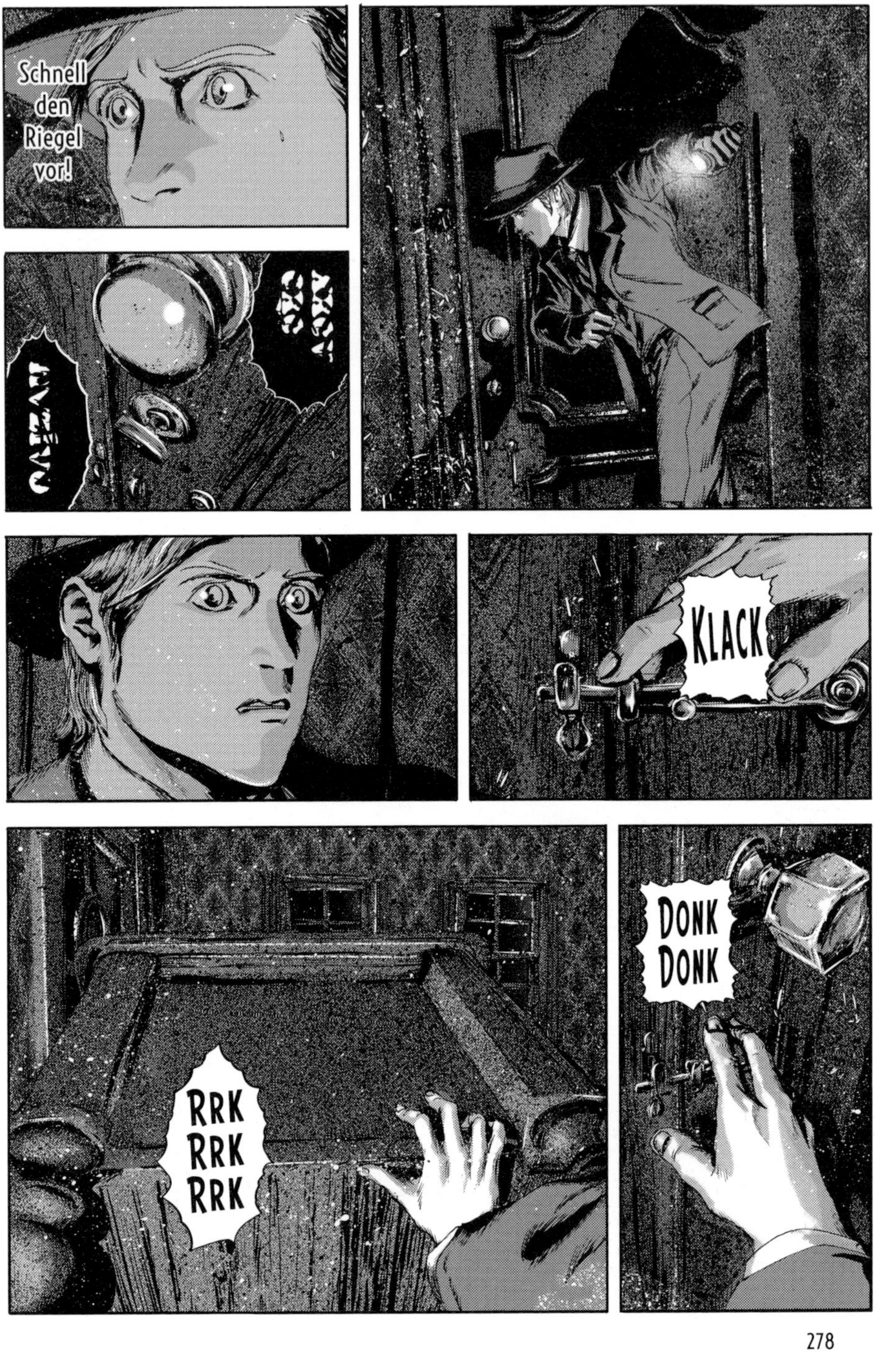
Schnell den Riegel vor!
KLACK
RRK
RRK
RRK
DONK
DONK

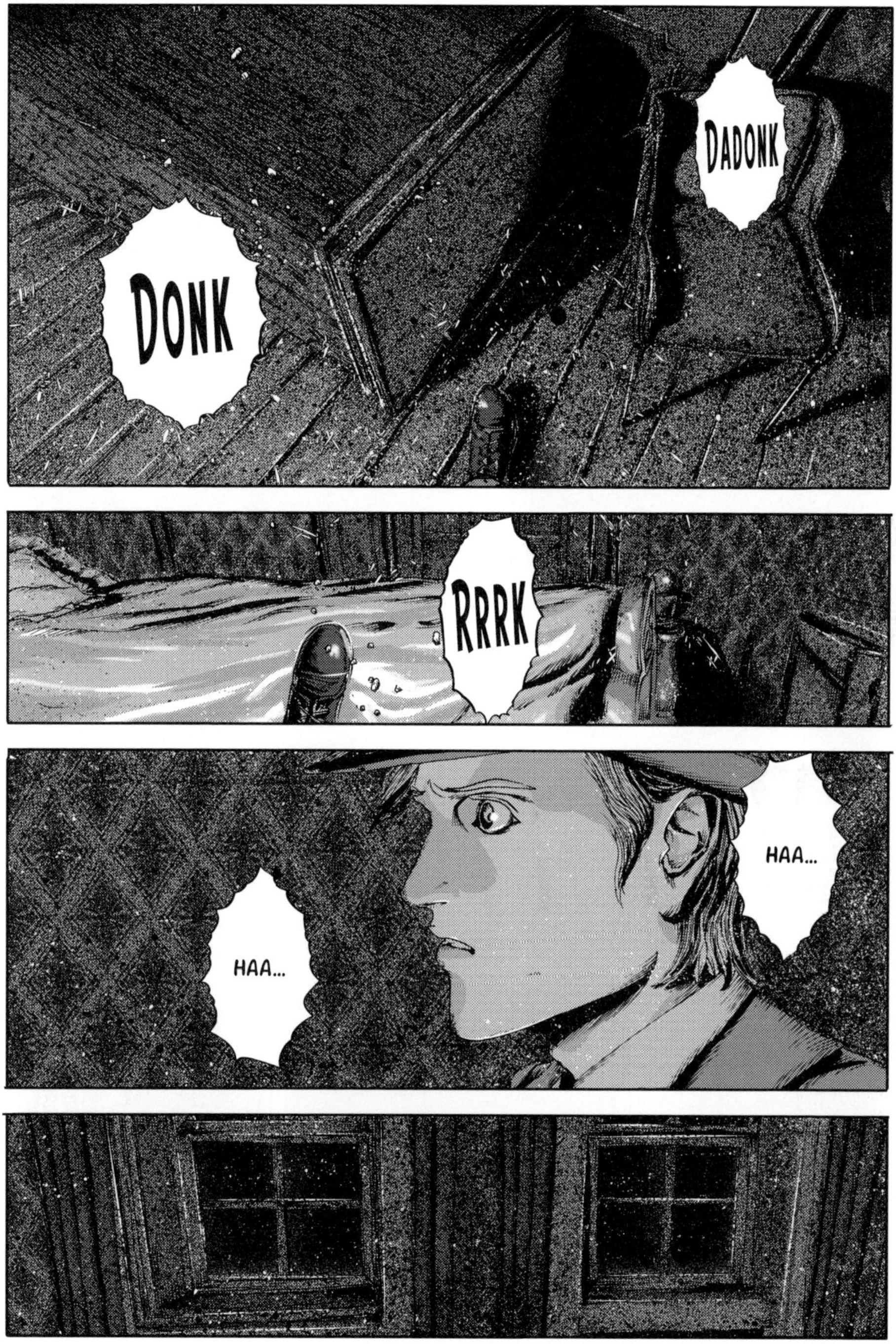
DADONK
DONK
RRRK
HAA...
HAA...

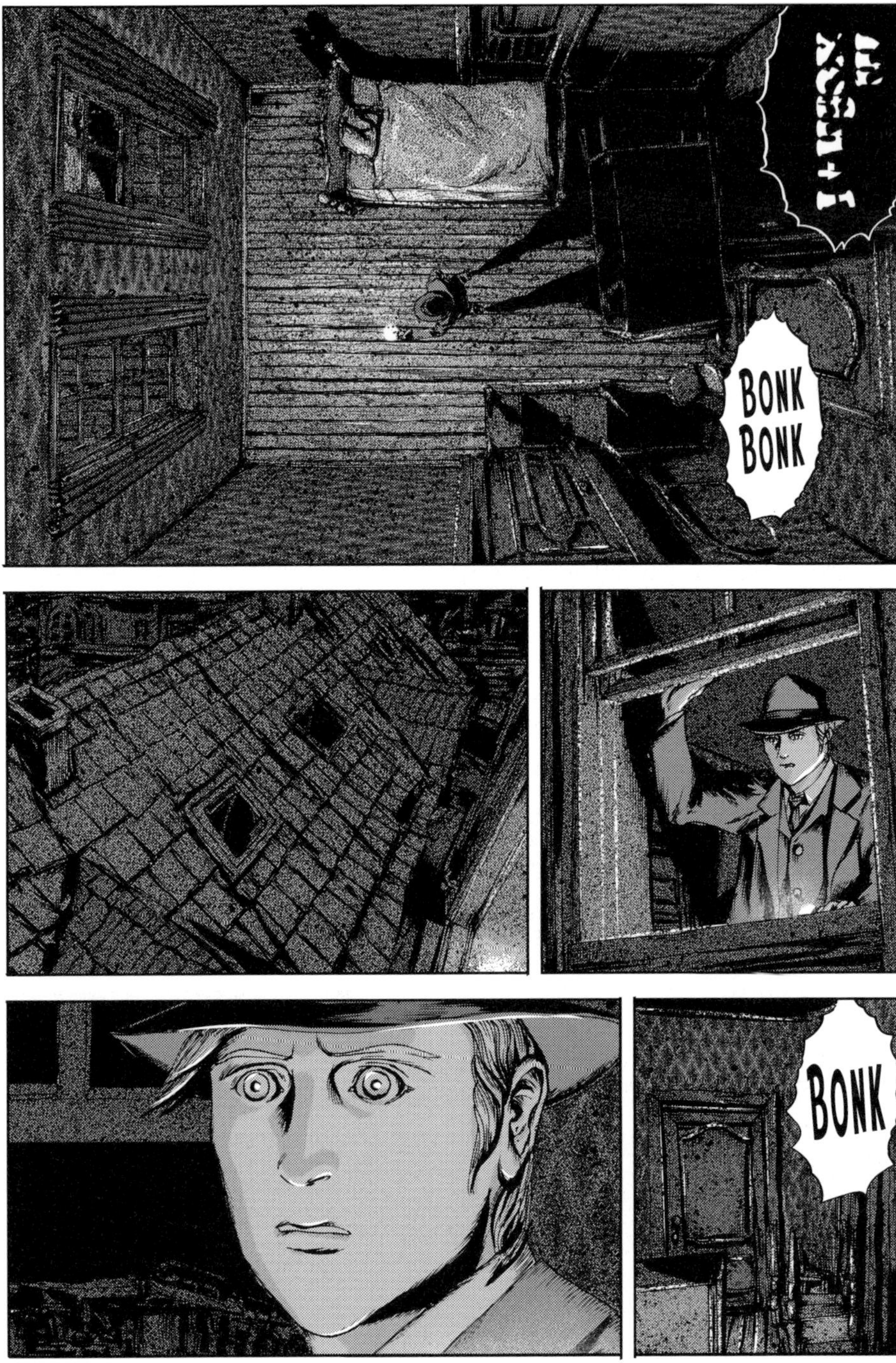
BONK
BONK
BONK

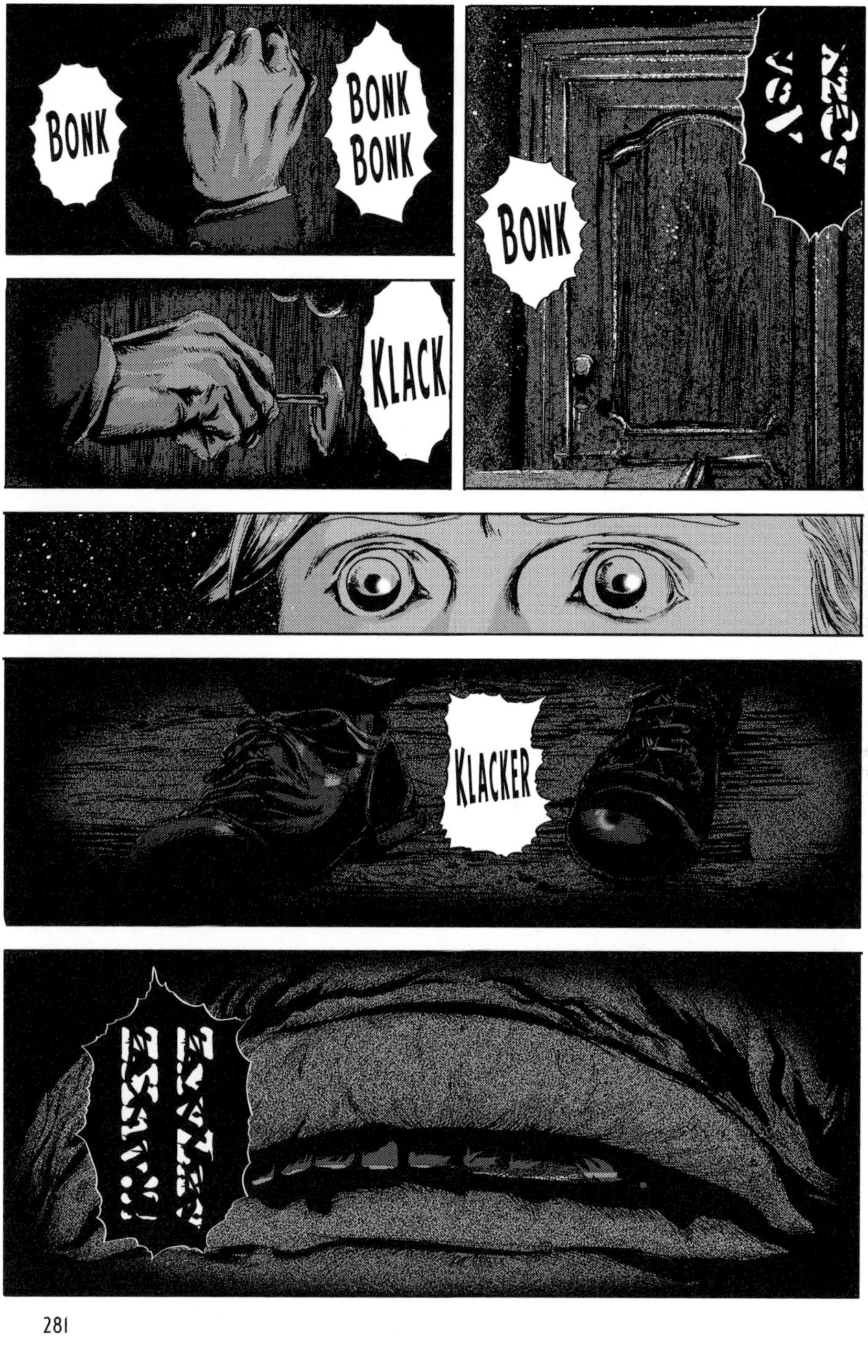
Bonk
Bonk Bonk
Bonk
Klack
Klacker

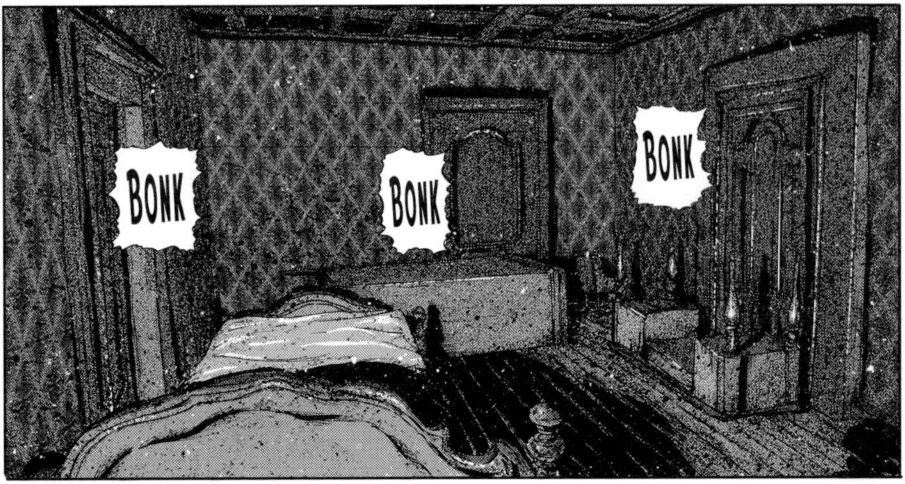
BONK
BONK
BONK
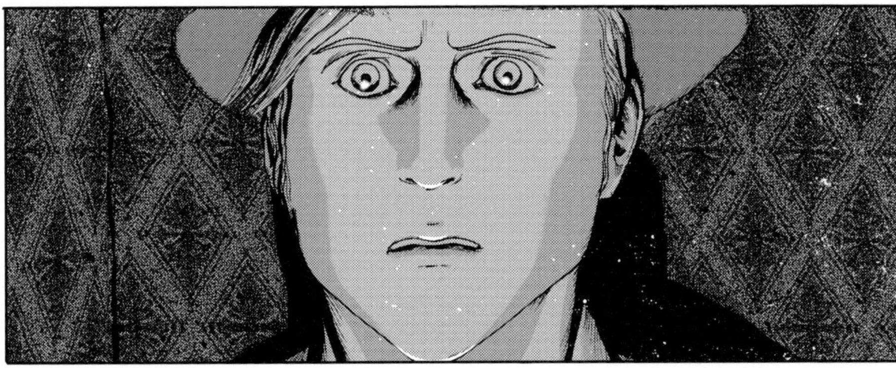
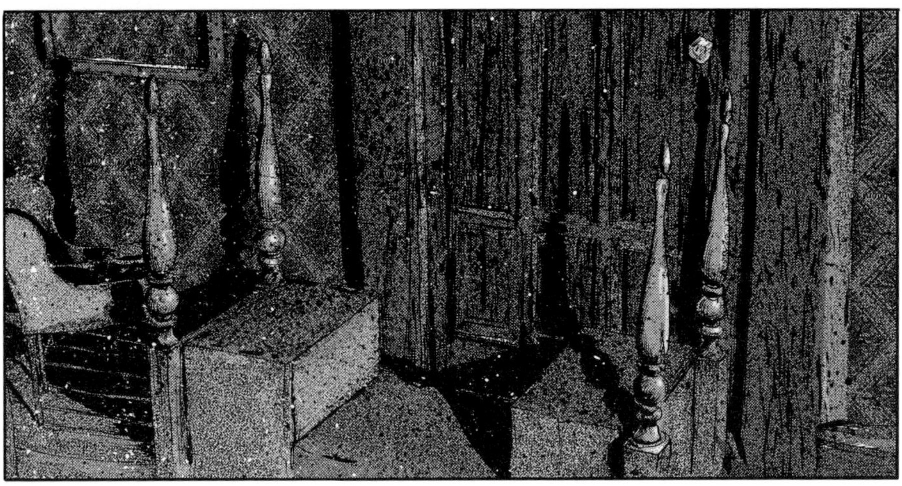

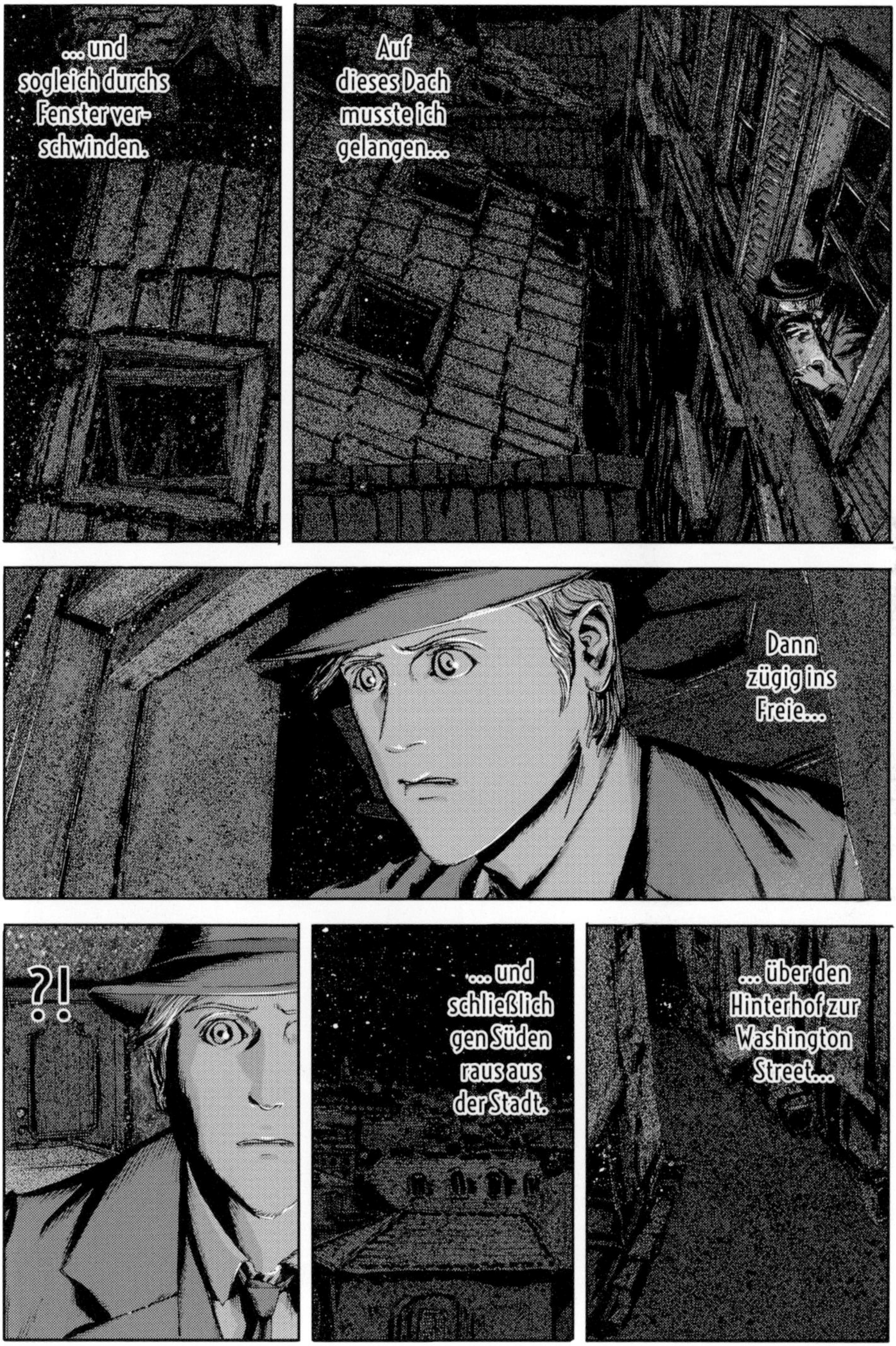
Auf dieses Dach musste ich gelangen...
... und sogleich durchs Fenster verschwinden.
Dann zügig ins Freie...
... über den Hinterhof zur Washington Street...
... und schließlich gen Süden raus aus der Stadt.
?!

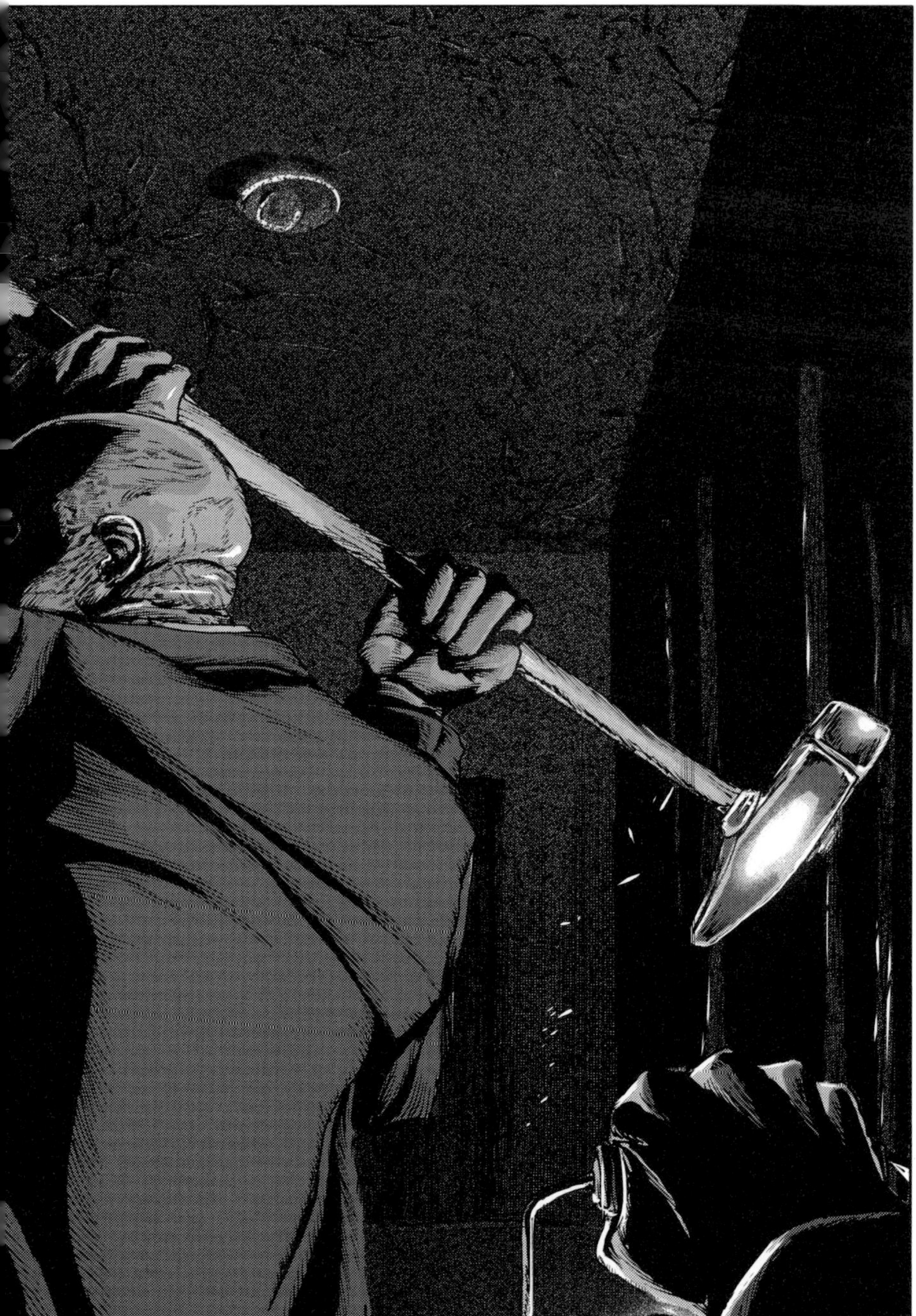

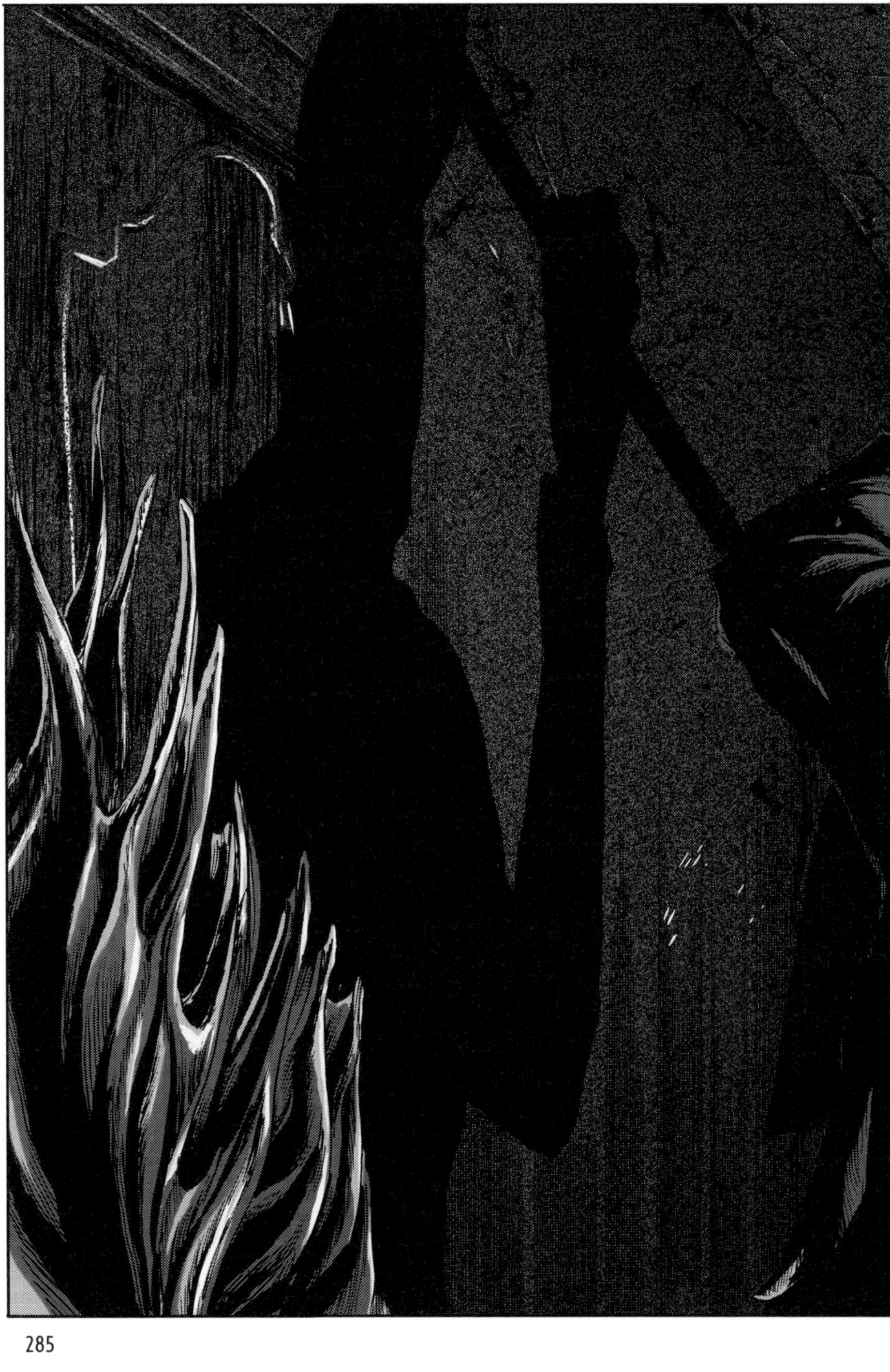

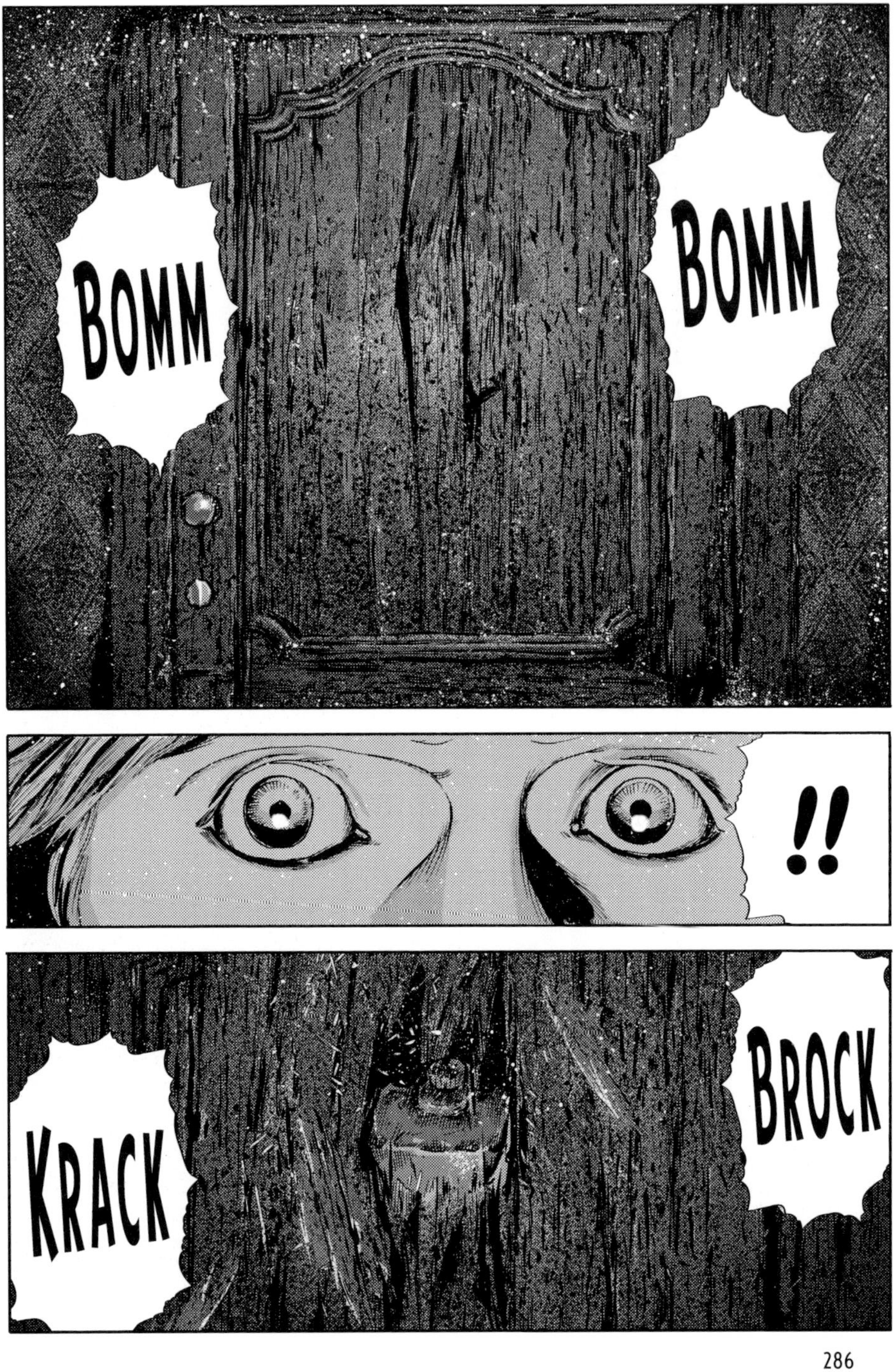
BOMM
BOMM
!!
BROCK
KRACK

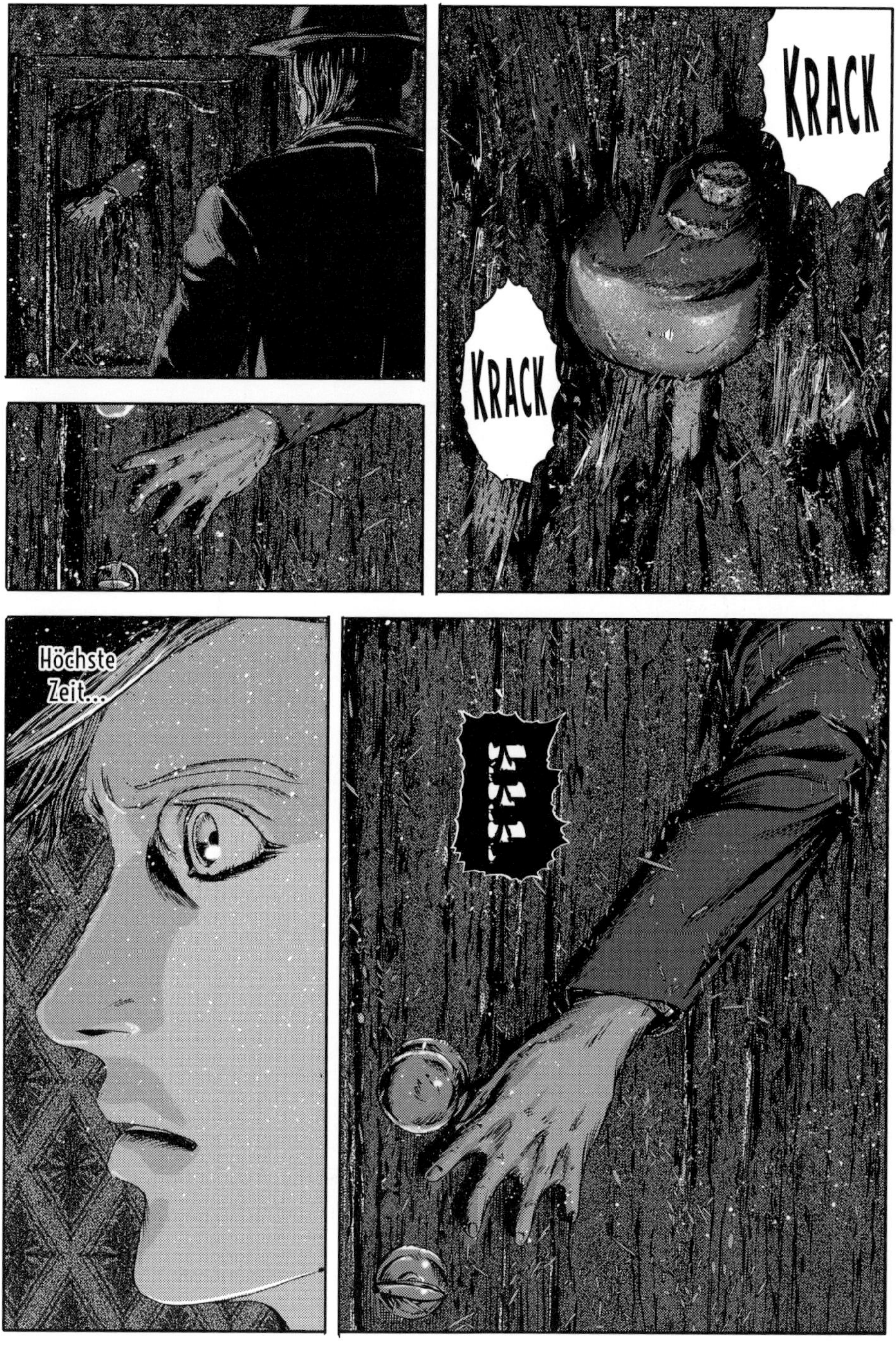
KRACK
KRACK
Höchste Zeit...

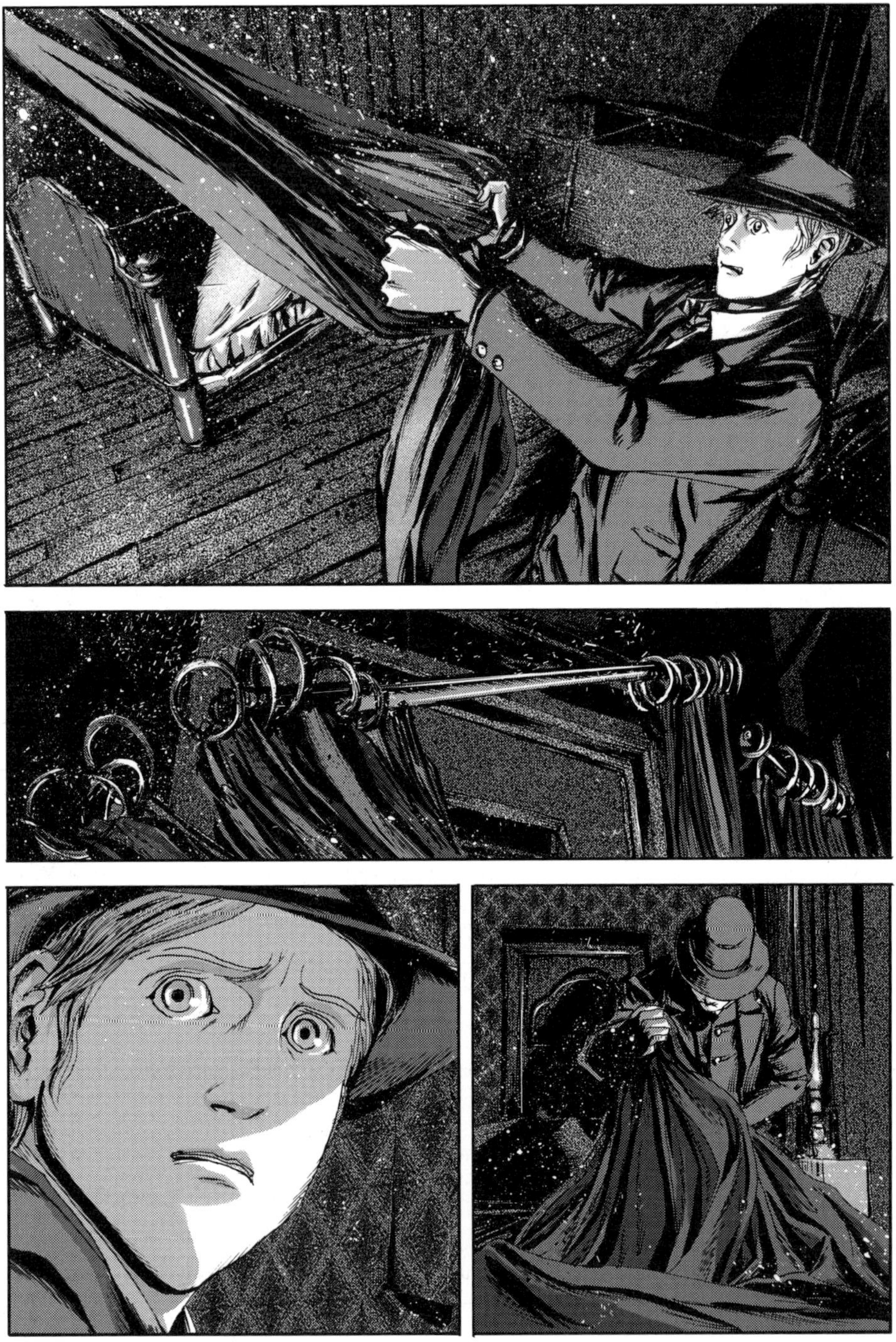

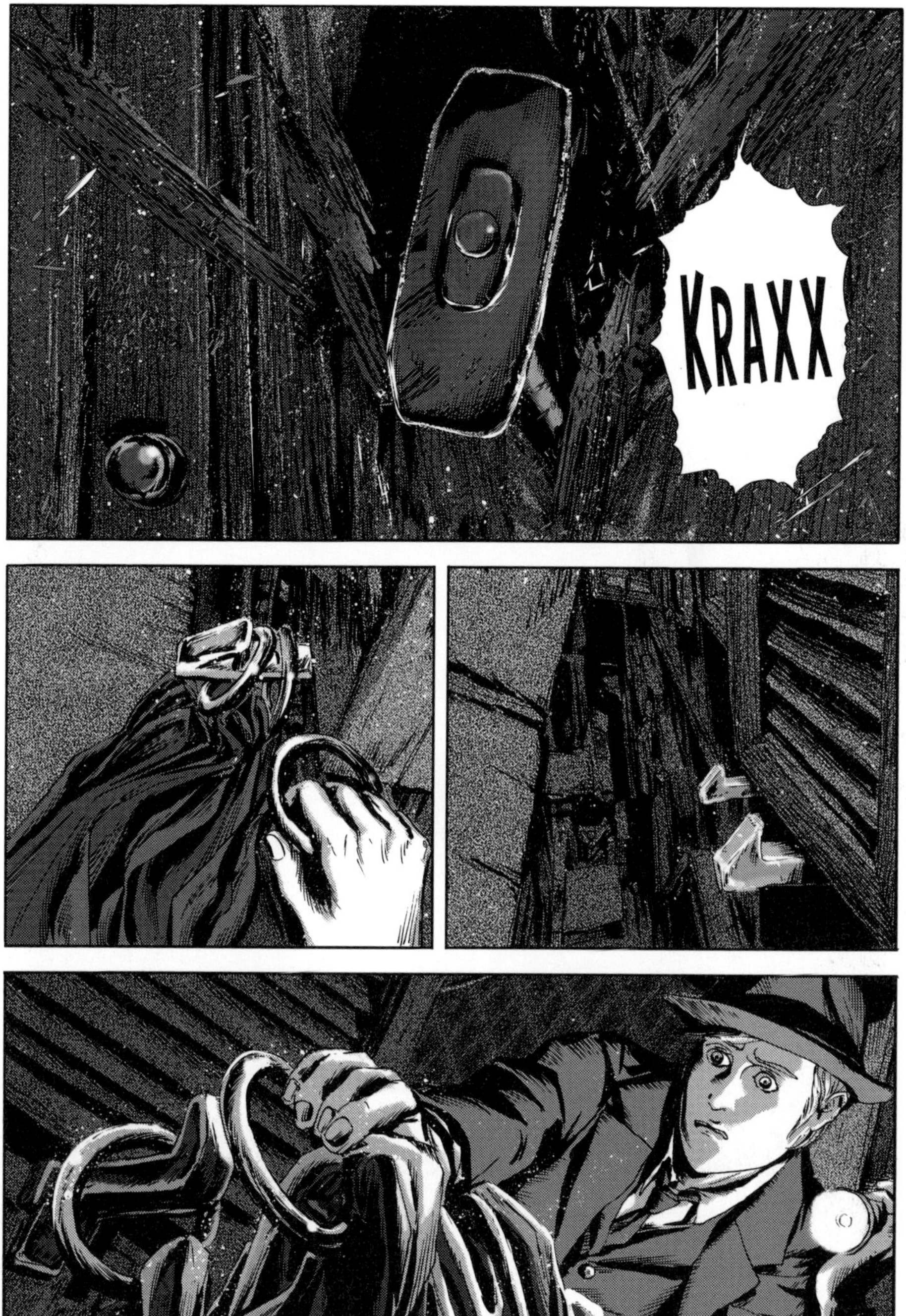
KRAXX

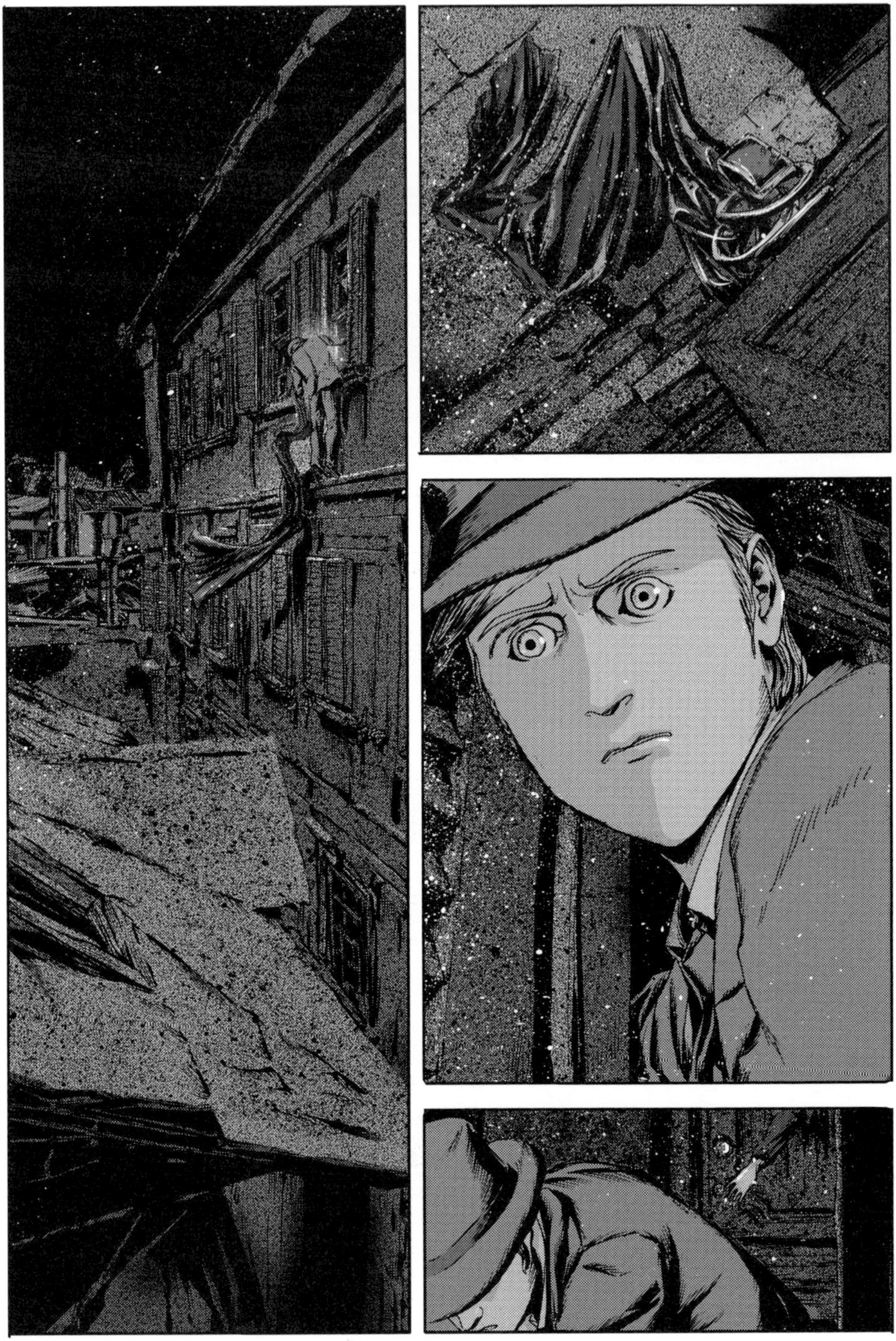

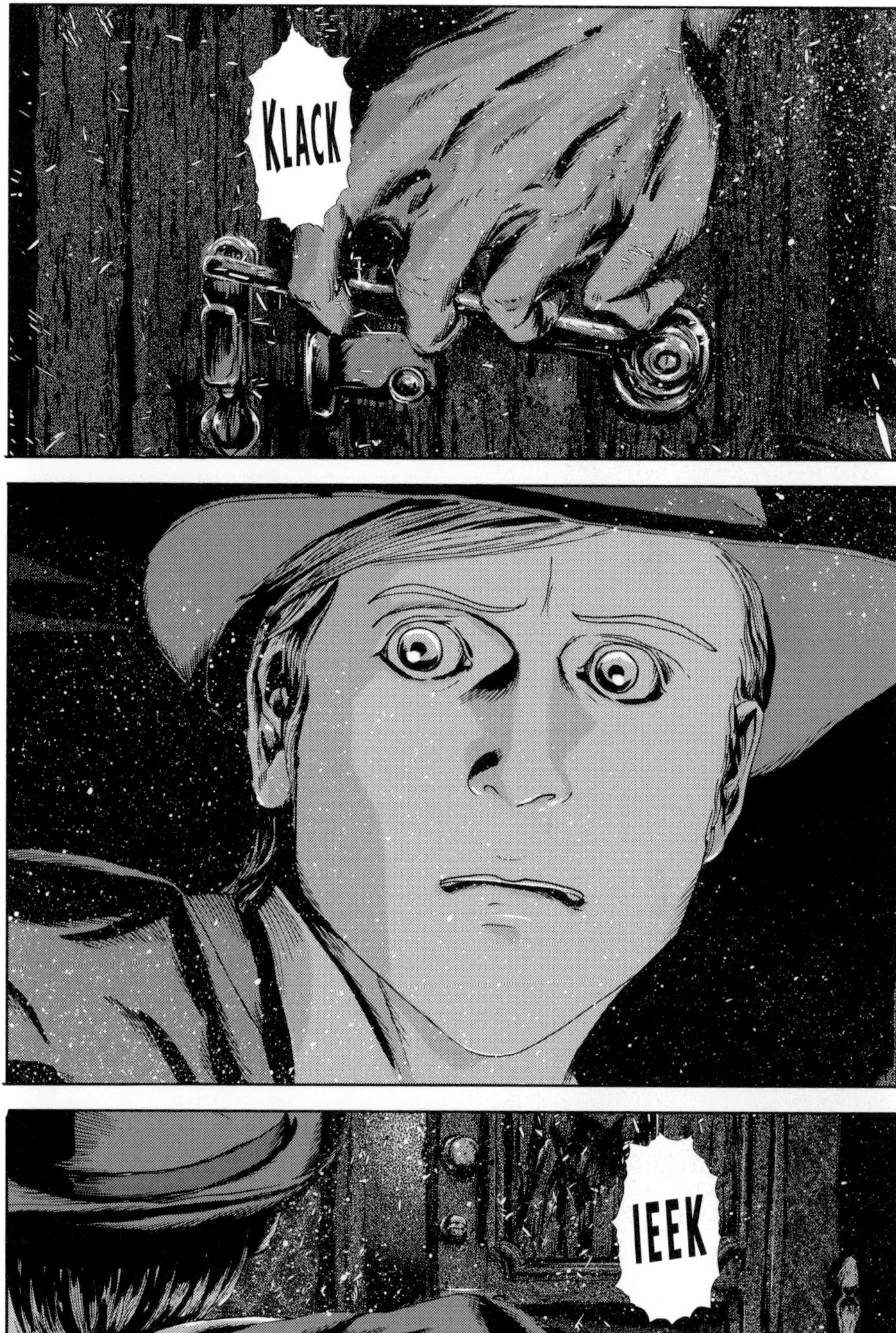
KLACK
IEEK

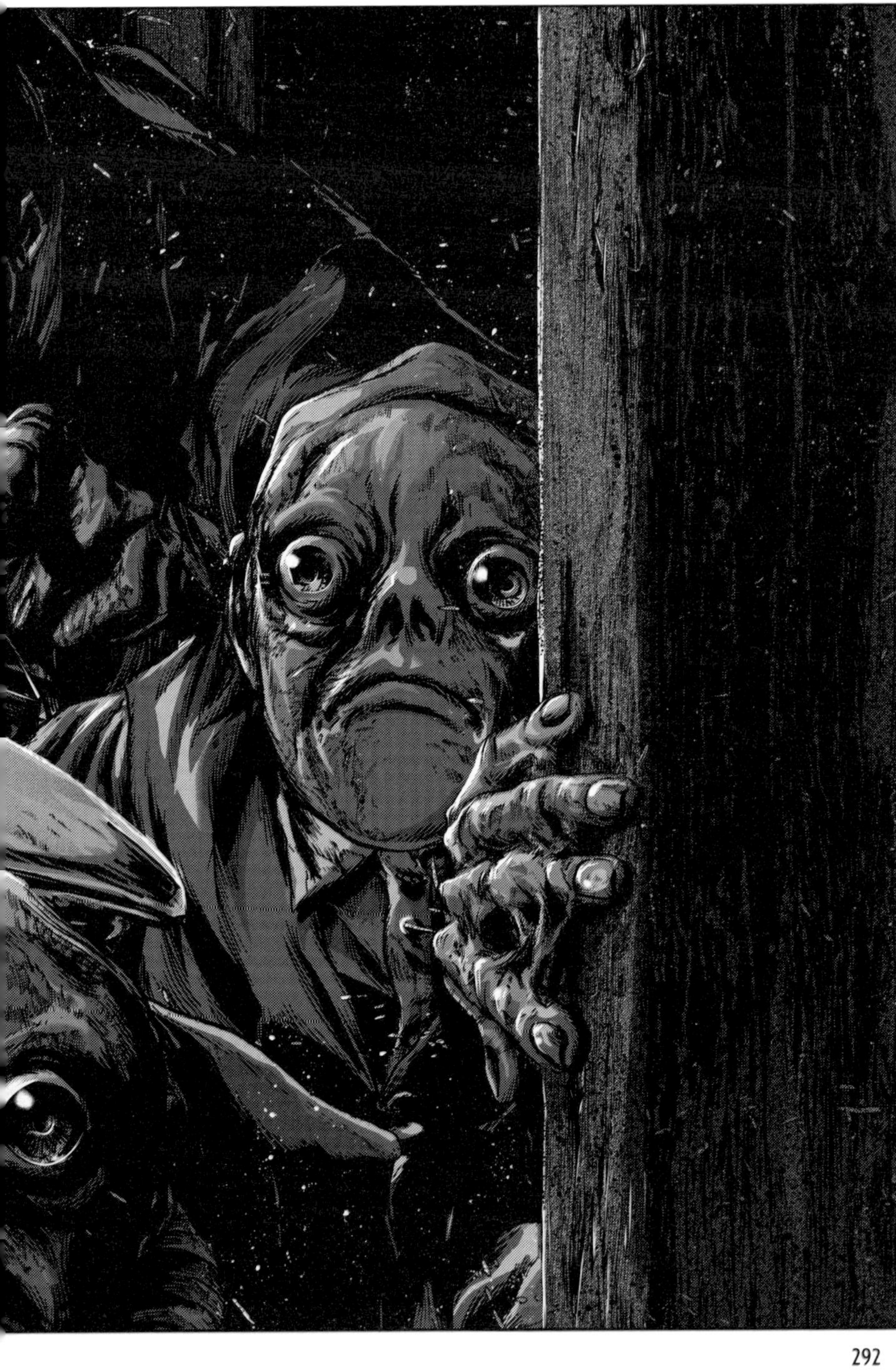

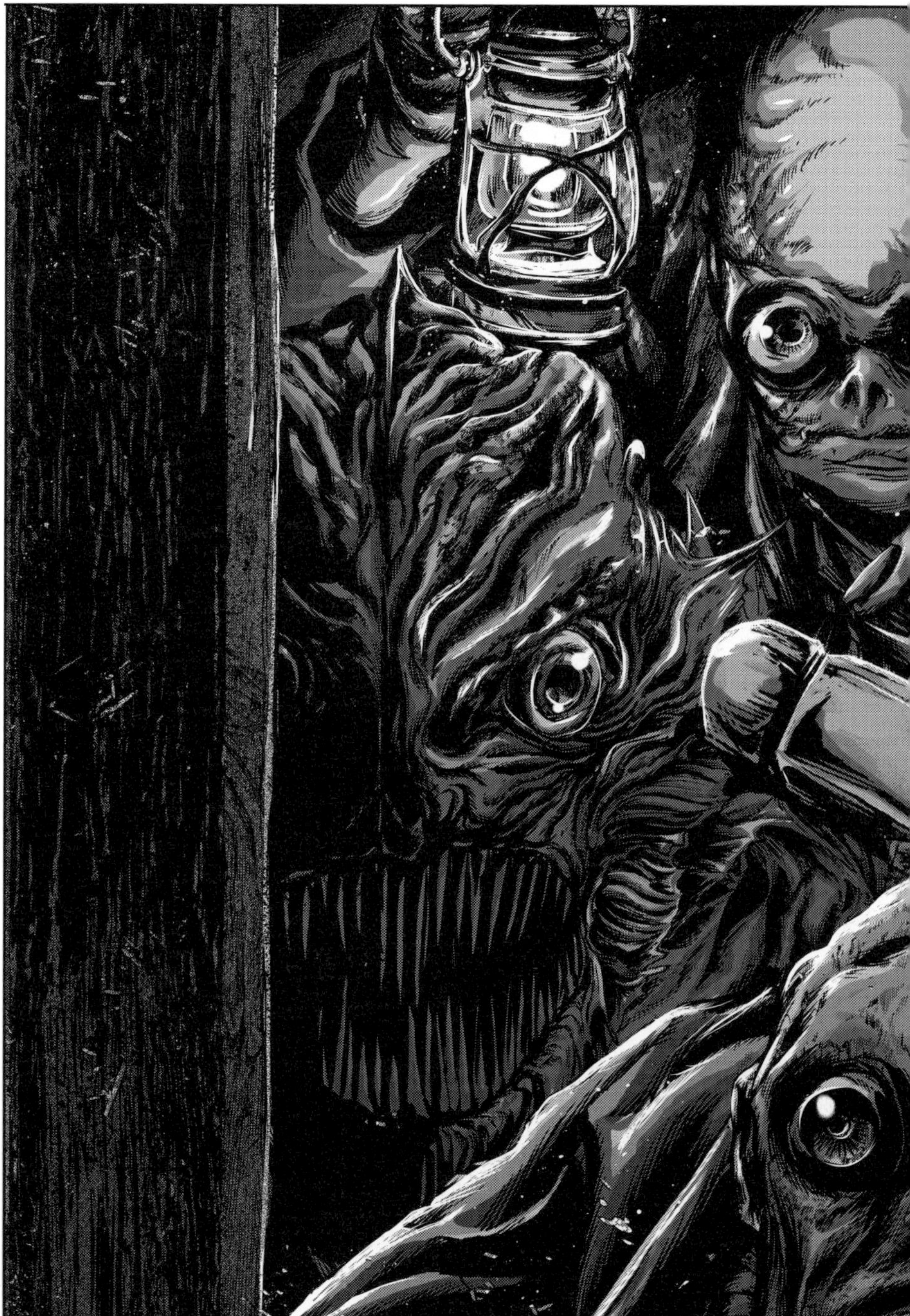

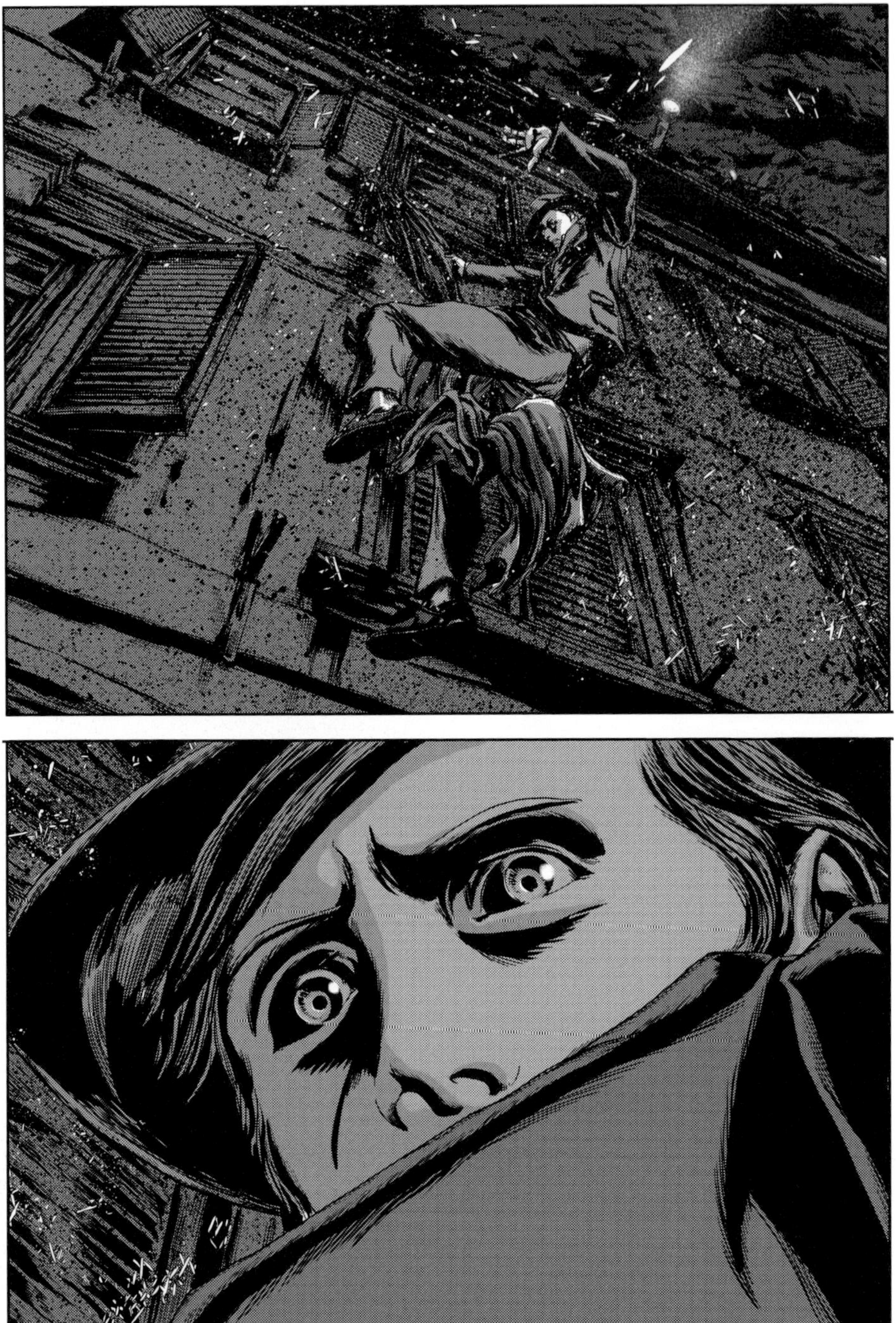

8 TEUFELSRIFF

Devil Reef

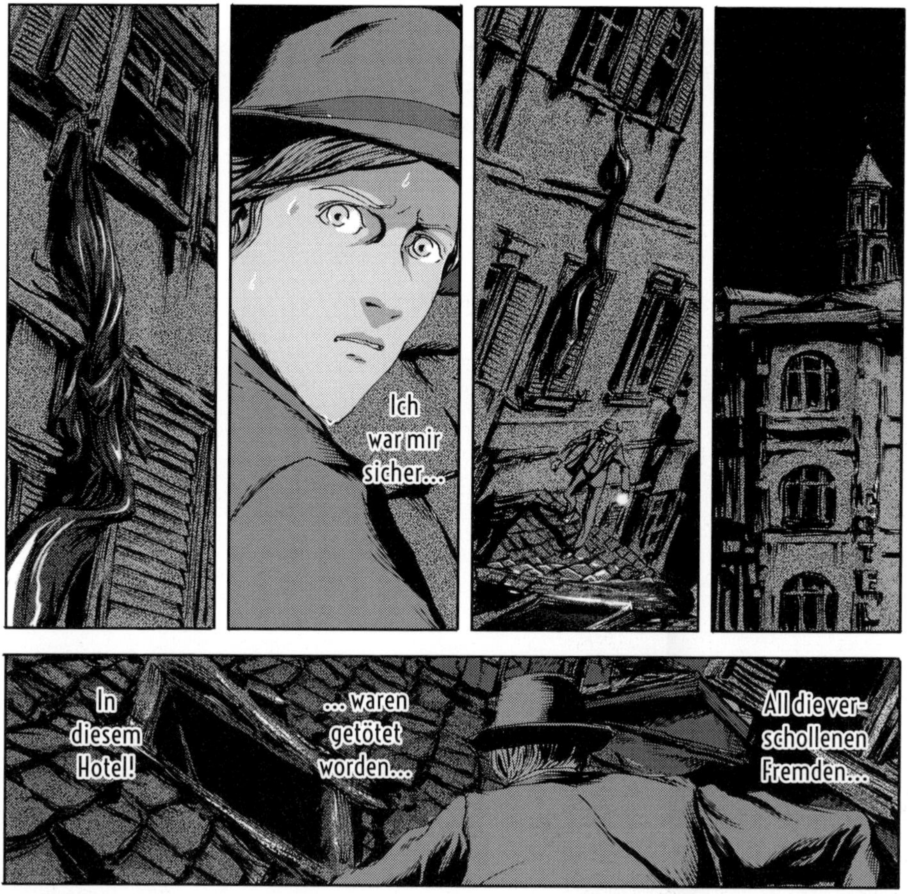
Ich war mir sicher…
All die verschollenen Fremden…
… waren getötet worden…
In diesem Hotel!
Ich musste schleunigst weg hier!

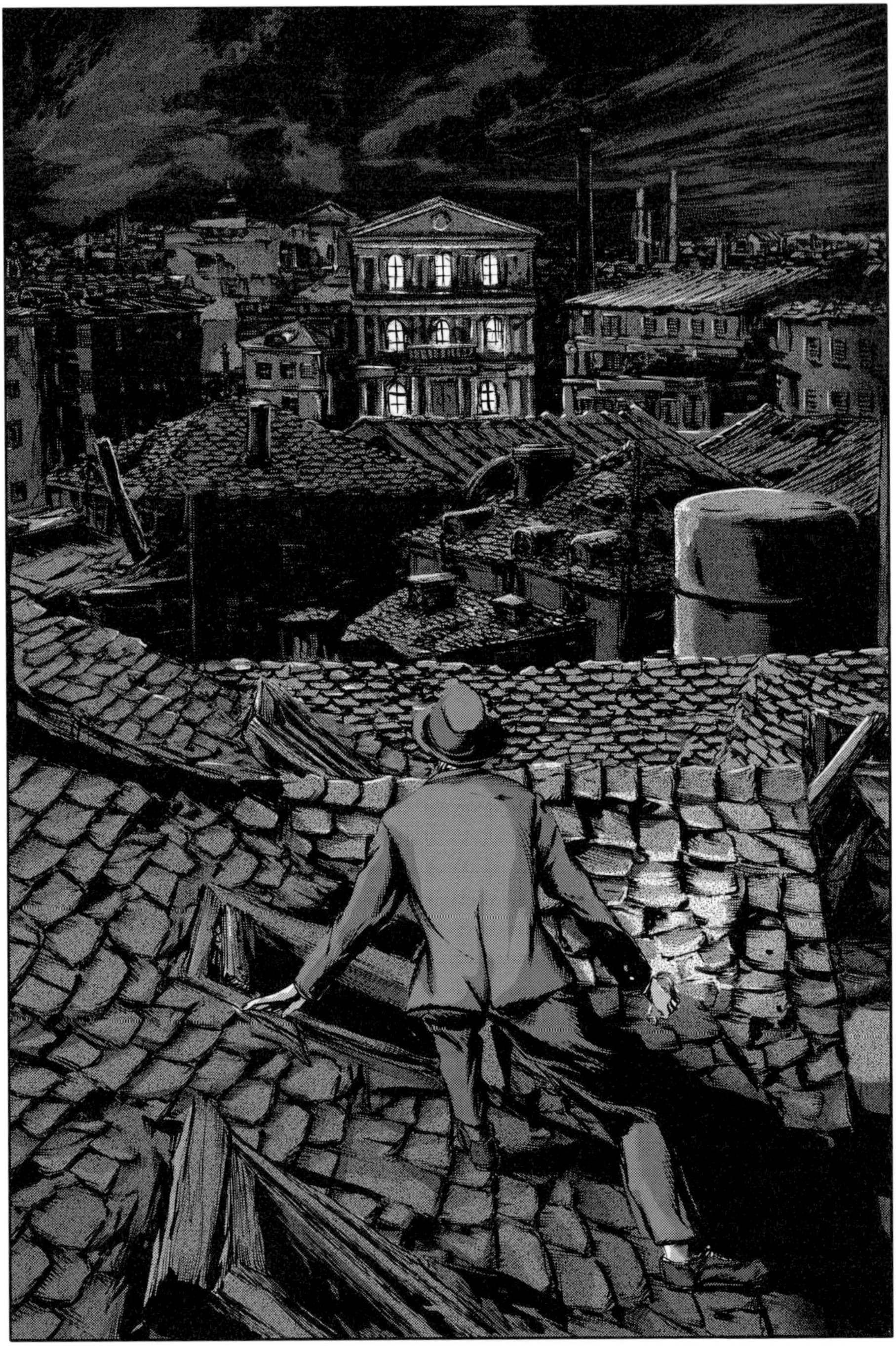

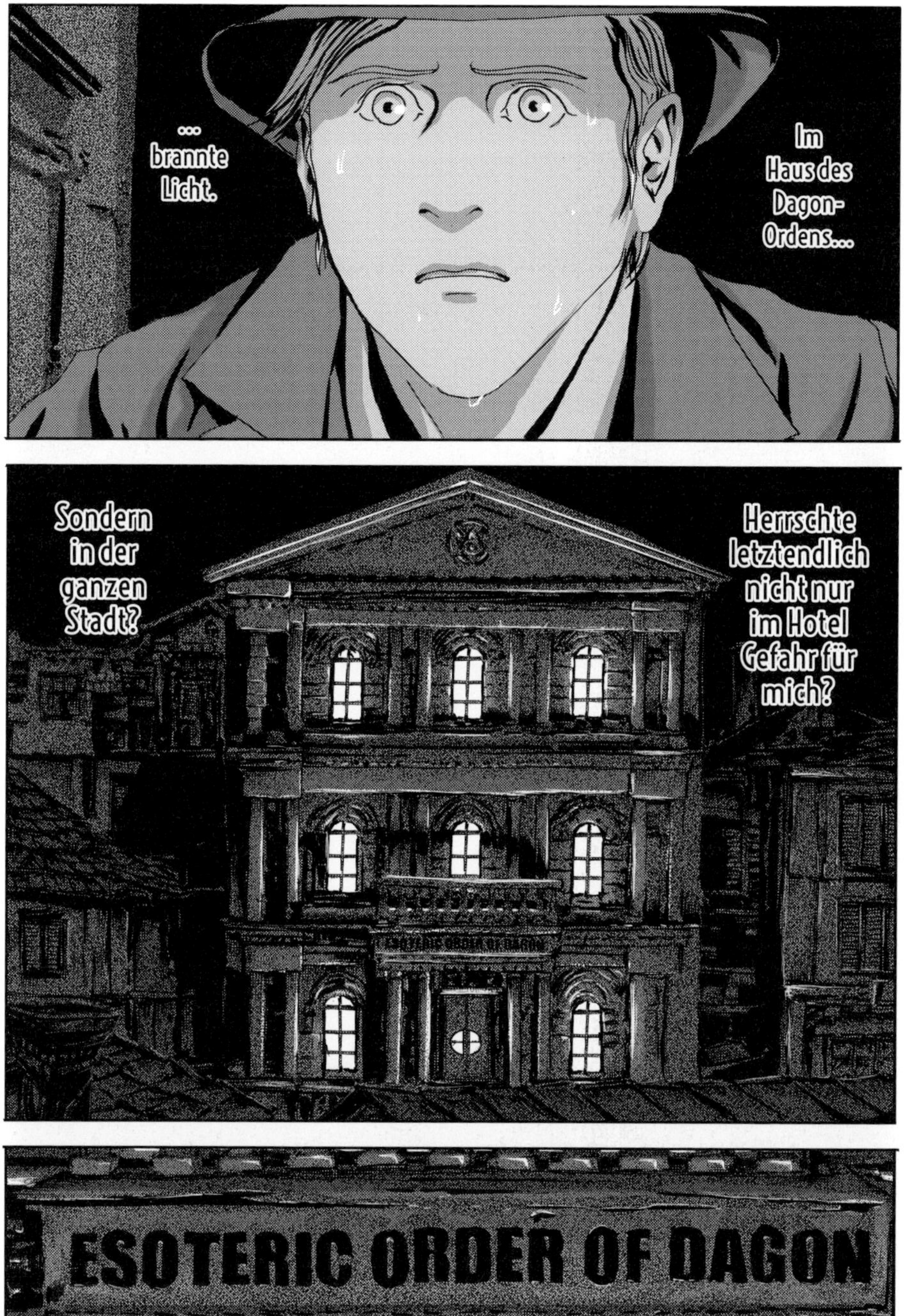
Im Haus des Dagon-Ordens...
... brannte Licht.
Herrschte letztendlich nicht nur im Hotel Gefahr für mich?
Sondern in der ganzen Stadt?
ESOTERIC ORDER OF DAGON

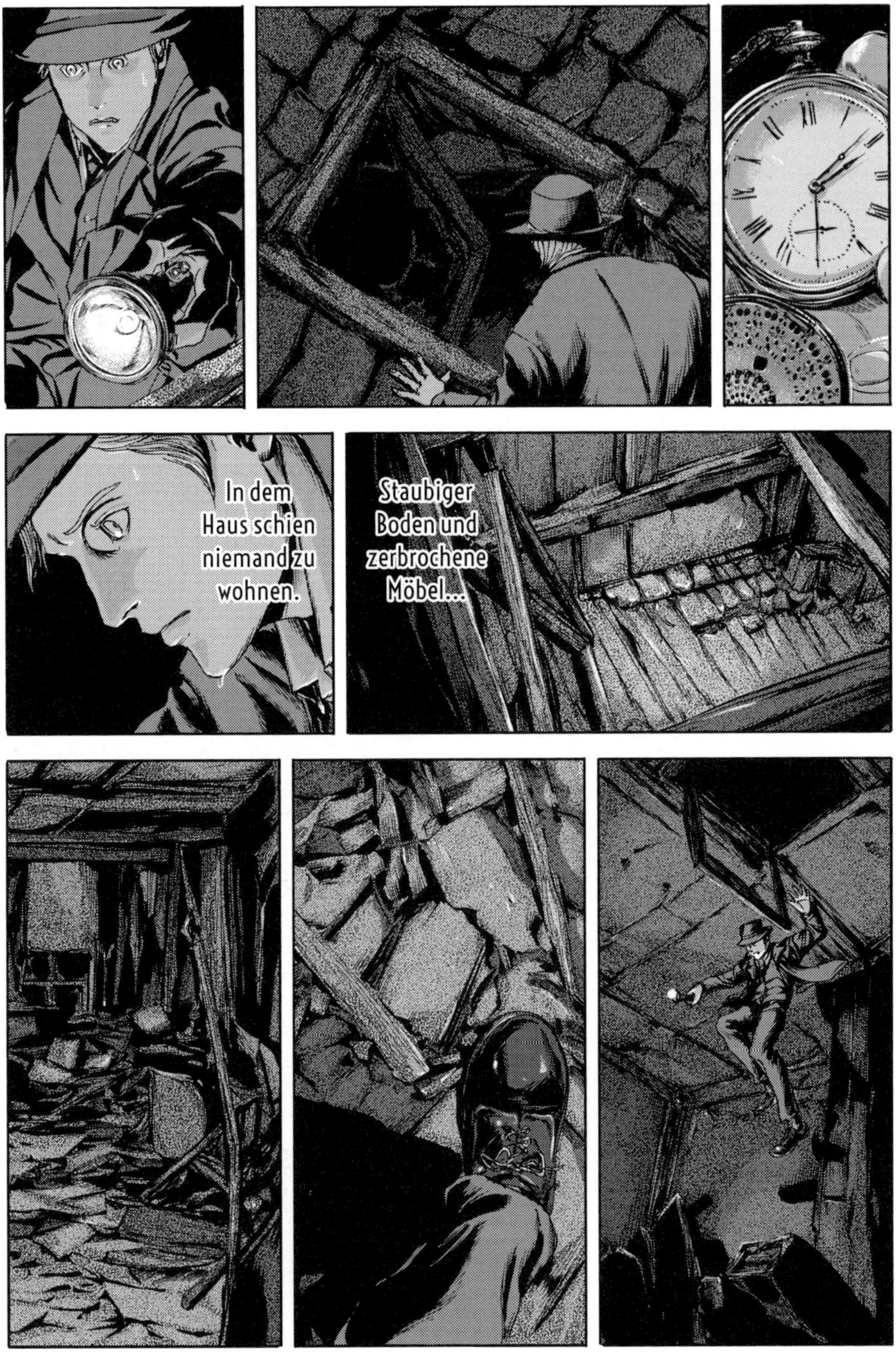

In dem Haus schien niemand zu wohnen.
Staubiger Boden und zerbrochene Möbel...

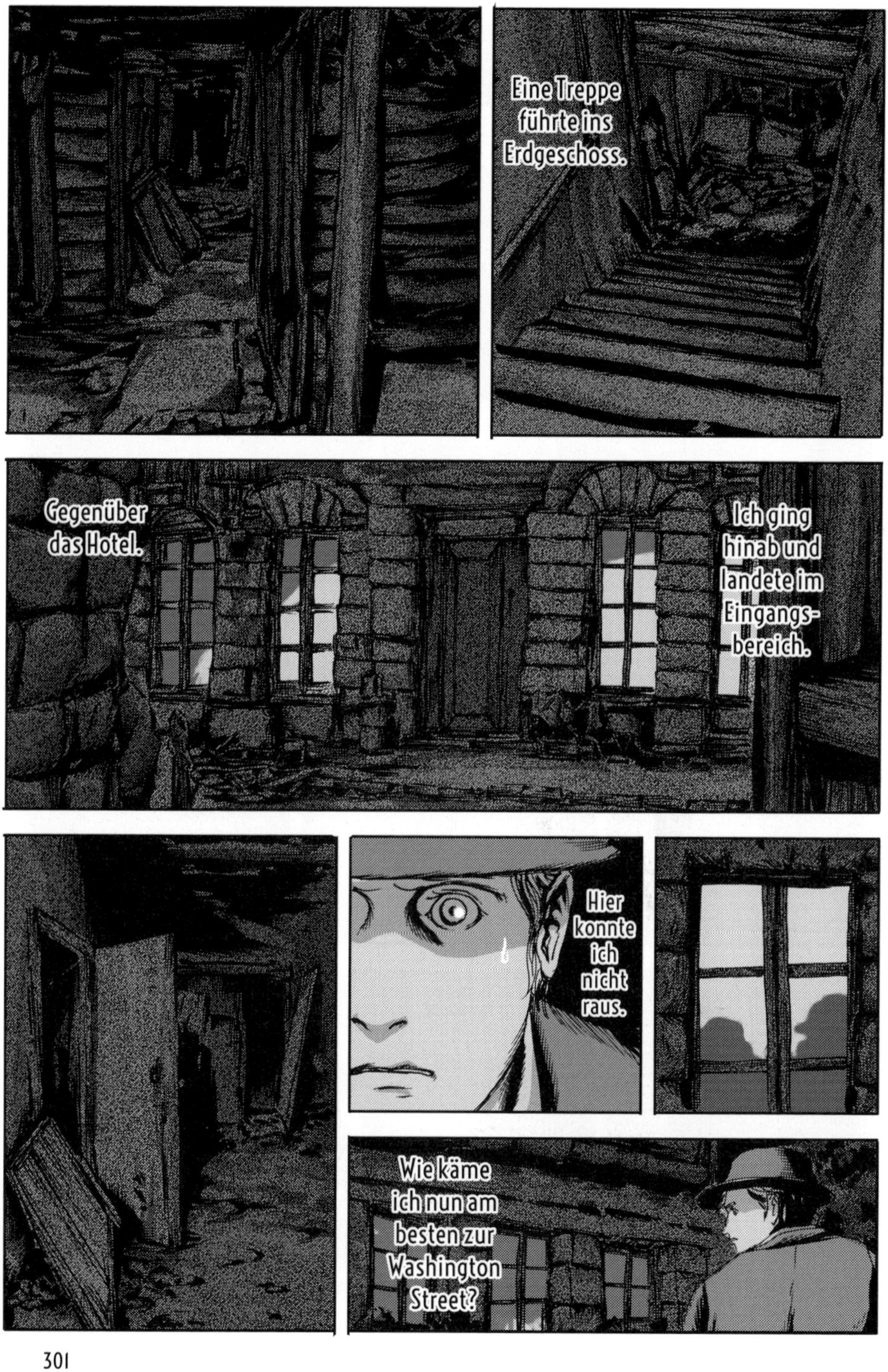
Eine Treppe führte ins Erdgeschoss.
Ich ging hinab und landete im Eingangs-bereich.
Gegenüber das Hotel.
Hier konnte ich nicht raus.
Wie käme ich nun am besten zur Washington Street?

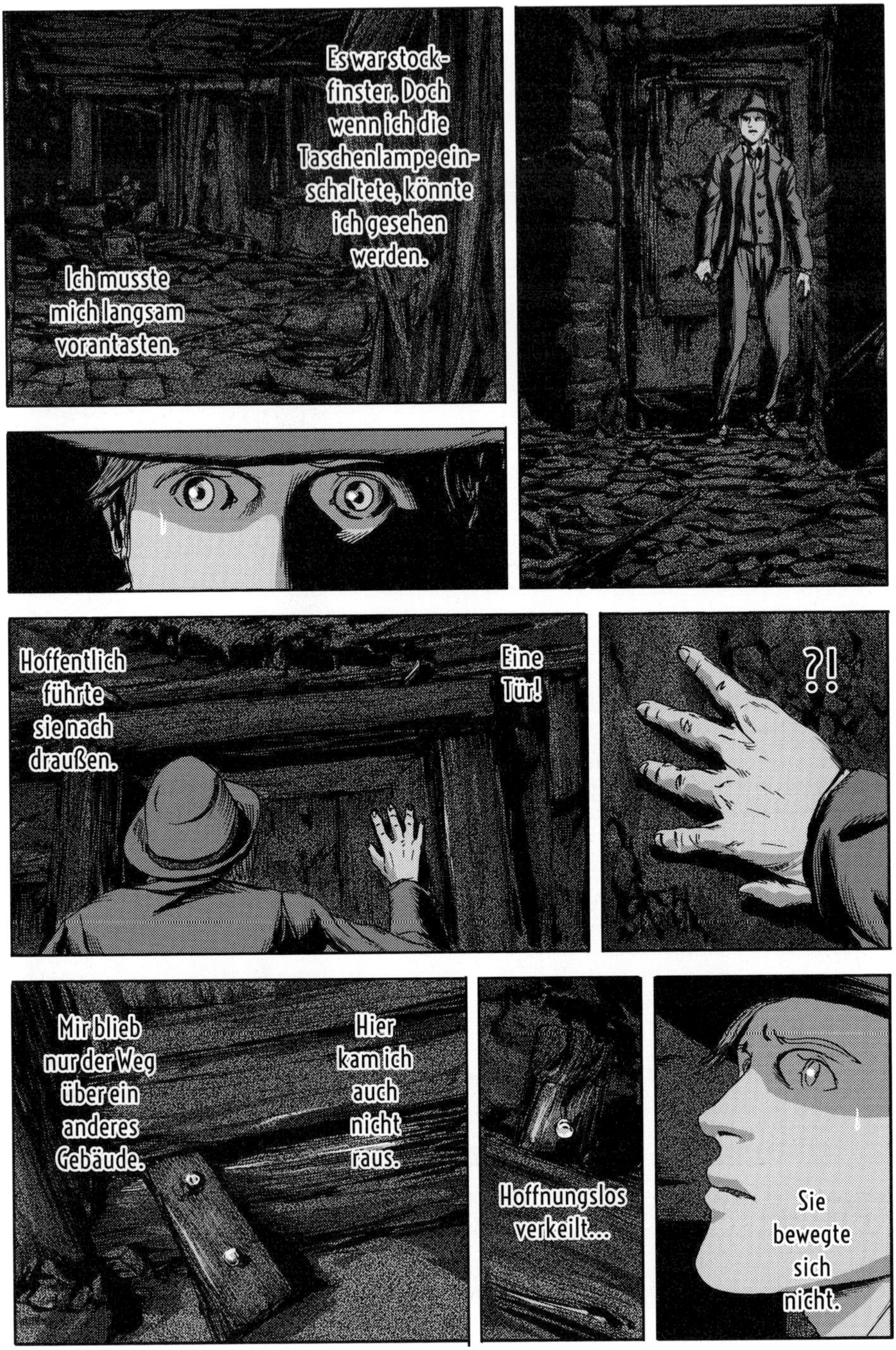
Es war stockfinster. Doch wenn ich die Taschenlampe einschaltete, könnte ich gesehen werden.
Ich musste mich langsam vorantasten.
Eine Tür!
Hoffentlich führte sie nach draußen.
?!
Hier kam ich auch nicht raus.
Mir blieb nur der Weg über ein anderes Gebäude.
Hoffnungslos verkeilt...
Sie bewegte sich nicht.

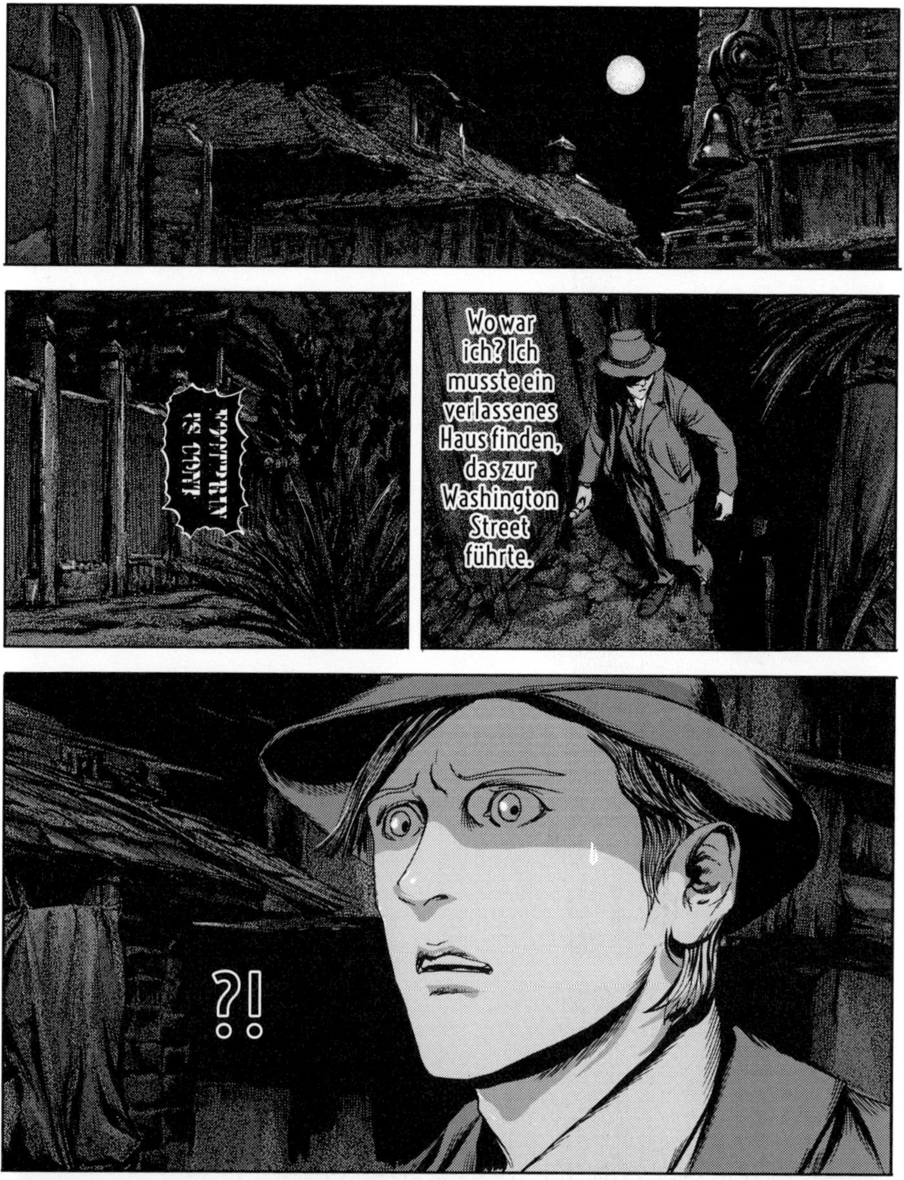
Wo war ich? Ich musste ein verlassenes Haus finden, das zur Washington Street führte.
?!

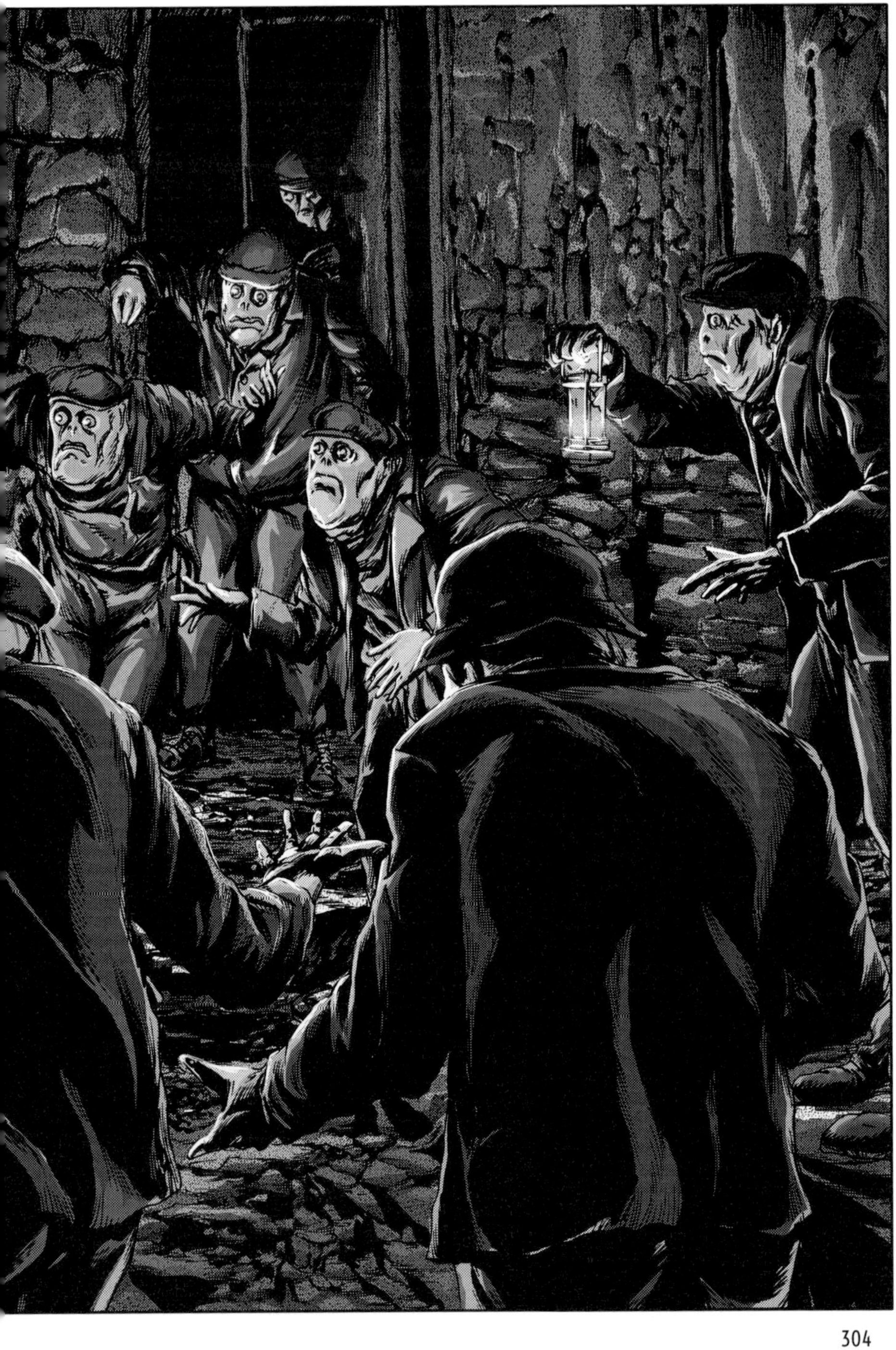

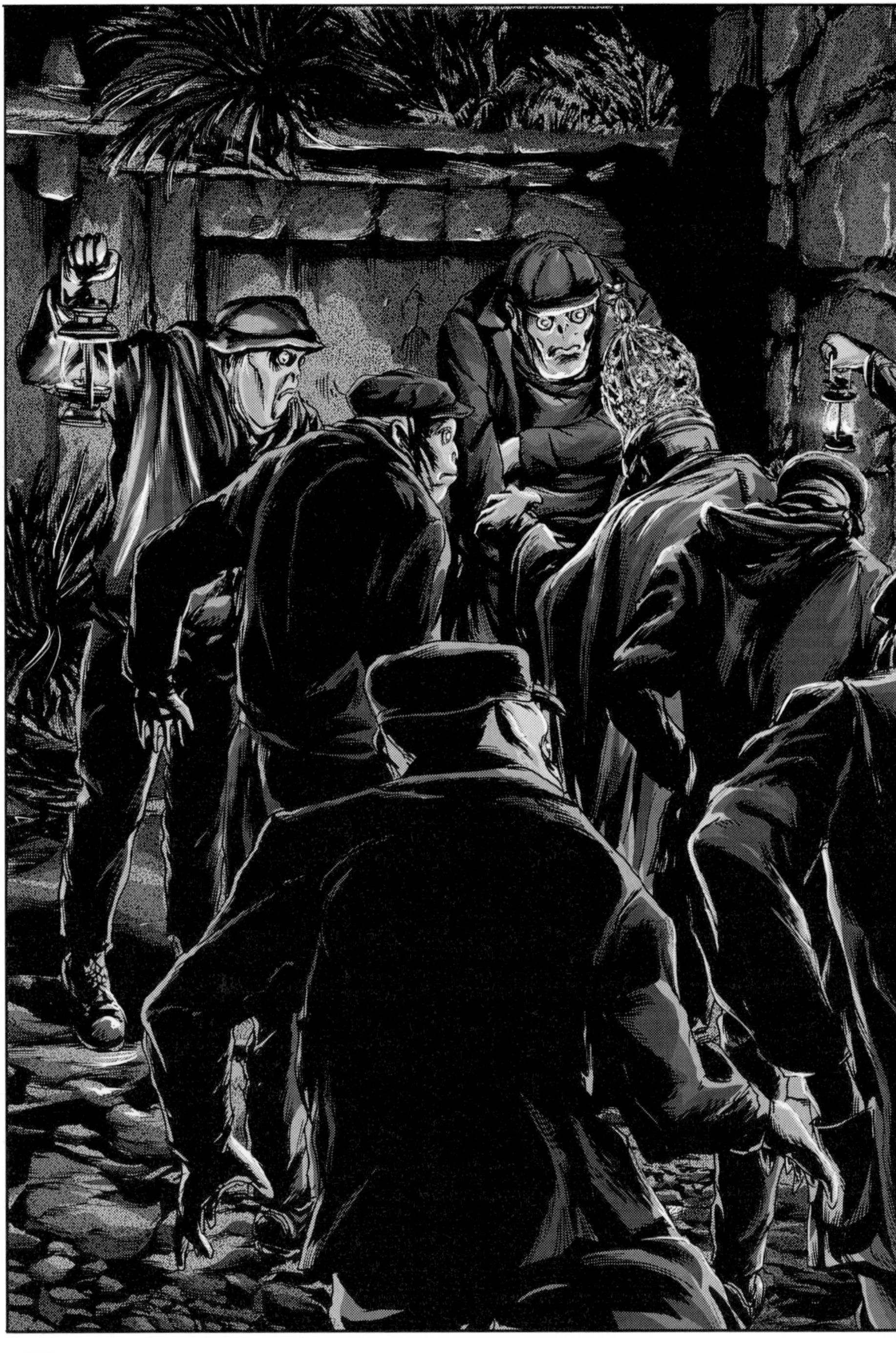

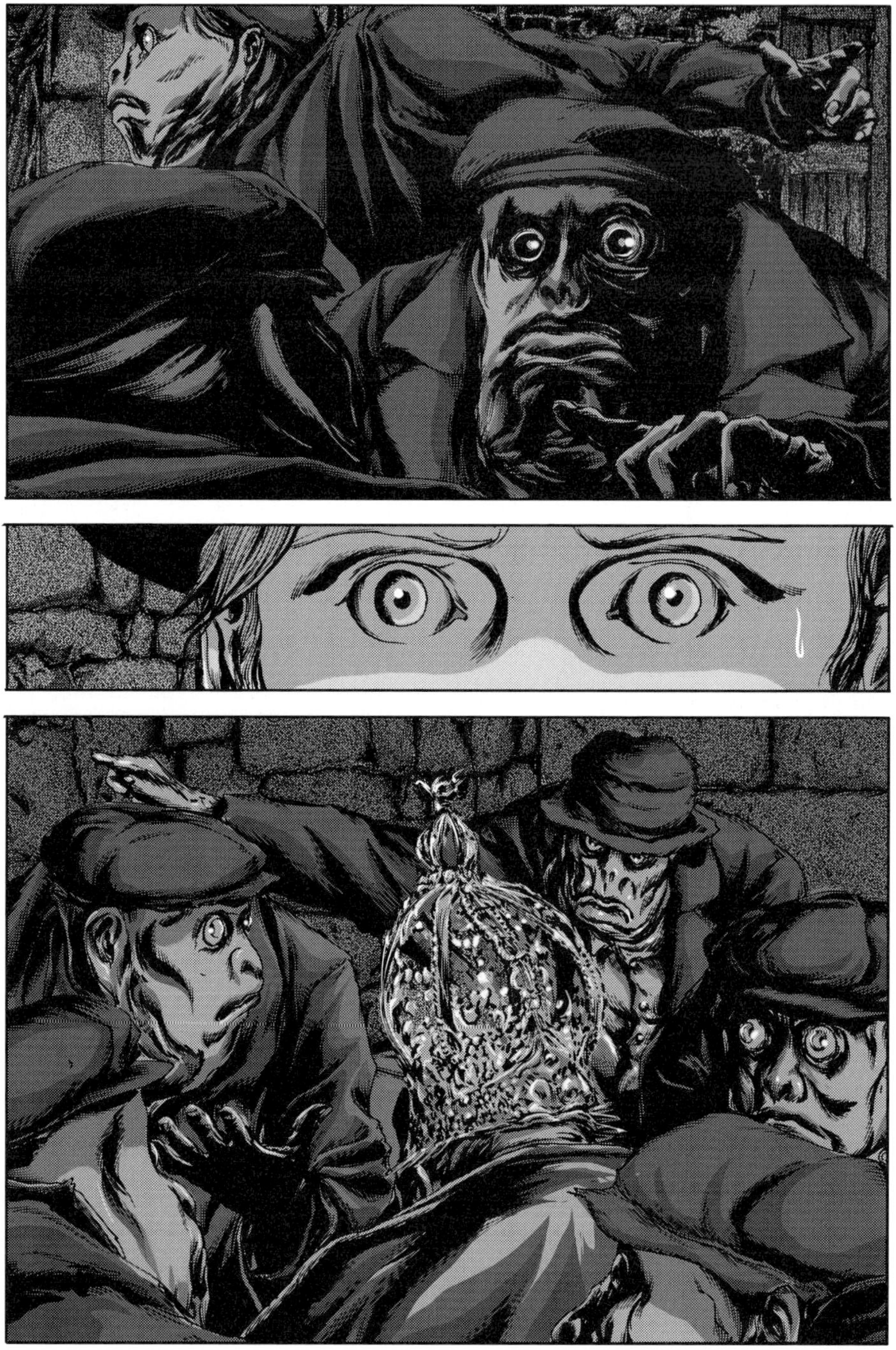

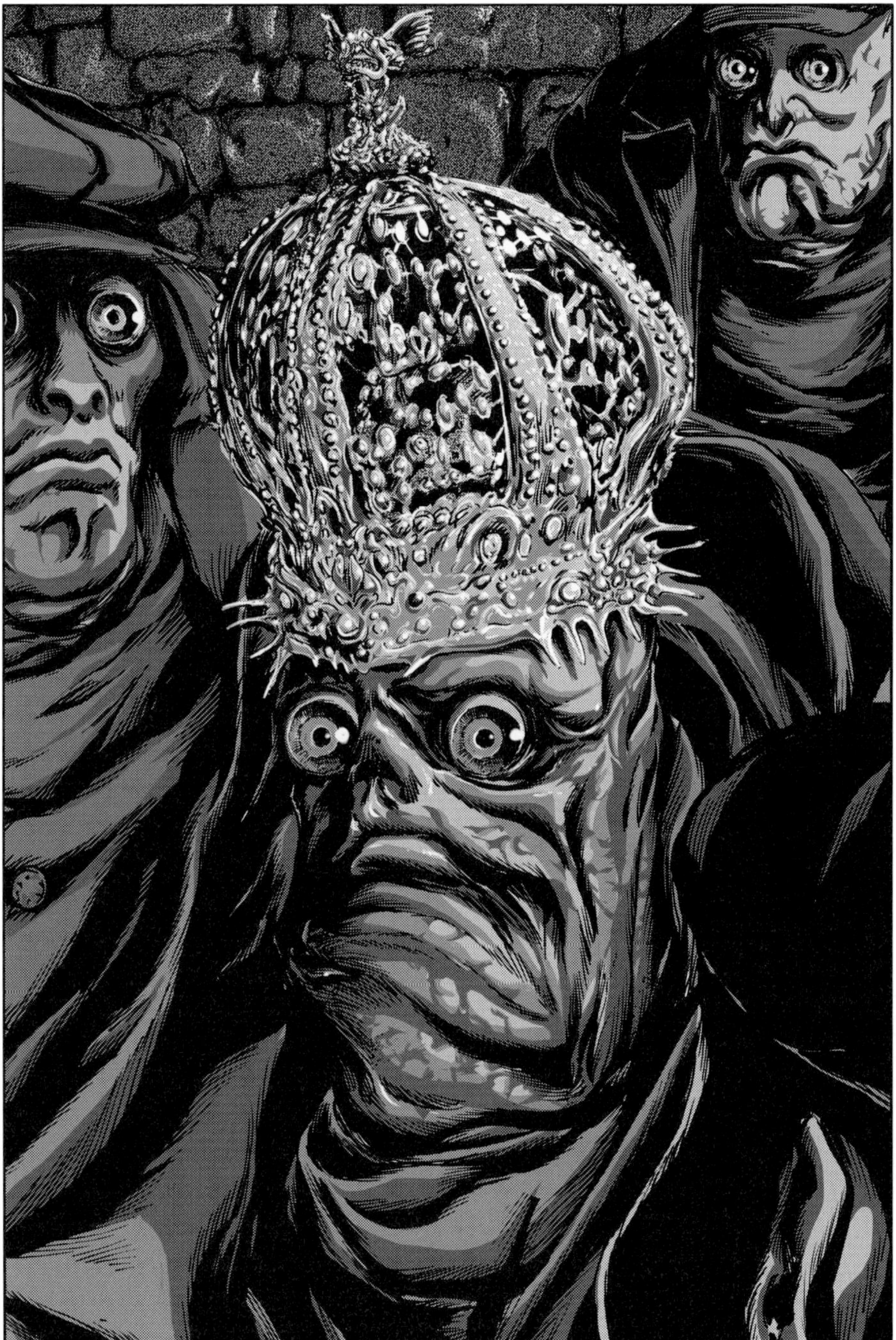

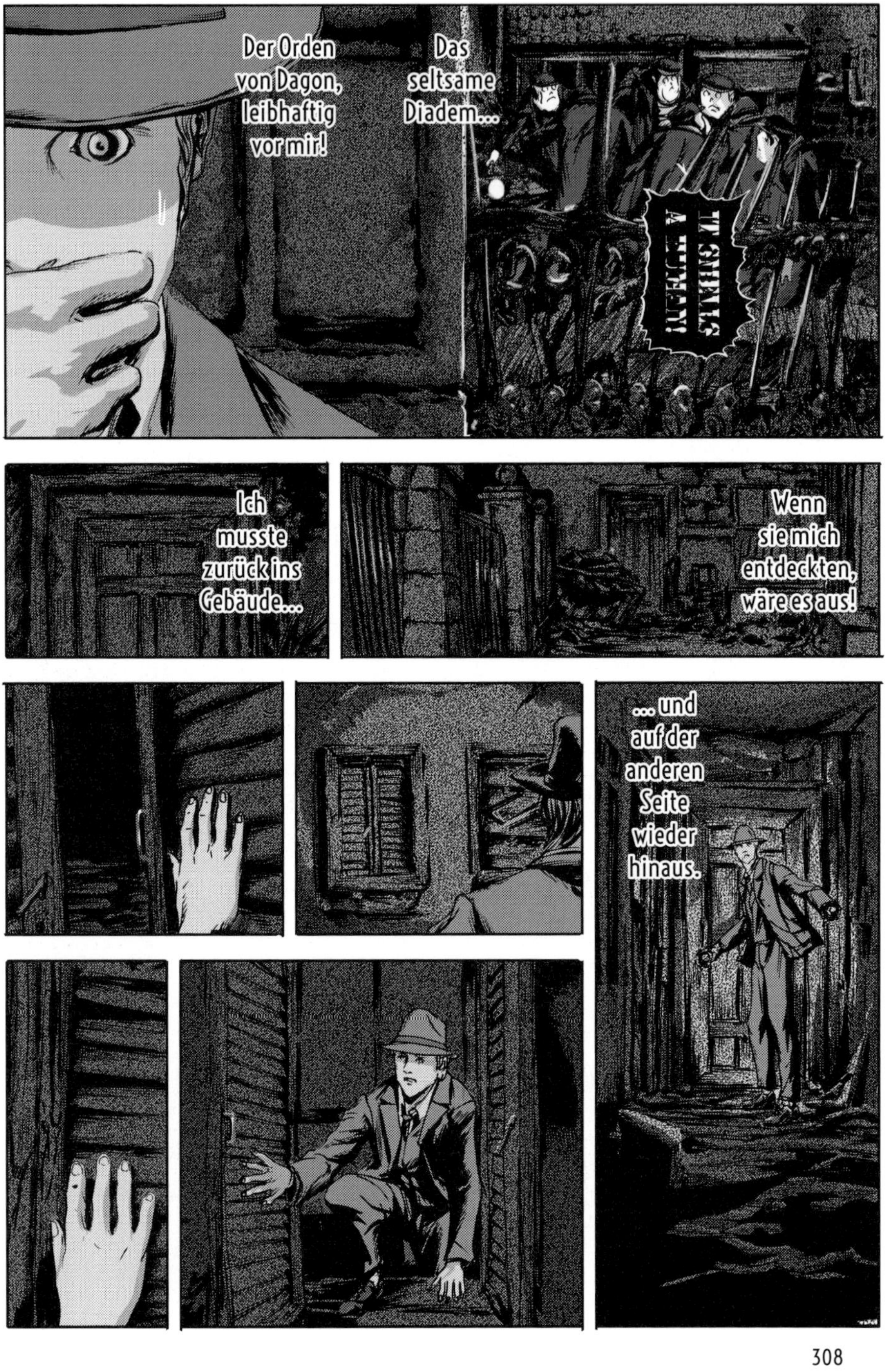

Der Orden von Dagon, leibhaftig vor mir!
Das seltsame Diadem...
Ich musste zurück ins Gebäude...
Wenn sie mich entdeckten, wäre es aus!
... und auf der anderen Seite wieder hinaus.

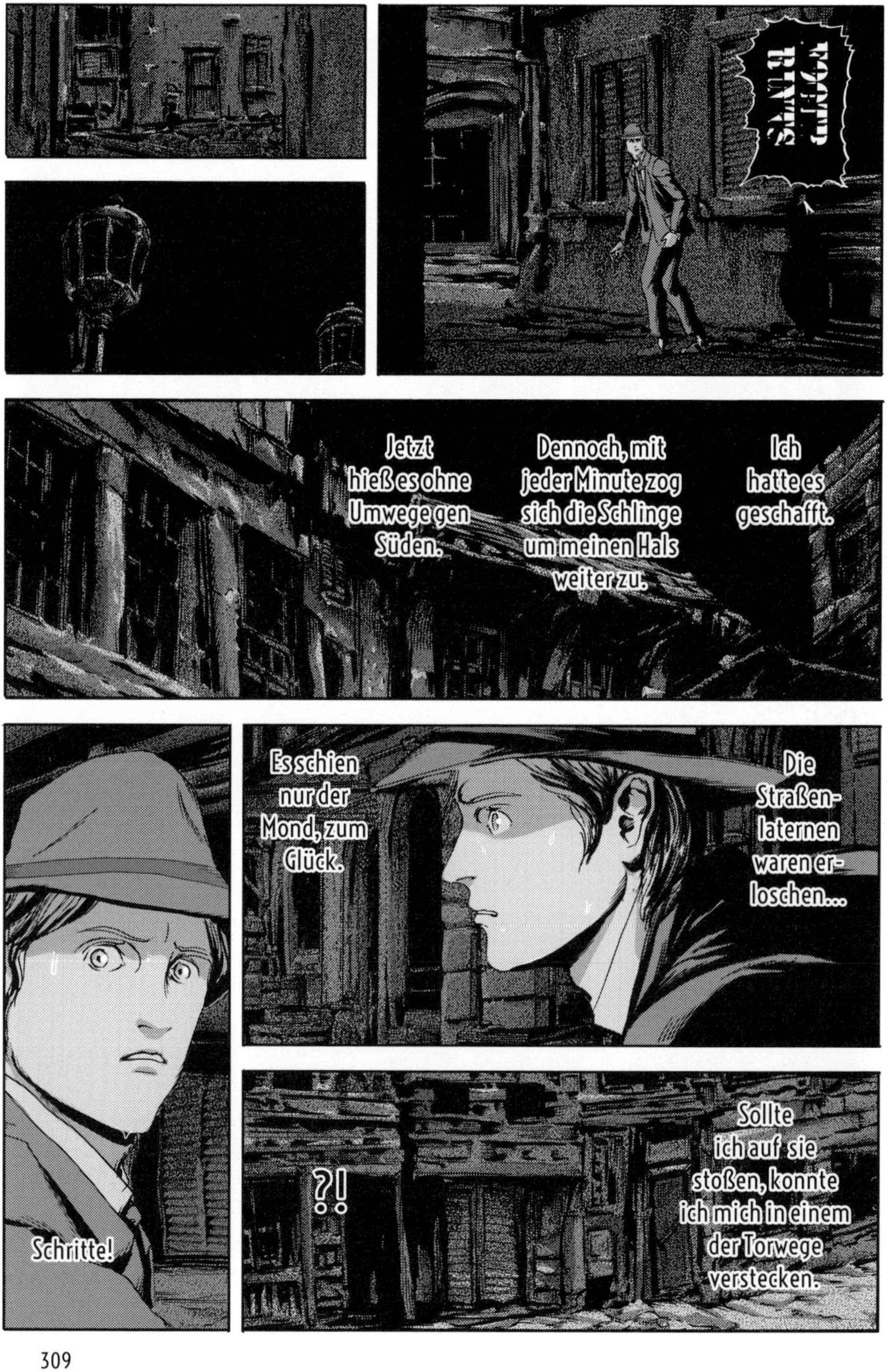
Ich hatte es geschafft.
Dennoch, mit jeder Minute zog sich die Schlinge um meinen Hals weiter zu.
Jetzt hieß es ohne Umwege gen Süden.
Die Straßen-laternen waren er-loschen…
Es schien nur der Mond, zum Glück.
Sollte ich auf sie stoßen, konnte ich mich in einem der Torwege verstecken.
?!
Schritte!

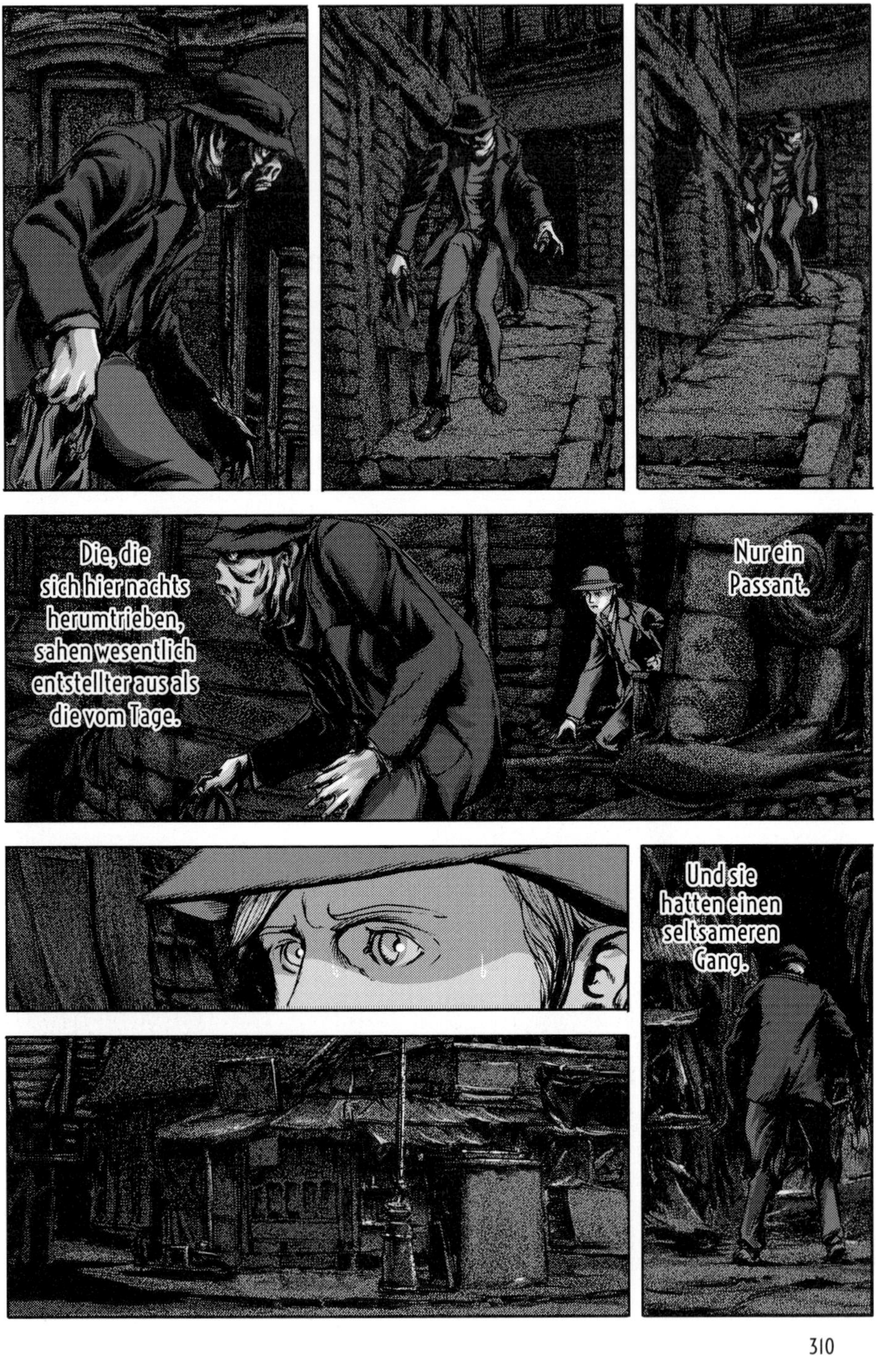
Die, die sich hier nachts herumtrieben, sahen wesentlich entstellter aus als die vom Tage.
Nur ein Passant.
Und sie hatten einen seltsameren Gang.

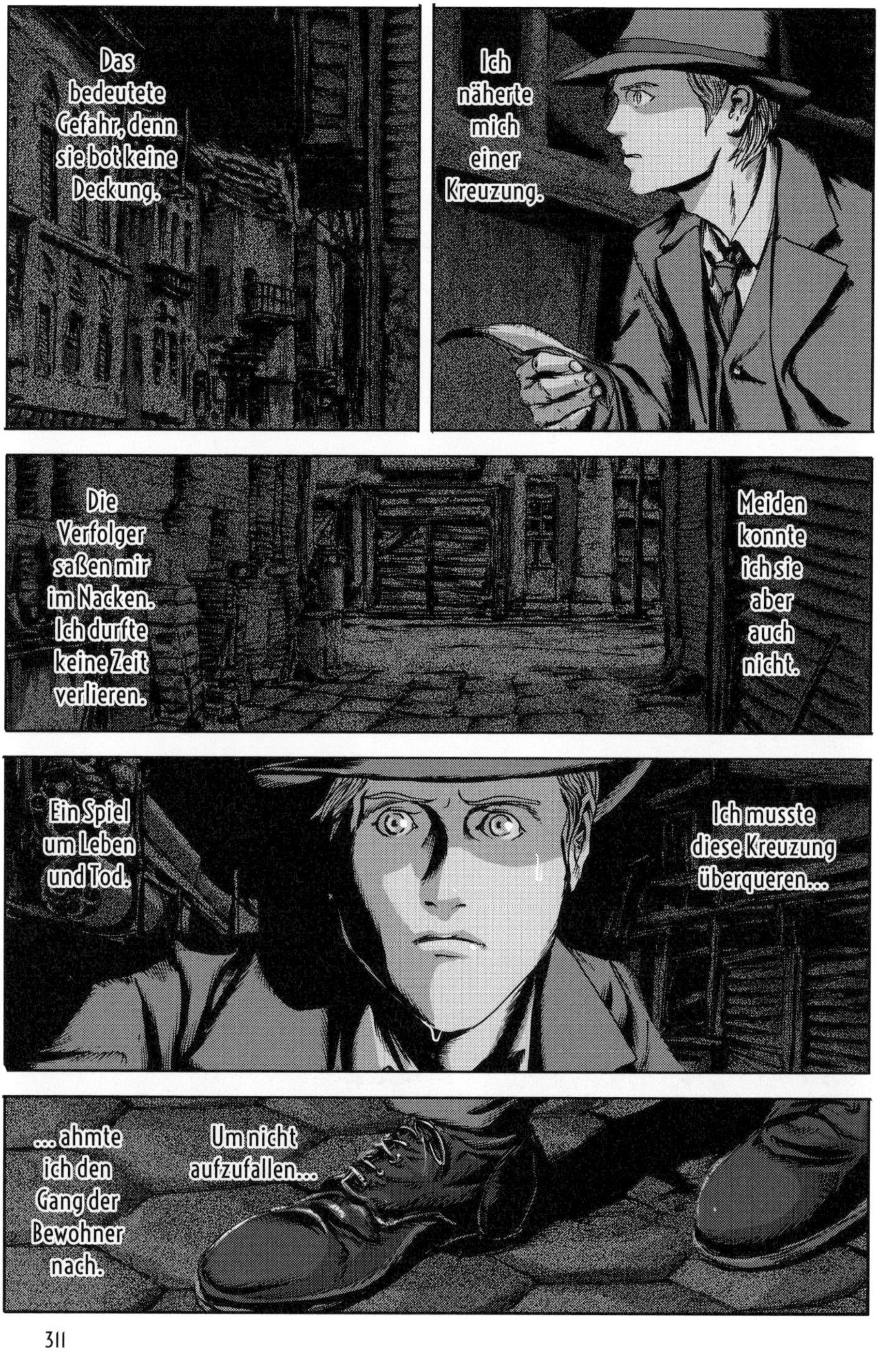
Ich näherte mich einer Kreuzung.
Das bedeutete Gefahr, denn sie bot keine Deckung.
Meiden konnte ich sie aber auch nicht.
Die Verfolger saßen mir im Nacken. Ich durfte keine Zeit verlieren.
Ich musste diese Kreuzung überqueren…
Ein Spiel um Leben und Tod.
Um nicht aufzufallen…
… ahmte ich den Gang der Bewohner nach.

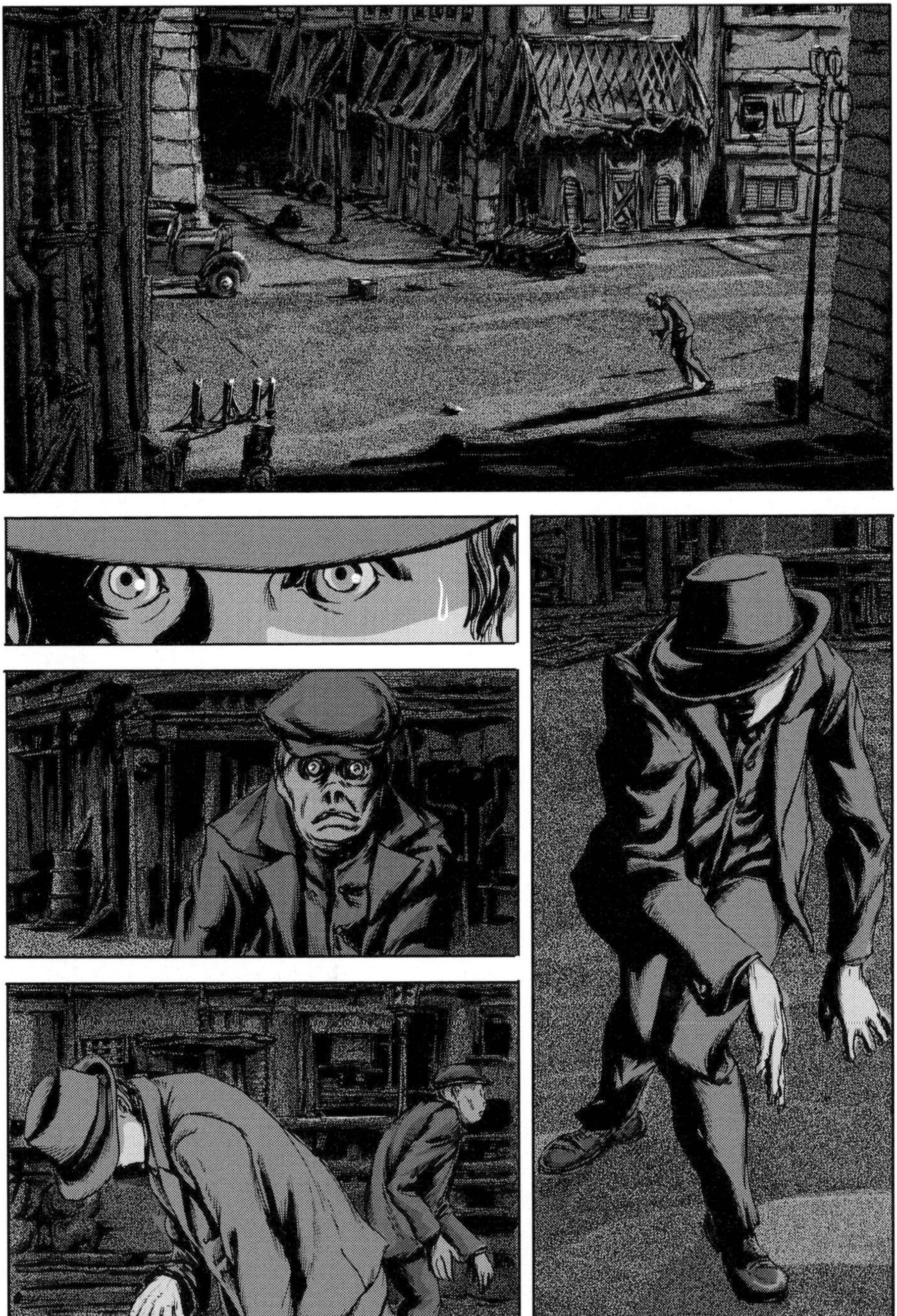

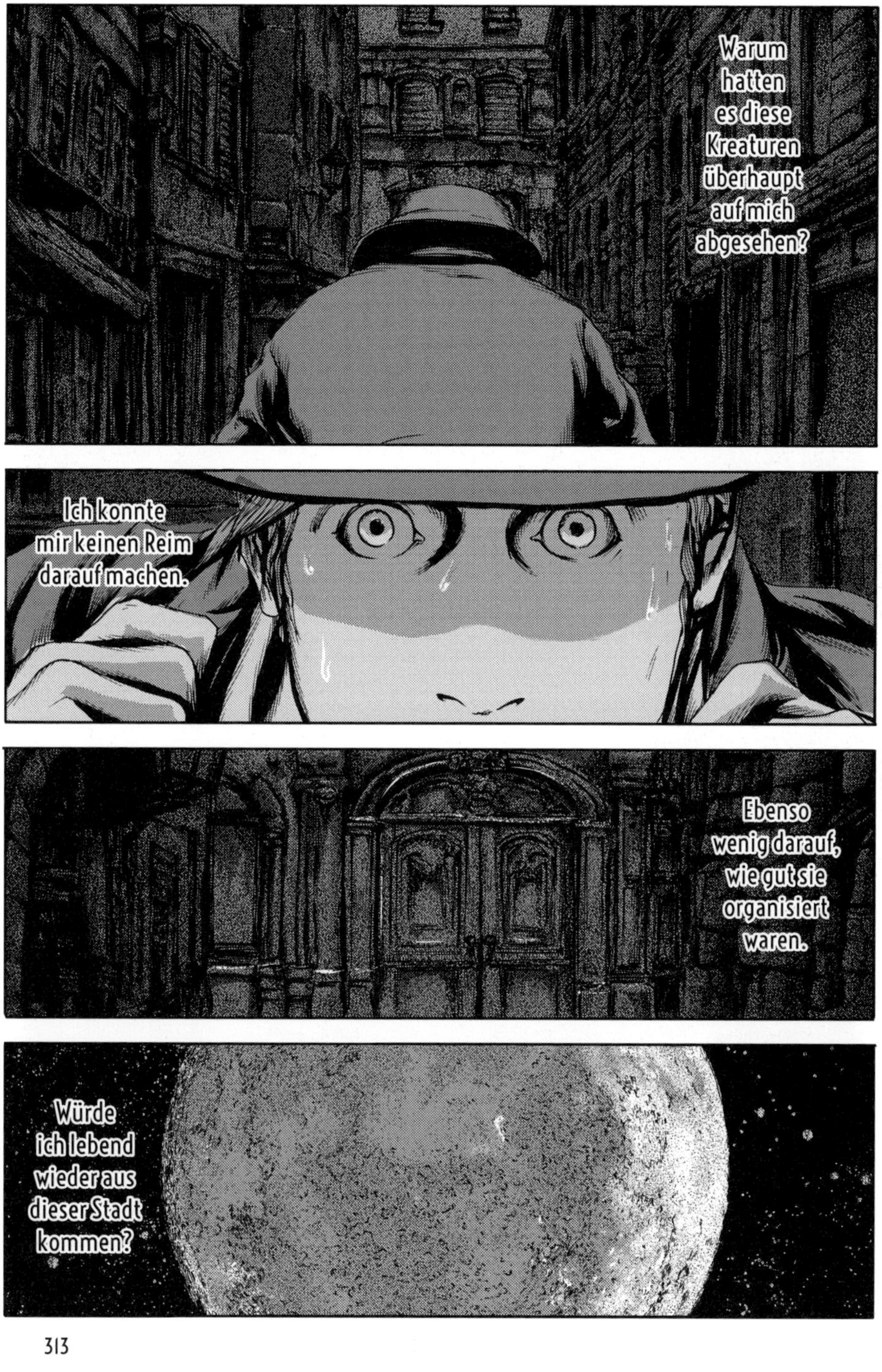
Warum hatten es diese Kreaturen überhaupt auf mich abgesehen?
Ich konnte mir keinen Reim darauf machen.
Ebenso wenig darauf, wie gut sie organisiert waren.
Würde ich lebend wieder aus dieser Stadt kommen?

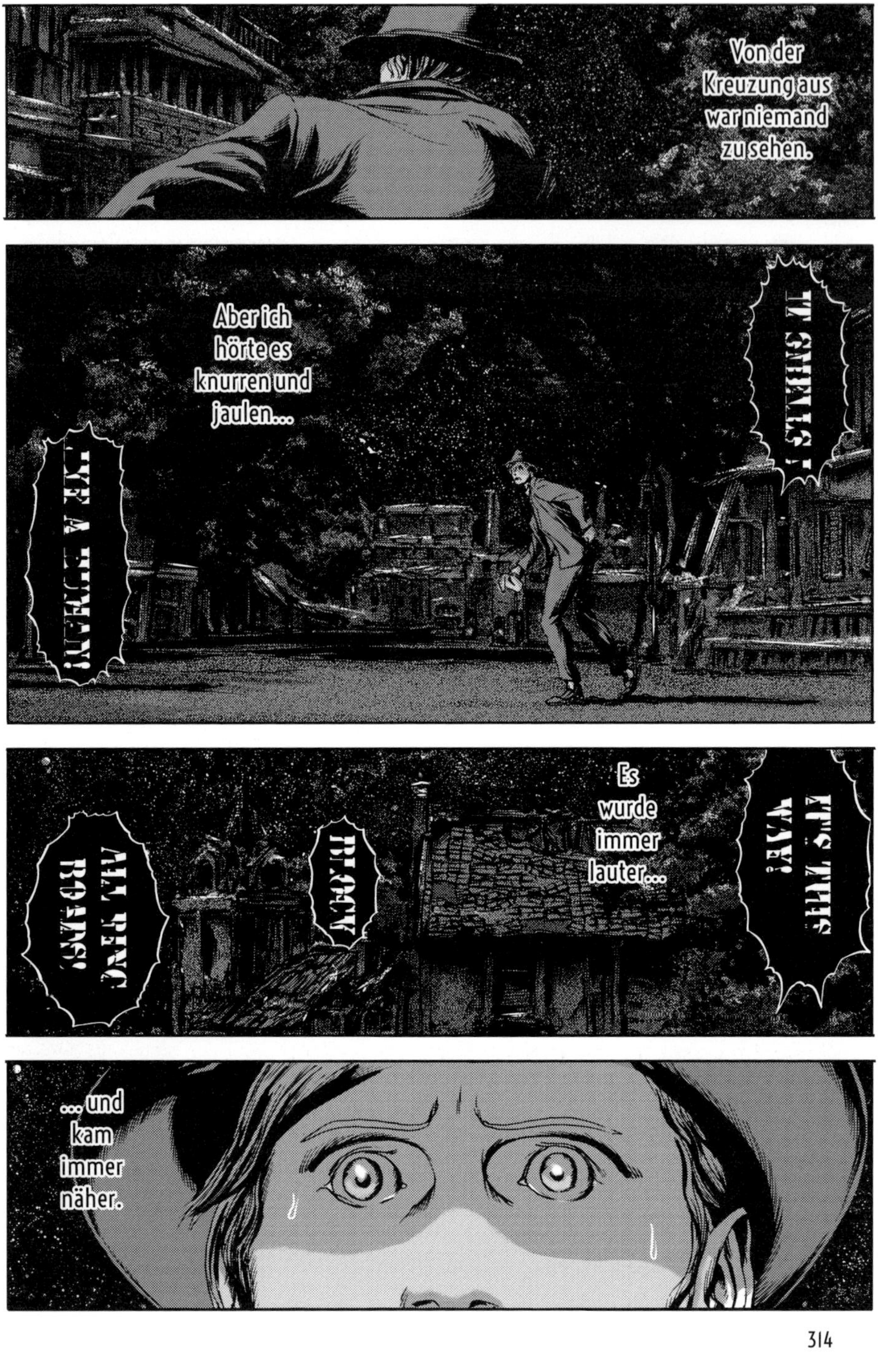
Von der Kreuzung aus war niemand zu sehen.
Aber ich hörte es knurren und jaulen...
Es wurde immer lauter...
... und kam immer näher.

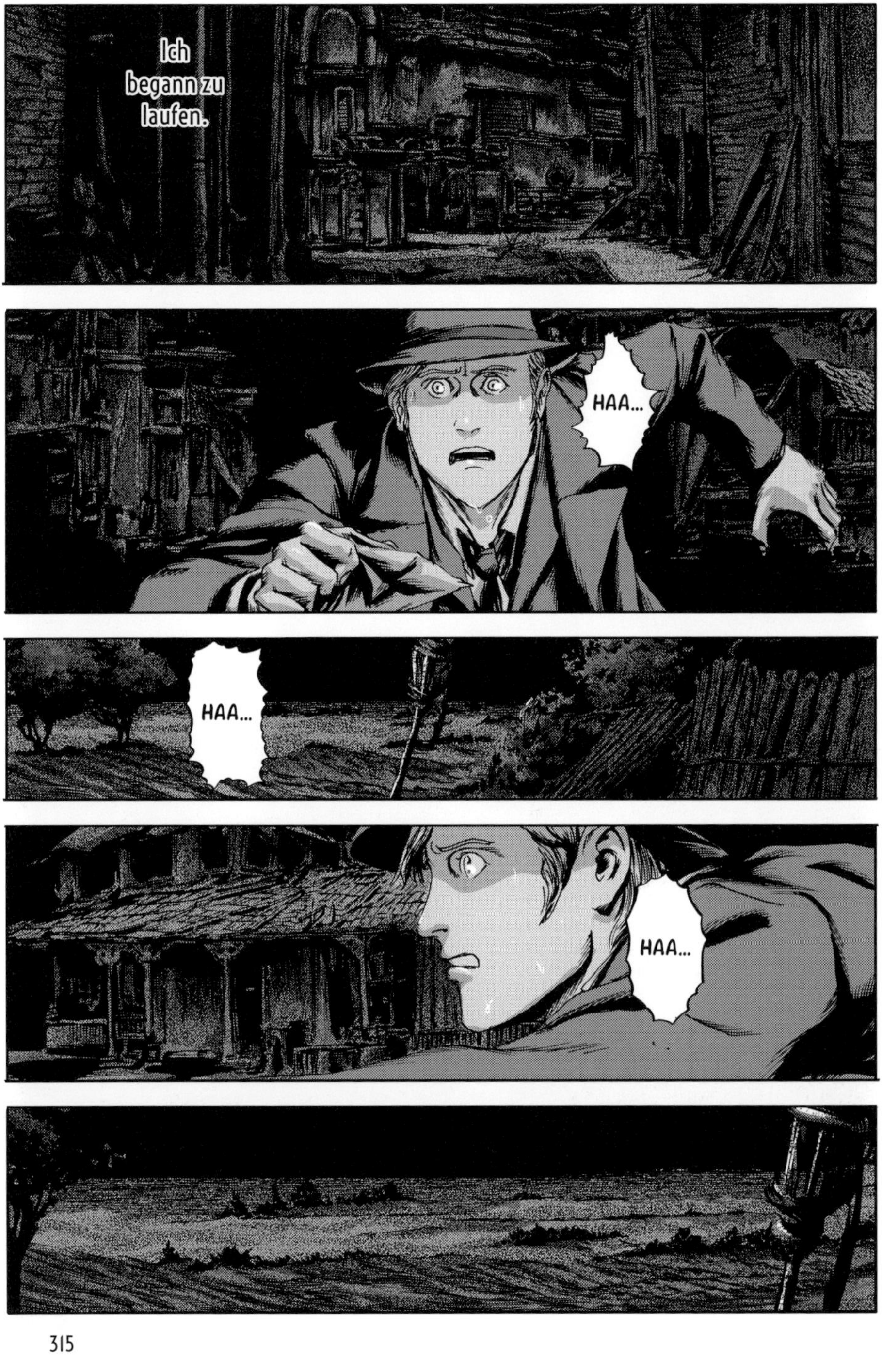
Ich begann zu laufen.
HAA...
HAA...
HAA...

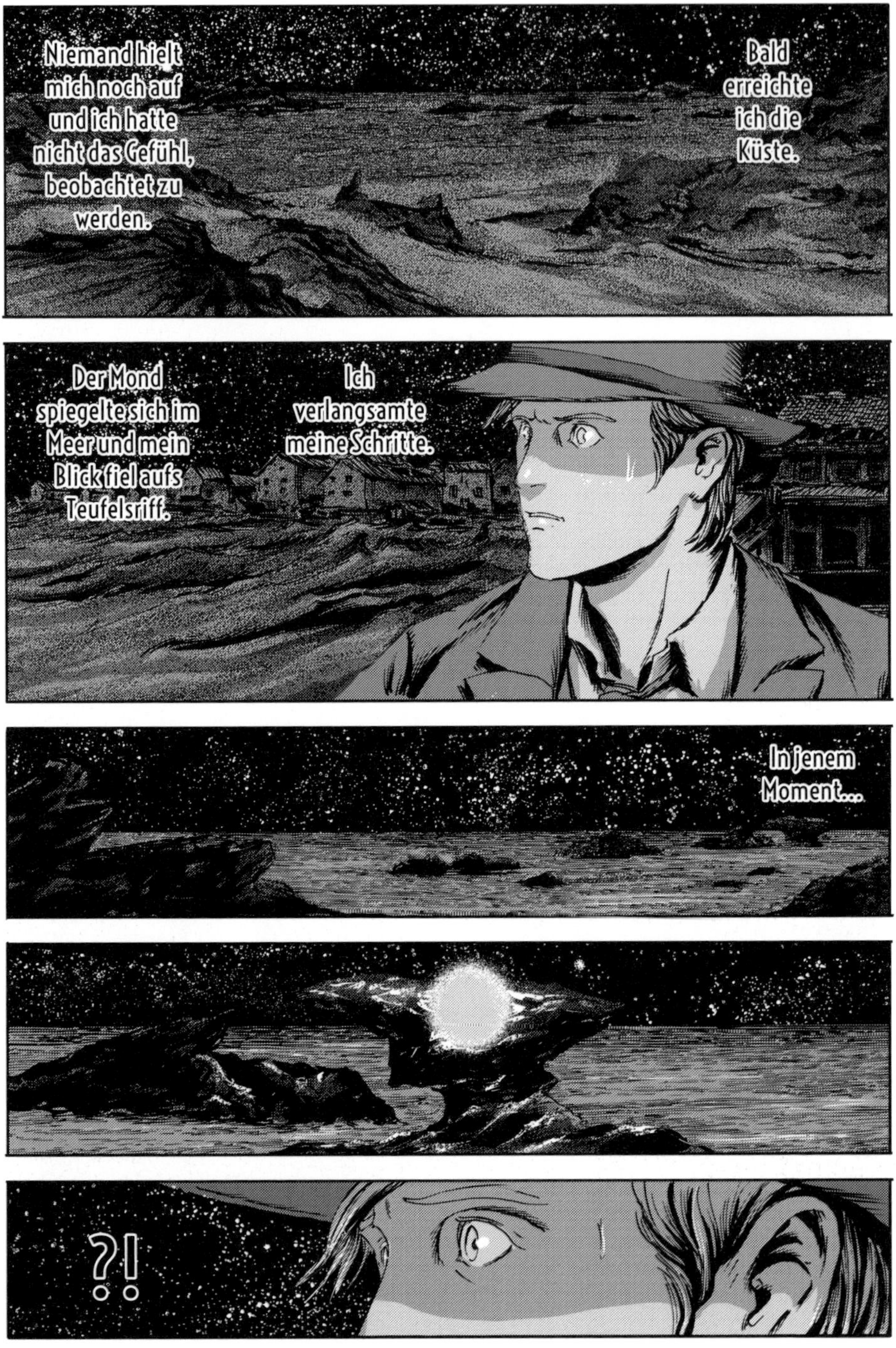
Niemand hielt mich noch auf und ich hatte nicht das Gefühl, beobachtet zu werden.
Bald erreichte ich die Küste.
Der Mond spiegelte sich im Meer und mein Blick fiel aufs Teufelsriff.
Ich verlangsamte meine Schritte.
In jenem Moment...
?!

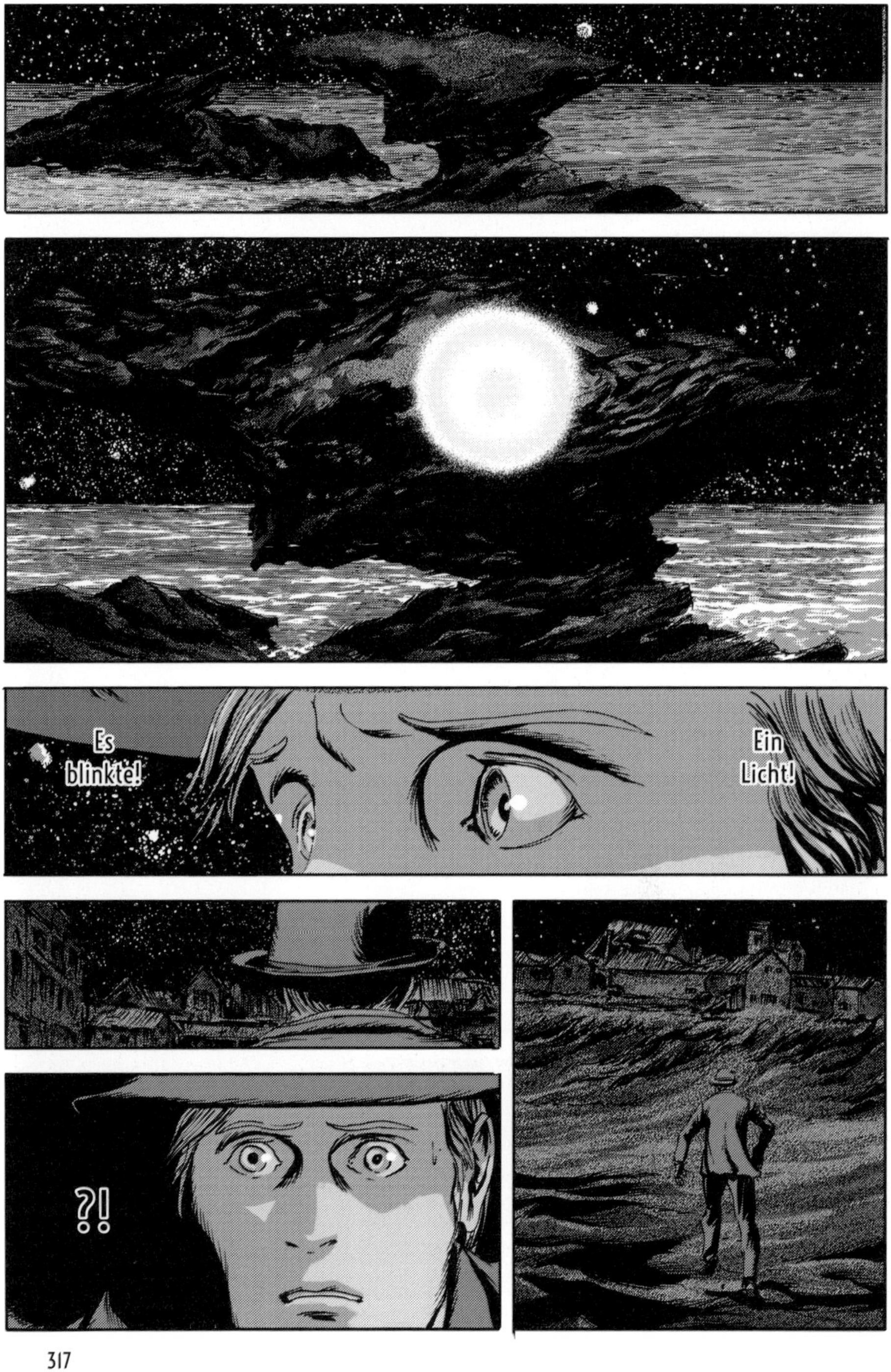
Ein
Licht!
Es
blinkte!
?!

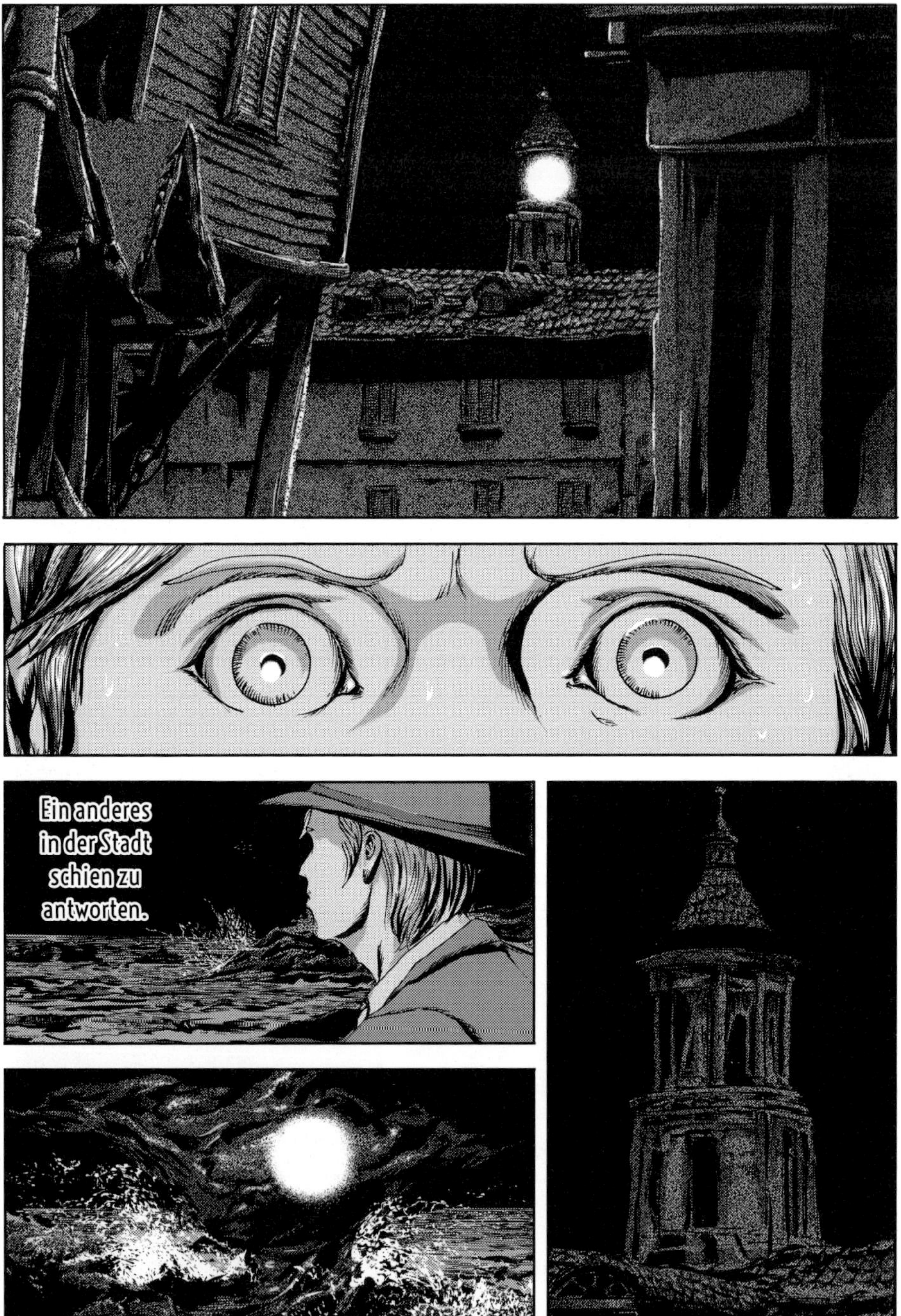
Ein anderes
in der Stadt
schien zu
antworten.

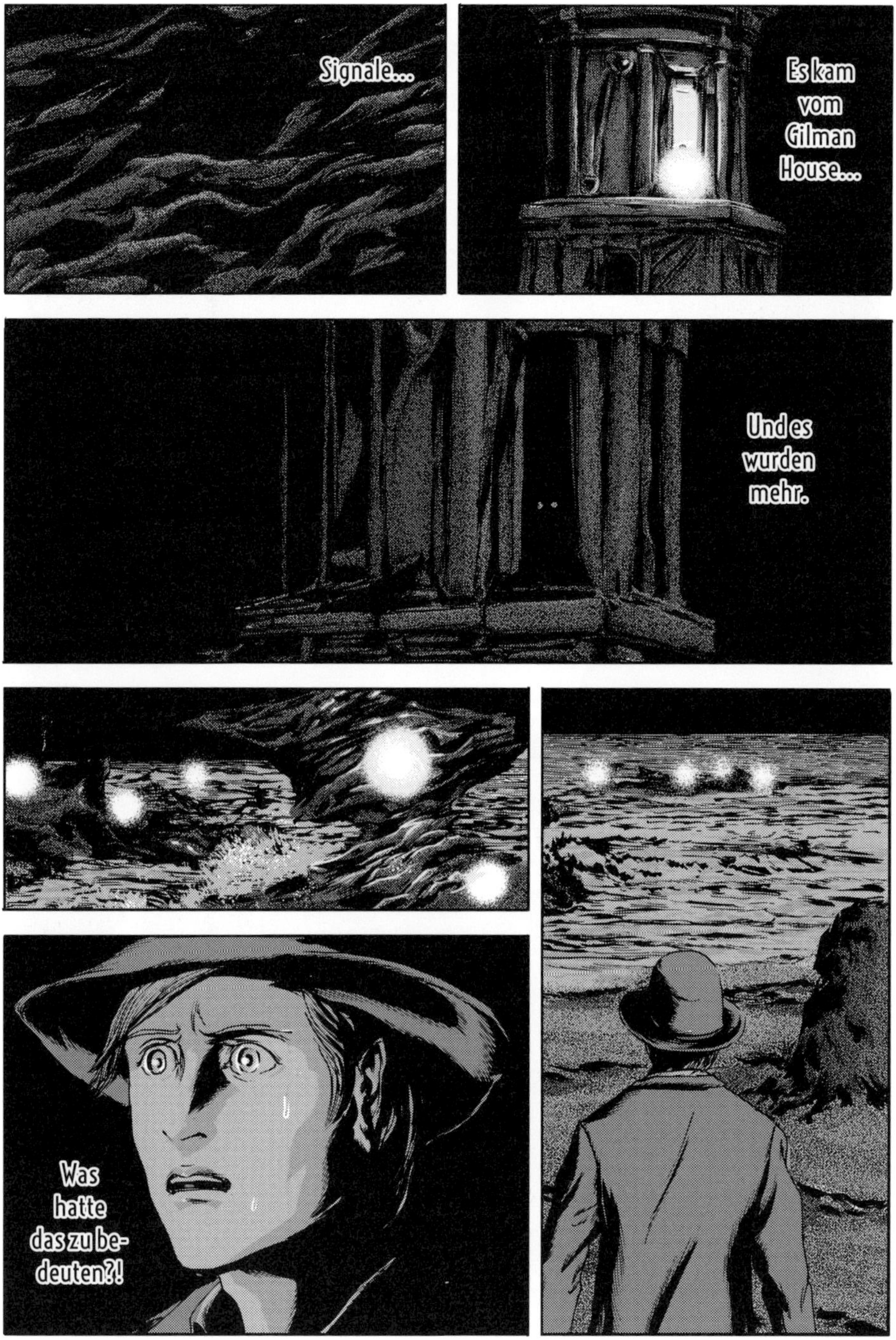
Signale...
Es kam vom Gilman House...
Und es wurden mehr.
Was hatte das zu bedeuten?!

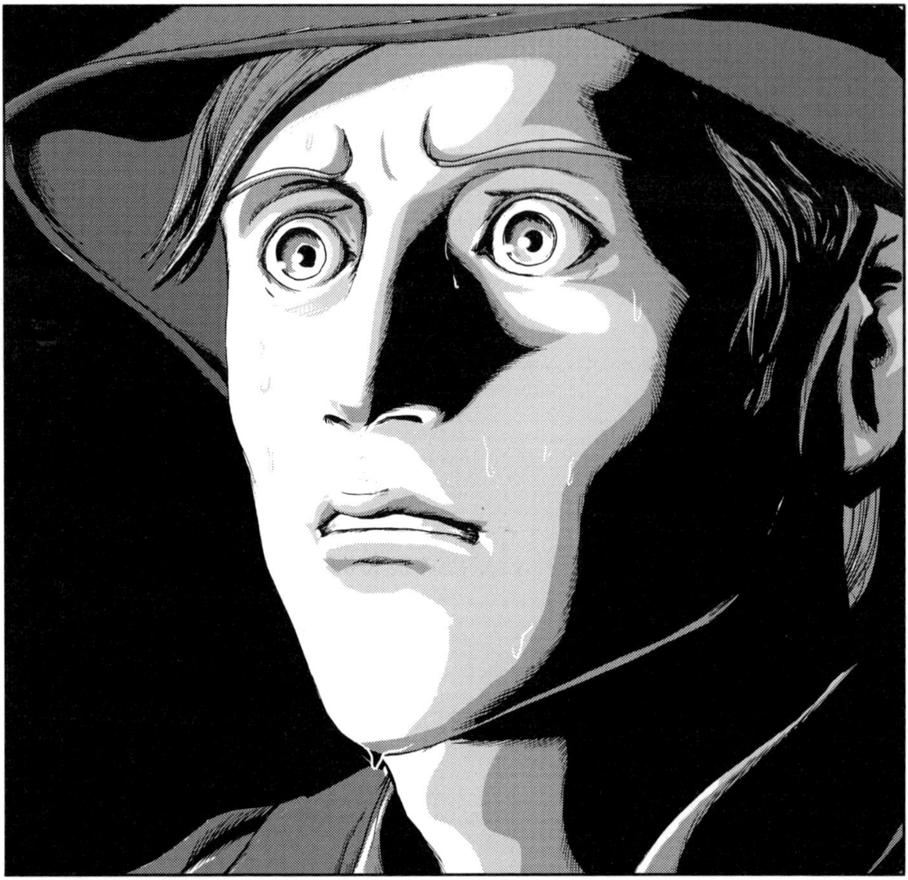

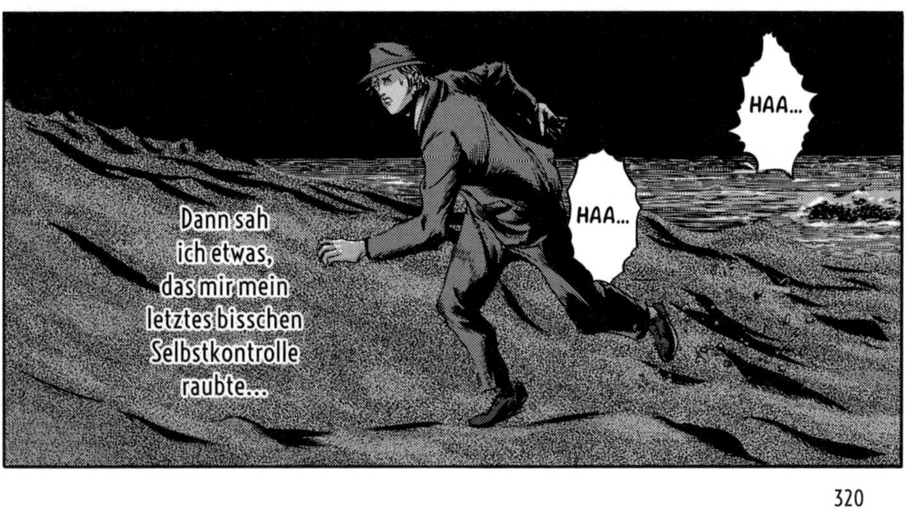
HAA...
HAA...
Dann sah ich etwas, das mir mein letztes bisschen Selbstkontrolle raubte...

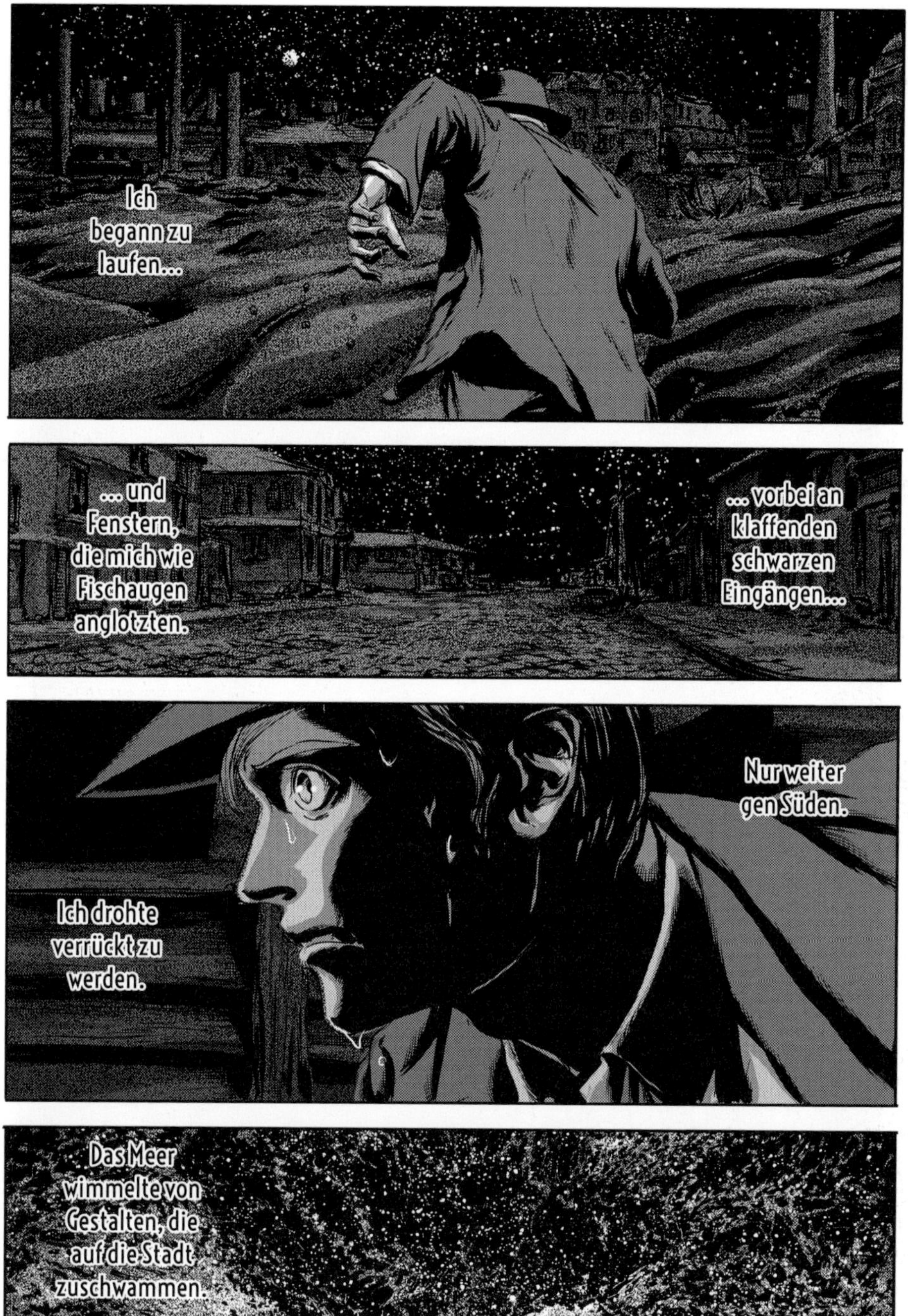
Ich begann zu laufen...
... vorbei an klaffenden schwarzen Eingängen...
... und Fenstern, die mich wie Fischaugen anglotzten.
Nur weiter gen Süden.
Ich drohte verrückt zu werden.
Das Meer wimmelte von Gestalten, die auf die Stadt zuschwammen.

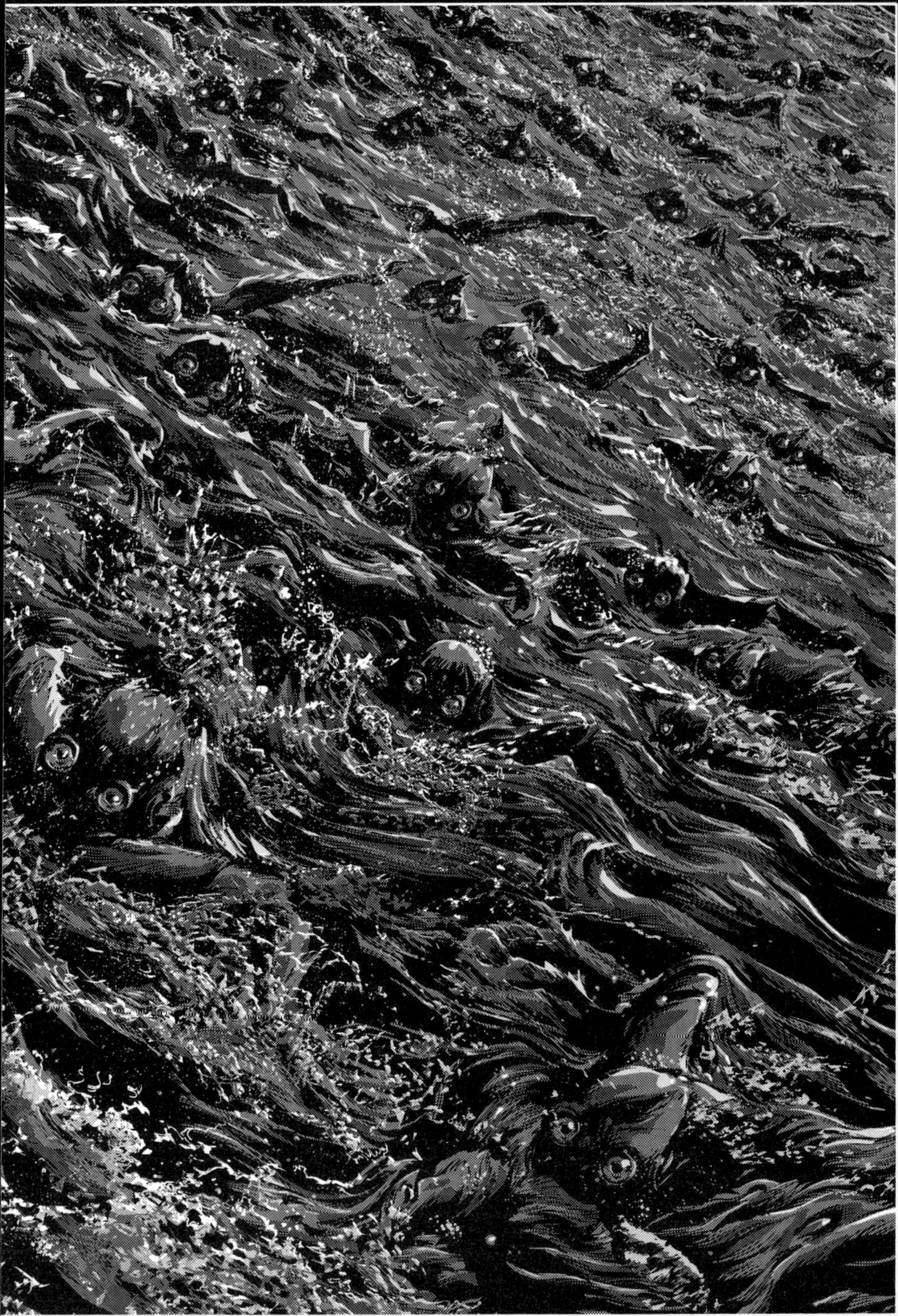

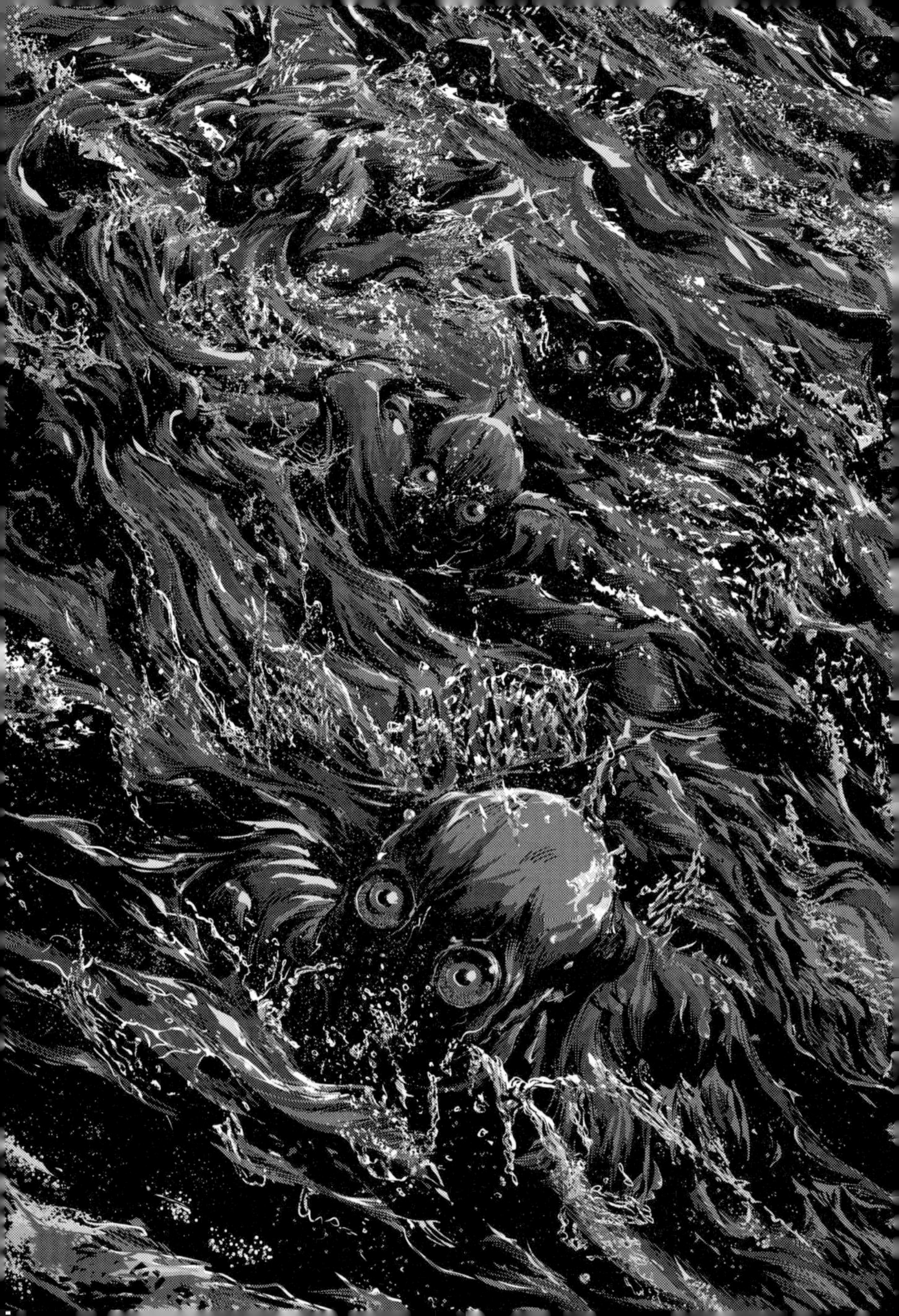

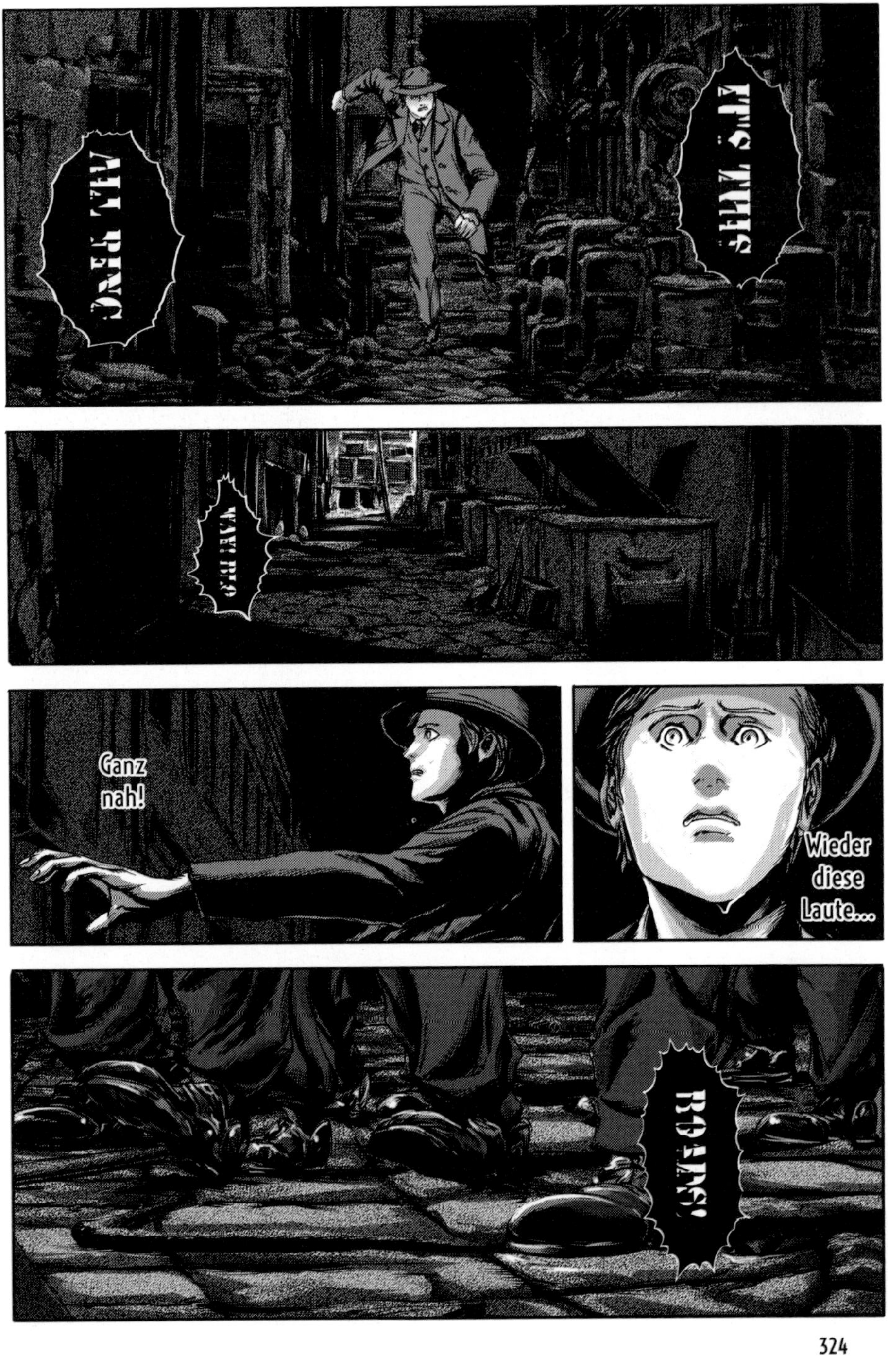
Ganz nah!
Wieder diese Laute...

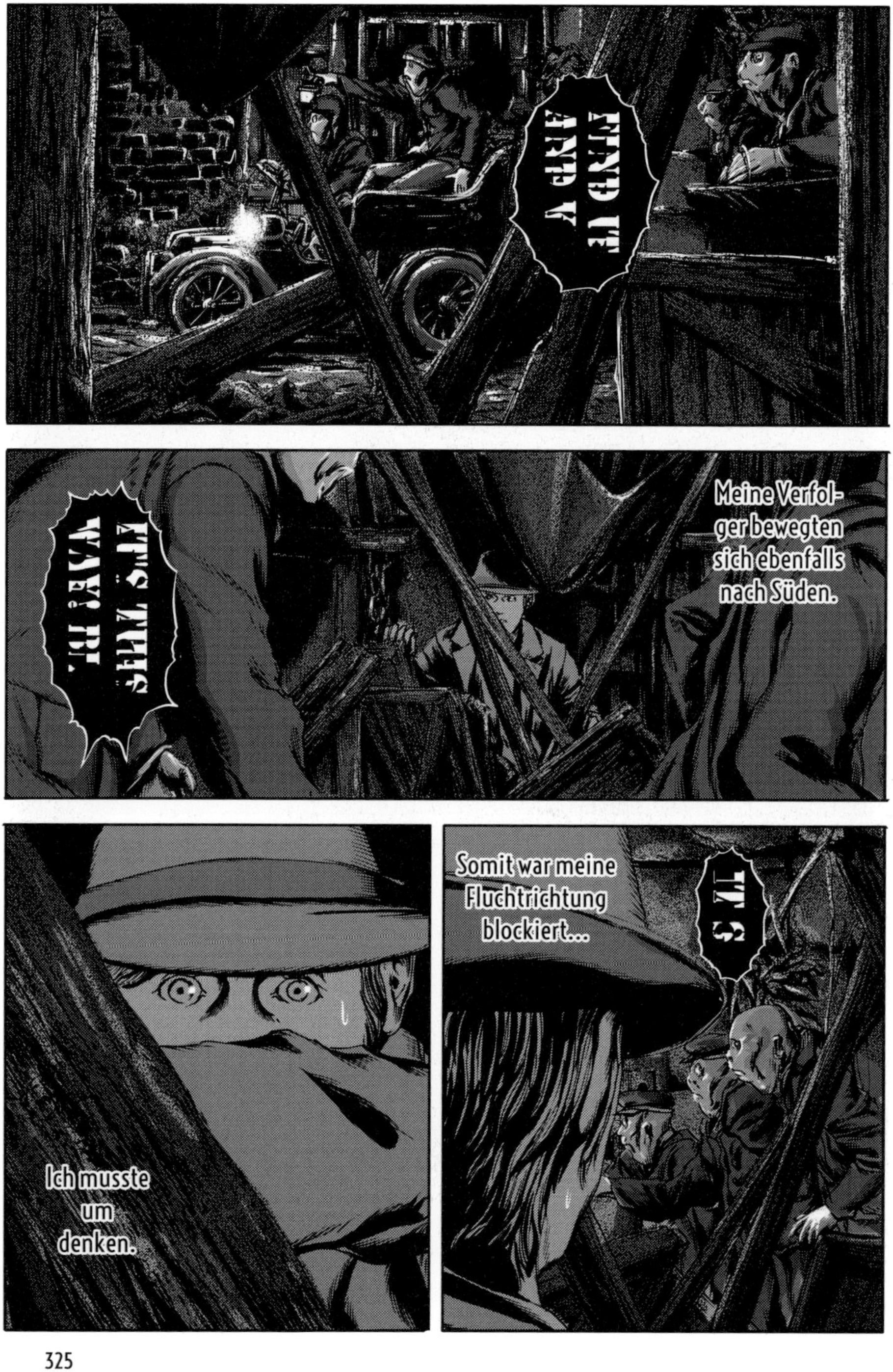
Meine Verfolger bewegten sich ebenfalls nach Süden.
Somit war meine Fluchtrichtung blockiert…
Ich musste um denken.

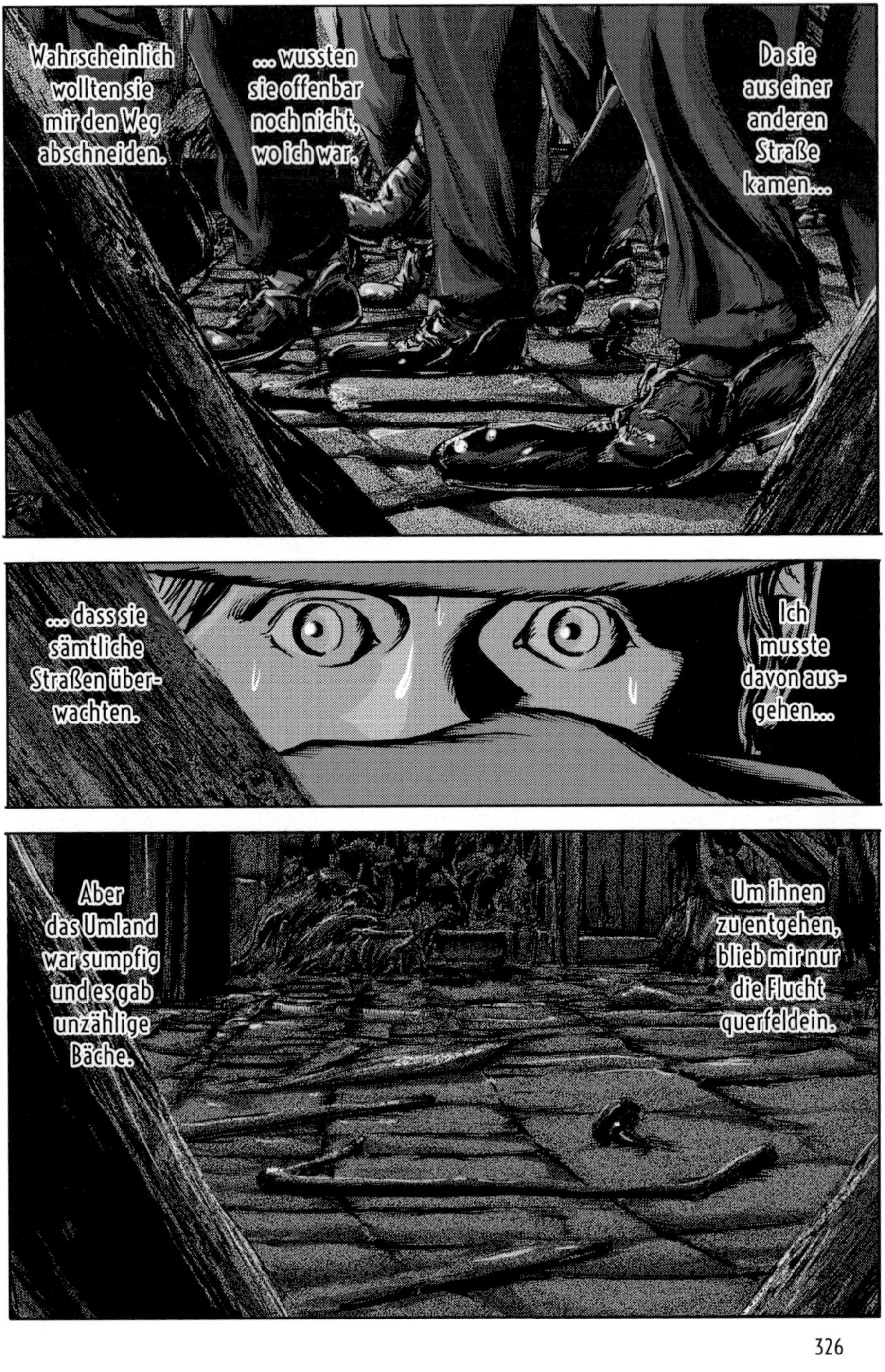
Da sie aus einer anderen Straße kamen …
… wussten sie offenbar noch nicht, wo ich war.
Wahrscheinlich wollten sie mir den Weg abschneiden.
Ich musste davon ausgehen …
… dass sie sämtliche Straßen überwachten.
Um ihnen zu entgehen, blieb mir nur die Flucht querfeldein.
Aber das Umland war sumpfig und es gab unzählige Bäche.

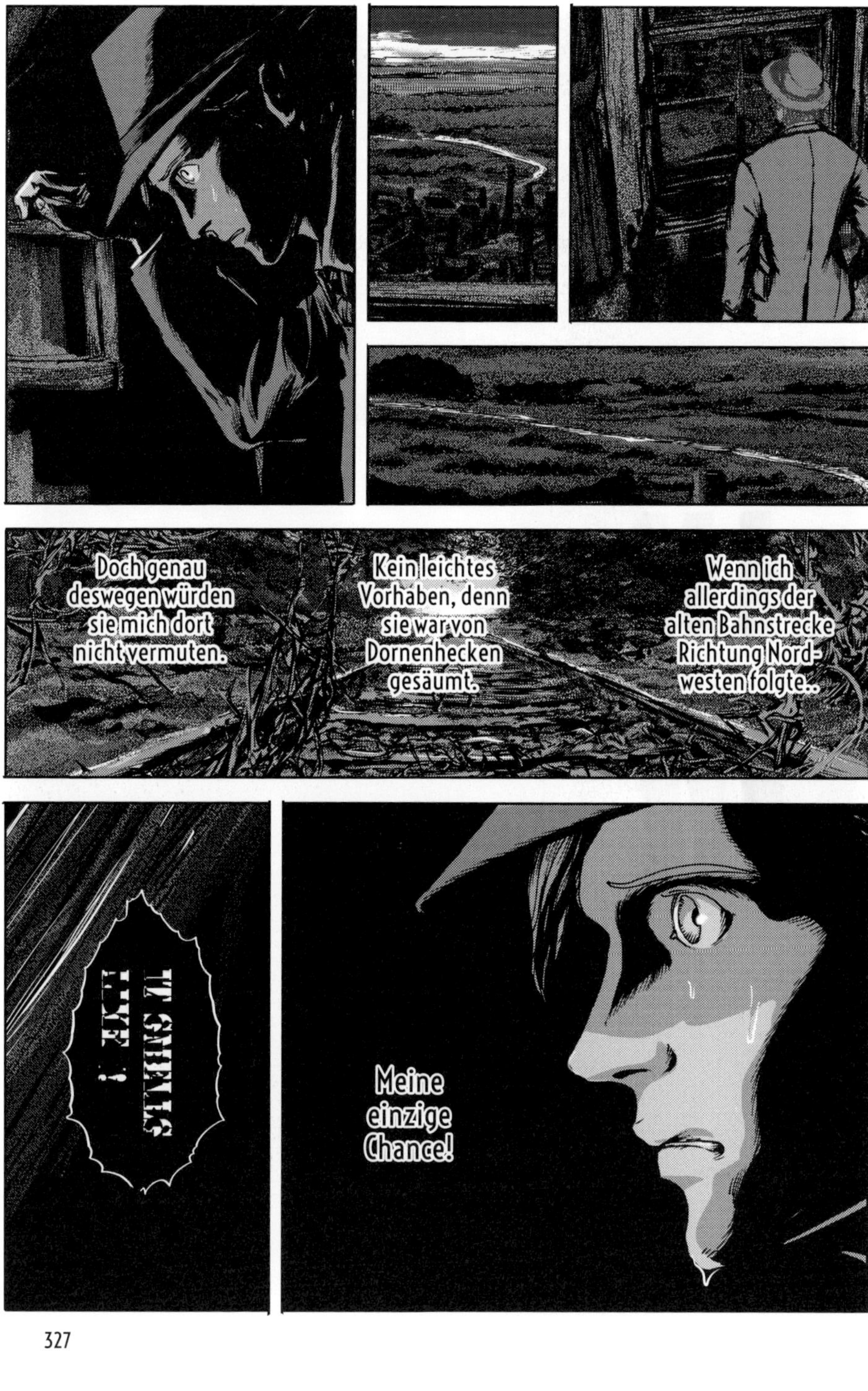
Wenn ich allerdings der alten Bahnstrecke Richtung Nordwesten folgte..
Kein leichtes Vorhaben, denn sie war von Dornenhecken gesäumt.
Doch genau deswegen würden sie mich dort nicht vermuten.
Meine einzige Chance!

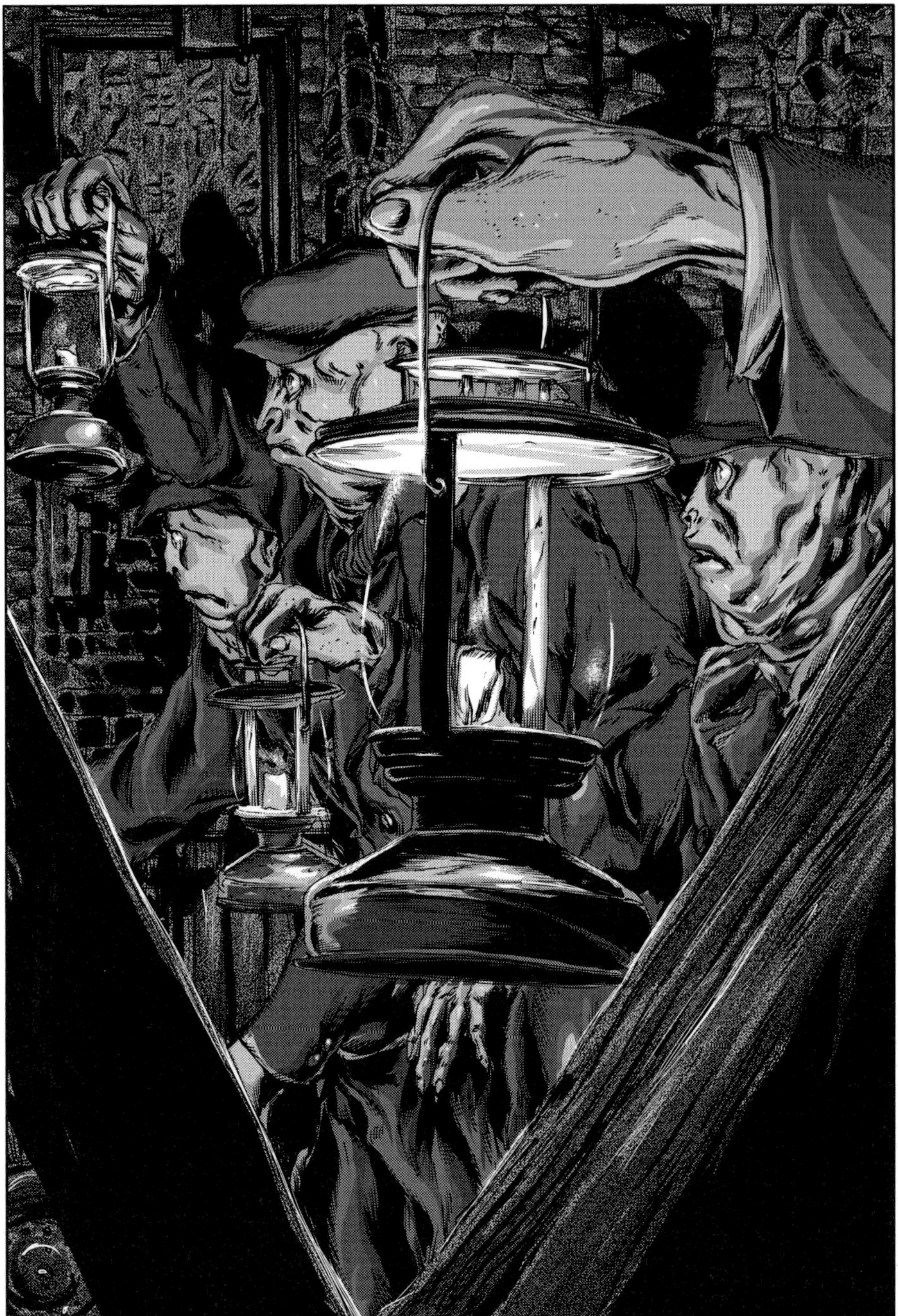

9 ALBTRAUM

Nightmare

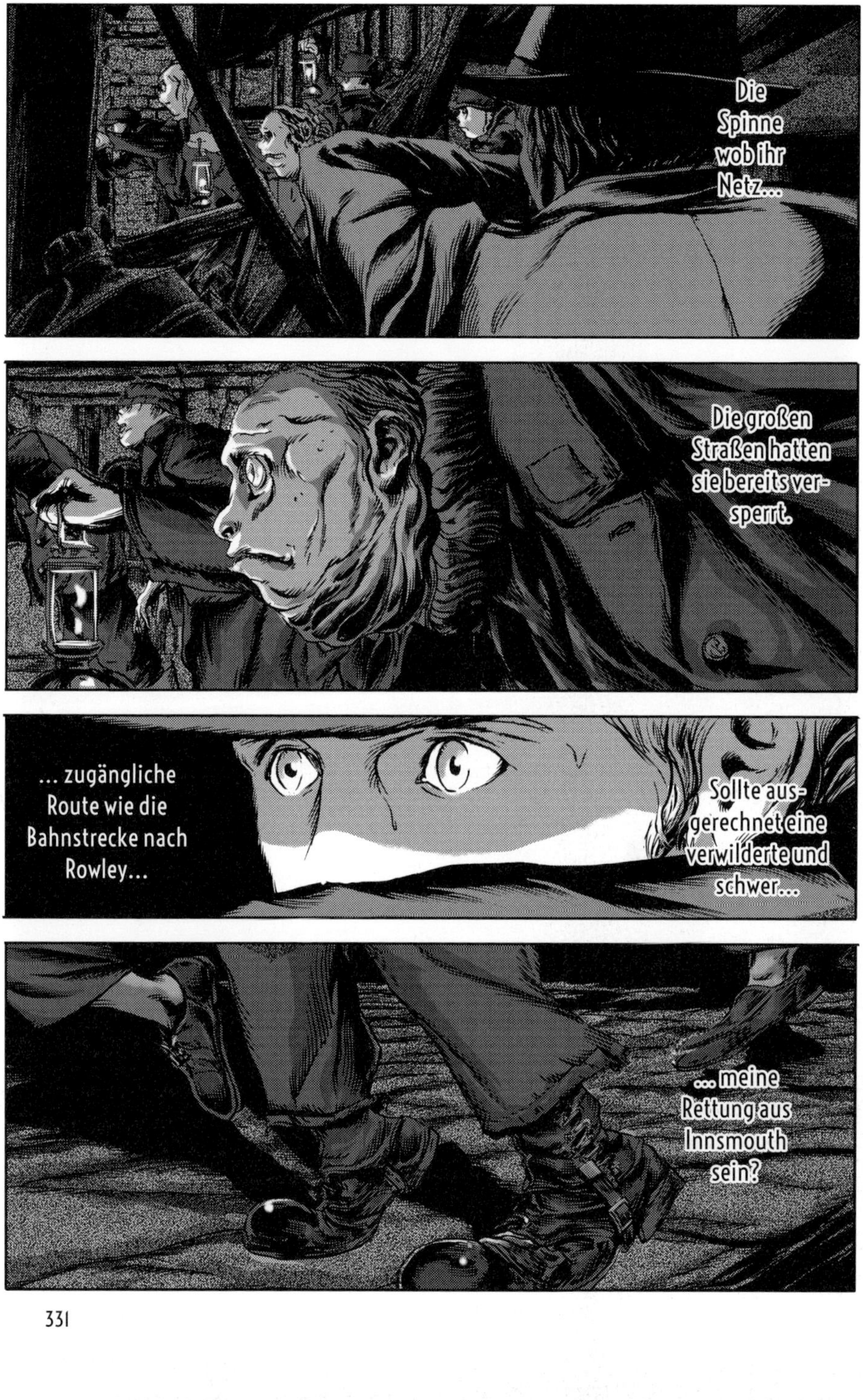
Die Spinne wob ihr Netz…
Die großen Straßen hatten sie bereits versperrt.
Sollte ausgerechnet eine verwilderte und schwer…
… zugängliche Route wie die Bahnstrecke nach Rowley…
… meine Rettung aus Innsmouth sein?

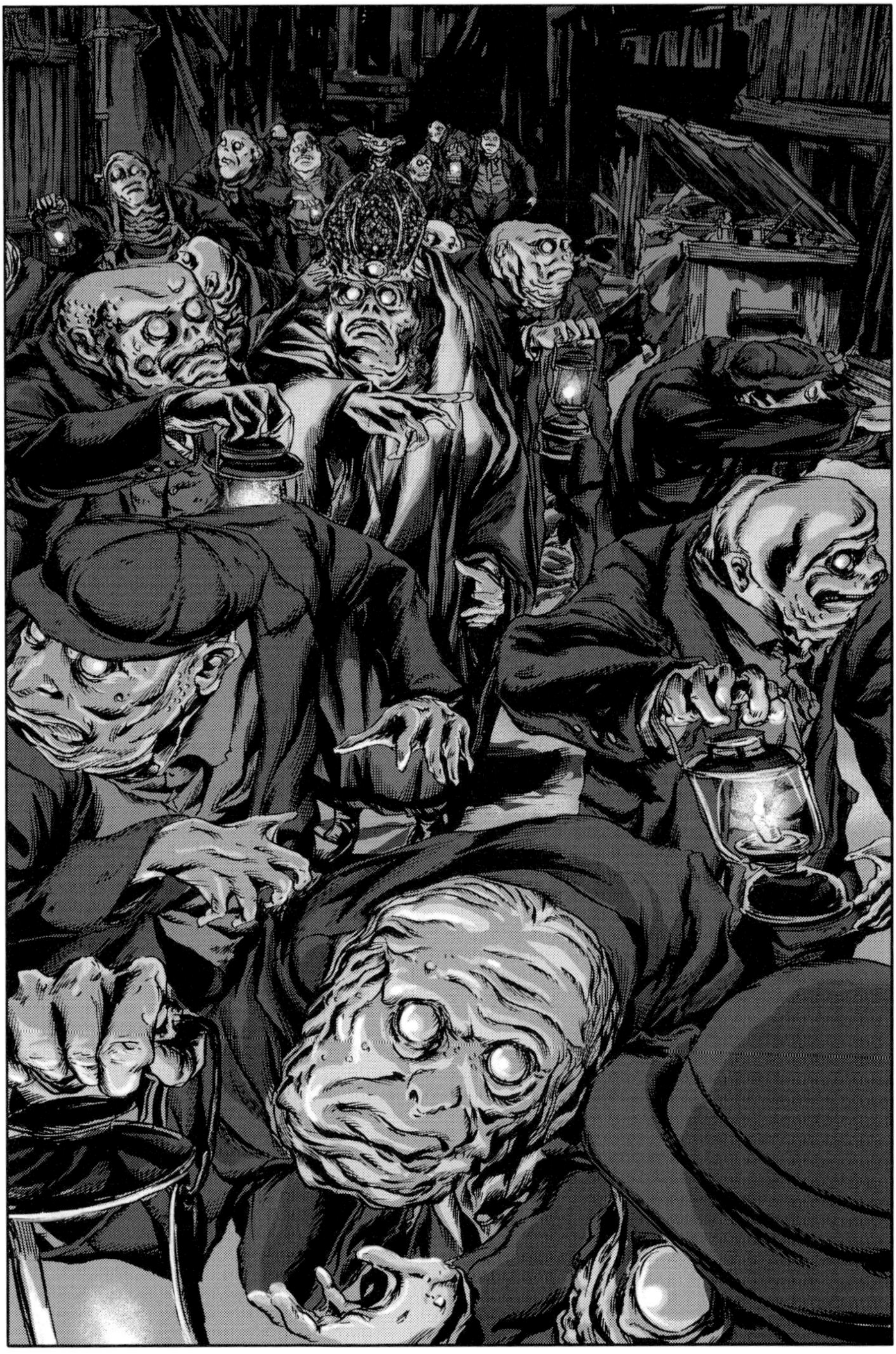

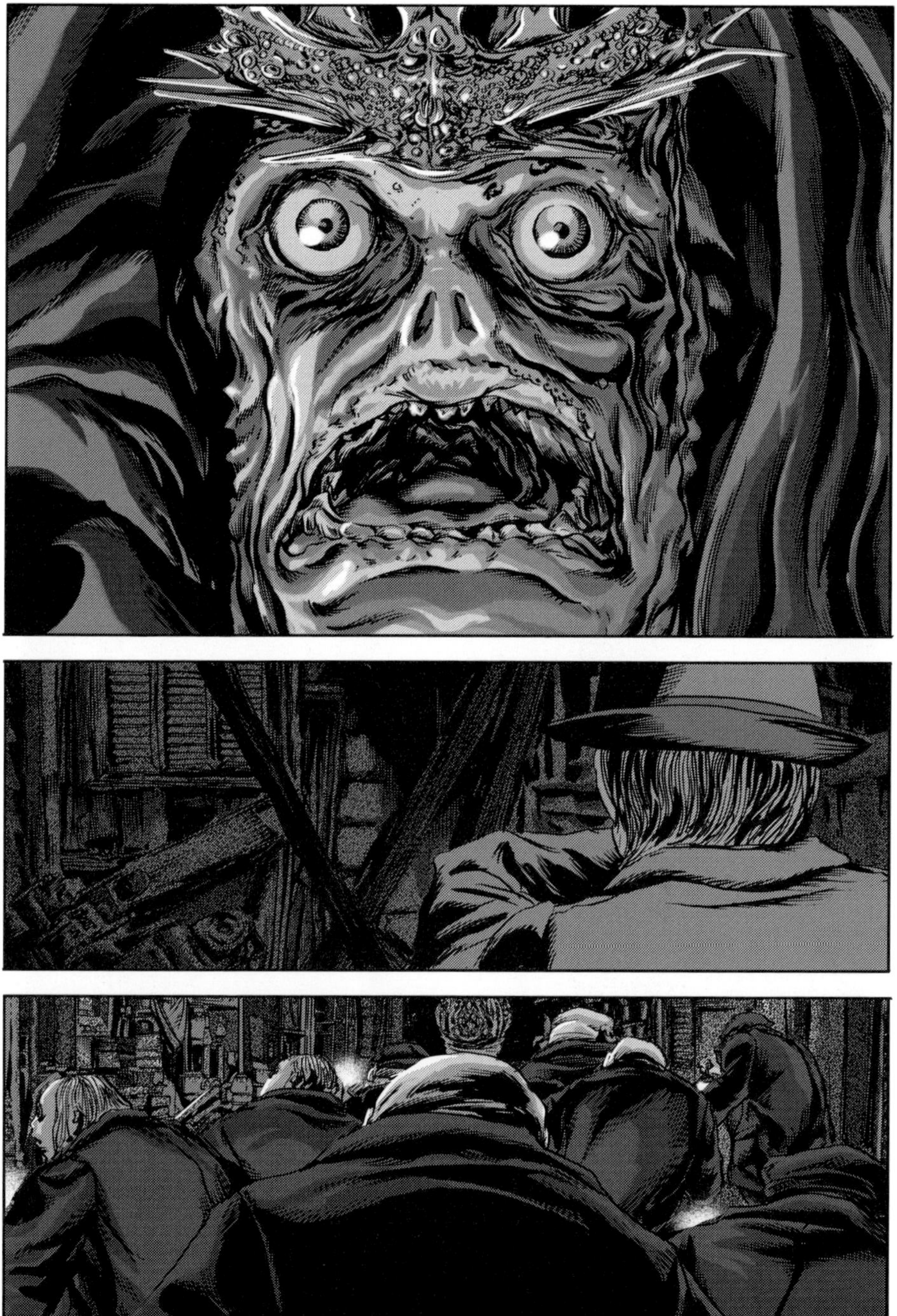

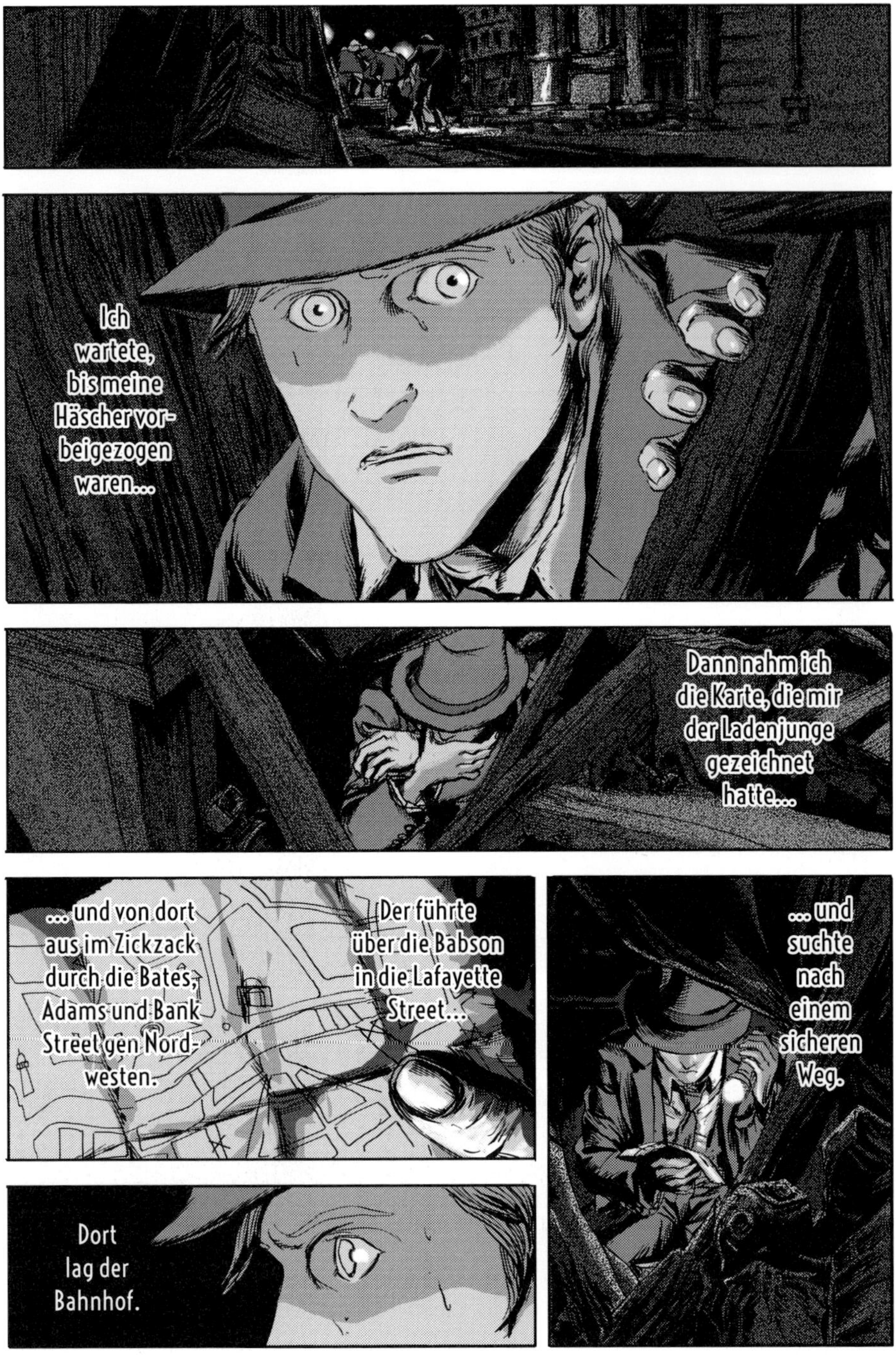
Ich wartete, bis meine Häscher vorbeigezogen waren...
Dann nahm ich die Karte, die mir der Ladenjunge gezeichnet hatte...
... und suchte nach einem sicheren Weg.
Der führte über die Babson in die Lafayette Street...
... und von dort aus im Zickzack durch die Bates, Adams und Bank Street gen Nordwesten.
Dort lag der Bahnhof.

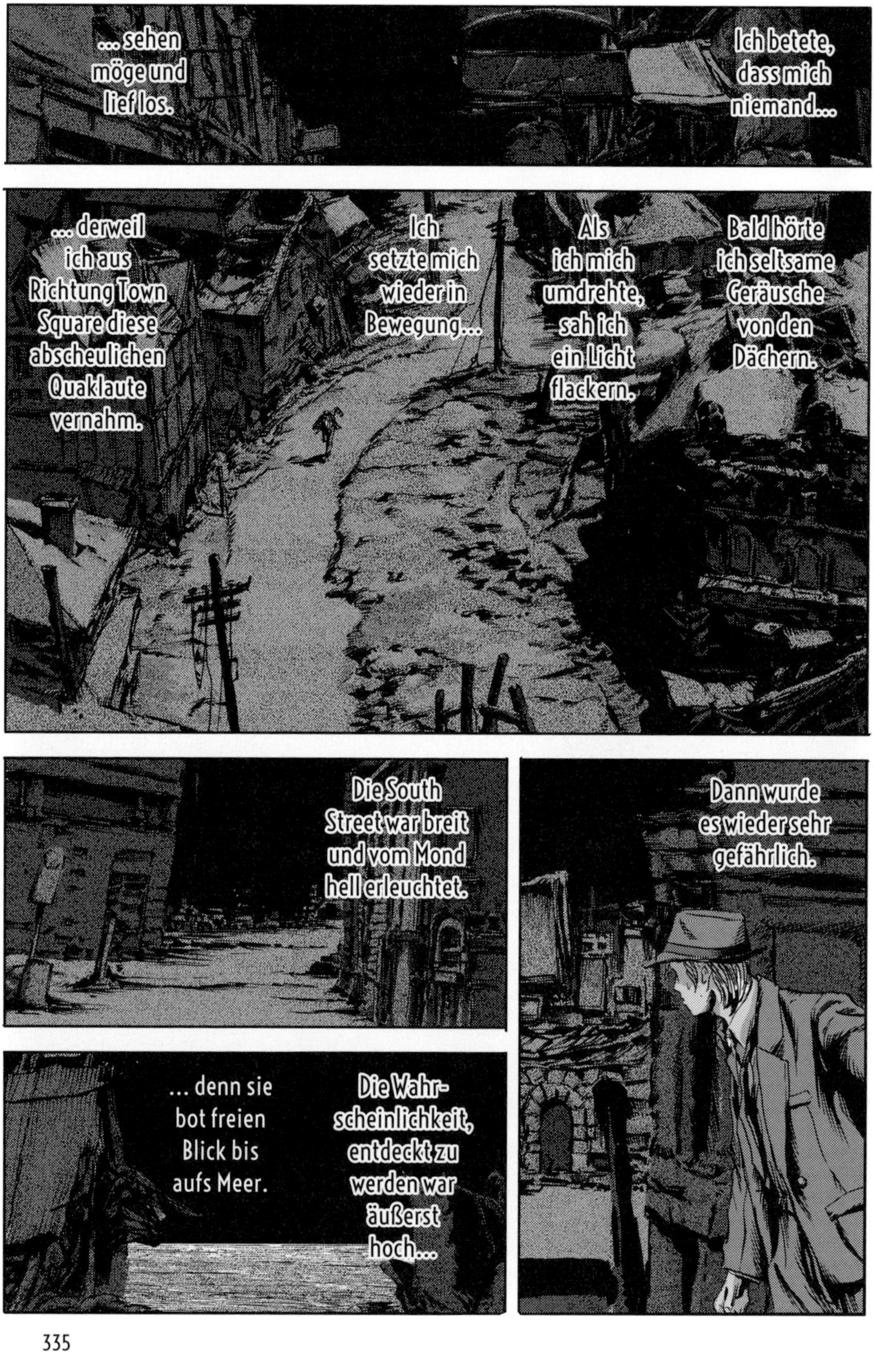
Ich betete, dass mich niemand...
... sehen möge und lief los.
Bald hörte ich seltsame Geräusche von den Dächern.
Als ich mich umdrehte, sah ich ein Licht flackern.
Ich setzte mich wieder in Bewegung...
... derweil ich aus Richtung Town Square diese abscheulichen Quaklaute vernahm.
Dann wurde es wieder sehr gefährlich.
Die South Street war breit und vom Mond hell erleuchtet.
Die Wahrscheinlichkeit, entdeckt zu werden war äußerst hoch...
... denn sie bot freien Blick bis aufs Meer.

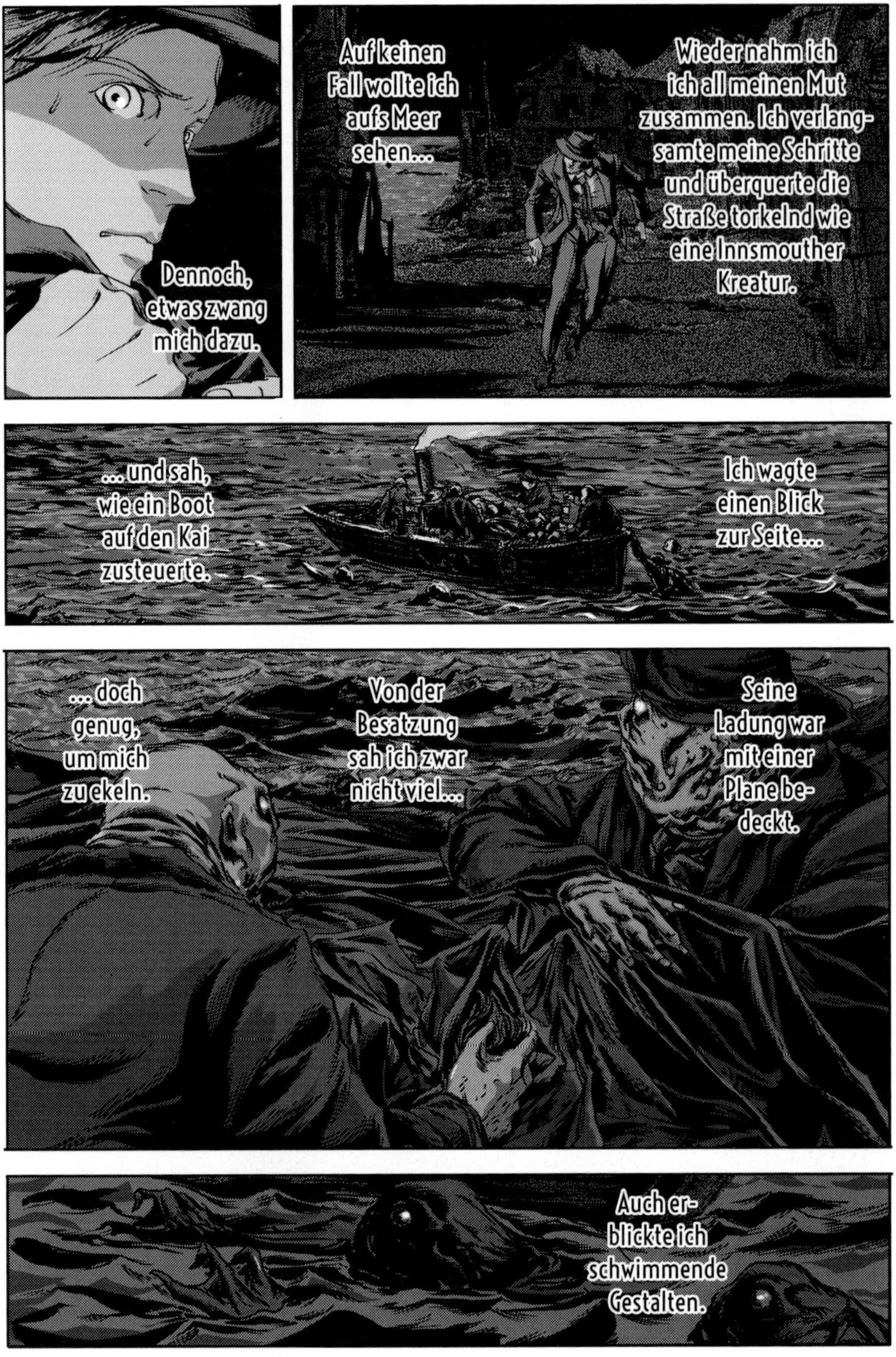
Wieder nahm ich ich all meinen Mut zusammen. Ich verlangsamte meine Schritte und überquerte die Straße torkelnd wie eine Innsmouther Kreatur.
Auf keinen Fall wollte ich aufs Meer sehen...
Dennoch, etwas zwang mich dazu.
Ich wagte einen Blick zur Seite...
... und sah, wie ein Boot auf den Kai zusteuerte.
Seine Ladung war mit einer Plane bedeckt.
Von der Besatzung sah ich zwar nicht viel...
... doch genug, um mich zu ekeln.
Auch erblickte ich schwimmende Gestalten.

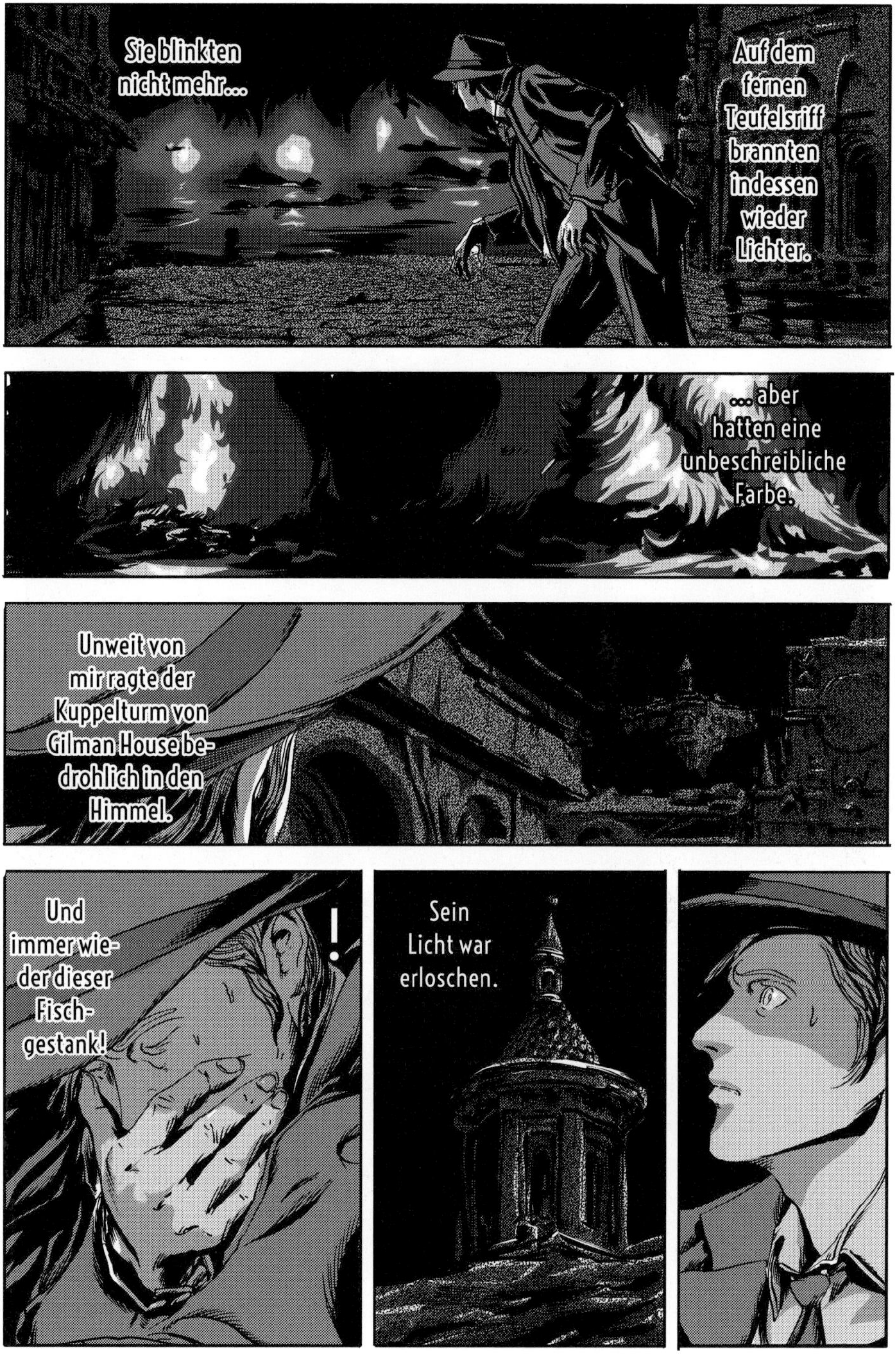
Sie blinkten nicht mehr …
Auf dem fernen Teufelsriff brannten indessen wieder Lichter.
… aber hatten eine unbeschreibliche Farbe.
Unweit von mir ragte der Kuppelturm von Gilman House bedrohlich in den Himmel.
Und immer wieder dieser Fischgestank!
!
Sein Licht war erloschen.

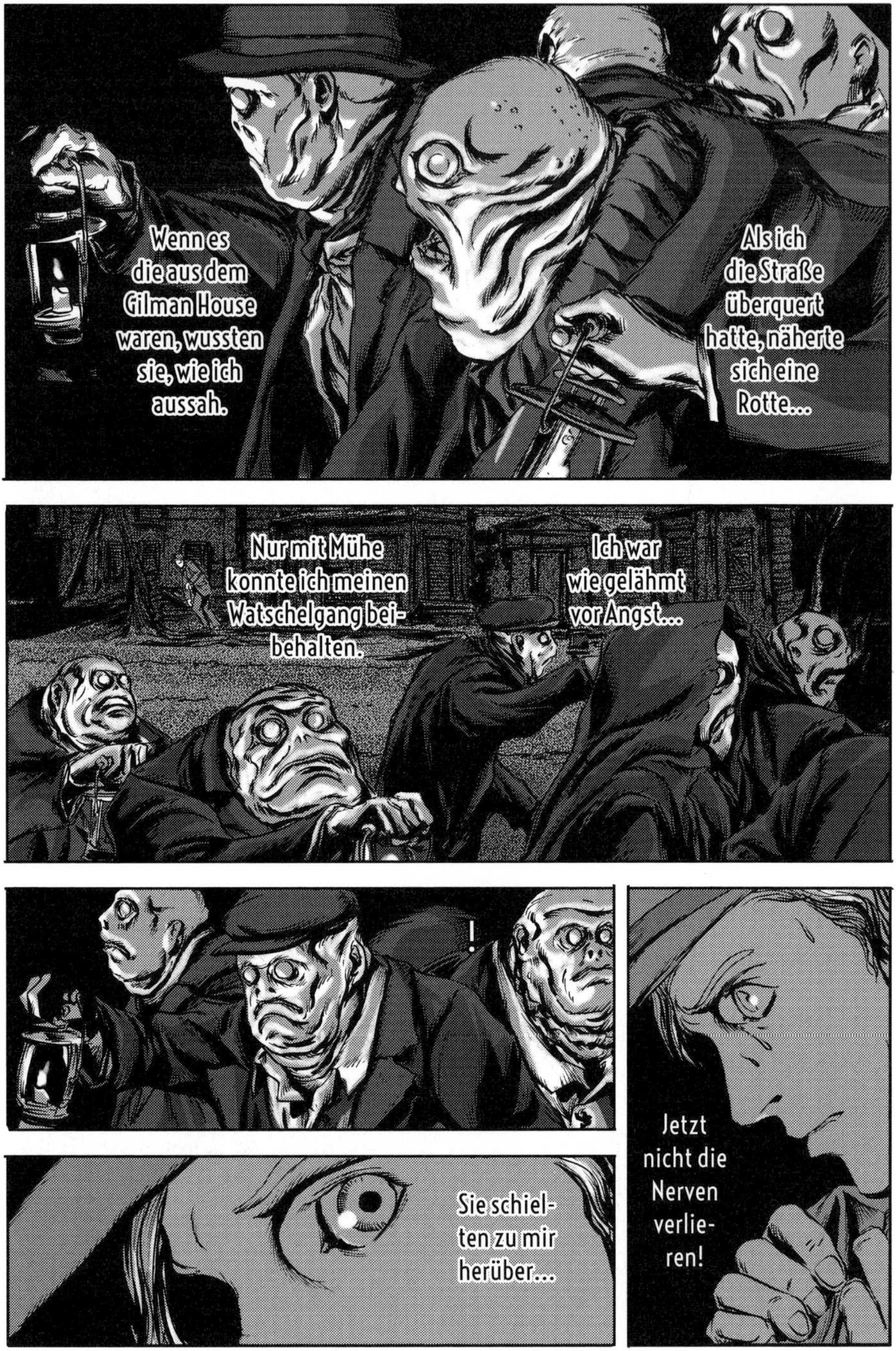

Als ich die Straße überquert hatte, näherte sich eine Rotte...
Wenn es die aus dem Gilman House waren, wussten sie, wie ich aussah.
Ich war wie gelähmt vor Angst...
Nur mit Mühe konnte ich meinen Watschelgang beibehalten.
!
Sie schielten zu mir herüber...
Jetzt nicht die Nerven verlieren!

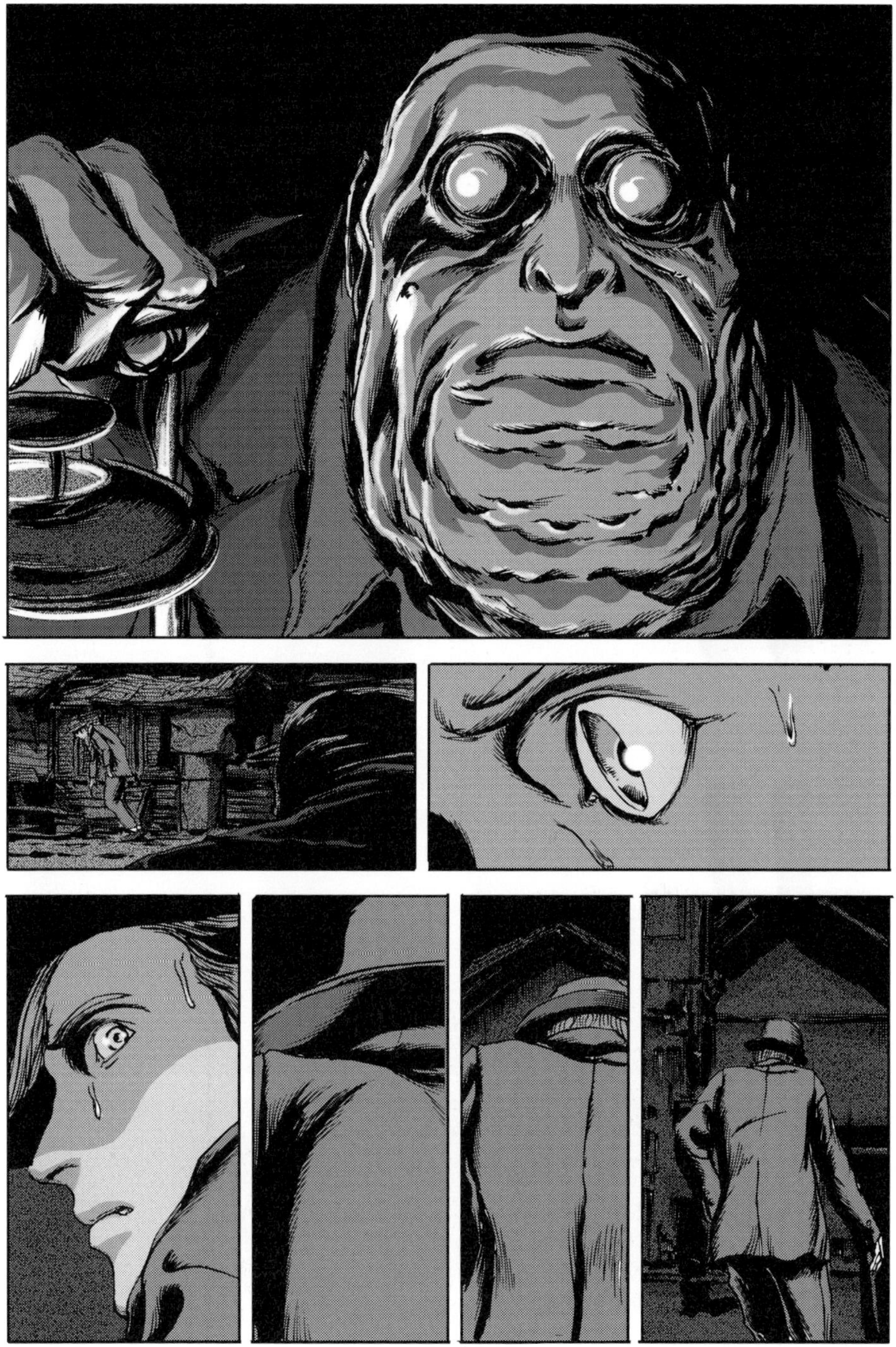

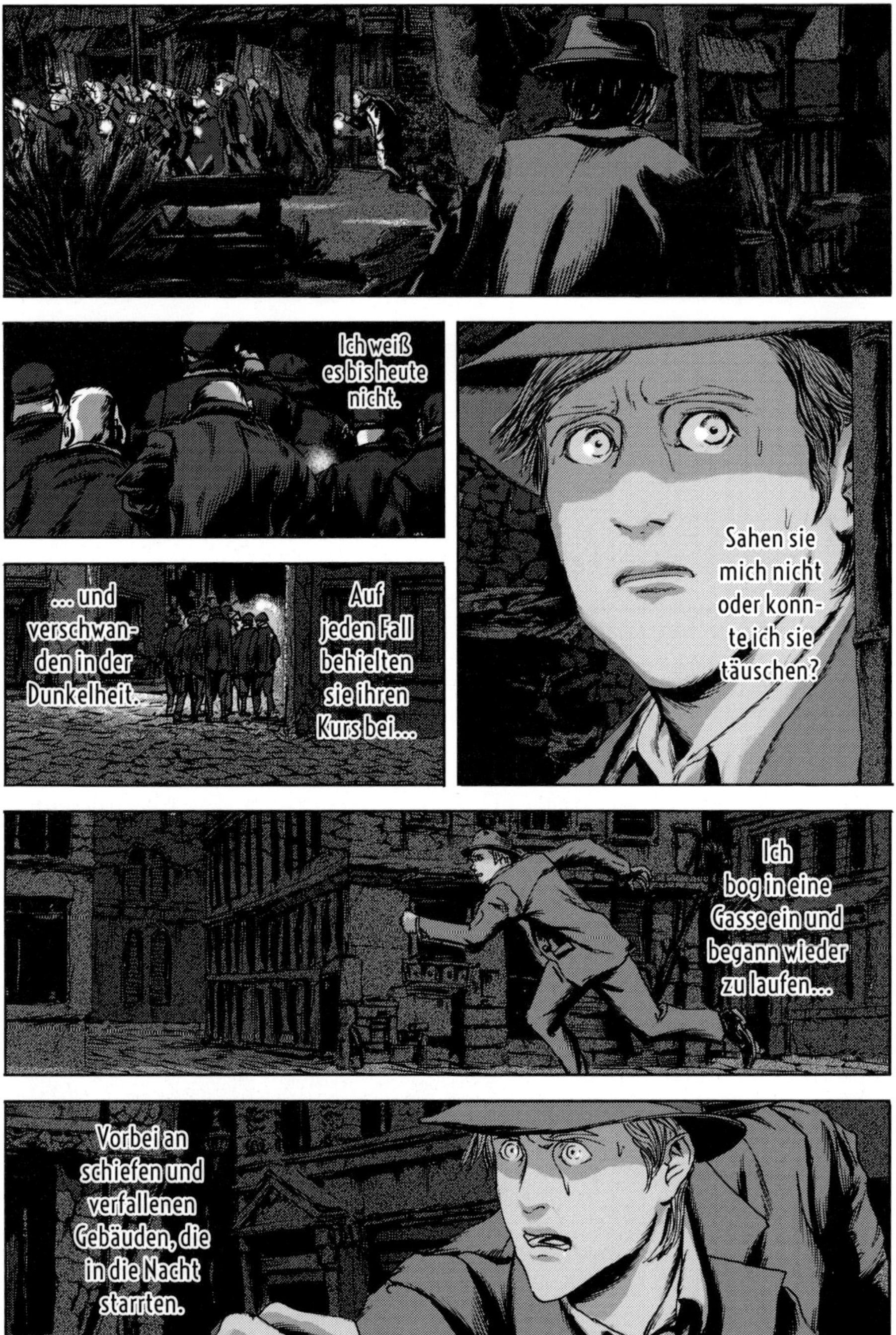
Sahen sie mich nicht oder konn-te ich sie täuschen?
Ich weiß es bis heute nicht.
Auf jeden Fall behielten sie ihren Kurs bei...
... und verschwan-den in der Dunkelheit.
Ich bog in eine Gasse ein und begann wieder zu laufen...
Vorbei an schiefen und verfallenen Gebäuden, die in die Nacht starrten.

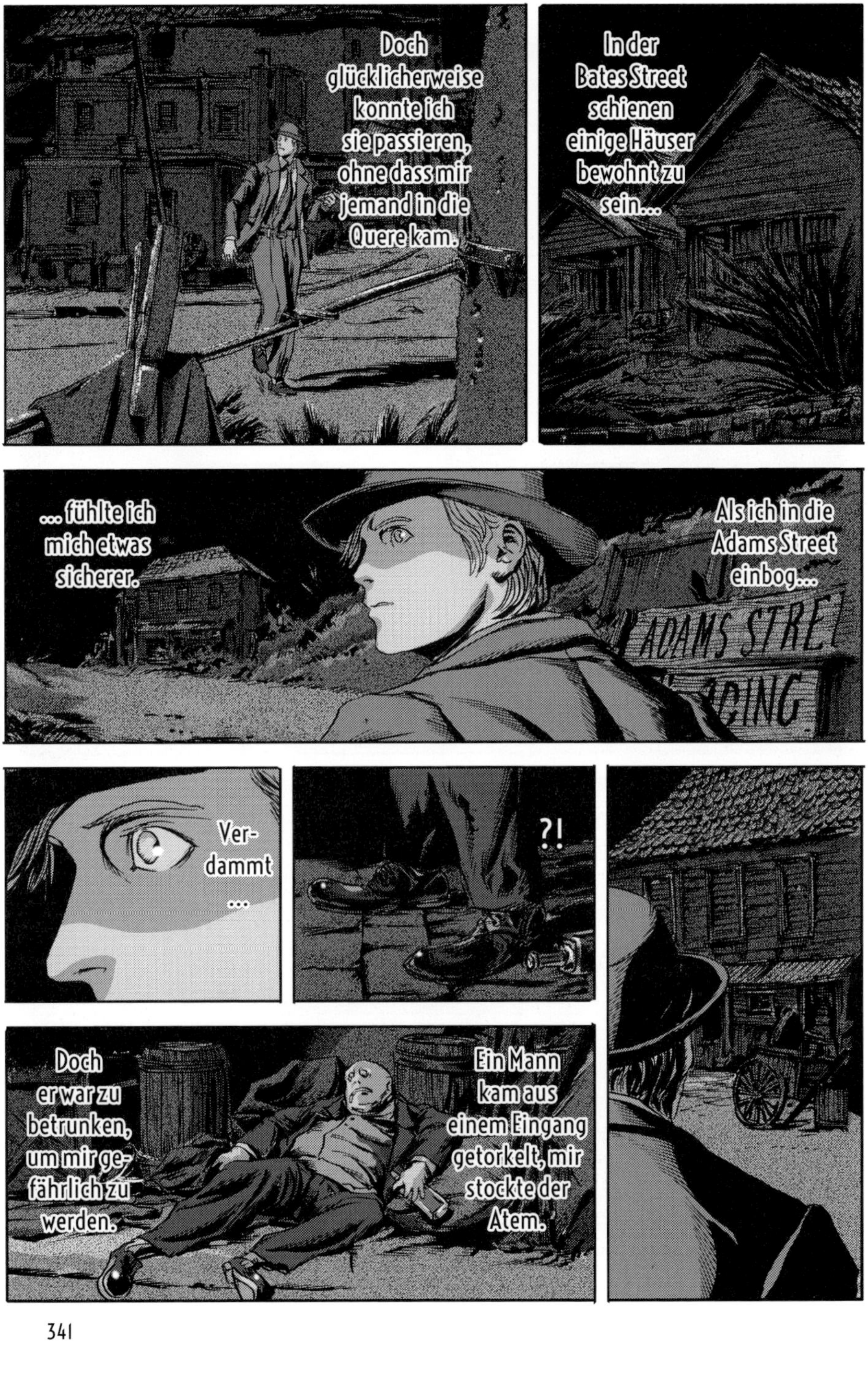
In der Bates Street schienen einige Häuser bewohnt zu sein...
Doch glücklicherweise konnte ich sie passieren, ohne dass mir jemand in die Quere kam.
Als ich in die Adams Street einbog...
ADAMS STRE
ACING
... fühlte ich mich etwas sicherer.
?!
Verdammt ...
Ein Mann kam aus einem Eingang getorkelt, mir stockte der Atem.
Doch er war zu betrunken, um mir gefährlich zu werden.

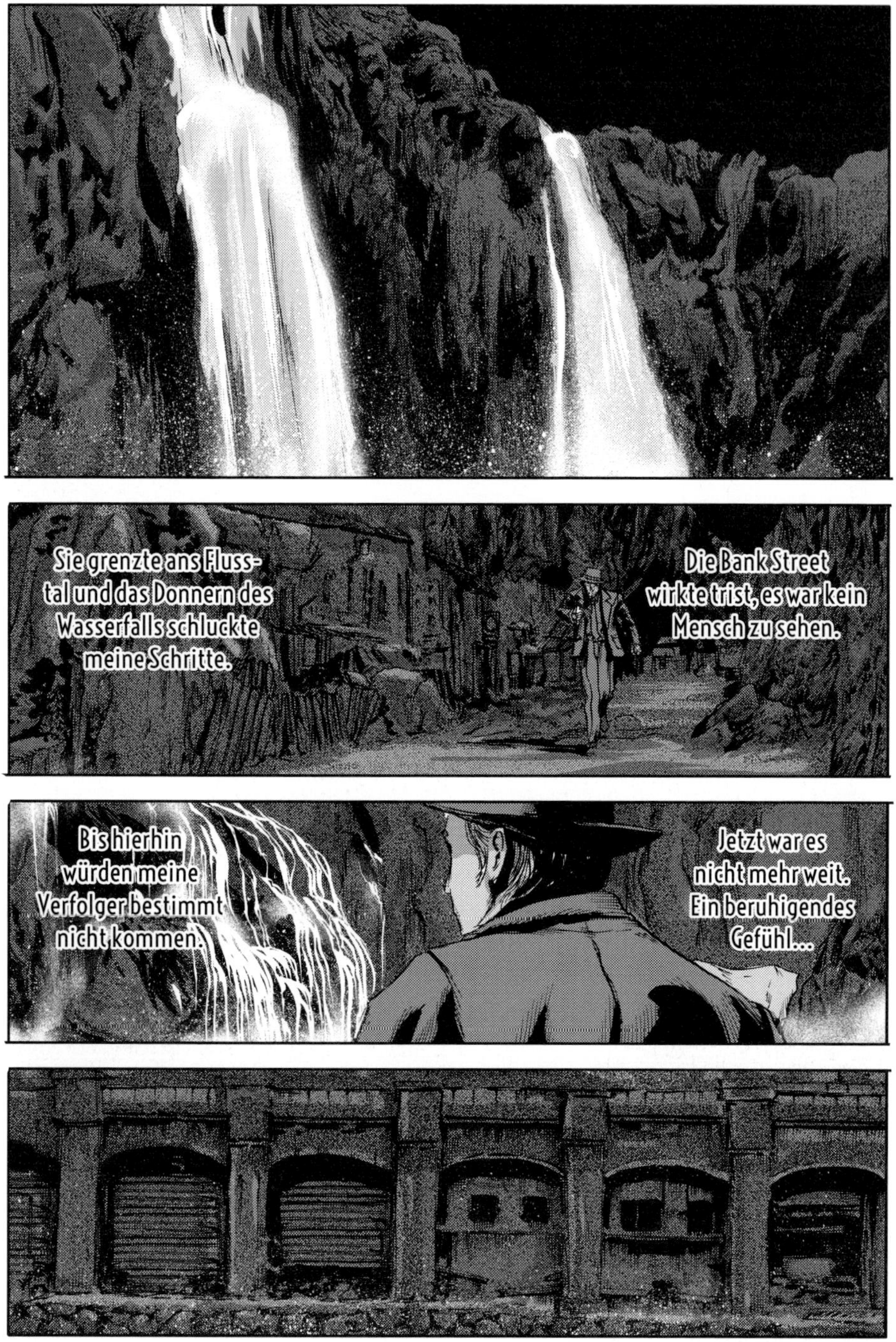
Die Bank Street wirkte trist, es war kein Mensch zu sehen.
Sie grenzte ans Fluss-tal und das Donnern des Wasserfalls schluckte meine Schritte.
Jetzt war es nicht mehr weit. Ein beruhigendes Gefühl...
Bis hierhin würden meine Verfolger bestimmt nicht kommen.

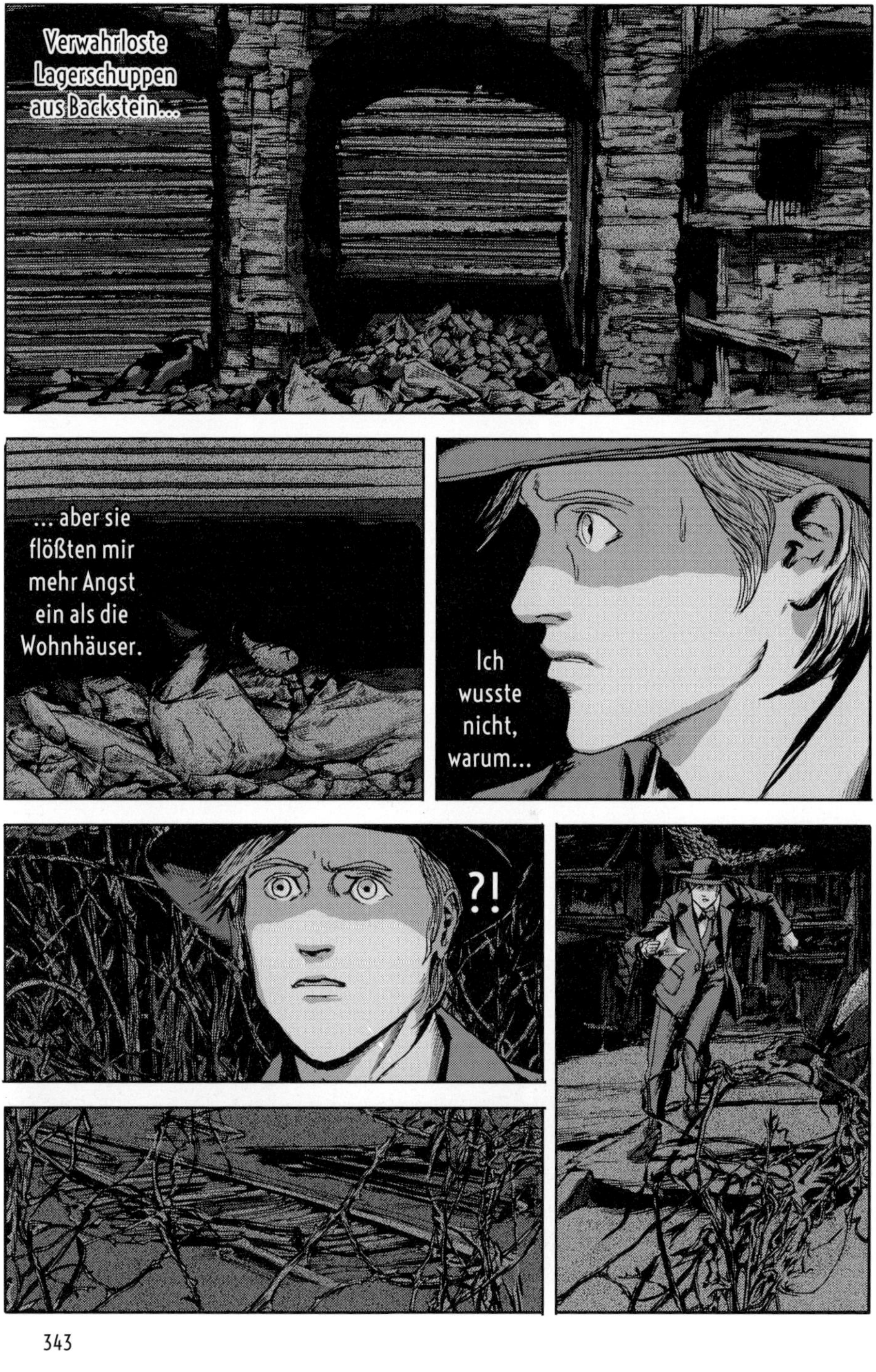
Verwahrloste Lagerschuppen aus Backstein...
... aber sie flößten mir mehr Angst ein als die Wohnhäuser.
Ich wusste nicht, warum...
?!

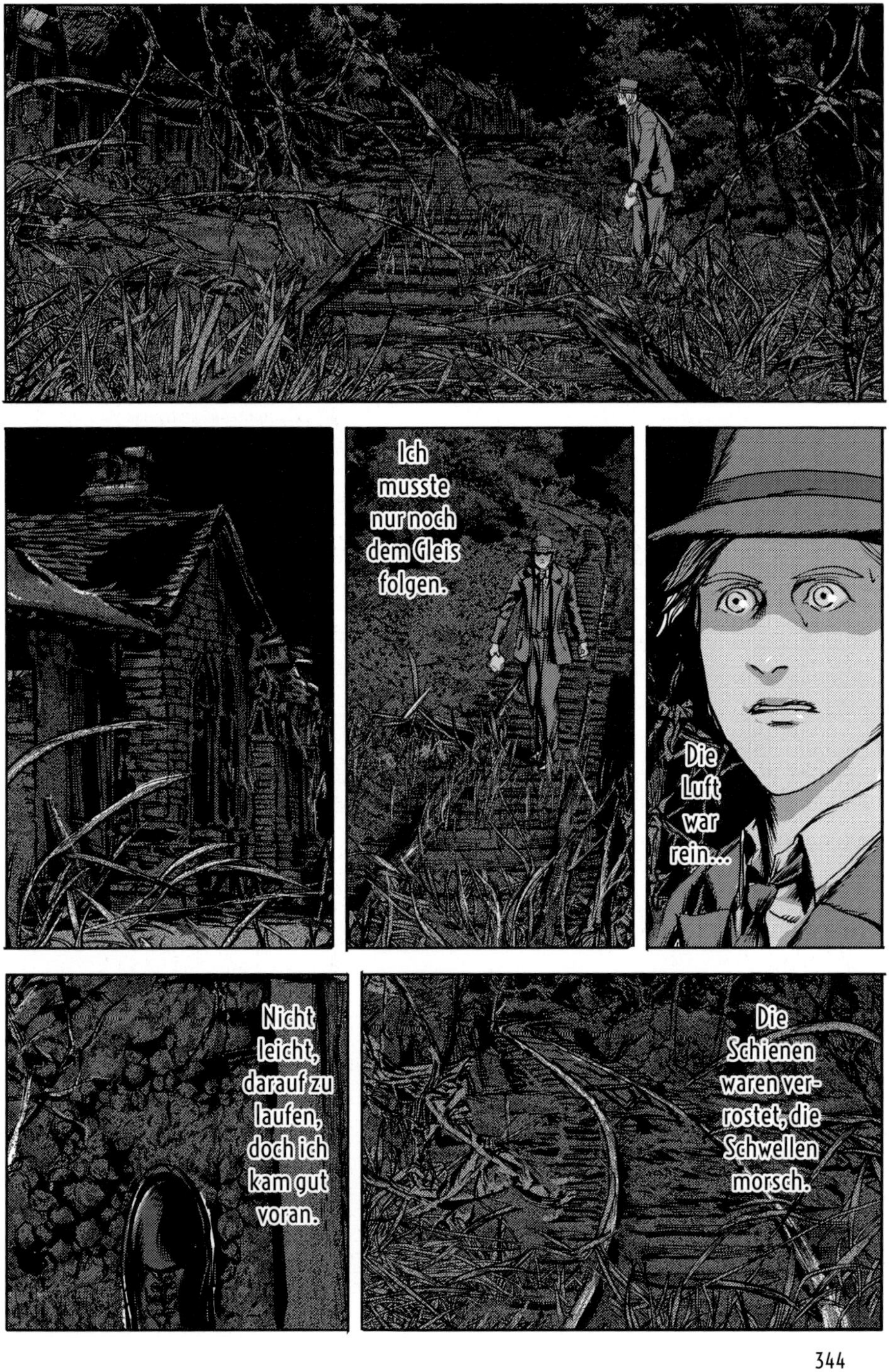
Die Luft war rein…
Ich musste nur noch dem Gleis folgen.
Die Schienen waren verrostet, die Schwellen morsch.
Nicht leicht, darauf zu laufen, doch ich kam gut voran.

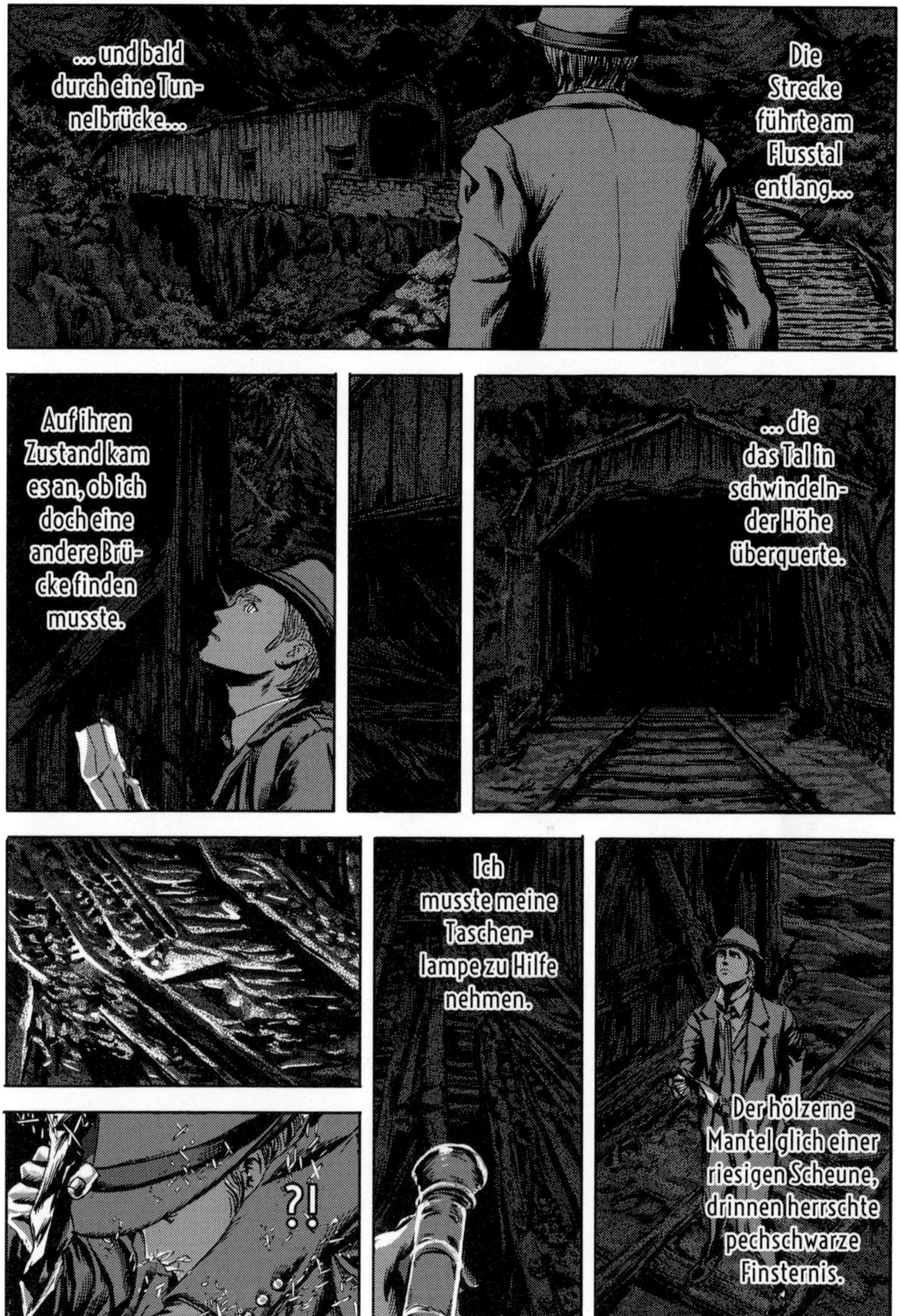
Die Strecke führte am Flusstal entlang...
... und bald durch eine Tunnelbrücke...
... die das Tal in schwindelnder Höhe überquerte.
Auf ihren Zustand kam es an, ob ich doch eine andere Brücke finden musste.
Der hölzerne Mantel glich einer riesigen Scheune, drinnen herrschte pechschwarze Finsternis.
Ich musste meine Taschenlampe zu Hilfe nehmen.
?!

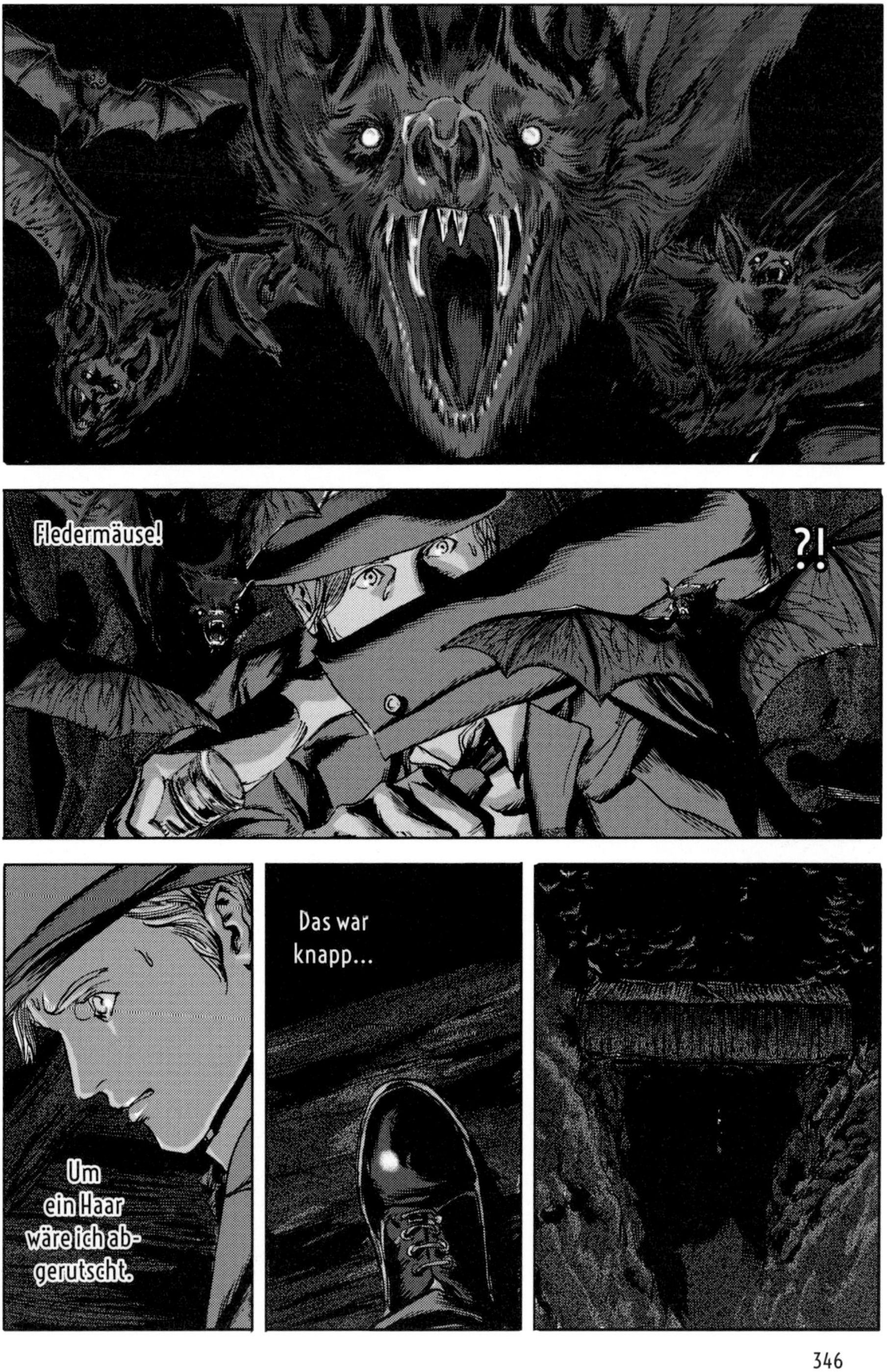
Fledermäuse!
?!
Um ein Haar wäre ich abgerutscht.
Das war knapp…

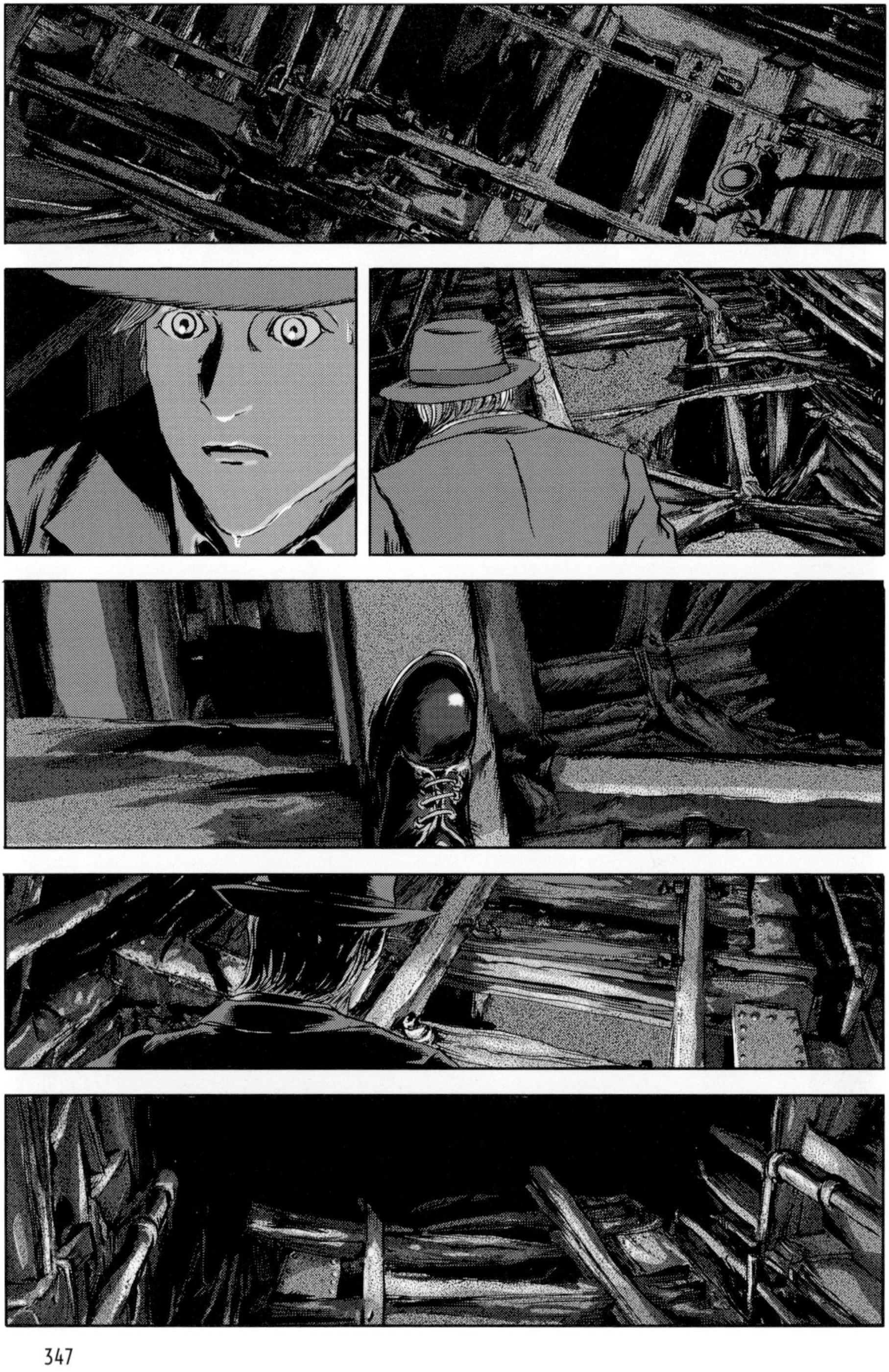

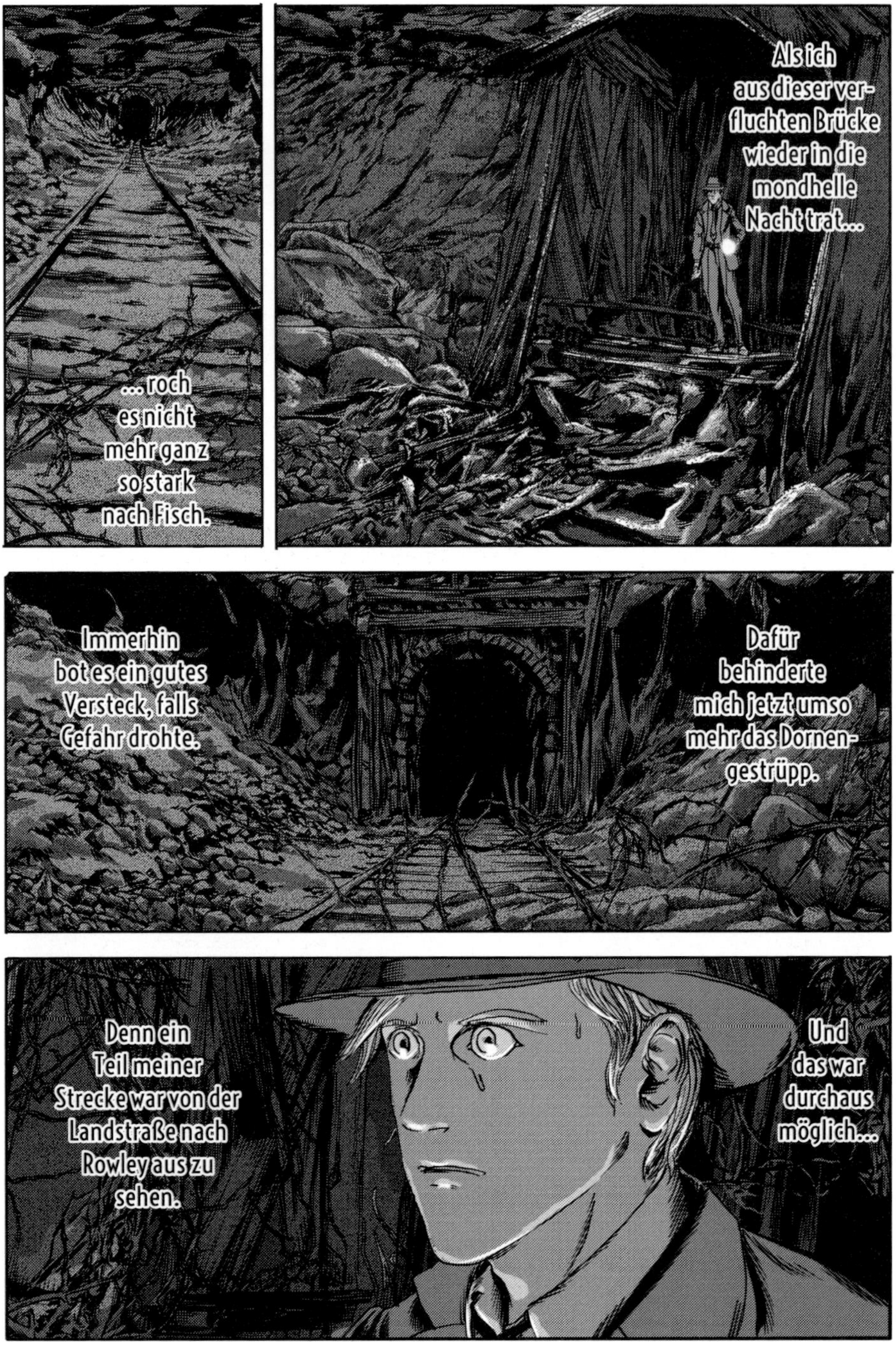
Als ich aus dieser verfluchten Brücke wieder in die mondhelle Nacht trat...
... roch es nicht mehr ganz so stark nach Fisch.
Dafür behinderte mich jetzt umso mehr das Dornengestrüpp.
Immerhin bot es ein gutes Versteck, falls Gefahr drohte.
Und das war durchaus möglich...
Denn ein Teil meiner Strecke war von der Landstraße nach Rowley aus zu sehen.

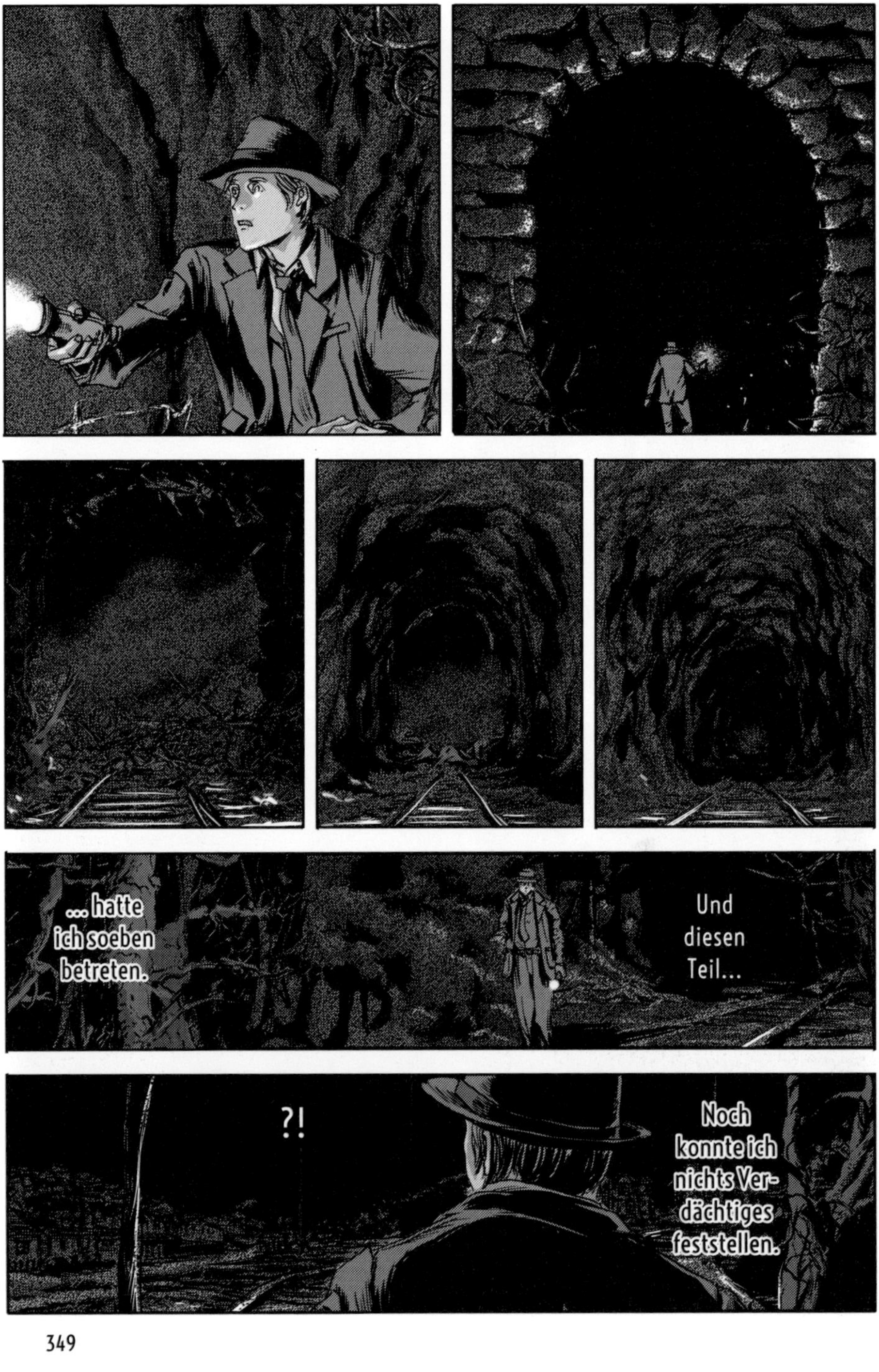
Und diesen Teil…
… hatte ich soeben betreten.
Noch konnte ich nichts Verdächtiges feststellen.
?!

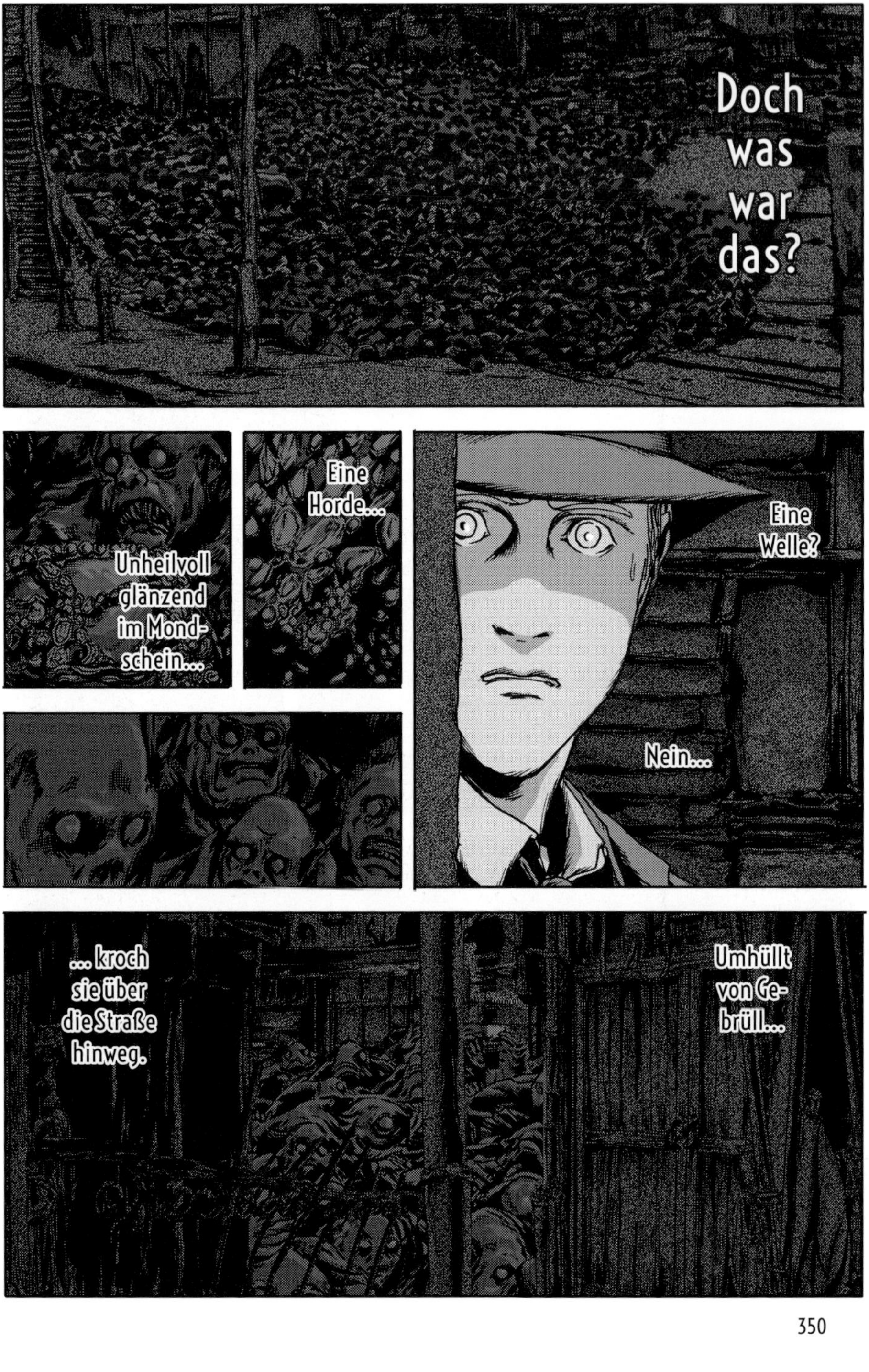
Doch was war das?
Eine Welle?
Nein...
Eine Horde...
Unheilvoll glänzend im Mond-schein...
Umhüllt von Ge-brüll...
... kroch sie über die Straße hinweg.

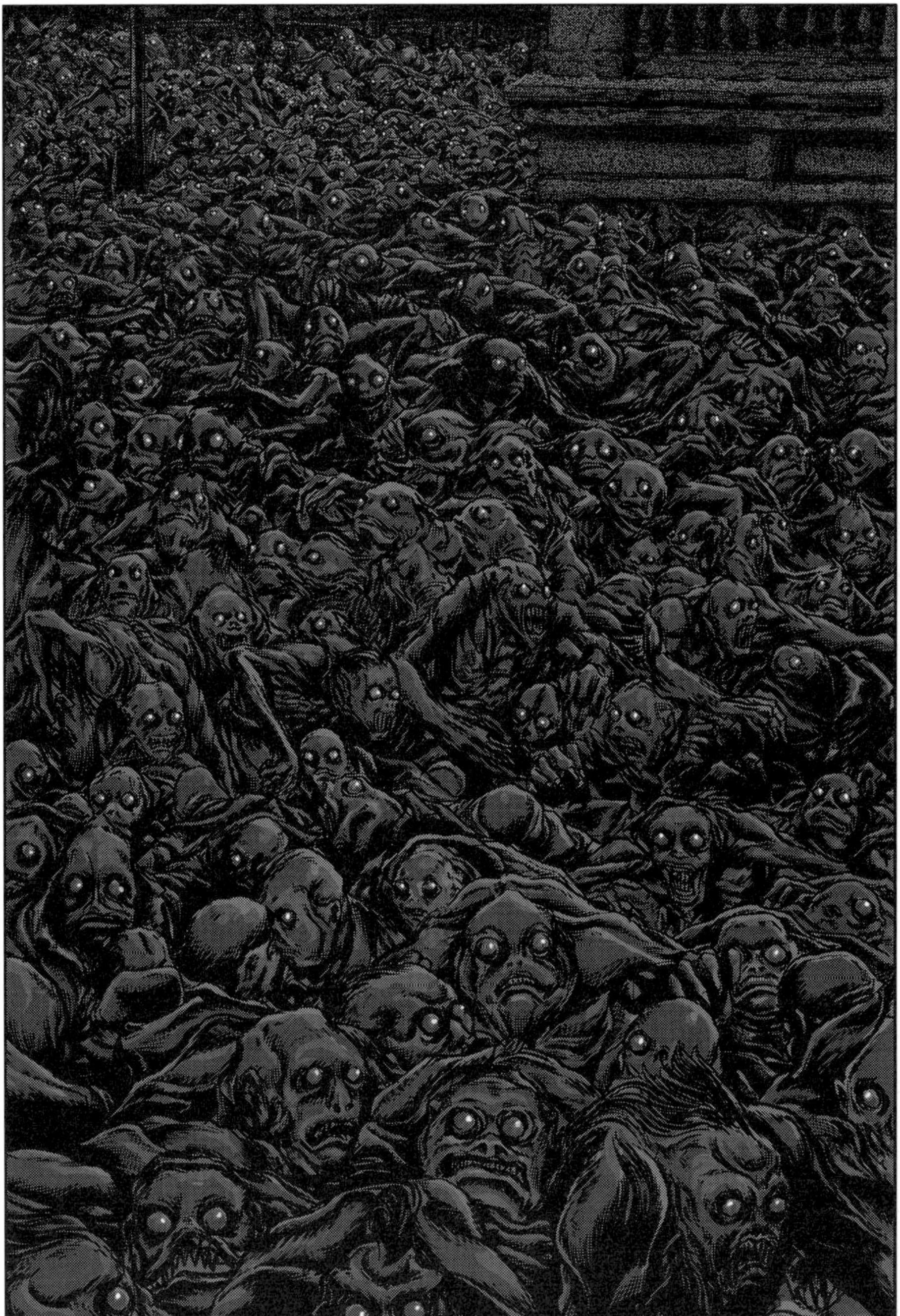

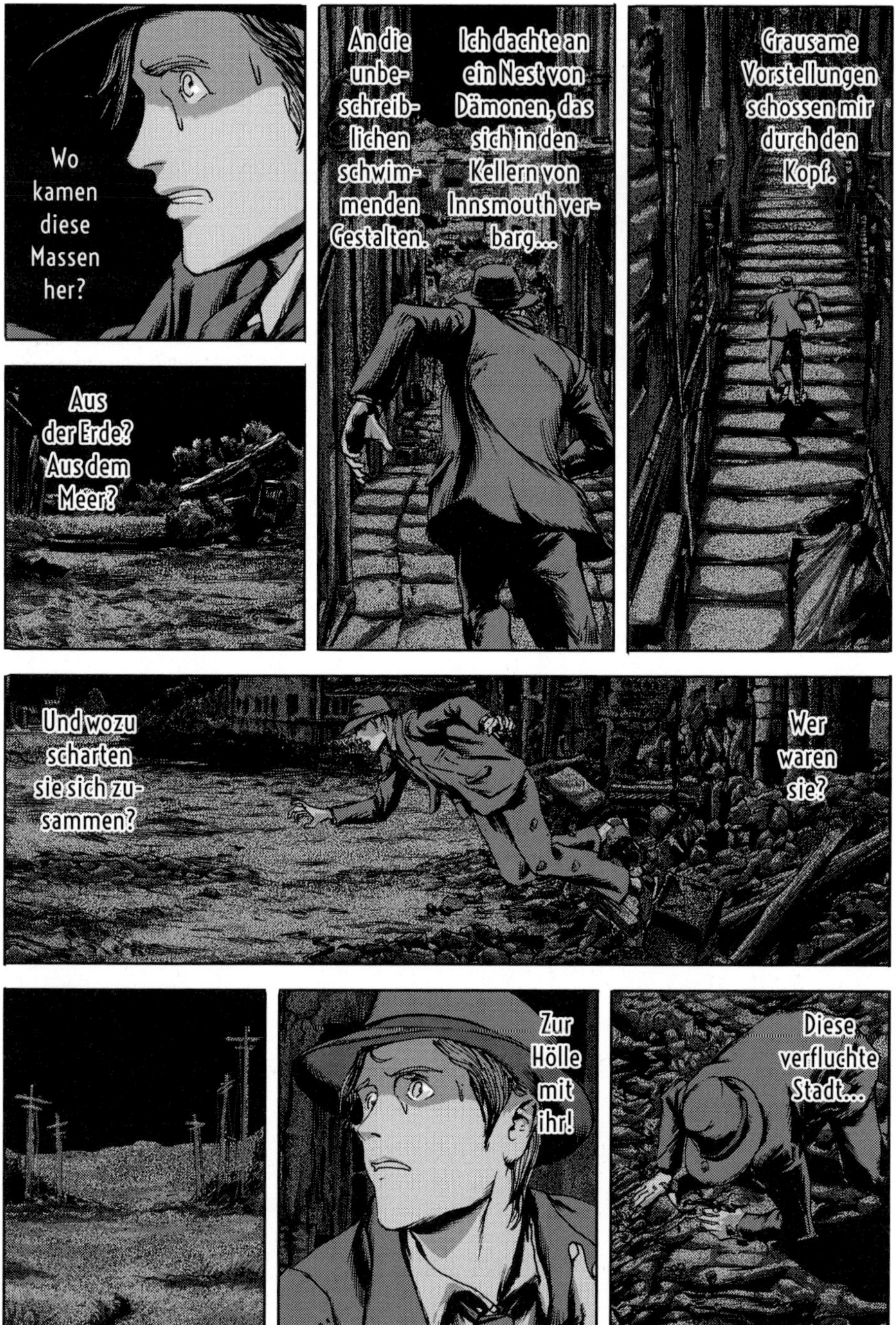
Wo kamen diese Massen her?
Aus der Erde? Aus dem Meer?
Ich dachte an ein Nest von Dämonen, das sich in den Kellern von Innsmouth verbarg…
An die unbeschreiblichen schwimmenden Gestalten.
Grausame Vorstellungen schossen mir durch den Kopf.
Und wozu scharten sie sich zusammen?
Wer waren sie?
Zur Hölle mit ihr!
Diese verfluchte Stadt…

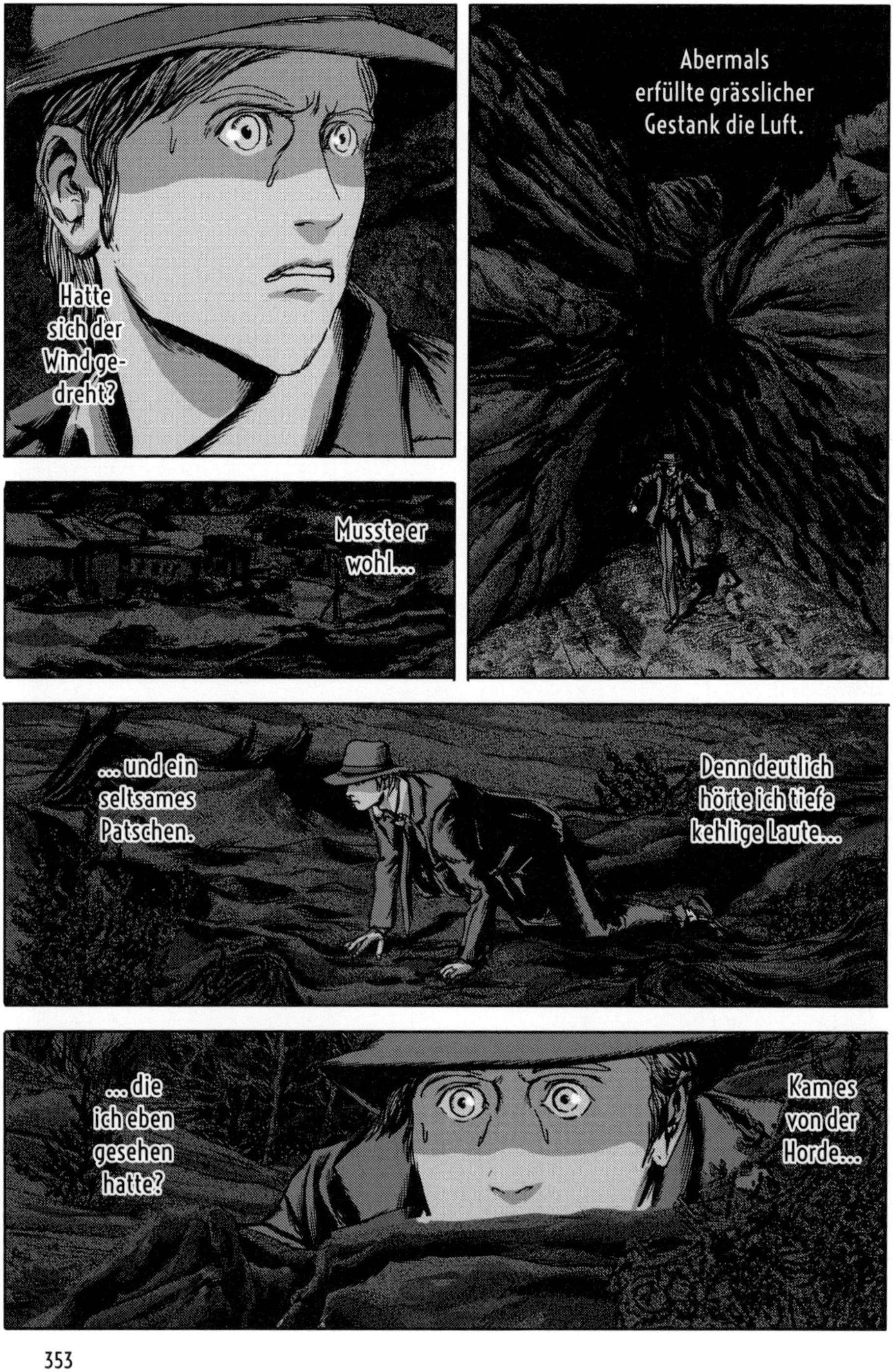
Hatte sich der Wind gedreht?
Abermals erfüllte grässlicher Gestank die Luft.
Musste er wohl...
... und ein seltsames Patschen.
Denn deutlich hörte ich tiefe kehlige Laute...
... die ich eben gesehen hatte?
Kam es von der Horde...

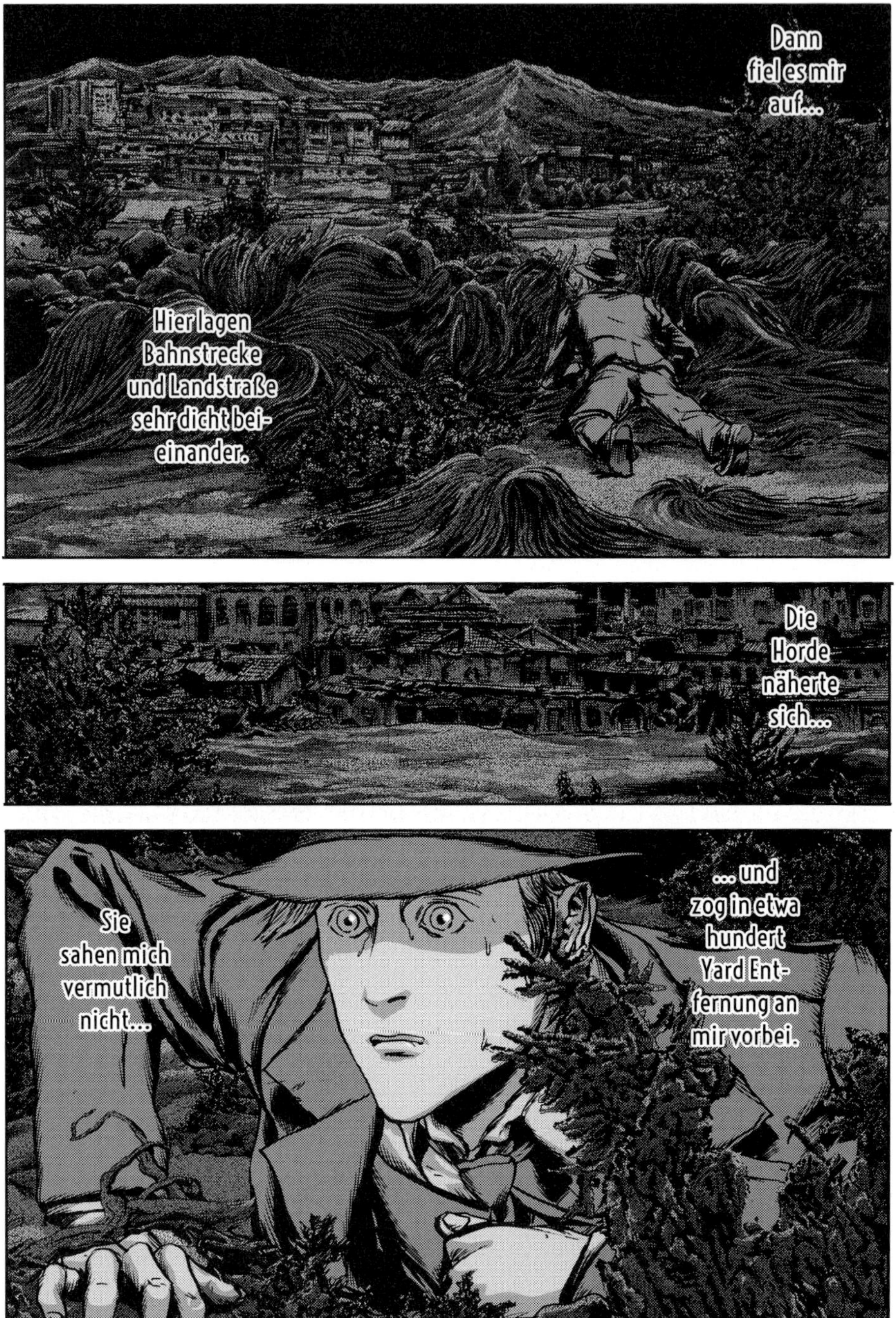
Dann fiel es mir auf...
Hier lagen Bahnstrecke und Landstraße sehr dicht beieinander.
Die Horde näherte sich...
... und zog in etwa hundert Yard Entfernung an mir vorbei.
Sie sahen mich vermutlich nicht...

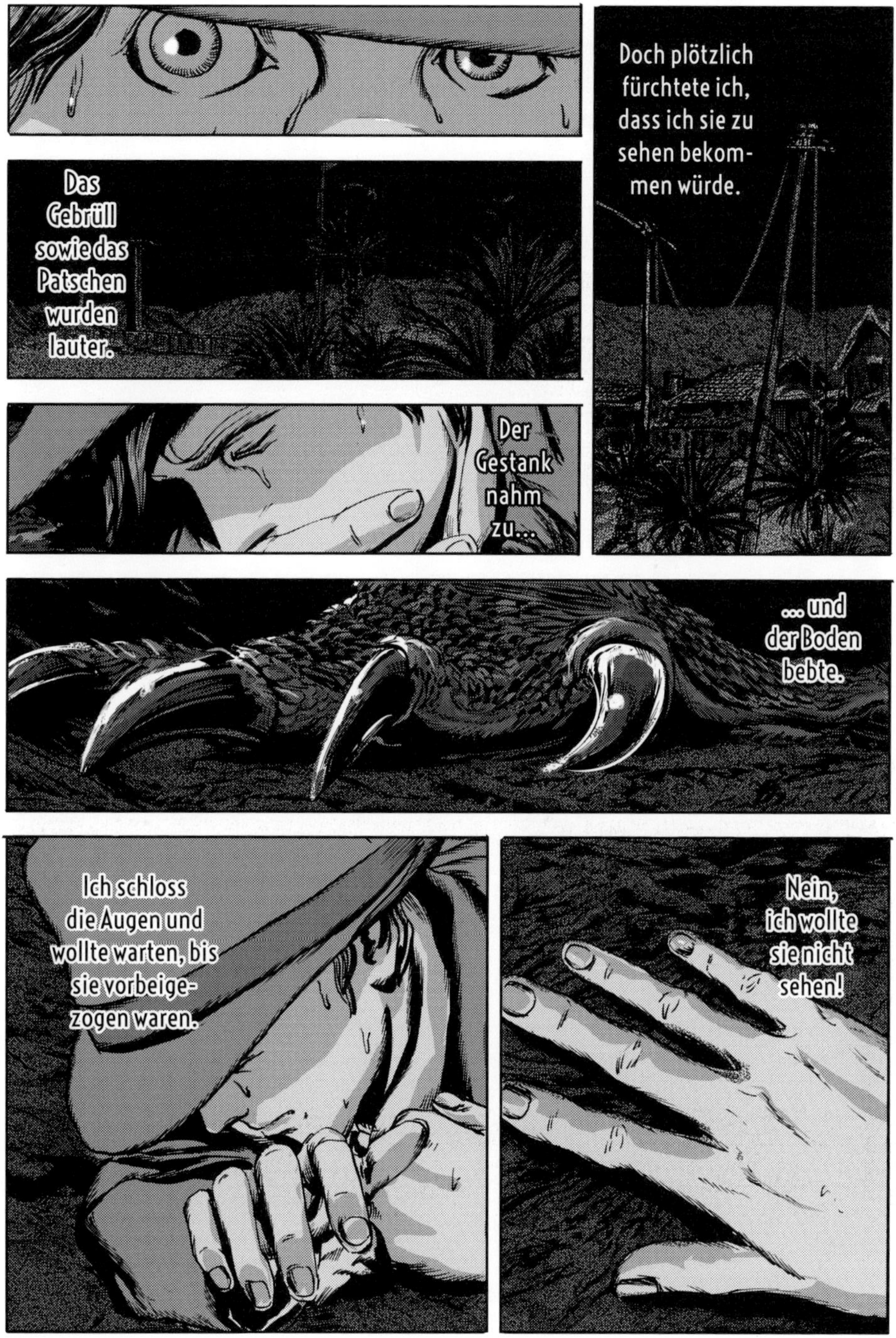
Das Gebrüll sowie das Patschen wurden lauter.
Der Gestank nahm zu...
Doch plötzlich fürchtete ich, dass ich sie zu sehen bekommen würde.
... und der Boden bebte.
Ich schloss die Augen und wollte warten, bis sie vorbeigezogen waren.
Nein, ich wollte sie nicht sehen!

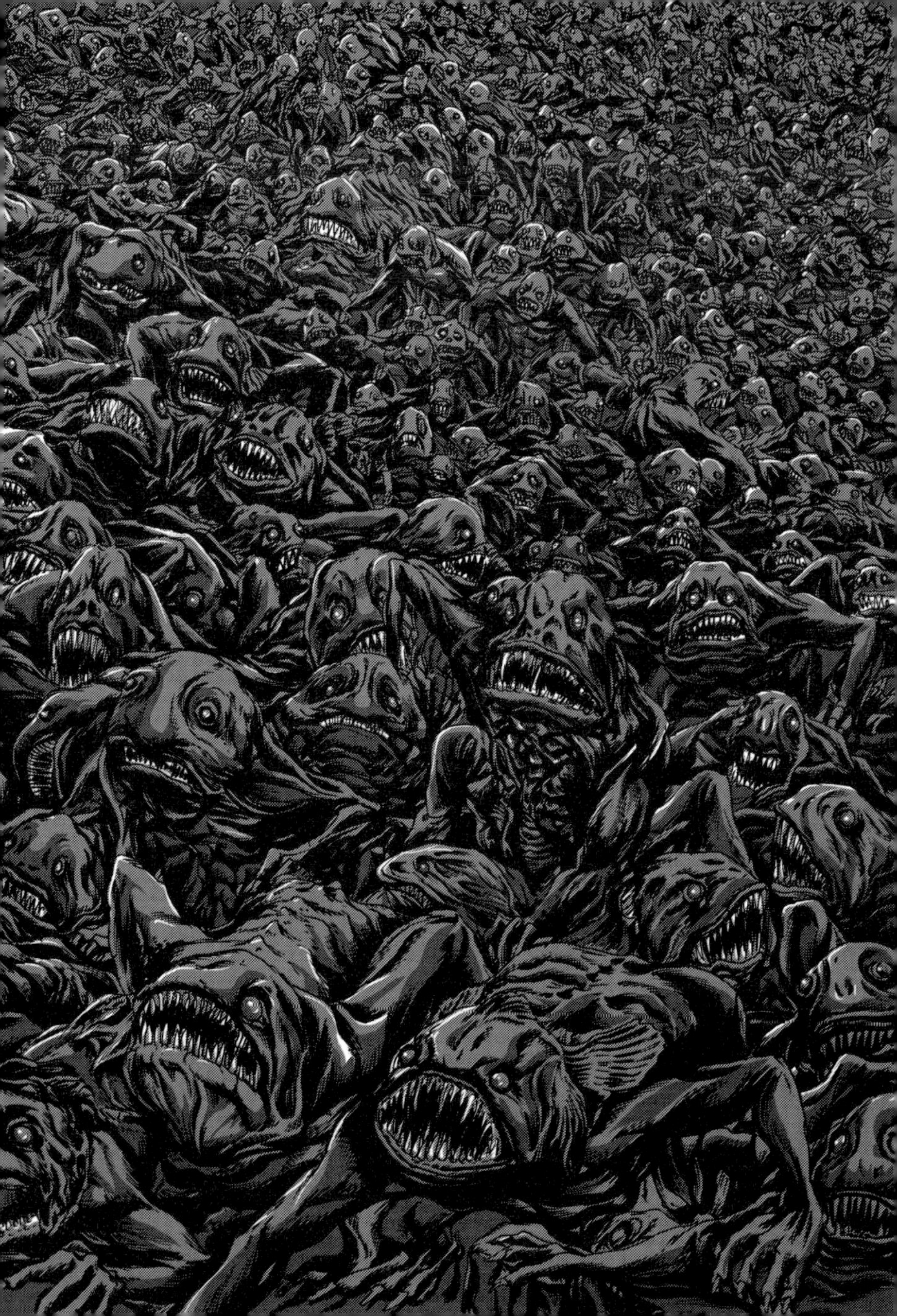

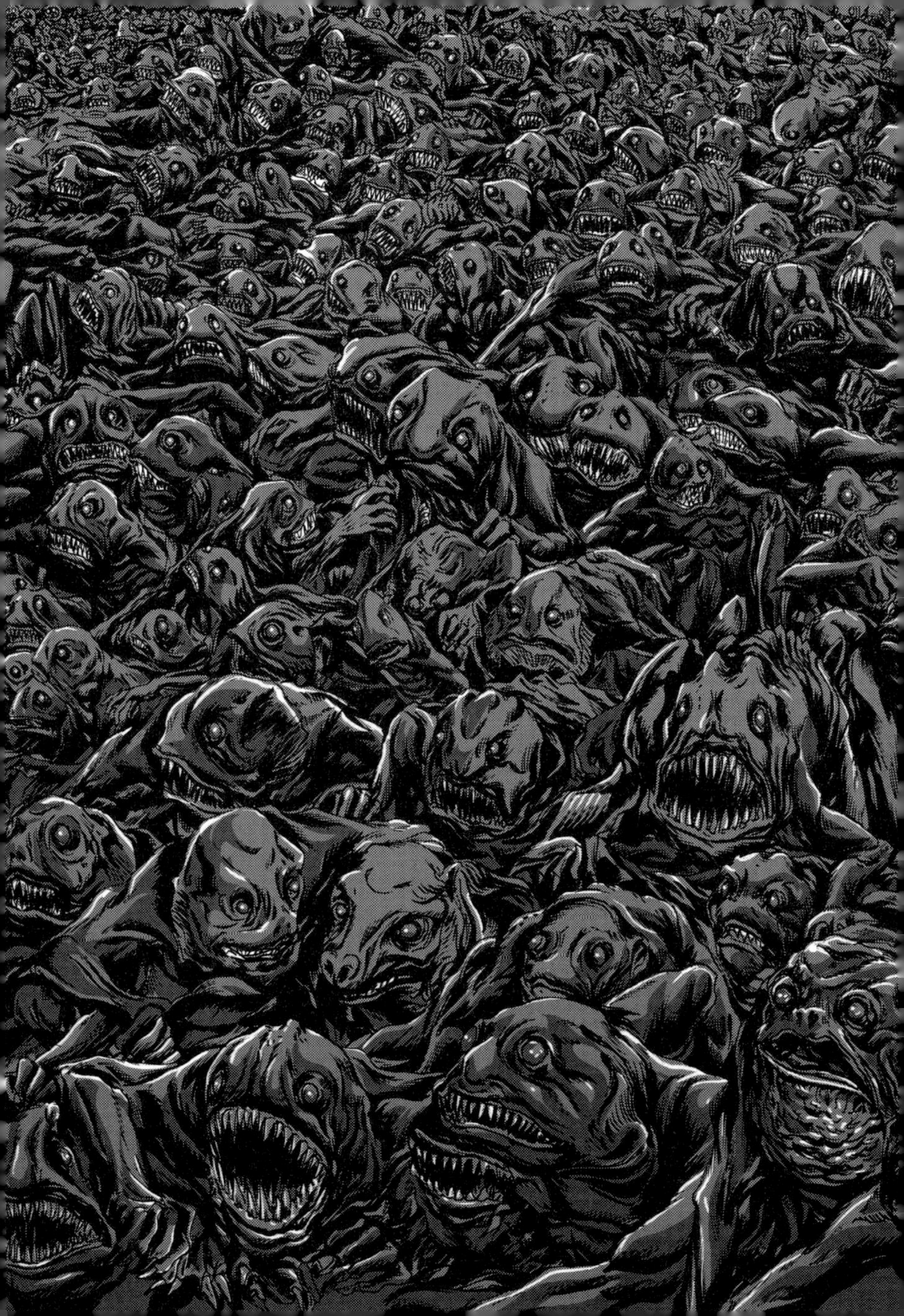

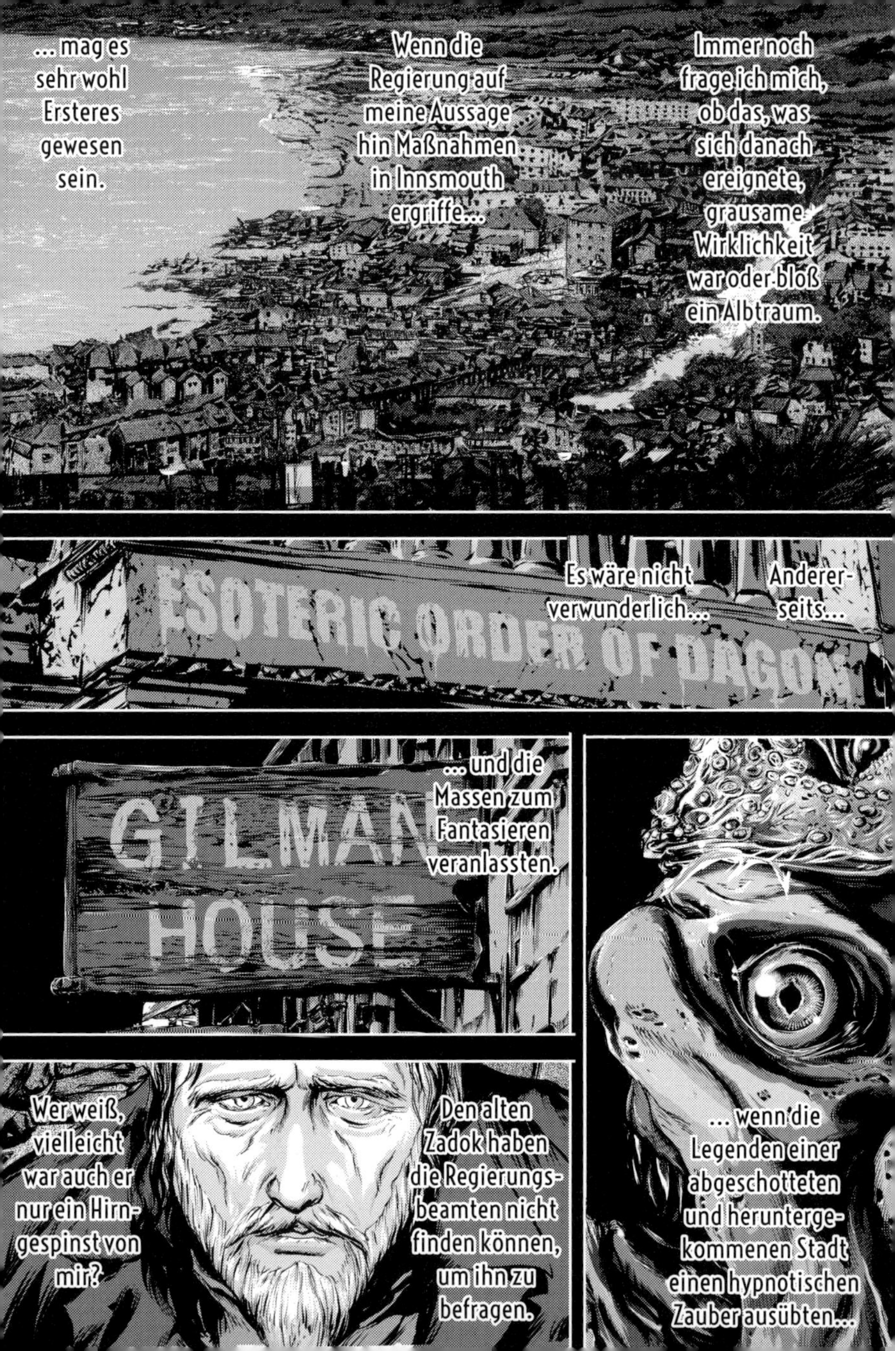

Immer noch frage ich mich, ob das, was sich danach ereignete, grausame Wirklichkeit war oder bloß ein Albtraum.
Wenn die Regierung auf meine Aussage hin Maßnahmen in Innsmouth ergriffe …
… mag es sehr wohl Ersteres gewesen sein.
ESOTERIC ORDER OF DAGON
Anderer-seits …
Es wäre nicht verwunderlich …
… wenn die Legenden einer abgeschotteten und herunterge-kommenen Stadt einen hypnotischen Zauber ausübten …
GILMAN HOUSE
… und die Massen zum Fantasieren veranlassten.
Den alten Zadok haben die Regierungs-beamten nicht finden können, um ihn zu befragen.
Wer weiß, vielleicht war auch er nur ein Hirn-gespinst von mir?

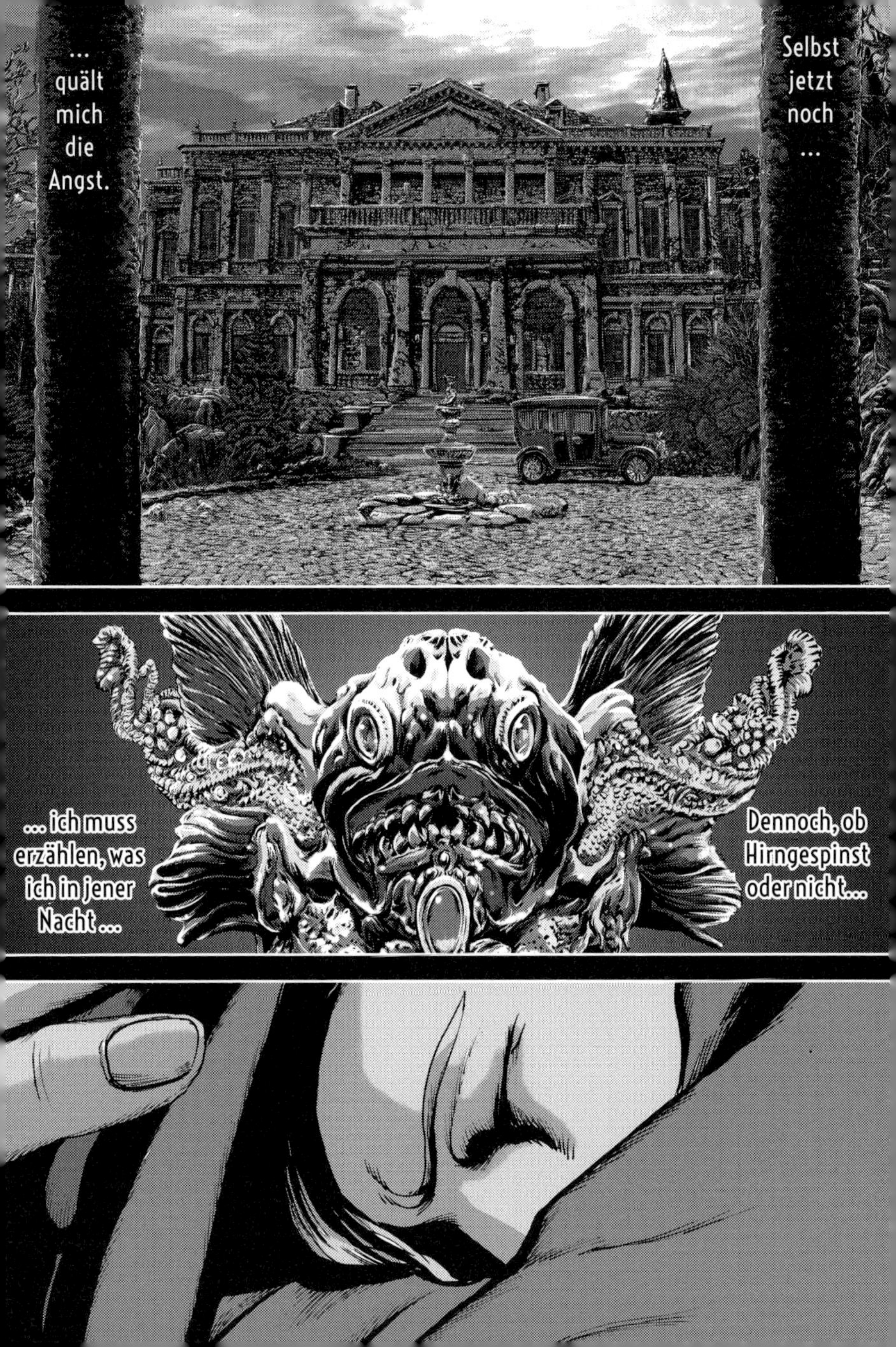
Selbst jetzt noch ...
... quält mich die Angst.
Dennoch, ob Hirngespinst oder nicht...
... ich muss erzählen, was ich in jener Nacht ...

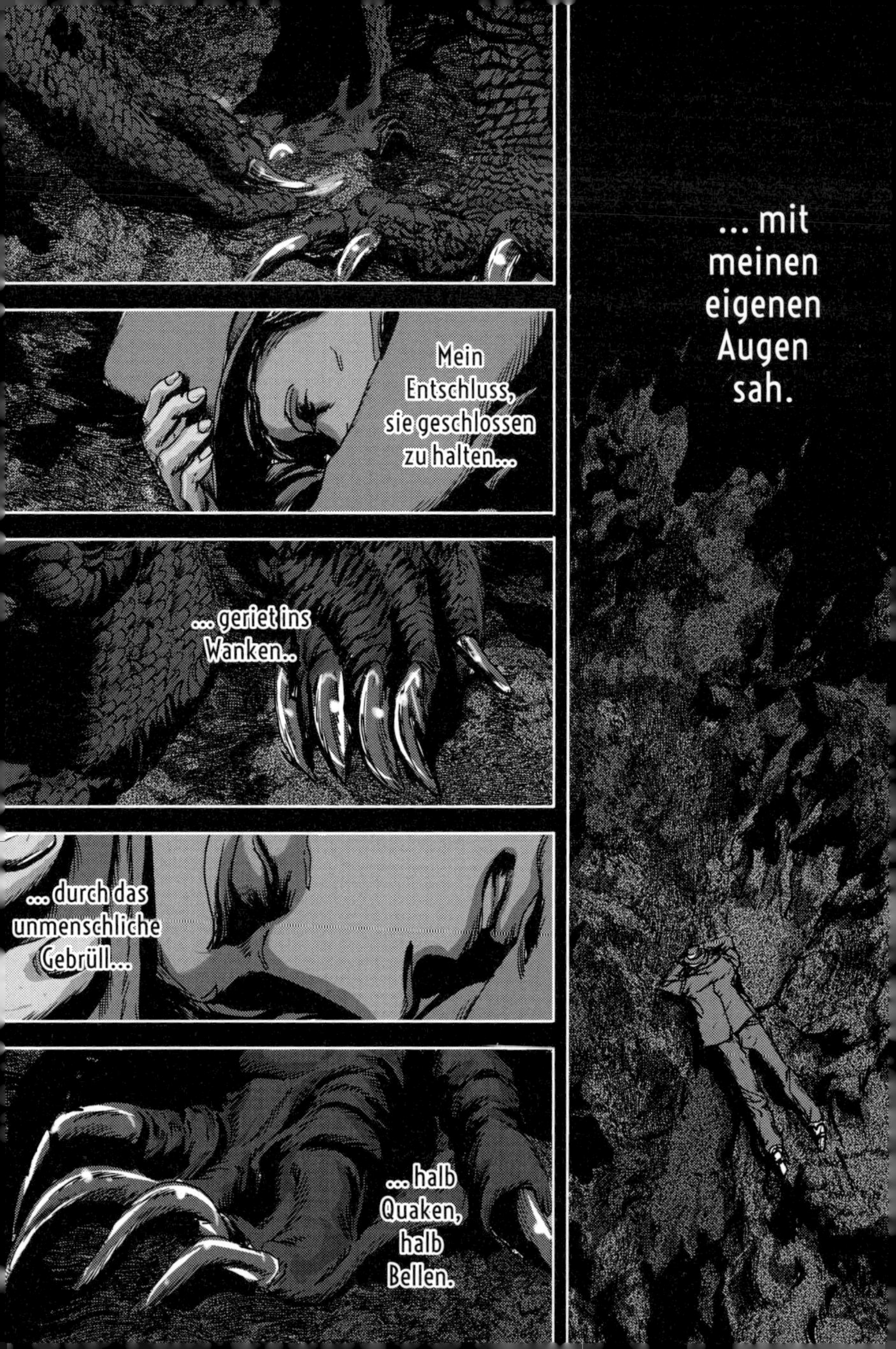
... mit meinen eigenen Augen sah.
Mein Entschluss, sie geschlossen zu halten...
... geriet ins Wanken..
... durch das unmenschliche Gebrüll...
... halb Quaken, halb Bellen.

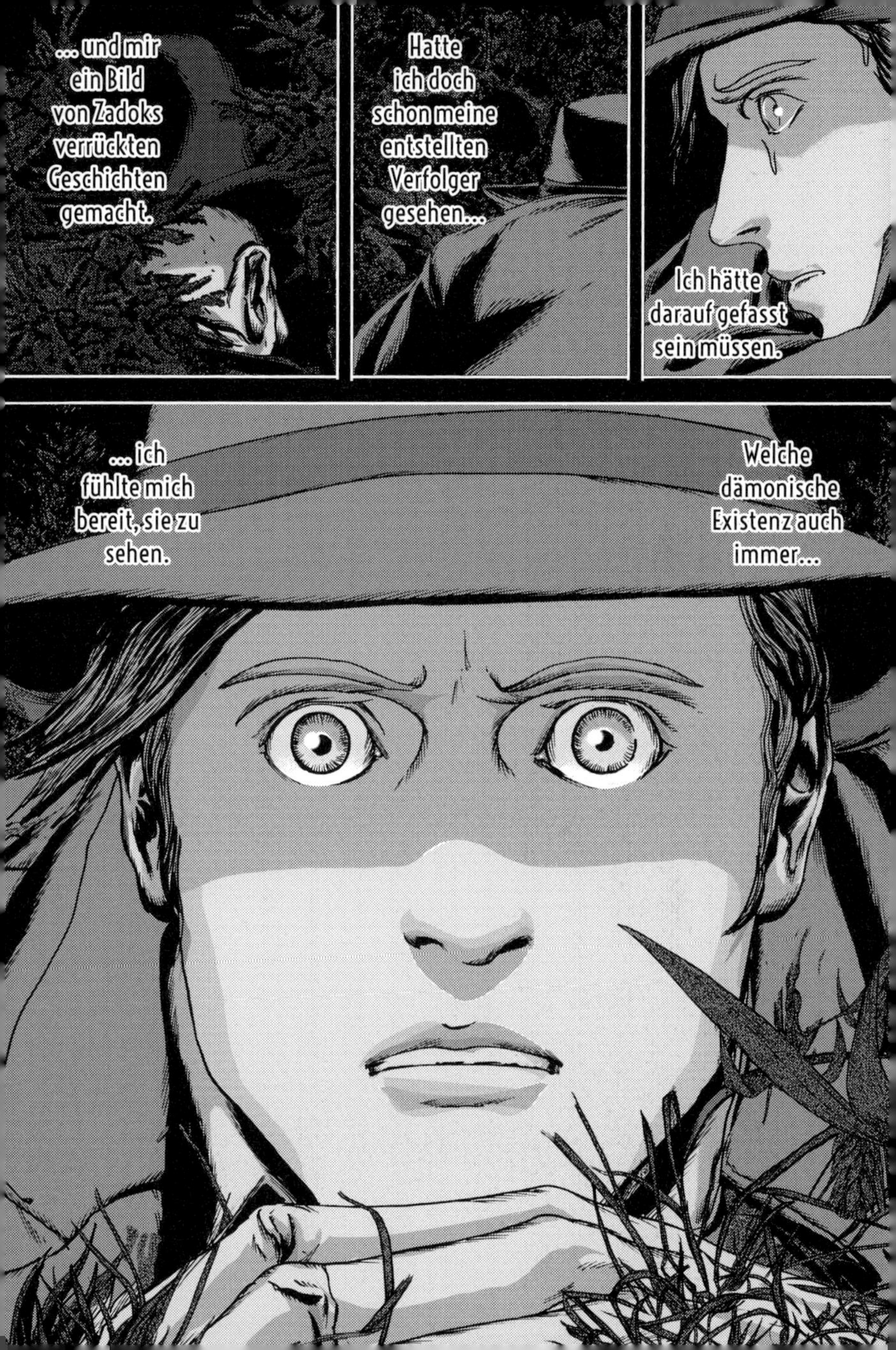
... und mir ein Bild von Zadoks verrückten Geschichten gemacht.
Hatte ich doch schon meine entstellten Verfolger gesehen...
Ich hätte darauf gefasst sein müssen.
Welche dämonische Existenz auch immer...
... ich fühlte mich bereit, sie zu sehen.

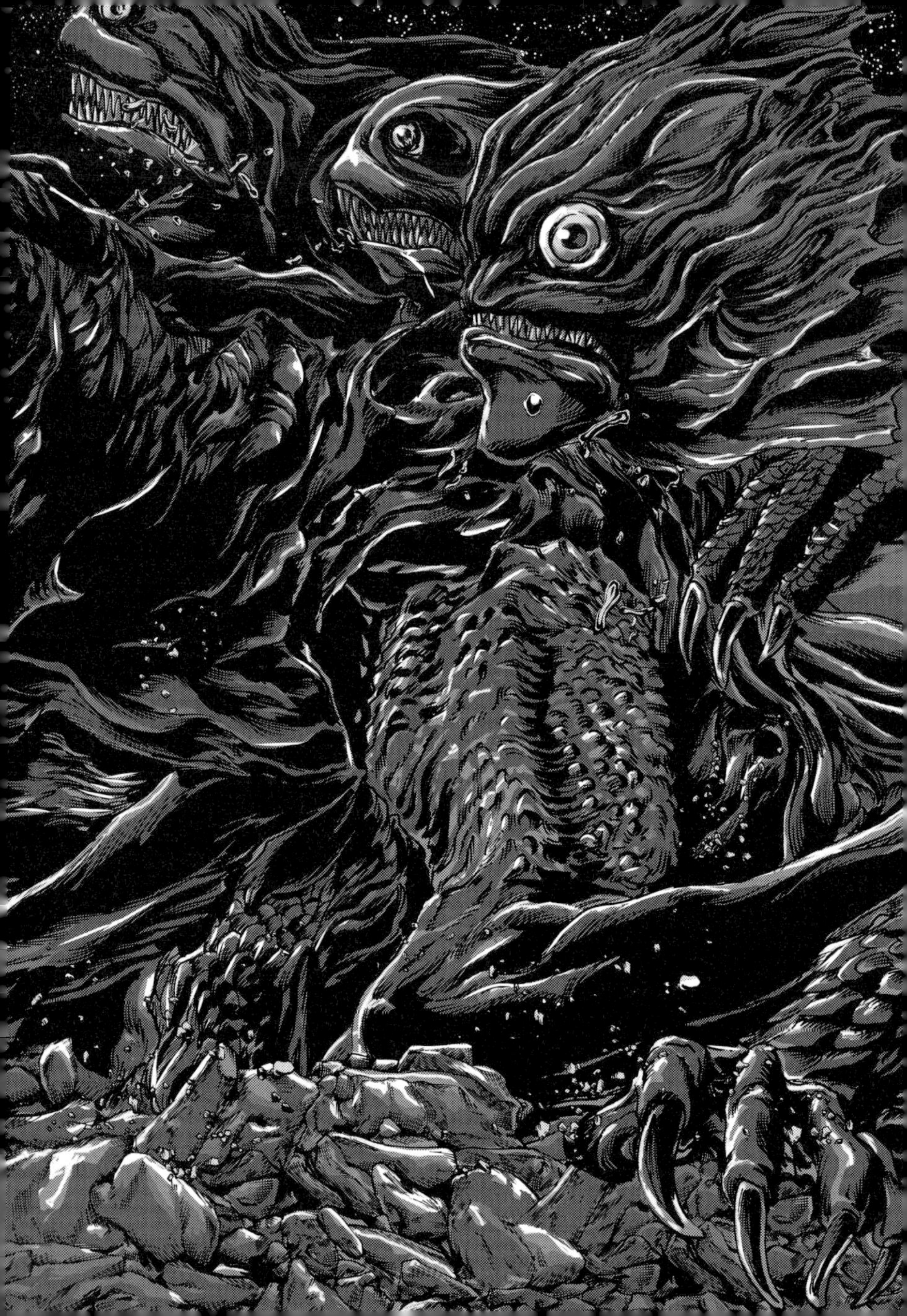

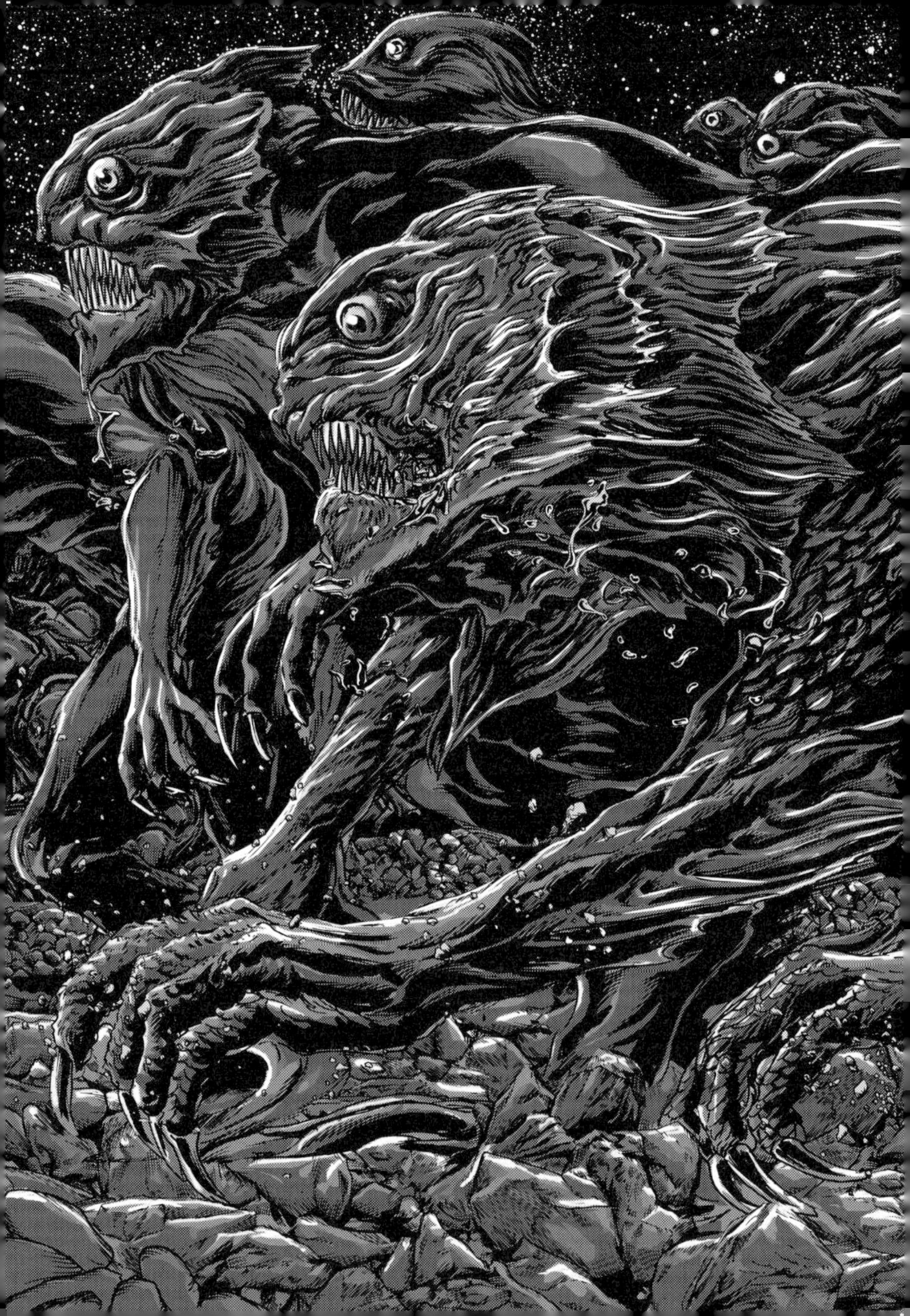

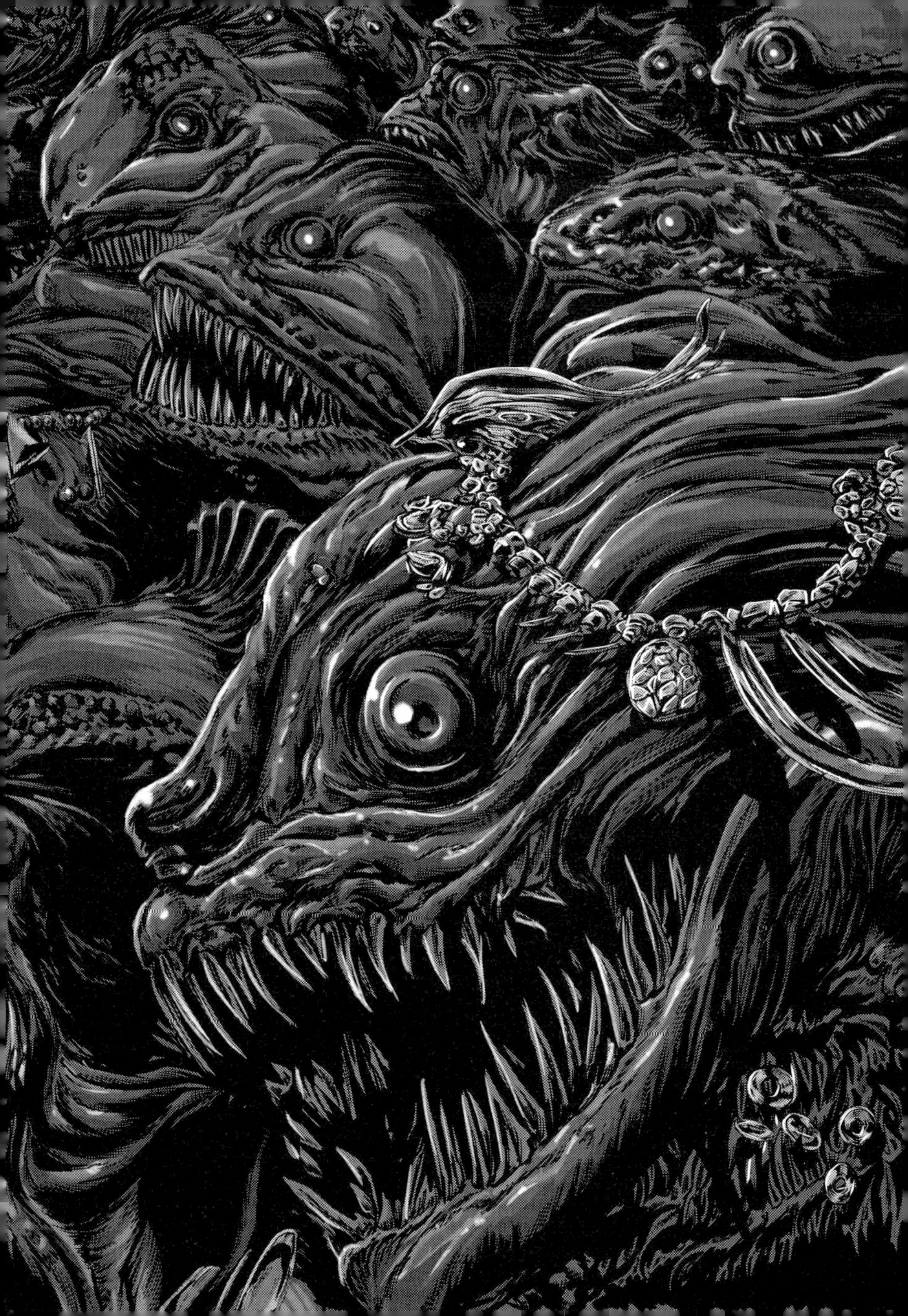

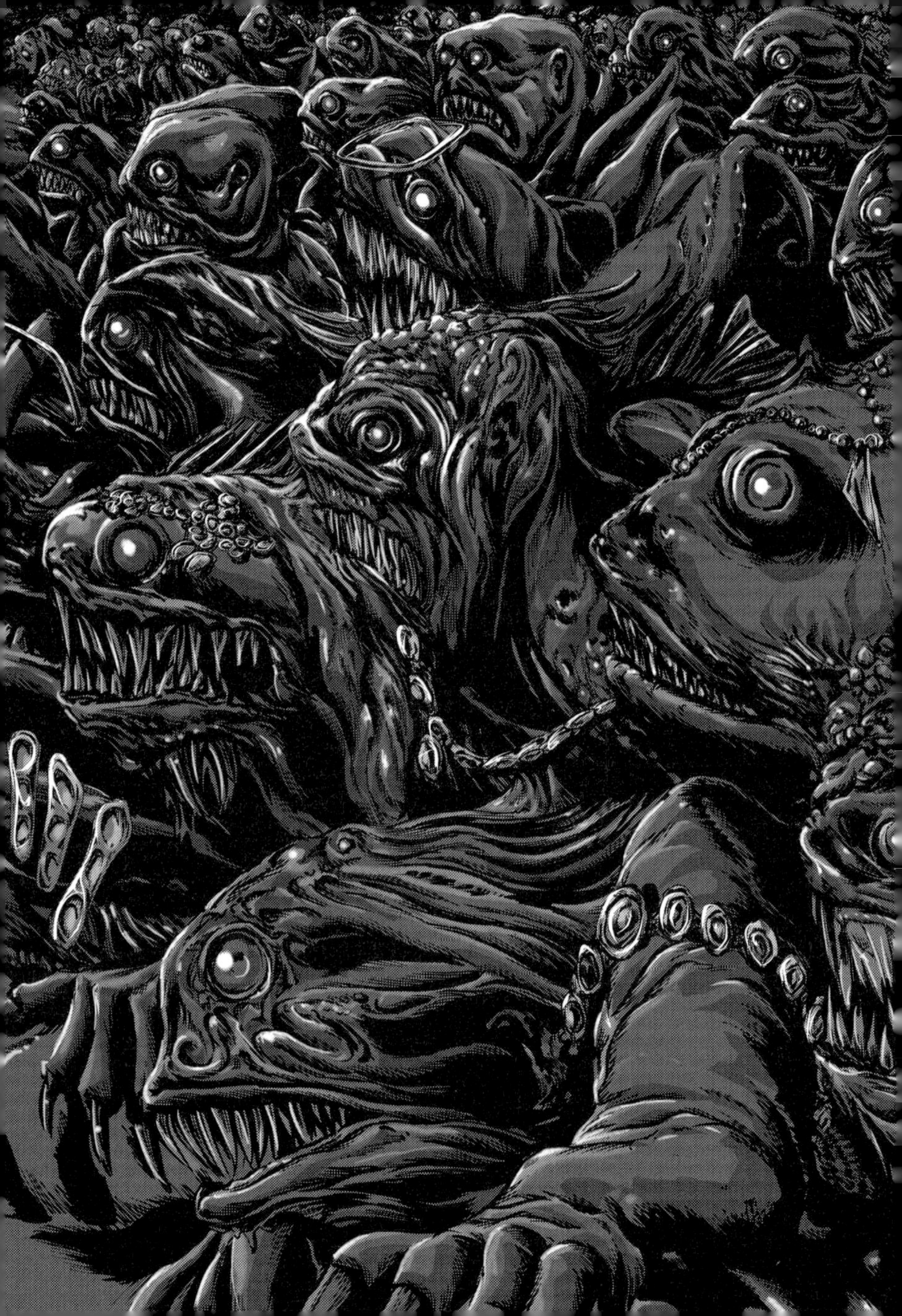

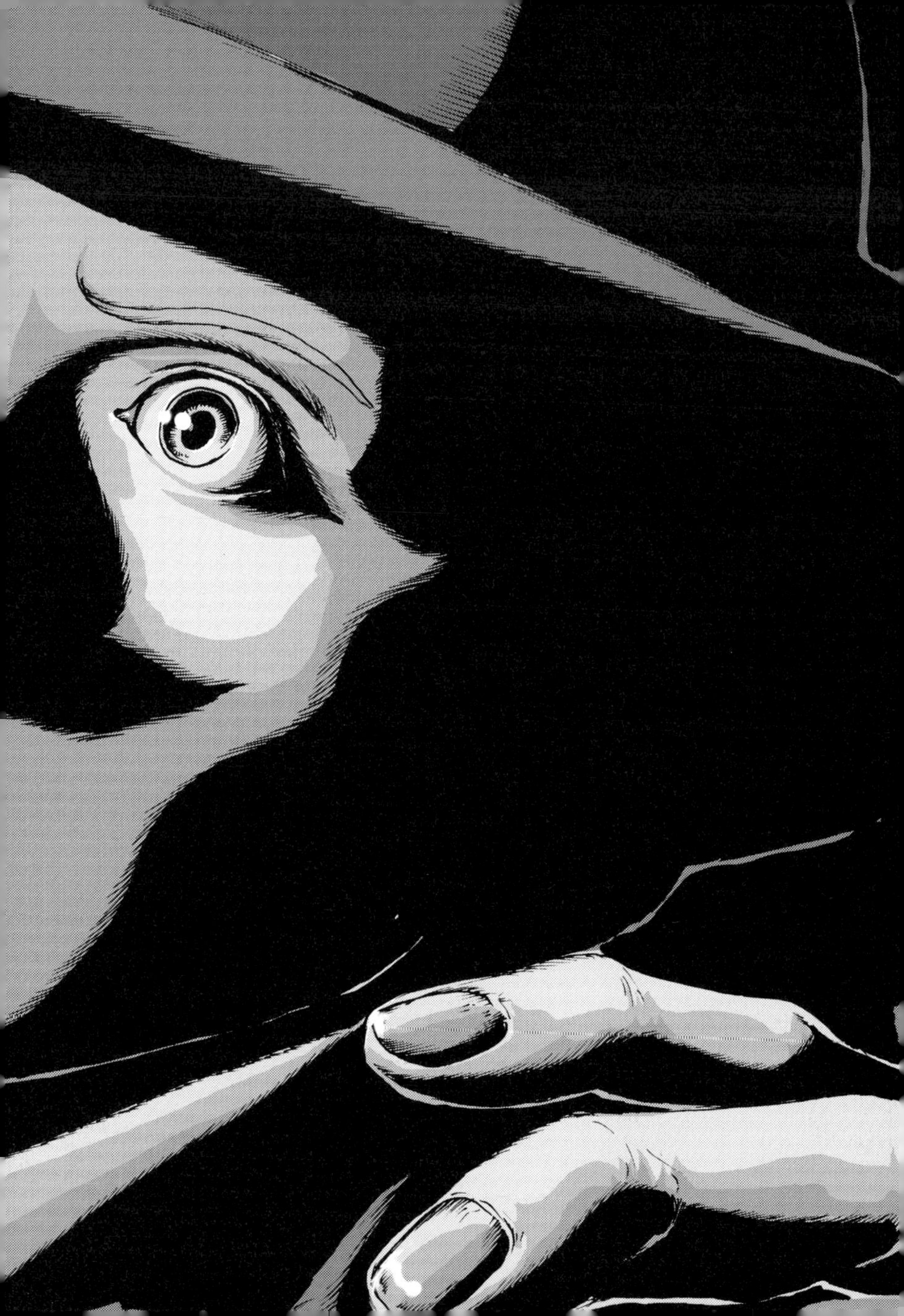

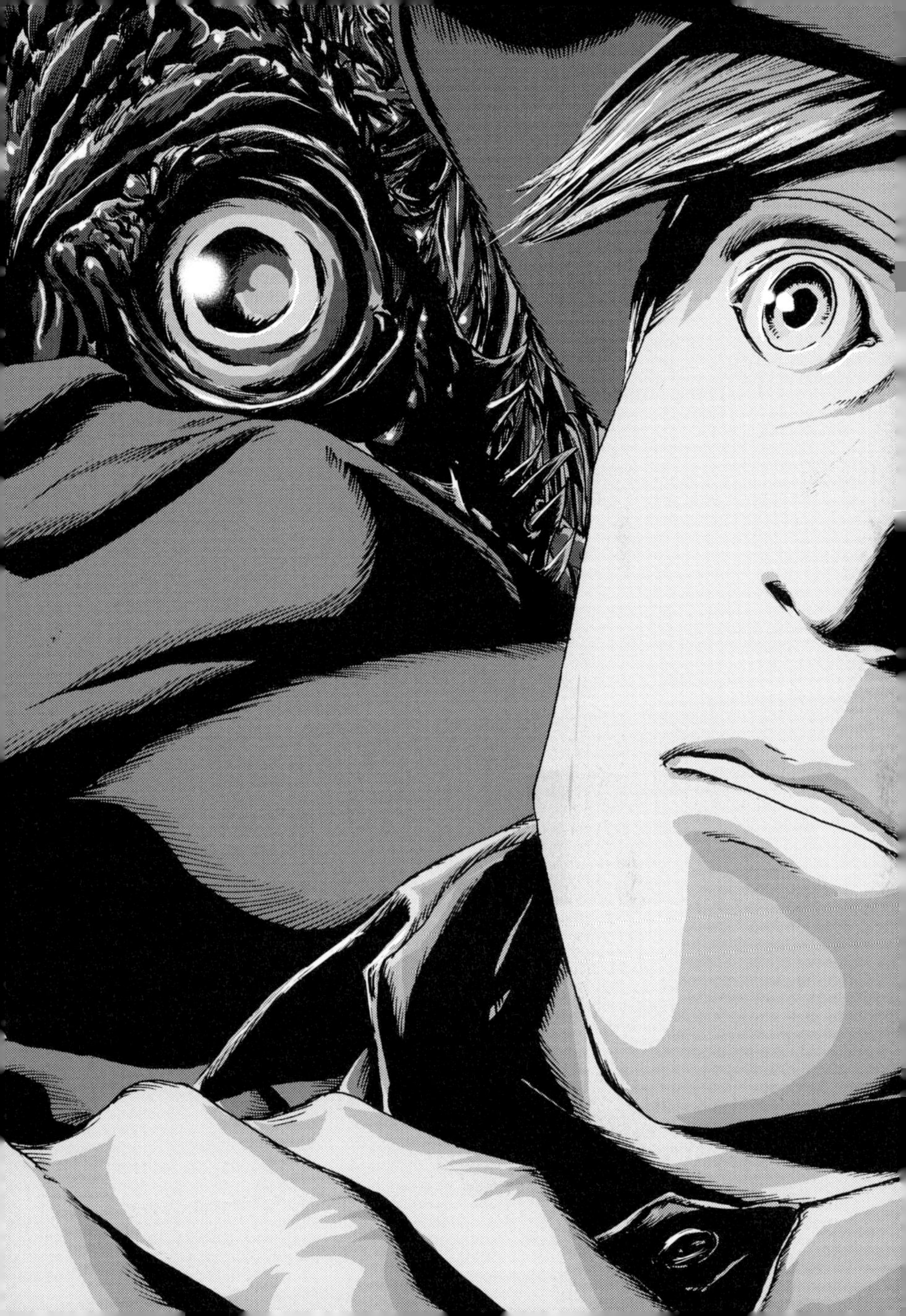

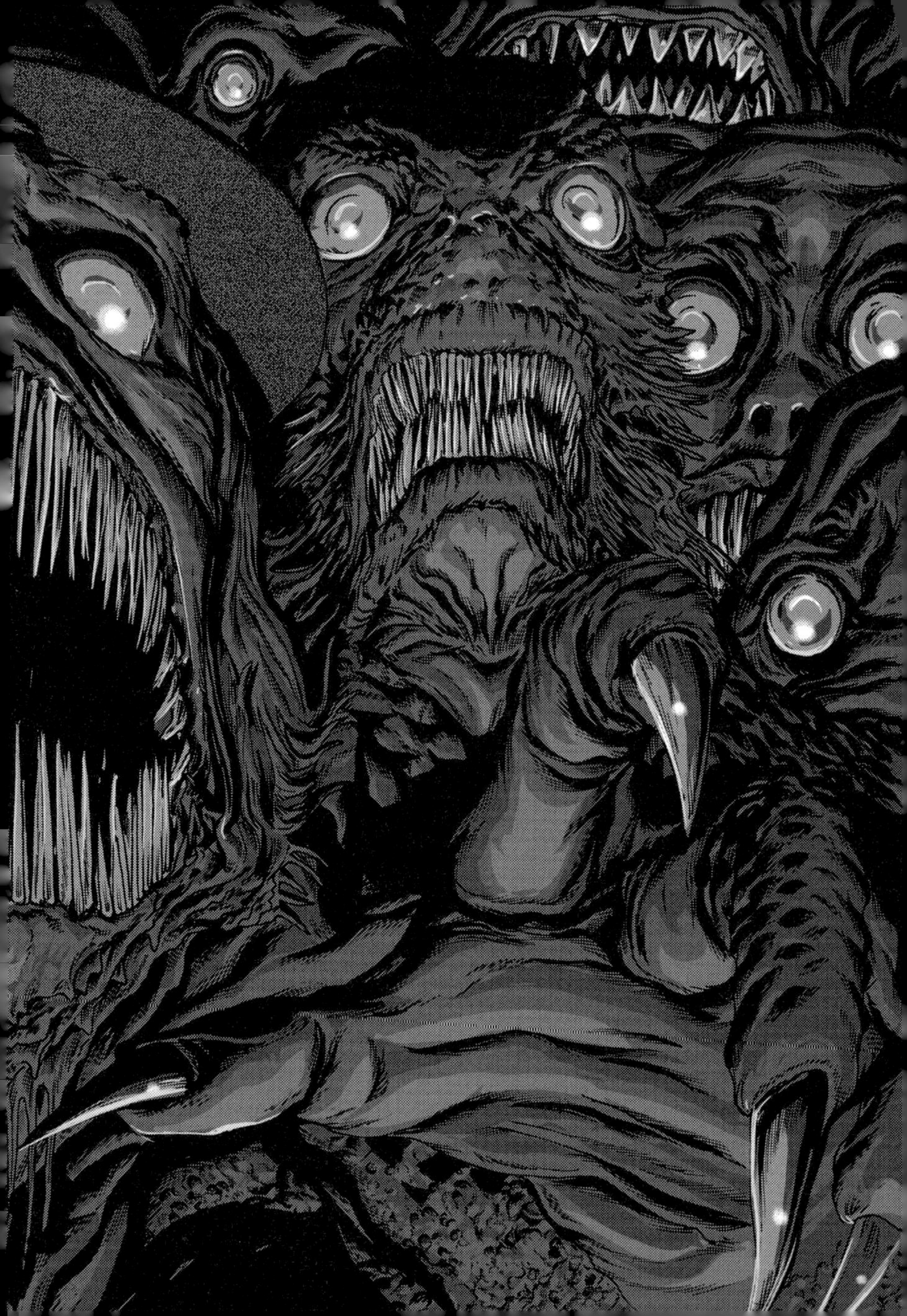

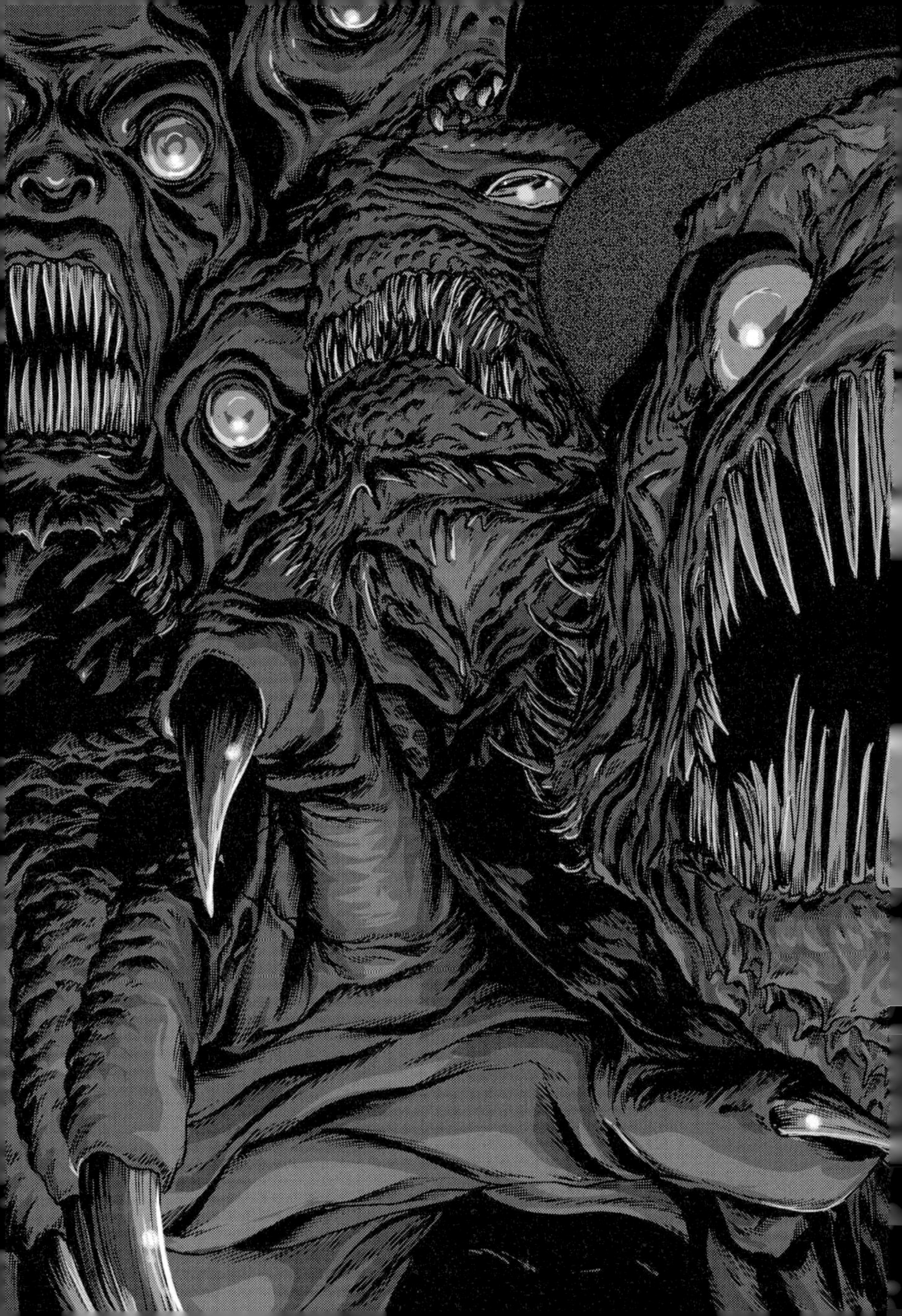

Oh
Gott!
Steh
mir
bei!

10 INNSMOUTHER BLUT

Innsmouth Blood

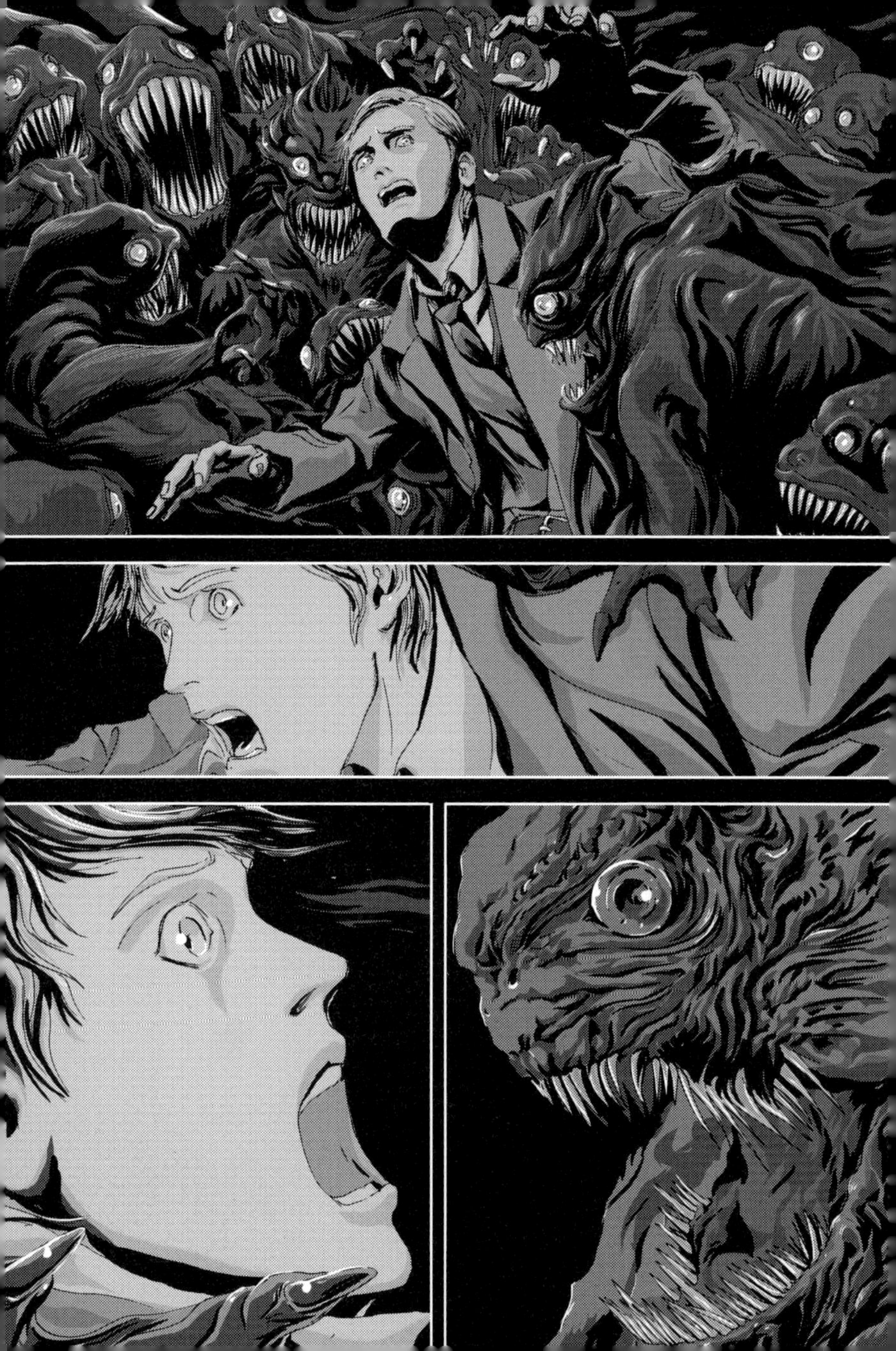

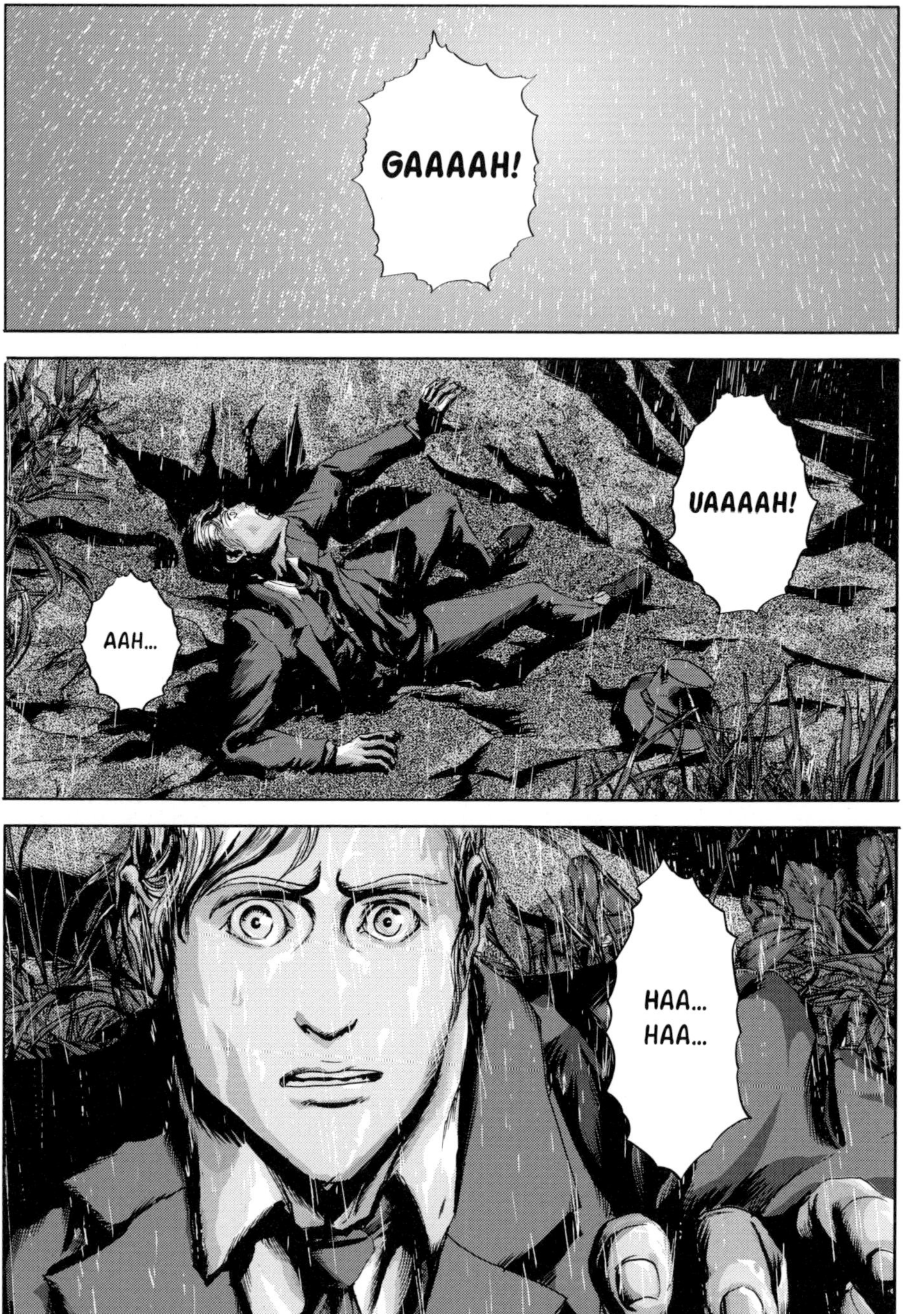
GAAAAH!
UAAAAH!
AAH...
HAA... HAA...

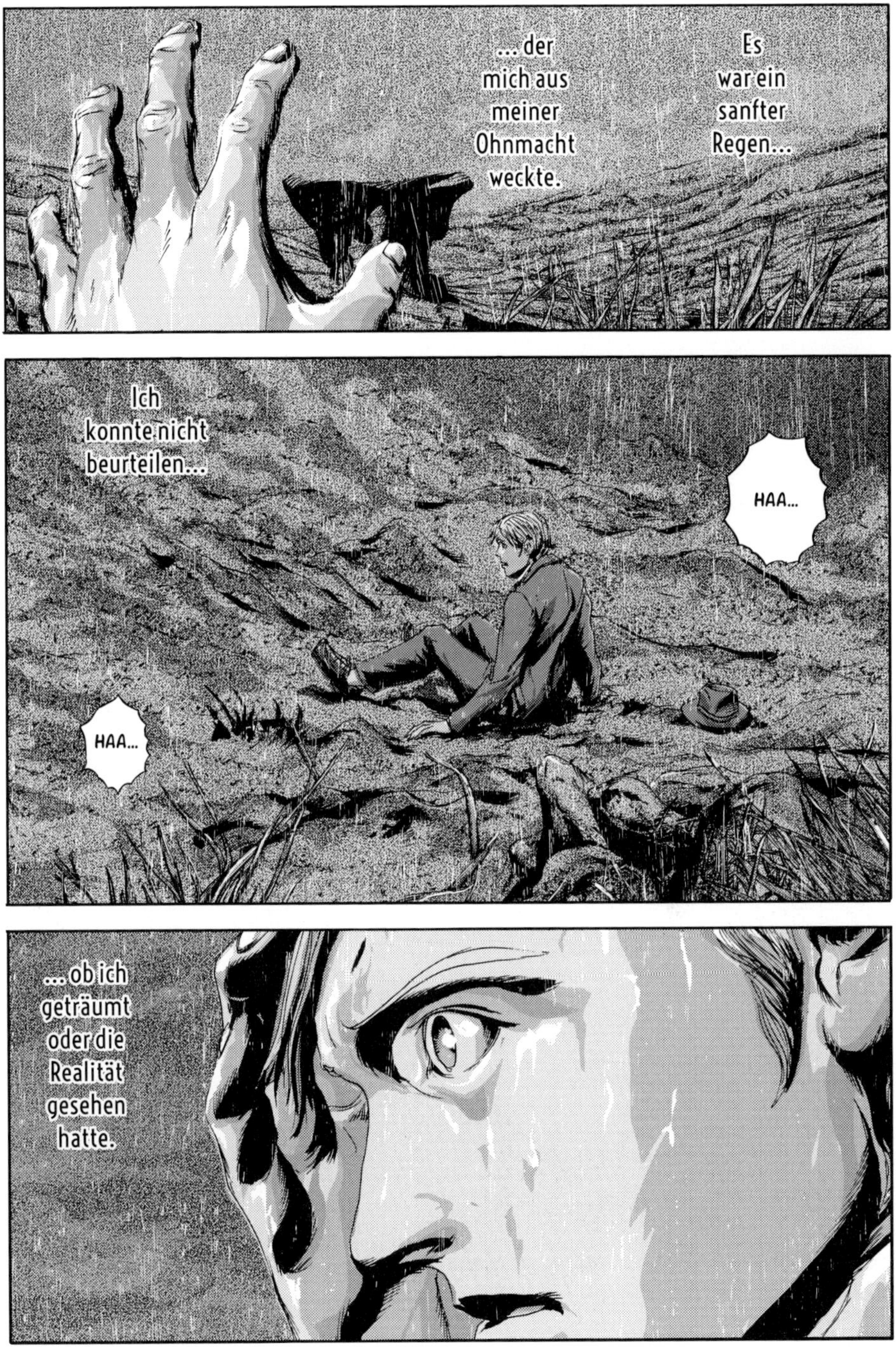
Es war ein sanfter Regen…
… der mich aus meiner Ohnmacht weckte.
Ich konnte nicht beurteilen…
HAA…
HAA…
… ob ich geträumt oder die Realität gesehen hatte.

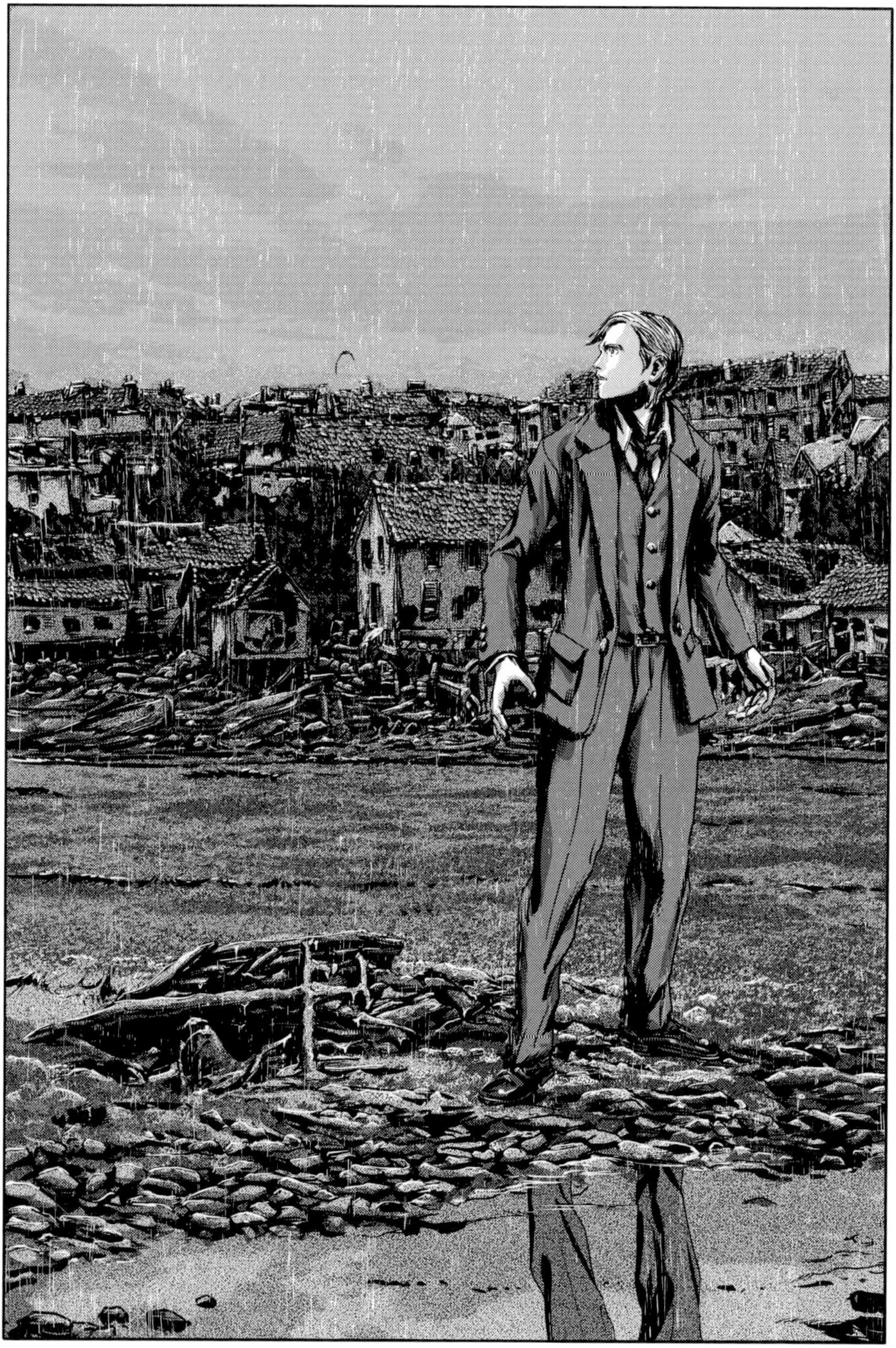

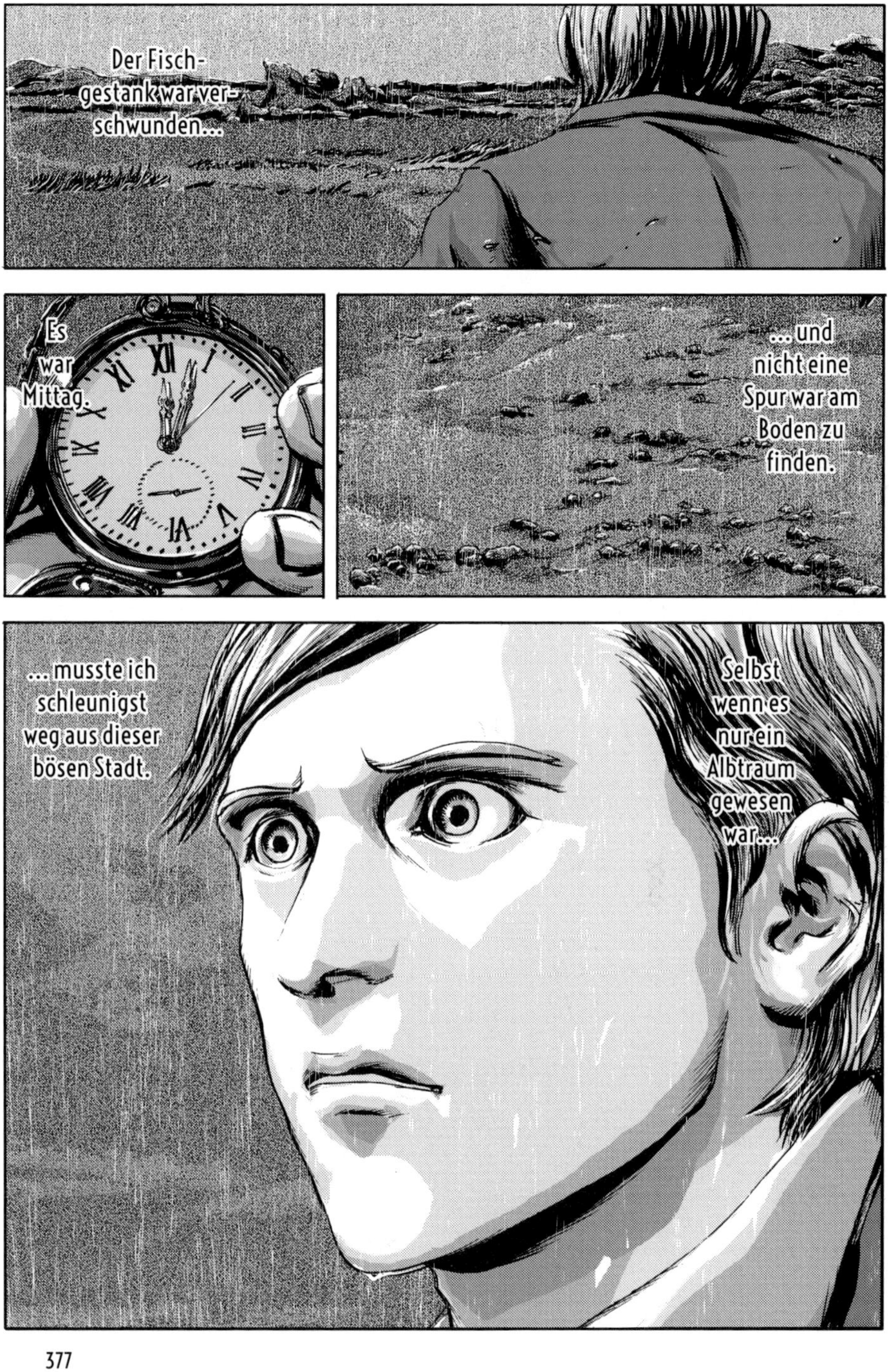
Der Fisch-gestank war ver-schwunden…
Es war Mittag.
… und nicht eine Spur war am Boden zu finden.
Selbst wenn es nur ein Albtraum gewesen war…
… musste ich schleunigst weg aus dieser bösen Stadt.

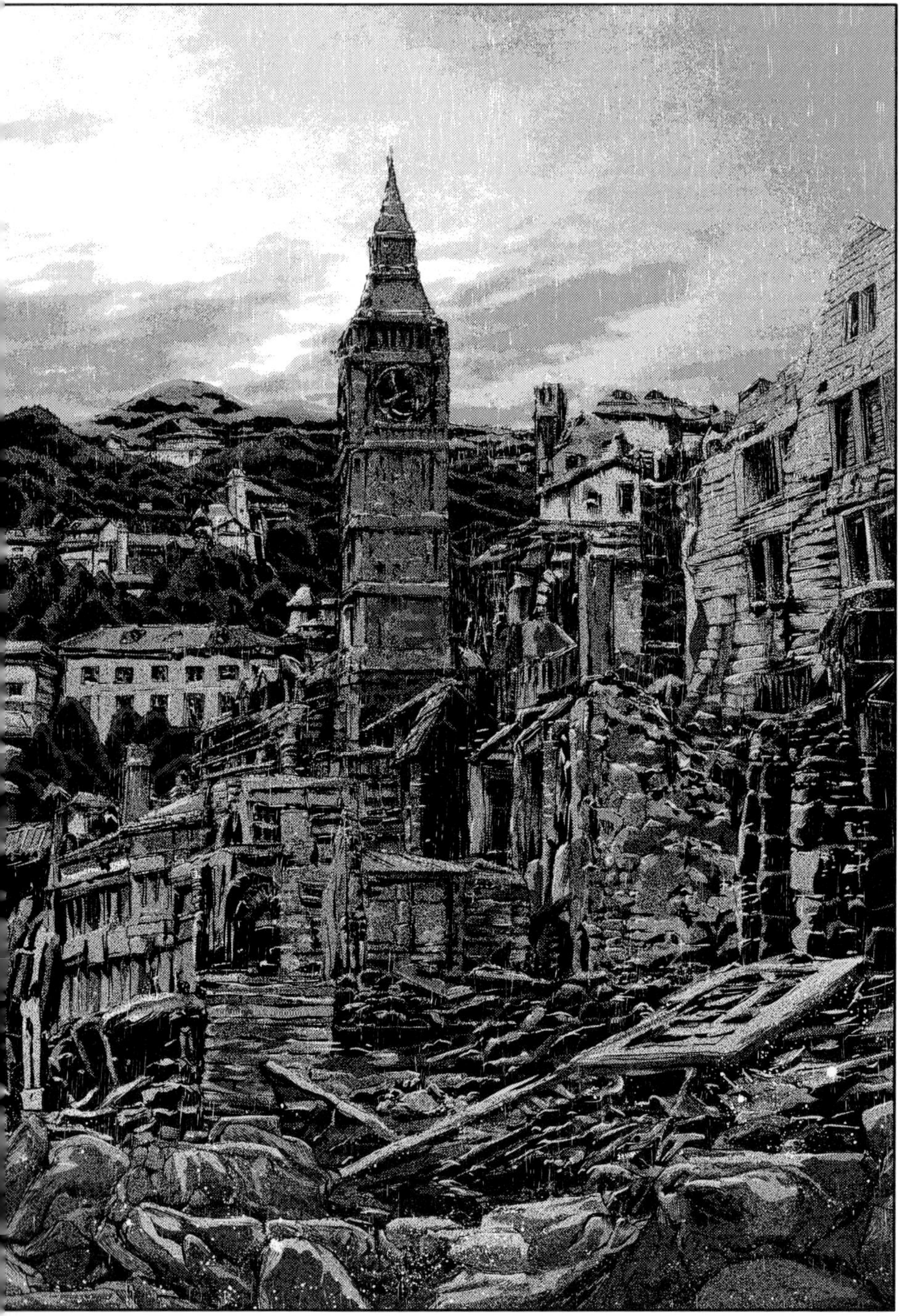

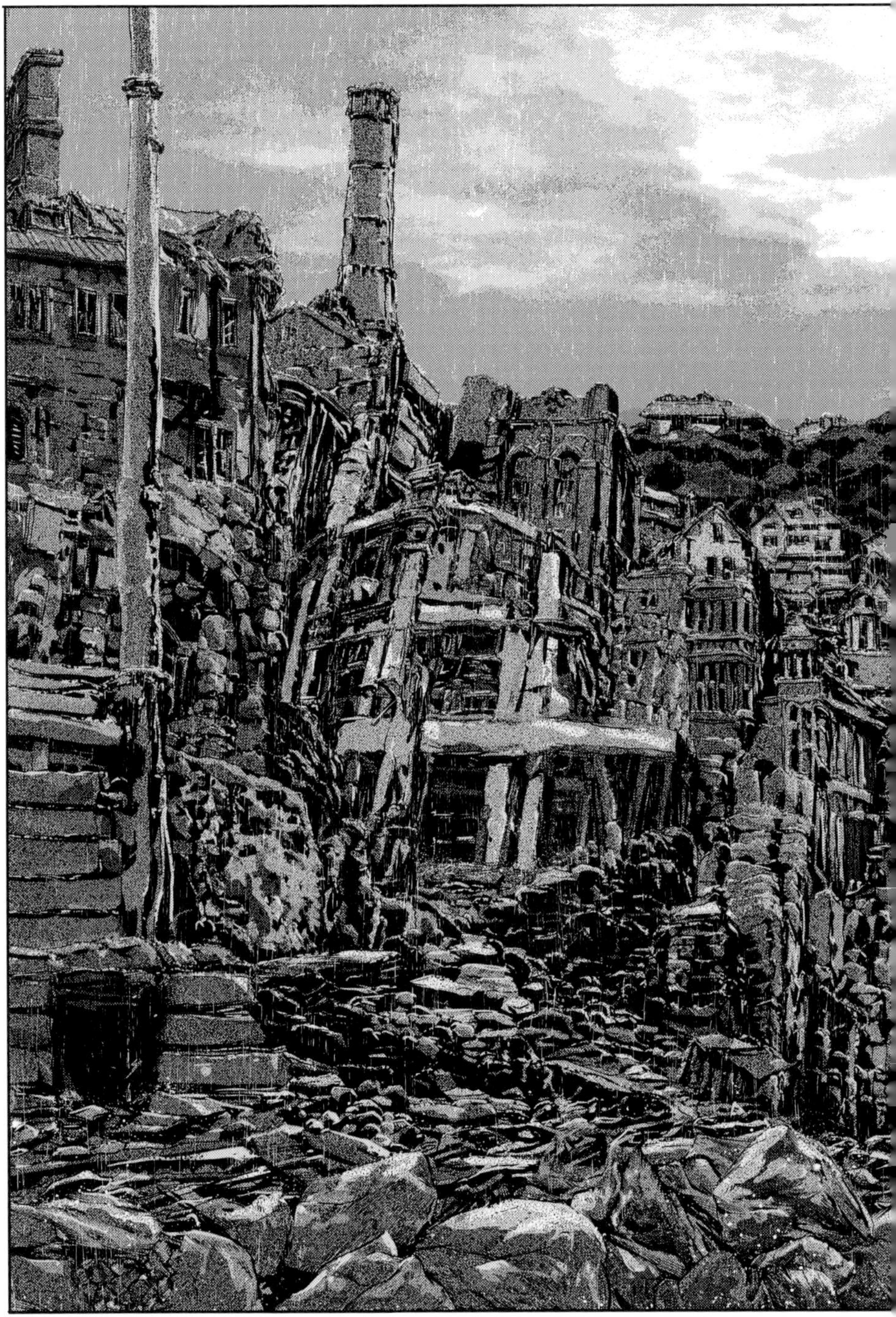

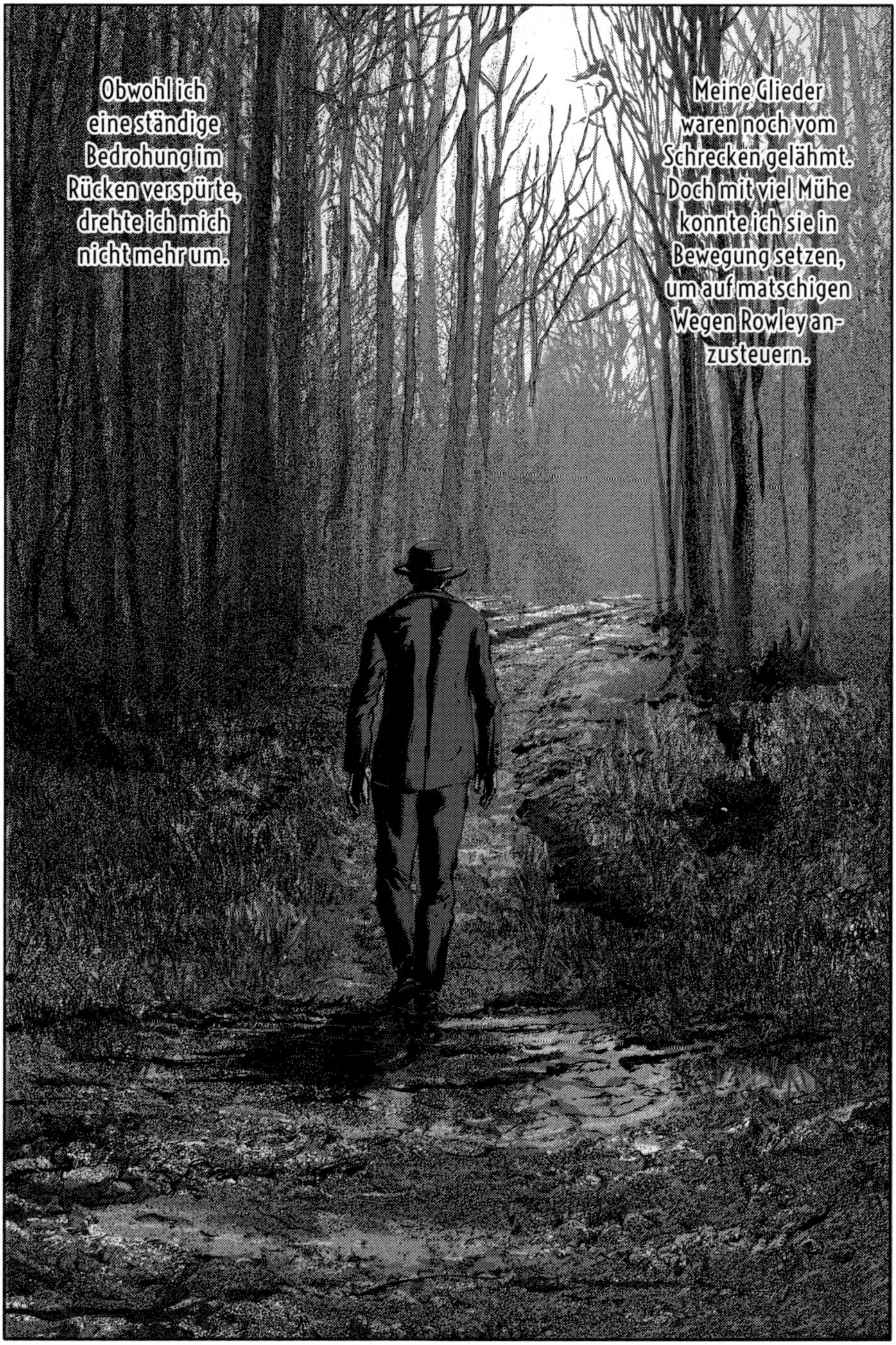
Obwohl ich eine ständige Bedrohung im Rücken verspürte, drehte ich mich nicht mehr um.
Meine Glieder waren noch vom Schrecken gelähmt. Doch mit viel Mühe konnte ich sie in Bewegung setzen, um auf matschigen Wegen Rowley anzusteuern.

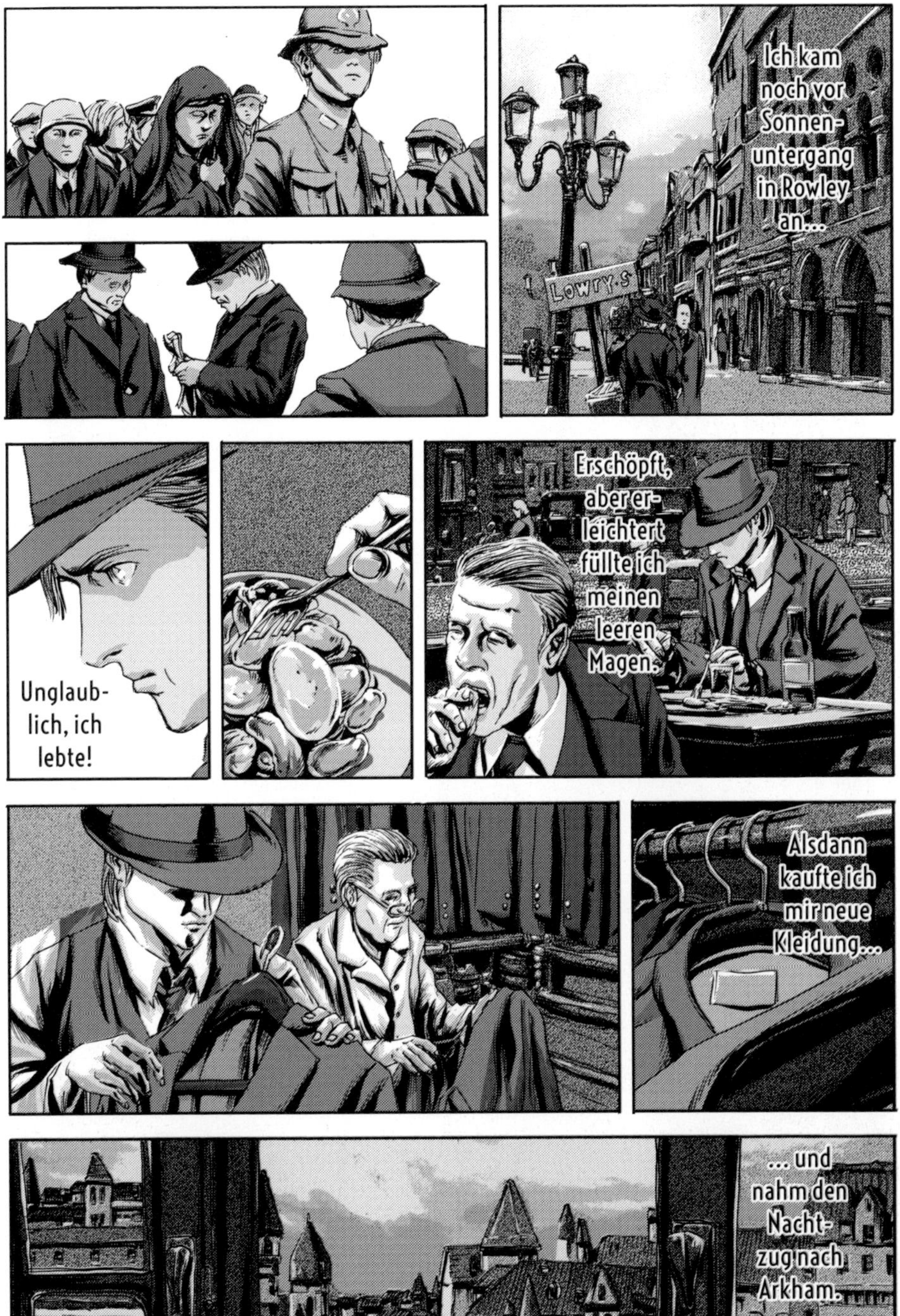
Ich kam noch vor Sonnen-untergang in Rowley an...
LOWRY'S
Unglaub-lich, ich lebte!
Erschöpft, aber er-leichtert füllte ich meinen leeren Magen.
Alsdann kaufte ich mir neue Kleidung...
... und nahm den Nacht-zug nach Arkham.

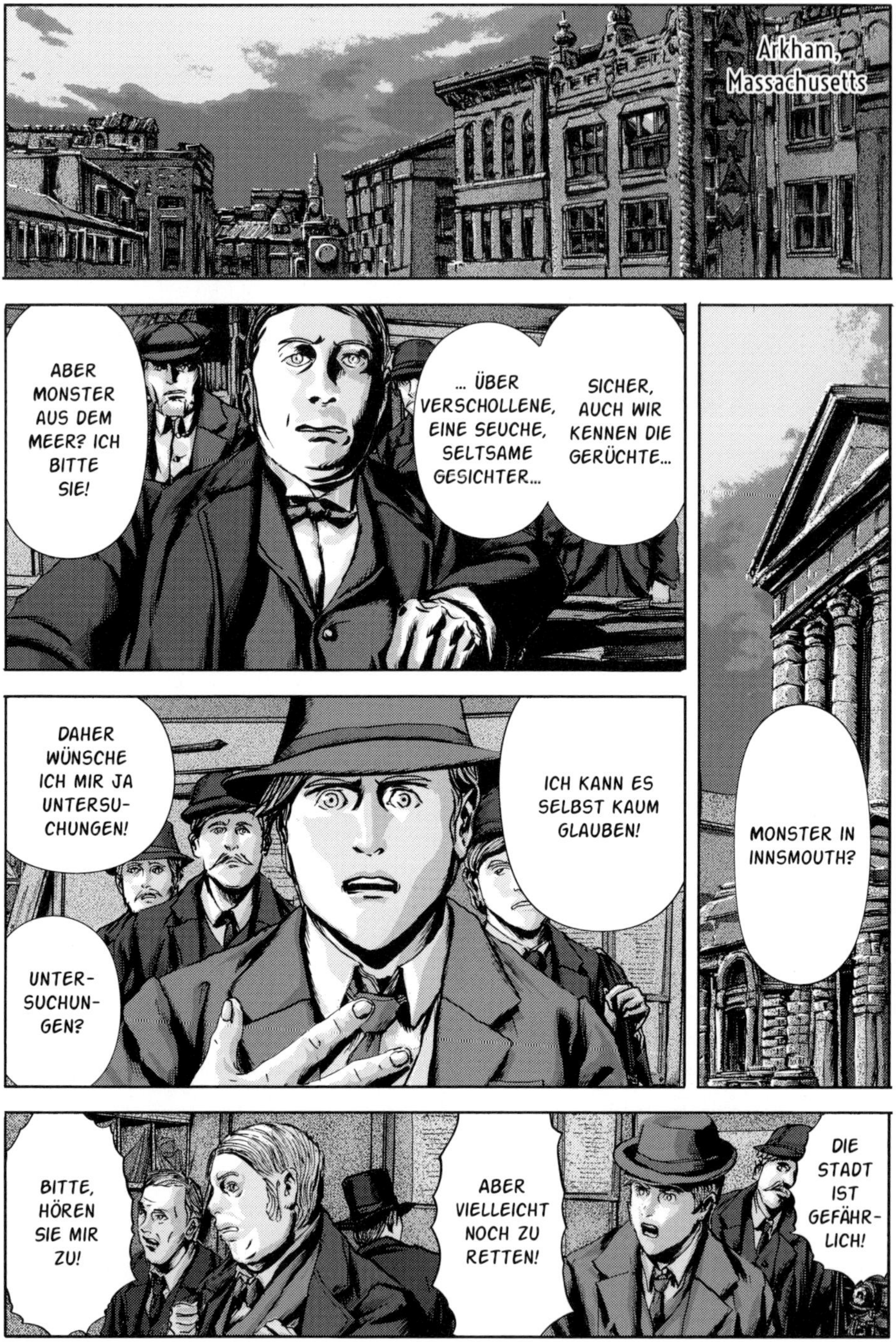
Arkham, Massachusetts
MONSTER IN INNSMOUTH?
SICHER, AUCH WIR KENNEN DIE GERÜCHTE...
... ÜBER VERSCHOLLENE, EINE SEUCHE, SELTSAME GESICHTER...
ABER MONSTER AUS DEM MEER? ICH BITTE SIE!
ICH KANN ES SELBST KAUM GLAUBEN!
DAHER WÜNSCHE ICH MIR JA UNTERSUCHUNGEN!
UNTERSUCHUNGEN?
DIE STADT IST GEFÄHRLICH!
ABER VIELLEICHT NOCH ZU RETTEN!
BITTE, HÖREN SIE MIR ZU!

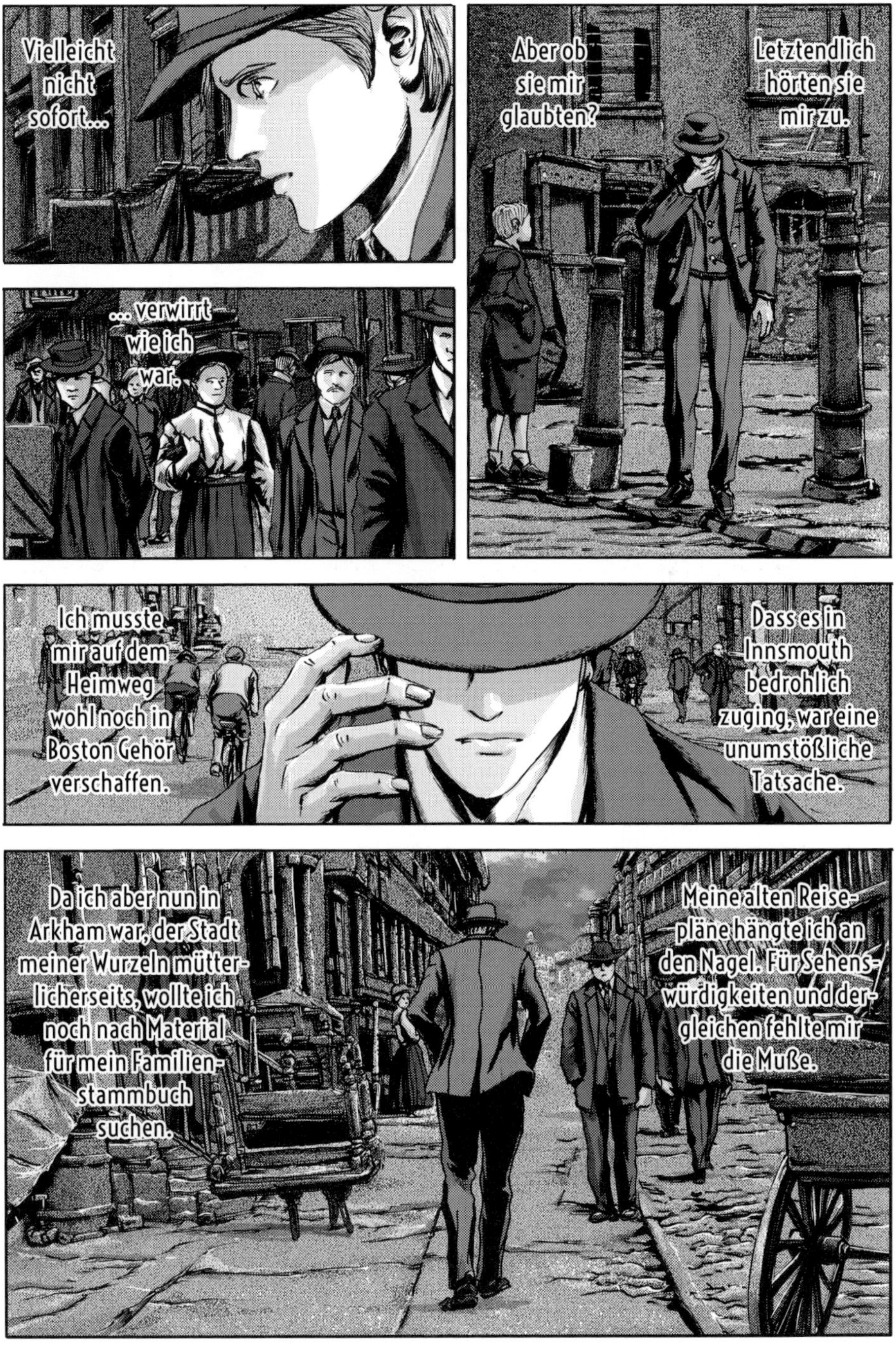
Vielleicht nicht sofort…
… verwirrt wie ich war.
Aber ob sie mir glaubten?
Letztendlich hörten sie mir zu.
Ich musste mir auf dem Heimweg wohl noch in Boston Gehör verschaffen.
Dass es in Innsmouth bedrohlich zuging, war eine unumstößliche Tatsache.
Da ich aber nun in Arkham war, der Stadt meiner Wurzeln mütterlicherseits, wollte ich noch nach Material für mein Familienstammbuch suchen.
Meine alten Reisepläne hängte ich an den Nagel. Für Sehenswürdigkeiten und dergleichen fehlte mir die Muße.

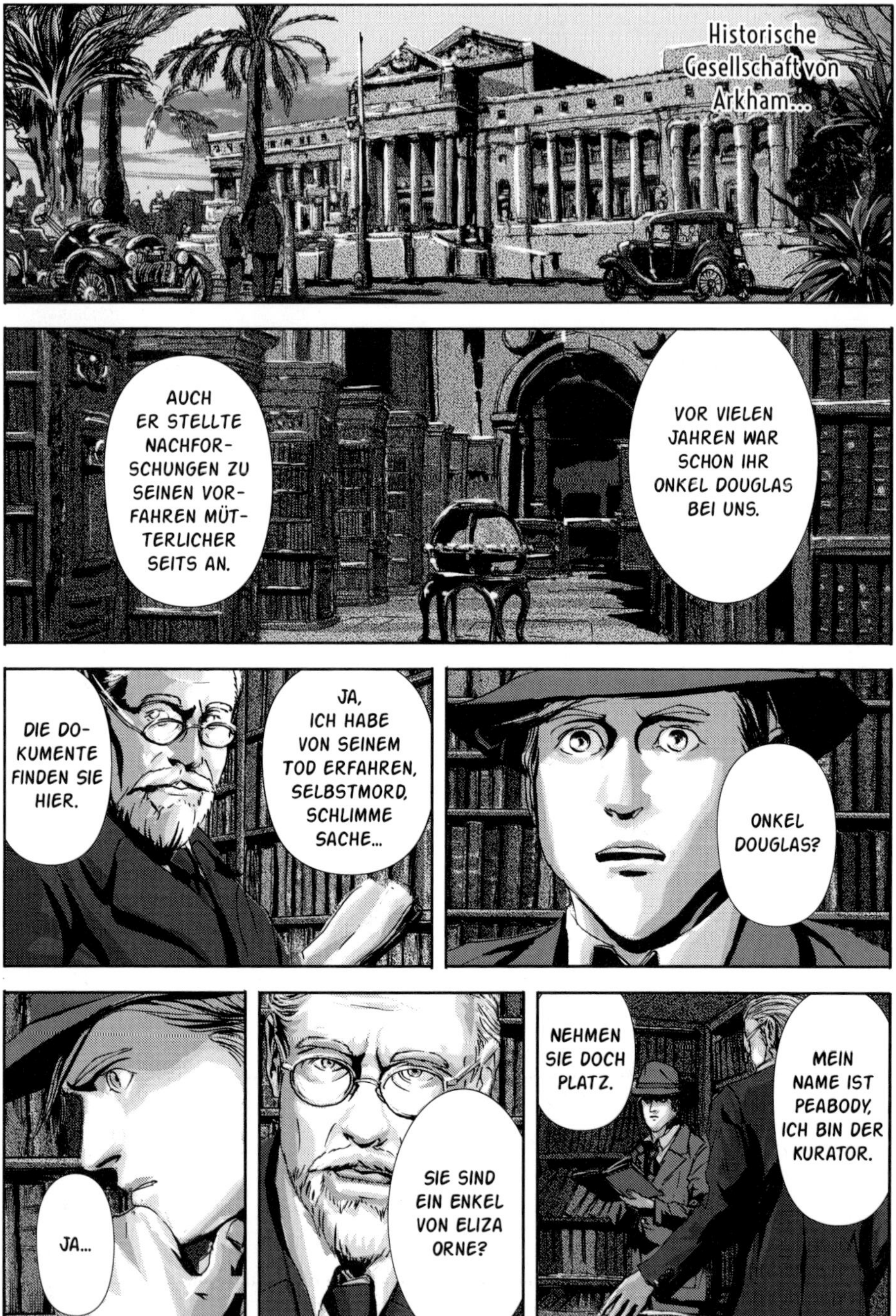
Historische Gesellschaft von Arkham...
VOR VIELEN JAHREN WAR SCHON IHR ONKEL DOUGLAS BEI UNS.
AUCH ER STELLTE NACHFORSCHUNGEN ZU SEINEN VORFAHREN MÜTTERLICHERSEITS AN.
ONKEL DOUGLAS?
JA, ICH HABE VON SEINEM TOD ERFAHREN, SELBSTMORD, SCHLIMME SACHE...
DIE DOKUMENTE FINDEN SIE HIER.
MEIN NAME IST PEABODY, ICH BIN DER KURATOR.
NEHMEN SIE DOCH PLATZ.
SIE SIND EIN ENKEL VON ELIZA ORNE?
JA...

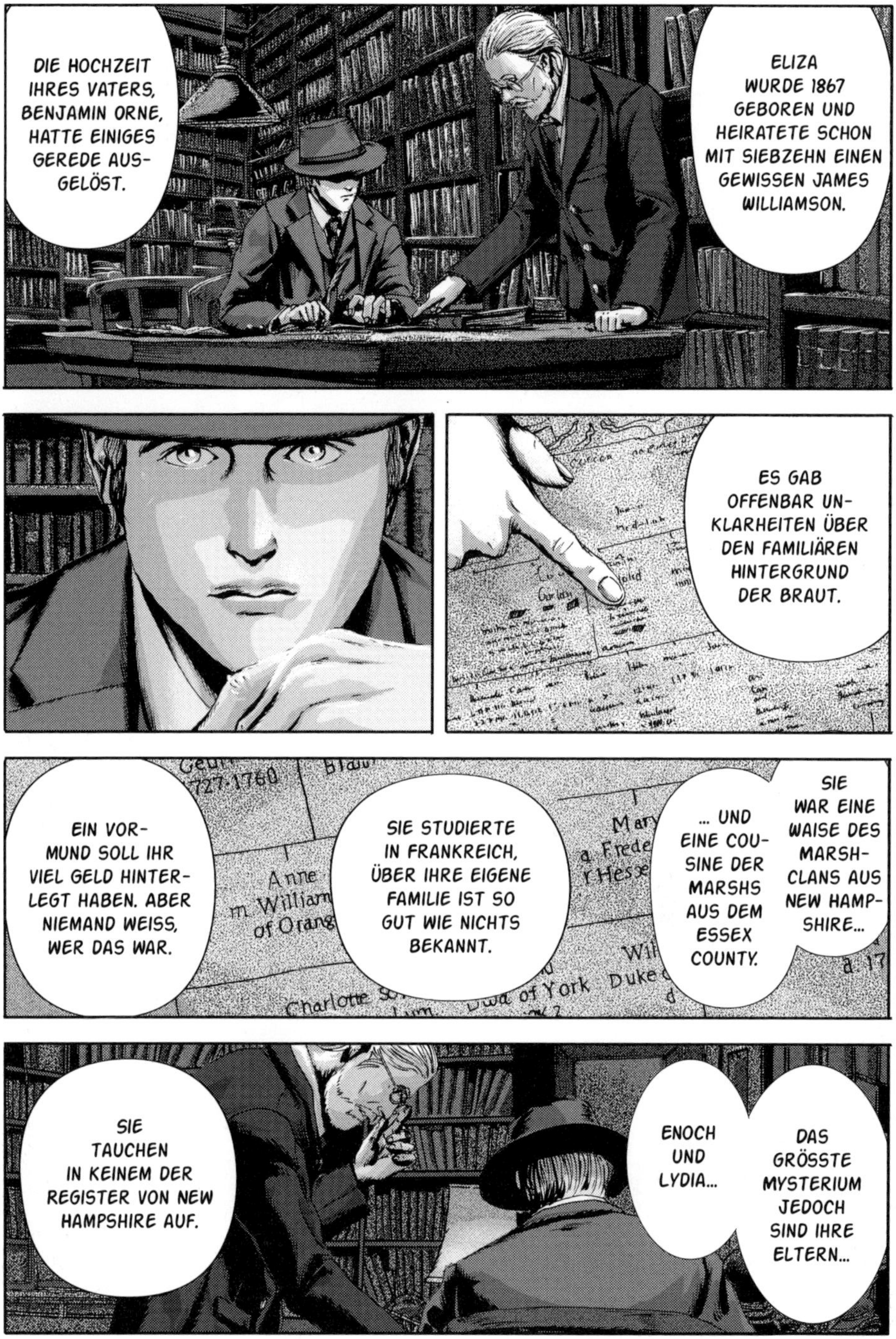
ELIZA WURDE 1867 GEBOREN UND HEIRATETE SCHON MIT SIEBZEHN EINEN GEWISSEN JAMES WILLIAMSON.
DIE HOCHZEIT IHRES VATERS, BENJAMIN ORNE, HATTE EINIGES GEREDE AUSGELÖST.
ES GAB OFFENBAR UNKLARHEITEN ÜBER DEN FAMILIÄREN HINTERGRUND DER BRAUT.
SIE WAR EINE WAISE DES MARSH-CLANS AUS NEW HAMPSHIRE...
... UND EINE COUSINE DER MARSHS AUS DEM ESSEX COUNTY.
SIE STUDIERTE IN FRANKREICH, ÜBER IHRE EIGENE FAMILIE IST SO GUT WIE NICHTS BEKANNT.
EIN VORMUND SOLL IHR VIEL GELD HINTERLEGT HABEN. ABER NIEMAND WEISS, WER DAS WAR.
DAS GRÖSSTE MYSTERIUM JEDOCH SIND IHRE ELTERN...
ENOCH UND LYDIA...
SIE TAUCHEN IN KEINEM DER REGISTER VON NEW HAMPSHIRE AUF.

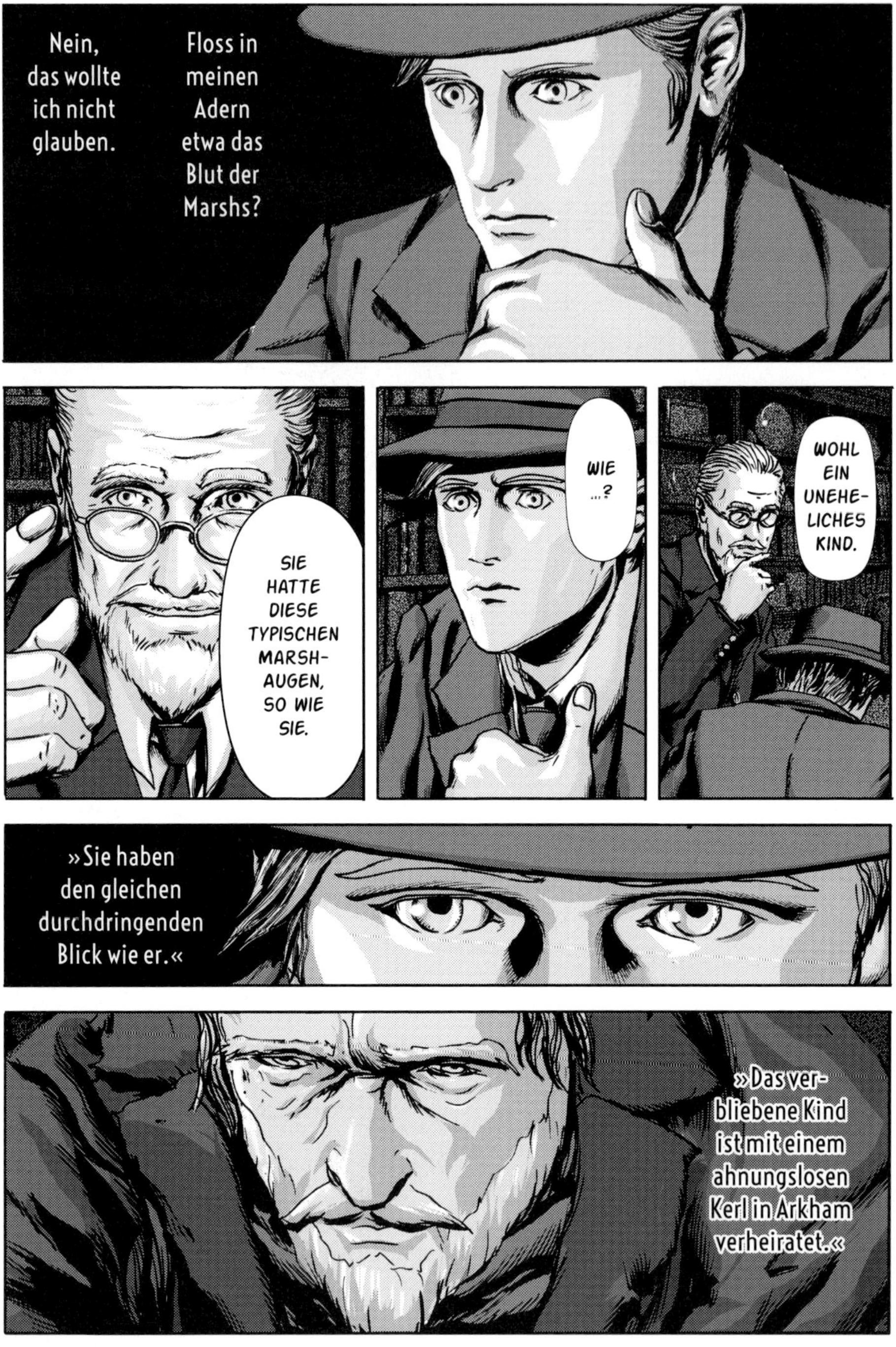

Nein, das wollte ich nicht glauben.
Floss in meinen Adern etwa das Blut der Marshs?
SIE HATTE DIESE TYPISCHEN MARSH-AUGEN, SO WIE SIE.
WIE ...?
WOHL EIN UNEHE-LICHES KIND.
»Sie haben den gleichen durchdringenden Blick wie er.«
»Das ver-bliebene Kind ist mit einem ahnungslosen Kerl in Arkham verheiratet.«

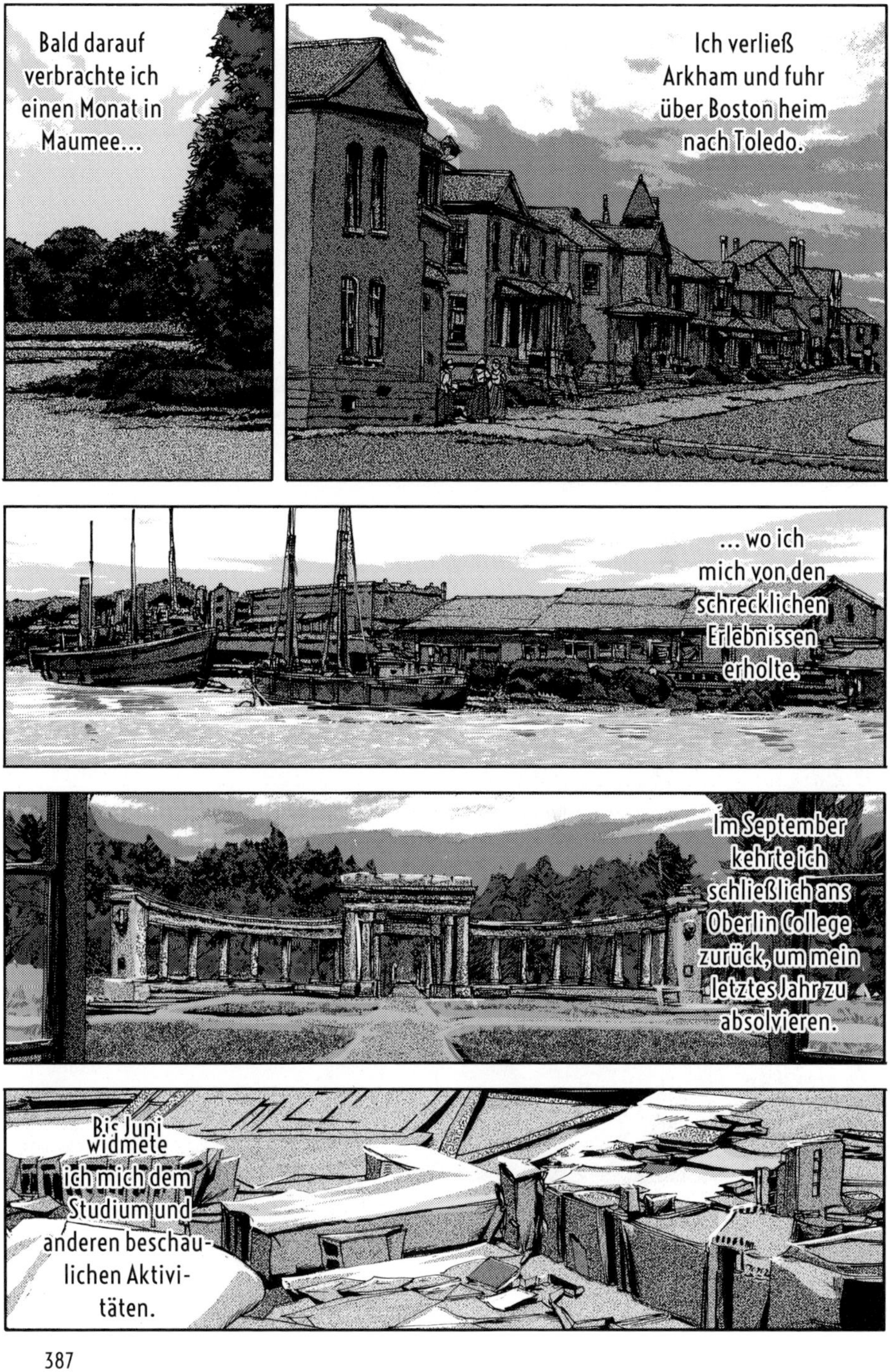
Bald darauf verbrachte ich einen Monat in Maumee…
Ich verließ Arkham und fuhr über Boston heim nach Toledo.
… wo ich mich von den schrecklichen Erlebnissen erholte.
Im September kehrte ich schließlich ans Oberlin College zurück, um mein letztes Jahr zu absolvieren.
Bis Juni widmete ich mich dem Studium und anderen beschaulichen Aktivitäten.

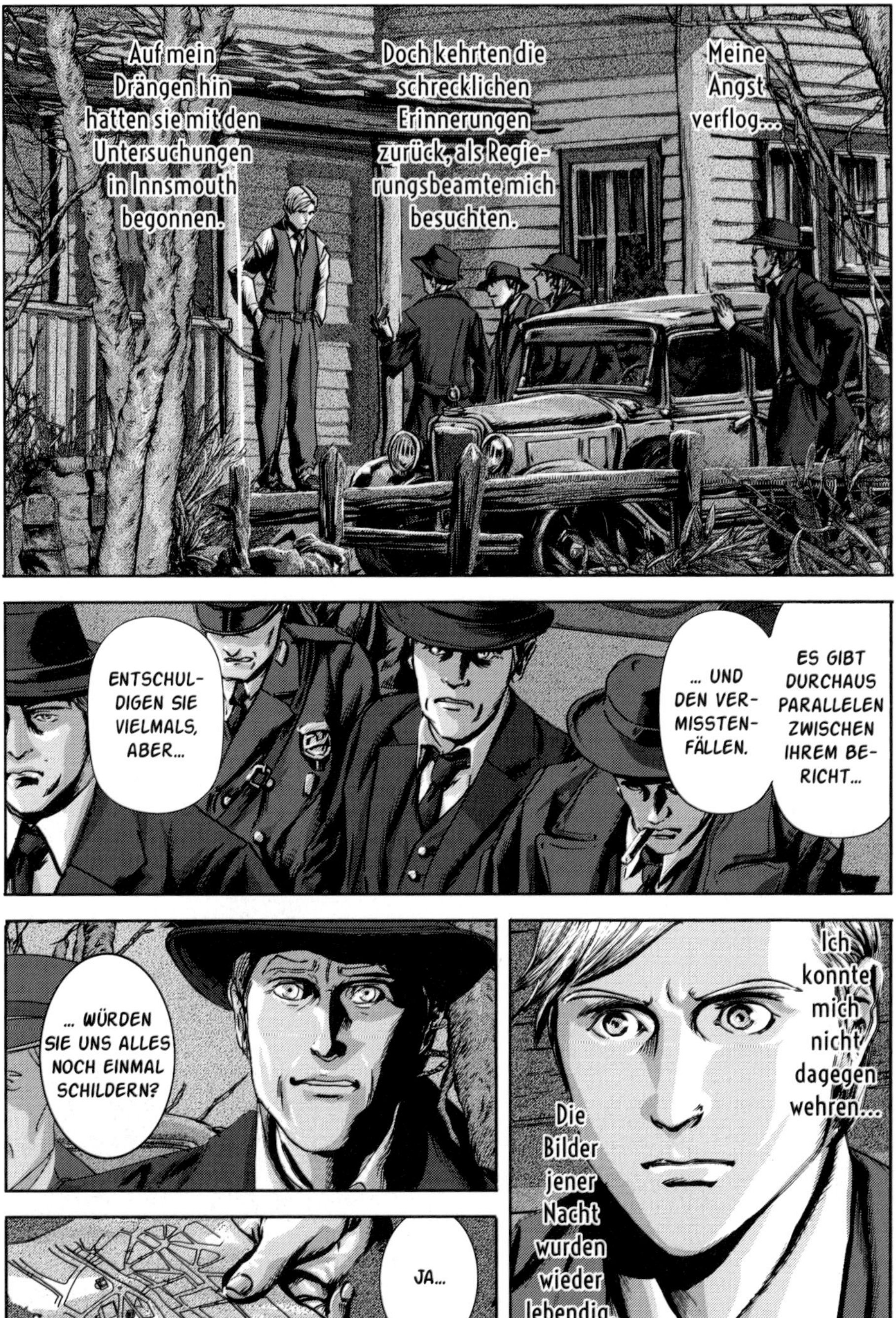
Auf mein Drängen hin hatten sie mit den Untersuchungen in Innsmouth begonnen.
Doch kehrten die schrecklichen Erinnerungen zurück, als Regie-rungsbeamte mich besuchten.
Meine Angst verflog…
ENTSCHUL-DIGEN SIE VIELMALS, ABER…
ES GIBT DURCHAUS PARALLELEN ZWISCHEN IHREM BE-RICHT…
… UND DEN VER-MISSTEN-FÄLLEN.
… WÜRDEN SIE UNS ALLES NOCH EINMAL SCHILDERN?
JA…
Ich konnte mich nicht dagegen wehren…
Die Bilder jener Nacht wurden wieder lebendig.

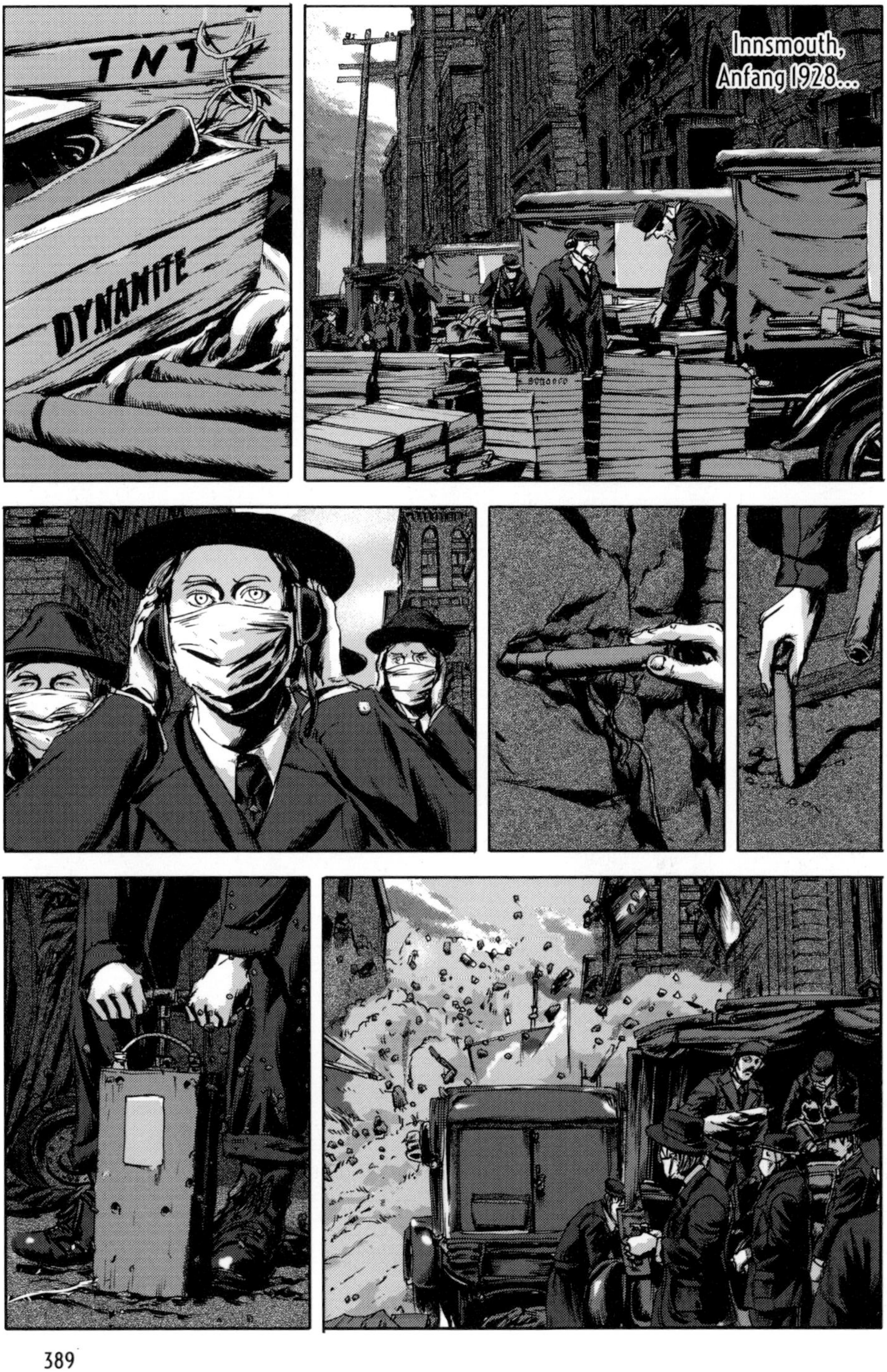

TNT
DYNAMITE
DYNAMITE
Innsmouth,
Anfang 1928…

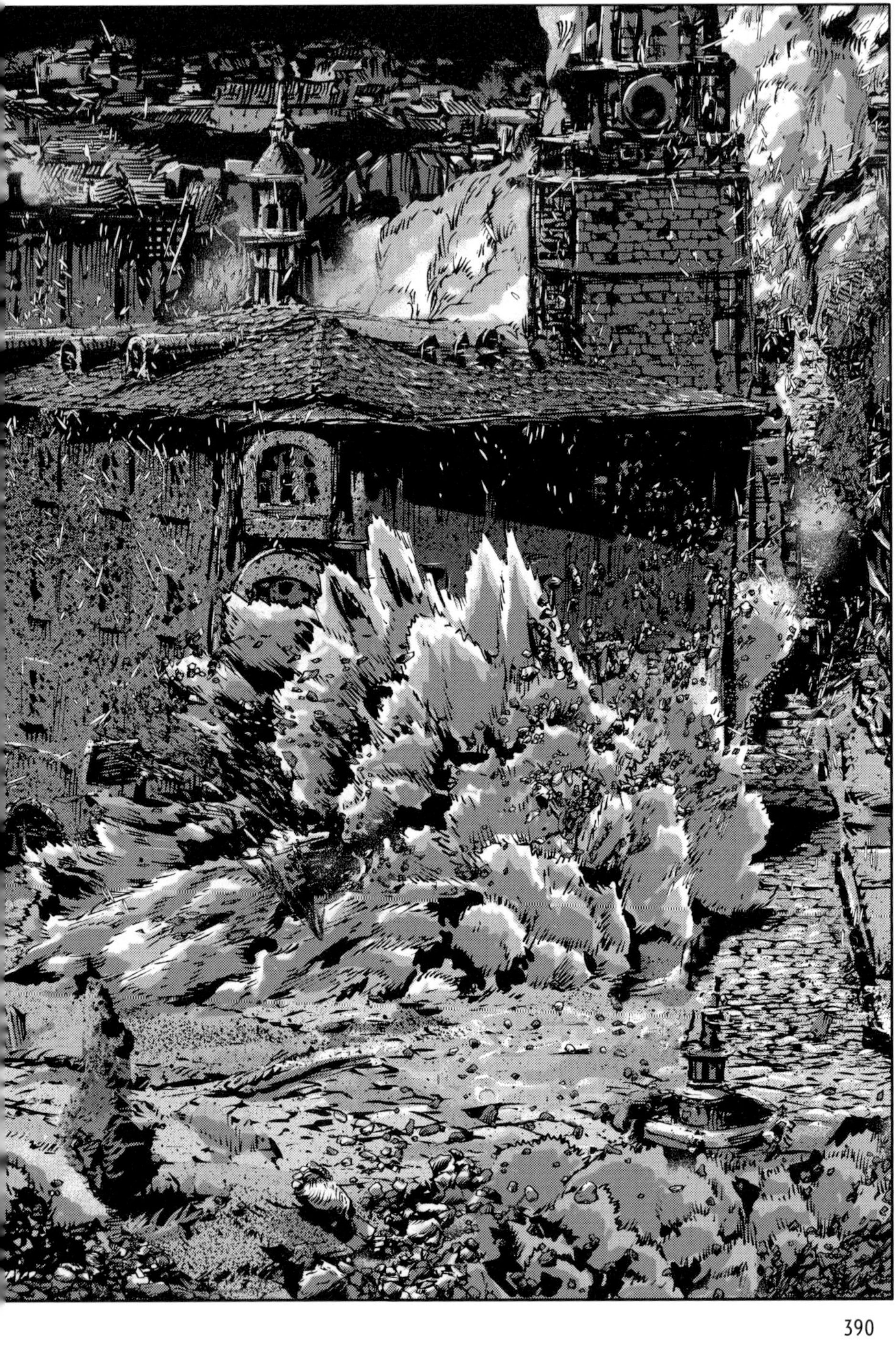

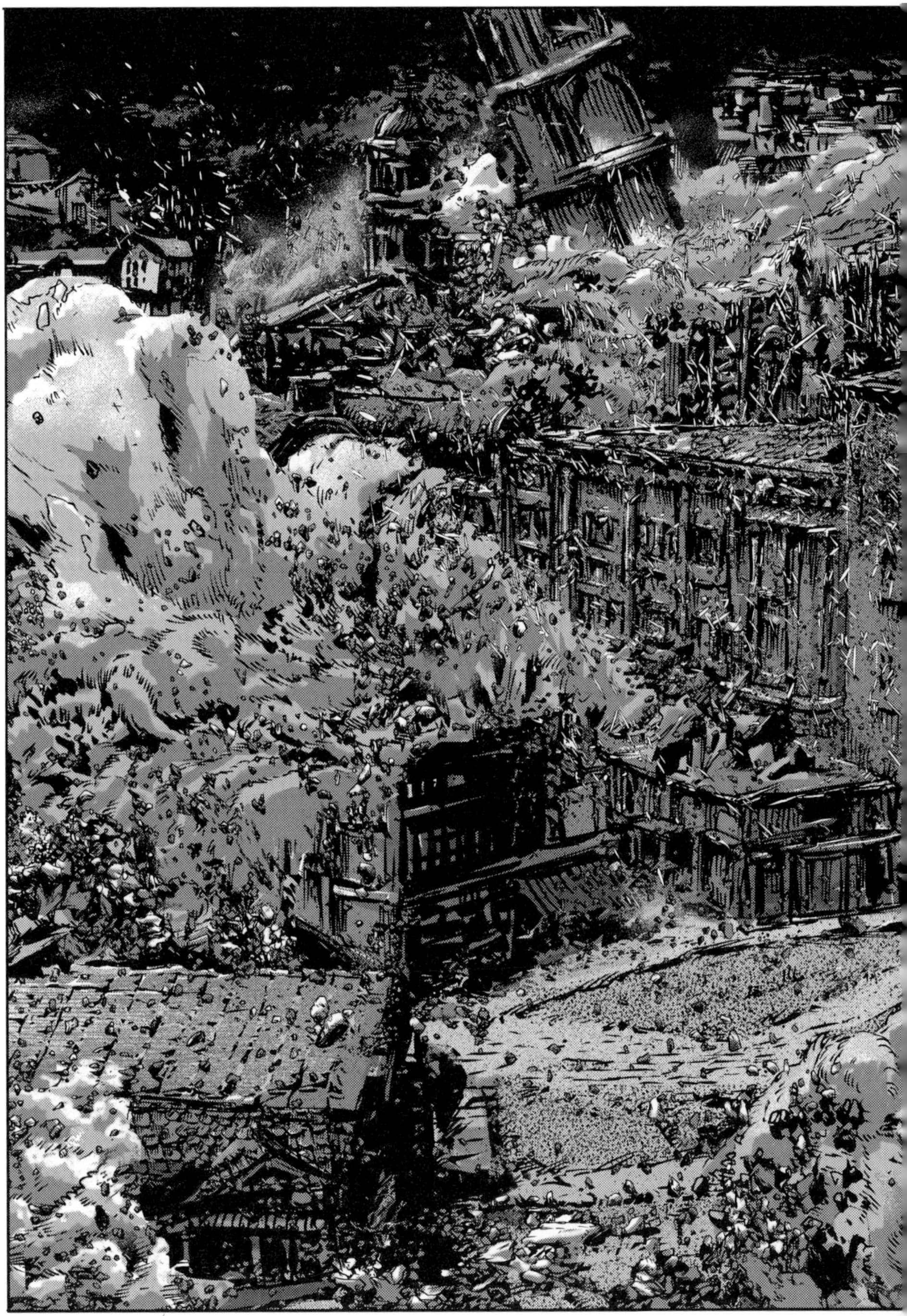

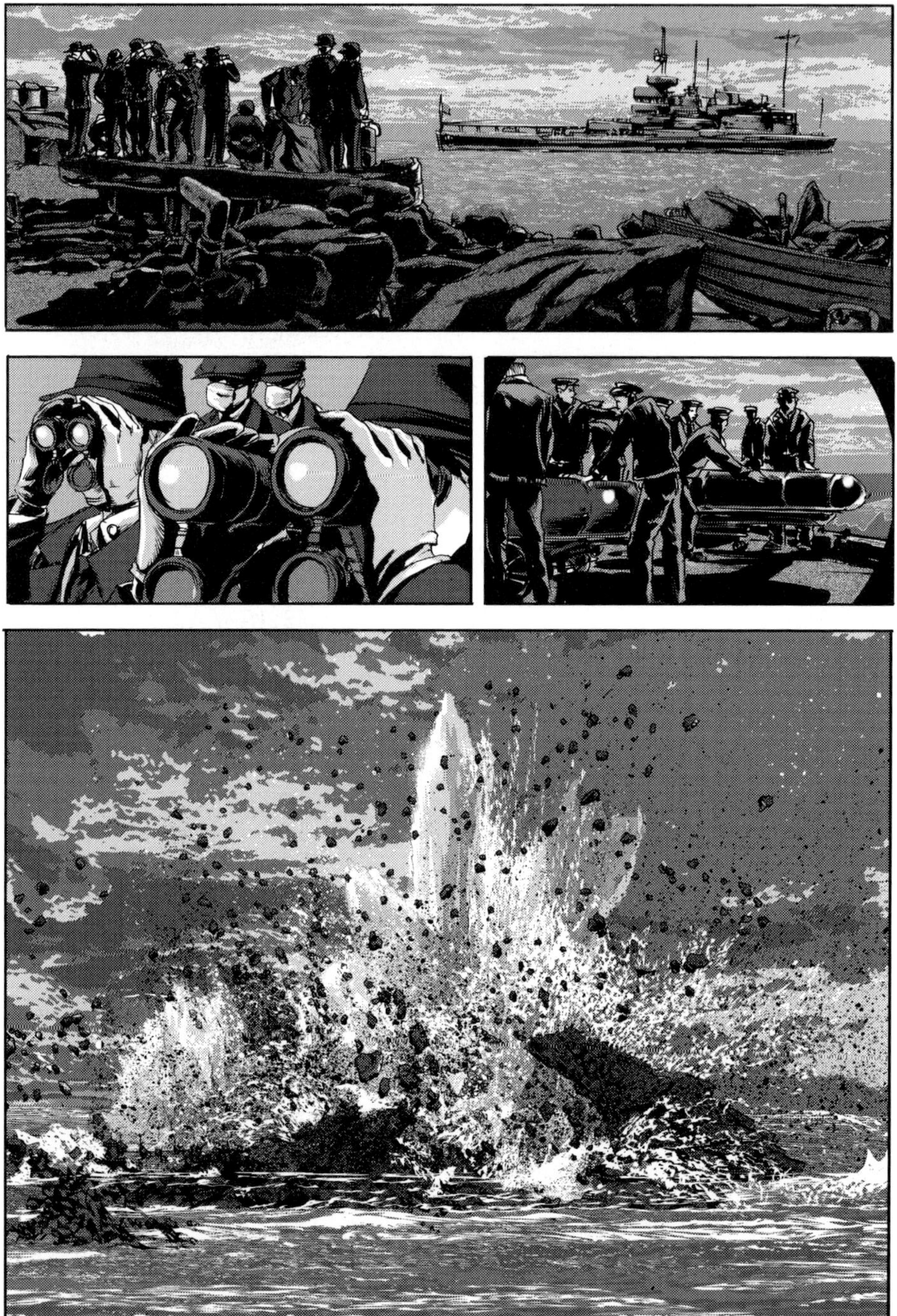

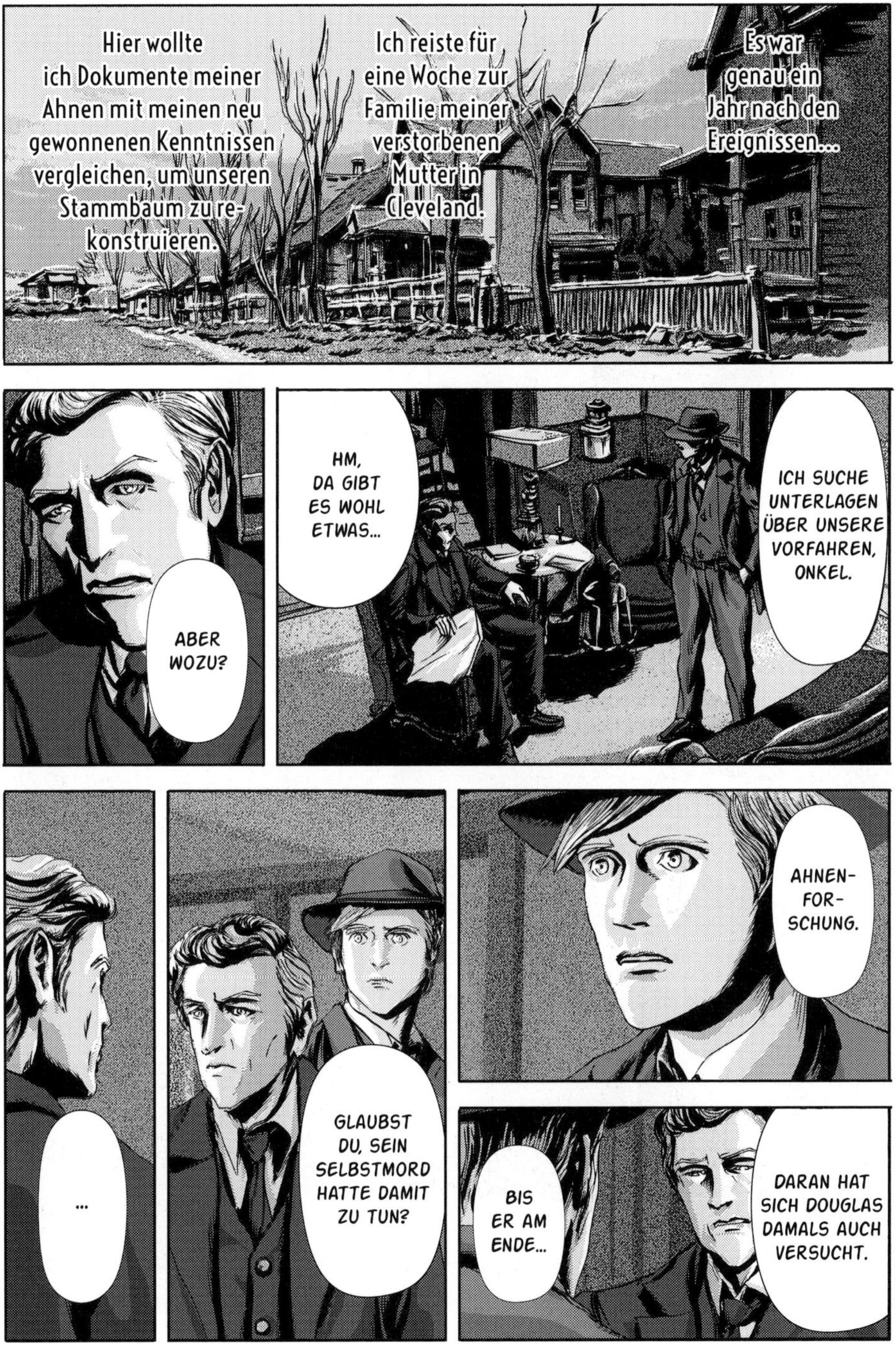
Es war genau ein Jahr nach den Ereignissen...
Ich reiste für eine Woche zur Familie meiner verstorbenen Mutter in Cleveland.
Hier wollte ich Dokumente meiner Ahnen mit meinen neu gewonnenen Kenntnissen vergleichen, um unseren Stammbaum zu re-konstruieren.
ICH SUCHE UNTERLAGEN ÜBER UNSERE VORFAHREN, ONKEL.
HM, DA GIBT ES WOHL ETWAS...
ABER WOZU?
AHNEN-FOR-SCHUNG.
DARAN HAT SICH DOUGLAS DAMALS AUCH VERSUCHT.
BIS ER AM ENDE...
GLAUBST DU, SEIN SELBSTMORD HATTE DAMIT ZU TUN?
...

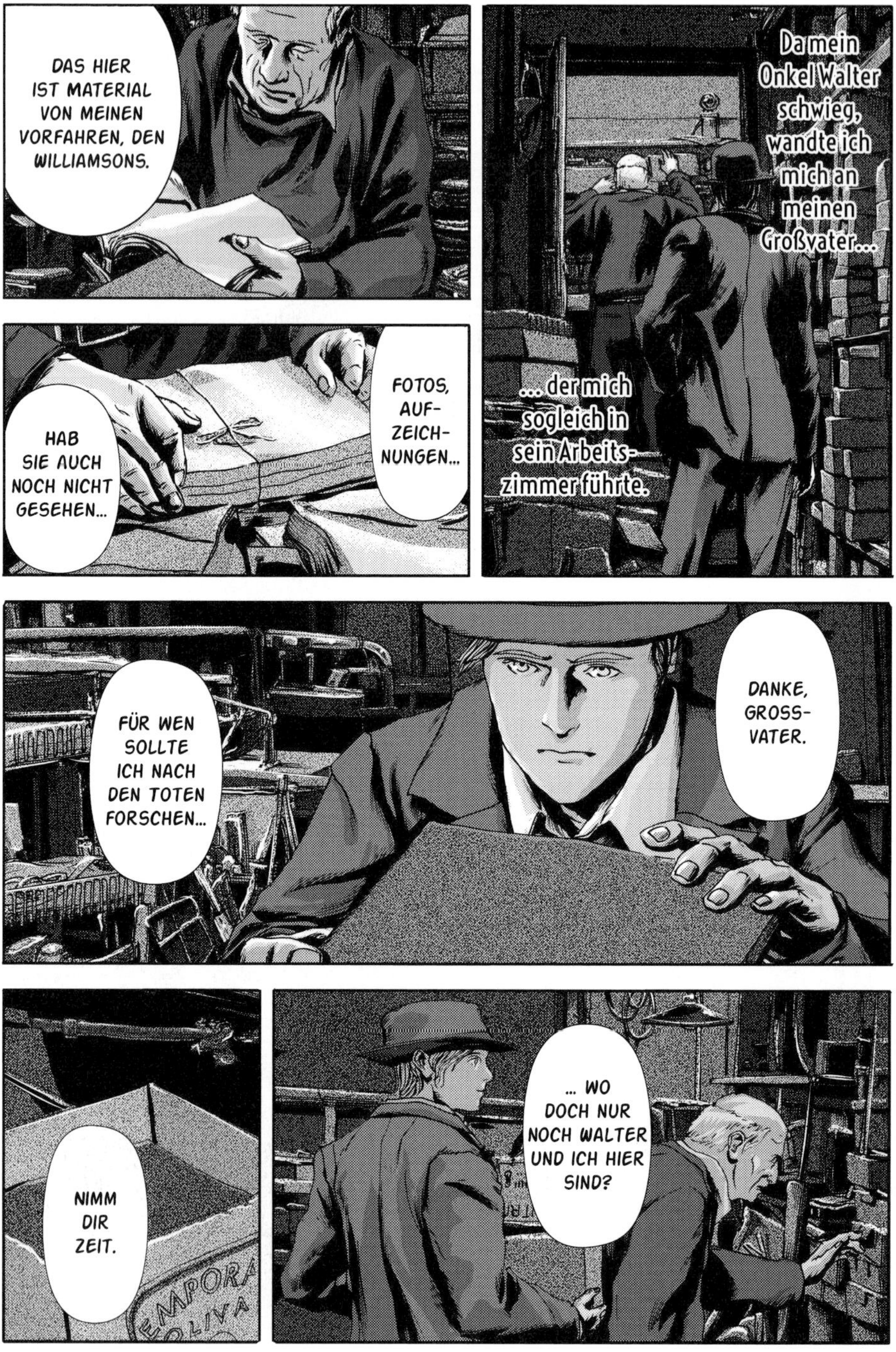
DAS HIER IST MATERIAL VON MEINEN VORFAHREN, DEN WILLIAMSONS.
FOTOS, AUFZEICHNUNGEN...
HAB SIE AUCH NOCH NICHT GESEHEN...
Da mein Onkel Walter schwieg, wandte ich mich an meinen Großvater...
... der mich sogleich in sein Arbeitszimmer führte.
DANKE, GROSSVATER.
FÜR WEN SOLLTE ICH NACH DEN TOTEN FORSCHEN...
NIMM DIR ZEIT.
... WO DOCH NUR NOCH WALTER UND ICH HIER SIND?

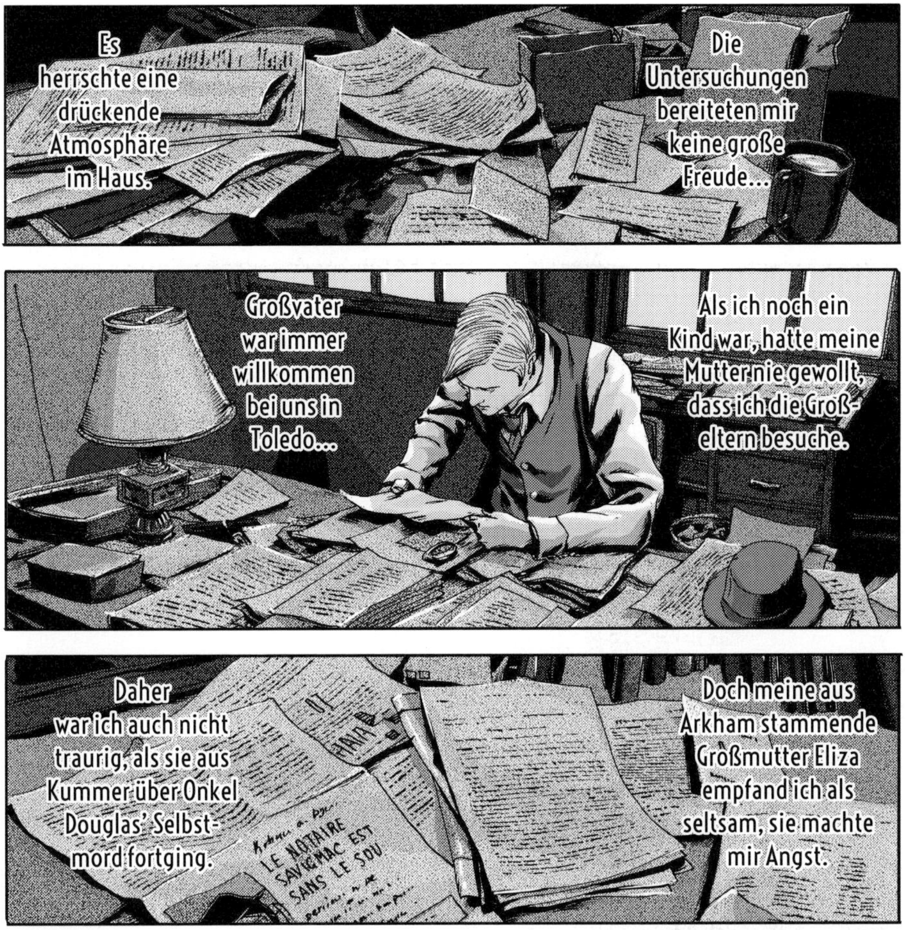
Es herrschte eine drückende Atmosphäre im Haus.
Die Untersuchungen bereiteten mir keine große Freude …
Großvater war immer willkommen bei uns in Toledo …
Als ich noch ein Kind war, hatte meine Mutter nie gewollt, dass ich die Groß-eltern besuche.
Daher war ich auch nicht traurig, als sie aus Kummer über Onkel Douglas' Selbst-mord fortging.
Doch meine aus Arkham stammende Großmutter Eliza empfand ich als seltsam, sie machte mir Angst.
Ihn hatte ich ebenso wenig gemocht, denn er war ihr sehr ähn-lich gewesen.

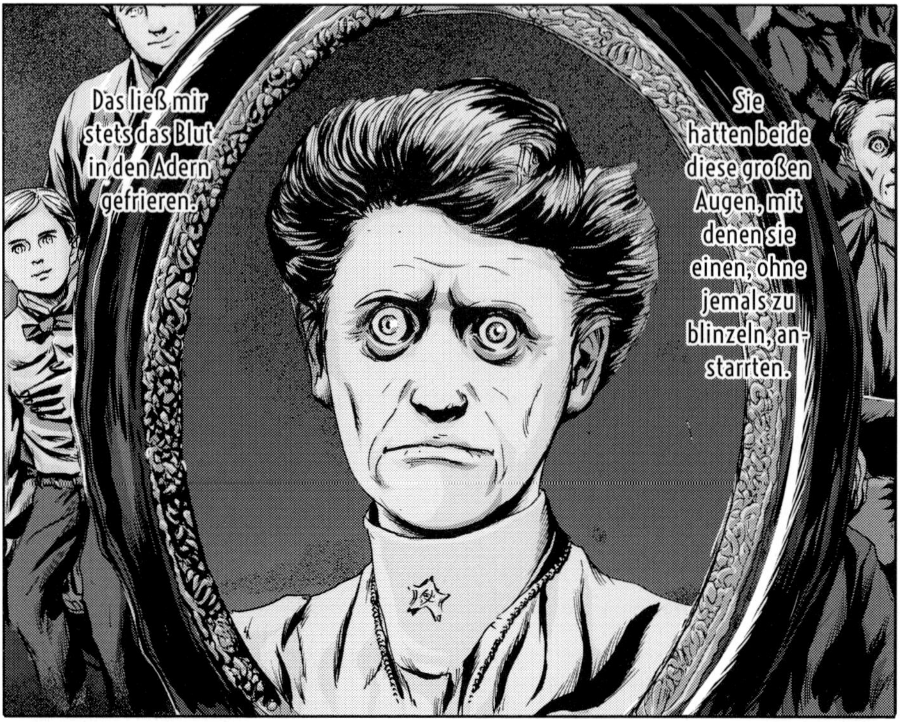
Sie hatten beide diese großen Augen, mit denen sie einen, ohne jemals zu blinzeln, anstarrten.
Das ließ mir stets das Blut in den Adern gefrieren.

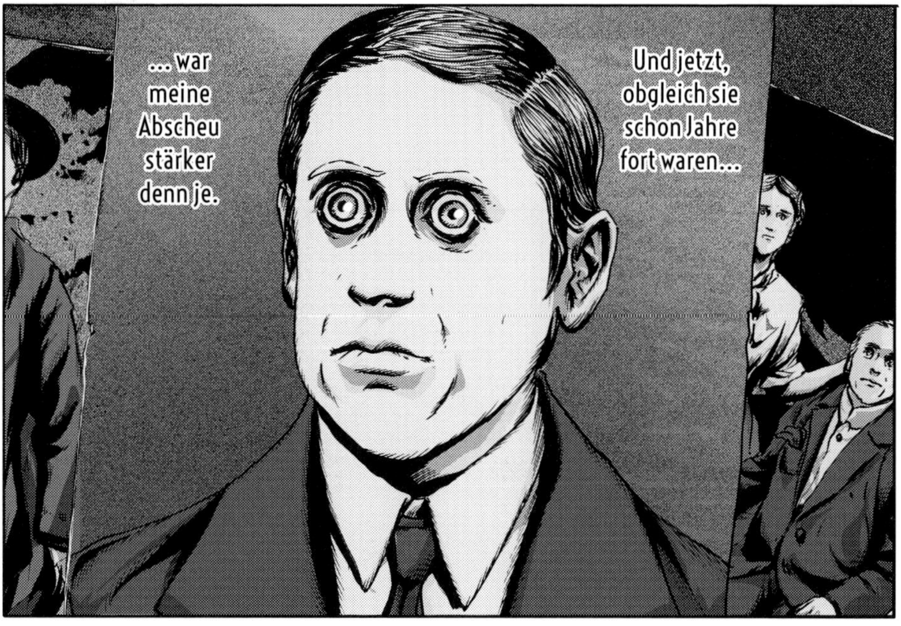
Und jetzt, obgleich sie schon Jahre fort waren…
… war meine Abscheu stärker denn je.

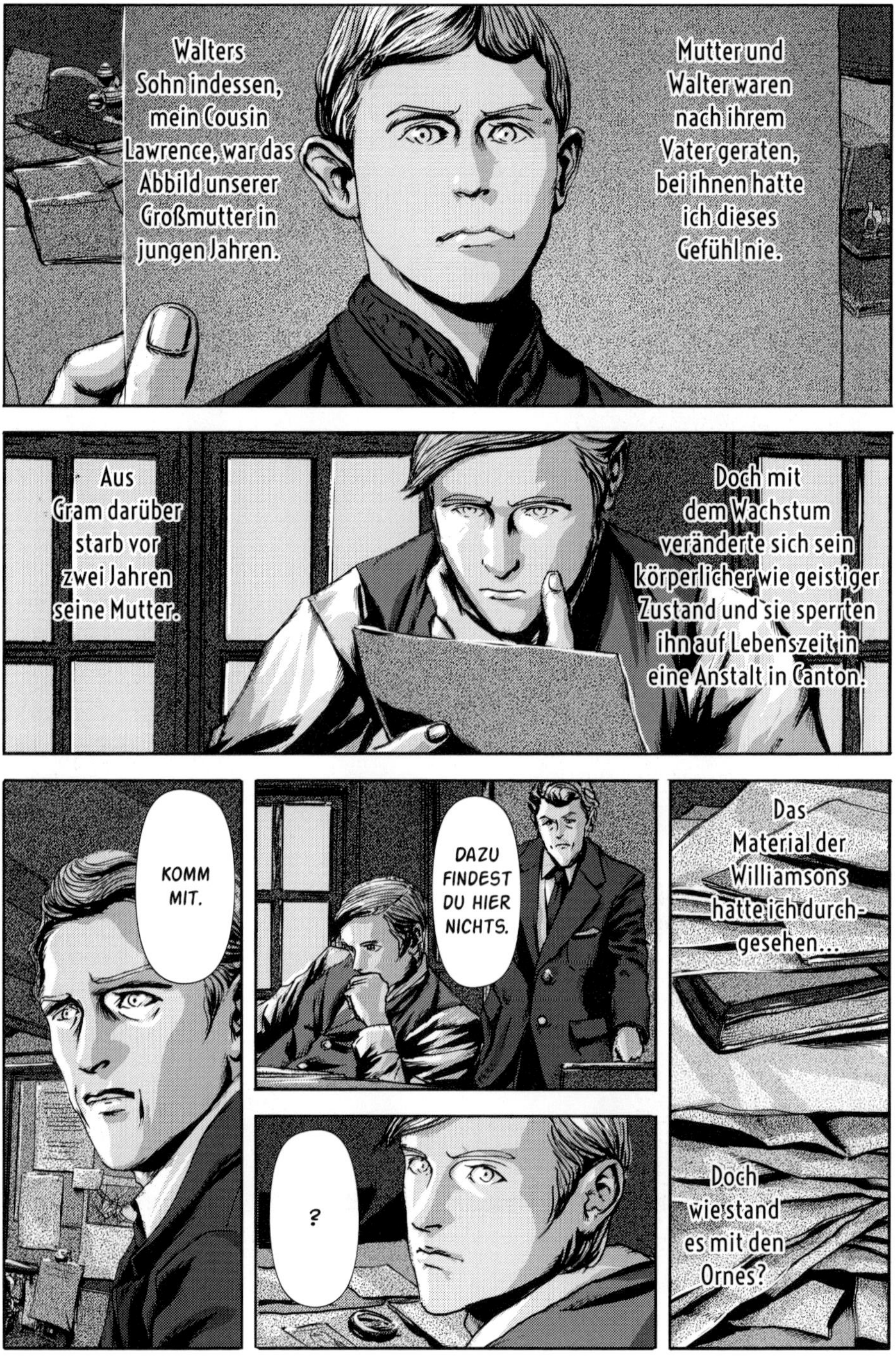
Mutter und Walter waren nach ihrem Vater geraten, bei ihnen hatte ich dieses Gefühl nie.
Walters Sohn indessen, mein Cousin Lawrence, war das Abbild unserer Großmutter in jungen Jahren.
Doch mit dem Wachstum veränderte sich sein körperlicher wie geistiger Zustand und sie sperrten ihn auf Lebenszeit in eine Anstalt in Canton.
Aus Gram darüber starb vor zwei Jahren seine Mutter.
Das Material der Williamsons hatte ich durchgesehen …
Doch wie stand es mit den Ornes?
DAZU FINDEST DU HIER NICHTS.
?
KOMM MIT.

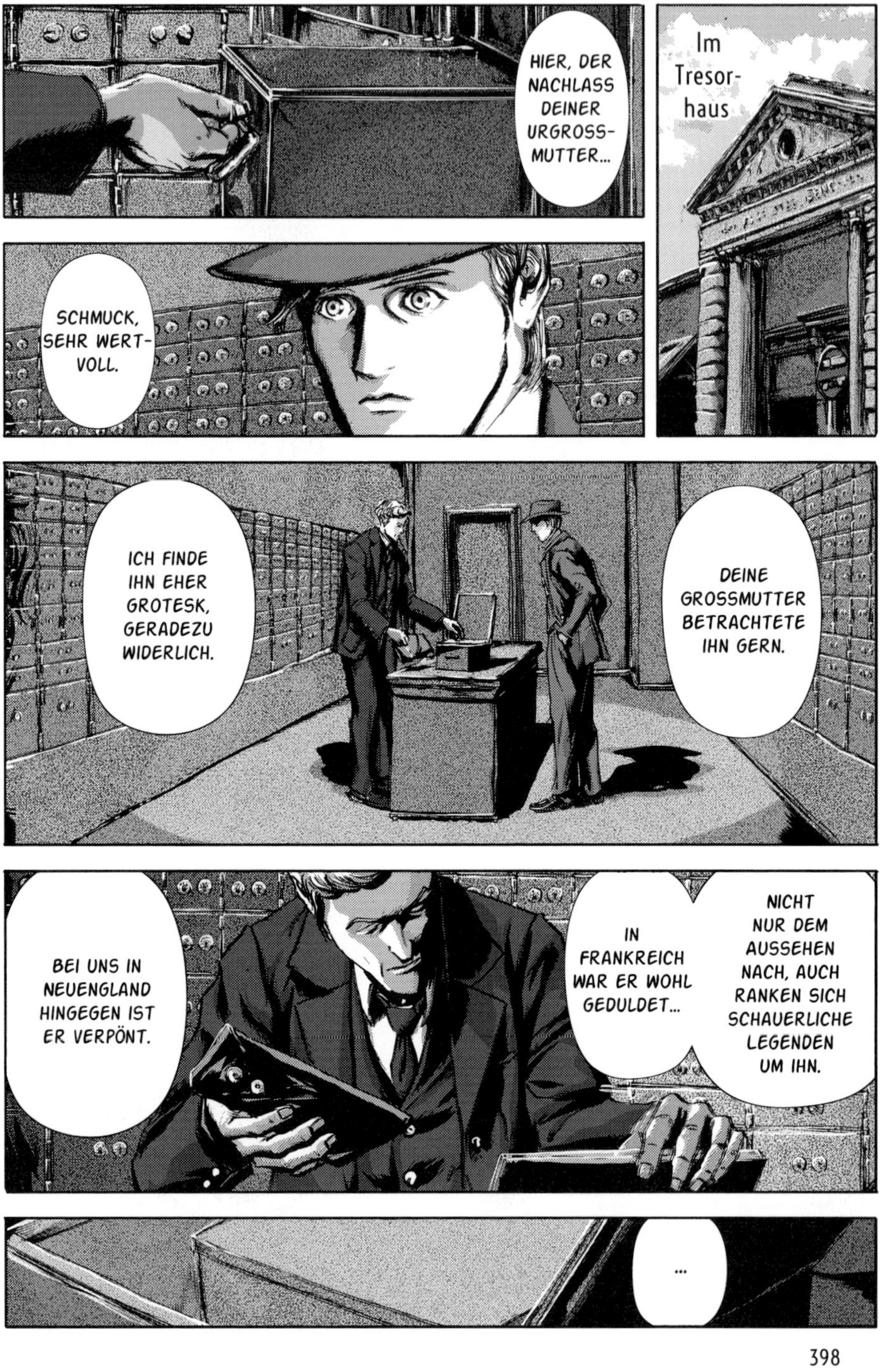
Im Tresorhaus
HIER, DER NACHLASS DEINER URGROSSMUTTER...
SCHMUCK, SEHR WERTVOLL.
DEINE GROSSMUTTER BETRACHTETE IHN GERN.
ICH FINDE IHN EHER GROTESK, GERADEZU WIDERLICH.
NICHT NUR DEM AUSSEHEN NACH, AUCH RANKEN SICH SCHAUERLICHE LEGENDEN UM IHN.
IN FRANKREICH WAR ER WOHL GEDULDET...
BEI UNS IN NEUENGLAND HINGEGEN IST ER VERPÖNT.
...

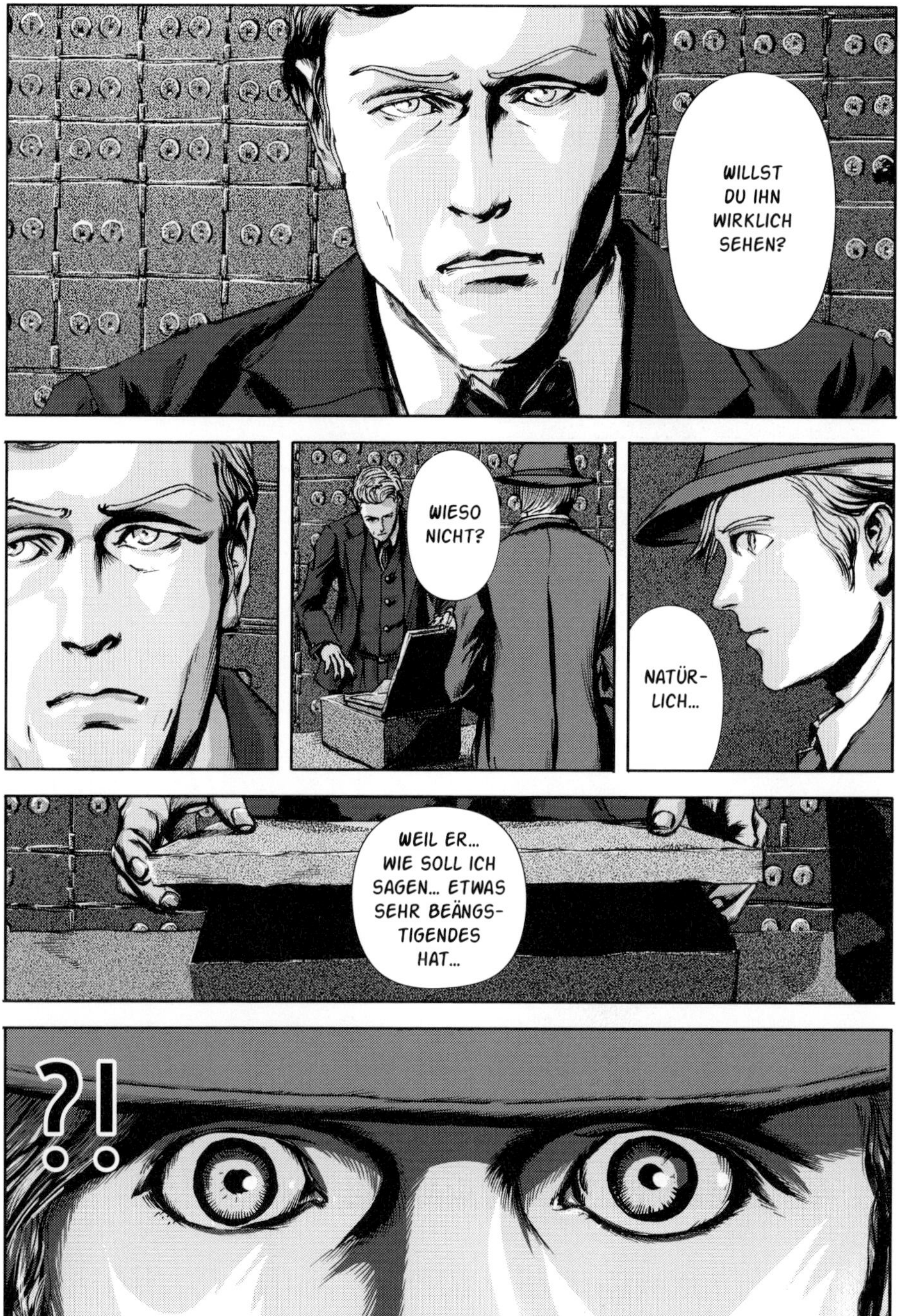

WILLST DU IHN WIRKLICH SEHEN?
NATÜR-LICH...
WIESO NICHT?
WEIL ER... WIE SOLL ICH SAGEN... ETWAS SEHR BEÄNGS-TIGENDES HAT...
?!

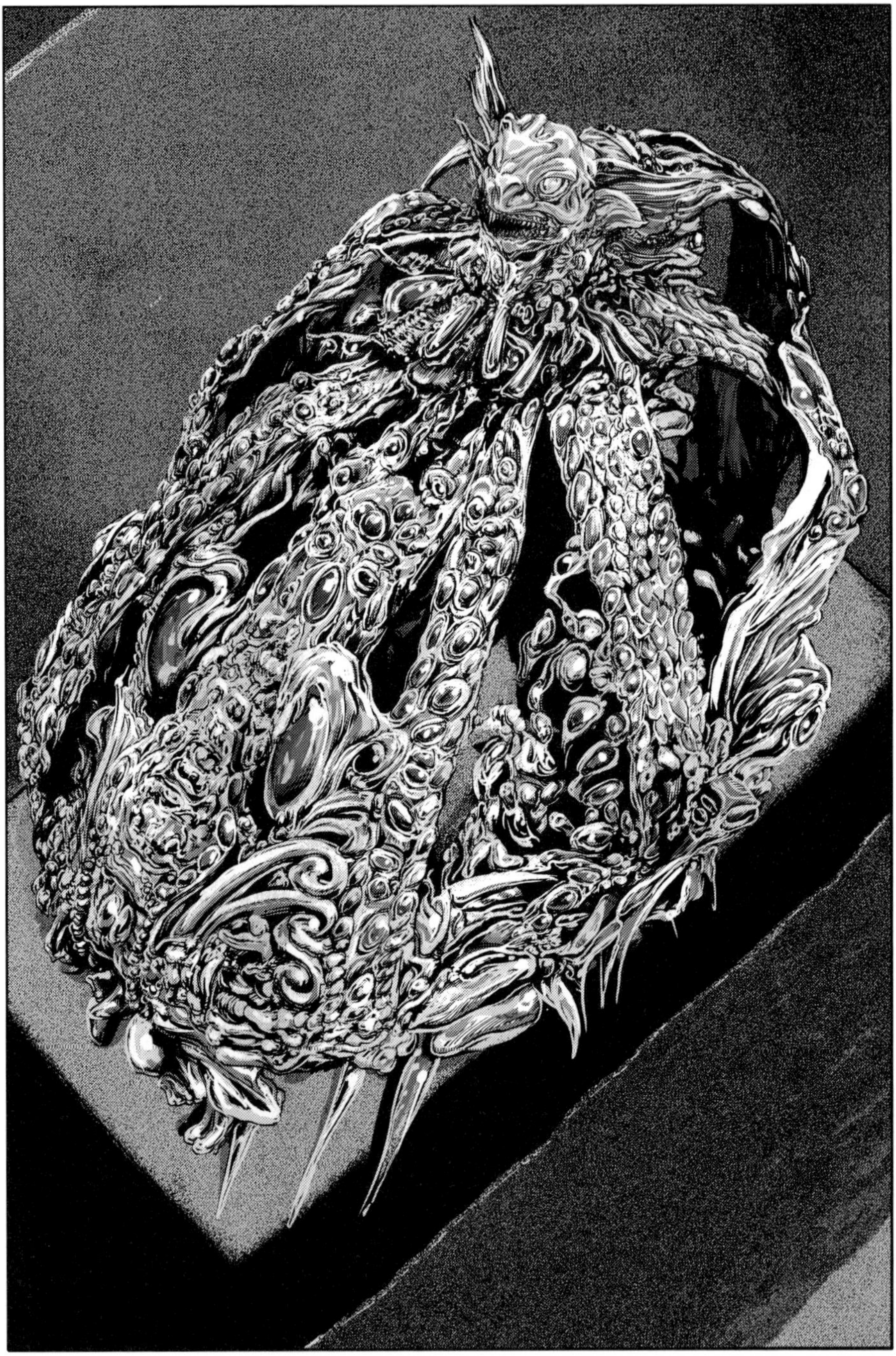

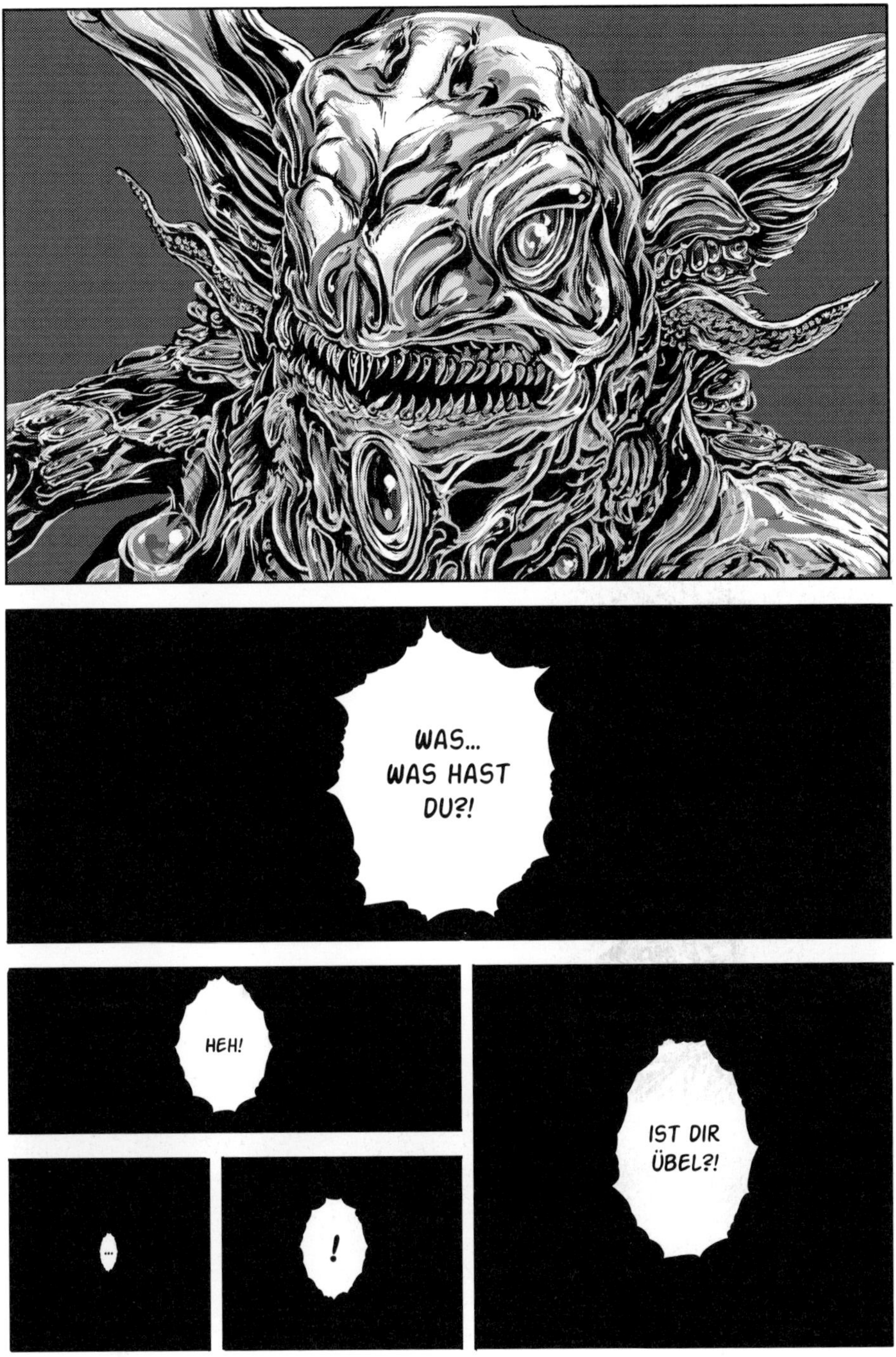
WAS...
WAS HAST
DU?!
IST DIR
ÜBEL?!
HEH!
!
...

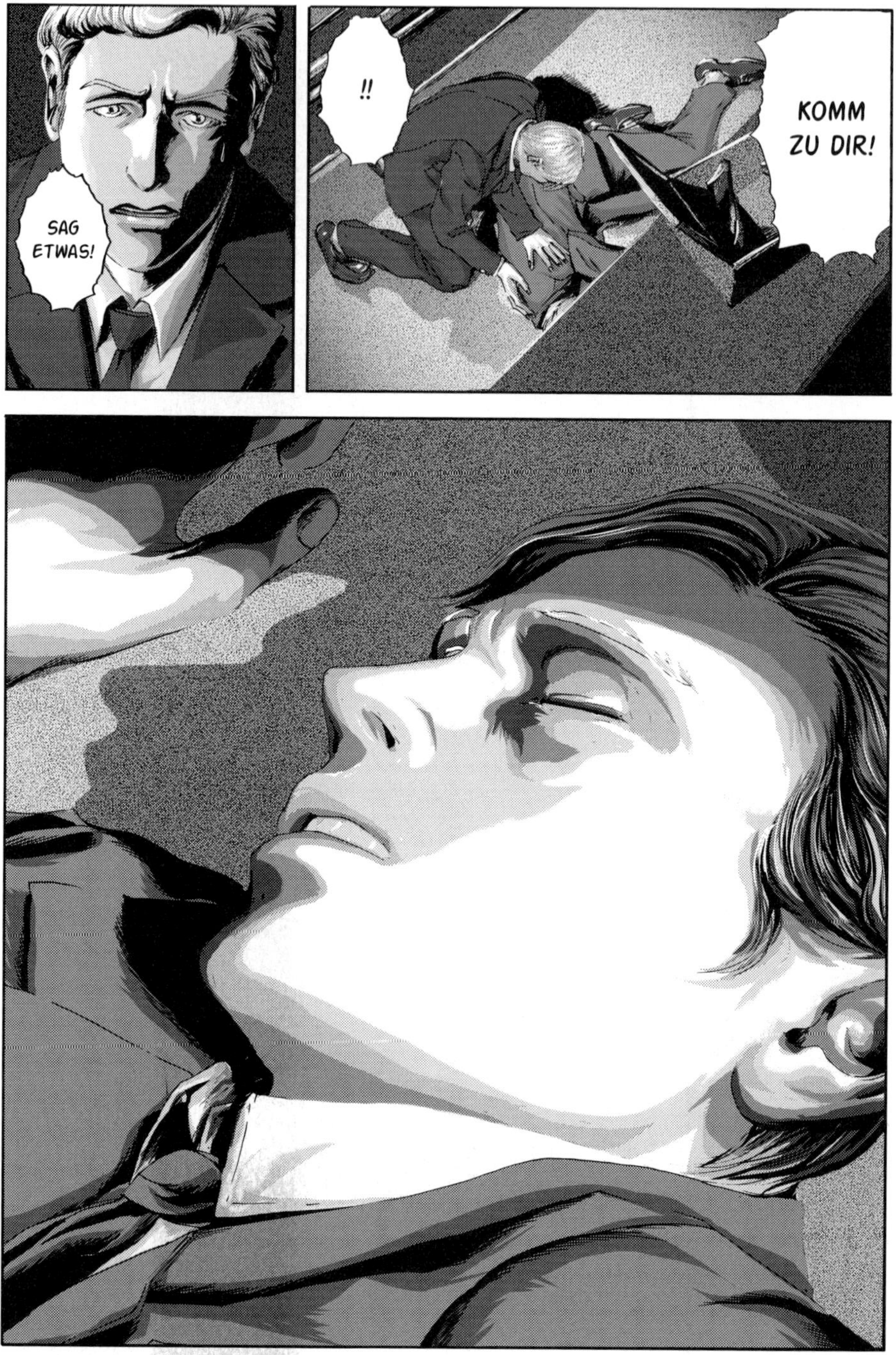
KOMM ZU DIR!
!!
SAG ETWAS!

11 DIE AUS DER TIEFE

The Deep Ones

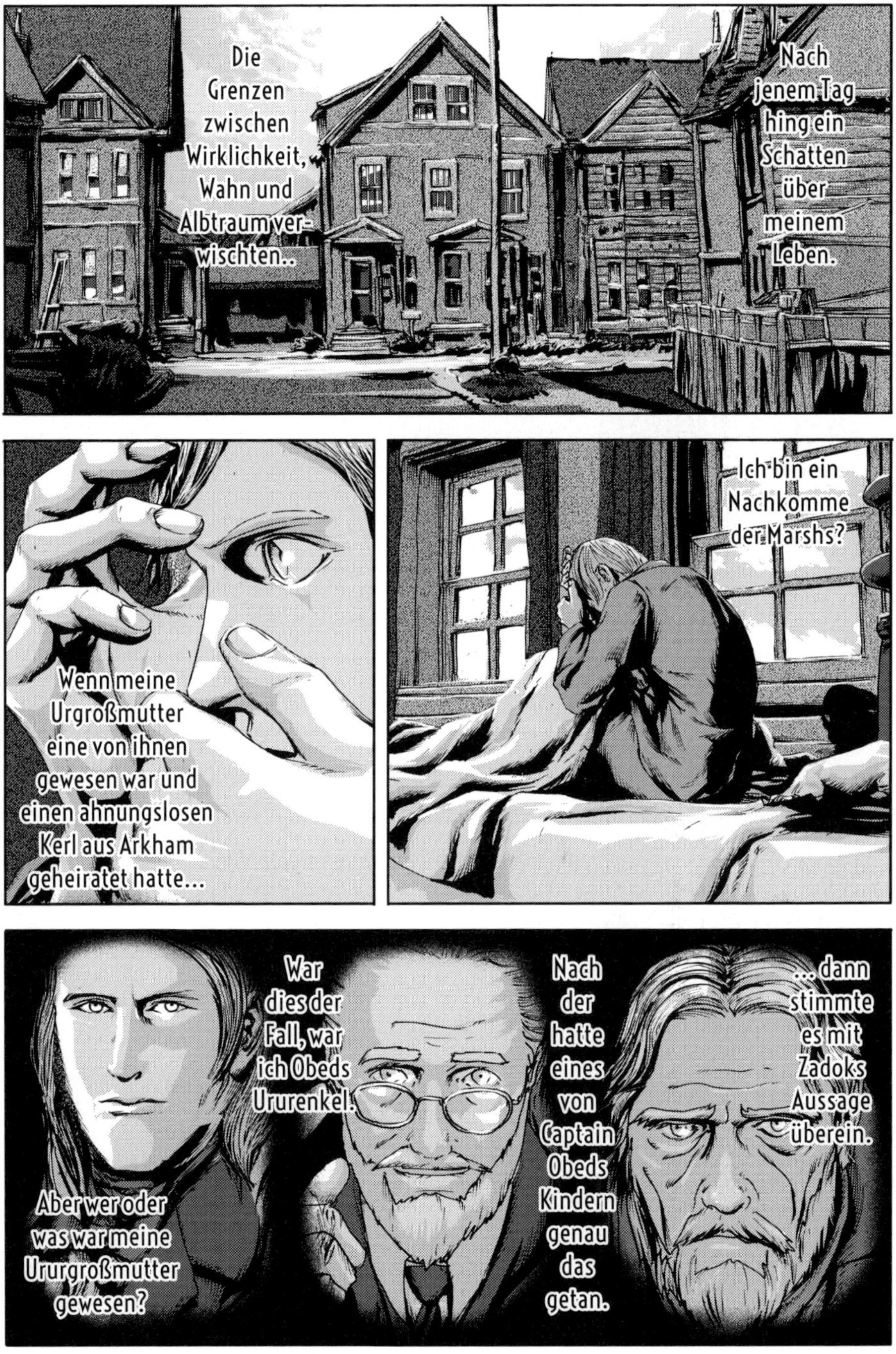

Die Grenzen zwischen Wirklichkeit, Wahn und Albtraum verwischten..
Nach jenem Tag hing ein Schatten über meinem Leben.
Ich bin ein Nachkomme der Marshs?
Wenn meine Urgroßmutter eine von ihnen gewesen war und einen ahnungslosen Kerl aus Arkham geheiratet hatte...
... dann stimmte es mit Zadoks Aussage überein.
Nach der hatte eines von Captain Obeds Kindern genau das getan.
War dies der Fall, war ich Obeds Ururenkel.
Aber wer oder was war meine Ururgroßmutter gewesen?

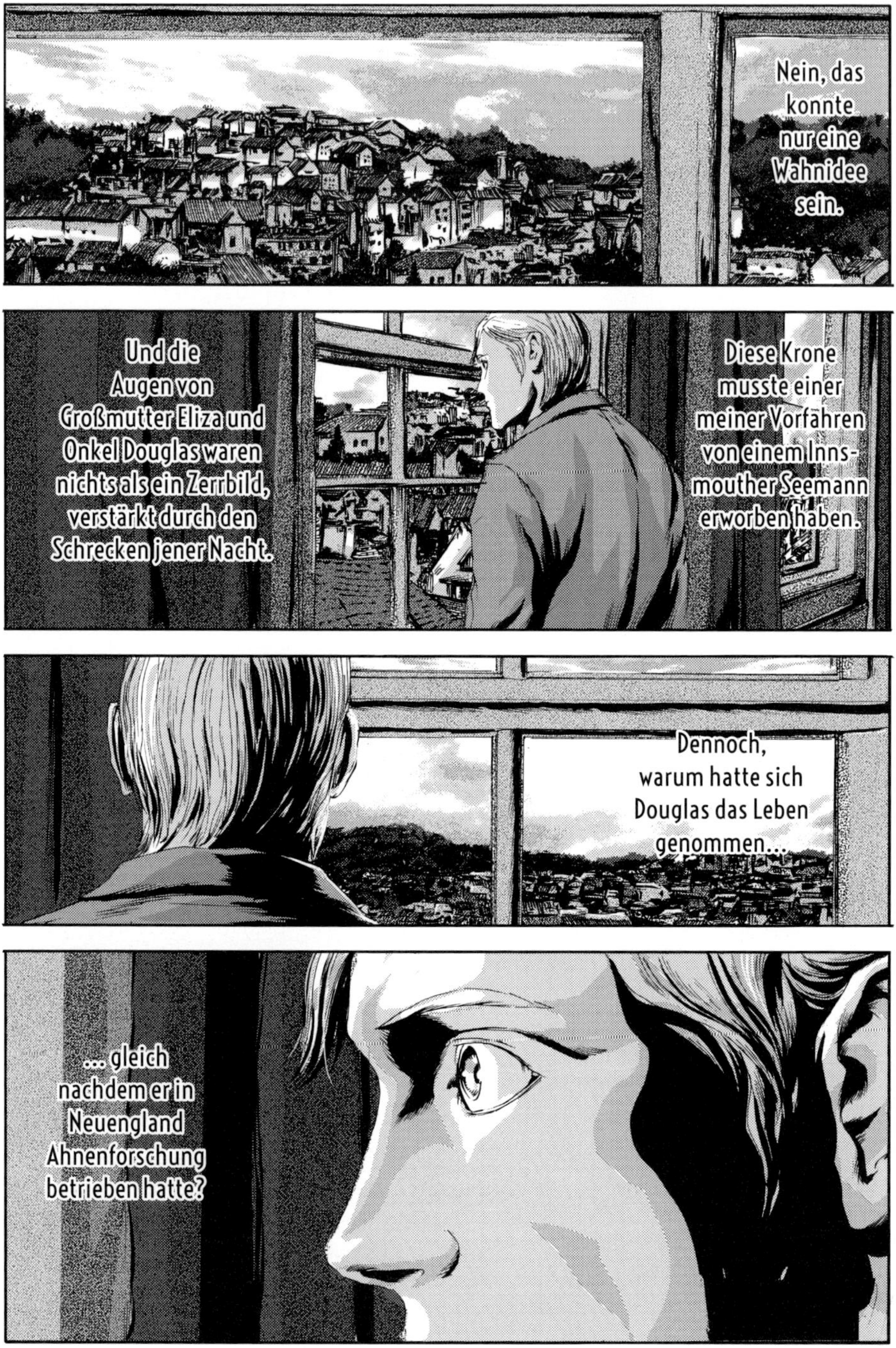
Nein, das konnte nur eine Wahnidee sein.
Diese Krone musste einer meiner Vorfahren von einem Inns-mouther Seemann erworben haben.
Und die Augen von Großmutter Eliza und Onkel Douglas waren nichts als ein Zerrbild, verstärkt durch den Schrecken jener Nacht.
Dennoch, warum hatte sich Douglas das Leben genommen...
... gleich nachdem er in Neuengland Ahnenforschung betrieben hatte?

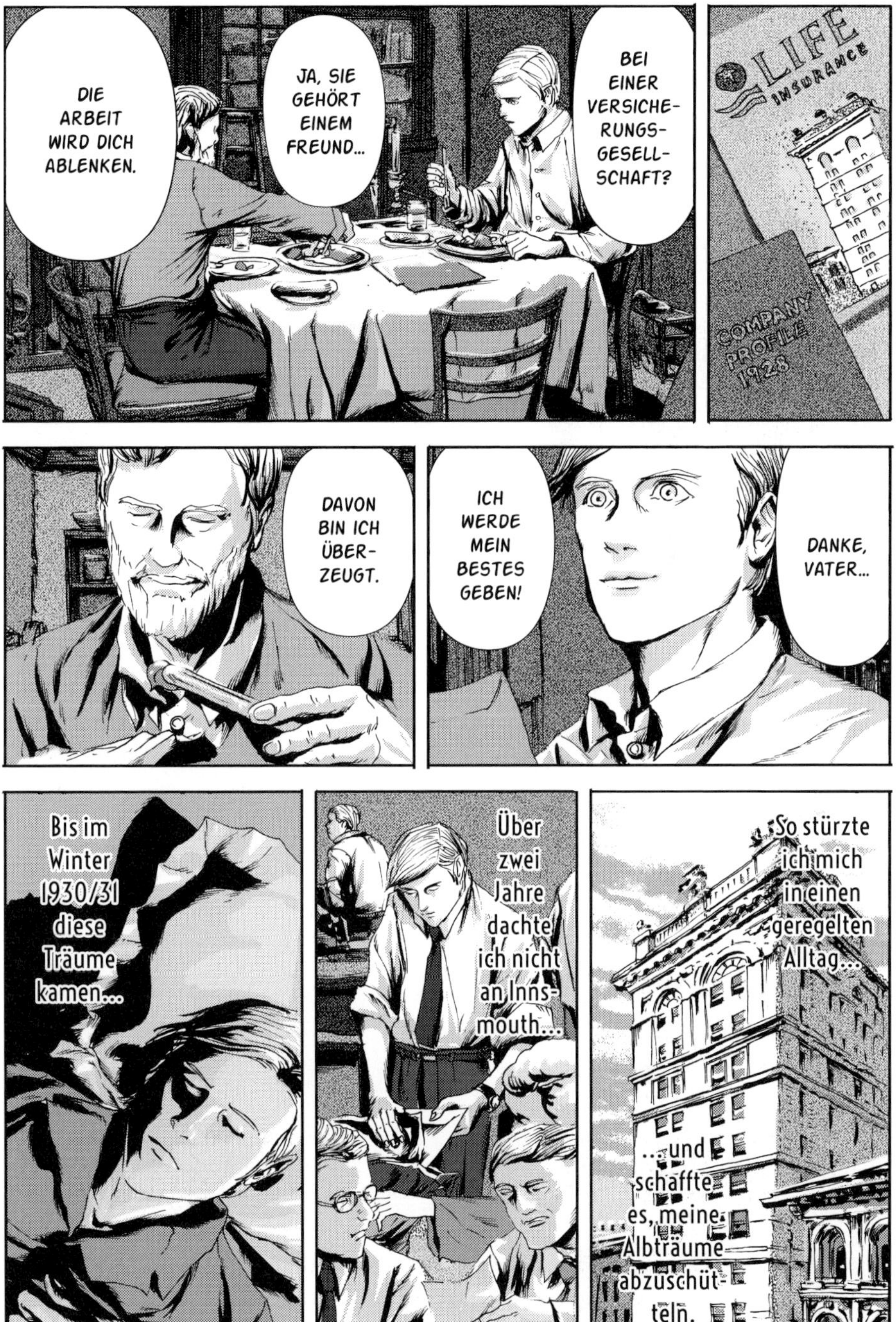
DIE ARBEIT WIRD DICH ABLENKEN.
JA, SIE GEHÖRT EINEM FREUND...
BEI EINER VERSICHE-RUNGS-GESELL-SCHAFT?
LIFE INSURANCE
COMPANY PROFILE 1928
DAVON BIN ICH ÜBER-ZEUGT.
ICH WERDE MEIN BESTES GEBEN!
DANKE, VATER...
Bis im Winter 1930/31 diese Träume kamen...
Über zwei Jahre dachte ich nicht an Innsmouth...
So stürzte ich mich in einen geregelten Alltag...
...und schaffte es, meine Albträume abzuschütteln.

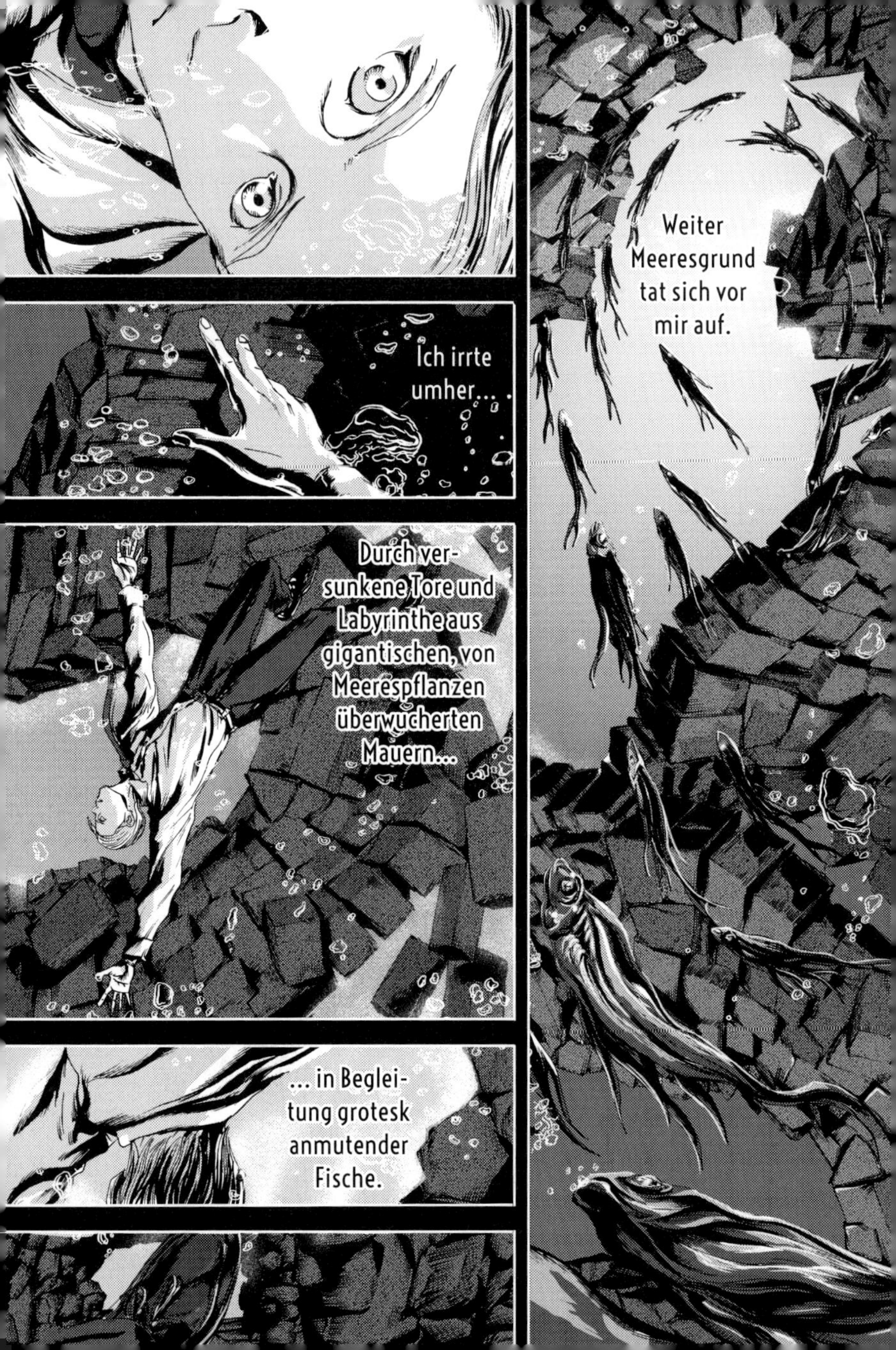
Ich irrte umher...
Durch versunkene Tore und Labyrinthe aus gigantischen, von Meerespflanzen überwucherten Mauern...
... in Begleitung grotesk anmutender Fische.
Weiter Meeresgrund tat sich vor mir auf.

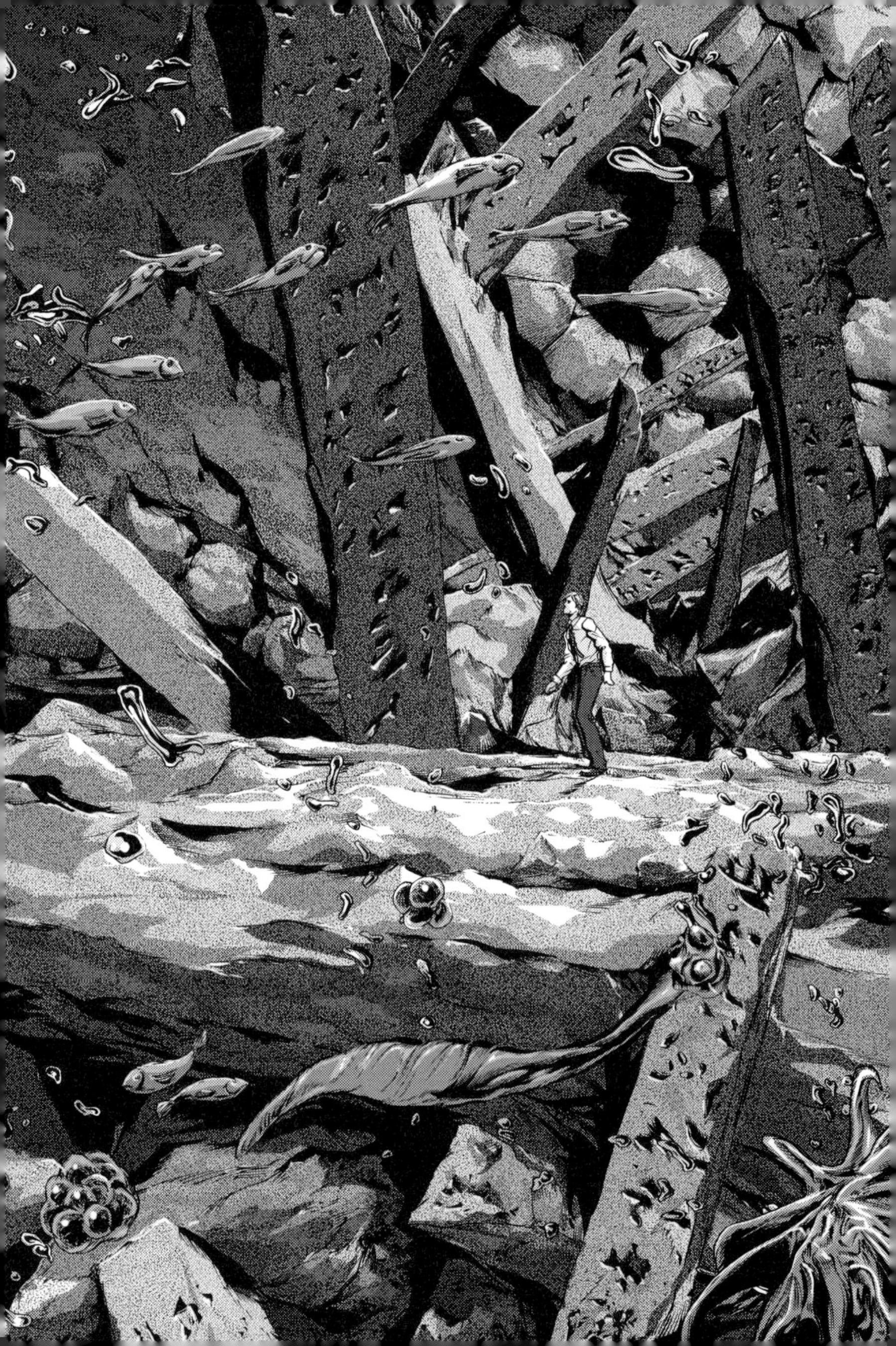

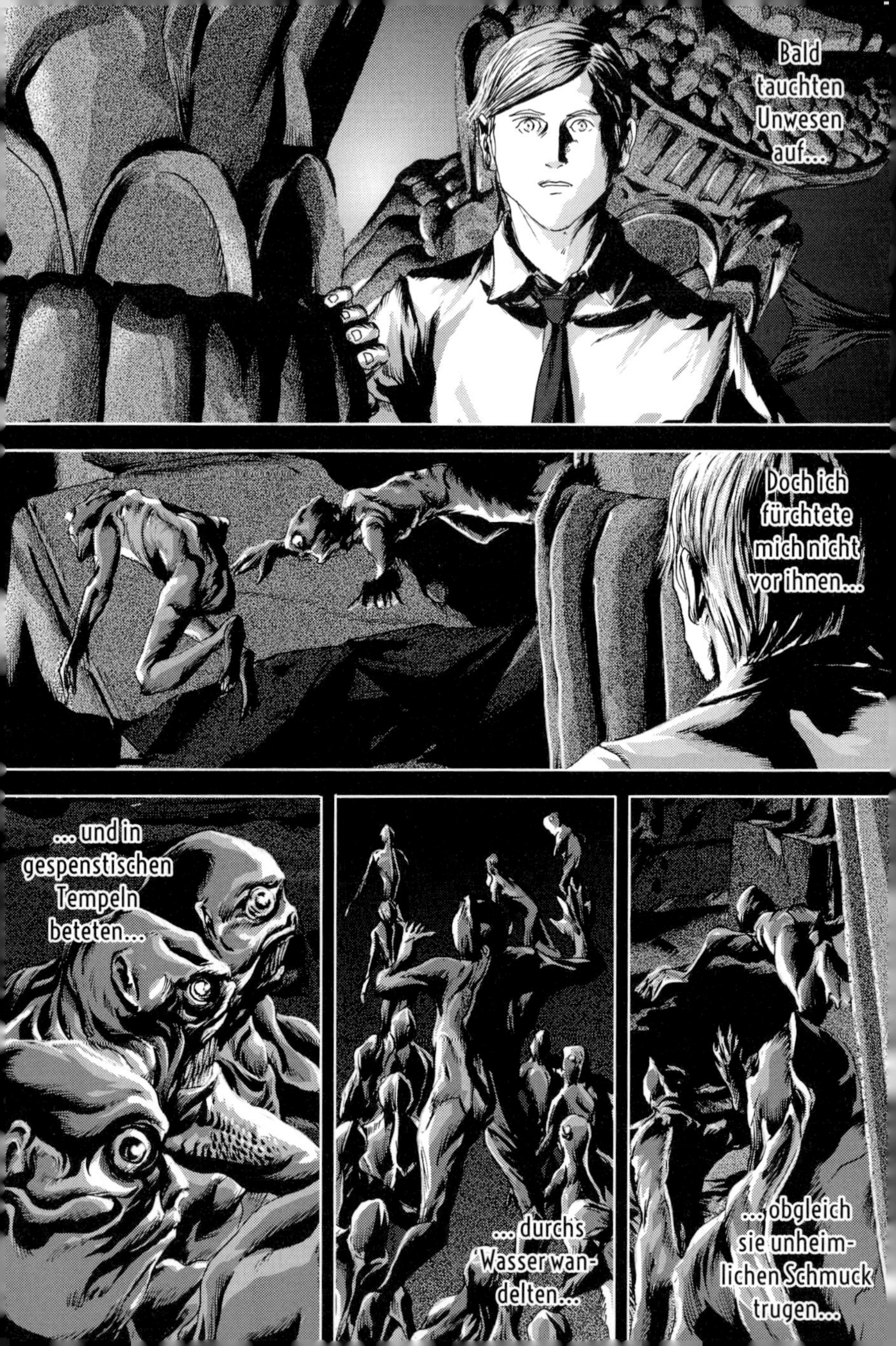
Bald tauchten Unwesen auf...
Doch ich fürchtete mich nicht vor ihnen...
... und in gespenstischen Tempeln beteten...
... durch's Wasser wandelten...
... obgleich sie unheimlichen Schmuck trugen...

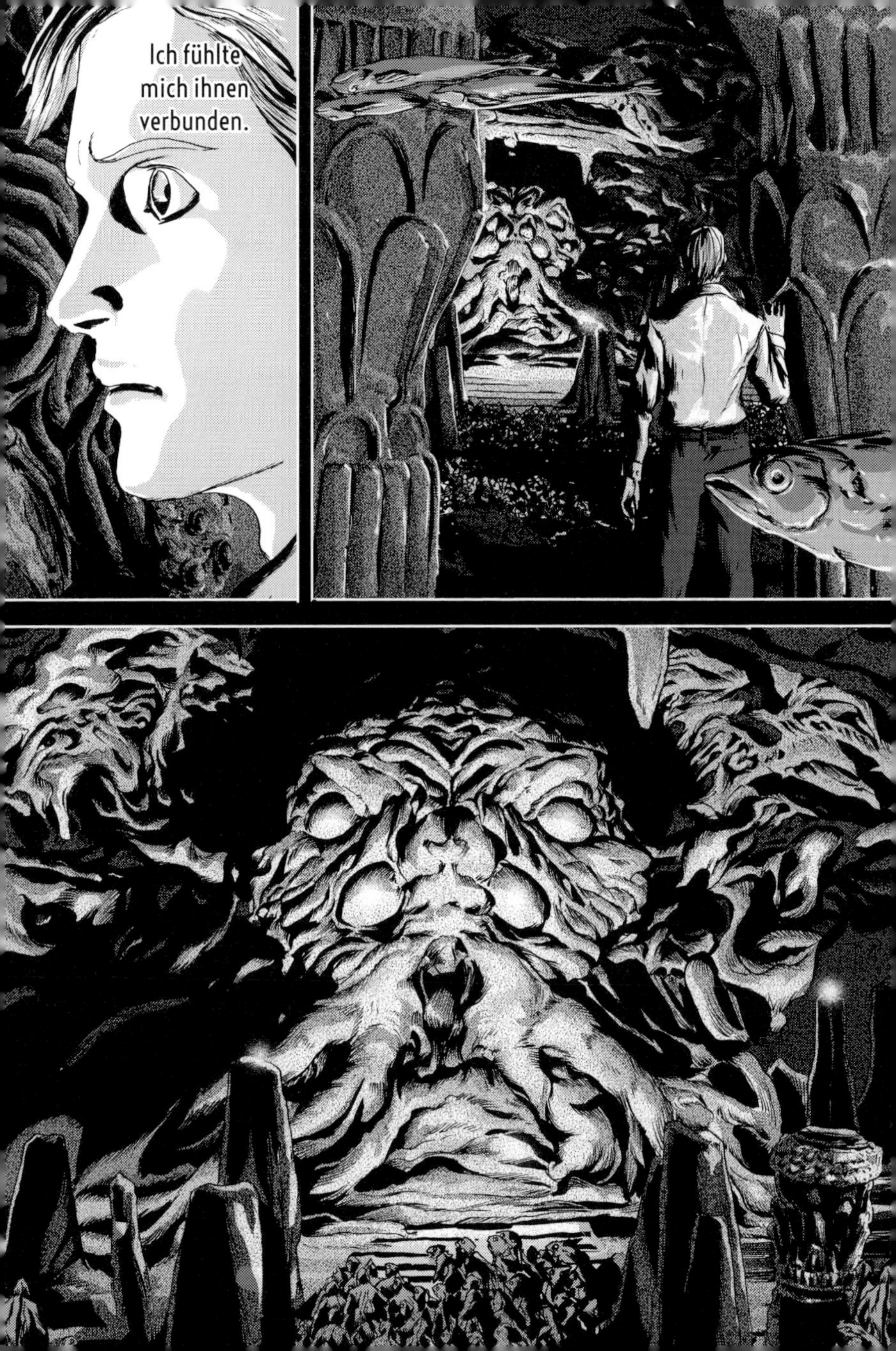
Ich fühlte mich ihnen verbunden.

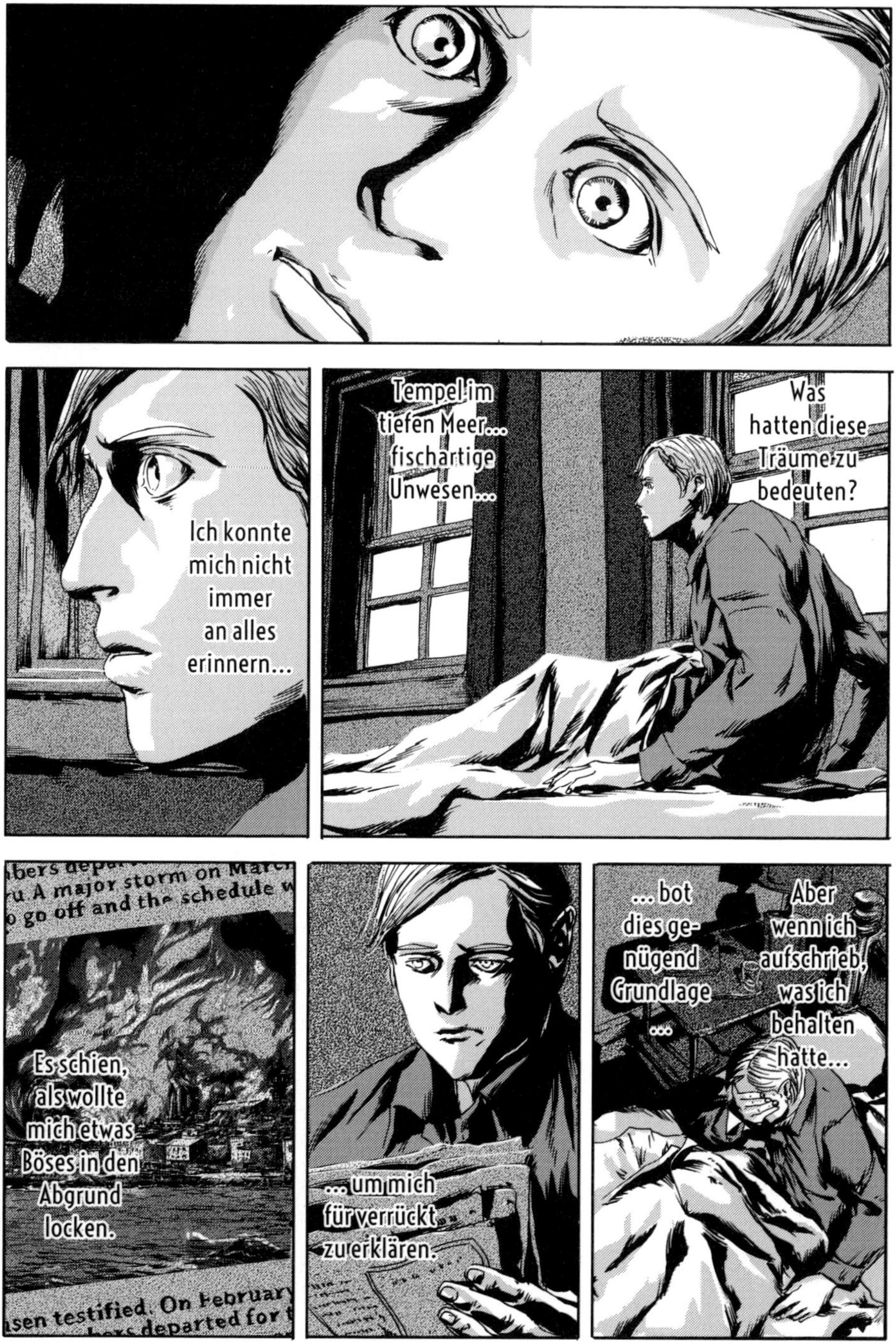
Was hatten diese Träume zu bedeuten?
Tempel im tiefen Meer... fischartige Unwesen...
Ich konnte mich nicht immer an alles erinnern...
Aber wenn ich aufschrieb, was ich behalten hatte...
... bot dies genügend Grundlage ...
... um mich für verrückt zu erklären.
Es schien, als wollte mich etwas Böses in den Abgrund locken.

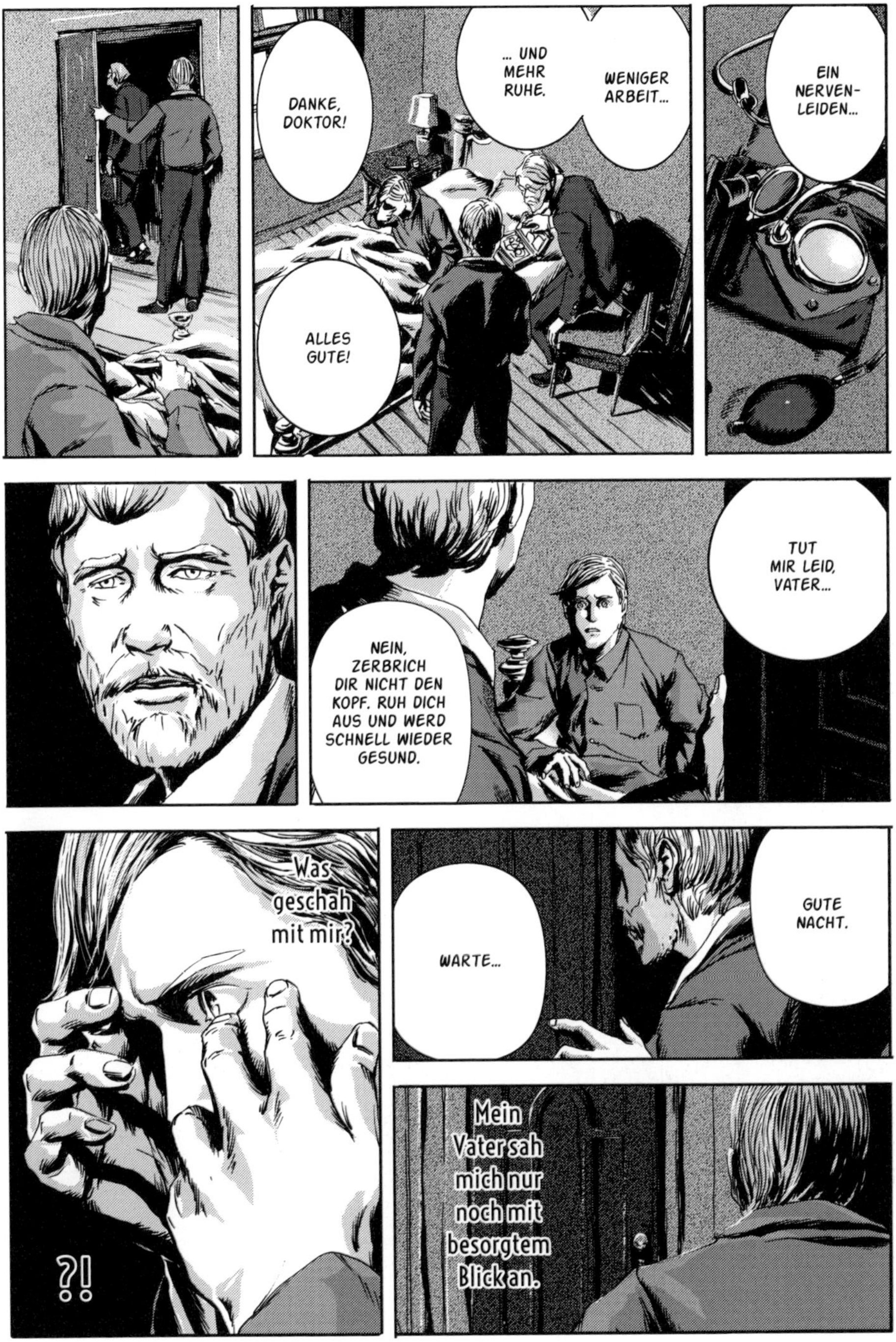

DANKE, DOKTOR!
ALLES GUTE!
... UND MEHR RUHE.
WENIGER ARBEIT...
EIN NERVEN-LEIDEN...
NEIN, ZERBRICH DIR NICHT DEN KOPF. RUH DICH AUS UND WERD SCHNELL WIEDER GESUND.
TUT MIR LEID, VATER...
Was geschah mit mir?
?!
WARTE...
GUTE NACHT.
Mein Vater sah mich nur noch mit besorgtem Blick an.

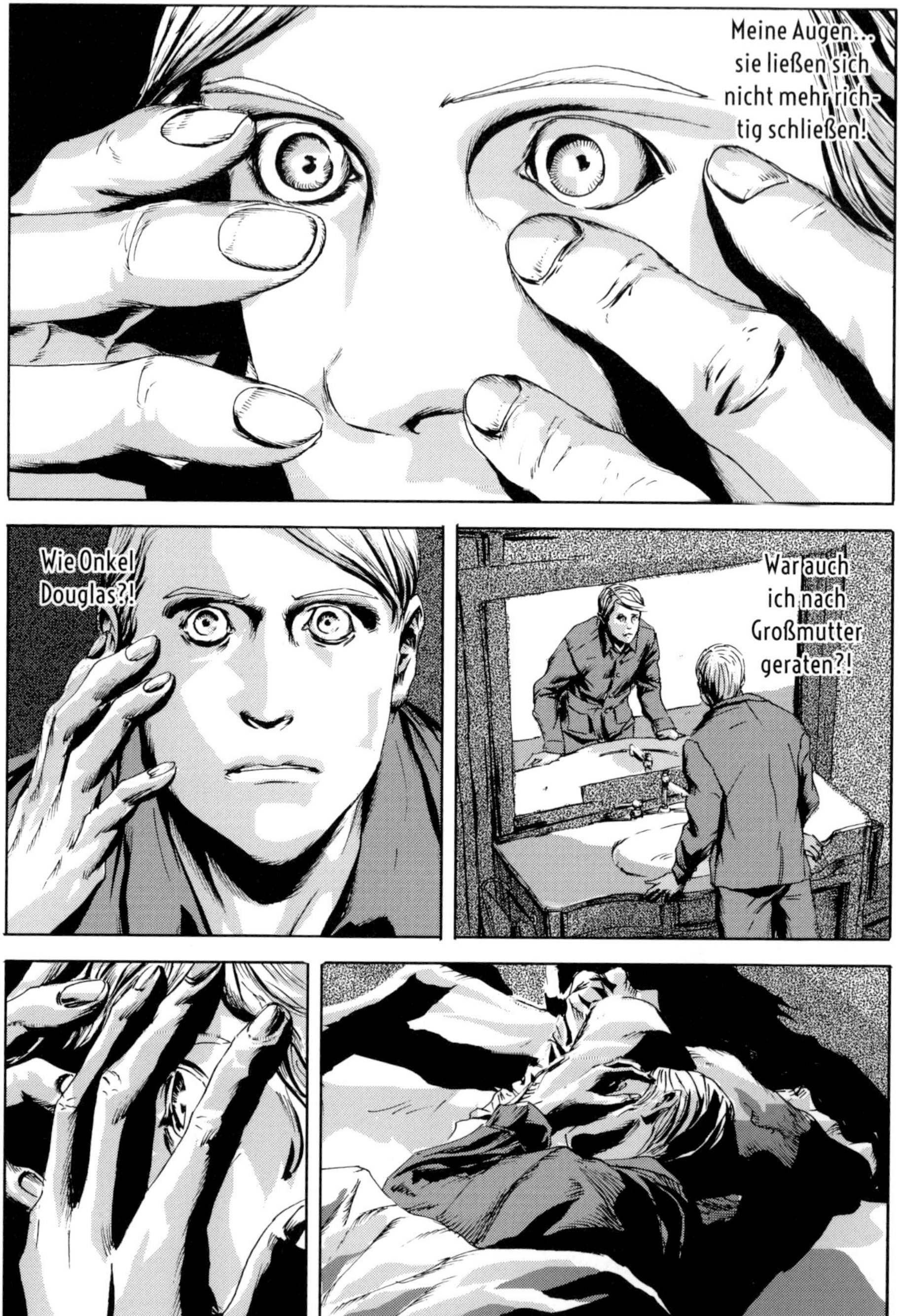

Meine Augen … sie ließen sich nicht mehr richtig schließen!
Wie Onkel Douglas?!
War auch ich nach Großmutter geraten?!

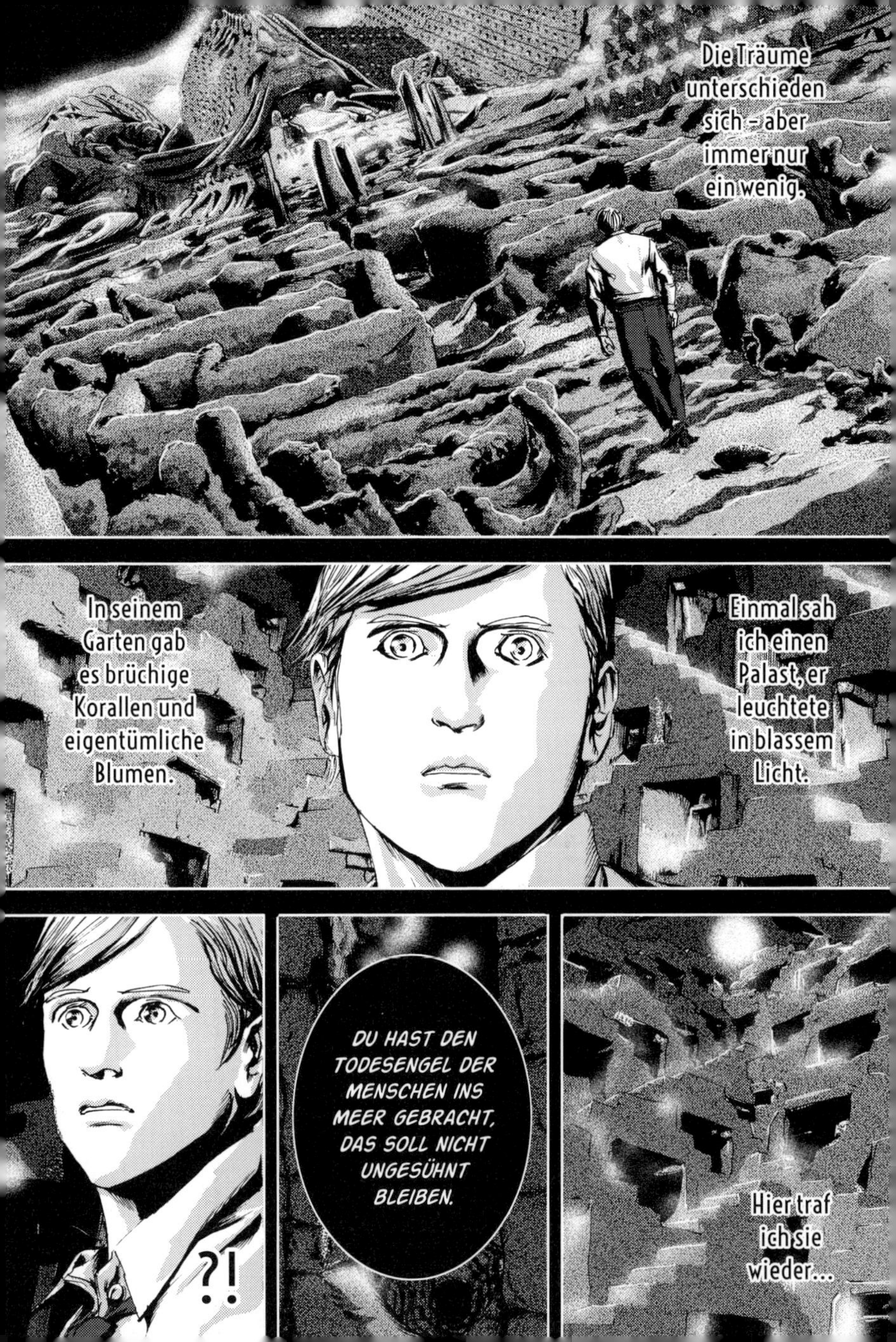
Die Träume unterschieden sich – aber immer nur ein wenig.
In seinem Garten gab es brüchige Korallen und eigentümliche Blumen.
Einmal sah ich einen Palast, er leuchtete in blassem Licht.
?!
DU HAST DEN TODESENGEL DER MENSCHEN INS MEER GEBRACHT, DAS SOLL NICHT UNGESÜHNT BLEIBEN.
Hier traf ich sie wieder…

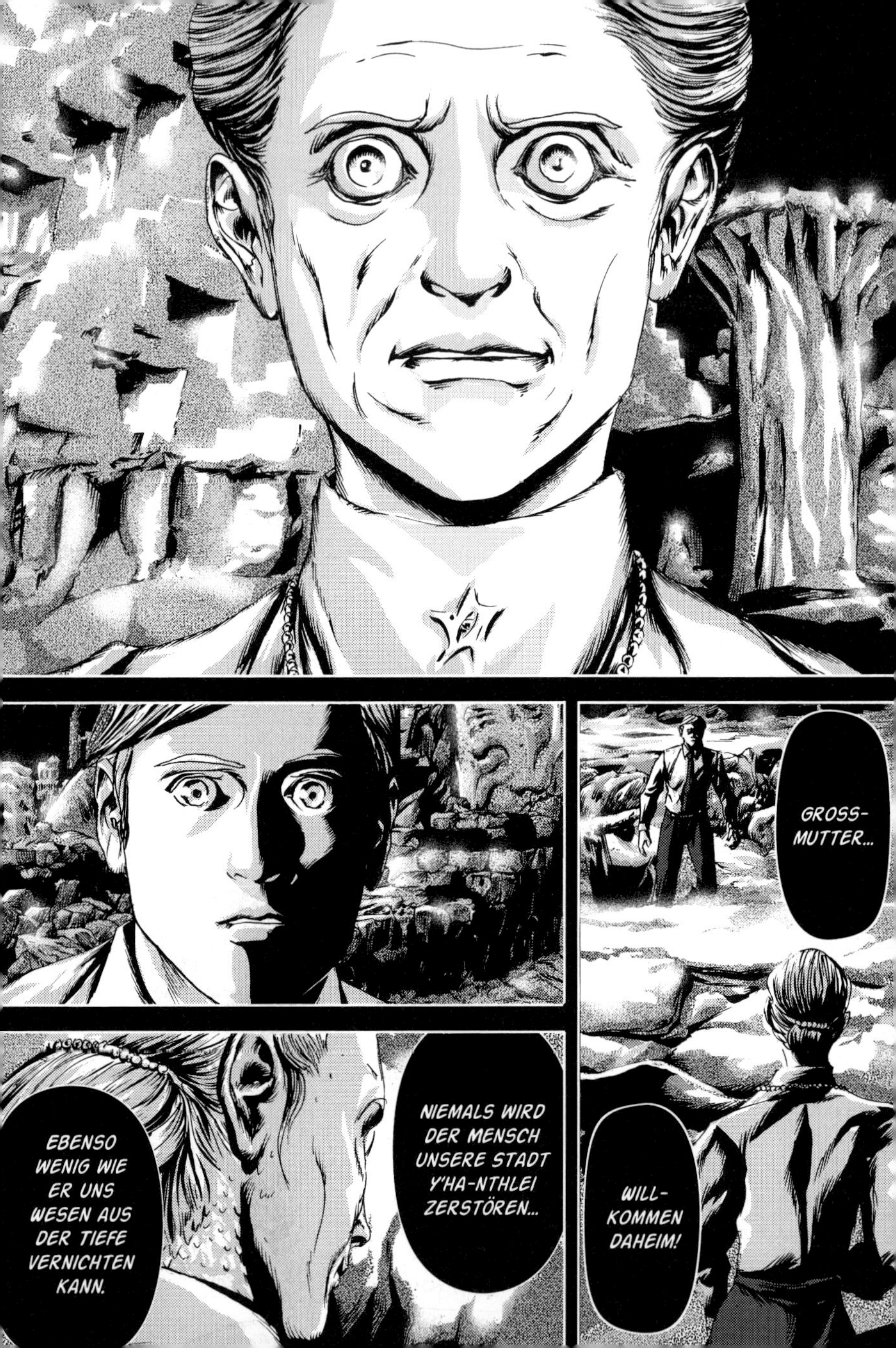
GROSS-MUTTER...
WILL-KOMMEN DAHEIM!
NIEMALS WIRD DER MENSCH UNSERE STADT Y'HA-NTHLEI ZERSTÖREN...
EBENSO WENIG WIE ER UNS WESEN AUS DER TIEFE VERNICHTEN KANN.

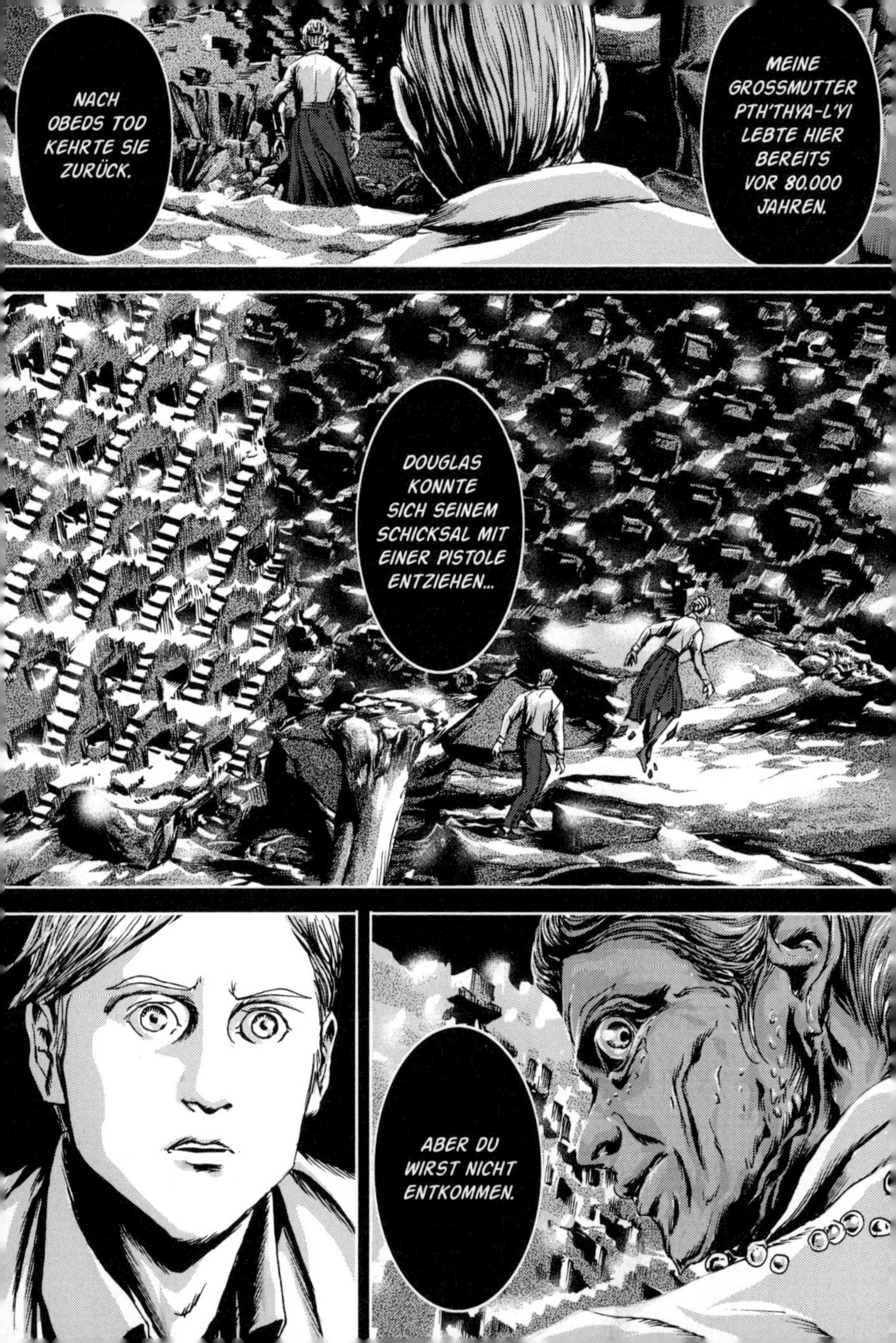
NACH OBEDS TOD KEHRTE SIE ZURÜCK.
MEINE GROSSMUTTER PTH'THYA-L'YI LEBTE HIER BEREITS VOR 80.000 JAHREN.
DOUGLAS KONNTE SICH SEINEM SCHICKSAL MIT EINER PISTOLE ENTZIEHEN...
ABER DU WIRST NICHT ENTKOMMEN.

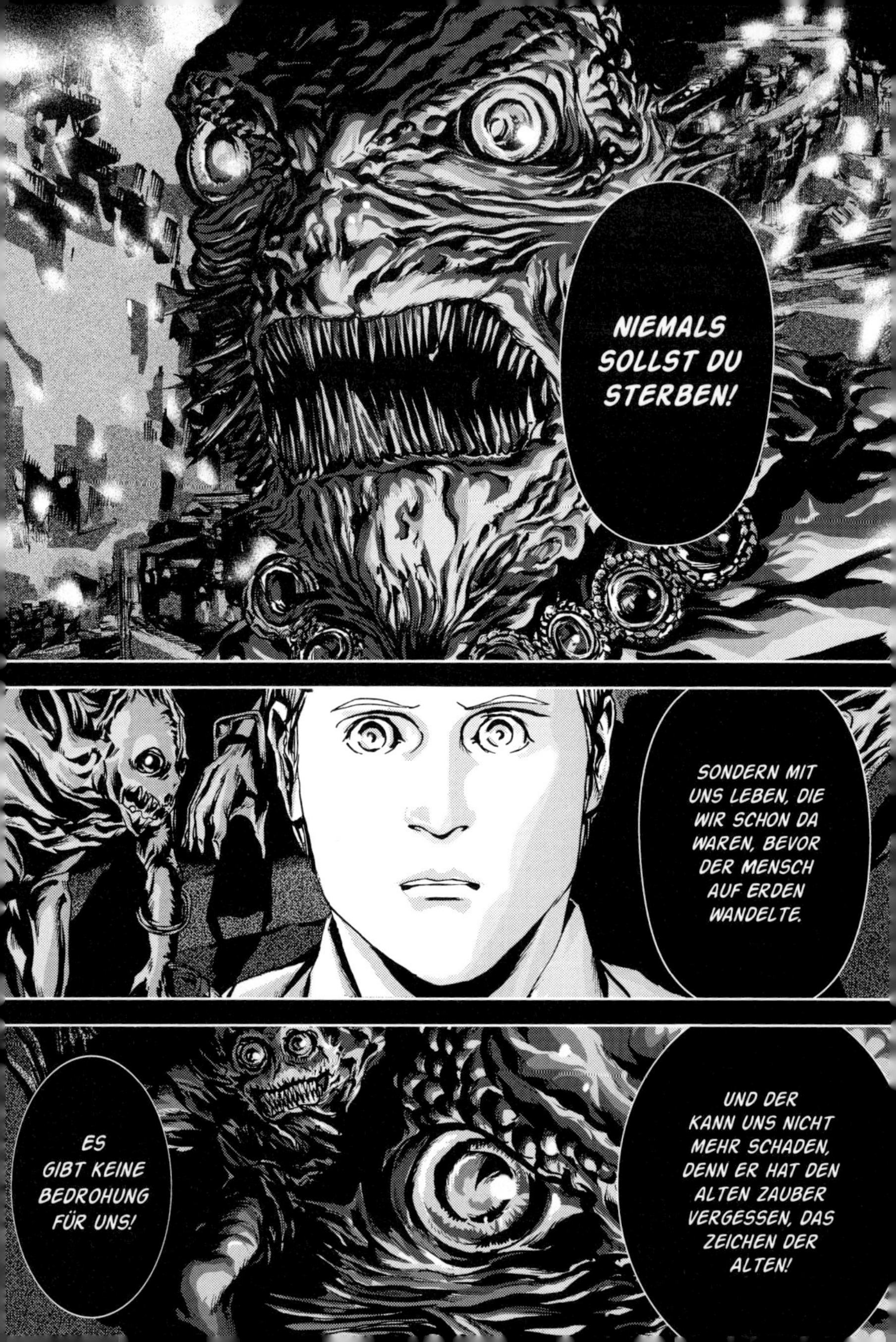
NIEMALS SOLLST DU STERBEN!
SONDERN MIT UNS LEBEN, DIE WIR SCHON DA WAREN, BEVOR DER MENSCH AUF ERDEN WANDELTE.
UND DER KANN UNS NICHT MEHR SCHADEN, DENN ER HAT DEN ALTEN ZAUBER VERGESSEN, DAS ZEICHEN DER ALTEN!
ES GIBT KEINE BEDROHUNG FÜR UNS!

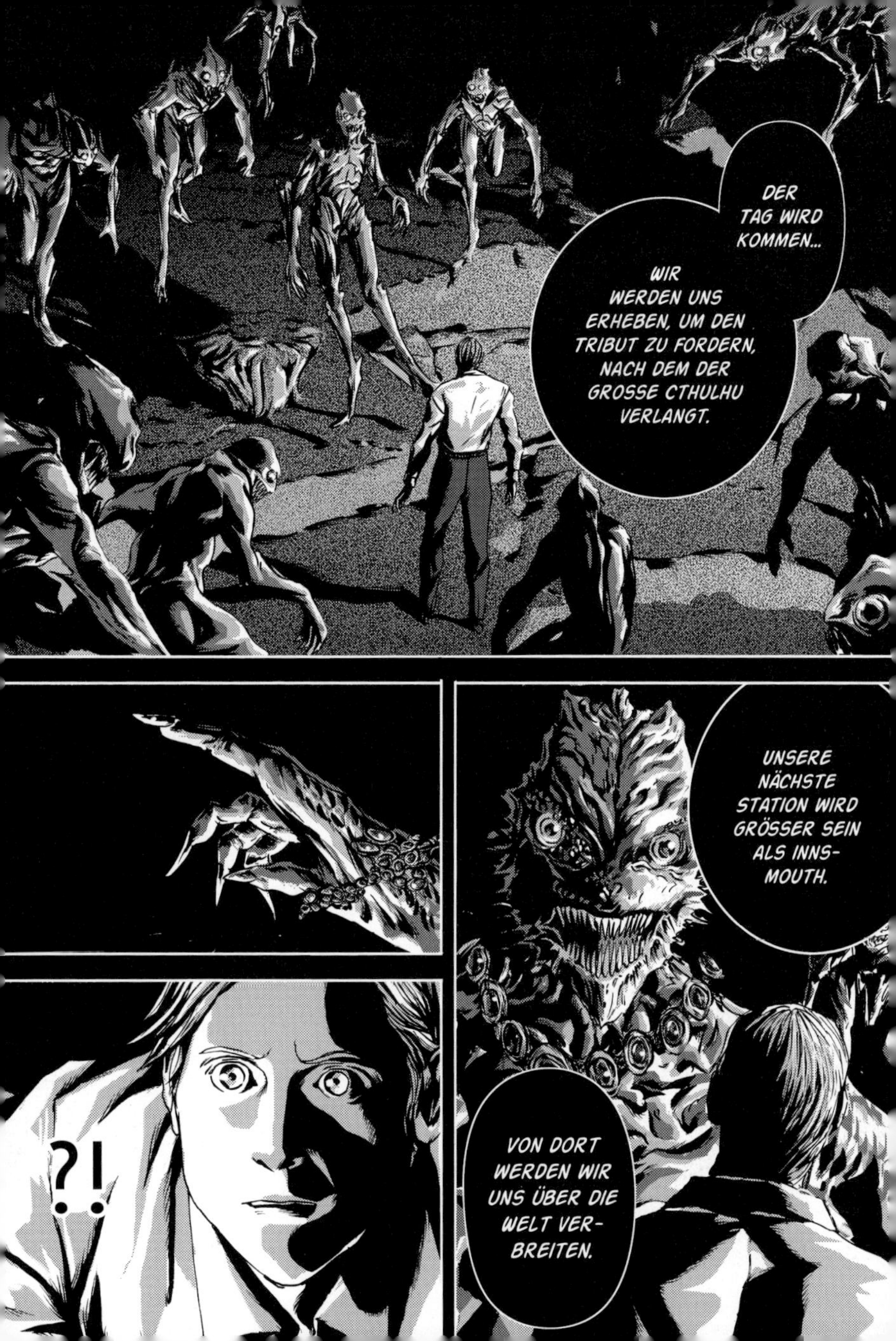
DER TAG WIRD KOMMEN...
WIR WERDEN UNS ERHEBEN, UM DEN TRIBUT ZU FORDERN, NACH DEM DER GROSSE CTHULHU VERLANGT.
UNSERE NÄCHSTE STATION WIRD GRÖSSER SEIN ALS INNS-MOUTH.
?!
VON DORT WERDEN WIR UNS ÜBER DIE WELT VER-BREITEN.

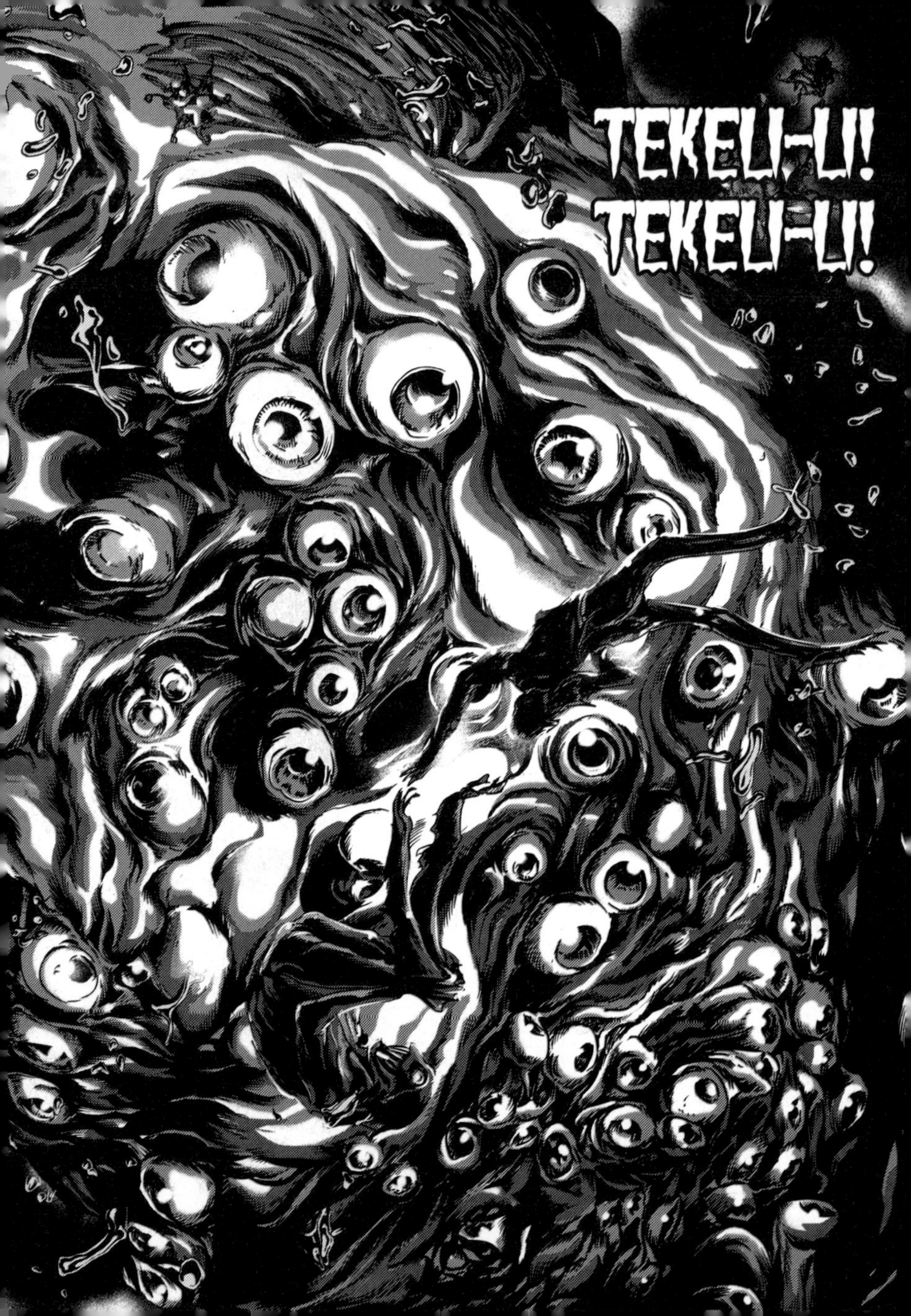
TEKELI-LI!
TEKELI-LI!

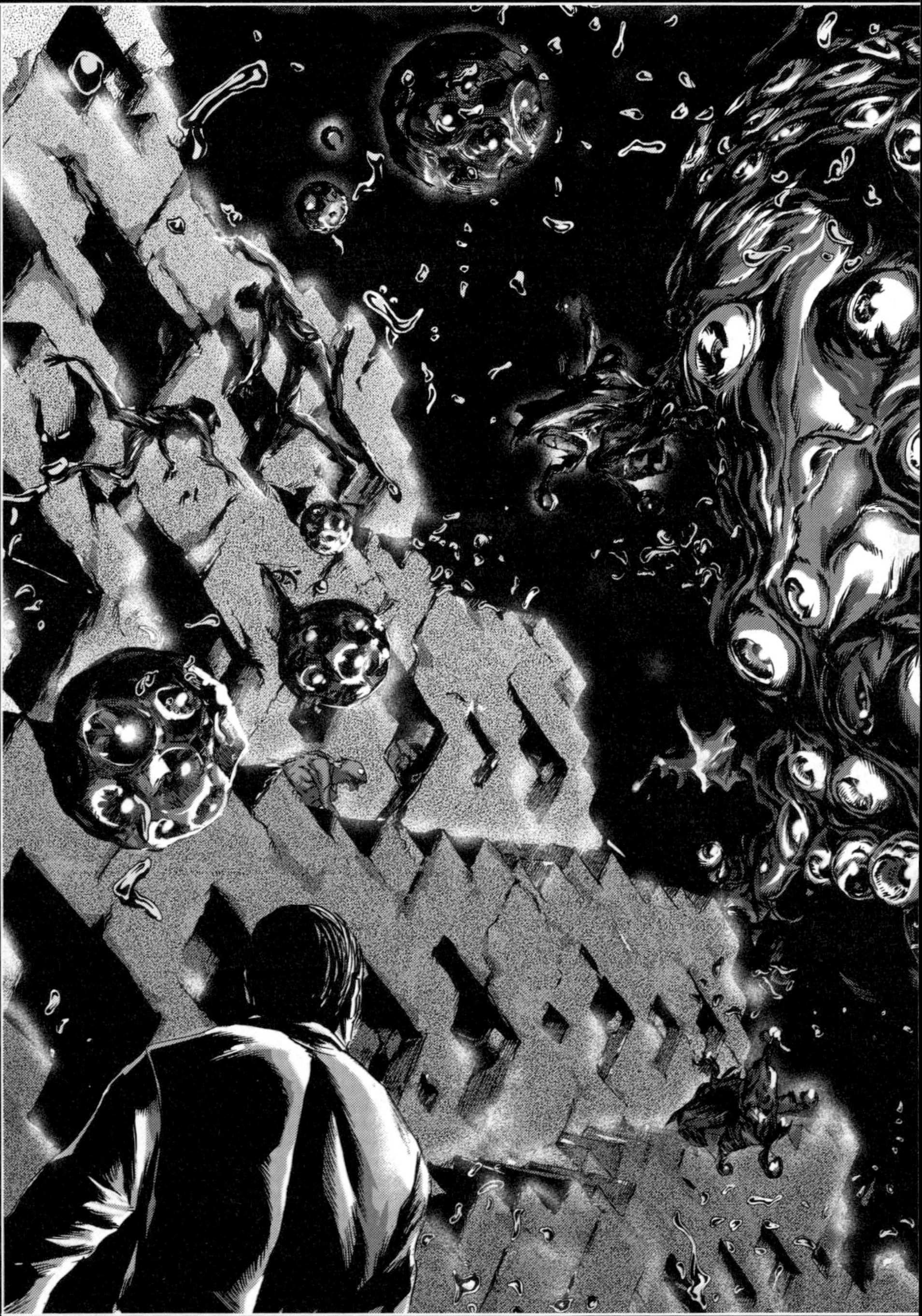

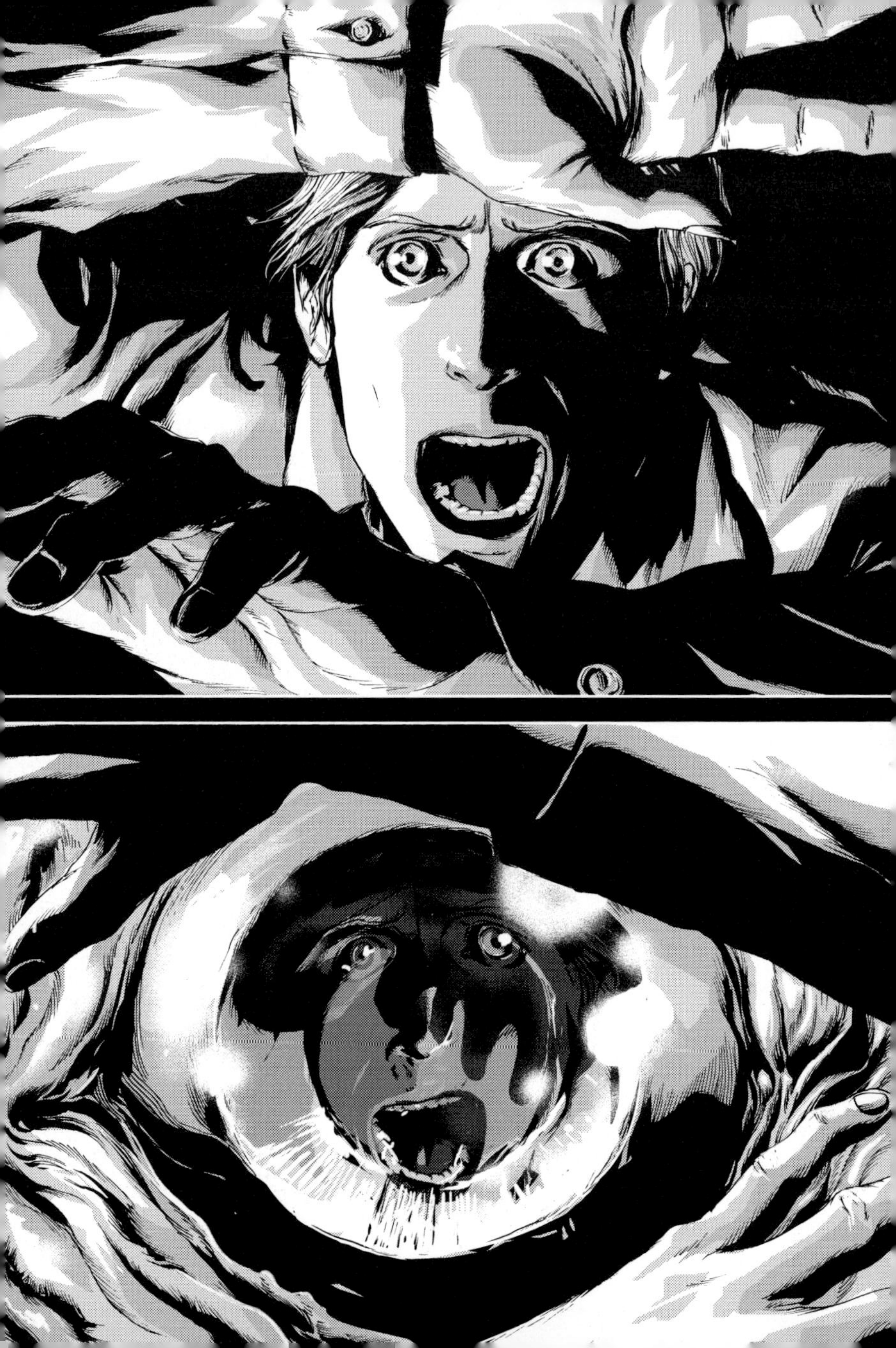

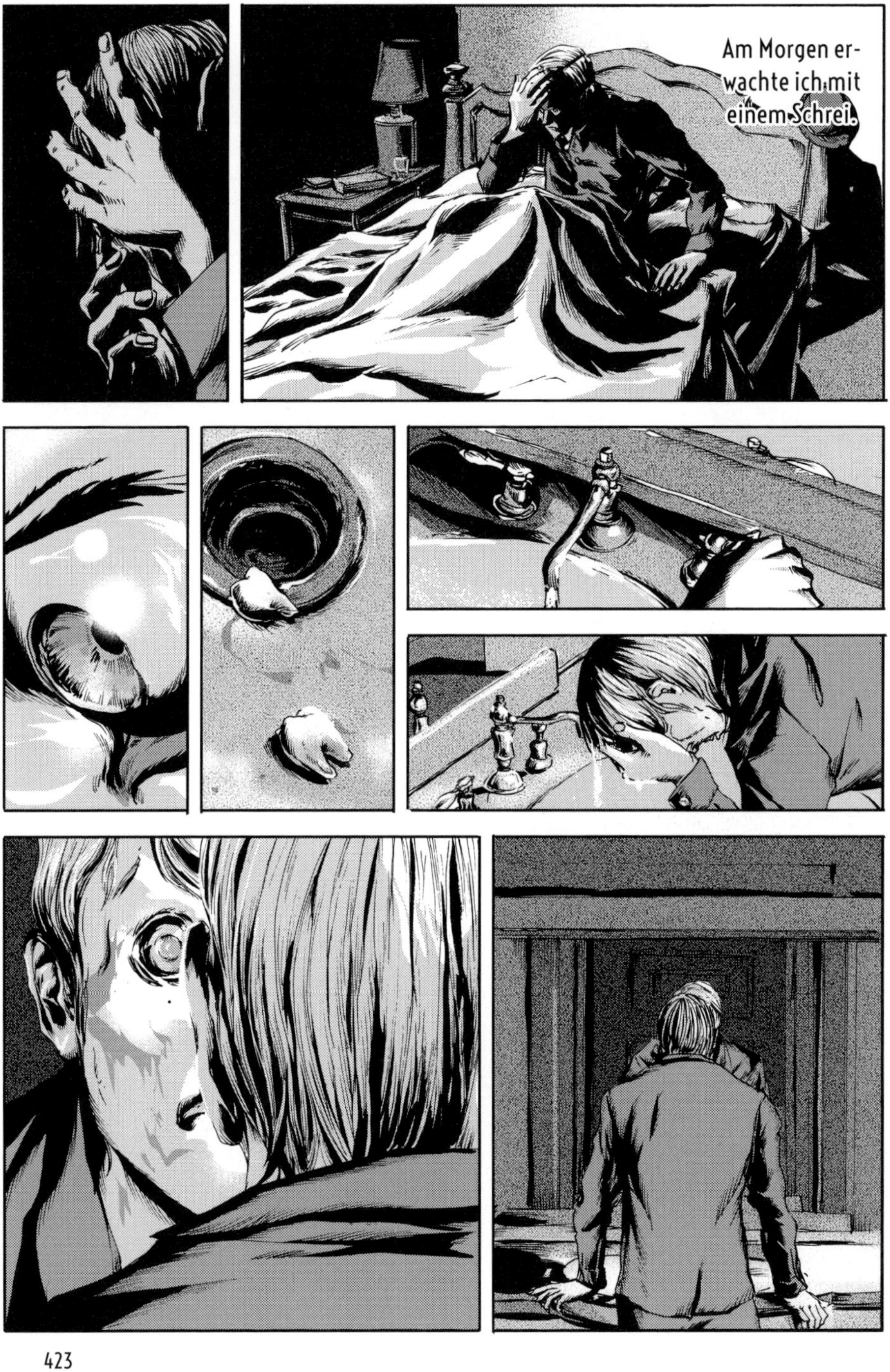
Am Morgen erwachte ich mit einem Schrei.

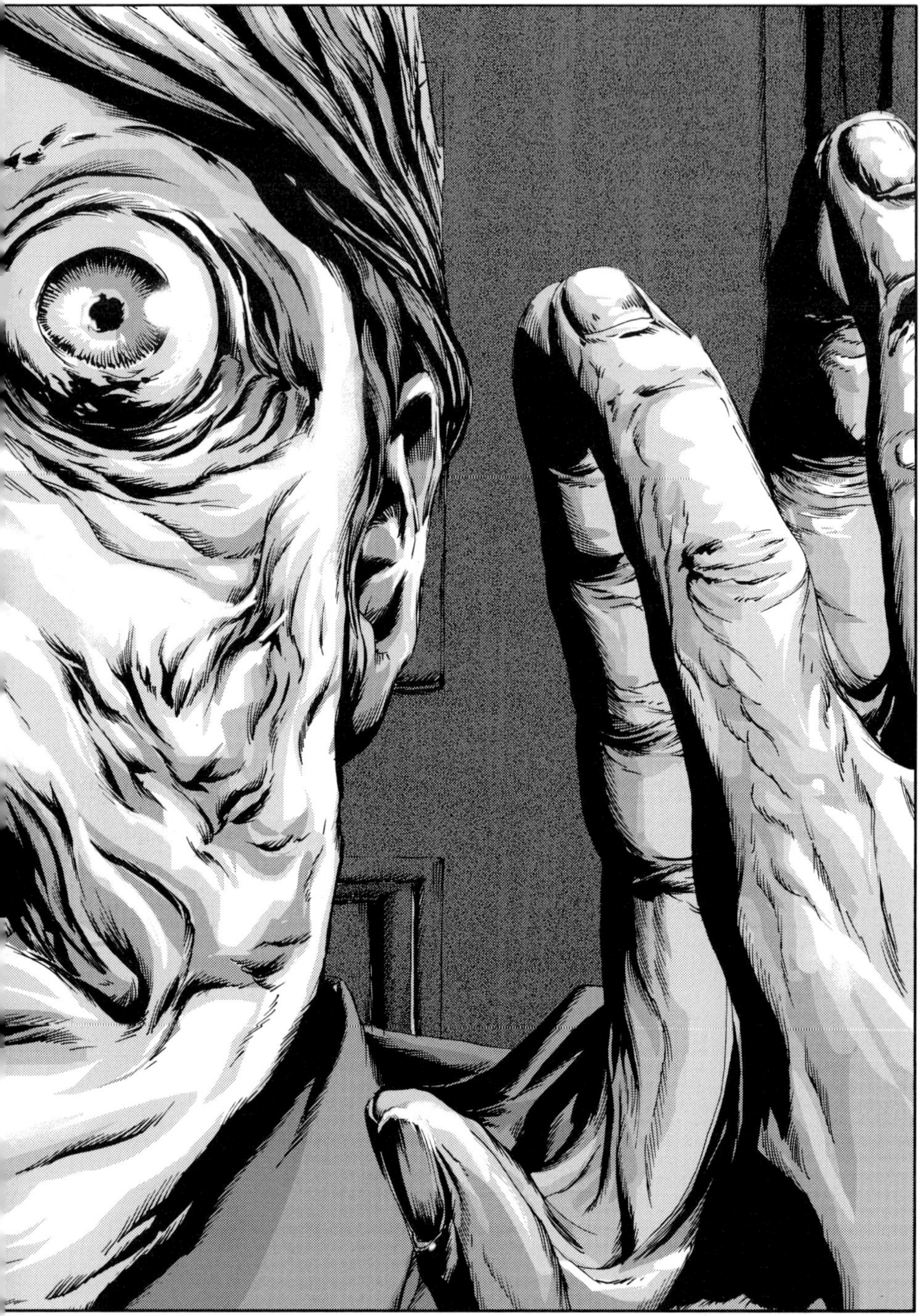

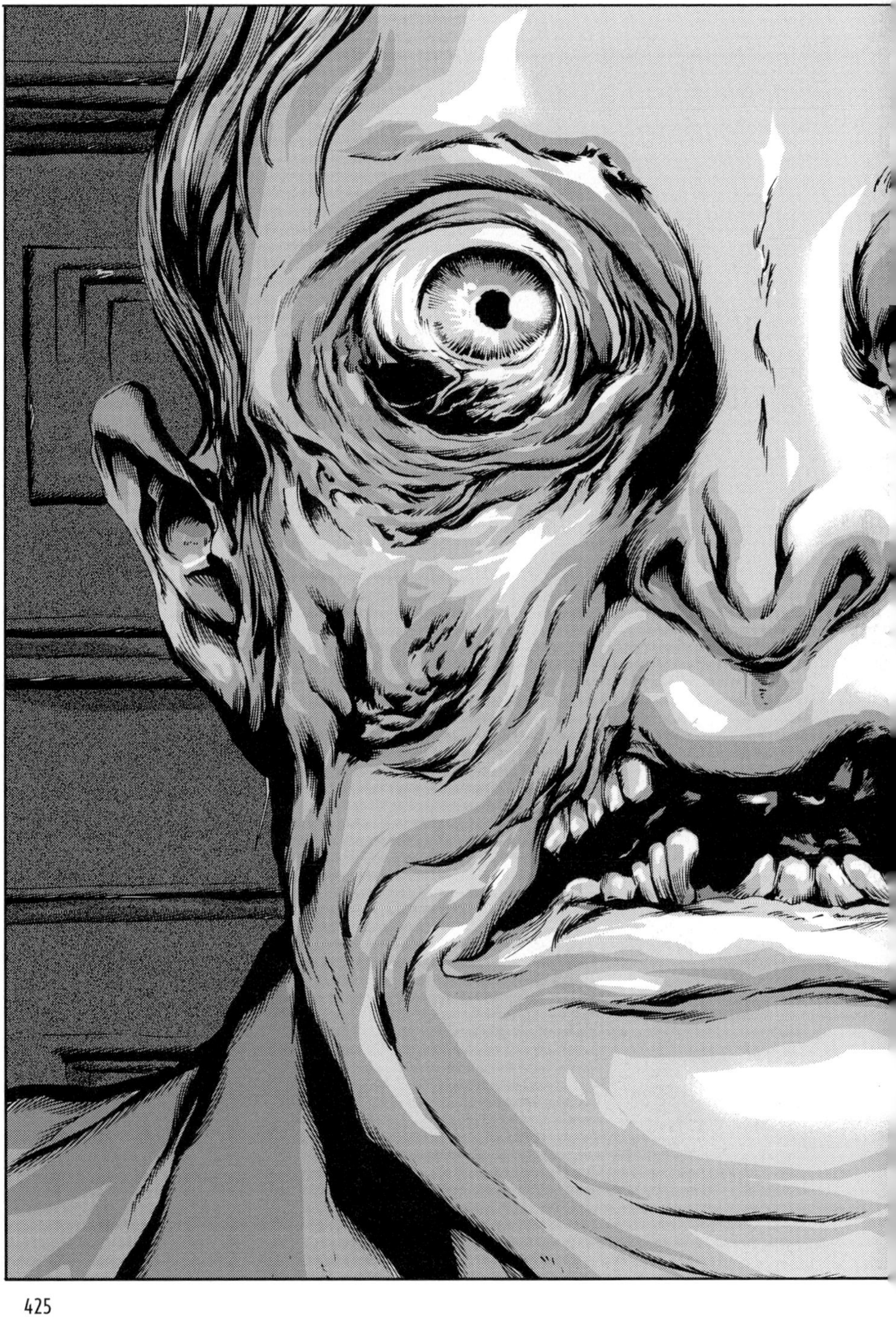

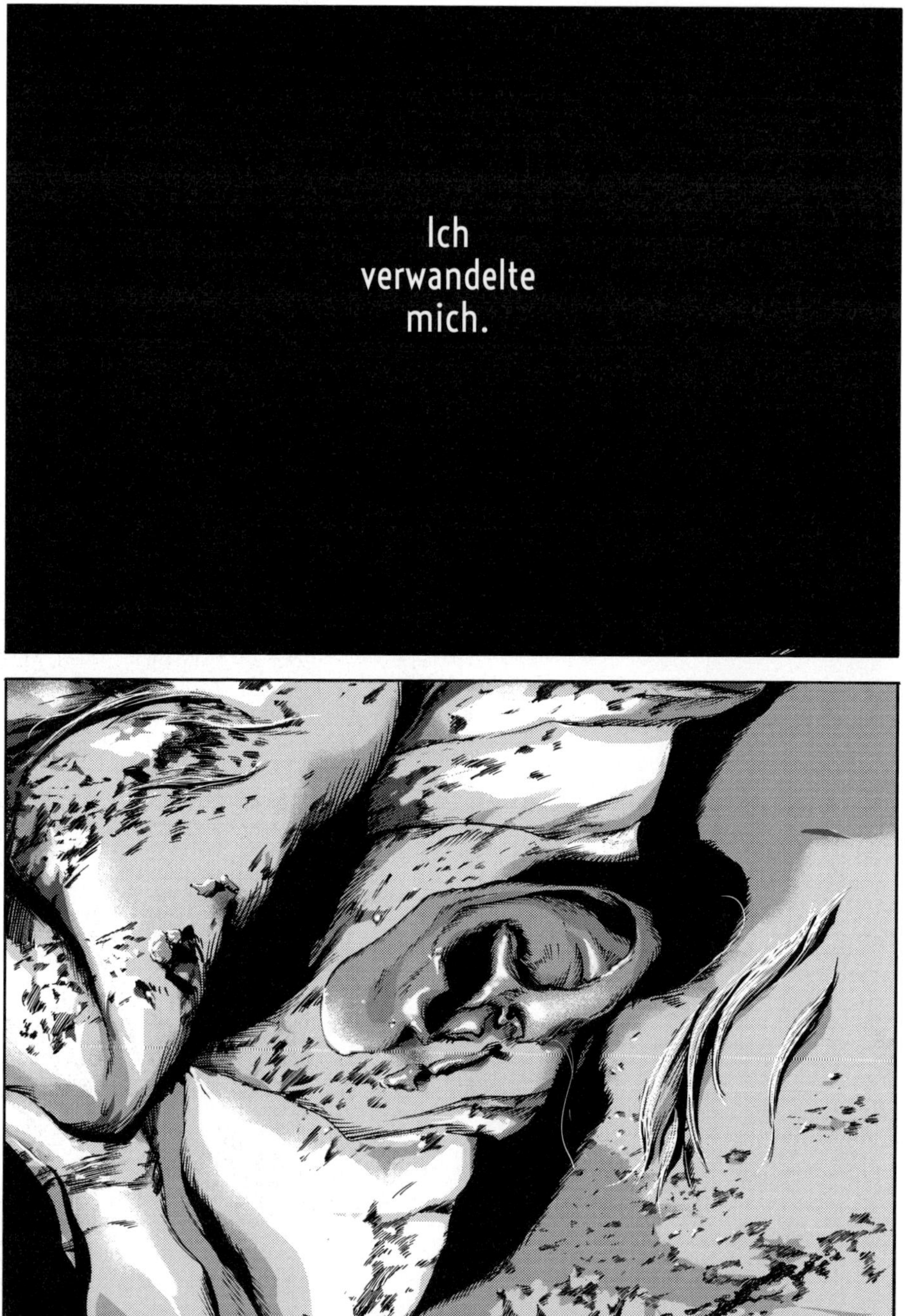
Ich verwandelte mich.

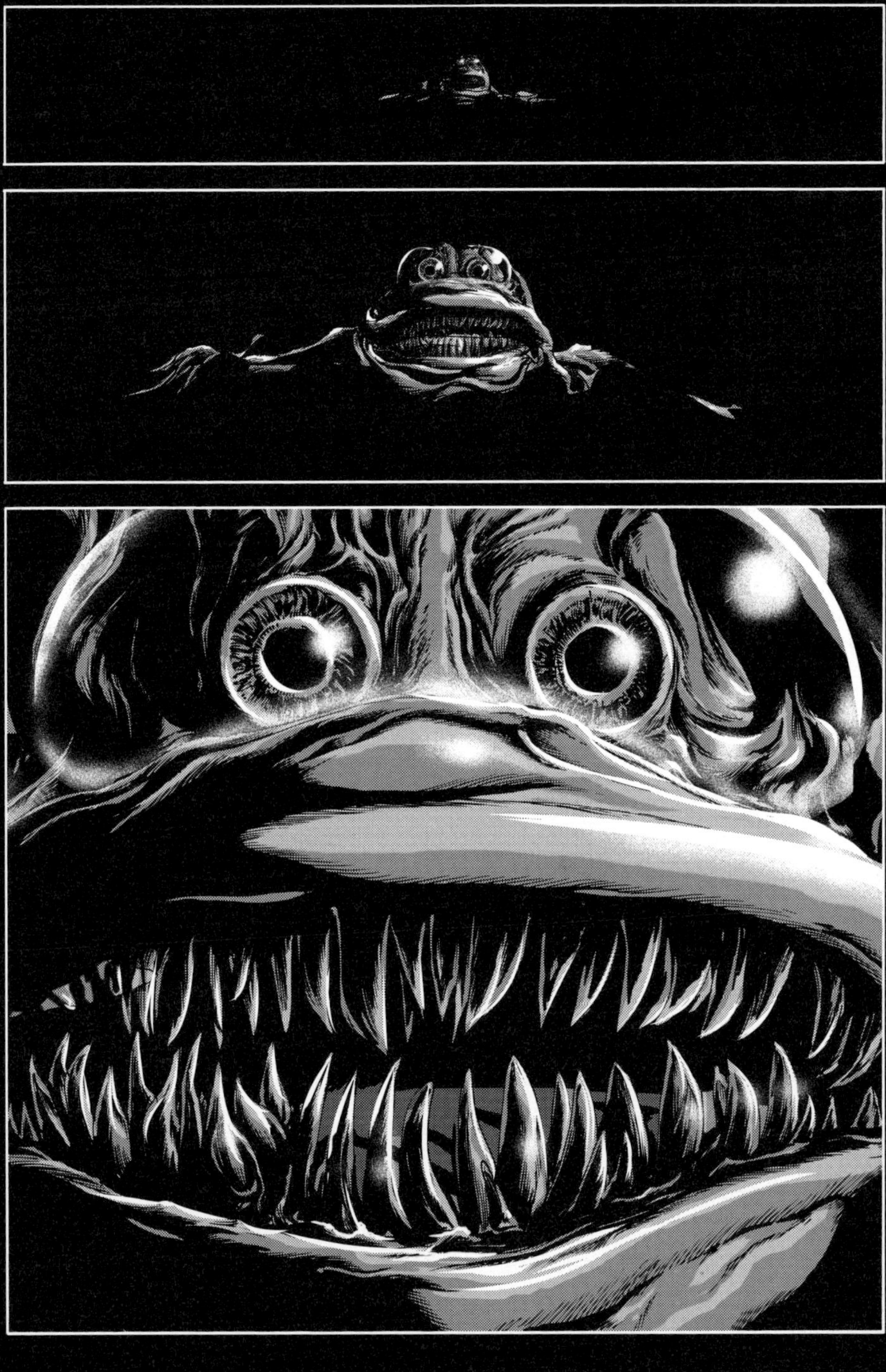

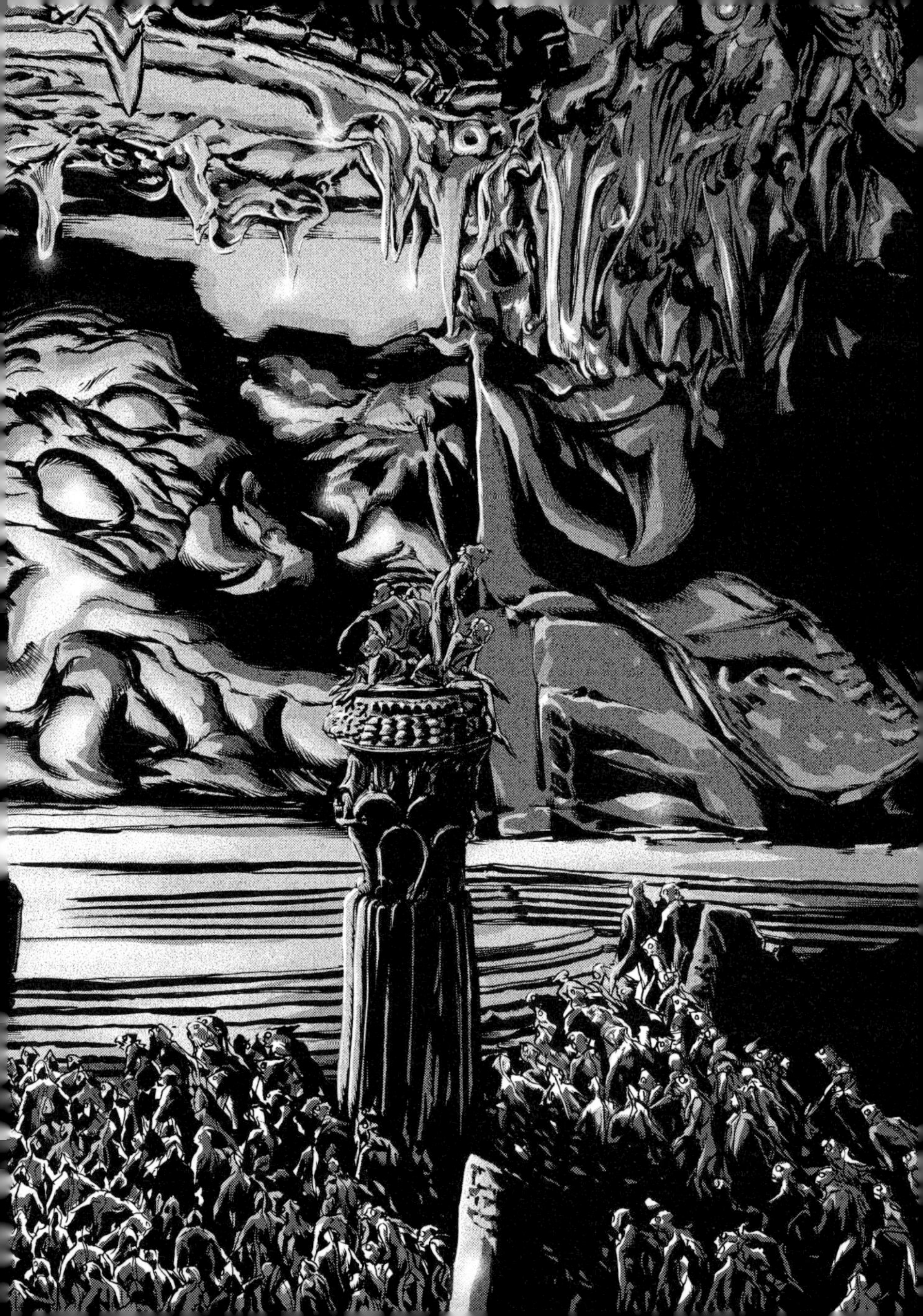

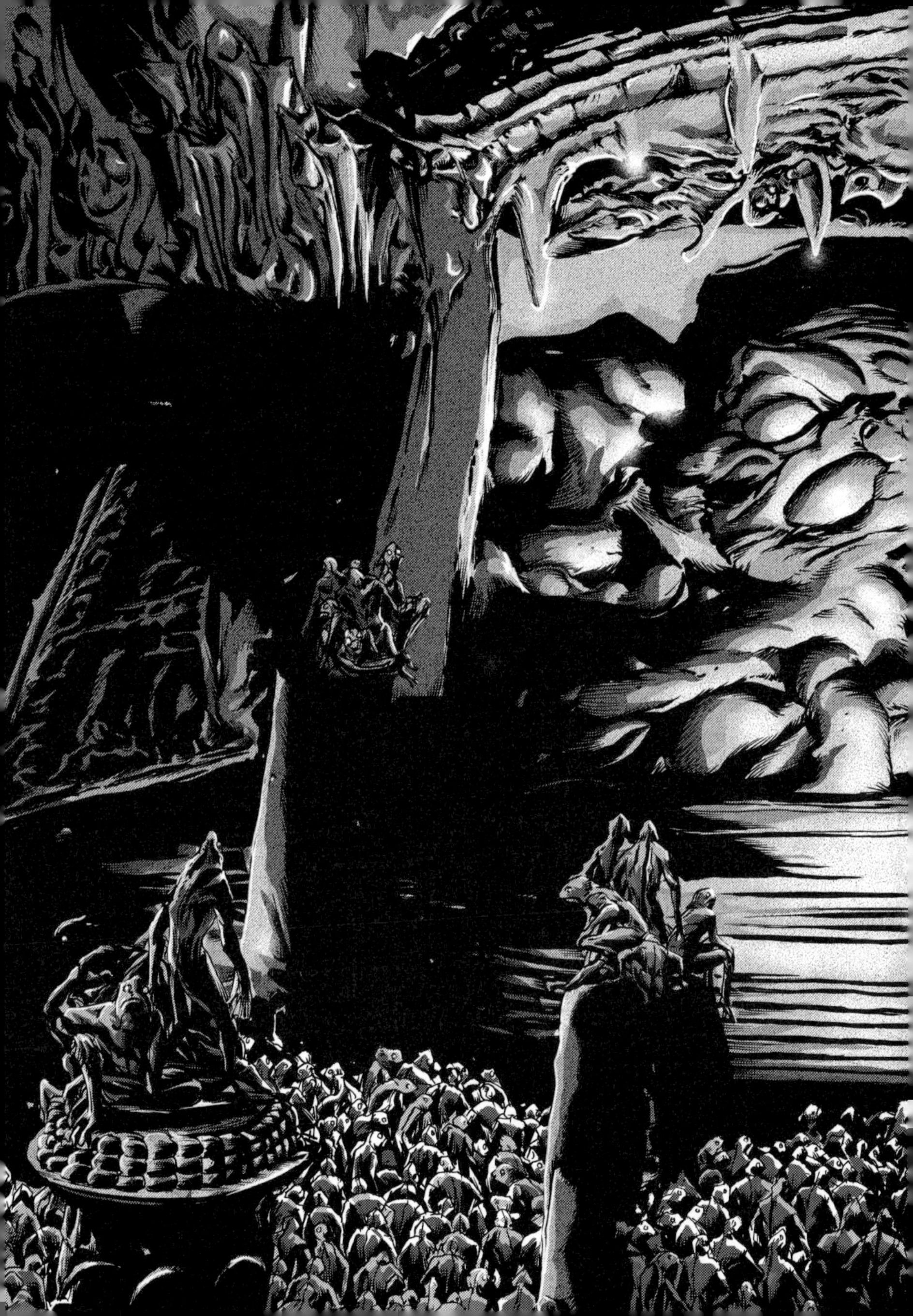

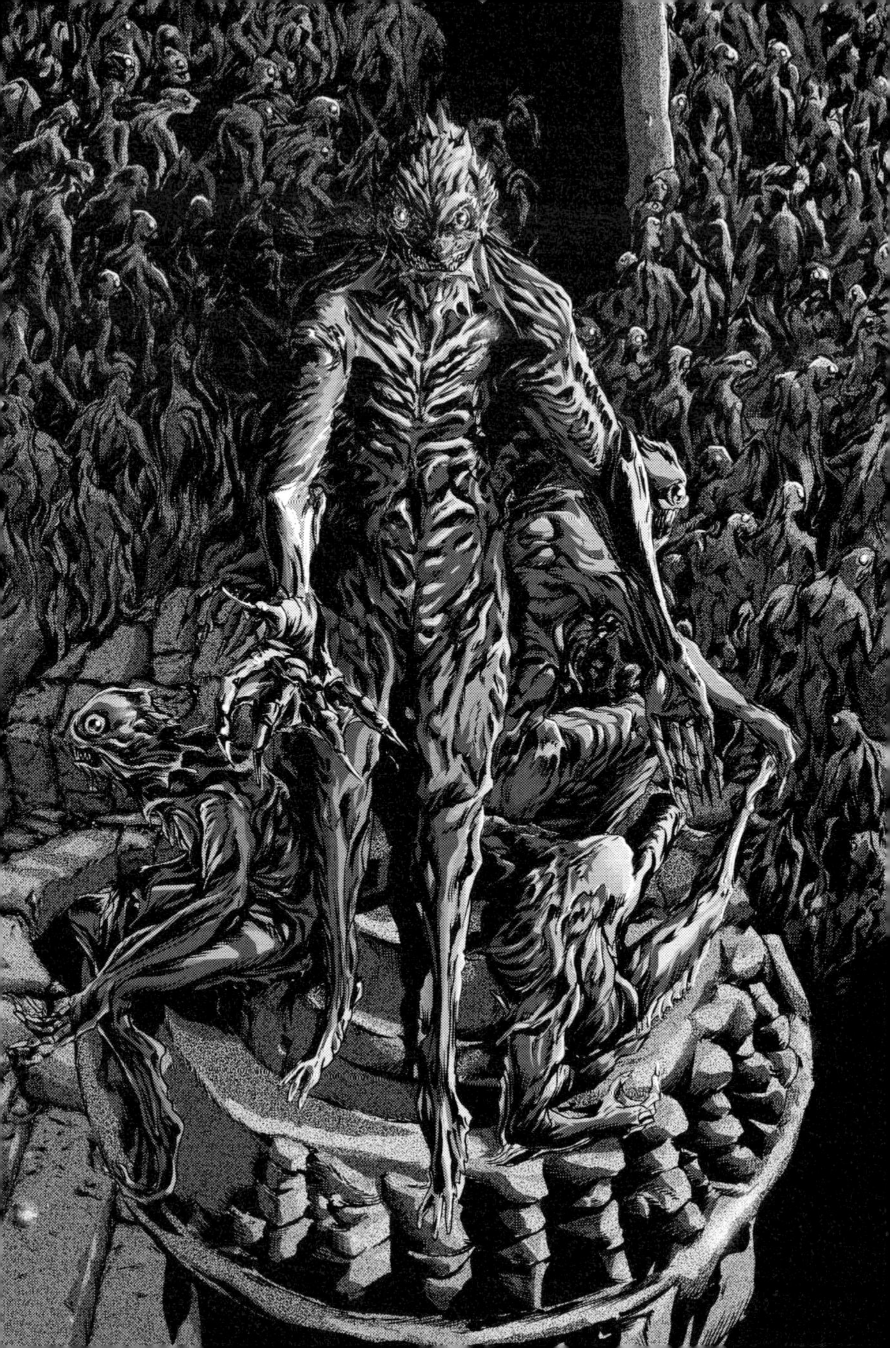

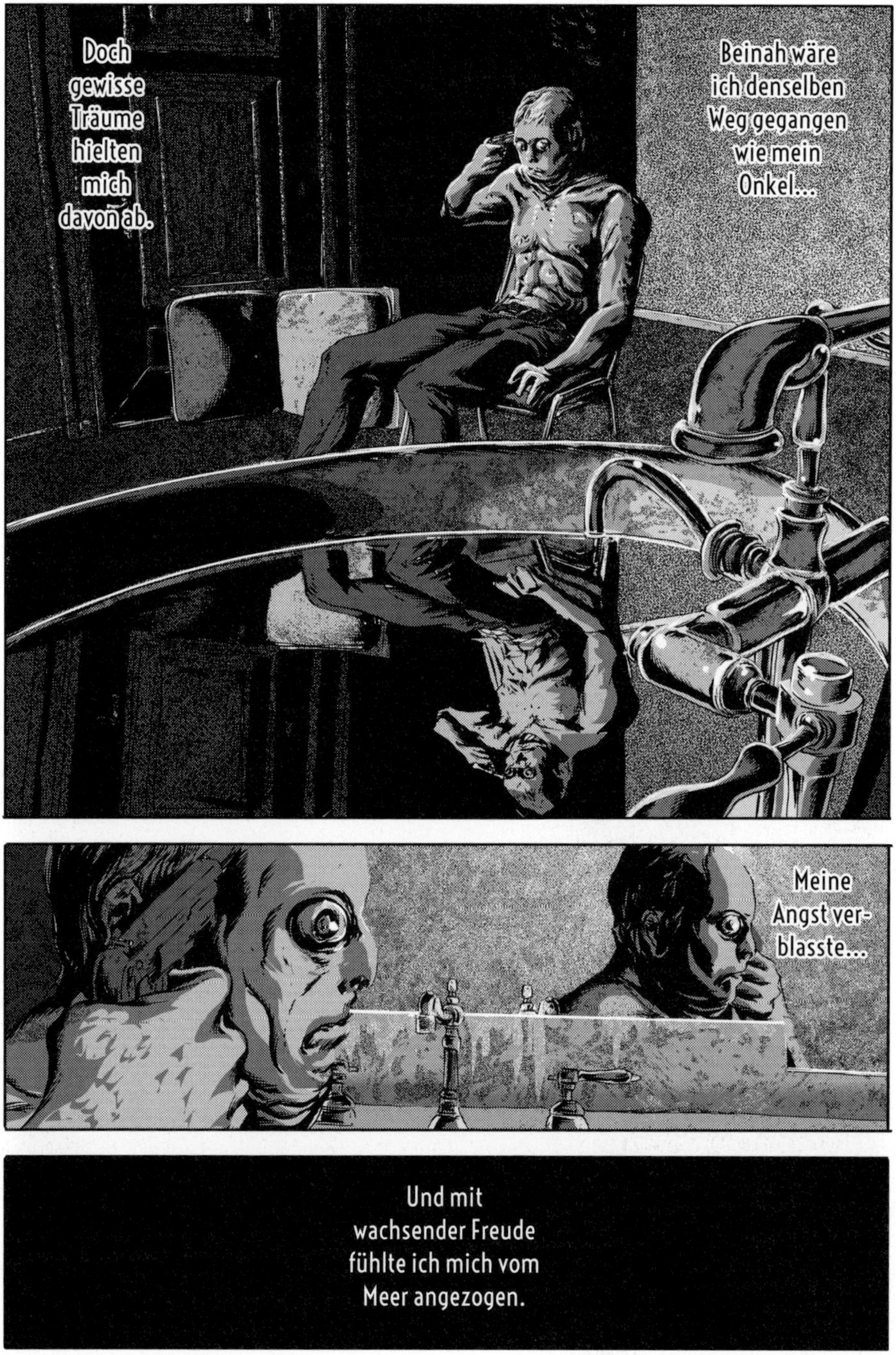
Doch gewisse Träume hielten mich davon ab.
Beinah wäre ich denselben Weg gegangen wie mein Onkel...
Meine Angst verblasste...
Und mit wachsender Freude fühlte ich mich vom Meer angezogen.

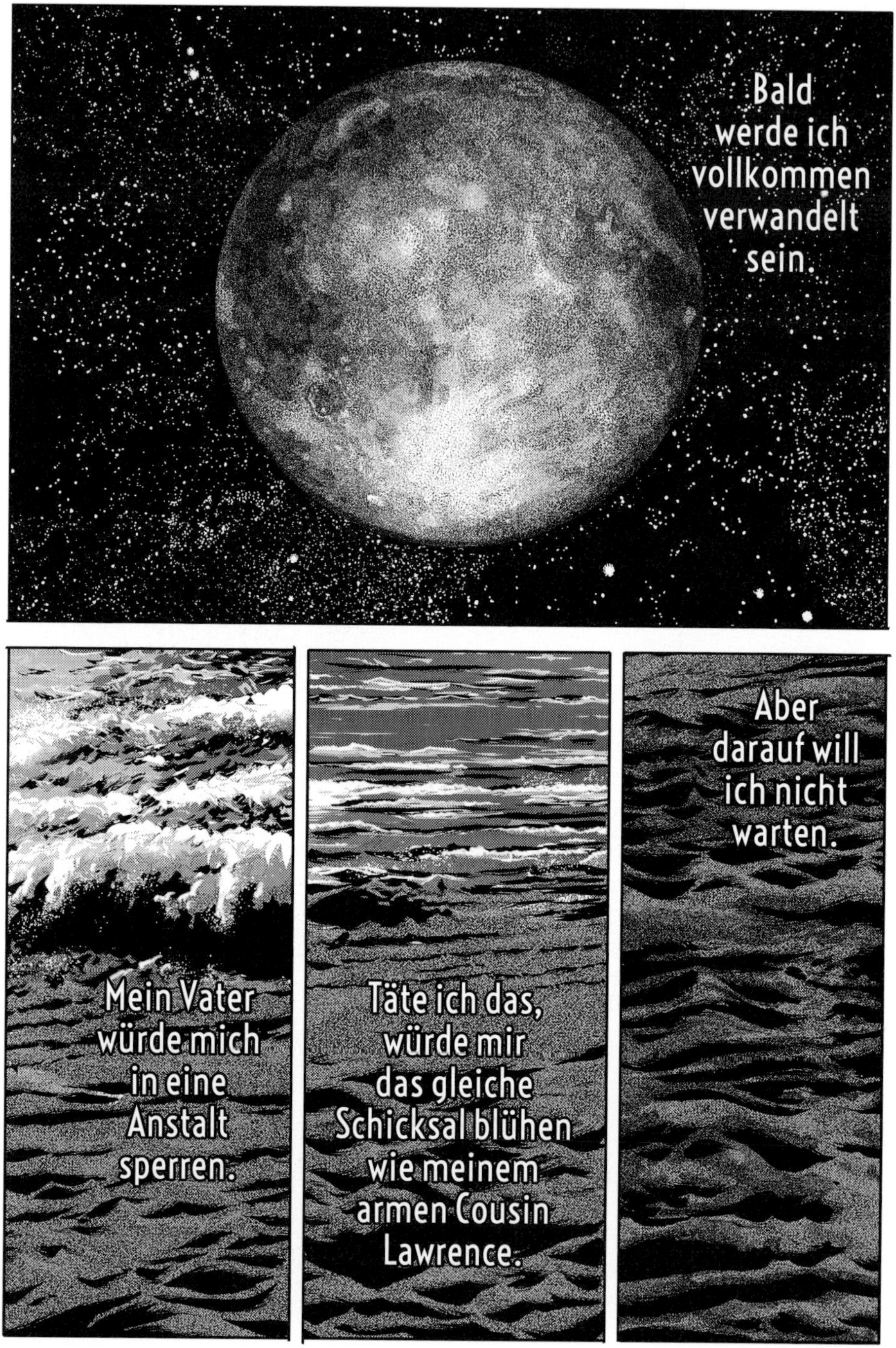
Bald werde ich vollkommen verwandelt sein.
Mein Vater würde mich in eine Anstalt sperren.
Täte ich das, würde mir das gleiche Schicksal blühen wie meinem armen Cousin Lawrence.
Aber darauf will ich nicht warten.

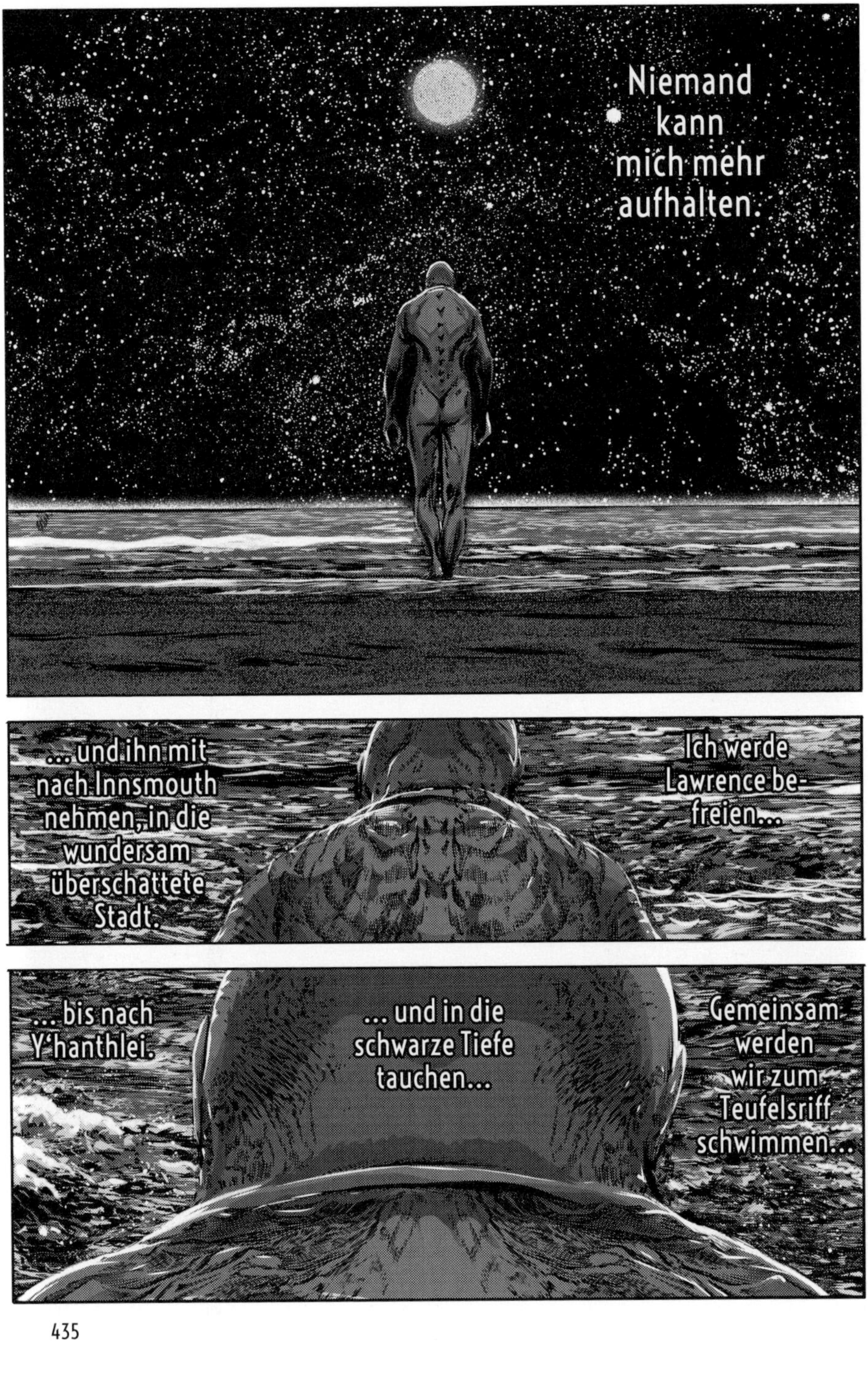
Niemand kann mich mehr aufhalten.
Ich werde Lawrence be-freien...
... und ihn mit nach Innsmouth nehmen, in die wundersam überschattete Stadt.
Gemeinsam werden wir zum Teufelsriff schwimmen...
... und in die schwarze Tiefe tauchen...
... bis nach Y'hanthlei.

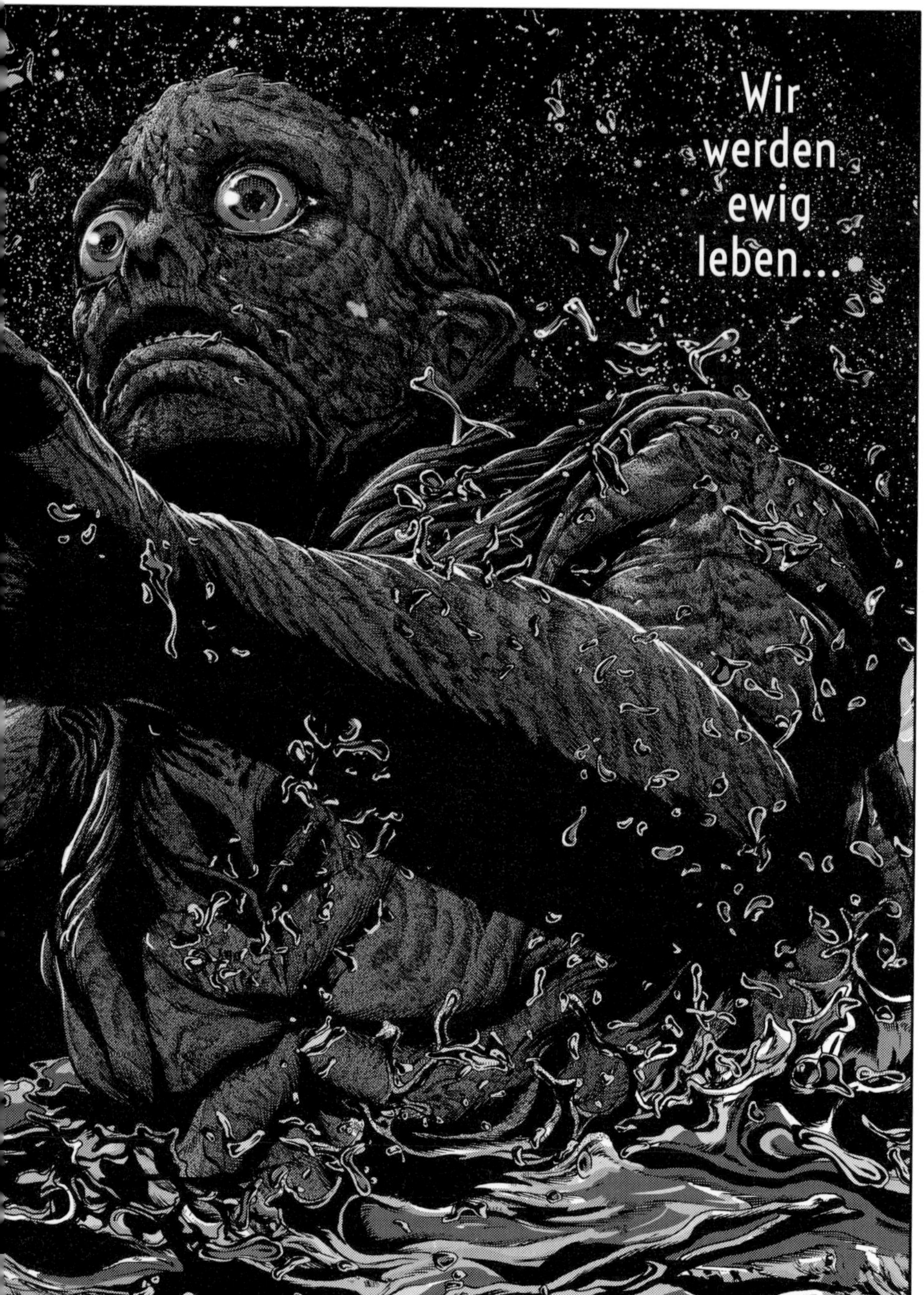
Wir werden ewig leben...

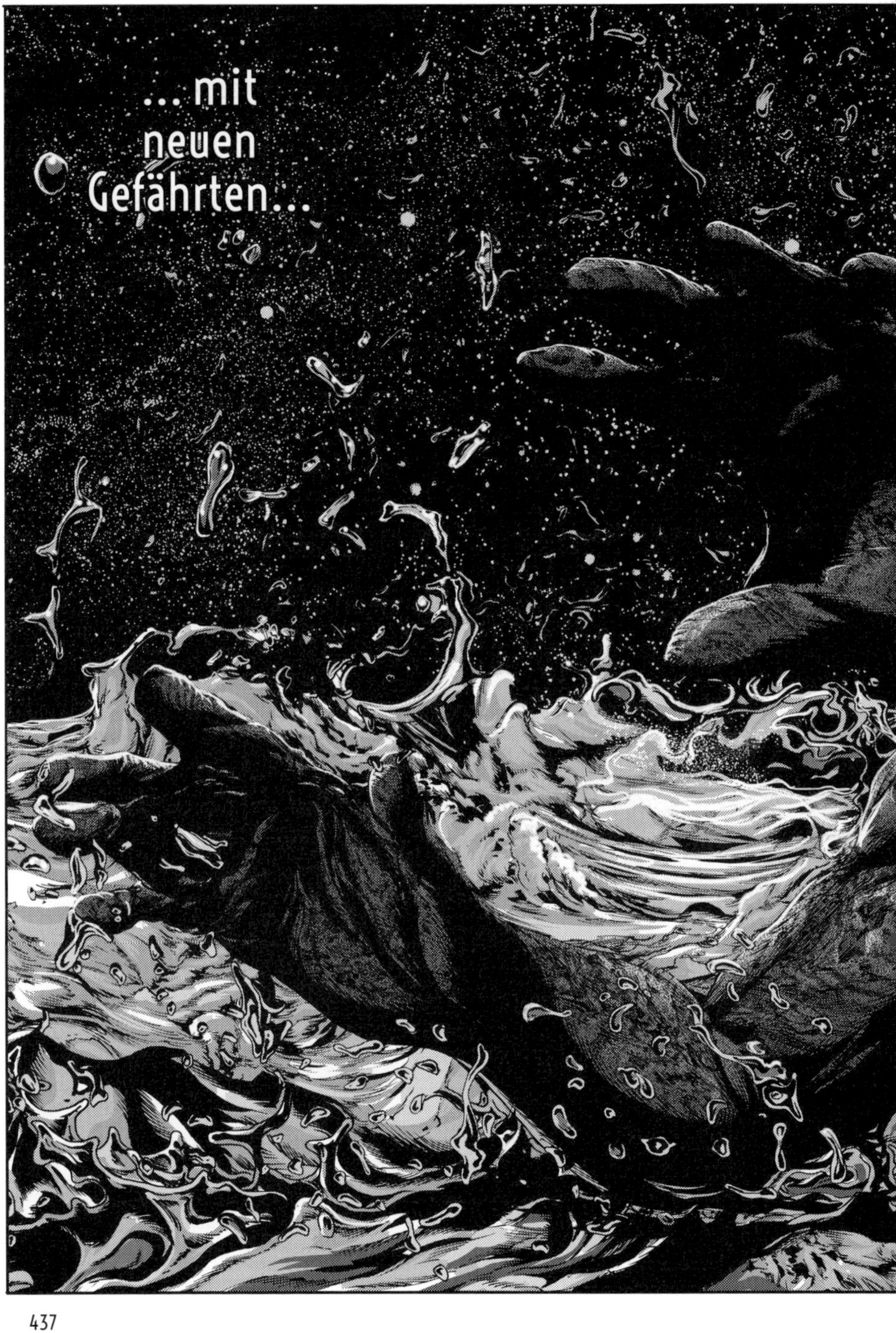
... mit
neuen
Gefährten ...

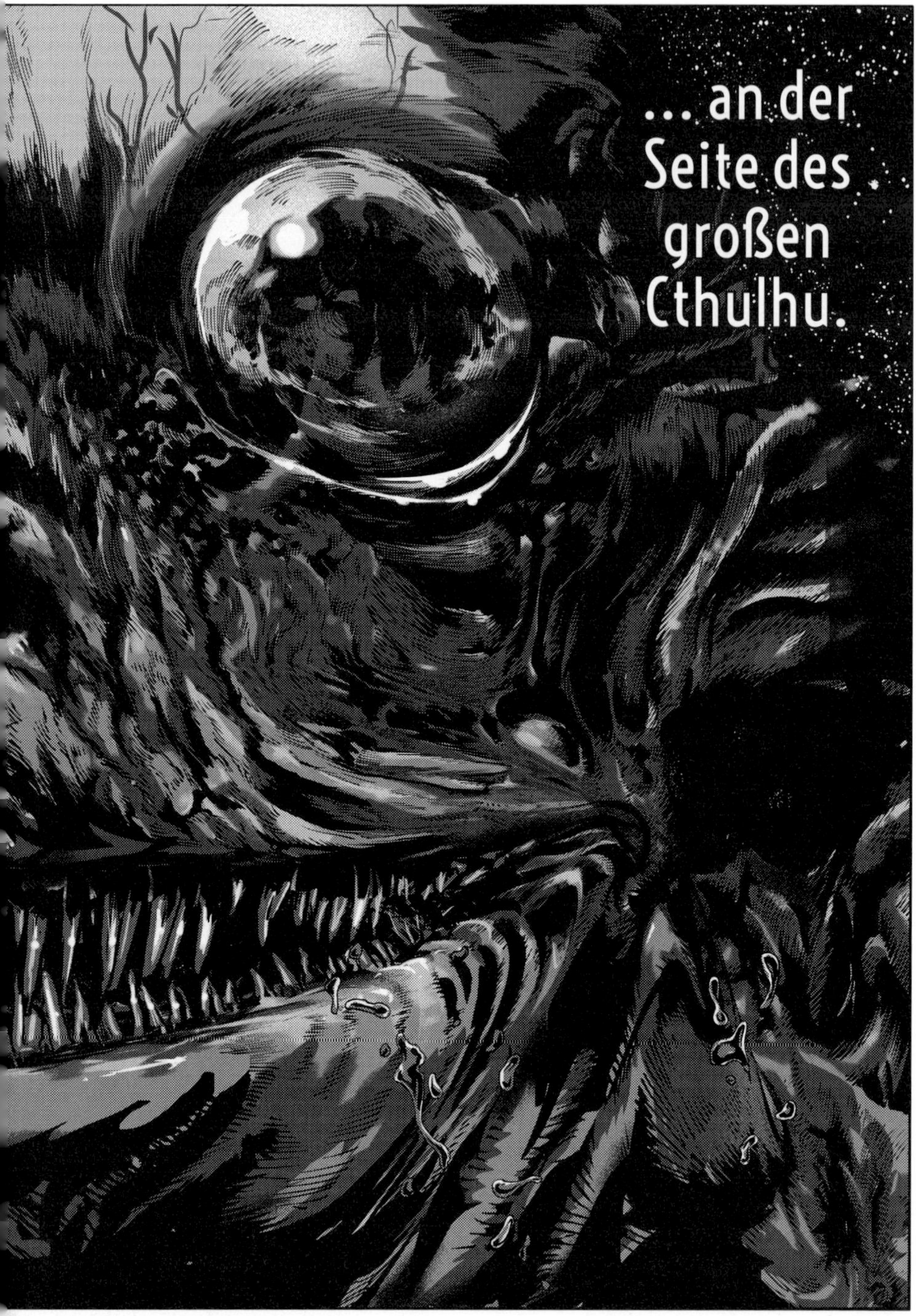
... an der Seite des großen Cthulhu.

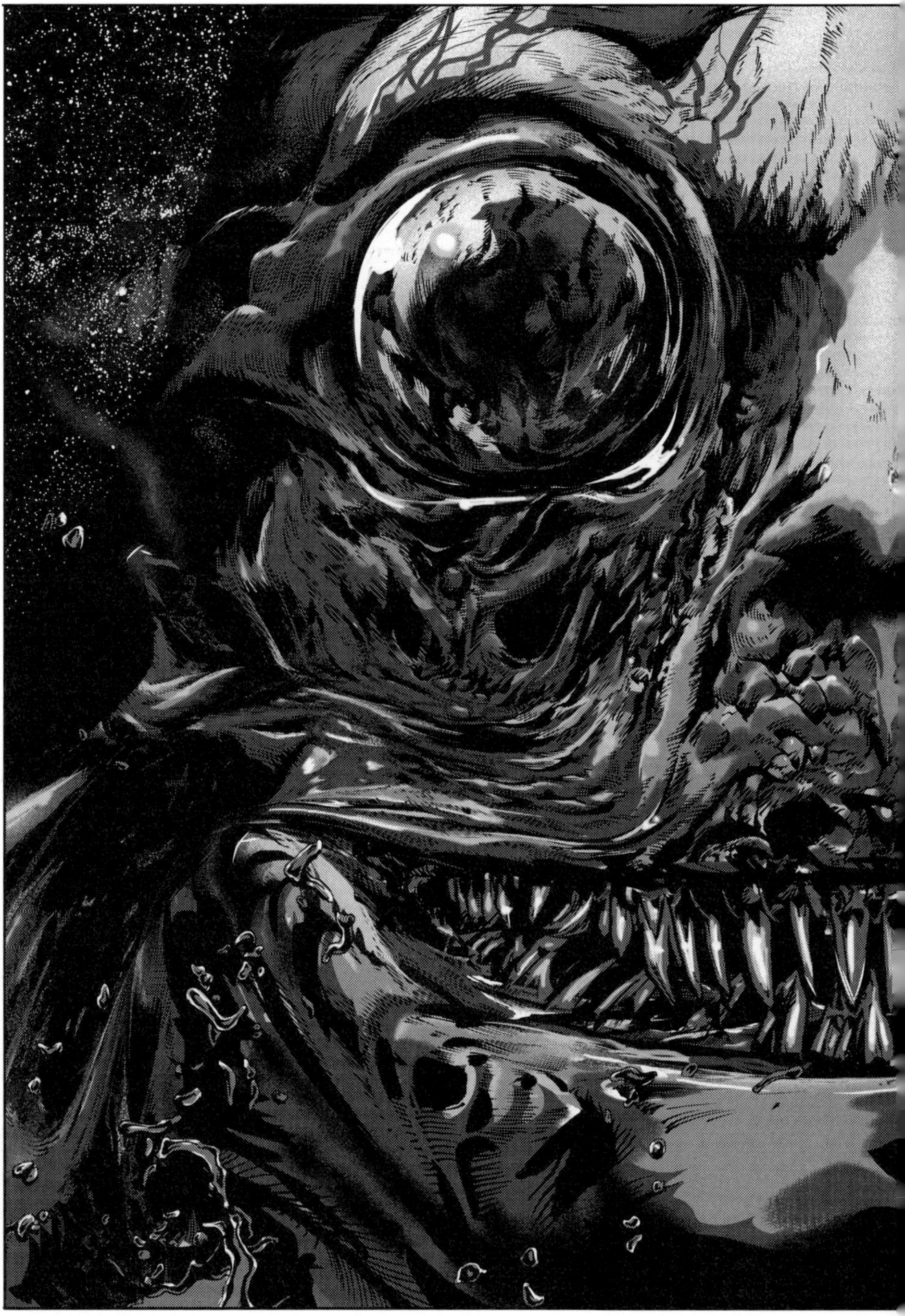

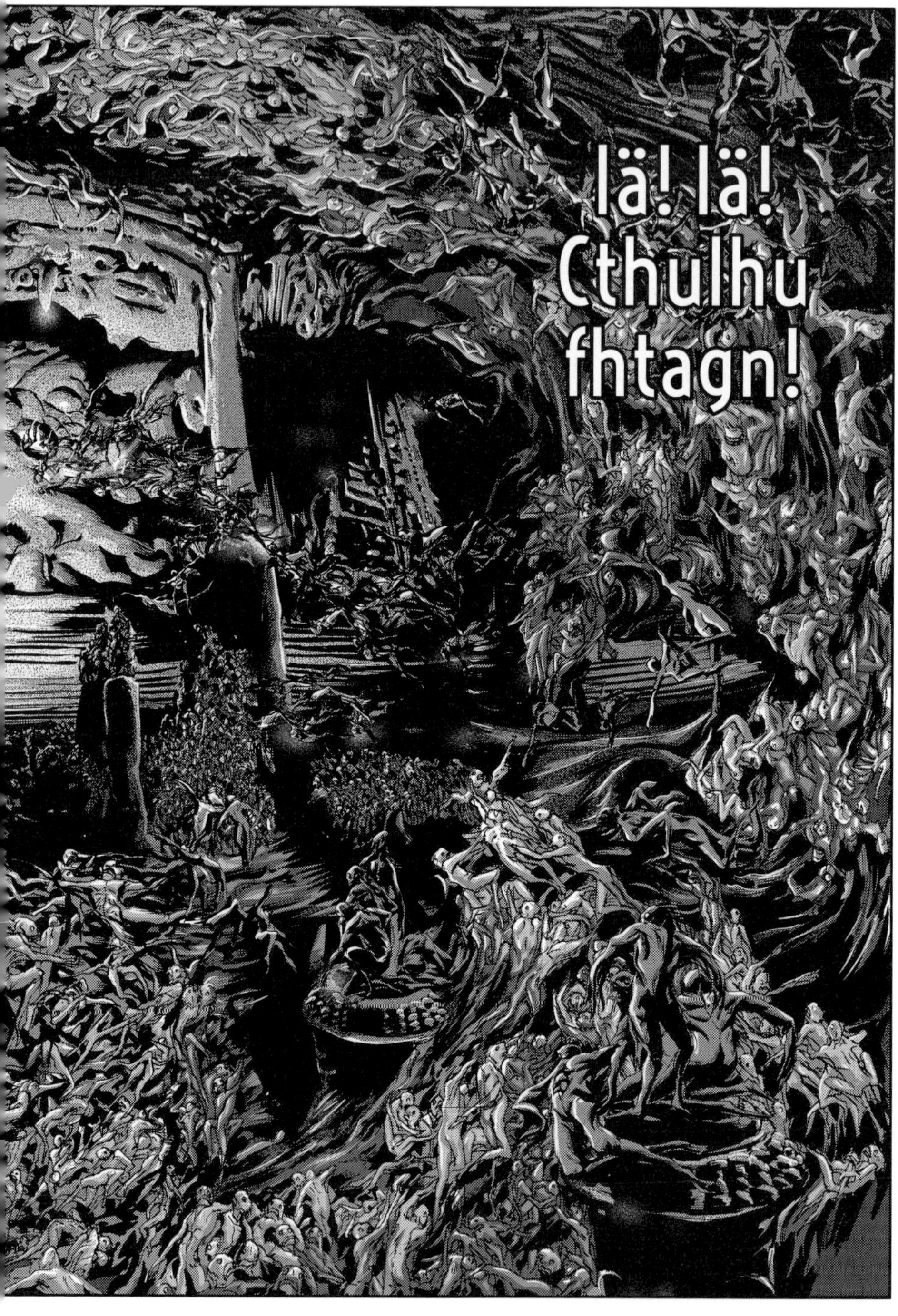
Iä! Iä!
Cthulhu
fhtagn!

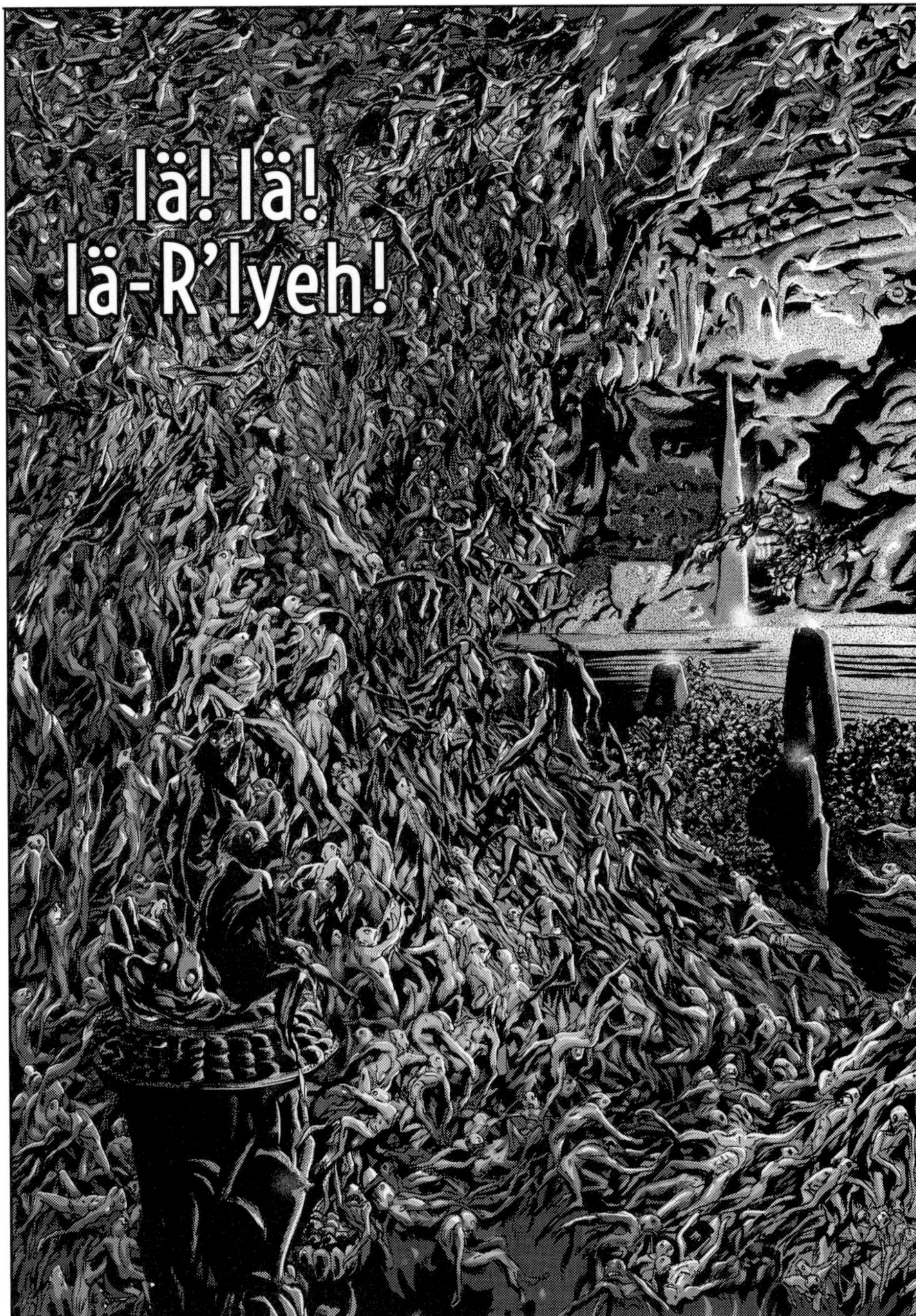
Iä! Iä!
Iä-R'lyeh!

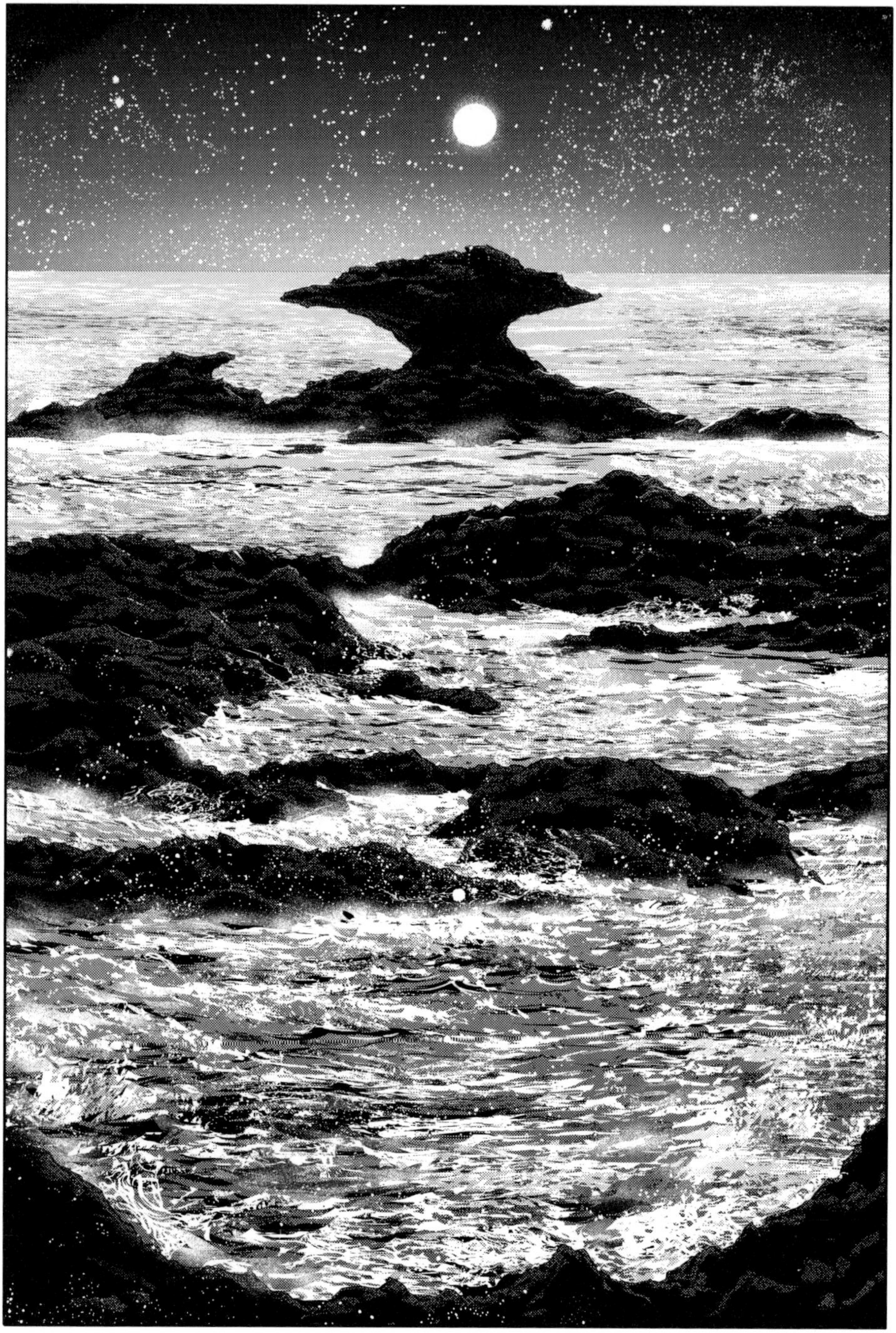

DER SCHATTEN ÜBER INNSMOUTH

ENDE

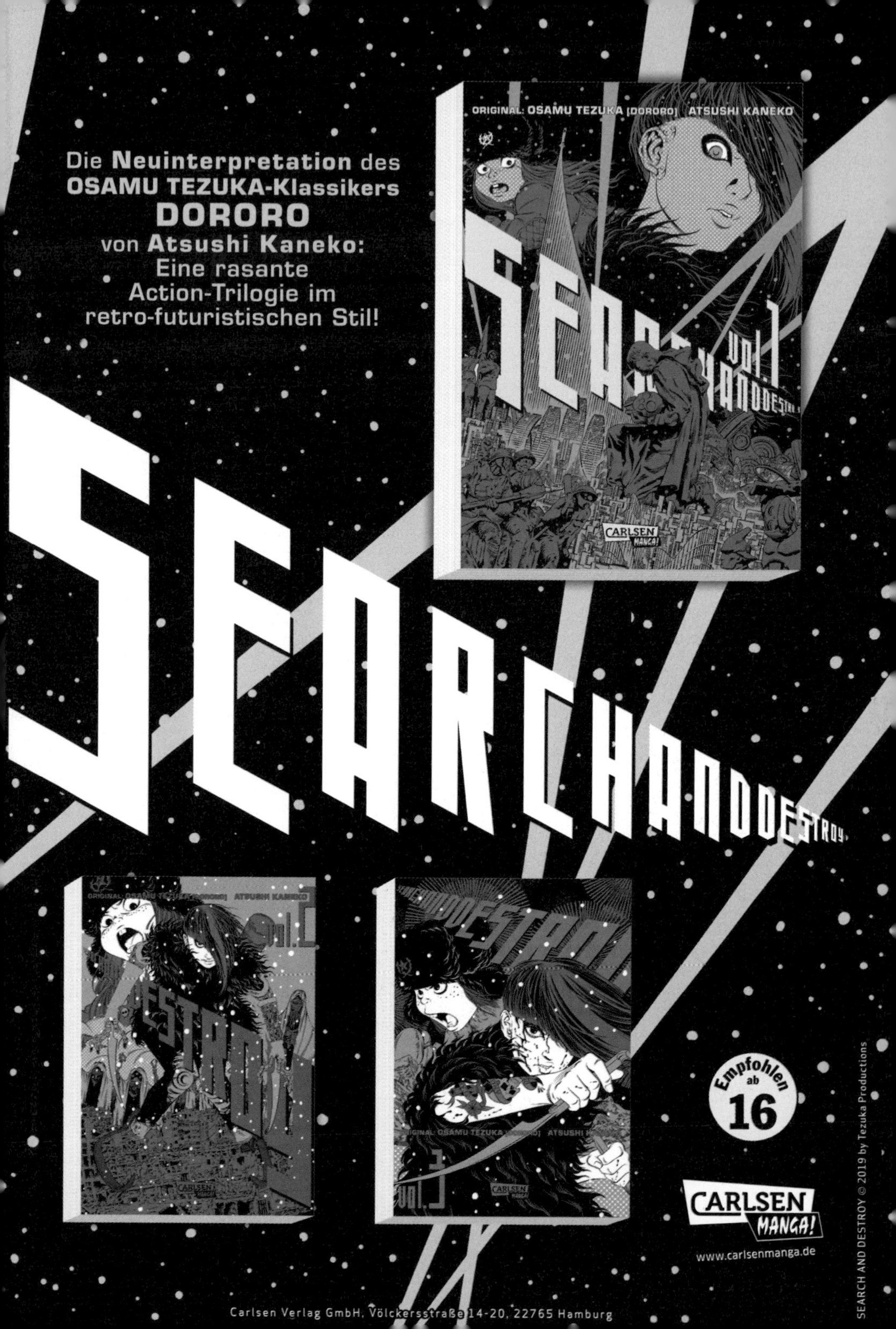
Die Neuinterpretation des
OSAMU TEZUKA-Klassikers
DORORO
von Atsushi Kaneko:
Eine rasante
Action-Trilogie im
retro-futuristischen Stil!
SEARCH AND DESTROY
ORIGINAL: OSAMU TEZUKA [DORORO] ATSUSHI KANEKO
Empfohlen ab 16
CARLSEN MANGA!
www.carlsenmanga.de
Carlsen Verlag GmbH, Völckersstraße 14-20, 22765 Hamburg
SEARCH AND DESTROY © 2019 by Tezuka Productions

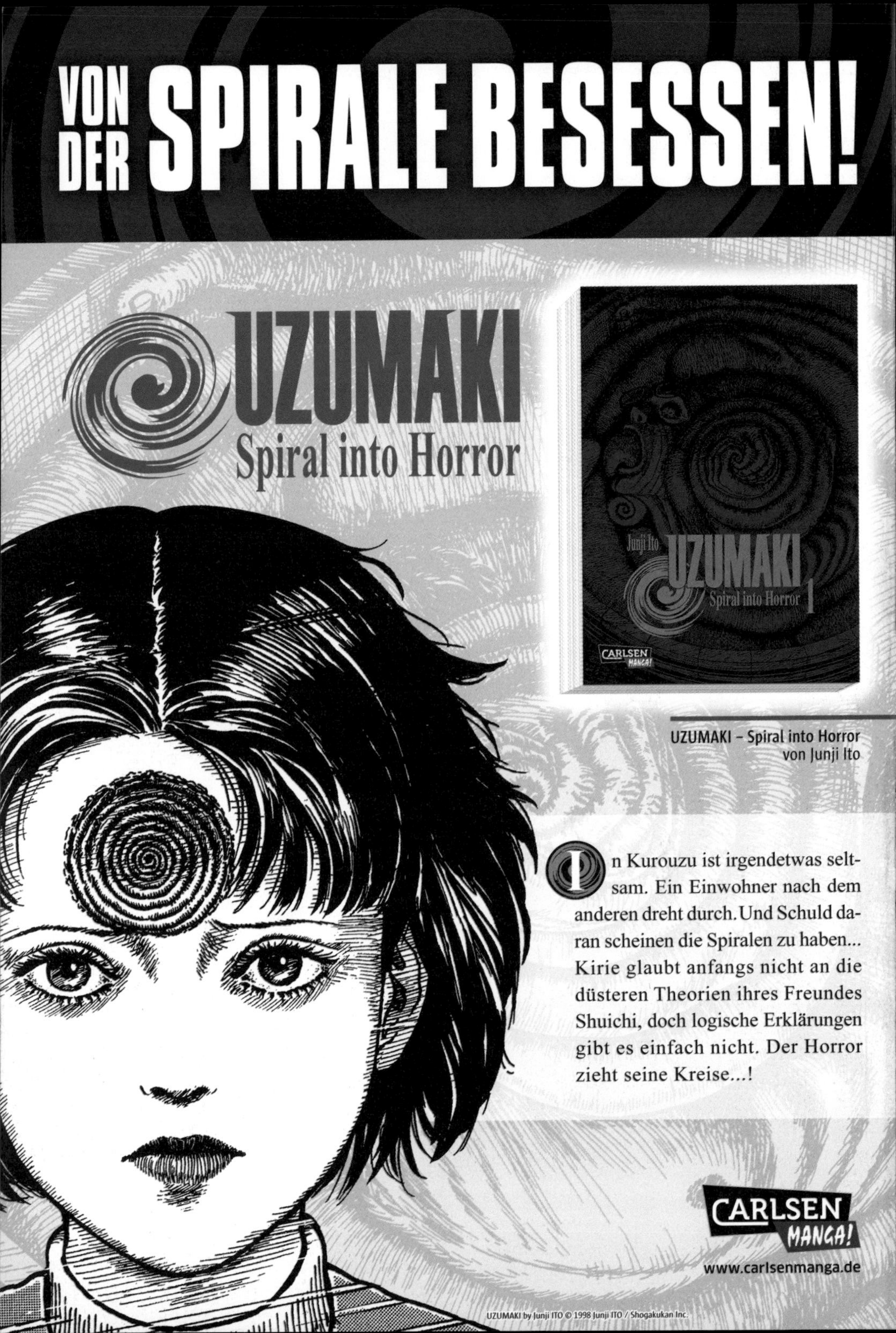
VON DER SPIRALE BESESSEN!
UZUMAKI
Spiral into Horror
Junji Ito
UZUMAKI
Spiral into Horror 1
CARLSEN MANGA!
UZUMAKI – Spiral into Horror
von Junji Ito
In Kurouzu ist irgendetwas seltsam. Ein Einwohner nach dem anderen dreht durch. Und Schuld daran scheinen die Spiralen zu haben... Kirie glaubt anfangs nicht an die düsteren Theorien ihres Freundes Shuichi, doch logische Erklärungen gibt es einfach nicht. Der Horror zieht seine Kreise...!
CARLSEN MANGA!
www.carlsenmanga.de
UZUMAKI by Junji ITO © 1998 Junji ITO / Shogakukan Inc.

CARLSEN MANGA

Völckersstraße 14-20, 22765 Hamburg
Aus dem Japanischen von Jens Ossa
INNSMOUTH NO KAGE Vol. 1, 2 LOVECRAFT KESSAKUSHU

First published in Japan in 2021 by
KADOKAWA CORPORATION, Tokyo.
German translation rights arranged with
KADOKAWA CORPORATION, Tokyo
through TOHAN CORPORATION, Tokyo
Redaktion: Petra Lohmann
Herstellung: Karen Kollmetz

ISBN 978-3-551-76717-2

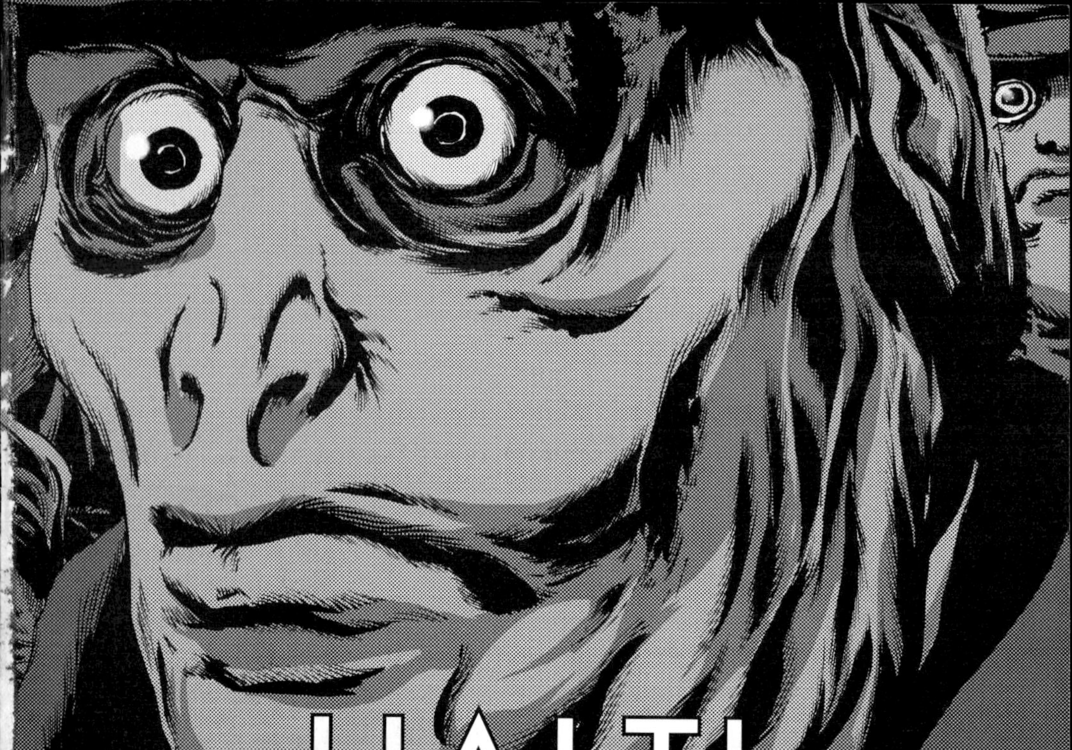

HALT!

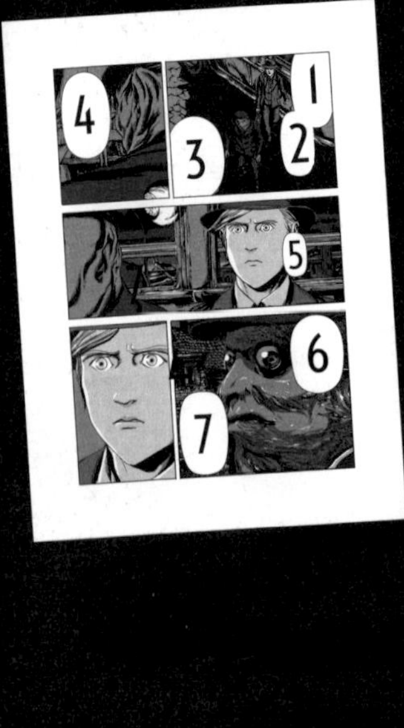

DER SCHATTEN ÜBER INNSMOUTH

ist eine japanische Serie, und in Japan wird von hinten nach vorn und von rechts nach links gelesen. Man schlägt diesen Manga also hinten auf und blättert ihn nach vorn durch. Auch die Bilderfolgen und der Erzähl- bzw. Lesefluss funktionieren auf den Seiten von rechts oben nach links unten – wie in der kleinen Grafik hier gezeigt.

Wir wünschen unheimlich gute Unterhaltung mit H. P. Lovecraft!